总编辑评报

下

郑庆东◎著

Editor-in-Chief's comments
on Economic Daily

经济日报出版社

图书在版编目（C I P）数据

总编辑评报 . 下 / 郑庆东著 . -- 北京 : 经济日报出版社 , 2022.7
ISBN 978-7-5196-1108-8

Ⅰ . ①总… Ⅱ . ①郑… Ⅲ . ①经济－报纸编辑－编辑工作－文集 Ⅳ . ① G216.3-53

中国版本图书馆 CIP 数据核字 (2022) 第 094518 号

总编辑评报（下）

作　　者	郑庆东
责任编辑	肖小琴　黄芳芳　王浩宇
助理编辑	张　琦
责任校对	梁沂滨　薛银涛　温　海
责任印制	李如意
出版发行	经济日报出版社
地　　址	北京市西城区白纸坊东街 2 号 A 座综合楼 710（邮政编码：100054）
电　　话	010-63567684（总编室） 010-63584556（财经编辑部） 010-63567687（企业与企业家史编辑部） 010-63567683（经济与管理学术编辑部） 010-63538621 63567692（发行部）
网　　址	www.edpbook.com.cn
E - mail	edpbook@126.com
经　　销	全国新华书店
印　　刷	鑫艺佳利（天津）印刷有限公司
开　　本	710 毫米 ×1000 毫米　1/16
印　　张	26.25
字　　数	300 千字
版　　次	2022 年 7 月第 1 版
印　　次	2022 年 7 月第 1 次印刷
书　　号	ISBN 978-7-5196-1108-8
定　　价	68.00 元

序言 Editor-in-Chief's comments on Economic Daily

努力打造经济舆论场压舱石（代序）

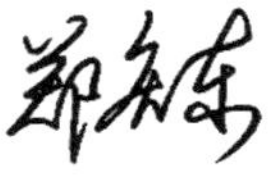

党的十八大召开后不久，习近平总书记在参观《复兴之路》展览时深刻阐释中国梦，鲜明提出“实现中华民族伟大复兴是近代以来中华民族最伟大的梦想”，发出了新时代的政治宣言和奋斗目标。向着中国梦进发，我们党正在团结带领全国各族人民凝心聚力、共同奋斗。

对于新闻舆论工作，习近平总书记作出了“五个事关”重要论述：事关旗帜和道路，事关贯彻落实党的理论和路线方针政策，事关顺利推进党和国家各项事业，事关全党全国各族人民凝聚力和向心力，事关党和国家前途命运。这是对新时代新闻舆论工作定位、作用的深化和拓展，也是对党治国理政规律的新的认识和把握。其中，承担起宣传贯彻党的理论路线方针政策的重要职责和使命，要求媒体必须把评论理论作为抓手，把评论理论工作的创新作为突破口，更加全面准确深入细致地宣传好、阐释好、贯彻好理论路线方针政策，从而牢牢把握互联网时代舆论场上的“解释权”，使党的创新理论和路线方针政策最迅速、最广泛地同群众见面、为群众接受，转化成广大干部群众的自觉行动。

近年来，经济日报紧扣新时代中国特色社会主义经济建设伟大实践，坚持“评论立报”“深度立报”，聚焦习近平总书记提出的一系列新理念、新思想、新观点、新论述，以“学习宣传习近平经济思想高地”为定位，深入解读习近平新时代中国特色社会主义思想尤其是经济思想，组织和推动中国特色社会主义政治经济学研究，推出一批产生广泛影响的深度调研、系列评论和重点理论文章，受到社会各界的关注和肯定。目前，经济日报已初步形成了一个评论理论传播矩阵，为加快建设习近平总书记提出的“资源集约、结构合理、差异发展、协同高效的全媒体传播体系”，更好打造经济舆论场压舱石，提供了体制机制上的澎湃动力和坚实保障。

强化评论言论，努力把握住“第一解释权”

历经 70 多年的国家建设、40 多年的改革开放，中国经济已经发展成为一个巨大而精巧的系统，经济领域门类繁多，经济问题十分复杂。各种杂音噪音难免影响人们的思想情绪和经济行为，甚至给国家经济安全带来一定挑战。面向新媒体时代的经济舆论场，作为党的喉舌，经济日报既要掌握信息的第一发布权，也要掌握第一解释权，才能守好新闻舆论阵地，更好引导社会预期。

2021 年 11 月 1 日晚，一则《关于做好今冬明春蔬菜等生活必需品市场保供稳价工作的通知》发布，部分内容被媒体摘出并夸大表述，“鼓励家庭根据需要储存一定数量的生活必需品”一时成为网上热点，引发各种猜测。经济日报立即组织研判，准确把握通知中有关表述的真实意图，迅速策划、撰写、编审、发布了快评《不要过度解读甚至误读储存一定生活必需品》，明确指出这句话主要是针对疫情防控，提醒人们不要过度解读。作为舆情发酵后的首个主流媒体正面回复，各大媒体和网络平台迅速转载推送，成为刷屏爆款，CNN 等国外媒体也相继引用文章观点，24 小时内总阅读量达 3.86 亿次。

身处复杂舆论场，关键时刻，经济日报发挥主观能动性，主动引导社会热点，在 1 天内就取得了稳定社会心态、消除负面舆论影响、扩大报社知名度的效果，及时地把群众关注引上正确轨道，打赢了这场舆论引导战。

把握“第一解释权”，应当说是新时代中央媒体做好新闻舆论工作的一个重要“法宝”。它不仅体现在网络舆情的热点引导上，更要体现在对习近平经济思想的学习贯彻上，体现在对国家大政方针的准确解读上。

为迎战国际形势的不稳定性不确定性，适应我国社会主要矛盾发展变化带来的新特征新要求，以习近平同志为核心的党中央作出加快构建新发展格局的重大战略安排，为中国未来发展指明了前进方向。但是，有网络舆情将其误读为“闭关锁国”“经济内卷”“自给自足”，我们及时策划刊发编辑部文章《深刻把握加快形成新发展格局的精髓要义——兼谈走出几个认识误区》以及评论员文章《新发展格局绝不是“闭关锁国”》《“双轮驱动”不可割裂》等，解读中央政策，发出权威声音，起到了正本清源、澄清谬误的应有作用。

在 2020 年底召开的中央经济工作会议上，习近平总书记明确提出要“善于用政治眼光观察和分析经济社会问题”。我们依据这一重要精神，结合在习近平经济思想深度调研行中取得的采访成果，刊发了评论《怎样从讲政治的高度做经济工作》。文章以习近平总书记重要讲话、中央方针政策和地方实践突破为主题，紧扣“国之大者”，明确提出要“关注党中央在关心什么、强调什么，学会从一般经济事务中发现政治问题，从倾向性、苗头性经济问题中发现政治端倪，从错综复杂的经济关系中把握政治逻辑”。这篇评论满足了经济战线工作者热切的理论政策学习需求，刊发后引发热烈反响，不少读者反馈“权威”“解渴”。

去年8月，中央财经委员会第十次会议提出“在高质量发展中促进共同富裕”后，国内外高度关注，一些杂音噪音也同时出现。我们立刻策划撰写了两组评论员文章，分别从理论上阐释、从实践上推进，两组评论紧扣舆情热点，在吃透中央精神上下功夫，刊发后引发很大反响。其中，《正确理解共同富裕的基础性制度安排——兼谈破除对“三次分配”的认识误区》一文，对曲解误读“三次分配”予以纠偏，驳斥“三次分配”就是劫富济贫的错误论调，表明“确保三次分配在促进国家发展、提升人民福祉中充分发挥作用”的观点。该系列评论在报网端平台一体刊发，阐释了中央决策部署，有力引导舆论，产生了很好的社会效果。

综合来看，经济日报评论工作已经构建出一个矩阵——“融媒体评论矩阵”，形成了一个机制——“评论委员会机制”，目前运转顺畅、成效明显。

所谓矩阵，由编辑部文章、评论员文章、一版经济论坛“金观平”文章、12位青年记者个人专栏、时评版以及“头条热评”组成。以12个个人专栏为例，这在中央党报中是不多见的，是由编委会遴选一批具有多年跑口经验，既具备研究素养，又有大众化传播才华的骨干记者，相应开设固定专栏《每周经济观察》《国际经济观察》《忠阳车评》《三农瞭望》《粮食大事》《市场监管》《香江观察》《财金视野》《科创之声》《房地产周评》《能源广角》《文体市场面面观》等。这些专栏以聚焦热点、专业特色为业界所称道，正在产生越来越广泛的影响。再如《头条热评》，是经济日报与今日头条合作建立的，主要流程是：就头条热榜话题在2小时内定制短评，以微头条形式刊发。头条热评通过移动办公形式，加快策采编发推各流程环节，2小时内拟题针对网络热点生产出热评。目前栏目已实现生产常态化，选题也从头条热榜扩展到腾讯新闻、微博热搜、百度热榜中，由热评编辑做汇总初筛、热点研判，再由值班主任把关二筛，并汇报值班编委进行选题导向把关。这样的流程，有效促进了采编队伍融合、内容生产机制优化，锻炼了一支“尖刀”型、“轻骑兵”型评论队伍，也与编辑部文章、评论员文章的重磅言论相得益彰。与此同时，做好热点评论的落地分发，第一时间关注舆论、参与舆论，并逐步向引导舆论发力。

所谓机制，即评论委员会机制。由编委会成员、采编部门主任和骨干记者组成的评论委员会，自2021年4月9日正式运转，每两周召开例会，进行舆情研判、选题策划、成效反馈、业务交流。在这一机制的统领和协调下，经济日报报网端的原创评论发稿量由一年前的每两周58篇，增加到目前的每两周180篇左右，且精品力作迭出。今年3月19日至4月3日传播数据显示，包括学习强国、微博、微信、短视频平台在内，经济日报评论的总阅读量达4997.8万次。

在越来越难以做到独家新闻的今天，经济日报着力提升对重大经济政策、重大经济事件的信息收集与研判能力，利用央媒的资源优势和队伍优势及时跟进，既努力在发布权上做到全面、客观、准确，又努力在解释权上增强可信度和说服力。目前，经济日报已经实现了“版版有评论”，采编人员也正在形成“人人写评论”的氛围。“经济日报评论”作为一个整体品牌，传播力和影响力越来越大，推动党和政府的声音更快、更有效地进入互联网舆论场，推动实现信息传播正向价值的最大化。

加强理论工作，积极打造学习宣传习近平经济思想高地

新时代改革开放和社会主义现代化建设的丰富实践，是理论和政策研究的富矿，特别是在这一基础上创立的习近平经济思想，更是实践的结晶、时代的精华。从加强党对经济工作的集中统一领导，到坚持以人民为中心的发展思想；从适应把握引领经济发展新常态，到以五大理念统领发展全局；从处理好政府与市场关系，到完善宏观调控、推进供给侧结构性改革；从坚持问题导向部署经济发展新战略，到明确科学工作策略和方法……其中，既有对改革开放以来我国发展历史经验的新总结，又有对新时代条件下经济发展客观规律的新认识，更有对建设现代化经济体系的新部署，形成了一个具有原创性、突破性、时代性的科学系统的经济思想体系，引领着新时代党和人民在经济治理中的创造性探索与实践，引领着中国经济一步步迈向高质量发展阶段。

学习好、宣传好、阐释好习近平新时代中国特色社会主义思想，

尤其是习近平经济思想，是经济日报的主责主业、使命担当。为此，我们明确提出打造“学习宣传习近平经济思想高地”的目标任务，经过近两年来的努力，已形成了一个理论传播矩阵，汇聚了一批国内外有影响力的专家学者，在理论界、学术界树立起“组织推动习近平经济思想学理化研究高端平台”的鲜明标识。

2021年起，经济日报理论工作勇敢担负起“推动习近平经济思想学理化研究”的重任。面对这一博大精深的科学理论体系，面对其中蕴含的诸多重大理论课题，我们边学习边梳理、边研究边宣传，但毕竟力量有限，总有不深不透的地方，也有内在逻辑关系需要进一步梳理、深化的地方。如何才能达到预期效果，离不开“守正创新”的根本原则。“守正”，就是守住主责主业不动摇；“创新”，就是下大力气推动内容创新、形式创新、机制创新。

经上级批准，去年7月，经济日报举办的“习近平经济思想研究征文”活动正式开启，为期100天，收到国内外专家学者投稿近千篇。征文活动的目的在于深化对习近平经济思想的学理化研究，总结党的十八大以来中国经济社会发生深刻变革中所蕴含的历史经验和发展规律。我们组织专家对来稿进行审读，优中选优，近50篇文章在经济日报头版和理论版集中刊发。其中国内作者主要来自中央党校（国家行政学院）、中国社会科学院、中央经济工作部门，以及各省区市习近平新时代中国特色社会主义思想研究中心、高等院校、知名研究机构等；国外作者有英国皇家社会科学院的院士、有俄罗斯科学院远东研究所的负责人，有新加坡国立大学的知名学者。他们聚焦习近平经济思想的根本立场、科学内涵、逻辑架构、理论品格以及理论贡献、实践成就等，作出深入的学理化研究。文章被学习强国、人民网、新华网等央媒网站及《新华文摘》等刊物转载。为吸引、集聚各方面力量，共同加强对习近平经济思想的学习贯彻、深化研究，经济日报社还先后联合广东省委宣传部、山东省委宣传部主办习近平经济思想研讨会，知名专家学者和有关领导同志济济一堂，进行深入研讨，对理论界深化习近平经济思想研究起到积极而有力的推动作用。

学习贯彻习近平经济思想，既要持续开展大学习，不断增强学习的主动性和积极性；也要持续推进抓落实，努力实现学以致用、以用促学、用之见效，始终坚持理论与实践紧密结合的原则。为客观反映、深入挖掘各地贯彻落实习近平经济思想的实践探索、创新举措，总结和宣传其有益经验，经济日报社从2021年初组织开展践行习近平经济思想深度调研工作，足迹遍及北京、上海、广东、广西、山东等16个省区市，深入基层一线，探访厂矿企业，蹲点田间地头。至2022年2月底，《佛山典型》《柳州惊奇》《深圳领跑》等23套长篇深度调研报道以多种形式刊发在经济日报报网端微各平台，以图、文、声、影全景式呈现了党的十八大以来各地干部群众学习贯彻习近平经济思想的实践探索以及经济社会发展取得的显著成就和创新创业创造实现的重大突破，专家学者和地方领导予以高度评价，20多位省委书记、省长和部门负责同志作出批示指示，或接受专题访谈，给予充分肯定。

在此基础上，我们再接再厉，将调研范围从地方扩展到企业和产业、行业，推出了一批高质量的深度调研成果，目前已初步形成地方调研、产业调研、企业调研三大深度调研齐头并进的局面。地方调研继续以“践行习近平经济思想调研行”为主题稳步推进；企业调研以“牢记总书记的嘱托·企业调研记”为主题如火如荼展开；产业调研则聚焦热点经济问题。三类深度调研成果接续推出，受到社会各界广泛关注。

一系列理论成果和调研成果，最终汇集成为《习近平经济思想研究文集 (2021)》和《践行习近平经济思想调研文集 (2021)》，已由经济日报出版社出版发行，获得热烈社会反响，一周之内加印 4 万套。在这套书里，我们可以看到习近平经济思想蕴含的政治性、人民性、时代性、科学性、实践性、开放性、世界性的鲜明特色，看到新发展阶段、新发展理念、新发展格局、高质量发展、经济治理现代化等重大理论和战略部署对于实践的引领意义、指导意义，从而更深刻地认识和理解：习近平经济思想是我国经济发展实践的理论结晶，是马克思主义政治经济学的创新性成果，是我们做好当前经济工作的根本遵循。我们只有对习近平经济思想完整的理论体系、科学的逻辑架构、核心内涵和思想精髓有准确的把握,才能更好地将科学理论用于实践,更好地指导经济工作。

习近平经济思想学理化研究顺利推进，征文活动影响深远，深度调研成果丰硕，学思践悟文集如期出版……经济日报各项工作之所以能够取得重大进展和成效，得益于习近平经济思想的博大精深，提供了强大的思想武器和动力源泉，得益于中央领导同志和上级机关的大力支持，创造和提供了有利条件与良好氛围，得益于同志们的呕心沥血、甘于奉献，使这些工作得以圆满完成。这从多个角度体现出党报人的政治站位、政治素养、责任担当和奋进状态，也展示出与改革开放相伴而生、领风气之先的新时代党报的视野和眼光。

经济日报即将迎来创刊40周年。我们要深入学习贯彻习近平总书记关于新闻宣传工作的一系列重要讲话精神，按照中央领导同志的指示要求，更加深入地做好经济形势宣传、成就报道、理论辨析、热点问题舆论引导等各方面工作，把牢稳中求进工作总基调，唱响中国经济光明论，营造更加良好的舆论氛围，以优异成绩迎接党的二十大胜利召开。

【刊载于《新闻战线》2022年6月（上）】

目录

CONTENTS

MARCH
2022 ／3

2022 年 3 月总编辑评报 / 063

APRIL
2022 ／4

2022 年 4 月总编辑评报 / 109

JUNE 2022 / 6

2022 年 6 月总编辑评报 / 295

附录 / 331

JANUARY
2022 ╱1

2022 年 1 月

总编辑评报

2022，我们赓续荣光，奔赴远方！

2022年1月4日 · 星期二

一元复始，万象更新。

从善如流，继续评报。只是不再日评，改为周报，或每周数评了。

（一）

跨年夜，习近平主席的新年贺词成为舆论焦点，举世热议，给亿万国人以信心，给这个世界增添了希望。

《踔厉奋发 笃行不怠》《民之所盼 我必行之》《风雨同舟 团结合作》3篇评论员文章阐释精当，有站位、有情感，语言活泼生动。命题作文能写出这个水平，有与众不同之处，颇为不易，也显示出齐东向同志和评论理论部同志们的扎实功底。

（二）

元旦期间，接连出了今年的两块数据版《品牌跨界玩出新花样》《潮流装备吃香 户外体验升级》，有变化、有进步。

上个月，我们就数据版100期专门召开研讨会，总结成绩，查找不足，还请专家一起会商，帮我们出主意想办法，力争做出新的水准，呈现新的面貌。会议开得很好，所提的一些意见建议针对性和可操作性都比较强。数据版团队正和京东合作方反复研析，负责此项工作的总编室胡文鹏同志表示，他们将围绕所提建议和存在不足，拿出解决方案和应对措施，并以“改进报告+台账”的形式列出期限，逐项整改，务求取得实效。

去年，数据版出了100期，今年的目标要求是出150期。相信数据团队能够不负期待，再接再厉，高质量完成这项带有开创性意义的工作任务。年底，我们还要开会总结，给同志们庆功、加油。

（三）

假日有时间，翻了翻这几天的版面，又调看了去年初的报纸，两相比较，感到版面变化还是不小的，日显庄重大气，更趋规范而有章法，体现了守正创新和与时俱进，反映出同志们的精耕细作和工作作风。

前几天，总编室主任王智同志带着有关同志在去年版面运行的基础上修改完善，拟定了2022年的版面规范，并已印发各部门。希望各版细心研读，加深理解，融会贯通，遵照执行，切实减少版面元素和处理上不协调、不统一、不规范的问题。

（四）

经过谋划，12名专栏作者开始陆续在版面上崭新亮相，颜值大增，颇为吸睛，效果还是不错的，客户端上的呈现也挺好，可谓新年新气象，人人新形象。

看来，总编室还有必要统筹好如下两个问题：一是个人署名专栏图像多大合适？太小肯定不行，太大也觉得不妥。二是各版色调能否有大致规范？差异过大、反差过大恐怕也不怎么合适。不妨找几位美编和主编一起议一议，来一次头脑风暴，形成几条意见，供各版编辑们编版时有个遵循和参考。

（五）

和去年一样，今年的元旦献词仍是评论理论部牛瑾同志操刀的，社论《乘风破浪新航程》有新意，有感染力，情感充沛，话短意长，结尾尤其有力道：

“时间向前，中国向上。此时此刻，你又许下什么愿望？”

此乃扣人心弦之问，回答也是干脆的：

“2022，我们赓续荣光，奔赴远方！”

个人专栏日渐成熟 海外传播势头喜人

2022年1月10日 · 星期一

（一）

上周三，4位专栏作者一同露面，有接二连三、持续不断的感觉，给人的印象是人才济济。几篇署名文章质量也是不含糊，像是争着新年要有一个好的开头。连俊同志《当务之急是提振复苏信心》、佘颖同志《这个玩偶的“钞”能力从何而来》、亢舒同志《城市建设毒瘤必须清除》和刘亮同志《新气象 新希望》，与一年前乃至半年前相比，是有不小进步的，不仅站位、立意明显高了，语气、笔触和行文也老练了不少。说到底，是越来越理性、越来越成熟了。

总编室可考虑细化版面结构，未必在一天集中出4个专栏。12位作者周一至周五，每天出两个专栏，周六周日各出一个专栏。这样安排似更合理，效果应会更好。

（二）

“粮食大事”专栏新年首篇《“囤粮致全球粮荒”这锅中国不背》一文很给力。

刘慧同志针对外国媒体诬称造谣、甩锅中国，义正辞严进行严厉驳斥，用事实和数据做出有力抨击，有站位、有力道，批得精准，说的在理，发挥了对美西方舆论斗争的作用。这个标题斩钉截铁，尤其响亮打人，向世人宣示了坚定立场和鲜明态度。

新加坡《联合早报》1月6日即关注此文，并以《中国官媒发文驳斥“中国囤粮致全球粮价上升”》为题，直接就此稿内容予以转述。不能不说，只要有质量，国内的专栏稿也会有越来越强的国际影响力（徐涵同志语）。

（三）

6日1版金观平文章《充分竞争才能激活市场》也很有分量。文章围绕加强反垄断和不正当竞争问题，再次做出深入剖析，有深度，有新意，观点立得住，论据有说服力，联系实际的针对性强，也是对中央经济工作会议精神作出的进一步解读。

除了这一篇，佘颖同志还有一文也是反垄断内容，是徐立京同志布置的。说的是近日公布多起案件，有网络解读为监管者剑指几家“互联网”企业、“民营”企业，可谓居心叵测、不怀好意。当天，佘颖同志撰文《执法一视同仁！不要误读反垄断的“红绿灯”》，经编审后播发“头条热评”等新媒体，有效引导了舆论。时评版次日也以《反垄断执法坚持一视同仁》为题，编发了此稿。这样的报道体现出新闻性与社会舆论热点的有效结合，也反映出我们采编工作的主动性、评论工作的及时性和全媒体报道的自觉性。

（四）

细看融合推广周报2021年最后一期，文中在谈到平台运营策略与建议时强调了要守正创新，读来很有启发：“一方面，以技术驱动为重点，不断拓展渠道、丰富手段、聚拢用户；另一方面，以内容建设为根本，加快流程再造，创新传播方式，融合推广方式也在与时俱进，不断创新。”

简报举例说，评论言论短视频是一种宣传报道的新形式，是评论言论通俗化、大众化、可视化的鲜活载体。经济日报新媒体创新形式，将评论言论进行短视频转化，将党报的理论宣传主动、深入地融入互联网传播，把政治话语、言论话语转化为群众话语、网络话语，运用好新兴的、大众喜爱的传播渠道和平台，积极抢占舆论宣传制高点，让党的声音和理论传播得更深入更广泛。

看来，这个虚拟团队真是不虚，既有丰富有效的实践推广，也有独具眼光的经验总结和理论概括，对做好下一步工作颇有指导意义。

（五）

世界经济的不确定性，将贯穿2022年全年。7日国际版头条《印尼禁止煤炭出口引发全球不安》的报道，不啻加深了人们的担忧，强化了一些国家保护战略资源安全的焦虑。专家访谈《印尼煤炭断供影响整体可控》配发及时，组合效果好，说明我们对国际经济热点的跟踪与把控是及时的，新闻敏感性也是强的。

听说这是副社长赵子忠同志在晨会上点题，国际部克服本报驻印尼记者尚未到岗的困难，高效行动高质量完成的。陈学慧同志说：“事实再次证明，只要想到，就要努力尝试，或许就能成。”这话讲得是对的，不去尝试，不去努力尝试，要想成事，断无可能！

海外账号团队报告，12月份10万+作品6件，单条最高阅读量20万+，整体传播涨势喜人，5万+作品多达44条。迎难而上的海外账号团队称得上是知重负重，砥砺前行。操盘手廉丹同志表示：“我们继续做精内容、审核把关、钻研规律，有信心在新的一年实现新的跨越！”

踔厉奋进 持之以恒 再创佳绩

2022年1月17日 · 星期一

（一）

副总编辑郑波同志率领的调研组，严寒中奔赴内蒙古，千里跋涉采访，月余撰写、修改、打磨稿件，上周头条得空及时刊发。这个今年首套万字雄文《鄂尔多斯重塑——习近平经济思想调研行》精彩亮相，敲响了新一年深度调研报道的开场大锣。

大戏拉开帷幕，且看经济报人的精彩表演。推广团队高举高打，积极做好推送。截至1月14日下午4时，“鄂尔多斯重塑”有关报道累计传播量达3.24亿，海外账号阅读量也超过30万。这个数字是继《威武祁连》近3亿阅读量后的又一历史新高，是创了纪录的，实现了深度调研报道开门红。

下一套关于河北的调研稿，请深度调研报道委员会办公室做出具体见报安排，并提前与推广办沟通协调，力争再创佳绩。

（二）

每周的推广简报值得仔细琢磨，尤其是提出的平台运营策略与建议针对性强，有可操作性。

上一期周报强调报道正呈现“稳中求进”的特点，认为首先是保持了高质量稿件的量的稳定。周报指出流量密码的核心是内容为王，报社凭借比较专业的采编团队、比较丰富的编辑经验和比较广泛的社会资源，持续生产出高质量、高权威度的内容，深度调研、言论评论等稿件都维持了量的稳定。在此基础上，经有力推广，重点专题的传播量从起初的几十万、几百万到过千万，再到一次次破亿，目前基本均能稳定在高位，出现了好报道匹配好传播的局面。

其次，是形成了比较稳定的推广机制。经过一段时间尤其是近半年来的探索和实践，报社融合推广的渠道建设已初步成体系，开始进入到良性发展阶段。

这些分析是有深度的，也是切合报社实际的，对于我们做好下一步工作很有参考价值。希望同志们注重这些研究成果的转化，有意识地运用到日常采编业务中。

开年以来，副总编辑徐立京同志带着推广团队，咬定目标不放松，一次次走出去请进来，连续与头条、腾讯、学习强国等加强沟通联系，深化交流合作，为扩大本报影响力、增强舆论引导力作出不懈努力，效果越来越明显，作用越来越突出。我们的报道能接二连三出现过亿爆款，是与他们精准有效的推广和默默无闻的奉献密不可分的。

（三）

今天的头条编发《直面时代挑战的真理之光——写在习近平主席在瑞士发表人类命运共同体演讲五周年之际》，是国际部几位年轻同志采写的，分量很重，质量较高，真是后生可畏，令人很是欣慰。

上周一的总编辑办公会业务研讨会，聚焦的是国际部“经世言”采编团队工作，新任副主任连俊同志以《尊重和信任就是战斗力》为题，汇报了2021年的探索与进展、收获与成效，听了有启发有感触。

统计显示，“经世言”专栏这一年实现“量”“质”齐升，全年共刊发评论138篇，近半获评B级以上好稿，包括3次整月A稿。影响力也在不断扩大，《“中国输出通胀论”纯属无稽之谈》等阅读量都达百万以上，不少文章被近800家中外媒体转发。近半稿件转化为短视频，仅新媒体部播发量就达2459.7万次。这个专栏在发挥主流舆论应有作用、履行中央党报应尽之责、扩大本报影响力引导力方面，都收到明显成效，反映出业务领域的拓展和提升，也反映出国际部同志们工作上的精进和投入。

可贵的在于，一年多来，国际部在业务学习上下了大功夫。要持续推出质量较高的稿件，必须不断加强学习，给高强度采写打下良好基础，提供不竭动力。陈学慧同志要求团队成员日常学习要做到：一是关注国际时事，对报道对象、事件始末、各方观点有全面了解；二是学习兄弟媒体报道，每当看到其他媒体有优秀报道，都要在部门微信群里分享；三是定期集中开展业务研讨，讲评具体篇目，交流心得体会。

更为重要的是，国际部并非心血来潮，做做样子，也不是为了应付差事，而是形成了业务学习的良好机制，逐步做到常态化。我们去年初强调要提高“两性两力”（主动性、计划性和学习力、执行力），国际部已落实了一年，工作取得可喜成绩，也就不奇怪了。

（四）

年终岁尾，事情不老少，要安排要考虑的工作挺多。尽管如此，还是连续参加了总编辑办公会、行政办公会、深度调研报道委员会全体会等，并就有关工作谈了意见讲了话。目的就在于，一方面，年底各项工作要有力推进，年初拟定的工作任务要逐项清盘完成，“质量提升年”活动要如期收尾见效，各项整改台账要尽力销账落实；另一方面，也是更重要的方面，是要向大家表明一种态度。这就是，对2022年的各项工作，编委会不会放松；对新的一年改革发展，编委会不会懈怠；对下一年度的事业进步，编委会仍将念兹在兹。我们要一如既往地领着大伙踔厉奋进，持之以恒，以良好的工作业绩迎接经济日报创刊40周年。

企业报道逐步铺开 融合推广持续推进

2022年1月24日 · 星期一

（一）

又一套深度调研报道出炉。

由内参部主任瞿长福同志领衔的“践行习近平经济思想调研行”《塞罕坝范例》，经过采访、写稿和打磨，历时3个多月，今天隆重推出。这篇万字雄文，生动细致地报道了塞罕坝人几十年来种绿、播绿、护绿的感人事迹，特别是反映了近年来塞罕坝人牢记总书记嘱托的实践，主题重大，站位高、写作精，读来荡气回肠、引人入胜，是又一篇有高度、有深度，也有温度的高质量调研报道。

这是开年来的第二套重磅报道。可贵的是，这套报道是20多篇深度调研报道中，花时间最多的。为了保证稿件质量，体现应有水准，调研组冒着严寒，再上塞罕坝补充采访，使稿件更有针对性。尤其是大家精益求精，数易其稿，最终得以很好地呈现。

作为部门主任，瞿长福同志已是第三次参与这样的深度调研了。从此前的《深圳领跑》，到《南阳重耕》，再到这次的《塞罕坝范例》，对主题的把握，对深度的挖掘，对稿件的写作都愈益得心应手，显示出老同志的新作为。编稿时，总想起苏东坡的那句词：老夫聊发少年狂，左牵黄，右擎苍。希望长福同志继续发挥爱思考、善调研、带队伍的优势，争取再搞两次这样的报道，为职业生涯留下最后的精彩。

（二）

去年以来，技术部增加了一项工作内容，就是利用数据优势，对新闻报道做统计分析，对工作是有促进的，很具参考和指导价值。周末翻阅了关于“金观平”稿件传播情况的统计分析，同样颇受启发。

据统计，自2020年8月23日至2021年12月31日，金观平在报纸端共发稿170篇，平均2.9天发1篇，除有5篇在其他版面见报外，均坐镇头版代表本报发声。共获转载26693次，其中53篇转载数超200次，占比31%；产出微信10万+7条、100万+16条，其中《适度超前推进基础设施建设》等阅读量逾700万；多个相关话题引发热议，阅读量达百万、千万并登上微博热搜，最高阅读量话题#中国不可能重新大上煤电#累计达3.2亿。报告认为，金观平爆款稿件频出，体现出报社的站位和视野，起到了有效引导舆论的作用，已成为经济日报社名副其实的“金”字招牌。

技术部能作出这样的分析，是有眼光的。从2021年6月技术部开展评论稿件统计算起，金观平发稿数只占同期评论稿件的4.9%，转载数却占11.5%；在13个统计周期（双周）中，金观平分别10次列评论稿件作者、栏目转载榜首位；同时，在各平台阅读量排行榜中也都稳居前列，各平台转化率普遍高出1到2倍。统计还显示，去年有21篇金观平文章被评为A稿，反映出整体质量较高，更受其他媒体和读者关注，也成为本报评论稿件的一个标杆。

难得的是，这个报告还对参与撰写的各个作者、传播率低的稿件特点、平台转发共性规律进行统计梳理，作出分析归纳，读来很有针对性，对改进工作是有可操作性的。印发后，大家不妨花点时间读一读。

（三）

从去年三季度起，我们开始发力企业报道，推出了“牢记总书记的嘱托·企业调研记”，先后刊发《臻至破危》《追光者》和《正泰正青春》，都是万字雄文，都是精雕细琢，体现出本报企业深度报道高举高打、出手不一般的特点。牵头负责企业报道团队工作的徐立京同志提议，本周最好开个会说一说，对这项工作再作安排，我看很有必要。

按照编委会部署，企业报道团队去年8月中旬组建，成员有50多人，分为6个报道小组，包括各部门、驻地机构和中国企业家、证券日报等直属单位的采编人员。这种带有创新试点的做法，旨在吸纳整合集团各方力量，优势互补形成合力，也是为了顺应直属单位希望加入报社重点报道的吁请和要求。从便于操作的角度考虑，企业报道团队办公室设在新闻协调部，并将总编室“企业”版编辑团队整建制划归该部门，以利统筹协调承担各项工作任务。

这一段时间以来，这个团队结合采编实践，各项工作有条不紊逐步铺开，包括选定采访对象、组建采访团队、作出稿件分类分级编发等，开局是不错的。只是由于疫情加重，采访调研工作不能如期按计划进行，影响还是不小的。关于如何做好企业报道，这一年多来，我在多个场合、多次评报中讲了不少想法，谈了一些考虑，大家也比较有共识，关键是要抓好落实。一个一个做，一年一年干，坚持不懈，必有成效。

（四）

上周四召开编委会，听取了报社融合推广办公室赴腾讯（北京）总部调研情况的汇报，编委们一致认为，融合推广办近期连续与学习强国、今日头条、新浪、腾讯等平台沟通交流、推动合作，工作富有成效，通过赋能优质内容，传播力、引导力、影响力、公信力不断提升。会议强调，今年要大力推动中国经济网建设发展，充分发挥其技术优势，探索深化报网融合，首先可将微博微信团队作为试点，加强主报与中国经济网在技术力量、人员队伍等方面的融合，同时下力气抓好主报客户端等自有平台建设。

周末，仔细看了几期“融合推广月报”，不禁要为相关编辑人员的敬业精神点赞，也要赞叹他们有深度的分析思考，对媒体融合发展的深入洞察和对优质内容推广工作的深刻认知。

第五期月报提出，应采用“内容+运营”双驱动策略，秉承“开放+协作+共享”理念，探索媒体融合新路径。文中建议，在内容建设强势期，扩大内容传播渠道，以“开门办报”思路，触达用户、服务用户、留住用户、盘活用户。同时，夯实内容战略，为用户提供有时效性、有信息增量、有“增智”导向的优质内容，携手合作伙伴，提升服务能力，为建设具有影响力竞争力的新型主流媒体提质增速……

这些观点开思路，针对性也很强。这一方面说明，我们已告别“躲进小楼成一统”的阶段，开始进入眼观六路、耳听八方的开放阶段；另一方面也说明，我们融合发展多了参照的维度，多了观察的角度，更加理性、客观了。看来，融合推广办的工作有必要继续加强。

虎虎生威迎新春

2022年1月29日·星期六

（一）

周三，参加企业报道团队的会，听了《臻至破危》《追光者》《正泰正青春》报道融合传播情况汇报和6个采访组交流体会。

这是企业报道团队正式开的第一次工作会，具有开创性意义。一年开上10来次，总结上一阶段工作，安排部署下一阶段工作，是十分必要的。企业作为市场主体，是经济日报报道的重点内容，也是做强经济报道的必然要求。创刊40年来，经济日报始终与企业紧密相连。也可以说，企业报道是经济日报的看家本领。我们应当充分认识加大企业报道的必要性和重要性，把企业报道紧紧抓在手里，力争用两年时间改变由多种因素导致的企业报道不够景气的状况。这几个月的实践证明，企业报道大有可为。希望今年能刊发一二十篇有质量的企业重点调研报道，促进提高采编业务水平，带动报道实现全面提升。

在去年的评报中，就开展企业报道，我说了很多“要”，这次会上，我集中讲了“不要”，提出要努力做到“四不”：一是不要有宣传腔、广告味，要客观报道，塑造报纸品牌和记者良好形象；二是不要“神化”企业，无须仰视采访对象，要做到平等对话、理性观察；三是不要把企业报道写成企业家报道，要着重关注企业生存发展、改革创新等内容，展现企业故事；四是不要局限于采访一家企业，要有行业眼光和全球视野，全面深刻反映和挖掘企业发展特点。我说，企业报道团队还是要按照“减量化改革、高质量发展”要求，首先集中力量做好“牢记总书记的嘱托·企业调研记”专栏，这是企业调研报道的重中之重，要做出亮点、纲举目张。

企业报道既是老业务，也是新天地。希望徐立京及其团队的同志们不断探索、努力开拓，力争让经济日报的企业报道上新台阶。

（二）

周四的“时评”版头条《挺起A股的脊梁》，作者是董少鹏同志，此文是转发前一天的证券日报稿。

前一天一大早，读到该评论时，就甚感观点鲜明，内容精彩，分析比较专业，标题也很醒目打人。翻了本报稿库，未见有同类稿件，当即通知版面，要求次日编发，并对来汇报工作的证券日报社社长陈剑夫同志推荐：这篇评论写得不错，提出表扬，经济日报要转发。

不一会儿，剑夫同志微信报告说：此稿已上百度热搜了。看来，好报道大伙是有共识的。这也进一步说明，直属单位潜力不小，资源还应当有效整合，以形成更大合力，做更多的事情。

参照以往做法，年终总结时会播放一个视频节目，回顾过去一年工作，展示大家所做的成绩，既提高会议效率，缩短会议时长，又能生动活泼，大家喜闻乐见。承担这项任务的中国经济网贾希等人，在郝英、武力同志先后指导下，全身心投入，很好地完成策划、拍摄、制作，节目得以精彩呈现。因为加班加点，两位同志都累病了。

贾希同志发来微信说：“能参与到报社的总结视频工作中是我们的荣幸，片子制作的过程就是我们学习和成长的过程。感受着报社日新月异的变化，一年来丰硕的成果，出镜同事的自豪与雀跃，更加坚定了我们深度融合、干出一番事业的决心，希望以后能为报社媒体融合工作多出一份力。”参加企业深度调研的直属单位同志也表达了同样的愿望，认为能融入集团做工作不仅深感幸运，更重要的是可以得到锻炼和提高，倍加珍惜这样的机会。

机会多多，效果满满，资源整合前景广阔，有待我们加快推进。

（三）

湖北站董庆森同志经常发来微信，聊聊工作情况。前两天，他又发来微信说，今天下午，湖北省委书记应勇主持召开中央主要新闻单位驻鄂机构负责人座谈会，他也在会上发了言。应书记讲话中专门对经济日报近期工作进行大段讲述，特别是对张曙红同志带队做的《宜昌蝶变》深度调研予以充分肯定。

应勇书记说：“庆森，你们经济日报对宜昌的深度调研刊发后，很多朋友给我打电话，对报道给予了高度认可，我十分认同。前段时间，宜昌面临化工围江困境，按照长江大保护要求，需要破解2000亿元化工产能难题，为此宜昌发展精细化工，有效破解了难题。你们的眼光独到，报道非常及时。去年，宜昌主要指标全面优于全省，经济增速位于全省第一，迈上5000亿元台阶，又有力回应了你们的报道，形成了良好互动。”应勇书记希望经济日报再接再厉，推出更多优秀报道。

董庆森微信还说：“先向您大致汇报，明天我写一个详细报告报送。”紧接着，就看到记者部报来的详细报告。元旦前后，见到回京的董庆森、李红光、李景、吴浩、刘春沐阳等派到驻地工作的多位年轻人。下去的时间其实并不长，但真的感觉他们都成熟起来了，深感把他们扔下去是对的，心是狠了点，但效果不错。有人开玩笑地说，以前小董只能跟总编室主任副主任这样的领导打交道，现在是与省委书记、宣传部部长交朋友，可谓“往来无白丁”！

（四）

新春佳节就在眼前，北京冬奥会也将在一周后拉开帷幕。做好盛会的宣传报道成为当务之急，也是我们节日期间的一项最重要工作。

在全球疫情形势严峻、美西方对我打压升级背景下，举办一届成功的冬奥会意义重大，做好盛会的宣传报道，也成为重要的政治任务。为此，编委会提前做出安排，由徐立京同志牵头负责。近一个时期以来，同志们做了扎实细致的准备工作，出计划、搭班子、建队伍，对报道作出安排，紧锣密鼓地推进工作。将有多名采编人员放弃假日休闲时间，牺牲家人团聚机会，报社各有关部门要全力支持，充分发挥作用，体现“一盘棋”思想和大局观念，按照中央要求，坚决打好今年第一个重大报道战役。

经过精心筹备，旺旺杯“春节七天乐”新闻摄影征集活动已开启。这是我们继去年成功举办后的又一次举办。外事部加强与旺旺集团的沟通协商，使其成为协办单位，加上中国新闻摄影学会的加盟，我们的这个活动增添了新的力量。这两天已开始刊发来稿，相信经过大家的努力，一定能取得预期效果，达到既定目标。对于李景录同志和视觉编辑室的同志们来讲，这个春节又会是一个繁忙的、加班的“七天乐”。

借此机会，再次给大家拜年！祝同志们身体健健康康，家庭和和睦睦，新年虎虎生威！

FEBRUARY
2022 ／2

2022 年 2 月

总编辑评报

新年要有新气象新发展新成效

2022年2月2日 · 星期三

（一）

虎跃龙腾新春到。

新年来临之际，领导同志说，过去一年，各新闻单位坚持以习近平新时代中国特色社会主义思想为指导，坚决贯彻落实党中央决策部署，做了大量艰苦扎实的工作，取得了突出成绩。2022年要召开党的二十大，做好各项工作，使命光荣，责任重大。各新闻单位要坚持稳中求进，报道要更加有声有色，报纸要更加丰富多彩，各项工作要有新气象、新发展、新成效。

节日期间，整理这些材料，重温领导同志的重要讲话、批示和要求，深感任重道远，也进一步明确了工作重点和努力方向。我们要认清形势，守正创新，踔厉前行。

（二）

双奥之城万象新。

今天，大年初二，冬奥圣火开始在首都传递。时近中午，总编室乔申颖同志发来微信：“向领导报告，已经传完了！119号火炬手感谢报社，幸甚至哉！”

小乔是代表优秀经济报人成为冬奥火炬手的，我们与有荣焉，一样地自豪和骄傲。我说：“马上写篇《我是119号火炬手》，发新媒体并安排见报。”

作为眼下最重要的工作任务，冬奥会宣传正紧锣密鼓进行中。徐立京同志挂帅的报道团队马不卸鞍人未歇，热火朝天在忙碌。不论是报纸版面稿件，还是新媒体报道，以及中国经济网呈现，都有新意有章法。像现场见闻和评论言论、体现核心报道的微博“冬奥日签”、互动节目“我与奥运同框”、飞临系列“探秘冬奥场馆”等，都让人眼前一亮，很有创意和特色，反映出同志们的用心与投入。

（三）

假期闲聊，不少同事谈到马立群一案，总是会唏嘘不已。那么熟悉的身边人被判11年有期徒刑，不能不让人有所震动，既为报社形象受损心痛，也为其本人及家属将付出沉重代价而痛心。

近年来，报社全面从严治党工作是取得明显成效的。但必须清醒看到，党风廉政建设仍存在薄弱环节。比如，全面从严治党主体责任仍需加强，有的人导向意识、阵地意识、大局意识、责任意识不强，执行采编经营两分开要求有盲区，少数单位、编辑记者利用宣传资源谋取经济利益的廉洁风险仍然存在。马克思主义新闻观再学习、再教育不到位，采编人员特别是年轻同志还没有形成思想自觉和政治自觉。监督体系还不够健全完善，纪律监督、组织监督、职能监督的统筹衔接有待加强。直属企业廉政风险突出，纪律和规矩意识仍需强化，极少数党员干部还在把制度规定当成“稻草人”。

对这些问题和现象，我们不能不重视，当务之急是严格执纪问责。要用严明的纪律要求和严格的执纪问责，警示党员干部知敬畏、存戒惧、守底线，全方位扎牢制度“笼子”，规范权力运行。同时，还要深入开展警示教育，以案说法，为党员干部敲警示钟、打预防针，自觉筑牢廉洁自律防线，严防再次发生这样严重的案件。

（四）

春节放假前，人事部报来材料，要对天津站站长武自然同志提出表扬。

自然同志创作的诗集《啊哈嗬咿》，荣获第十九届百花文学奖“文化交流特别奖”。据说，这是该奖项创立至今，诗歌体裁类作品首次获奖。有书评介绍，《啊哈嗬咿》集合了百余首以内蒙古自然和人文为题材的现代诗歌，部分具有代表性的诗歌以汉蒙文对照的形式进行展现。报道称，该作品获奖在文学界引发反响，扩大了经济日报的美誉度。

自然同志自2006年起担任天津站站长。多年来，他贯彻编委会决策部署，坚守新闻舆论阵地，履行新闻工作职责使命，撰写了《渤海湾畔潮头立》《让那河流改变了模样》等有影响的报道。临近退休，但他仍以满腔热情和主动态度做工作。特别是经过不懈努力，今年本报在天津发行量创历史新高，践行了“站好最后一班岗”的诺言。

我们要向自然同志致敬，给这样一位为报社做贡献的老站长点赞！

冬奥会报道，精彩开局精彩继续

2022年2月5日 · 星期六

（一）

2月4日，立春之时，开幕之日，全球聚焦中国，举世瞩目北京。本报“冬奥会特别报道”，自这一天起推出。

为迎接盛会，报道团队提前策划安排的社论和编辑部文章等重点报道陆续登场，与“特别报道”“视觉”版相映生辉，通讯、言论和图片相得益彰，可谓浓墨重彩，给开幕营造出了浓浓的氛围。尤其是牛瑾同志撰写的重磅文章《与世界共享“北京乐章”》有站位、有高度，文采飞扬，在多家媒体重点报道中显出了个性。

昨晚，开幕式还在进行中，习近平主席宣布北京冬奥会开幕，本报新媒体立即推出“北京冬奥会开幕号外”，极富冲击力地报道了盛会盛况，让人印象深刻。这是所有媒体中第一份北京冬奥会“号外”，也是经济日报历史上少有的“号外”。一位新闻界同行还以为我们出了纸质版，专门致电，让给他留一份做纪念收藏。

（二）

到今天，本报冬奥报道全面升温。不仅全方位做好奥运开幕报道，反映外国政要、国际奥委会官员对北京冬奥会和中国春节的祝福祝愿，而且报道有声势有气势，十八般武艺全上阵，体裁、形式、渠道、形态也是百花齐放。

这两天的报道还把立春与冬奥开幕有机融合，体现万象更新、未来可期的前景，微信《这是一次寓意深长的美好相聚》围绕立春节气做文章，风格清新。【#立春##冬奥迎春天#一起向未来】海报，将冬奥火炬与春天景象同框，耐人寻味。“视觉”版也是精彩呈现，图片精美大气，展现出全国参与冰雪运动已达3.46亿人、冰雪产业总规模从2700亿元增长到6000亿元的喜人景象。

对外传播也有不俗表现。本报海外社交平台推出原创图文栏目《一起开启北京2022冬奥之旅》，针对境外关注的热点话题，已连续播发6期，截至2月4日上午，总阅读量达910万，其中脸书平台每条阅读量都在80万+。对于我们来说，这样的传播效果，是相当不错的。

（三）

为做出特色，同志们是下了大功夫的。以“飞临冬奥场馆”为主打，持续推出包括系列视频、图文、海报等矩阵式专题报道，以独家全景拍摄冬奥场馆建设这个优势，全方位呈现北京冬奥会场馆之美，成为冬奥报道的一大亮点。

好作品不会从天而降。为完成这个系列视频，自2019年9月2日起开始拍摄，前后历时492天，全程见证了冬奥场馆的建设历程，也见证了冬奥场馆建设体现出的中国速度、中国力量。同时，精心策划推出了多套产品，力求取得更好的传播效果。

这一次，产品运营也是费了心思，特别是加强了同第三方平台的合作，通过多种方式挖掘、延伸独家素材的价值。与腾讯新闻合作上线冬奥会科普文档，子表格“奥运场馆全景导览”嵌入了经济日报·中国经济网独家VR内容进行展示推广，将新闻内容产品转化为小程序工具化产品；制作推出H5产品，在腾讯新闻冬奥频道重点展示；在微博、今日头条开设#一起飞临冬奥场馆#话题，集纳内容聚合展示。多平台、多形态、全方位的融媒呈现、融合传播，让这套产品通过更多渠道触达受众，取得了很好的传播效果。初步统计，截至2月4日，《带您“飞临”冬奥场馆》系列产品全网累计阅读量已超过2亿人次，实现了融合报道上的一次重大突破。

刚才，审看了一篇评论，题目叫作“精彩开局，精彩继续”。把这8个字送给大家，望继续努力。

新年报道实现开门红

2022年2月8日 · 星期二

（一）

自1月26日起，到今天中午，春节七天乐新闻摄影征集活动收到来自全国31个省区市参送作品18000多幅(组)。牵头这项工作的李景录同志预计，今年活动的投稿数将远超去年。

从目前的情况来看，这个活动参与人员多，题材涉及面广。征集活动得到专业和非专业网友摄影者的支持，有工人、农民、解放军、武警官兵、学生等，题材涉及经济、文化、科研、军事、旅游、体育、民生等诸领域，各方面反响也是比较热烈的。

统计显示，这14天里，本报刊发（挂栏头）新闻图片80幅，其中9个“视觉”专版。客户端发布征集作品280幅（组），微信以“味道”为主题推出系列新媒体产品，已推送《年的味道》《奋斗的味道》等，受到网友关注。“财经早餐”也选取精彩作品展示。目前，微信公号总阅读量近20万。微博发文10条，主持开设相关话题9个，文章及话题累计阅读量约450万。今日头条开设“春节七天乐”话题，累计传播量843万。部分摄影作品还在学习强国推荐频道予以展示。

李景录同志说，海外参赛作品正在通过新华社、中新社和本报驻外记者搜集整理中。和去年一样，征集活动得到战略合作伙伴单位——中国新闻摄影学会的支持，已收到人民日报、新华社、解放军报、光明日报、中新社、工人日报、农民日报、中国青年报、人民摄影报、中国体育报等媒体投送的参赛作品。

看来，视觉团队这个年又是忙并快乐着的。我说，要继续扩大战果。景录同志回答道：好的！

（二）

在昨天召开的春节后首次总编辑办公会上，赵子忠和张曙红两位值班编委对一月份的报道工作做了分析和总结，大家都认为报道实现开门红，为全年工作开了一个好头。国际部廉丹同志也专门给我报告说，海外账号一月份数据喜人，新年新气象！

据统计，海外账号内容覆盖量一月份大幅度增长，阅读量100万+有6条，单条最高数据为1555818；阅读量10万至100万有40条，单条最高数据为918188；阅读量5万至10万有34条。与此同时，整个账号的活跃度在明显提升，在共计80条阅读量5万以上的作品中，有16条进行了推广，其余都是自发流量；互动是内容在互联网深度落地的标志，一月份有5条作品转赞评互动达到1万+，其中互动量最高的为单条40806次。

这些统计数字，只是脸书单一平台的数据，推特平台、Instagram平台账号数据也是在稳步增长，同样实现了开门红。这样的良好开局，是可喜的，也是来之不易的，凝结着海外账号工作团队的心血，也充分反映出同志们不畏困苦、迎难而上的奉献精神和顽强作风。我们要向几位女将表示敬意。

（三）

节后事情不多，有时间翻阅刚拿到的《理论名家大讲堂》（第一辑）。这本书的内容是8位名师大家应北京大学之邀做形势与政策报告会的讲稿汇编，首篇即是我们的老领导傅华同志题为《新时代文化何以自信》的讲稿。此前通过手机曾在网上浏览过，由于文字长，眼睛受不了，只是粗粗翻了翻。这次是认认真真、仔仔细细、一字一句读的，而且是一口气读完了，深感此文对于我们做好宣传文化和新闻报道工作，很有指导性，值得学习，值得反复学习。

这个几万字的稿子，集中讲了新时代的文化特征、意识形态与文化安全和新时代文化建设的着力点三个方面，并不是什么高深莫测的问题，也不属于深奥难懂的哲理，应该是大家都不陌生的内容，大多数人也能说出一二。但是，能把众人皆知的话题讲得娓娓道来、引人入胜，让读者和听众茅塞顿开、恍然大悟，着实不是一件容易的事。那么多大道理、大概念就在不经意的谈心交流中启人心扉、润物无声，没有高超的宣传艺术是难以企及的，没有深厚的理论学养也是无法做到的。不仅现场聆听的学子们会有“听君一席话，胜读十年书”之感，就是我们现在翻阅讲稿，也同样能领略其强大的说服力和引导力。

我郑重地推荐这个讲稿，希望大家好好读一读，相信一定是会有收获的！

延伸阅读

“春节七天乐”大赛的启示
——在视觉传播专题研讨会上的讲话

（2021年9月28日）

今天，大家聚集一堂，一起回顾“春节七天乐”全国新闻摄影大赛、“记录小康生活 见证时代变迁——庆祝中国共产党成立100周年”微视频征集活动的盛况，共同探讨融合发展中视觉传播的有关问题，是件很有意义的事情。

正如有的同志所说的，像“春节七天乐”这样的大赛活动，作品质量之高、参与人数之多、辐射范围之广、社会影响之大、各界反响之好的全国性新闻摄影大赛活动，经济日报已多年未搞了。我们为什么要办这个活动？我们是怎样举办的？效果如何？有哪些收获和启示？我想借此机会，跟大家做一个交流。

一、我们为什么要办这个大赛

坦率地说，经济日报作为党中央、国务院指导全国经济工作的重要舆论阵地，根基在报纸，优势在文字，积淀在笔头。我们在图片摄影方面，基础薄弱、人才短缺、资源有限等问题突出。总之，是先天不足。既然如此，我们为什么还要办这个活动呢？主要是基于以下几方面的考虑。

第一，举办“春节七天乐”全国新闻摄影大赛，是经济日报落实中央深度融合发展重要指示的必然要求。媒体深度融合发展，是习近平总书记的殷殷嘱托，是中央的重大决策，也是时代的有力召唤。这不是我们愿不愿做、想不想做、要不要做的问题，而是我们新闻人必须做且必须做好的时代答卷。在融合发展的征程上，我们就是要闻鸡起舞，风雨兼程，一旦出发，使命必达。条件不具备，就创造条件；才干有欠缺，就磨砺才干；环境不成熟，就改善环境。总而言之，在这一点上，我们经济日报也无撤退可言。

第二，举办“春节七天乐”全国新闻摄影大赛，是落实“减量化改革、高质量发展”理念的题中应有之义。报纸工作千万条，抓住重点第一条。当前，经济日报既面临着兄弟媒体、市场化媒体的竞争压力，又面临着新媒体、新技术带来的转型压力。在这样的形势下，胡子眉毛一把抓不行，把头埋在沙子里当鸵鸟更不行。编委会经过认真研究、充分讨论，认为在图片摄影、视频制作等领域，采取“集中兵力、主攻一点”的针尖战略，或许能起到四两拨千斤之效。实践也证明，这样的打法远比全面出击、遍地开花更为高效，也更符合经济日报实际。

第三，举办“春节七天乐”全国新闻摄影大赛，是提升经济日报报道质量、丰富报道形式的有效途径。读图时代，一图胜千言。可是，我们的编辑在报纸版面编排、融媒产品制作中，时常遇到两个痛点：一是图片质量不高、资源有限，往往只能是矮子里面拔将军；二是图片囿于知识产权限制，优质的图片不便选用、不能使用。举办摄影大赛，可以有效地化解上述痛点，数以万计的参赛图片，让编辑

“手中有粮，心中不慌”，让版面、融媒产品“可甜可咸，张弛有度”。

第四，举办“春节七天乐”全国新闻摄影大赛，是经济日报“开门办报”基因的历史传承。“开门办报”是党的新闻工作的优良传统，融媒体时代，“开门办新媒体”也是必然选择。事实证明，在自身资源不多、技术不足、能力不够的情况下，依靠读者和受众的力量是可以有所作为的，“春节七天乐”大赛的喜人成绩就是一个例证。李舸主席刚才讲了范敬宜同志的观点，再好的钢也打不了几颗钉子。在我们看来，经济日报就是一个平台，不仅是经济日报社的，也是广大读者和受众的。只要紧紧依靠读者，时刻都有受众意识，作为中央媒体，作为传统党报，经济日报就一定能葆有生机活力。

二、我们是怎样办全国新闻摄影大赛的

天下之事，本无难易，为之则易，不为则难。现在回想起来，经济日报编委会对举办“春节七天乐”全国新闻摄影大赛的困难还是有充分估计的，但我们从未因为困难而犹豫徘徊。认定的事，就要上下同欲，全力以赴，不达目的，誓不收兵。

首先，精心策划活动方案，确保摄影大赛安全平稳、特色鲜明。今年是中国共产党成立100周年，而“春节七天乐”大赛政治性强、涉及面广、不可控因素多。为此，我们细心谋划，提前推演，将困难尽可能想得多一些，将方案尽可能想得全一些。一方面，我们及时向上级有关部门请示沟通，争取领导机关对大赛活动的支持；另一方面，我们细化活动方案，将“春节七天乐”的主题细化到每一天，具体分为节日市场供应、坚守岗位、文化过大年、就地过年等多个具有经济特色的鲜活主题。事实证明，有预判的方案为活动的开展提供了

有力保障。

其次，广泛动员各方力量，确保摄影大赛人气旺、质量高、效果好。是否有足够的知名度、参与度，是衡量一场活动是否成功的重要标尺。没有人参与，没有人关注，参赛作品没有质量，是不行的。为确保“春节七天乐”全国新闻摄影大赛顺利进行，工作团队充分借助战略协作单位——中国新闻摄影学会资源，得到学会的大力支持，引导动员该学会成员参与，做实了赛事的基本盘。同时，深耕新闻摄影圈资源，争取到人民日报、新华社、光明日报、人民摄影报、中国摄影报、中新社、工人日报等兄弟媒体大力支持。参与者中既有省摄影家协会主席，也有不少农民工兄弟，真正做到了春节“大家乐”。

第三，合力做好推送工作，确保摄影大赛到达率高、传播范围广、社会影响大。在新的传播格局和媒体发展态势下，优质内容也需要优质渠道推送。我们一方面充分利用好自身平台，在经济日报、经济日报客户端、微博、微信、抖音平台，以及中国经济网等渠道，动态刊播“春节七天乐”新闻摄影大赛有关消息，并及时展现活动中征集到的优秀作品。另一方面，我们也积极用好学习强国、今日头条、抖音、快手等第三方平台，通过多方的高效沟通，加大对优秀作品的推送推广力度，确保摄影大赛中涌现的好照片、好作品能够得到好呈现。

三、我们的收获

一分耕耘，一分收获。在各方面的大力支持下，“春节七天乐”全国新闻摄影大赛困难比想象的少，成绩比想象的大，效果比想象的好。在这些成效中，有的影响是一过性的，而更多的是长期的、持久的、深远的，给经济日报深度融合发展带来了更多可能路径和更大想象空间。

在我们看来，活动最显著的，就是扩大了经济日报的传播力引导力影响力公信力。“春节七天乐”全国新闻摄影大赛活动期间，共监测到相关信息568条，客户端文章297篇，论坛主帖、微博信息数百条，相关话题在新媒体平台广泛传播。不仅如此，“春节七天乐”新闻摄影大赛还得到了全国各地乃至世界多地的参赛者关注、投稿，经济日报的品牌效应也由此增强。

在我们看来，活动最可喜的，就是汇集征来了一大批质量较高、特色鲜明、版权明晰的图片作品。“春节七天乐”活动期间，共收到31个省份和香港特别行政区参赛作品21800多幅（组），还有来自美国、德国、法国、英国、新加坡、匈牙利、韩国、加拿大、越南、泰国、日本等国家投送的参赛作品2000多幅（组）。这些照片水准比较高，关键的是产品产权清晰，丰富了我们现有的图片库。

在我们看来，活动最难得的，就是与一大批专业、热心的作者建立了联系和链接。“春节七天乐”大赛活动受到了全国成千上万摄影师的高度关注。这场活动，让这些专业人士对经济日报品牌上更加认同，情感上更加亲近，业务上更加熟悉，为下一步我们深度融合发展、打造自有平台提供了更多可能。今后无论是再次举办类似活动，还是日常图片调度，我们的余地更大，范围更广，选择更多。

在我们看来，活动最可贵的，就是锻炼了融合发展队伍、提升了融合发展能力、积累了融合发展经验。这场活动中，总编室多位采编人员全程参与。没有比实战更好的课堂，没有比亲历更好的历练。新闻摄影大赛和短视频征集这两场活动，带来的是采编人员活动组织、综合协调、产品制作、内容推广等全方位、多角度、深层次的能力提升、经验积累。这无疑是我们下一步加快融合发展最可贵、最可持续的财富。

四、活动的启示

“春节七天乐”和微视频征集活动已圆满落幕，各个奖项也已“名花有主”。但关于活动的复盘、总结、思考的脚步，不应该停下。结合这两场活动进行的探索，产生的影响，各方的评价，还是带给我们不少启示的。

启示一：融合发展时代更需要“开门办报”“开门办融媒体”。“春节七天乐”新闻摄影大赛活动以及短视频征集活动给我们一个深刻的体会，那就是“高手在民间”，读者和网民中蕴藏着巨大的生产力。想一想，2万多张照片，仅从数量上讲就很惊人。更不用说，这些图片中不乏大量高品质、专业化的作品。如果都让我们自己去拍摄，是不可想象的，是根本不可能做到的。因此，我们要紧紧依靠读者，让“开门”变常态。

启示二：融合发展时代更需要借力发展，单枪匹马走不远。君子生非异也，善假于物也。这一次，我们办的“春节七天乐”活动得到了中国新闻摄影协会的大力支持，微视频征集活动在推广上得到了学习强国、今日头条和微博微信平台的助力。不然，效果不可能这么好。因此，推动媒体深度融合发展，必须借力发展，要有“大融合视野”，要有“跨界思维”。不仅媒体自身内部要融合，媒体和第三方平台、渠道也要加强融合、加强合作。循着这样的思路，媒体、平台、渠道各自发挥优势，做自己最专业的事情，通过合作使内容生产、分发、传播有机衔接，最终实现信息传播和舆论引导的最佳效果。

启示三：高质量产品是办好报纸、办好新媒体的重要条件。我们始终坚持“内容为王”，充分发挥经济日报的资源和专业优势，努力为受众和其他传播机构提供有经济日报特色、有经济日报水准的优质内容产品。我们办经济日报是这个定位，办新媒体、搞融合发展也坚持这个定位。今年以来，我们以提升办报质量为目标，狠抓经济评论言论，狠抓深度调研报道，推出了一系列引起良好社会反响的报道。可喜的是，我们不仅报纸影响力在增强，新媒体的影响力也在增强。这也表明我们这条路基本上是蹚出来了，方向是对的，要坚持不懈，迎难而上。

启示四：做好视觉传播工作是办好报纸、办好新媒体的内在要求。随着移动互联网、5G技术的普及，受众对于视觉传播的呈现方式提出了越来越高的要求，不仅对静态的文字、图形、色彩等十分关注，对动态的、立体的视觉传播方式也尤为青睐。这就要求我们认真研究视觉传播中具有规律性、普遍性的共识，并结合实际，运用到版面编排、融媒产品制作的实践之中，以最大可能赢得受众，扩大内容和品牌的影响力、知名度。

近年来，在中央正确领导下，在职工共同努力下，经济日报在推动媒体融合发展方面做了一些工作。但客观地讲，我们离深度融合发展的要求还有很大差距。为此，既要做好传统的主责主业，也必须开拓我们还不太了解的新领域，做一些我们还不太专业的新业务，尝试一些我们还不太熟悉的新模式，包括这两场征集、大赛活动。可以说，在融合发展的路上，没有“万事俱备、只欠东风”。唐僧去西天取经，孙悟空、猪八戒、沙僧，都是他在路上先后遇到的。凡事只有干了才会有机会，发展中的问题只能靠发展来解决。

评论工作需廓清三个认识问题

2022年2月11日 · 星期五

2月9日，评论委员会召开第21次会议。这是春节后的第一次评论委员会会议，除夜班编委外，其他几位编委都参加了，宣示着我们编委会在新的一年继续把评论工作牢牢抓在手中的鲜明态度。

这次会上，就做好下一阶段的评论工作，我提出要进一步统一认识，进一步达成共识，以最大的努力、最大的韧性、最大的投入，坚持不懈、持之以恒地推进评论言论工作高质量发展。针对同志们提出的意见建议，结合专栏记者的体会，我即席讲了一番感言，觉得有必要廓清几个认识问题。

第一，怎么看待“点击量”？半年多来，技术部门分门别类在做报道统计工作，对各个专栏和记者稿件的点击量、传播率进行归纳分析，效果不错，对工作有帮助和参考价值。要点击量，但不唯点击量，是我们的原则要求。大家知道，题材不同、要求不同，点击量就会不同，这是客观现实，也决定了评价稿件不只有点击量这一把尺子。把职责范围内该做的事情做好、做出水准，才是我们的追求；把握好大局和大势，正确引导舆论，才是更为关键的。丧失了正确导向的高点击量，我们是不需要的；缺少了经济特色的高点击量，我们也是不提倡的。不管做什么报道，办什么专栏，都要紧紧抓住“经济”二字；转发报道，也都要用“经济”去筛选。在经济报道上形成最大特色，在经济特色上做最大努力、达到最好效果，是我们业务工作的努力方向。

第二，怎么看待“专业化”？中央领导同志指出，报纸要有黏性，报道要有深度，强调要做强经济报道，为我们做好工作指了路，我们一定要认真学习领会，切实抓好落实。而没有专业化做基础、报道缺乏深度思考，是远远不够的，也是远远不行的。新闻报道必须专，要下大力气在专业化上不断精进，但不能望“专”却步、望“深”止步，是我们的基本态度。“专业化”之“专”是相对而言的，深度之“深”也是相对而言的，不要绝对化，也不要神秘化。我们从事的是新闻工作，我们都是新闻人，不是研究人员，不是经济学家。经过在某一领域的深耕与投入，比一般人熟悉一些了、比一般人懂得多了，就是我们需要的。事实上，新闻界能称得上“专家”的也寥寥无几，无须神化。希望各位专栏记者、各位评论委员会委员，在这个标准下去用心用力，不畏艰难，不怕挑战，不背包袱，坚定信心，勇往直前。

第三，怎么看待“焦虑感”？妥善把握好焦虑的“度”，是我们的正确应对。在当前这样的时代背景和社会环境下，人们的焦虑感明显增强，难得有人能做到一点都不焦虑。应该说，这也是一种比较正常的状态。其实，一定的焦虑是必然的，也是必要的，对此，我们要理性、客观、冷静看待，并且努力妥为应对。焦虑无疑会带来工作上的压力，有时这种压力还会比较大，但也可以激发工作的动力。我们的每一篇专栏稿件、每一个优秀作品大多是记者们在这样或多或少的焦虑中、压力下完成的，有的同志的焦虑感可能会更强一些，压力也可能会更大一些。建议同志们不妨用工作来缓解焦虑，用做事来平息不良情绪，用成就感来抵消焦虑感。

在我们的业务工作方面，评论是重中之重，其发挥的作用已明明白白地体现在发展进步之中。自评论委员会机制运行以来，评论质量是稳步提升的，传播效果是越来越好的，影响力是愈来愈大的，但评论工作的基础并不牢固，稿件质量时有下降、传播数据时有回落。对此，我们必须保持清醒头脑。这也提示我们，抓评论工作是不能停也不能退的，必须进一步夯实基础，必须把12个个人署名专栏“压舱石”的作用发挥得更好，必须对每一篇稿件精打细磨，务必使评论质量稳定在一个较高水准。同时，也要继续在传播推广机制的高效运转上想办法，有计划、有针对性地做好资源整合文章，以此加大推广力度，提升和扩大传播效果。

总之，须臾不放松，丝毫不大意，心往一块想，劲往一处使，我们一定能在现有基础上把评论工作再提升一个台阶。

延伸阅读

从六个方面入手找优质选题
——在评论委员会第二次会议上的讲话

（2021年4月21日）

今天的经济日报评论委员会第二次会议开得好。会议总结了近两周来评论委员会工作和选题落实情况，对舆情进行了研判，并梳理出相关评论线索和选题，一些选题已落实到部门和责任人，对进一步完善相关工作机制进行了研究。

在评论委员会统筹推进下，最近出现了一些精彩的评论、一些拿得出手的评论、一些体现评论队伍不断进步的评论，在报社内部形成了一种更加浓厚的重视评论、想写评论的良好氛围，推动了业务水平的提高，促进了经济日报的质量提升。时间虽然很短，但是初见成效。

第一，白班与夜班加强了评论策划，特别是在夜班调度下，当天及时撰写刊发的评论已有多篇，发声及时，效果很好。

第二，各个部门、各位记者更加重视采写评论，不少年轻记者希望提高自己的评论水平，也借此提高自己的综合素质，充实并丰富自己的职业生涯。这样的局面，我们期盼了很久。借助评论委员会搭建的平台，希望更多同志尽情施展自己的才华。

第三，新媒体端的给力传播，推动了一系列评论的落地见效。接下来，我们会在客户端首页隆重推出个人言论专栏，让评论生力军有充分展示的平台，让经济日报这个品牌发挥应有的作用。

评论委员会机制的高效、持续运转，有赖于制度的更加完备。要形成登记制度，争取每天在微信工作群中汇报上一次会议拟定题目的落实情况；每双周三会议召开之前，各部门提交进展情况，内容包括两周以来拟定题目的完成情况、刊登情况、未完成情况、调整情况，汇总后形成纪要文件印发；每次会议召开时，评论委员会办公室做双周工作小结，通报总体完成率等情况，会后把题目落实到人，打通"最后一公尺"。这些事情，具体操作由评论委员会办公室也就是评论理论部完成，但也有赖于各部门的积极配合与支持，惟其如此，才能做到件件有落实、篇篇有回音。

希望专栏作者带着拟撰写的选题来上会，让评论委员会对近期的重点评论方向予以整体把握，及时统筹，该调整的调整、该取舍的取舍、该合并的合并，保证有好的落实，得到好的呈现。只要加入了评论委员会这个团队，就要发挥应有的作用。众人拾柴火焰高，一定会对我们的评论工作有所促进。

一篇文章最重要的部分就是选题，一个优质的选题内容就是一篇文章的精彩开始。选题从哪里来？可以从以下六个方面重点梳一梳、理一理。

第一，从习近平总书记的重要讲话、重要指示、重要批示中找选题。这是我们报道的重点，也是评论的重点。要认真看一手资料、读原文全文，从中发现重大命题、重大理念、重大观点，更要找准角度、找准切口来写好这些题目。

第二，从党中央工作部署和各部门下发的重要文件、工作举措中找选题。各部委是分管领域的职能部门，对所在领域是有深入研究的，对问题的认识是可以为我们提供重要参考的。关键是，要学会纵向看文件，不只看今年的文件，还要研究同一领域10年、20年、改革开放以来40年的文件，从对比中找到合适的选题。这就有了历史感、纵深感，写起来也更有味道、分量更重。

第三，从其他媒体关注的焦点问题中找选题。其他媒体写过的，我们还可以跟进吗？当然可以，但前提是表达更深入，甚至有不同的观点。其他媒体关注的焦点问题提供的是角度，我们要实现的是超越。

第四，从社会关注的热点问题中找选题。读者关心、百姓关注，可以写的题目有很多，关键是看有没有独家的认识、独家的观点、独家的思想、独家的态度。

第五，从近期发生的事件中找选题。每天都会有众多的新闻在发生，有不少热点事件在出现，有各种各样的事情吸引着人们，我们要善于从这些新闻、事件和丰富多彩的事情中选择报道题目，特别是与专栏相交集的内容更要花精力研究分析。

第六，从海外舆情、境外舆情中找选题。海外媒体、海外人士对中国的看法和认识有时是不同的，有的还拘于旁观者的眼光，观点未必准确、正确，但恰恰可以给我们提供不同的视角，便于我们去找题目、写文章。

总之，要从原来下意识地从某些渠道找选题，变成系统地从这六个方面入手找，这样更便于我们在选题上省点劲、少点事。评论也好，专栏也罢，都需要加强学习、加强积累。很多题目就摆在那里，不是随便抓到一个人就能写的，更不是随便抓到一个人就能写好的。我们必须以高标准要求大家，希望更多同志成为所在领域的专家；也提醒专栏作者，进一步加强学习，把专栏稿件写得更加专业、更有深度。

形成经济报人共同价值观

2022年2月13日 · 星期日

（一）

冬奥盛会过半，冬奥会“特别报道”版出了几十块，图文均不错，可圈可点之处不少，尤其是一批新媒体产品有创意、构思巧、传播好，阅读量和影响力相当大。

推广办的统计表明，多篇稿件占据平台热搜榜。学习强国“强国时评”独选了金观平文章《北京冬奥会见证中国制造蝶变》《冬奥会首次实现“分钟级”天气预报》等10多篇稿件获中央网信办全网A类推送，另有20多篇获C类、D类推送，传播效果都是好的。

关于冬奥会报道，工作团队有多种分门别类的小结，每天都要按时向上级机关报送。每次翻看，都能体会到同志们的艰辛付出和无私奉献，称得上焚膏继晷、夙夜在公，实在让人尊敬。特别是在奥运闭环内工作的综采部常理同志，自1月26日进入闭环至今，已半月有余，千家万户都在团圆，他却一直忙碌在奥运采访报道一线。根据规定，预计要到3月中旬，他才会结束隔离与家人相见。除夕之夜，他发来微信报告说：“作为报社唯一进入闭环的记者倍感荣幸，必将全力以赴，不辱使命！”

有这样的同事，有这样的工作状态，是很欣慰的。只是，作为常理同志的太太，产经部刘瑾同志这一阵子要辛苦受累多理解了！

（二）

这些天，连着出了几期“数据”版，内容应时应景，大多与冰雪有关，成为本报冬奥会报道的重要补充，也是近期报道工作的一个亮点，特别是版式和色调与去年相比，是有明显变化和进步的。

去年底，“数据”版出100期时举办了座谈会，就如何改进和提高质量，征求各方面意见建议，社内外不少同志参加。会上，我提出要向中国日报学习，他们的版面做得好，水平高，在国内是一流的，也是新闻界公认的报纸，值得我们好好借鉴参考。王智同志和总编室执行力强，很快就联系安排，春节前邀请中国日报视觉总监来报社讲课，给大家做了一次专题培训。

负责“数据”版团队工作的胡文鹏同志，用“大开眼界，大受裨益”来形容这次听课的收获，深感“数据”版的色调和版式提升大有空间。通过培训学习，编辑们形成了几点共识：一是色调不要超过4种，否则就容易眼花缭乱，应多用蓝、红、绿、紫；二是版式要有创新、有创意，要每月集中力量打造一套版面精品；三是与讲课老师密切联系，版面初步成型后请中国日报的同志看看，请他们提出修改意见。

它山之石，可以攻玉。此话一点不假。这一段时间，眼瞅着“数据”版质量提升，水准提高，看着越来越舒服大气了。看来，开门办报也包括开门办版，不墨守成规，不故步自封，要虚怀若谷、学人之长，打开视野自我提高，不仅十分必要，也迫切需要。须知，自我陶醉不可取，井底之蛙也是万万当不得的。

（三）

上周五，郑波和徐立京同志召开创刊40周年社庆筹备会，落实编委会有关要求，进一步梳理细化项目，商定操作方案，形成任务书、时间表、责任人，尽快报批后有序推进。

社庆活动最主要的就两项内容：一是纪念大会，二是办社史展。前者要到年底筹办，目前尚不必多费心；后者现在就得抓紧操持，争取下半年前期就大致完成。因此，当务之急是集中力量在办展上下功夫，力争在节俭的前提下办出特色和水平。

对报社而言，迎来创刊40年，有里程碑意义。不举办点像样的纪念活动，职工们不同意，特别是老同志不答应，同行和读者也会感到奇怪。但要办好，办得人人满意，也是很难的，所谓众口难调。我想，能做到大多数人满意就很不错了。由于有相关规定，还要过紧日子，不能大操大办，所以，从实际出发，节俭办社庆成为明智选择。而社史展首先就需要体现这个节俭原则。

办社史展，是多年来经济报人的一个念想。创刊20周年的时候曾经在二号楼顶层搞过一个，用了好几年。此后，几届编委会也都议过这个事。现在40周年了，办一个社史展，是大家的共识。我们这拨人既躲不过去，也是义不容辞，更是责无旁贷。即使不能做得圆满完美，亦应勉而行之，不计毁誉。也相信同志们是能够理解编委会的良苦用心的。

在报社深度调研报道工作委员会第四次会议上，我说过，经济日报要逐步形成共同的价值观，以支撑、激励、鞭策大家一往无前，40

周年就是一个很好的契机。有同志在交流时还具体谈到，价值观可分为几个层面，如理念层面、事业层面、行动层面等，至少包括与报社休戚与共，为报社竭诚奉献，在报社业务为本，干事业主动担当，等等。筹备组提出要开展社庆征文活动，我看就可以围绕经济日报价值观这个主题展开，应该是很有意义、很有价值的。

行业调研报道大有可为

2022年2月20日 · 星期日

（一）

冬奥之火即将熄灭，冬奥盛会今晚落幕。为铭记这个时刻，我们今天头版头条刊发编辑部文章《更团结 向未来——写在北京冬奥会闭幕之际》，回顾16天来冰雪运动带给人们的希望和激情，展示奥运给世界注入的信心和力量。

这篇重磅文章主题思想深刻，资料运用娴熟，材料梳理清晰，文风简洁明快，语言干练精当。几千字的稿子读来不觉其长，看得出在谋篇布局和修改打磨上是下了不少功夫的。可以说，此文在各媒体同类报道中毫不逊色，显示出本报采编业务的实力。

开幕之际的2月4日，我们也推出了编辑部文章《与世界共享“北京乐章”》，是由评论理论部牛瑾同志执笔，今天闭幕的这篇由国际部袁勇、韩叙同志操刀，都很有质量。文章写出了思想，写出了情感，也写出了本报水准，是我们对北京冬奥会的倾情礼赞。

作为新闻报道中分量最重的文体，编辑部文章的标杆意义是不容置疑的。一年多来，我们推出多篇这类文章，在关键节点发挥了重要作用，宣传效果都不错，各方面的反应也是好的。前天，在“奋进新征程 建功新时代”大型采访活动启动之际，我们也推出了编辑部文章，题为《创造中华民族新的伟大历史时间》，浓墨重彩地展示出党的十八大以来这十年的历史性成就和历史性变革，高站位、深思考、细梳理、精概括，大气磅礴，酣畅淋漓，仅学习强国平台就斩获600万阅读量。虽然从接受采写任务到刊发仅两天时间，但齐东向、牛瑾两位同志点灯熬油，夜以继日，把这个急难险重的苦活累活完成得很漂亮。我总说评论理论部是支“战略导弹部队”，看来是恰如其分的。

（二）

上周刊发的《耕地问题调查》，是春节后推出的首个深度调研报道，也是继去年底《煤炭问题调查》后的又一行业重磅报道。此文主题重大，观点鲜明，数据翔实，分析透彻，是我们落实习近平总书记关于耕地保护指示精神的重要体现，对促进耕地保护是有重大参考价值的。

报道见报后，引起各方面的广泛关注，在并未全面推广的情况下，全网阅读量至2月18日就超过5600万。周六还专门编发了一篇反响稿，介绍有关部门和专家学者对这个报道的评价。由于传播很广，影响不小，以至于有的同志心中惴惴，以为会不会出什么问题了。

牵头调研的徐涵同志专门微信我说：“我们的文章没有捅马蜂窝吧？我看到今日头条下面4000多条评论，外界还有打电话来问报道背景的……”有同志也觉得不踏实，对要不要做推广拿不准。殊不知，这就是我们想要的效果呀，这就是我们提升报道质量、扩大报道影响力的目的所在呀！在我看来，那种所谓“捅马蜂窝”之说，纯属可笑之至的个人臆想和自以为是的杞人忧天。在多个场合，多次聆听总书记就耕地问题作出指示要求，我们高举高打，做这方面的调研报道，经过多位编委反复修改，怎么可能出问题呢？如果我们连这样的问题都把握不了，这样的报道都做不成，恐怕也就难有什么作为，都该洗洗睡了。一些同志有这样的反应，一方面说明大家舆论导向意识是增强了，能自觉坚持正确的政治方向；但另一方面，也反映出报道上的自我设限和自定禁区，对稳中求进、守正创新理解得可能不够全面、不够准确了。

行业调研报道大有可为。张曙红同志牵头的这项工作开局良好，我们要解放思想，夯实根基，扩大战果。

（三）

周四召开的编委会，专题研究深化“质量提升年”活动，各位编委发表了很好的意见，审议同意了活动实施方案，明天正式印发执行。大家在发言中谈到，去年开展的“质量提升年”活动取得了良好的成效，对于推进“减量化改革、高质量发展”，促进报社各项工作发挥了积极作用。大家还谈到，在总结一年来经验的基础上，持续深化这项工作很有必要，特别强调要认真组织、扎实开展，久久为功、务求实效，继续把开展“质量提升年”活动作为重要抓手，推动各项工作再上新台阶。

这个实施方案与去年相比，有一个明显的特点，就是更加坚持问题导向，旨在尽可能全面、准确、有重点地解决工作中存在的短板弱项，逐步化解报社在新闻采编、行政经营和直属单位改革发展中遇到的难点、痛点和焦点问题。为此，专门成立调研组，对相关领域工作进行前期调研，以查准查实这些短板弱项、焦点问题，并拟定整改措施，列出工作台账清单，明确责任人、时间表和任务书，同时加强中期督查和年终核查，月末开展讲评，从而更有计划性、针对性和有效性，切实避免形式主义、做无用功的现象，从整体上达到工作质量全面提升的目的。

一年多来，我们围绕中心，服务大局，坚决贯彻“减量化改革、高质量发展”要求，建立完善三个办公会工作机制，紧紧扣住巡视整改、审计整改、驻社纪检监察组会商指出问题整改和报社年度工作要点、“质量提升年”活动目标任务，制订五大台账清单并全力推进，收到了明显效果。今年要毫不松懈地继续做下去。

（四）

编委会上周还审议了报网微信微博平台融合事项，原则同意了融合工作方案（试行），强调要按照稳中求进、安全可控、逐步完善的原则加以推进，力争全媒体报道影响力在现有基础上取得新突破，为深度融合发展探索路径，积累经验。

春节前，编委会就议过融合发展的问题，提出主报与中国经济网应加快融合，要在目前报道内容共享、推广形成合力的基础上，向深度融合方向迈进。在不可能完全铺开、一步到位的情况下，率先从两微入手，让微信微博这两个业务端先行开展融合试点。具体而言，就是总编室的相关人员和中国经济网的相关人员，组成一个工作团队，一起负责报网微信微博平台的运营，形成一支队伍集中力量干一件事情，通过组织上的变化促进机制上的变化，从而实现工作效能的变化，最终实现优势互补，提高两微影响力和关注度。

编委会明确，从下周起，两微团队全体工作人员即到一楼全媒体采编平台集中办公，整合采编力量，统一工作标准，严格审稿制度，确保刊播安全。分管编委加强指导，总编室和中国经济网沟通协同，努力实现预期目标。

不同身份、不同体制的人合在一处，物理上是融合了，但要实现思想上、理念上的融合并非易事，是需要一个磨合过程的。不过，这一步又是迟早要迈出去的，也是躲不过去的。试想，如果连一般意义上的融合都做不到，又哪里谈得上深度融合呢？在我看来，两微平台融合，就如同是办特区，我们先行试点，看看情况怎么样。也许走着走着，就会看到新的天地，就会呈现新格局和新面貌呢。

冬奥会报道给人印象深刻

2022年2月21日 · 星期一

举世瞩目的北京冬奥会昨晚胜利闭幕，我们的盛会报道也进入尾声。经过半个多月的紧张忙碌，徐立京同志和她带领的冬奥会报道团队，终于可以歇口气啦！

这是今年的首场重大报道战役。对我们新闻界来说，在春节期间开展冬奥会这样大规模、高规格、全要素的宣传报道，是前所未有的，无疑是一种挑战，一种考验。欣慰的是，全体采编人员辛勤付出，努力拼搏，圆满完成了报道任务，为全年报道工作奠定了基础。前两天，领导同志对我们央媒的各位负责人说："这次冬奥会报道搞得不错，大家辛苦了！会后，都要认真交流研讨，好好总结经验。"

对本报冬奥会的报道工作，我在此前的评报中多次提及，上级领导机关编发的各类简报每天都会列举我们多篇报道和新媒体作品，可圈可点的确实不少，有些方面甚至实现了突破和创新。近期，我们要对冬奥报道工作做出总结，对报道团队的同志们进行表彰。

在我看来，本报的冬奥会报道，至少有三点令人印象深刻，是值得多说几句的。

一是对冰雪经济的报道特色鲜明。这算得上是我们这次冬奥报道的最大亮点。半个多月来，围绕冬奥会的带动效应，全方位、多角度、宽领域报道冰雪经济、冰雪产业的发展壮大，包括国外冰雪产业发展现状，生动鲜活地展现了"冰天雪地也是金山银山"的理念和实践。中宣部新闻阅评专门发文，对我们这方面的报道和特点予以肯定及推介。

二是运用全媒体手段报道有声有色。这次冬奥会报道，我们可以说十八般武艺都用上了，文字、视频、海报、号外、金句等各显其能，丰富多彩、全面集中展示了盛会盛况，多侧面、多途径地表现了体育运动之美、人与自然之美、文化文明之美，给广大受众留下了难忘的记忆，传播效果也是相当不错的。

三是采编人员工作状态令人称赞。大过年的，几十名同志牺牲节假日毫无怨言，不计名利，不讲报酬，每天奔波在冰天雪地之中，舍小家为报社为大家，表现出良好的精神状态，采与编、报与网、前后方、白夜班、闭环内外、总部与记者站，大家同心同德，团结一致，为了一个共同目标孜孜以求，乐于奉献。我想，这一点更为重要，也是这次冬奥会报道给我们留下的宝贵精神财富，值得好好珍惜，并在今后的工作中发扬光大。

用好统计分析 改进采编工作

2022年2月24日 · 星期四

（一）

周一的总编辑办公会，人事部报告了2021年采编部门工作情况。这个报告有一定的参考价值，作出的分析也是有深度的。

报告说，一年来，评论立报理念得到贯彻，评论稿件量增质升。统计数据显示，撰写评论的从年初70余人，到下半年超过100人；全年发表评论言论近2800篇，月均数量由上半年的190篇增至下半年的275篇；约三分之一评论稿件获日评奖励。报告认为，各采编部门在关注经济热点、突出经济特色等方面展现出了政治敏锐性、新闻时效性和报道专业性，不少分量足、观点新的评论文章引导舆论走向，取得良好传播效果。评论员、署名专栏记者和业务骨干迅速成长。

在谈到融合发展情况时，报告指出，融合报道探索创新，融合推广成效明显。数据显示，新媒体各平台发稿量由上半年每月3000条左右，增至下半年的每月5000条左右。下半年，各采编部门在做好报纸优质内容视频转化、抓好重点音视频产品生产上发力，平均每月推出原创视频超过200条，实现了版面的“动”态表达。据不完全统计，千万级传播量的爆款作品频出，从10月份至年底，有8套作品全网阅读量超1亿次，其中4部作品阅读量均突破3亿次。

过去这一年，人事部不断守正创新，在统计分析方面是动了脑筋、下了功夫的。运用统计报表指导考核工作，尤其是围绕采编业务作出有针对性、有说服力的归纳分析，对改进工作是很有帮助的。今年要在去年基础上做得更好。

（二）

前几天，记者部也对驻地记者2021年发稿情况进行了统计分析。

总体情况是，驻地记者全年见报稿件3510.3篇，新媒体稿件7642.8篇（条）。人均见报稿数量50.1篇（驻地记者按70人计），略低于全体采编人员人均发稿数（56篇）。获各级别好稿171.8篇，占所有获奖稿件的比例为14.52%，占驻地记者见报稿件的比例为4.89%，低于总体获奖率（11.5%）。

报告还梳理了新媒体报道情况。新媒体稿件占新媒体发稿总数的32.13%，年人均发稿109篇（条），低于全体采编人员人均发稿数（125条）。其中，客户端发稿7374.5篇（条），占驻地记者新媒体发稿比例为96.49%，占客户端稿件总数的35.45%；微信稿件175.2篇（条），占驻地记者新媒体发稿比例为2.3%，占微信稿件总数的14.46%；微博稿件44.5篇（条），占驻地记者新媒体发稿比例为0.6%，占微博稿件总数的13.13%；短视频6.5条，占驻地记者新媒体发稿比例为0.09%，占短视频总数的0.48%。

记者部分析认为，驻地机构一年来坚决贯彻“减量化改革、高质量发展”理念，深入开展“质量提升年”活动，报道乘势而上，数量质量齐增，记者精气神明显改善，各项工作向上向好。

报告还指出了不足，认为有的是老问题，有的是在新型传播格局下暴露出的新问题，需要全体驻地机构增强工作的计划性和主动性，逐项破解，切实提高新闻生产力。报告提出的两条意见建议也很有指导性，是比较到位的。

一是要全力落实好“减量化改革、高质量发展”要求。继续压缩通稿式、碎片式稿件，突出做好经济报道、特色报道、独家报道，从注重“量”转向“量质并重，以质为先”，集中力量把报道写好、把内容做强、把特色做足。

二是要更加聚焦主责主业回归新闻本真。应像触角一样延伸到新闻发生地、抵达新闻源，及时报告线索信息，落实各项报道指令。继续保持良好的精神状态，提高学习力、执行力，夯实新闻功底素质，推动报道工作“回归本色、凸显特色、增强亮色”。

（三）

周二头条编发了《顺德密码——关于三十二万多户市场主体的调查》，是广东记者站张建军同志采写的深度调查报道。沉甸甸的分量，朴实的文风，很厚重的主题，在冬奥会报道结束之后推出，颇有冲击力，给人们浓浓的经济味。

此稿年初就见到了，觉得不错，不管是主题、角度和写作，都有一定的基础和水准。又请张曙红同志等几位编委看了看，提了一些修改意见。据此，记者又花了不少时间，专门作了补充完善，精心打磨后待发。此后因有春节和冬奥会报道，版面多日不得空，直到盛会闭幕了才可以突出刊出。

这期间，埋头采写报道的张建军同志一次也没和我联系过，倒是见报当天发来一大段微信说：“今天的头版头题刊发，给了我一个惊奇，给一个县级区域如此篇幅的大头条再转要闻版隆重呈现，这在过往是不可想象的。”他表示很是出乎意料：“顺德这篇稿子，说实话，我没敢奢望发头题。原本也是希望在1版露个脸，发个调查版之类的。”

张建军同志最后还不忘归纳提炼：“这再次充分说明，一切羁绊经济日报新闻生产力的思想桎梏都正在被打破！这必将激发释放本报采编队伍多年来厚积而无处迸发的青春力量。”

这些话虽有夸大拔高的成分，但还是正能量满满。对了，也把张建军同志说的这句话转达给大家吧——

“感谢编辑部同志们的辛苦！”

抖擞经济报人企业报道精气神

2022年2月28日 · 星期一

（一）

今天头版头条，出的是“牢记总书记的嘱托·企业调研记”《一重重生》，是新年以来见报的首篇企业深度调研报道。

此稿是由中国企业家杂志社业务骨干牵头，和本报记者联合调研采写的，带有浓浓的企业家杂志企业报道的风格。细读会觉得，这与本报的企业报道是不一样的，最大的不同就在于，报道注重故事性，强调可读性，体现独特性，概括地说，就是有个性。这是《中国企业家》这些年来能在企业家群体中有较高美誉度的重要原因，也是在同类期刊中能占有一席之地的核心竞争力所在。而本报的企业报道一段时间以来，更多的还是在写表扬稿，而且是千篇一律、千企一面的表扬稿，甚至于像是广告或者软广告。在读者看来，最起码也是拿了企业好处的，一副得罪不起、好话说尽的样子，显得不那么硬气。说实话，是让同行不怎么看得起的。

分析起来，问题的关键还是我们对企业报道重视不够，研究不透，用力不足。近年来，由于坚决贯彻采编经营“两分开”，记者为了避嫌，连正常的企业采访都不愿沾边；对企业报道又缺乏应有的关注，从编辑部到驻地机构，少有人去用心琢磨；报社对这块采编业务，也未作出合理的顶层设计和版面安排。这就导致业务渐渐被荒废，大伙不知怎么写、写成什么样算是好的企业报道，多少有些无所适从。

从去年底起，我们开始抓企业报道，成立企业报道团队，由徐立京同志牵头，创新体制机制，整合集团资源，先后推出《臻至破危》《追光者》《正泰正青春》等带有示范、样板意味的重磅报道，产生了良好社会反响，企业报道有了明显起色。我在企业报道第一次工作会上说过，开局不错，进展顺利，望乘势而上，力争每月推出两篇这样的深度报道，抖擞经济报人企业报道的精气神。

（二）

上周还刊发了今年第三套“践行习近平经济思想调研记”《先锋沈阳》，是记者部苏民同志带队做的，效果也是相当不错。稿件见报第二天，值白班、抓推广的徐立京同志就报告说：“社长，沈阳调研全网传播过2亿了！”

辽宁省委常委、宣传部部长刘慧晏同志一大早就致电记者站表示感谢：“经济日报出手大气包举，不同凡响，期望继续关注辽宁，期待更多佳作。”省委常委、秘书长张成中同志转达了省委书记张国清同志对经济日报社的感谢，省委常委、沈阳市委书记王新伟则亲自转发报道和评论员文章，自己还配发读后感言表示：“将不负重托和期望，一起努力前行。”

孙潜彤站长在报告这些战果时，一定是开心满意的。他在微信中还分析指出：“源头在编委会打造高地，精耕领地，才有人人踔厉奋发、笃行不怠的好局面，才有经济日报在地方和全国越来越大的品牌影响力，我们都深深获益，深深感恩。”

在我看来，报道能取得越来越好的效果，一方面得益于高站位的策划和周到的组织安排，另一方面则是采编人员践行四力、呕心沥血的结晶。如果说，一年前，还有不少同志对这种“打法”多有疑虑，个别人甚至还存异议，腹诽的也有，那么，经过这一年来的实践及其成效，20多套沉甸甸的报道让大家广泛形成了共识，尤其是尝过个中滋味者更觉其香。现在的问题是，要继续保持高标准、严要求，不能降格以求、滥竽充数，把这类调研做强做亮做出品牌，有力提升报道的质量水平。

郑波同志已作出安排，深度调研委员会近日要召开第五次会议，小结前阵子工作，分享经验体会，对下一阶段调研作出安排。这很有必要。我们就是要咬定青山不放松，做出更多更精彩的调研报道。

（三）

全国两会即将拉开帷幕，一套“迎接全国两会特稿”经过提前准备，今天断版刊出，意味着本报两会报道正式启动了。

一年一度的两会报道，历来是新闻单位开年的重大报道战役，不仅要顺利完成报道任务，还要力求出新出彩，是件不那么容易的事情。要想做出不同凡响、与众不同，难度很是不小。尽管如此，仍要开动脑筋，有所作为。

此前，我们已对两会报道作出安排。不仅组建了班子和团队，还对重点报道和版面进行了策划，各平台都提出了报道计划，正在合二为一的两微团队也紧锣密鼓抓紧准备。因为疫情影响，今年采访还将以线上为主，我们要从实际出发，迎难而上，尽力而为。

总体而言，两会报道要重点把握好以下三点。一是做好核心报道，全面、准确、深入地报道好习近平总书记重大活动、重要讲话等相关内容；二是做好会议报道，安全、及时、到位地报道好会议、文件、新闻发布、开放团组等规定性程序性活动；三是做好特色报道，有选择、有重点、有分寸地报道好两会上的经济话题、经济热点和经济人物。总之，不求面面俱到、全面开花，力求重点突出、体现特色，在新闻竞争中发出自己的独特声音。希望同志们在编委会的领导下，在郑波、曙红同志两位值班编委的指挥下，振奋精神，昂扬斗志，完成好冬奥会后的这场重大战役性报道。

MARCH
2022 ／3

2022 年 3 月

总编辑评报

把报道搞好，把报纸办好，把工作做好

2022年3月7日 · 星期一

（一）

过去这几天，算得上是我们国家的“高光时刻”。4日下午3:00，全国政协十三届五次会议在人民大会堂开幕；晚上8:00，第二十三届冬残奥会在鸟巢开幕；5日上午9:00，十三届全国人大五次会议在人民大会堂开幕。18个小时内，三场重大活动渐次展开，吸引了世人的目光。

对新闻界来说，这样的情况也很少见。为做好报道，值白班的张曙红同志带着有关人员周密安排，精心调度，采编工作忙而有序；记者编辑们各司其职，尽心竭力，全媒体报道有声有色；值夜班的郑波同志和夜班团队为等新华社通稿，已连续熬了几个通宵了，几乎都是彻夜未眠；中国经济网在报道上有不少创新举措，几家直属单位也发了一些有特点的稿件。总体上看，这一周的报道工作开局良好，成效明显。同志们辛苦了！

人大开幕会上，远远看见举着相机走来走去的李景录同志，一直在忙着拍照和采访，很是投入，看得出很享受这种忘我工作的状态。他一定不会忘记，我几年前就曾叮嘱过的：“争取退休前弄个中国新闻奖摄影大奖！”

大会堂的人群中，还见到评论理论部覃皓珺同志，也在会场内忙碌着，第一次参加两会这样的重大战役性报道，显得颇为兴奋。“我们青年记者深知，平台是报社给的，机会由领导、师长们提携，但关键是能力要自己锻炼，经验需时间积累。”他在微信里接着说：“唯有谨记编委会的指导，珍惜时光，多写、多做。期待能以更多作品扎实展现报社的栽培！”

希望大家继续努力，精益求精，完成好接下来的两会报道任务，也期待着同志们做出新的更大成绩。

（二）

上周，俄罗斯与乌克兰战事全球瞩目，引爆整个舆论场，也成为社会热点。我们在按照要求做好规定动作的同时，发挥优势，快速反应，刊发了多篇独家报道，效果是好的。

刘慧同志的“粮食大事”专栏推出《俄乌冲突搅动国际粮食市场》，有政治站位，有宏观视野，有专业评析，在多个平台传播均广受好评。根据推广办的统计，此稿仅抖音、快手累计播放量就超过650万，点赞达47万之多。

连俊同志“国际经济观察”专栏稿《乌克兰局势推升全球经济复苏变数》、王轶辰同志“能源广角”专栏稿《加快推进油气储备体系建设》以及翁东辉同志撰写的《如何看待国际油价飙升》等都有独到之处，针对性和可读性都是比较强的。此外，《避险情绪致大宗商品高位波动》一稿还登上今日头条热榜，相关话题#欧洲天然气价格强势上涨#最高热榜为第7名，共有169.5万人参与热议。

对俄乌冲突这样的重大国际事件，善于从经济视角发声，应该是我们要努力为之的。

（三）

在周三召开的深度调研报道委员会工作会上，技术部就此前20套报道做了统计分析。从梳理中发现，微博正逐渐成为深度调研报道的传播主阵地。

数据显示，总阅读量学习强国平均每套占比71%，总发稿量学习强国平均每套占比17%。今年以来的3套，即《鄂尔多斯重塑》《塞罕坝样板》《先锋沈阳》，学习强国在总阅读量的占比分别为23%、41%、8%，总发稿量的占比分别为10%、14%、7%，而在微博的总阅读量和总发稿量占比分别为76%、57%、92%（前20套平均值为28%），总发稿量的占比分别为41%、23%、44%（前20套平均值为17%）。

微博的迅速“逆袭”，一方面是学习强国平台调整展示规划，推荐位放置时间缩短，造成阅读量下降；另一方面，也是更重要的，是微博推广机制发挥了作用，是微博的强互动性促进了传播。鄂尔多斯和沈阳的报道，均有7篇微博在主稿刊登前预热积攒人气，收获了共2131.8万阅读量，并与后续报道形成叠加效应。而总话题和分话题的设立，更加相得益彰。进一步看，3套报道设置的3个总话题分别获得2.8亿、1.9亿、1.1亿阅读量；13个分话题中，12个超100万，8个超200万，3个超400万。由此可见，推广机制的优化调整有效提升了传播力。

这些数字和分析很有说服力，应当引起我们的重视，并在工作中加以改进。

（四）

3月1日，上午，山西召开全省开发区工作推进会。在这次会议上，山西省委书记林武同志说，2月22日经济日报头版头条刊发了《顺德密码——关于三十二万多户市场主体的调查》的报道，顺德为什么能成为全国百强区的榜首，值得我们学习营商改革的做法。他说，现在有些地方把营商环境等同于政务环境。又把政务环境等同于审批环境，这是简单化的做法。林武同志强调，今年山西是市场主体建设年，要学习顺德对待市场主体的做法，让安商、亲商、富商的理念在三晋大地蔚然成风……

——这是新华社山西分社负责人发给张建军同志的微信内容。这位同行是参加会议时，现场听省委书记讲的这番话。他认为，这说明了经济日报在山西的影响力传播力，说明省委书记在看经济日报。

也是3月1日，有领导在谈到两会报道时，提及本报的有关稿件。这同样说明，我们的报纸，领导同志也在关注。以前，也许还能"藏拙"，现在看来是不行啦！我们务必得把报道搞好，把报纸办好，把工作做好。否则，可真就要丢人现眼了。

“春节七天乐”摄影征集活动双丰收

2022年3月10日 · 星期四

总编室报来“旺旺杯”春节七天乐新闻摄影征集活动小结。该小结说，这次活动相比去年那一届，来稿数量更多，参与人员范围更广，活动影响力更大。

统计显示，征集活动自1月26日开始，到2月16日，20天时间里，共收到全国31个省区市及海外参送作品48600余幅(组)，是去年的2.15倍。发稿量传播量比去年均有大幅提高，累计阅读量达1953万，相较去年的500万，增长了可是不少。

据介绍，这次征集活动得到了专业及非专业摄影者的积极支持和热情参与，投稿者包括工人、农民、解放军、武警官兵、学生等。题材也是十分广泛，涉及经济、冬奥、文化、科研、军事、旅游、体育、民生等领域。还收到来自美国、德国、法国、英国、新加坡、匈牙利、韩国、加拿大、越南、泰国、日本等几十个国家和地区的参赛作品4086幅（组），这个投稿数是去年的两倍。

征集的重要目的在于使用。征集活动中，总编室以冬奥冰雪游、全民健身乐、新年开新局、节日市场供应、坚守岗位、文化过大年、就地过年等具有经济特色、冬奥特色的主题集纳推出，点燃舆论关注热情，掀起网民讨论热潮。同时，也为我们的冬奥报道提供了源源不断的赛场赛事、冰雪运动等图片，仅新闻摄影专版《全民健身庆冬奥》《冬奥带火冰雪游》阅读量就逾100万。微信公众号以“味道”为主题制作系列新媒体产品，推送了《年的味道》《奋斗的味道》《假日的味道》《活力的味道》等，广受网友关注。学习强国先后转发《新春开新局》《与奋斗者同行》《文体旅游年味浓》《龙腾虎跃闹元宵》等专版稿件，产生较好的社会效果，累计阅读量超过100万。今日头条开设的“春节七天乐”相关话题，阅读总量873万。

可喜的是，融合传播迈出新步。具体来看，本报刊发活动新闻图片138幅，其中14个视觉专版。客户端发布征集活动作品534篇，平均每天30篇；阅读总数81890次，转发数4627次。微信增加对征集活动的报道，阅读量近30万次。微博发文10条，主持开设相关话题10个，文章及话题累计阅读量538万人次。此外，国际部海外账号在脸书、推特、Instagram平台使用“春节七天乐”图片相关稿件，总阅读量近400万，单条最高阅读量220万。

这次征集活动得到战略合作伙伴单位、兄弟媒体、行业媒体的鼎力相助。中国新闻摄影学会动员会员踊跃参赛；新华社、中新社、《人民摄影报》和《中国摄影报》等也帮助收集整理作品、发布征集启示等；收到人民日报等10多家媒体专业摄影记者投送的参赛作品。

“春节七天乐”摄影征集活动，是上一届摄影征集活动的继续，也是我们坚持“开门办报”理念的又一探索和实践。可以说，活动达到了“版面有改进，图片有质量，融合有创新，平台有扩展”的目的，实现了经济效益和社会效益双丰收，成为今年以来“减量化改革、高质量发展”的又一个生动案例。

接下来，总编室要按计划做好评奖颁奖、座谈研讨等工作，放大社会效应，扩大活动战果。今后，我们要多举办这类活动，力争取得更多更好的成效。比如，可不可以围绕“以优异成绩迎接党的二十大胜利召开”主题，举办一次短视频征集活动呢？

延伸阅读

深度推进媒体融合发展
——在微视频征集活动研讨会上的讲话

（2021年6月22日）

刚才，我们观看了此次微视频征集活动的部分作品，新媒体部负责人介绍了征集活动的有关情况，几位作者分享了创作体会，专家们做了点评，并就如何用好短视频做大做强主题宣传、加快推进媒体深度融合发展提出了很多很好的意见和建议。借此机会，我也谈谈在组织开展这次微视频征集活动中的几点体会，与大家分享。

第一，只有做了才有发展机会。推动媒体深度融合发展，是中央的重大战略决策。这不是我们愿不愿做、想不想做、要不要做的问题，而是我们新闻人必须回答的时代课题。近年来，在中央的正确领导下，在报社全体干部职工的共同努力下，经济日报在推动媒体融合发展方面做了不少工作，上了些项目，建起了平台，推出了一批产品，也取得了一定成果，积累了一些经验。但客观地讲，我们离深度融合发展的要求还有很大差距，还存在很多薄弱环节和明显短板。特别是当前媒体融合发展逐步走向深入，要求更高、任务更艰巨，我们基础薄弱、人才短缺、资金不足、技术短板突出等问题更为凸显。但中央有要求，总书记有号召，报社有融合发展的需求和愿望，我们必须努力去做。既要做好传统的主责主业，也必须开拓我们还不太了解的新领域，做一些我们还不太专业的新业务，尝试一些我们还不太熟悉的新模式。我们组织“记录小康生活 见证时代变迁——庆祝中国共产党成立100周年”微视频征集活动就是基于这样的考虑，也表明了我们在融合发展方面不停步的决心。尽管条件不具备、困难比较多，特别是作为传统纸媒，在视频领域没有什么优势可言，我们也努力创造条件，勇敢地迈出这一步。在我看来，在融合发展的路上，没有“万事俱备、只欠东风”，只有做了才会有机会，发展中的问题只能靠发展来解决。从这次征集活动的实际效果看，从各位专家的评价看，我们这条路是对的，走得也是扎实的。

第二，适合自己的才是真风口。据6月初第九届中国网络视听大会发布的数据，截至2020年12月，我国网络视听用户规模达9.44亿，短视频用户达8.73亿，用户平均每天花2小时看短视频。这个数据是相当惊人的！不管短视频是不是下一个内容创新的新趋势，当前风口期的短视频的确是愈来愈热。我们常说新技术、新媒体、新业态给传统媒体带来了极大冲击，这是不争的事实，必须正视，必须面对。但也要看到，“危中有机”，互联网的“风口”变化很快，几乎几年一个甚至一年几个。其实每一次大的技术迭代、传播形态更新，都是一个新的契机。在一个新的场地，大家重新起跑，每个人都有可能冲到前面去。从这个角度看，对经济日报这样的传统纸媒来讲，短视频还真有可能是推进融合发展的一条“捷径”，甚至可能是实现弯道超车的一个机会。推动媒体深度融合发展，必须坚持开放心态，紧紧拥抱信息传播新技术、互联网发展新业态。相对于传统视频，短视频门槛较低、投入不大、所需资源不多，也能达到很好的效果；在这个领域里，大家的差距还没有拉得特别大，即使有也不是不可弥补。现在有人在搞AI、搞算法，在建平台、建生态，我们在这些方面不像别人那样有基础、有优势，但发展短视频还是比较适合经济日报实际情况的。今年以来，我们在短视频领域进一步优化布局，加大工作力度，是有效果的。这次微视频征集活动，对我们来说也是一种探索和尝试。现在来看，的确锻炼了队伍、提升了能力、积累了经验。

第三，移动互联时代更要开门办报。搞这次征集活动，我们有一个很深的体会，那就是“高手在民间”，网民中蕴藏着巨大的生产力！征集到的6000多件视频作品，如果让我们自己去生产制作，是不可想象的；这其中不乏大量制作精良、高品质、专业化的作品。毫不讳言，有些作品的水准我们自己目前是达不到的。更重要的是，这些作品也许在信息处理等方面还有一些不够专业的地方，但题材的多元化、素材的丰富性、视角的多样性，是远超一家媒体的日常生产能力的；大量作品是真正的网民视角，是带着露珠、带着温度、接地气的东西，天然就更生动、更贴近受众，也更有传播力和吸引力。这些来自网民、来自受众的作品，本身就应成为新闻媒体日常报道内容的重要补充。我们党有“开门办报”的优良传统，经济日报也一直坚持着“开门办报”的传统。以前我们搞了很长时间的“大美中国”视觉大赛，今年春节期间举办了“新春七天乐”摄影大赛，现在又开展微视频征集活动，都取得了超出预期的效果。事实证明，在自身资源不多、技术不足、能力不够的情况下，依靠读者和受众的力量是可以大有作为的。在互联网时代，我们仍必须坚持开门办报、开门做新媒体、开门搞融合发展。经济日报就是一个平台，不仅是经济日报社的，它也是读者和受众的。只要紧紧依靠读者，时刻都有受众意识，它就不会被大家所抛弃。我们还有一个想法，就是利用这次微视频征集的机会，逐步尝试建立起经济日报的新媒体通讯员队伍，让“开门”变成常态。我们相信，这条路是值得坚持走下去的。

第四，有到达率才有影响力。经济日报在近年来的发展中一直有一个定位，那就是做“优质内容供应商”，就是始终以内容建设为根本，坚持“内容为王”，充分发挥经济日报的资源和专业优势，努力为受众和其他传播机构提供有经济日报特色、有经济日报水准的优质内容产品。我们办经济日报是这个定位，办新媒体、搞融合发展也坚持这个定位。今年以来，我们以提升办报质量为目标，狠抓经济评论言论，狠抓深度调研，狠抓企业报道，推出了一系列引起良好社会反响的报道。这说明我们这条路基本上是趟出来了，方向是对的。好的内容永远是根本，是舆论场上的“硬通货”；无论媒体形态如何变化，有特色的内容产品就是我们不可替代的核心优势和竞争力。在这过程中也遇到了困难：我们花大力气采写生产的优质内容，如果仅靠我们自己的平台和渠道，很难取得很好的传播效果；只有通过学习强国、今日头条、微博、微信等第三方平台和渠道，才能有效提高产品的到达率，实现更好的传播效果和社会影响力。包括这次微视频征集活动，如果不与3家支持单位合作，我想也很难有现在的效果。因此，推动媒体深度融合发展，必须要有“大融合视野”，要有“跨界思维”。不仅媒体自身内部要融合，媒体和第三方平台、渠道也要加强融合、加强合作。在这样的思维下，媒体、平台、渠道各自发挥优势，做自己最专业的事情，然后通过合作使内容生产、分发、传播有机衔接，最终实现信息传播和舆论引导的最佳效果。我想，这才是更高层面的新闻生产力布局。经济日报下一步应进一步加大对外合作力度，希望大家携手共进，在推进媒体深度融合发展的路上走得越来越好。

评论写作模式化问题应引起重视

2022年3月13日·星期日

（一）

今天4版刊发了一篇外稿：不畏浮云遮望眼——评《外国公司问责法》公布首批临时被识别名单。作者王晟，系中国国际金融股份有限公司管委会成员、投行业务负责人，是业内有分量的专家。

3月10日，美国证监会发布公告，将百济神州等5家公司纳入临时被识别名单。市场上立即出现“中概股即将集体退市”等比较偏颇的误读，甚至造成一定范围内的恐慌，市场也出现大幅波动。当晚看到内部资料提及这个问题，就想着本报有必要作出回应。可想到两会刚结束，大家都在利用这个周末休息调整，特别是考虑到这个问题比较专业敏感，不是随便找个人就能说清楚、讲到位的，也就搁下来了。

昨天中午在外散步，接到财金部主任杨国民同志报告，说有关方面拟对此事发声，引导舆情。闻之大喜，当即表示赞同，要求按程序办理。此稿经值白班的张曙红同志编审后，夜班即在版面紧张情况下于要闻版显著位置推出。早上刷了刷手机，看到今日头条等平台都在转发此文，路透也以《中国官媒：断言入单企业最终被强制退市为时过早》为题直接加以转述，传播效果还是不错的。

这两年，我们一直强调开门办报、办新媒体，提倡和鼓励借助外力为我所用，收获不小。实践证明，这不仅是党报的办报理念，也是客观需要，可弥补我们的不足和短板。今天的智库版《数字人民币渐行渐近》，也是约请4位外部专家做的深度报道，有见解，有分量。否则，光靠经济研究部这三五个人、七八条枪，是无论如何也完成不了高质量智库版的报道任务的。一年来智库版取得的明显成效，也为我们坚持开门办报提供了有力佐证。

（二）

牢记总书记嘱托·企业调研记《一重重生》刊发已有些日子了，反响是不错的，不仅传播得广，跟帖好评也不少。徐立京同志微信转来一篇文章，说是肯定这个报道的。

打开一看，这篇长文题目叫“让我心动的央企改革典型报道——推荐报道中国一重改革的长篇通讯《一重重生》”，全文大几千字，分为五个部分，每一部分拟一小标题，分别是：1.对总书记讲话领悟得透；2.主题、灵魂立得准；3.写作表现得巧；4.范敬宜时代的国企报道大气魄；5.国企改革还得会调查研究、会总结。文尾还附了作者撰写的一篇对东北振兴问题的研究和思考性文字。

资料显示，作者李锦，新华社高级记者，教授，中国人民大学国企改革与发展研究中心首席政策专家。2010年后，相继担任中国企业报总编辑、中国企业改革与发展研究会副会长，国务院国资委新闻中心首席专家、国企管理智库副理事长兼首席专家、中企之声研究院院长等。出版专著《资本经营理论的提出》《深度》等32部。

领衔一重报道的《中国企业家》杂志社周春林同志说，是在网上查资料时偶然搜到这篇稿子的，作者称得上是研究改革的专家前辈。他认为：“夸赞的话权当勉励了。但足见经济日报企业报道的影响力正在扩大，变化正在被关注！”

周春林同志后一句话是对的，前一句话未免过于自谦。在我看来，这位专家的评价是恰如其分、实事求是的，我们的稿件也是当得起这样的好评的。我们要有这样的自信，也应当具备这样的自信，更要通过不懈的努力更加自信起来。

此稿已打印出来送各位编委传阅，采编人员也不妨都来读读，了解一下这位专家是如何看待我们的企业报道的。

（三）

上周评论委员会开例会，张曙红同志在主持会议时，就评论工作讲的几条意见很好，很有针对性，特别是谈及评论写作存在的模式化问题，应当引起大家的重视。

经过这一年多强化“评论立报”理念，评论工作的成效是可喜的，版版有评论、人人写评论的氛围已经形成并深入人心，对于提升报道和报纸质量功不可没，对提高采编人员业务素质也是居功至伟。现在看来，这项工作还需要抓住不放，再下一番苦功夫。具体而言，就是要开展评论写作方面的培训。

看近期的一些评论言论稿件，尤其是有的年轻同志刚开始尝试写的稿件，开头大多雷同，首段表述相似，带有浓浓的模仿味道。行文有的照抄资料，论据往往同义反复，人云亦云，缺乏新意。虽然这只是少数，但确实有模式化倾向，说明我们评论工作还有待进一步加强。

建议评论委员会研究这个问题。可请经验丰富的同志从写作的角度来讲讲，或者外请这方面老师传授言论写作技巧，总之是越具体越好，越实用越好，以满足年轻同志亟待提升业务能力之需，从整体上推进评论工作。

加油吧，经济报人！

2022年3月14日 · 星期一

（一）

两会报道顺利完成，冬残奥会报道今天也告一段落了。

对这两场重叠并行的重大报道战役，编委会予以通报表彰。总编室还将代表团队在总编辑办公会上汇报所做的工作和取得的成绩。这个汇报材料我是看过的，总结得比较全面。给我印象更深的，是今年的融合报道又有新的突破，一些报道影响很大。

比如，经济日报微博主持开设的#总书记两会知心话#，登上微博置顶热搜榜，话题累积阅读量1266.6万；比如，《全国政协常委张连起：减税降费持续助企纾困》上了头条热榜，相关话题登上热门事件，居然有494.9万人参与热议；还比如，短视频《李克强：无论国际风云如何变幻，中国都会坚定不移地扩大开放》播放量1920万，凭借此爆款作品本报短视频账号一天涨粉4万。还有《两会云访谈丨董明珠代表：不要用歧视的眼光看现在的90后》也登上头条热榜，相关话题同样成热门事件，被众多媒体刷屏。中国经济网、中国企业家等子报子刊也推出了一批优质报道。

最新一期推广周报指出，两会期间，本报网络和新媒体产品量质齐升，发稿量、浏览量、播放量都呈现较好增长，两微两端和短视频等平台均涌现爆款产品。可以说，我们的融合发展正渐入佳境。

在我看来，还有一点是难能可贵的：经济日报与中国经济网新媒体整合后，首次开展重大战役报道，圆满完成了任务，实现了预期目标，意味着我们的报网融合取得实质性进展。

此外，“经济学家建言高质量发展”视频也不错，比较有特色，是徐涵、王晋同志策划，多位记者合力完成的。都已经对外播发，把我列为出品人了，我竟然还不知道，在毫不知情中掠人之美。这虽是一番好心好意，但不能允许，我也不愿接受。须知，请示报告制度是不能不执行的，发稿流程规定也是不能不遵守的，请同志们谨记。

（二）

经过大伙儿艰苦努力，“学思践悟习近平经济思想丛书”日前正式由经济日报出版社出版，开始向全国发行。

这项工作是一年前开始启动的。针对领导同志指示“经济日报理论宣传要赶上来”“要加强习近平经济思想学理化研究”，编委会多次开会研讨，拟定工作措施，决定下大功夫、花大力气加以贯彻落实。

2021年7月，我们启动了习近平经济思想研究征文活动，年初起开展了践行习近平经济思想调研行，从学理研究和实践探索两个层面，立体展现习近平经济思想的理论价值和实践伟力。理论成果和调研报道接续推出，受到社会各界的广泛关注。

为让系列成果发挥更大作用，也满足专家学者和党员干部的学习要求，我们组织编辑“学思践悟习近平经济思想丛书”。立足“学”与“思”，梳理发表的国内外专家学者宣传阐释习近平经济思想的理论文章，形成《习近平经济思想研究文集（2021）》；立足“践”与“悟”，梳理刊发的践行习近平经济思想深度调研报道，生动展示各地学习贯彻习近平经济思想的实践探索，形成《践行习近平经济思想调研文集（2021）》。

过去半年里，季正聚同志带领着齐东向、徐向梅、苏民、韩文高等同志，牺牲了很多休息时间，加班加点编辑、核改、审稿，如期完成了编辑出版任务。上周参加活动，领导同志说："送来的书看到了，弄得不错。"

打造学习宣传习近平经济思想高地，绝非一朝一夕之事。我们刚做了一年，新的一年还得有新进展、新成效。

（三）

前几天，收到文件，是关于经济日报社的。我们翘首以盼的"三定"方案终于出台了。

对经济日报社的主要职责，文件做了明确界定，五条表述高度凝练，内涵丰富，要求精准，可谓字斟句酌。我们要认真学习领会，全面准确把握。

编委会在传达学习时一致认为，这是经济日报创刊40周年之际收到的一份大礼，充分体现了党中央对经济日报社的关心关怀关爱，充分反映了党中央对经济日报社的信任重托期望。大家表示，要迅速传达文件精神，团结带领全体职工知重负重，踔厉奋发，以扎实工作回报党中央的信赖和期待，以崭新姿态迎接党的二十大胜利召开。

创刊40年这一辉煌篇章就要翻过去了，新的一页有待我们共同去书写。

加油吧，经济报人！

一篇合格的“经济聚焦”专栏稿

2022年3月17日 · 星期四

今天头版头条刊发的《国务院金融委会议研究当前形势回应市场关注——稳增长稳市场更提振信心》（记者李华林），是一篇新闻性、时效性很强的好报道。

围绕目前国际国内形势，特别是资本市场发生的剧烈动荡，刘鹤同志昨天主持国务院金融委会议，分析经济形势，研究应对措施，海内外都高度关注。在这种情况下，经济日报应当发声，且要善于发声。值白班的张曙红同志及时安排调度，财金部杨国民同志和有关记者闻令而动，当天晚上经编辑审改后推出，夜班处理也是突出到位的。

这篇报道好就好在及时性上，体现了我们在重大新闻、重大事件、重大问题面前不失声、善发声的要求和特点。曾几何时，像这样的情况我们很少发声，即使发声了，也是一两天甚至更长的时间之后，真所谓“黄花菜都凉了”，显不出经济日报应有的作用，无足轻重、可有可无、边缘化也就这么一天天形成了。近年来，我们强调敢发声、善发声、快发声，还是见了明显效果的。正是由于我们的工作机制在发挥效用和动能，各层级采编人员都在自觉抓新闻、抢新闻、做新闻，才展现出越来越强的新闻竞争力和工作执行力。

“经济聚焦”是个老专栏，但是质量一直参差不齐，因为内容体现不出“经济聚焦”的基本要素，夜班上版后多次删掉了专栏名。今天的这篇，称得上是合格的“经济聚焦”专栏稿。当然，因为时间太紧，这篇稿件打磨还不够细，层次也不够清晰。像这样几千字的稿件还是应该分小标题的，那样会更便于阅读。

今天的“经济论坛”稿也不错，《巩固经济回稳向好势头仍需加力》（记者熊丽）呼应了头条，对于我们坚定信心迎难而上、保持经济平稳健康发展，是可以起到正面引导作用的。

看着采编业务工作在不断进步，成效日益显现，令人十分欣喜。希望同志们总结经验，再接再厉，争取更大成绩。

绝不能片面追求点击量

2022年3月18日 · 星期五

周二，“国际”版刊发了一篇“世经述评”《俄乌冲突威胁全球粮食安全》（记者李学华）。报道说，俄罗斯和乌克兰之间的冲突不仅给正在从新冠肺炎疫情中艰难复苏的世界经济投下巨大阴影，也为全球粮食安全拉响了警报。文章指出，俄乌冲突短期看会影响全球小麦市场稳定，扰乱天然气和化肥市场，长期看必将影响下一个种植季节的农业生产。这不仅会进一步推高目前已经高企的粮食价格，也可能对收入水平不高的粮食净进口国造成严重后果。

本报驻外记者的分析是透彻的，观察是深入的，分寸把握得也比较好。在当前俄乌形势乃至国际形势非常复杂敏感的情况下，经过精心编辑处理，我们出这样的稿件仍然是合适的，体现出一定的高度和深度。当天，新媒体及时转发这篇稿件，但转发时改了标题，原来比较严谨、克制、客观的题目变得触目惊心、紧张兮兮——

拉响警报！俄乌冲突“火烧”世界粮仓！全球粮食将……

当推广办报告说要对此稿进行推广、送我备审时，被我拦住了。这样的稿件标题耸人听闻，很容易引起市场的恐慌情绪，加剧国内外粮食市场的剧烈动荡。这显然是不妥当的。总编室按要求当即对稿件进行处理，避免了产生负面影响。

事情虽然已经过去几天了，仍想就这个事给同志们强调一下时度效的问题。此稿在报纸上登，从标题到文字到版面，都是经过仔细推敲、斟酌考量，是没有什么问题的。但新媒体对标题的改动，过分渲染，耸人听闻，严重夸大了事实，对问题的认识和把握已经发生了质的变化。这样的报道，不是在客观反映新闻事实，而是在夸大其词，使得新闻事实出现了放大和变形，最终极易产生不良的社会效果。

我多次说过，我们是要点击量的，但我们不唯点击量。要准确理解做大报道影响力，特别是要在唱响主旋律、壮大正能量、发挥正面引导作用方面用心、用力。绝不能片面追求点击量，不顾客观社会效果吸引眼球，否则就走向了反面，事与愿违。这不是我们提倡和鼓励的，甚而至于是我们需要坚决避免和防范的。

对于新媒体标题的制作，我在多次会上提醒过大家，我们一方面要遵循新媒体传播规律，吸收和发挥其长处和优势，但另一方面又必须遵循新闻规律，做到万变不离其宗。一定要忠实于新闻，忠实于事实，忠实于事件本来面目，不能人为拔高，人为放大，人为夸张。希望同志们包括中国经济网的同志们，都要增强这个意识，真正理解和处理好时度效的问题，牢牢守住舆论阵地，把意识形态工作责任制贯彻落实好。

加强对外合作 借力加快发展

2022年3月20日 · 星期日

（一）

这几天，连续发了几篇“头条热评”，传播效果都不错。《经济日报：食品安全没有“双标”可循》登上头条热榜，相关话题#康师傅就“土坑酸菜”致歉#最高热榜第一名，有多达7765.8万人热议。中国经济网据此综合改写的《康师傅、统一道歉！》微信阅读量也是12万+。

还有《美联储加息“跟不跟”？经济日报：我国货币政策有自己的节奏》（记者姚进）、《经济日报：美加息虽“如约”，遏通胀难如愿》（记者关晋勇）、《经济日报：首批金控公司获批设立意味着什么》（记者陈果静）等，紧紧围绕经济热点，作出比较专业的点评分析。这些稿件新媒体播发后，总编室夜班即编发次日见报，进一步放大声音，实现融合传播、全平台推广，收到了倍增的宣传效果。

“头条热评”机制是去年四季度开始逐步形成的，是徐立京同志和融合推广办在对头条调研基础上商定的合作项目之一。几个月来，投入不大，影响不小，增强了评论言论的影响力和到达率，拓展了评论言论的时效性和针对性，起到了四两拨千斤的作用，回报是超预期的。前一段时间，由于春节、冬奥、两会等因素影响了发稿，现在要加强调度、精心策划，力争每天出一两篇，使之逐步常态化、长效化。

（二）

从今天起，“奋进新征程　赣州向未来”微视频征集活动正式启动。

去年9月，郑波同志带队对江西赣州深度调研，推出《赣州示范》万字雄文，在江西产生了极大反响，不仅文字稿精彩，视频作品也很出色，受到广泛关注。此后，赣州市委宣传部部长一行来报社，提出希望与我们合作，可参照去年我们开展的“记录小康生活 见证时代变迁”短视频征集，搞一次以宣介赣州老区为主题的类似活动。

任务落到了陈发宝同志和他的视听部头上。在张曙红同志指导下，经过对接沟通准备就绪，征稿启事按计划在全平台刊发，还设计推出了征集活动的海报和一个小视频。相信这个为期70天的活动能征集到一批有质量的作品，拓展生产线，丰富报道面，达到良好的社会效果，也是我们为振兴老区履行应有的社会责任。

其实，深层次的考虑，还是在坚持开门办报、开门办新媒体理念，加强对外合作，借力加快发展。我们要在各方支持配合下推进融合发展迈出新步伐，在实战实践中培养人才队伍，在具体项目实施中做大本报新媒体业务。只要条件允许，时机合适，对象积极，这样的合作还可以持续开展，做到长流水、不断线、见实效。

（三）

这周编委会听取了经营团队对新华社的调研情况汇报，认为这样的调研活动有必要有意义，对于拓宽思路、改进工作很有帮助。会议决定，近期就直属单位管理和采编经营工作两分开问题，去人民日报社学习调研。

它山之石，可以攻玉，这话一点不假。调研中得知，新华社直属企业有80多家（此前未整合时为160多家），如何管理到位、有效管控，难度是相当大的。曾几何时，也是存在不少问题，甚至出过一些大的案件。我们虽然体量和盘子很小，但10多家企业、上千号人，想要管理好，也是不容易的，所说的建立现代企业制度也非一日之功。事实上，编委会为此付出的精力是不少的，特别是分管编委赵子忠以及徐文营同志花了很大力气，也取得了明显效果。但如何实现科学高效管理，仍可谓任重道远。有的社属企业负责同志跟我反映，现在编委会对社属企业的管理效率不怎么高，有待尽快改进。

新华社对社属企业实行三个清单管理的做法值得借鉴。调研组汇报说，这三个清单明确了必须报请批准事项和无须报批自行决定事项等，便于执行，也便于问责，减少了扯皮和模糊地带，提高了管理效能和工作效率，据说很受新华社社属企业欢迎。

我看，拿来主义没什么不好。编委会提出，中经传媒集团和企业管理部要学习借鉴新华社这种行之有效的做法，拟定建立清单管理制度并尽早试行，以激发、调动社属企业的积极性创造性，切实提高管理水平。

这篇“经济论坛”稿值得学习借鉴

2022年3月21日·星期一

向同志们推荐今天的“经济论坛”稿《碳排放数据岂容弄虚作假》（记者曹红艳）。

这篇文章坚持问题导向，观点十分鲜明，紧紧抓住生态环境部公布的4家碳核查机构碳排放报告数据弄虚作假问题，向社会发出一个强烈信号，那就是坚决向“碳造假”说“不”。稿件顺藤摸瓜，分析精准，鞭辟入里，有警示意义。此文逻辑性强，认识透彻到位，标题铿锵有力，体现出强烈的问题意识，起到了以案说法、以案说纪的作用。

与此前稿件有所不同，这篇金观平文章角度比较独特，丰富了“经济论坛”专栏的稿件构成，拓宽了报道视野，值得大家学习借鉴。

报网两微初步融合效果超预期

2022年3月22日 · 星期二

中国经济网总编辑崔军同志今天报告说，报网两微融合经过全国两会报道的磨合与实战，已见到成效。

统计数字显示，中国经济网微信上周出了32个10万+，而此前一个月也才有40多个10万+。中国经济网短视频同期还创下了一周有3.5亿观看量的历史纪录，其中揭批美国搞生化武器的一条高达2.5亿，比今年前70天的观看量的总和还要高。

这样的数字和效果很有说服力。崔军同志说，更重要的是，近20天的融合实践，坚定了网站编辑记者对融合发展的信心。这么短的时间，大家从融合中尝到了甜头，对下一步的融合和未来发展充满期待。

具体负责这项工作的张益勇同志，在这个两微融合过程中是发挥了大作用的。在他看来，融合的主要收获是资源共享、合作紧密。两微编辑统一在主报大平台办公后，交流沟通的便捷度明显增强。试点伊始，报网两边团队首先打通了微博和微信的审稿群,生产流程透明，相互取长补短。而线上线下的平台融合，也便于编辑间共享新闻线索、资源和经验。在审核方面，设置专人专岗后，产品发布效率提高，遇到疑难问题也可以及时请示，提升了平台内容的安全性。

上周，徐立京同志专门主持召开两微融合工作推进交流会。参与这项业务的大家伙逐一发表意见建议，谈了成绩和体会，说了差距和不足，还提出了一些亟待解决的难点问题。总编室主任王智同志表示，报网两微的初步融合效果超出预期，表明编委会的这项决策是正确的。他认为，下一步工作的重点是要明确平台定位，建立绩效考核机制，统筹人力资源，加大策划制作，力争多出爆款产品。

深度融合发展，可不是一蹴而就的事情，必须付出更大的努力、更扎实的劳动。我说过，两微融合就像是在办特区，先要试一试，敢于闯一闯。只要不断积累经验，反复试错摸索，经过一段时间的实践，一定能有力推进融合发展，也一定能逐步取得可喜成效。对此，我是有信心的！

警惕落入“大表扬稿”窠臼

2022年3月23日 · 星期三

好不容易版面头条有空，今天推出《四问中国冰雪产业》调研稿。这是张曙红同志牵头策划组织的，前后一个多月，在我国成功举办冬奥会和冬残奥会背景下，调研中国的冰雪产业不仅有意义，也很有价值。

这个报道的内容在近两个月的各大媒体都能看到，我们要做，而且必须做出与众不同，必须做出经济特色。此前，几位同志辛勤采访，写出了稿件待发，因为一直没有机会出头条，所以耽搁了一段时间。这期间，我又对稿件审看、琢磨，推翻了原稿的结构框架，改变了“大表扬稿”的写法，坚持问题导向，把着力点放在中国冰雪产业怎样能够抓住机遇加快发展、跨越式发展、高质量发展上。

根据这个意见，魏永刚等同志进行了反复修改，几易其稿，最终完成了这篇深度报道，质量还是杠杠的。

夜班为这篇稿件专门开了一个栏目，叫“高质量发展产业调研”。此前我们虽没有这个专栏，但发的报道也有好几篇，包括《煤炭问题调查》《耕地问题调查》，以及此前的《吉林问粮》《南阳重耕》等，都属于产业调研范畴。这些报道是保持较高水准的，在新闻界、在业内外都产生了不小反响，也更加坚定了我们做好产业调研报道的信心。

为了有计划、有组织地做好这项工作，编委会决定由张曙红同志领衔，组建产业行业调研报道团队，并以产经部作为其办公室统筹开展工作。拟定的几个调研题目都在陆续推进，关于种子问题的调研稿正在打磨之中，即将粉墨登场。

前面提到了“大表扬稿”的概念，希望引起同志们的思考和重视。从总体上来说，我们的报道绝大多数都是表扬稿，都是反映变化、反映成就、反映变革的，这是不容置疑的，也是毫无问题的，是我们的职责所在。关键在于，我们怎样吸引住读者和受众，让人们能够看我们的报道并乐于接受，进而认同、赞成我们的报道。

这就涉及宣传艺术、报道艺术的问题。如果仅满足于出表扬稿，甚至是长篇大论的表扬稿，我相信，社会效果是要打折扣的，时间长了也就没人爱看了。而以问题为导向，抓问题、细梳理、深剖析，通过报道给人以向上、向好的信心和力量，这样的报道，才是我们最需要用大力气去推进落实、下大功夫去探索实践的。

对此，不仅产业报道要注意，地方调研、企业调研也要抓住这个重心。否则，很容易落入“大表扬稿”的窠臼，会使我们的工作成效大打折扣，也会稀释、拉低我们一年多来艰苦调研的业绩。由于新冠疫情形势复杂严峻，三大系列深度调研不可避免地受到了一定影响。但这项工作的方向、重点和要求，是越来越明确的，也是坚定不移的。望同志们统一思想，提高认识，求真务实，守正创新，做出更大努力。

做强学习宣传习近平经济思想高地品牌

2022年3月25日 · 星期五

（一）

今天1版刊发“学思践悟习近平经济思想”专栏稿《中国特色社会主义政治经济学的重大创新成果》。

作者王伟光同志，在去年的党史学习教育中，担任中央第十四指导组组长，多次带队到报社调研、座谈、指导工作，对我们的工作提出了很多重要的意见建议，还专门参加了编委会专题民主生活会，并发表讲话，对我们的工作给予充分肯定，也对今后的发展充满期待。

作为思想理论大家，王伟光同志在本报刊发过多篇大块头文章。这半年多来，他多次谈及本报举办的“习近平经济思想研究征文”活动，认为这件事做得有意义，在理论界是很有影响的。有一次见面，我盛情相邀，请伟光同志也给我们写一篇吧。伟光同志欣然答应，表示要写一篇，还强调说要好好写一篇。3个月过去了，这篇长达1.3万余字的重磅文章送到了报社，经季正聚同志和评论理论部认真编辑核校，今天见报了。

这篇万字雄文鲜明指出，习近平经济思想是对中国特色社会主义政治经济学的重大创新，从坚持以人民为中心的根本立场是习近平经济思想本质特征、开辟中国特色社会主义政治经济学新境界、创新中国特色社会主义政治经济学方法论三个方面进行了深入阐述，站位很高，认识透彻，分析精当，不愧是理论高手，可谓高屋建瓴、举重若轻。建议同志们抽时间阅读学习。

我看，如果要编辑出版《习近平经济思想研究文集（2022）》，这一篇是可以打头的。

（二）

这几天，我们在多个场合和会议上，认真地、原汁原味地传达学习领导同志对经济日报工作的重要讲话和指示批示精神，并对照指示要求，研究下一步的工作。

深入学习宣传阐述习近平经济思想，是我们的一项十分重要的任务。经济日报的职能之一就是深入宣传阐释习近平经济思想。对此，我们要高度重视，统一思想认识，厘清工作方向重点，凝神聚气、聚精会神地抓好贯彻落实。

具体而言，就是要继续办好"学思践悟习近平经济思想"和"专论"等专栏，着力提高理论版的稿件编发质量，继续开展"习近平经济思想研究征文"活动，继续举办习近平经济思想座谈研讨和高峰论坛活动，努力做强学习宣传习近平经济思想高地这个品牌。要充分发挥组织和平台作用，在打造学习宣传习近平经济思想高地方面迈出更加扎实的步伐，取得更为明显的成效，不辜负中央领导同志的信任和重托。

使命光荣。编委会任重道远，新组建成立的理论部责任重大，全体经济报人要知重负重，奋力前行。

（三）

昨天下午，我们举办学习贯彻党的十九届六中全会精神培训班，学习贯彻习近平总书记在六中全会上的重要讲话和《决议》精神。还专门邀请了中国社会科学院哲学研究所党委书记、中国社会科学院大学哲学院院长王立胜同志为大家授课。

王立胜同志也是多次在本报发表理论文章，在“习近平经济思想研究征文”活动中还荣获优秀奖。他以《从中国道路看人类文明形态》为题，给同志们做了精彩的辅导报告。课讲得生动活泼，大家听得也是津津有味。这堂课帮助我们更好地理解中国式现代化的发展历程、世界视域下的文明进步史和中国共产党付出的艰辛探索，对于我们学习好六中全会精神、进一步加深对百年党史的认识，是很有启发、很有帮助的。

海南站王伟同志课后发来微信说：“王立胜书记的研究气势磅礴，演讲深入浅出，精彩绝伦！希望把音频或演讲稿提供给大家，便于同志们多复习。”

看来，像这样高质量、高水准的辅导报告还是可以多组织一些的，对于提升干部队伍素质，特别是思想和理论素质，是有积极意义的。

习近平经济思想宣传阐释工作获重大进展

2022年3月27日 · 星期日

昨天下午，我们在报社召开习近平经济思想研究暨文集出版座谈会，多位专家学者出席并做主旨发言，也对我们组织开展习近平经济思想研究征文活动和编辑出版文集工作给予好评。新华社专门播发文集出版消息，人民日报、光明日报等都在2版头条位置显著刊发，今日头条等平台更是在推荐首要位置予以转发，学习强国今天的阅读量就达1960万，点赞超83万。这样的宣传推广力度，产生的效果和反响都是相当不错的。

此前，领导同志多次在讲话和批示中肯定我们对习近平经济思想的宣传阐释工作。这方面的有关情况和内容，我们已经多次传达学习。可以说，这项重点工作获得重大进展，取得圆满成功。

（一）

从当初酝酿至今，这项工作已整整一年。记得2021年3月1日，上级开会，研究关于推进理论建设的问题。有领导同志问，经济日报的理论宣传是什么情况？领导同志指出，经济日报应当加强理论宣传，强调“经济日报理论宣传要抓紧赶上来”。

会后，我的心情是沉重的，可谓压力山大。回报社就给编委们做了通报，还在稍后的评报中谈到了这个问题。客观上，我们的理论宣传确实存在明显短板和严重不足。现在，中央有要求，上级有指示，怎样在短时间内扭转局面、见到成效，成为当务之急。为此，我们多次开会研究对策，广泛征求评论理论部、经济研究部等同志们的意见和建议，在此基础上明确：要倾力推进习近平经济思想学理化研究工作。

但到底怎么做？怎么样才能达到预期效果？实事求是地说，一开始并没有明确笃定的思路。当时有两种考虑，第一种是拟订教科书式的大纲，列出细目选题，再约请有关专家学者分头撰写，最终合成；第二种是以习近平经济思想研究为总目标，发挥专家学者积极性，从不同的角度自发撰文，形成一个比较全面、完整的展现，做的是集大成的事情。

很显然，第一种方案做起来难度大、周期长，而且我们也没有这个能力，很难拟定出权威的写作大纲。前期，评论理论部按照要求，拟了一个大致的草案，看了以后不是很理想，觉得做起来胜算不大。在昨天的座谈会上，就有专家建议我们用这种办法改进研究阐释工作。第二种方案的长处，就是操作简便，更多强化组织发动功能，有望在不很长的时间内收到较好效果。几经权衡，我们最终选择了后者。但如何把各方各面，把有关部门、高校、科研机构及其专家学者调动起来，吸引过来，也成为必须要解决的难题。

因为忙着建党百年高潮阶段的宣传报道，此事暂时放了下来。“七一”纪念大会后，重大报道和重大活动告一段落，我们可以集中精力来做习近平经济思想研究工作了。经过反复琢磨，绞尽脑汁，也受当时举办全国摄影大赛和短视频征集活动取得较好成果的启发，我想，干脆搞一次“习近平经济思想研究征文”活动，就从“七一”后开始。

（二）

不过，像这样涉及总书记的重大主题征文活动，真不是自己就能做主的。为此，我们立即请示报告。没想到，很快就得到了批复。

为期100天的征文活动就此拉开帷幕。我们在报纸头版连续3天刊发征文启事，并且在新媒体做推广。一时间，“习近平经济思想研究征文”活动在业内外有了一定的影响力、号召力。尽管如此，征文活动的举办也不是一帆风顺的，此后还有与山东举办研讨会，作品评奖，编委们审读等，这里面也有波折和反复，但经过大家的艰苦努力，特别是分管编委季正聚和评论理论部、经济研究部的同志们焚膏继晷、迎难而上，最终干成了这件难而正确的事情。

按照此前的策划安排，是要编辑出版“学思”“践悟”两本文集的。又是几个月的付出，经过出版社几位同志的编辑、审核，特别是两次出版报批等环节，最终文集得以出版发行，与大家见面……

一年辛苦不寻常。文集的如期出版，体现了经济日报的政治站位和责任担当，反映出中央党报干部职工的政治素养和奋进状态，也展示出与改革开放相伴而生、领风气之先的经济日报的视野和眼光，是经济报人团结奋斗、守正创新、与时俱进的精神和风采的最好体现。

回头来看，这项工作能够取得成功，首先要归功于习近平经济思想的博大精深，为我们提供了强大的思想武器和动力源泉；其次，领导同志和上级机关的大力支持，创造和提供了有利条件与良好氛围，增强了我们的底气和信心；最后，参与的全体同志呕心沥血，甘于奉献，使得这项工作圆满完成，连一个差错和问题都未曾出现，称得上是百分百的完美工程。

（三）

从操作层面来看，这项工作能够顺利推进并达到比较理想的效果，有三方面要素值得我们总结——

一是充分发挥了平台效能。经过40年发展，经济日报在经济领域的影响和地位一直是在的，而习近平经济思想与经济日报有着天然的贴近性，经济日报做习近平经济思想宣传、阐释、研究又具有相洽性，人们都觉得顺理成章，不会有违和之感。可以说，开展这项工作既有一定的偶然性因素，同时，也更有其必然性。

二是集中体现了组织功能。大家都知道，我们缺乏专门的理论研究人才，与其他几家相比，人员也是少得可怜。就像领导同志所指出的，理论宣传就是我们的短板，就是我们的弱项。对此，必须服气接受，正视问题之所在。同时，也应该扬长避短，发挥我们与经济界、理论界联系比较密切的优势，在牵头、组织、服务方面发挥应有的独特作用。如此，则客观上是强化了职能，凸显出我们的作用。否则，靠我们自己的人力、智力做这项工作，无疑比登天还难。

三是全面展示了资源的整合力。这一年间，我们借助从中央到地方的各大媒体和各位专家学者，以及习近平新时代中国特色社会主义思想研究中心的力量，为了一个共同的目标而发力。这是不少部门和单位包括媒体，一时还做不到或者实现不了的。这期间，不管是上级机关，还是有关部门和专家学者，都以积极的态度热情给予支持和帮助，从根本上缓解了我们力量不足的问题，也让我们这项工作能够顺利推进，并取得超出预期的效果……

事非经过不知难。整整一年时光，多少付出，多少焦虑，如今都已化为成功的欢乐与喜悦。这再一次告诉我们：经济日报这个平台是可以做更多事情的，经济日报职工是可以干出更大业绩的。在创刊40周年之际，在新时代这个大背景下，经济日报人是可以也应当做出无愧于前人的成就和贡献的。对此，我们要充满信心，并用自己的扎实工作去开创新的事业，实现更大的目标。

一名年轻记者的感悟与思考

2022年3月28日 · 星期一

今儿早晨一上班，刚进办公室，就见财金新闻部的郭子源同志在等着。她手里拿着几页纸，说是来汇报一下去东莞参加践行习近平经济思想调研行的体会。

看来，这趟出差让郭子源同志触动不小，感受良多。她说，调研组的同志们这些天在一起调研采访、学习交流，使她的政治站位、业务理解和工作状态都发生了明显变化。她期待着今后能经常参加各类重点调研报道，在实践中、在实战中不断提高自己的采编能力和工作水平，早日成长成才。

谈完后，郭子源同志把几页纸留了下来。我认真看了看，觉得她的文字是有价值的，是有深度的，是有意义的，反映出一名年轻记者对党的宣传工作的理解，对新闻事业的感悟，对报社发展的思考，以及对青年人成长进步的疑惑与认识。材料中针对如何增强经济日报的核心竞争力、如何提升年轻记者的思辨性、如何解决新闻理想丧失等问题，谈了自己的看法，提出了意见和建议。

这些意见和建议，有的切合报社实际，是我们将要或正在着力推进的工作；有的虽然不够成熟，但应引起重视。重要的在于，我们的年轻同志对报社事业发展充满了信心，期待在为报社事业发展中贡献自己的青春力量，同时实现自己的职业追求和人生价值。这一点至为关键，尤其可贵。

产业调研开局良好大有可为

2022年3月31日 · 星期四

（一）

周二下午，张曙红同志主持召开产业调研报道第二次协调会，对前期工作回顾小结。徐涵、魏永刚同志就产业调研报道工作谈了体会，分享了他们的认识和感受。与会者提了不少调研线索，讲了一些意见、建议。会议还对下一阶段工作做出具体部署。协调会开得很务实、很有成效，相信接下来会有一篇又一篇重磅产业调研报道闪亮登场，值得期待。

会上，我围绕产业调研谈了想法，与同志们进行交流。

关于产业调研报道，我在评报中讲过多次。这一年多来，我们在一步步推进、一次次实践中逐步形成了“三驾马车”的新闻业务格局，发展到今天，出现了点、片、线、面的报道态势。所谓“点”，就是指我们的企业深度调研，即“牢记总书记的嘱托 · 企业调研记”，实现了点上的突破；所谓“片”，或者叫“块”，就是我们的地区调研，即“践行习近平经济思想调研记”，影响是越来越大；而产业调研既有“线”的内容，又有“面”的内容，比如煤炭问题是一个领域、一条线，耕地问题就是一个面。“三驾马车”的调研，点、片、线、面全有了，这样的调研做到位了，特色自然就会形成，影响力也必然会越来越大。

加强调研报道，是我们今年工作的重中之重，是“一把手”工程。这一方面指我会亲力亲为，经常过问、督促、推进这项工作，始终紧紧抓在手里。另一方面，是指我们的战略安排和业务布局。“一把手”有五个手指，分别是指代我们的三类调研，加上评论和理论，这就是我们新闻报道工作的制度性安排。去年是这么做的，这么推进的，今年更加清楚。而媒体融合发展，就是我们统筹强化五指作用和功能的“胳膊”。

通过过去几个月同志们的共同努力，产业调研开局良好。尽管刊发稿件数量不多，但篇篇有影响，质量都不错。实践证明，产业调研是大有可为的，一定会成为我们报道工作新的增长点和一大闪光点。

（二）

我们为什么要下功夫搞产业调研呢？我想，至少有以下三方面的迫切需要。

一是提高报纸质量的迫切需要。我们的报纸不能都是“易碎品”，不能都是人人都能写、成色不太足的报道，更不能是抄资料、从网站上扒来的东西，必须要有独家的、与众不同的、别人没有的产品。如果没有这些内容，报纸质量无从谈起。你有的别人都有了，别人比咱们还要快，甚至还要好，打开报纸之后能有什么可看的呢？如果每天没有几篇稿子值得给大家推荐，报纸也就没得看，还办得下去吗？因此，提高报纸质量，必须有一些重磅的、独家的、高质量的文章，必须有其他媒体不可替代性。而产业调研就是这样的优质内容。如果说要体现经济日报特色的话，比较起来，我们的行业调研、产业调研，是最能够体现经济日报特色的。我们要下大力气、苦功夫，加强策划、安排、落实，以此提高报道质量和办报水平。

二是推出新闻精品的迫切需要。我们这几百号人大多是高质量人才，本科生、研究生、博士生，有中央党报、央媒这么好的一个平台，不写出好稿子，不推出优秀报道，怎么交代？这么多人，不弄出一些新闻精品，在新闻界抬得起头来吗？之前我给同志们提出，每个月争取出两篇高水准的产业调研报道，因为疫情的原因可以调整到每月一篇。一篇，我觉得还是可以做到的，压力不会太大。一年下来，有12篇高质量的产业调研报道稿件，就能让我们在报道的专业化方面产生一定的冲击力。像煤炭问题调查、耕地问题调查以及种子问题调查等，这样的报道一年捋下来有12篇，这就是我们的核心竞争力。经济日报不做产业报道，做啥呀？

三是培养人才队伍的迫切需要。光靠抄材料，光靠扒电脑，光靠在人家网站上摘、编，那是不行的，那走的是绝路，是死路一条。曾几何时，这成为不少人的“主业”；曾几何时，很多人都很高产。稿子怎么来的？报社那么多部门我都分管过，那么多版面我都签过，有多少是自己一个字一个字采访来的？往多里说，有1/4是自己的就不错了，其他多是大段大段地抄材料。萝卜快了不洗泥，各部委网站上这类稿子多得是，我们抄、转它干什么呢？时间长了，把记者搞得认为这个行业真没意思，这样抄抄摘摘也能当记者，还能评上高级记者。那怎么行呢？要让采编人员知道，我们的报道是要付出努力，要有更多投入的。那种东抄抄西粘粘的，算不上真正意义上的记者，千万不要把年轻同志带偏了。要下大力气，花更多时间，把人才队伍培养起来，让大家知道，新闻这行业门槛是不高，但要做好不容易。有人说，现在好稿不如以前容易得了，那是因为你那本来就不是好稿子，怎么能拿A稿？现在看A稿，有哪篇不是好报道？就是要形成一种导向，动员采编人员在新闻业务上下功夫，不要混日子混年头。加强产业调研报道，就是我们培养人才队伍的有效途径。对此，参加过产业调研报道的同志体会很深。

（三）

在我看来，产业调研报道应当把握好以下三条原则。

一是要积极。是向上的，是给读者信心的，是给产业带来希望的，一定要体现这一点。我们的煤炭问题调研、耕地问题调研，不是把问题渲染得一塌糊涂，把形势说得一团糟，这不是我们要的。我们是中央党报，是要为党和国家做工作的，不是西方媒体的“扒粪者”。作为党的新闻工作者，要从有利于社会发展、有利于经济建设、有利于国家稳定的角度来做采访调研报道。我们强调问题导向，不是要让你去把这个问题说得极其严重，而是要给大家以信心，让大家有向善、向好的期待，报道的基本面、主旋律一定要正确。别以为这个问题、那个问题都不能碰，关键是我们立足点是向上的，是正能量的。比如，耕地问题那么严重，我们立足于人们要重视耕地问题，18亿亩耕地必须牢牢守住，这个底线始终不能突破，要保证生产出中国人的口粮，而不是说耕地问题解决不了，耕地管理保护工作乱套了，对国内外产生负面影响了，那是西方媒体的报道路数。

二是要深度。其实就是专业的意思，专门想回避“专业”这个概念。因为一旦说专业，大家就觉得很难短期内专业起来，有恐惧心理，会有顾虑、畏惧。我们把“专业”改成“深度”。能成为真正的专业化当然更好，但如果能够让稿子像专业记者写的稿子，那也就不错了。我们才有几个专业记者？但每一位记者都应当也可以做专业的事情，没有谁是天生专业的。我们用“深度”这个词，就是为了给同志们特别是年轻同志减压。不要觉得一说专业，就想，我也不是专业记者，我也不懂，写不了，没法写，干脆就不干了。这不好。整个中国新闻界，能有多少真懂的啊？

三是要全面。不要片面化，更不要狭隘，要有全局眼光，要有国际视野。比如这项产业、这个行业在我们国内是处在什么位次，在国际上又是什么状态？否则，体现不出中央党报、经济大报应有的格局。就是要有全景、全貌、全局，不能目光短浅、一叶障目，更不能偏激。要努力做到观点均衡，切合实际，不要像愤青那样。

（四）

产业调研报道选题的三个维度，请大家参考把握。

第一，经济热点。光是“经济”还是不够的，得是“热点”问题。行业多了，产业多了，大类有几十个，细分几百上千个，我们能做得过来吗？问题不热，大家不当回事儿，这个行业就未必去做。要有热点，本身带有热度，像煤炭问题、耕地问题以及种子问题，都是涉及国计民生的重大问题，也都是国内外关心的热点问题。

第二，上下关注。中央关注，老百姓也关注；业内关注，业外也关注。同时，还必须要跟高质量发展的要求紧紧挂上钩。高质量发展是党的十八大以后习近平总书记提出来的，我们就是要在报道中体现出产业行业落实习近平总书记对高质量发展的一系列要求。选题务必做到上下关注，不能走偏了走歪了。否则，即使挖掘很深、调研很透，别人不关注，离总书记的要求也差之千里，这不是我们要做的。

第三，要能完成。我觉得最主要的也是这一点，要有可操作性。

一定要做我们能做到、能做成的事情，不仅是搞报道工作。不求大，有的题目太大了，老狗吃天，无法下口，也是吃不了的。为什么地区调研报道，不做省一级的？就是因为我们做不了、做不成、做不好。我们集中做地市一级，省会城市。我们有多大本事、多大能力，自己还不知道吗？去几个人待上七八天，能对一个省的发展说啥呢？不能干这个事。一定要做能够做成的，而且在比较短的时期内能做成的。有的产业太大了，比如说航天产业，涉及国计民生，很重要，但我们做不了。房地产业，也很热，但这是多大的问题啊，我们恐怕也做不成。还是要做我们能做成的。

总而言之，产业调研开局良好，产业调研大有可为，相信经过同志们下功夫研究选题、组建队伍、深入采访，一定能不断推出优秀的产业调研报道，为办好报纸、提高质量做出新的贡献。

APRIL
2022 ／4

2022 年 4 月

总编辑评报

双微团队要做融合发展排头兵

2022年4月1日 · 星期五

周三，和赵子忠、徐立京同志一起，参加了总编室两微融合发展座谈会。报网两微融合做了一个多月，也到了和大家做一次交流的时候。

2月底，编委会决定，报网两微融合从“两会”起开始试行，到现在进展是顺利的。此前，子忠和立京同志在团队融合上花了许多心思，解决了不少问题。

听了大家发言，看了一些材料，针对同志们提出的工作中的难点、堵点，我们做出了多项涉及体制机制、奖励分配等方面的安排。同时，就两微融合发展谈了意见，供同志们参考。

大家都知道，两微融合，是愿意做也要做、不愿意做也要做的事情。有条件得干，没有条件创造条件也要干。党中央有要求，总书记有指示，中宣部领导多次提出经济日报要在融合发展方面多探索，光跟我就专门讲了两三次。可以说，这项工作是没有回头路的，必须往前走。我在编委会上也讲了几条要求，包括要稳妥推进、安全可控、逐步完善等，这些都是要坚持的原则。

从操作的层面来看，当前要特别注意以下三点。

第一，统一思想，顺应大潮

走融合发展这条路，必须坚定不移。这条路我们没走过，其他单位走的路也跟我们不完全相同，得靠我们自己去摸索。报网融合是迟早的事情，今年融不了明年也要融，明年融不了后年也会融，中央的部署不会超过5年。不过，报网完全融合，目前不现实，条件不成熟，是需要一个过程的。我们要迈出这一步，这一步就先从两微融合开始，用这个阵地来试一试。这两年来，特别是去年，报网融合还是干了不少事情，做了不少工作的。包括爆款产品“送你红色货币”是报网融合的成果，还有短视频征集活动，这些都是比较成功的。可以说，在报网融合方面，我们已经迈出了实质性的步伐。按照中央和编委会的要求，报网融合步子要加快，所以先搞一个“特区”，两微就是这个“特区”。经过一段时间磨合、探索、创新，两微融合一定会成为经济日报的一大亮点。

弄潮儿向涛头立。团队的同志们就是弄潮儿，向涛头而立，领风气之先，做融合尖兵，是发展中坚。大家要有责任感、荣誉感，也要有使命感。首先就是应当统一思想，心往一处想，劲往一处使，把编委会托付的这个重担担起来。

目标清楚，方向清楚。我说过，两微合并后，扩大了经济日报的影响力和知名度，提高了报道的到达率和覆盖面，这就是目标，这就是方向。同志们要放下思想上的各种包袱，团结向前，扎实努力，务求取得实际成效。

第二，积极推进，勇于探索

融合，没有成功经验，没有现成模式。广电总台、人民网的做法都值得学习借鉴，但不能照抄照搬，我们在基础、条件等很多地方是不一样的，主要靠自己摸索。

10年前，我们办微博的时候也没什么经验，陈发宝、乔申颖、王玥等几位同志就把微博鼓捣起来了，不是也弄得挺好嘛。有同志讲到和人民日报等三大家的差距，这是事实。从某种意义上说，我们不跟他们比，因为想超越他们很难，做不到。但我们要办出特色，要小而美、小而特、小而靓，这就是我们的追求，经济日报的4个微信、微博就是要体现经济特色。能在经济领域有一席之地且高人一筹，我们就搞成了。

中国经济网在新媒体方面是走在前面的，多年的市场化运营模式及方法起到了一定作用，大家要向中国经济网学习。事实上，这也是我们让报网两微率先融合的重要考量，就是为了取长补短，把中国经济网的良好基因更好地嫁接到一起，融合在一块，实现“1+1＞2”的效果。

不要畏惧变化，要勇于迎接挑战。尤其对50岁以上的同志而言，不要怕变化，变化是肯定的，不变不适应当前形势。“变”会越来越好，而“不变”只能死路一条。

第三，创造条件，保障有力

既然是特区，就要花人力物力财力，这一点是肯定的。去年搞深度调研我们也拿出100万元当奖金，不花钱是不可能办成事情的，发那么多及时奖就是要调动大家积极性，体现工作和价值导向。我们会继续创造条件，让大家劳有所得，让大家有前途、有奔头。

有的人说这里没有预期。为什么会没有预期呢？有才华就显示出来啊。我们这一年多给12名年轻同志开专栏，就很能说明问题。有本事就来展现，好多岗位都缺人，期待同志们赶快进步。干得好，预期就会变成现实。混日子，维持现状的，哪还有什么预期？想都不要想！只有拼、只有闯才行！

只要政治上不出问题，其他我看没有什么了不起，能出什么事？我也不给同志们定目标，3个月融合了可以，6个月融合了也可以，一年呢，我觉得也没什么不行的。反正目标是清楚的，坚定地朝目标迈进。按照既定目标，扎扎实实一步一步往前走，就一定能走到！

编委会对大家寄予厚望。责任重大，使命光荣，这8个字对于我们双微工作团队来讲非常贴切。希望同志们不断积累经验，稳中求进，守正创新，为报网深度融合发展当好排头兵！

助年轻人成长成才成功

2022年4月5日 · 星期二

（一）

新闻协调部王胜强同志，调任河北站副站长主持工作。假期前报告说，到任已半月，各项工作有序衔接、平稳推进。由于疫情防控的原因，还不能拜访省委宣传部领导，但已建立联系。许多地市的宣传部部长主动打来电话，感谢经济日报一直以来的关心关注。他们还普遍谈到经济日报近两年在深度调研方面的积极探索，对近期刊发的《一重重生》《安踏出江》等报道能直接叫出名，均表示出对经济日报赴当地深调的期望。

王胜强同志让我放心，说在接下来的工作中，他会继续用实绩擦亮品牌，用实干获得尊重，用实诚展现形象。

（二）

因疫情封在上海的李景同志发来微信，说这个特殊时期想汇报下工作、生活和思想近况。

他说，目前上海的防控形势很严峻，力所能及的就是遵守防控规定。同时，每天参与线上新闻发布会，紧盯政府、委办以及各区的关键信息，尽量做一些正能量的引导。比如在央媒中率先在报纸发表言论，制作的原创上海视频也在微信端收获了10万+。

李景同志还说，这期间能明显感觉到，自己身处疫情中心，心态和生活出现不适感。不过，现在心态也缓和了，一个人封闭虽然难受，但也是难得的考验，相信渡过难关一定能造就更坚强的人生。疫情早晚有一天会结束，他有信心越做越强！

（三）

国际部禹洋同志也发来微信，说：食堂贴出了职称评定结果公示。听到不少同事在议论，大体来说有两点。第一是这次职称评定，虽然竞争很激烈，但评出来的同志，都是能力突出、业务过硬的，大家都是服气的，体现了鲜明的用人导向。第二是这次职称评定，公平、公正、公开，将引导同志们把更多的精力、关注点放在自己的本职工作上。

禹洋同志表示，此次有幸也在公示里面，但深知和其他同志比、和编委会领导的期待比，还有很大的差距、不足。她说，一定会牢记编委会对年轻同志的关心、爱护，继续脚踏实地，用心工作，以实实在在的业绩和成果，来回报编委会的信任、厚望，为经济日报发展做出属于年轻人的贡献！

……

这几位同志是有一定代表性的，各有喜与乐，都有忧和愁。他们有一条是共同的，就是希望自己不负韶华、埋头苦干，在为报社事业努力拼搏的过程中实现人生价值，为我们这个集体奉献自己的一份智慧与力量！

我们要关心他们、爱护他们，助他们成长成才成功！

坚定不移干事 不怕艰难向前

2022年4月6日 · 星期三

（一）

清明假期过完，报纸恢复常态，特别是中央领导同志活动减少，重大时政报道不多，使得报纸版面和报道内容能够比较充分地体现特色。

今天要向大家推荐金观平文章《打破隐性地方保护主义》。这是产经部黄晓芳同志撰写的，也是她在“经济论坛”专栏发的又一篇高质量稿件。

独特的视角、较高的站位和深入的分析，是晓芳同志近年来撰写评论言论的一个特点，此文也是如此。针对地方保护主义对经济发展和企业进步带来障碍，文章呼吁在构建新发展格局大背景下，务必拆掉地方保护主义藩篱。发出这样的呼声，十分必要也十分紧迫，有振聋发聩之效。此文不仅梳理出地方保护主义的现象，同时也指出了地方保护主义难以根除的重要原因，深刻指出，对大国而言，内需是经济之本，统一大市场则是关键所在，强调要增强系统思维和大局意识，强化全局谋划，建立内在激励机制。

可以说，这样的认识和剖析，有价值、有意义、有分量，体现了经济日报的理性和担当。建议同志们多加学习，推出更多这样的好文章。

（二）

今天1版还刊发了“学思践悟习近平经济思想”专栏稿，是王一鸣同志为本报专门撰写的，题为《中国特色社会主义经济建设伟大实践的理论结晶》。文章全面梳理了习近平经济思想的主要内容，从多个方面阐述了理论和实践问题，揭示出蕴含其中的内在逻辑和客观规律，强调习近平经济思想在指导实践中正越来越彰显出科学的真理性和强大生命力。这篇5000多字的文章，内容有厚度，分述很透彻，逻辑性、学理性都比较强，是习近平经济思想研究的又一高质量成果。

作为中国国际经济交流中心副理事长，王一鸣同志多次在本报发表重磅文章，也经常出席报社的有关活动。在上个月举办的习近平经济思想研究及丛书出版座谈会上，王一鸣同志发表了演讲。根据演讲录音整理出的文章，原准备送审后刊发，得知我们将在1版“学思践悟习近平经济思想”专栏中刊出，他表示不满意，要“重新写”。于是有了见报的这篇大作。

王一鸣同志深知我们是认真的，是在扎扎实实开展习近平经济思想学习、宣传工作，不是随随便便应付了事，所以他也更加重视文章的写作，集中精力撰稿。这就是所谓的相互成就，相互提升。

一年多来，我们就是靠认真、务实、真诚，赢得了一位位知名学者、专家和领导同志的关注和支持，收到了众人拾柴火焰高的效果，从而做成了一件几乎不可能完成的事情。这里要总结的有很多，但最重要的是我们坚定不移干事，不怕艰难向前。这也应该是做好任何工作的一个重要前提和根本条件。

（三）

俄乌冲突以来一个多月，特别是3月份，本报驻外记者发回大量有质量、体现经济特色的报道，让我们在这一重大国际事件中，有了自己的声音。

国际部统计，3月份编发的关于俄乌冲突事件的报道有26篇之多，内容丰富，涉及面广，但主要的是围绕俄乌冲突对有关国家经济发展和能源供应带来的影响与冲击，用经济视角看待政治、军事、外交问题，是有本报特色的。多篇报道编发推广后，产生了广泛的社会影响，比如《俄欧“斗气”再升级》《俄乌冲突严重影响全球贸易》《欧洲需要真安全》等，分量重、效果好。还比如《俄乌冲突威胁全球粮食安全》等稿件，也都抓住了问题要害，作出的剖析是深刻的，是有水准的。

国际部还有一块业务做得也挺棒，就是“郭言”文章的撰写和“经世言”专栏的经营。“经世言”开栏一年，刊发稿件得有上百篇，成为我们对美西方舆论斗争的重要阵地。这些报道起点高、观点鲜明、文风泼辣，产生了很好的社会反响。这也从一个侧面反映出，国际部的同志们不满足现状、不沾沾自喜，一步一个脚印提高业务能力的态度和追求。正是在这样的实战中，采编人员特别是年轻同志的工作水平有明显提高，成长很快，发展势头不错。这是令人可喜的，值得同志们学习借鉴。

把职工意见建议转化为工作动力

2022年4月7日 · 星期四

上周编委会，专门研究深化“质量提升年”活动，听取了调研情况汇报，对这项工作作出初步安排。在总编辑办公会上，就此向同志们进行了通报。

在今年这个深化“质量提升年”活动开展之初，我们安排了深度调研。此前，并没有这样做过，还是有创新特点的。调研组按照要求，在分管编委指导下，调研了方方面面，部主任和超过一半的副主任以及不少员工都参加了面谈和问卷。经初步汇总，共有约1200条意见建议，其中当然也包括对编委会肯定的、鼓励的、表扬的。调研组在此基础上又归纳整理成100条。这些意见建议，我是一字一字看了。一边看一边想，这么多意见建议究竟说明了什么呢？

首先，说明干部职工对编委会寄予了厚望。我来报社26年，从未遇到过这样的情况。所提的意见建议不管是代表性、广泛性和普遍性，都是前所未有的。这充分反映出同志们寄望编委会不断改进工作，补齐短板不足，在创刊40年基础上进一步推进报社发展。

其次，说明工作中确实存在这样那样的不足，有许多难点和问题，需要我们去正视并加以解决。从宣传报道到行政管理，从党建工作到广告经营，从融合发展到干部作风，涉及诸多方面，都存在不少需要改进和完善之处。

第三，报社工作需要及时向大家通报说明。好多事情做了，职工不清楚、不了解，就会有误会甚至误解。比如说，2021年职工人均收入是比2020年高的，但因为要实行新的考核办法，编委会决定把原来于2021年1月、2月发放的2020年11月、12月绩效，提前在2020年底发完。个人事项填报时，有的人发现，2021年统计的收入反而比2020年减少了。就有职工讲，编委会说2021年比2020年人均每月增加1000多元，没有呀，这不是在骗人嘛。人事部对此做了说明，还是有人不信。今后，各方面的信息，特别是涉及职工切身利益的事情，要及时地原原本本给大家讲，推进社务公开。

第四，也反映出职工期待报社各方面能够更圆满、更完美。这一点也要实事求是地告诉大家，超出客观条件搞福利主义是不对的，哪个单位也不会这么做，也是无法做到的。比如，有的同志提意见说，要大力改善报社办公条件。总体上说，论办公条件，中央新闻单位有几家比我们更好的么？再好恐怕就超标了，就要被查处、被整改了。

此外，需要指出的是，职工的意见建议有的属于编委会要整改的，还有一些是各部门、各单位要整改的。比如，有的说绩效分配不合理不公平，差距太大，还有的说，部门分配搞平均主义，没有起到调动积极性的作用。这些事项部门要自己整改，做到各司其职。

有这么多职工参与到活动中来，提出这么多的意见建议，是可喜的。我们应当把调研成果转化成工作动力，把党史学习教育推向深入，把“质量提升年”推向深入，通过开展“我为群众办实事”活动，集中解决不足和问题。当然，话又说回来，也不能搞理想主义那一套，指望编委会把所有问题都解决了，我们做不到，也很不现实。

今天下午的编委会，还要再次听取有关汇报，针对下一步整改工作进行部署。也希望通过这样的努力，可以让工作在去年基础上迈上一个新台阶。

“头条热评”发挥着不一般作用

2022年4月10日 · 星期日

（一）

如果说，经过一年多的努力，我们已初步形成了评论言论矩阵，包括编辑部文章、社论、评论员文章、金观平文章、郭言文章以及12位个人署名专栏和各版面短评快论，那么“头条热评”就是这半年打造的短兵器，正越来越发挥着不一般的作用。

上周，《国际油价下跌，国内油价为何还涨？》登上头条热榜，相关话题#国际油价下跌，国内油价为何还涨#列最高热榜第2名，吸引了417.4万人热议；#中国油价处在世界什么水平#列最高热榜第7名，有209.5万人热议。《经济日报：保障跨境监管合作安全高效》也登上头条热榜，话题#境外上市迎新规 央媒：释放积极信号#最高热榜第19名，17.9万人热议。这样的影响力是可以的，效果相当不错。

最新一期推广周报建议，应将“头条热评”打造成经济日报的一把利刃。周报指出，全媒体时代，优质评论具有稀缺性特征，融媒体制作与分发给力可以让评论声音传得更远。在热点事件发酵过程中，哪家媒体能够缩短创作审核发布周期，第一时间发出有力声音，就有可能吃到流量红利。而“头条热评”就是体现了这一创新性打法。

近期以来，“头条热评”主动抓住舆论引导战机，推出多篇短平快作品。有的针对政策层面，有的针对民生层面，也有的针对企业层面。这些报道既做到了答疑解惑，又给受众提供了独特视角，产生了良好的社会反响。

（二）

3月份的海外账号传播，整体延续平稳增长态势。

在脸书单平台传播方面，阅读量100万+13条，单条最高152.4万；阅读量10万至100万36条，单条最高90.3万；阅读量5万至10万有40条。

在Instagram平台账号传播方面，阅读量100万+9条，单条最高达154万；阅读量10万至100万52条，单条最高达98.2万。

统计显示，本报脸书账号活跃度和粉丝黏度继续走强。在共计89条阅读量5万以上的报道中，51条是自然流量；3月份海外账号参与的重大报道，包括全国两会、冬残奥会以及本报原创深度调研、大美中国等，都取得了比较理想的传播效果。

国际部廉丹同志报告说，传播态势不错，我们继续拼搏。

（三）

因为工作需要，编委会调河北站陈发明同志到甘肃站主持工作。

已赶赴兰州开展工作的发明同志，日前发来长微信——

我生于1983年，是经济日报的“同龄人”，非常幸运能在这个大家庭里成长，受到包容、关爱和培养。这几年在河北收获很大，开阔眼界，增长见识，锤炼本领，对我来说是一段难得的学习和锻炼经历，是报社给了我们年轻记者充分的成长空间。年近不惑，又很幸运地赶上报社事业腾飞的好时候，这两年听到很多地方领导、媒体同行评价咱们报纸的变化，有点赞、有羡慕，也有感慨。有位媒体同行老师对我说："记者的职业生涯很长，但是黄金阶段就那么几年，能遇上你们报社现在的改革力度和魄力，是运气，也是福气……"

发明同志表示，一定传承好李琛奇站长的优良作风，发挥好在河北这几年的学习锻炼成果，不负编委会的信任和厚爱，在老环境、新岗位上为报社贡献力量，争光添彩！

祝福发明同志工作顺利，祝愿琛奇同志身体健康！

产业调研工作的新高度

2022年4月12日 · 星期二

高质量发展产业调研《种业问题调查》稿，在千呼万唤中终于出炉了。

在半年前召开的六中全会上，聆听习近平总书记发表重要讲话，多次强调了耕地和粮食问题，指出耕地和粮食问题都是“国之大者”，必须引起全党全国高度重视，要放在更加突出的位置，确保粮食安全和国家安全。

会后，就嘱产经部，做完煤炭问题调研后，即着手研究耕地问题。按照要求，徐涵同志带着产经部的几个骨干记者，围绕耕地问题进行深入采访，广泛调研。经过数易其稿，反复修改，《耕地问题调查》如期刊发，产生了很好的影响，也逐步积累了产业调研的经验。

到了12月，中央召开经济工作会议，聆听习近平总书记再次讲到粮食安全问题，还谈到了种子问题，要求下大力气扭转我国种业不强的状况。总书记强调指出，种子问题不解决，粮食安全就得不到保障，国家安全也就存在严重隐患。

这次会后，我又给愈战愈勇的徐涵同志交代说：接下来，你们该做种子问题调查了。此后的一段时间里，产经部集中力量攻关，专题研究种业问题。又是数易其稿，拿出了质量较高的调研报道稿待发。

昨天中午，新媒体刷屏：习近平总书记到海南三亚种子研究所考察调研，并作重要讲话。这为我们推出调研稿创造了一个千载难逢的机遇：此时不发，更待何时？我当即把徐涵同志找来，要求安排记者再做修改，并把习近平总书记考察调研种子问题的内容加在稿件开头，从而使稿件的站位更高，分量更重。最后，此文经过曙红同志再次修改打磨，今天得以精彩呈现。

可以说，《种业问题调查》是我们去年四季度以来，继《煤炭问题调查》《耕地问题调查》《四问中国冰雪产业》之后的又一个重磅调研报道，把本报的产业调研工作推向了一个新高度，也从整体上拉升了报纸的高度与质量，增加了报道的深度和分量，显示出新闻报道工作总体水准正在发生比较明显的变化和提高。这也进一步说明，我们以产业行业作为又一重要突破口，提升报道质量和办报水平的战略选择是正确的，是可行的，是切合报社实际的。我们务必抓住不放，坚持不懈，以钉钉子精神，一锤子一锤子砸下去，砸出影响力、砸出新形象、砸出美誉度。

想起18年前，我在担任经济新闻部主任的时候，一位老乡、时任中国农科院党组书记的翟虎渠同志就跟我说过，种子问题事关重大，关乎国家和民族的未来。当时就觉得应该找机会深入报道一下种子问题。如今，这个愿望在乔金亮、吉蕾蕾同志手上实现了。一大早，我就嘱咐徐涵同志，注意及时跟进，进一步采访有关领导和专家，力求取得更好的宣传效果。

看着报纸上经常能出现这样的重磅文章和深度报道，真的是一件特别提气、特别振奋、特别有意义的事情，新闻人的自尊心与自豪感油然而生。

让我们共同期待下一套深度调研报道粉墨登场吧！

企业报道委员会正式成立

2022年4月17日 · 星期日

（一）

周五的“智库”版出的是“智库圆桌”，题为《俄乌冲突对世界经济的影响》，是我们在俄乌事件中一个比较有特色的报道。

两个月来，俄乌冲突不只是军事行动，也演化为俄罗斯与美西方之间的经济战。在这种极为复杂的连锁反应下，全球股市、汇市、原油、粮食和有色金属期货市场等都在随之出现反复震荡。目前来看，其对世界经济的影响远未见底，很自然地受到人们的广泛关注。这一段时间以来，国际部特别是驻外记者们发了不少报道，效果是好的。理论部的这个深度探讨分量更重，质量也比较高。

这个访谈稿围绕产业链供应链受到冲击、全球金融格局发生重大调整、世界粮食供求结构变化、能源市场发生巨大变革等问题，约请专家进行深入剖析，提出了不少有参考价值的观点，体现出深刻的思考，而非泛泛而谈、浅尝辄止，对于读者全面、准确地把握当前世界经济变化和发展趋势，是有指导性针对性的。及时跟踪经济热点，理论色彩比较浓郁，这样的内容契合“智库”版性，体现出经济日报的权威性和公信力，路子是对的。新近正式组建的理论部要集思广益，勇于创新，下大功夫把“理论”版、“智库”版办出水平，办出特色。

（二）

这周编委会审议了有关方案，决定在半年来取得成效的基础上，成立企业报道委员会，全面推进企业报道工作。

过去这半年，按照编委会部署要求，徐立京同志带着企业报道团队的同志们迎难而上，一点点探索，一步步前进，企业报道得到明显加强，不论是报道还是版面，都有不小的起色。特别是陆续推出的“牢记总书记的嘱托 · 企业调研记”专栏稿质量高、影响大、反响好，从《臻至破危》《追光者》到《一重重生》《安踏出江》等，都给人留下比较深刻的印象。可贵的是他们创新工作机制，整合报社与社属单位资源，调动起中国企业家杂志、证券日报社等采编人员积极性，在培养人才队伍、加快融合发展方面积累了经验，收到了超出预期的效果。

在此基础上成立企业报道委员会，不仅十分重要，也很有必要。相信经过大家的扎实努力，一个企业一个企业地攻关，一篇稿件一篇稿件地打磨，一定能让本报在企业界形成比较过硬的影响力、号召力，从整体上提升经济日报的企业报道水平，也一定能有力强化经济日报在经济领域的主流、权威、公信力。

（三）

两微融合试行已快两月，新机制正在激发生产和创新活力。最新一期融合周报说，经济日报微信账号阅读量较上周增长17%，微信双账号粉丝增长超过万人次。

这一阵子，两微融合团队对报纸标题加强新媒体转化，效果是显著的。不同于报纸标题需概括文章立意，微信标题重在吸引用户点击，达成阅读转化。因此，他们采用亮点前置+设置悬念、高热度话题+锐度观点、短标题吸睛、数据对比引关注等起标题方法，有效提高了用户点击率。如微信推文《东航飞机失事锁定副驾驶？黑匣子数据已经出来？最新通报》《躺平共存？别侮辱科学了！》《多家银行宣布：下调》等阅读量都不错。同时，标题转化也考虑题文核心观点对应，以保障更高的内容完读率。此外，两微融合团队还设立内容策划岗，在优化用户阅读体验上做尝试。如微信推文《到家啦！一起回顾“出差三人组”太空大事记》，以多媒体图文+视频形式，立体展现神舟十三号载人飞行任务取得圆满成功，是受到受众欢迎的。

看来，两微融合团队已逐渐搭建起内容共建共享、信息互通有无、团队能力优势互补的协同办公模式，释放了生产力，有效激发了团队的生产创新活力。经过一段时间磨合后，两微融合团队定能有新的收获与进步。

（四）

周末，上海记者站李景同志发来长微信，汇报了上海封控以来的情况，包括他的生活、工作和心态诸方面，情真意切。文中说了身在魔都竟会有挨饿之虞，讲了独自被封控中的寂寞悲凉，特别谈到上海站在抗疫中的付出，做到了人少、报道不少，产能紧、但产量足。光是李景同志近一个月就完成疫情相关报道90篇，日均3篇稿件，覆盖报、网、端、微全媒体平台。

“上海站用最少的人，在抗疫报道中走出了自己的路子，发出了不亚于其他媒体的声量。与一些人手充裕的兄弟单位相比，丝毫不落下风。”李景同志说，覆盖全媒体的工作节奏、形式、强度，不仅是自己记者生涯的首次，更是战役性报道中增强综合素质的锻炼机会。

“求取真经必遭磨难。这段艰苦岁月，一定会成为人生中的宝贵财富。”李景同志感慨道：“要让困难成为成长的催化剂。风雨洗礼后迎接自己的，必将是强大与成长！”

读着这些滚烫的文字，很是受到感染，深为我们年轻的经济报人而感奋，为这些充满朝气和血性的后来者而感动——

2022年，注定不平凡，命运安排我成为上海历史的见证者和参与者。虽然前路依旧艰难，但我仍将勇往直前，把经济日报的旗帜牢牢插在驻沪央媒的前沿阵地上，在上海战疫史里，留下经济日报的作品，留下我的名字……

又一篇企业调研报道精品

2022年4月18日 · 星期一

（一）

深度调研报道再谱新篇。

今天刊发郑波同志领衔的“牢记总书记的嘱托·企业调研记”之《柳工移山》，万字雄文分量之重、质量之好，都很能体现经济日报水准，也把去年以来的企业调研报道推向了一个新高度。而在习近平总书记考察柳工一周年之际见报，充分展示出中央党报应有的政治站位，充分反映出我们采编人员应有的政治敏锐性和政治执行力。

如果说，前不久推出的《一重重生》，报道的是一个濒临破产的老国企靠改革发生蜕变焕发勃勃生机的话，那么，《柳工移山》则对一个老国企在产业优化升级、追求科技自强自立、坚定走高质量发展之路的典型案例做出全面解剖，淋漓尽致地描绘了这个标本的理论与实践意义，用活生生的故事和无可辩驳的事实诠释了习近平总书记的重要论述：只有创新才能自强、才能争光，要坚定不移走自主创新道路，把创新发展主动权牢牢掌握在自己手中。

这个调研报道的过人之处，在于总结提炼得当，概括分析透彻。稿件紧紧围绕移山这条主线，从攻克技术壁垒、多元战略、海外布局、体制束缚等重重难关，有效应对各种挑战与竞争，最终实现了对制造业的坚守，对产业报国的坚信，对企业战略的坚持，成就了中国民族工业典范的“世界柳工”。读完全文，有回肠荡气之感，还是很长中国人志气的！

建议企业报道委员会对这个报道进行研讨，相信对大家开展企业深度调研工作是会有所帮助的。

（二）

今天见报的“经济论坛”稿也相当不错，《发展经济谨防简单化思维》是黄晓芳同志对于金观平文章的又一贡献。

此文以问题为导向，直指经济发展中出现的简单化、运动式做法，亮出鲜明观点，强调要坚决防止简单化、乱作为，坚决反对不担当、不作为。最后把落脚点放在必须要完整准确全面贯彻新发展理念，树立系统全面的观念，用辩证方法看待问题，克服“单打一”思想。文章针砭时弊，击中要害，针对性、指导性强，体现出高人一筹，是有振聋发聩味道的。

这一段时间以来，发了不少质量比较高的金观平文章。比如《积极扩大投资并非强刺激》（熊丽）、《降准有助于稳预期增信心》（陈果静）、《中国仍是跨国公司“避风港”》（袁勇）、《更好发挥货币政策双重功能》（姚进）、《立破并举建设全国统一大市场》（姚进）、《筑牢市场诚信基石》（李万祥）等，不仅凸显了经济特色，重要的是文章有站位、有观点、有态度，发出了经济日报应有的声音，表明了经济日报应有的态度，而且还比较有力度和锐度，是能够给人们留下印象的。

接下来，要毫不松懈地打造这个专栏，继续下大力气经营，做到保质保量，擦亮“经济论坛”这块金字招牌。

（三）

4月12日，为期整整一年，依托于第三方网站的翻页电子报呈现方式停更，搭建在自有平台的新版电子报正式启用。

去年，我在评报时说过，网上阅报这小小变化，从一个侧面反映出我们在技术改进、报道创新和融合发展方面取得的进展和成效，也是我们优化资源组合、完善职能职责、提高新闻生产力的具体体现。

这一年来，总编室不断尝试报纸电子版的呈现。自2021年3月14日起，视频版电子报在微信视频号上线，读者可在音乐中速览每日报纸版面，同时在视频号下留言互动。一个月后，为方便读者自主选择浏览、停留，总编室又推出模拟翻报纸声音滚阅版面，背景干净，页面流畅。5月7日，在此基础上又增加了新的功能，读者可直接点击阅读文章，体验感大为提升，微信也开始推送“今日《经济日报》版面速览”。在此过程中，总编室的同志们主动作为、大胆探索，付出了辛勤劳动。

现在看来，电子版报纸呈现方式的逐步改进，是一个多人次多工种参与的融合创新。一年里，超20人参与到报纸版面电子化过程中，既有版面编辑，有美编，也不乏轮岗实习的新人。从前期测试、设计到规范流程，无不体现出融合创新，且显现出可喜成效。据不完全统计，翻页式电子报上线至今，电子版面累计访问次数160万次，阅读时长14000小时，读者达92万人次，差不多又是一个经济日报的发行量。

不满足现状、不故步自封，才有可能在变局中突破，在突破中积厚成势，最终形成有利于事业发展进步的良好局面。网上阅报的正向效应，说明了融合创新的路子是正确的。而新版电子报的上线，也反映出我们技术革新和融合创新正迈出新的步伐，优化了资源，提高了效率，促进了新闻生产力。

读着总编室报来的关于网上阅报编辑工作的总结，对参与其中的同志们的付出和奉献深表敬意，顺手写下两行批语："感谢工作团队的创新创造，用一个个扎实有效的工作成绩，赋能本报融合发展和业务进步。望继续努力，稳中求进，取得更大成绩！"

“经济首季报”制作精当

2022年4月19日 · 星期二

昨天，国家统计局发布一季度成绩单。初步核算，国内生产总值同比增长4.8%，实现了开局稳。在当前严峻复杂的国内外背景下，能有如此成效，着实来之不易。

做好一季度经济形势的宣传和主要经济数据的解读，意义不同一般，关乎稳增长稳预期，对于提振国人信心，向世界传递正能量，都至为重要。对经济日报来讲，这也是个显身手的好机会，务必全面、深入报道好首季报。值白班的孙世芳同志和新闻协调部、总编室提前策划、精心安排，按计划推进落实。多篇报道今天隆重推出，用浓墨重彩来形容，还是恰如其分的。

头条出的是熊丽同志采写的新闻分析《我国经济迎难而上开局稳》，稿件该有的都有了，概括也比较精当到位。同时配发的评论员文章《把稳增长放在更加突出位置》，也是熊丽同志撰写的，进一步对经济形势做出点评分析，强调了稳增长的重要性必要性和实现路径，体现出比较深入的思考。

按照这几年的做法，我们专门做了两个整版的专题，请国家统计局10个司局的负责同志解读一季度主要经济数据。与往年稍有不同，在对稿件和版面处理时做了一些调整，把平铺直叙改成了10个问题，大标题也用了《十问中国经济首季报》这样的统括，应该说效果比较好，更能吸引读者，也便于人们阅读。头版头条还把这两个专题版样抓在文尾，突出提示，呈现视觉上也是吸引人的。报道的这些问题涉及国计民生和宏观经济的诸多重大话题，国内外广泛关注，我们的解读权威性强，有公信力，还是显示出中央党报使命担当的。

今天1版还发了一篇金观平文章，是齐慧同志撰写的《保畅通就是稳经济》，针对目前存在的一些不合理乱象，强调要统筹疫情防控和经济社会发展、统筹疫情防控和保通保畅、统筹发展和安全，确保抓防控、保畅通、促产业有机统一，很有针对性，也很有警示作用。

其他版面的不少稿件，包括连俊同志“国际经济观察”《通胀压力掀动全球加息潮》、乔金亮同志“三农瞭望”《高标准建设高标准农田》，以及产经、财金、时评、企业和特别报道等版面的内容，都是满满的经济味，体现出经济日报的鲜明特色。

昨晚，新华社也播发了一篇万字长文，题目叫《当前中国经济十问》，梳理了眼下中国经济的十大关切问题，也是由权威部门和权威人士进行解答。考虑到本报稿量已经很大，且内容多为雷同重复，经综合考量，夜班在采用这篇稿件时做了较大删节。这样的处理是对的，要继续探索尝试，努力达到更好效果。

把“金观平”金字招牌擦得越来越亮

2022年4月21日 · 星期四

这周一的总编辑办公会，增加了业务研讨环节。产经部黄晓芳、财金部李华林两位同志分享了撰写金观平文章的认识、体会和感受，准备充分，思考深入，评论部主任齐东向同志还做了精准点评。听下来很有启发，直接的感受就是，年轻一代经济报人正在迅速成长。

一年多来，我们坚持评论立报，采编人员贯彻编委会工作部署，在评论采写中下大功夫，花大力气，取得明显成效。“经济论坛”专栏稿金观平文章，就是这一成果的集中体现，是评论工作发展进步的集大成者。参与这个专栏撰稿的40多名同志勤奋工作，艰辛付出，为评论水准提升、报纸质量提高做出了重要贡献。

资料显示，首篇金观平文章是2020年8月23日1版刊发的。新一届编委会8月19日接手，几天后就推出金观平文章，不是偶然的，也不是随随便便的。到2021年12月31日，刊发金观平文章170篇，今年以来又刊发了78篇，总数达到248篇。包括各类节假日在内，平均两天多见报一篇。今年的传播统计数字还没有做出来，此前的170篇稿子传播如何呢？统计结果是，网上转载量为26693次，平均每篇稿子转载157次。稿件的影响力怎么样，这些数字还是有一定说服力的。

在技术部的统计中，“经济论坛”一直列所有专栏转载榜首位。在金观平作者中，有7人转载数超过1000次，24人转载数逾300次。显然，这跟我们二三十年前一篇稿子的影响力，是不可同日而语的。

对金观平文章进行统计分析后，技术部得出这样几条结论：一、金观平已成为经济日报名副其实的金字招牌；二、金观平已成为报社评论立报的排头兵。要说起经济日报的评论，就不能不提到金观平；三、集体智慧促进金观平文章量大质高。作者都是主要采编力量，包括采编部门，也包括驻国内国际的，年龄大部分处在30至50岁之间；四、评论推广机制加持金观平大放异彩。特别是去年下半年以来，文章在学习强国、微博平台、头条等都产生了很大的影响力和广泛的覆盖面。

虽然大家对金观平都熟悉、知晓，但仍有必要进一步去认识金观平。因为还有少数同志对这个专栏有模糊认识，稿件定位不清晰，把握欠火候，着力点不够准。对金观平文章，我用这么一句话来概括定义：金观平文章是经济日报的以经济问题、经济热点、经济现象为主要对象的观察性的评论言论。

具体而言，这个专栏文章首先是独属于经济日报的；其次主要讲的是经济范畴，否则就难以契合“经济论坛”这个专栏；第三是观察性的，且是有深度的，一定是观察性的深刻思考、独到思考；第四要符合评论写作规律和要求，是合格的评论稿件。这四个概念，缺哪一个都是不全面、不合适的。

可以说，金观平文章是我们举全社采编力量打造的品牌专栏，必须高度重视、认真对待、精心呵护，要把这块经济日报的金字招牌擦得越来越亮，逐步形成人人争当金观平的局面。同时，还要号召大家努力做一个优秀的金观平。

如今，报道任务是越来越多，业务要求是越来越高，工作压力是越来越大。尽管如此，也希望同志们还是要对金观平多一点支持，多一点参与。

评论委员会开张一年成绩斐然

2022年4月23日 · 星期六

4月20日，评论委员会召开第26次会议。蓦然想起，评论委员会已成立一年了。

新一届编委会突出强调评论的重要性，进而提出了“评论立报”的理念，并采取一系列具体举措加以落实。从1版开栏“经济论坛”，花大力气推金观平文章，到遴选骨干开设个人署名专栏，由当初的“三剑客”，发展至“八仙过海”，又不断增加形成“十二金刚”的生动局面。与此同时，各部门各版面、各驻地驻外机构也是闻令而动，贯彻有力，进而呈现出“版版有评论、人人写评论”的良好态势。评论言论报道数量由此前双周的50篇左右，发展到后来可稳定在160篇左右；由仅仅是报纸上有言论，逐步拓展到新媒体各平台，涌现出《不要过度解读甚至误读储存一定生活必需品》这样的爆款作品，以及为数不少动辄上亿阅读量、几十万上百万人参与议论的“热点快评”。一批优秀的评论作者脱颖而出、崭露头角，显示出可喜的发展前景。可以说，总体效果是超出预期的。在此过程中，各位编委和采编人员倾情投入，下了大功夫、笨功夫、真功夫。

为从机制上保障评论工作可持续发展，编委会决定成立评论委员会，委托季正聚同志牵头负责，并由原评论理论部具体运作。自去年4月7日召开第一次委员会例会后，一年来风雨无阻，双周会得到很好坚持。前20次会，我基本上是一次不落参加，和同志们一起研究商量，分析谋划。走上正轨后，即由正聚同志和其他编委全力操持。但每次例会的情况我都要过问，会议材料和纪要也都会认真审阅，始终做到扭住主责主业不放松、不懈怠。

在3天前的这次例会上，正聚同志提出，评论工作要在“精”字上下功夫，号召大家好好琢磨提升精细化水平的问题。这个意见讲得好，是很有针对性、必要性的。

企业发展有专精特新要求，评论写作同样要有专精特新的体现。正聚同志认为，就当下报社的评论写作来看，总体质量稳步提升，但有的评论有些粗糙、精细化不够，需要做好“精装修”，画好“工笔画”。

对此，正聚同志进一步指出，好的评论，必然是耐读、耐品、经得起推敲的评论。每一篇评论写成之后，都要多读几遍，看其是否符合常识、符合逻辑、符合大众接受习惯。在这个过程中，也要再次确认表达是否够深入、胸中有物的同时是否笔下亦有物、对事件本质是否剖析到位。如果答案是“否”或是“可能”，那就要继续在选题的切入、标题的处理以及开头结尾、起承转合、遣词造句上下功夫。坚持不懈做下去，就定会在提升评论写作精细化水平上更上一层楼……

应当讲，评论委员会开张一年来，报社评论工作面貌大为改观，正聚同志及齐东向和办公室的同志们付出了许多辛劳，功莫大焉。

下一步的评论工作，还是要持之以恒在做强上着力，推动和保持量质齐升的好势头。要针对经济热点、难点、焦点，完善快速响应机制，做出准确研判和专业解读，在回应关切、解疑释惑中，增强社会共识；个人署名专栏，要结合记者特点和专业领域，进一步优化专栏定位，增强个性化表达；针对意识形态领域热点动向，要有理、有利、有节开展舆论斗争，对抹黑唱衰中国的错误论调，一定要敢于发声亮剑，旗帜鲜明开展批驳反制，持续推出高质量的郭言文章。

总之，我们的评论工作要坚持稳中求进工作总基调，以宣传贯彻中央关于经济工作的指示精神为重点，做好形势政策宣传，展现中国经济活力、韧性和长期向好基本面，大力唱响中国经济光明论、机遇论、贡献论。

延伸阅读

个人署名专栏是有力抓手
——在总编辑办公会业务交流会上的讲话

（2021年4月15日）

今天我们召开总编辑办公会业务交流会，请个人署名专栏作者交流心得体会。听完发言，我觉得他们一个比一个优秀。我们就是要想方设法地让优秀同志脱颖而出，给他们充分的空间施展才华。

刚才，介绍了个人署名专栏的统计资料，很能说明问题。大家试想，如果这近几个月，没有这些高质量的评论稿，我们的版面会是什么样？如果没有这些篇专栏文章打头，没有各部门重视评论理论的共同努力，我们的版面会是什么样？忠阳、佘颖、顾阳、连俊、刘慧、金亮、周琳几位同志做了很好的交流，畅谈了自己开专栏的写作体会，讲了进步和收获，汇报了成功与不足，包括下一步的工作方向。在这样的氛围里，我们回归新闻初心，是很有价值的业务交流和业务教育。

我们很高兴地看到，报社各部门来了不少同志，特别是年轻同志，大家都希望通过这样的业务交流，相互学习借鉴，相互促进提高。这也说明，一方面同志们在业务上有很强的上进心，迫切希望工作能力得到进一步提高；另一方面，说明提高报道质量和办报水平有群众基础，潜力很大，空间很大。这也坚定了我们抓好“质量提升年”各项工作的信心、按照中央要求办好经济日报的斗志。按照编委会的安排，按照总编辑办公会的安排，我们每个月的月初都要举行业务交流会，今天我们加了一场。5月份的业务交流会，要提前做一些安排和准备。以后要形成惯例和机制。大家可以看到，今天的发言是做了精心准备的，我觉得总结得非常到位。这样的活动安排，就是要让整个报社业务氛围浓浓的，大家把事情想到了，把事情做到了，我们的报纸才会越来越好，我们新闻单位的特点才可以得到进一步体现。

落实好中央精神和指示、办好经济日报要做的工作很多，其中一项具体措施就是加强评论理论工作，增强专业性，提高报道的深度和分量。可以说，编委会经过慎重考虑，把开辟个人署名专栏作为重要突破口和重要抓手。

去年8月中旬，我接手不到十天，就分别联系顾阳同志和连俊同志，一周以后专栏就率先推出。紧接着就是杨忠阳同志，也是一拍即合，立竿见影。3个月后，佘颖、刘慧、乔金亮、周琳同志在我办公室商定分别开栏。最近的就是亢舒同志。同时，我们加大各个版面的评论工作，尤其是紧紧抓住评论理论部，狠抓评论工作。实践证明，取得的效果是可喜的。迄今为止，这7个专栏共刊发稿件151篇，人均发稿近22篇。这8名同志陆续开专栏，我称之为“八仙过海，各显其能”。回过头看，这151篇稿件，获得好稿奖励的103篇，超过了三分之二。数据很能说明问题，至少有三个方面的特点集中体现出来了。

一是社会反响比较好。这几个专栏可谓各有特色，体现出多维多彩局面，这些报道和文章，牢牢把握政策走向，提出鲜明的观点，尤其是在行业内，针对一些突出问题发声亮剑，不但引起了专业人士的关注，也在广大读者中有较高评价。我们这些报道，既推动了具体问题的解决，也扩大了报社的影响力，回过头来看，这些文章都是经得起时间考验的，是能够立住的，显示出我们的质量和水平。报道在社会上产生的反响不错，可以说是好评如潮，中宣部《新闻阅评》多次给以高度评价，并在各领域内被充分认可，还得到各部委频频点赞。

二是报社内反响比较好。这一批作品起到了良好的示范作用，激发了采编人员的工作热情。最近，一些有一定实力的同志跟我申请，希望开个人专栏。我是抱着开放心态的，只要有能力，只要有水平，我们充分支持，但关键是要坚持下来。我当初最担心这几名专栏作者无法坚持，担心专栏写作一曝十寒。这些同志没有让我失望，一个比一个强，一个比一个优秀，这种现象十分可喜，为我们培养名记者、打造名专栏奠定了良好的基础和有利的条件。

三是在专栏作者中反响比较好。这几名同志互相赶超，互相学习，互相借鉴，互相提高，他们本就是经济日报“挑大梁”的业务骨干，但开专栏后，无论是工作量，还是工作压力和工作强度，都是大大增加的。刚才他们讲了焦虑，讲了这种压力远远超过他们的预期。其实我最担心的就是专栏作者承受不了压力，个中滋味写过专栏的人就会明白。每天处于紧张的思考分析准备之中，想好中选好、优中选优，想把开头写好、把段落写漂亮，想要文气更通、语句更美，这些都是焦虑的来源。如乔金亮同志所言，写专栏“让人思考、让人专业、让人敏锐”。这些同志在这种压力之下，短短数月，能力和潜力都得到了提升和开发，业务水平达到了新的高度。这150多篇稿件，我不敢说篇篇精读精编，但起码有一半的稿子我是认认真真改过的，正聚同志、世芳同志也都花了很多时间来修改。可以说，我是看着同志们在一点点地进步，写作表达能力越来越强，谋篇布局能力越来越强。不细看，不篇篇细看，是体会不到的。

三好并一好，对于这些同志在工作上取得的成就，我代表编委会向同志们表示热烈祝贺；对他们为办好报纸、提高质量的艰苦努力以及贡献，向他们表示衷心感谢；同时，也希望同志们抓住机遇，知重负重，取得新的成绩，做出更大贡献。就像郑波同志所说，现在是最好的发展时机，是同志们发挥自己聪明才智最好的时候。151篇稿子，没有一篇稿子被我毙过。我充分放手，充分信任大家，我给同志们保驾护航，你们在前面冲锋陷阵。前者显胆识，后者显水平。这么好的平台，这么好的氛围，你不干，对不起报社，对不起你自己。

本来我是准备花点时间，对每一名同志及其作品进行分析和点评的，由于时间关系，也考虑到他们每个人都做了比较全面的介绍，包括存在的不足和困惑，我就不再重复了。这里，我就如何办好个人署名专栏谈几点意见，供同志们参考。

一、站位再高一点。几名同志写了这么多篇稿件以后，感触一定很深，经济日报的眼光和境界要不同于其他媒体，尤其是要不同于地方小媒体。我们关注的一个行业问题或一个产业问题，一定是国家大事，一定是宏观的问题和全局的问题。要站在很高的高度看问题、看现象、看事件，不要眼光短浅。

二、选题再准一点。有些专栏稿件之所以表现得不够精彩，往往是因为选题比较一般，且不够准确。俗话说“打蛇打七寸”，选题也要选到点子上，找到要害处。关注难点、热点、重点问题是我们选题的维度和标准。

三、反应再快一点。专栏稿件一定要有新闻性。如果一篇稿件新闻性很强，就不会没有人看。上午发生的事情争取马上就开始写，未必要等到专栏发布时间才发稿，要形成对新闻的敏感性。

四、切口再小一点。文章开头讲例子、讲实事，开口不要太大。写一件小事往往更容易写得灵动，既容易写好也容易引申。这一点尤其适用于新媒体传播。

五、挖掘再深一点。稿件的专业性主要体现在对事件、现象、问题的深入挖掘。如果说的话没有价值，没有与众不同，没有高人一筹，凭什么看你的？稿件要挖掘得再深一点，写得越深越好，越深入稿件越站得住脚，不要浅尝辄止。

六、写作再精一点。有一些专栏稿件文字还是比较粗，还是存在“萝卜快了不洗泥”的情况。写作要再注意一些，再讲究一点，要反复打磨。建议大家对稿件反复修改，一有时间就拿出来改一改。

七、文风再活一点。不要担心经济日报不需要活泼的文风。读者看经济日报不是为了读文件。专栏稿件要让文风生动一些，为稿件增加色彩，增加吸引力。

八、标题再靓一点。稿件写完以后，要反复打磨标题，要找身边的同事一起讨论，激发创造力。佘颖同志的一些标题如《5块钱的“李焕英”为什么不香了》《喂别人的红牛，不如养自己的战马》就很好，很有才气。一个版面上有一个这样的标题，就能让版面很漂亮、很时尚，起到“四两拨千斤”的效果。

九、战斗性再强一点。记者不要自己把自己束缚起来，要大胆往前闯，有我们在后面把关，稿件尖锐一点没关系，不要四平八稳。你们有多少尖锐的东西被我删掉了？我只是加了几个限定词，让表述更加完整。大家的战斗性要更强一些，报道有尖锐性才会引得大家的关注。

事实上，这9点要求也适用于日常报道、日常评论言论，带有普遍意义。对此，大家也都有切身感受，几名同志的发言也都从不同角度谈了体会和认识，我做了这个梳理，便于同志们理解和把握，在实践中学习借鉴。

我们充分肯定同志们的成绩，但必须看到工作中的不足。比如不少稿件还比较平淡，精彩的还不够多；自说自话、未能体现“三贴近”的稿件还不少；写作不够讲究，文字比较粗糙的情况还不同程度存在；大而无当、空泛枯燥的稿件还夹杂其中，等等。我们要有清醒认识，更不能浅尝辄止，自我陶醉。现在写专栏长的才半年，短的刚开始，大多是三四个月，可谓是万里长征第一步，难走的还在后面。务必请同志们咬紧牙关，发愤努力，坚持下去，争取更大的胜利。

去年我说过，满一年了，我给大家开作品研讨会，一个同志一个同志地开；每人出一本作品集，作为经济日报创刊40年的纪念品发给报社职工和对外宣传。昨天，我在《总编辑评报》中说过，能在中央党报开个人专栏，那是令人羡慕的；能把个人专栏做出特色，是非常了不起的；能把个人专栏办出知名度和影响力，那该是多么了不起的阅历和业绩！对新闻人来说，不管这个行业发生什么变化，发展到什么阶段，有三五百篇专栏文章戳在那里，就是你的标杆，就是你的底气和实力。

努力吧，后浪！

奋斗吧，后浪！

仍需加强对报道和版面统筹

2022年4月24日 · 星期日

（一）

一年一度的博鳌亚洲论坛年会这周召开，习近平主席以视频的方式在年会开幕式上发表主旨演讲，宣示了中国改革开放的重大举措，为新形势下推动构建人类命运共同体注入了新的动力。

按照惯例，报社增派工作团队，9名同志从北京飞赴海南，与记者站一起承担论坛报道任务。几天里，大家夜以继日，勤奋努力，用全媒体方式进行深入报道。不仅“特别报道”版琳琅满目，学习阐释总书记主旨演讲的3篇评论员文章也有本报特色，多个短视频和现场报道都比较有质量，给人们留下深刻印象，多部门组建的工作团队也在实战中得到了历练。

昨天傍晚，陈学慧同志微信报告：“飞机刚落地。9人去9人回，顺利完成核心报道，前后方、主驻方、各平台配合良好，年轻采编人员热情很高，报道获得上级及主办方的好评……”

年会开幕前的小视频内容不错，只是主持人郭子源同志口罩捂得严严实实。在风清气爽的博鳌镇，在碧海蓝天的会场外，为什么还要戴着口罩出镜播报呢？

（二）

对报道和版面的有力统筹，仍有必要加以强调。

这一年多来，采编人员主动性大大增强，写稿发稿积极性明显提高。特别是一些同志发稿量大，在多个版面上都能看到他们的作品。这是十分可喜的。但如果不做好协调，不重视统筹，在同一天报纸版面上出现一名记者的多篇稿件，效果也是不佳的。

夜班发现，昨天有名驻地记者同时见报4篇报道，且篇幅和分量都不小，其中还有一篇是版面头条。只得连夜做出调整，临时换了版和稿。虽然这种现象并不常见，但提醒我们有必要加大统筹力度，注重整体效果。不管是白班，还是夜班，应当对所有版面和稿件内容进行总揽协调，避免出现同一天内一名记者有多篇报道集中见报。一般情况下，12块版面上，一名记者刊出两篇稿件，是没什么关系的，但一天有四五篇，而且都是大块头，恐怕就会让人诧异：经济日报怎么就这个人在干活，其他人呢？

（三）

加强对驻地机构的管理和服务，一直是编委会十分关心和重视的问题。近年来，报社和地方记者部做了不少工作，收到了一定成效。但总体而言，对驻地机构的管理有待加强，服务存在短板，尤其是上情下达不够、信息衰减严重、纪律规矩意识不强等问题比较突出。

在去年对驻地机构的内部巡视中，同志们普遍反映，要强化对记者站的管理和服务，切实改变有的同志游离于报社之外、存在山高皇帝远的现象，坚决避免发生严重的违纪违法案件。巡视整改任务中，也都有这方面的内容和要求，是切合实际的，应当引起我们的高度关注。

记者部提出，建立驻地机构月度例会制度，以视频方式每月召开一次驻地机构会议，传达编委会指示，通报总部工作，听取驻地意见，对存在的困难和问题及时加以解决，把管理服务工作做实做好。

这是一个很好的建议，也是做好工作的一个有力抓手，应该马上做起来，最好五一节前就开张。要想方设法把我们的干部，包括驻地机构、社属单位人员牢牢抓在手中，有效调动同志们的积极性、创造性，充分发挥大家的执行力和战斗力，为事业发展做出新贡献。希望苏民同志和驻地记者部精心准备，周密安排，把这个例会制度落实好，以达到预期的目的。

在及时策划上多下功夫

2022年4月27日 · 星期三

（一）

有一阵子评报没谈具体稿件了，今天还是想说说。

“市场监管”专栏稿《做一碗谁也打不翻的“粉蒸肉”》，是佘颖同志又一篇好文章。说的是近期网上的热点：王女士销售婆婆毛妈妈“自制”的粉蒸肉、回锅肉等土特产时，被职业打假人盯上，指出货物没有标签，是“三无产品”，并向法院起诉。结果，法院二审判决王女士退还货款，并10倍赔偿。

此事受到广泛关注，深层次背景是短视频、微商等新型经营模式兴起，对传统外卖平台、电商平台的监管规则提出了挑战。这是一个很有意思的话题。记者客观分析了问题的缘起和本质，从当事双方不同角度探讨了在当前新经济蓬勃发展态势下，怎么样看待商家和消费者的合法权益。文章强调，商家须合规经营，做一碗不管是职业打假人，还是普通消费者谁也打不翻的“粉蒸肉”。此文思考周密，说理透彻，看似不经意，却滴水不漏，活泼中充满了理性，松弛中体现出庄重，对问题的思辨性及文字把控能力有明显进步，是越来越理性、成熟了。

亢舒同志这篇“房地产周评”《保障性租赁住房将成安心之选》特点也很鲜明。文章介绍了各地推进保障性租赁住房建设的重要进展，从供需两端做出分析，指出要进一步提升保障性租赁住房的居住体验，让广大租房者享受更均等的公共服务资源等,可读性是比较强的。不知不觉间，亢舒同志开专栏也已整整一年，文笔是越来越好，越来越有味道了。陈发明同志的“地方观察”稿《培育真创客，不养“二房东”》，也很有质量，是对热点问题的冷思考，反映出驻地记者精于观察、善于思考的好作风……

这些有观点、有内容、写作精当的评论言论，为我们的版面和报纸带来了活力和锐度。希望同志们继续努力，每天都能推出这样优秀的报道。

（二）

今天的10版和11版分别是“理论”和“智库”，也值得一说。

前者的3篇文章围绕创新这个话题，做出了比较深入的理论研究和专业探索，从不同视角阐释了关于创新的一系列理论和实践问题，是有针对性和指导性的。后者针对国家公园建设问题，做了一期“智库圆桌”，探讨和研析如何高标准、高质量建设国家公园，还是很有新闻性和可读性的。题为《建立中国特色国家公园体制》的专家文章也不错，强调中国特色国家公园建设，要坚持生态优先、保护第一的原则，发挥其生物多样性作用；要以共同富裕为蓝本，推动居民增收；还要聚焦区域重大发展战略，推动绿色转型。在正式设立第一批5个国家公园之际，我们进行这样专题性的深度报道是及时的、必要的。

理论部正式成立不足一个月，“理论”版和“智库”版开始由一个部门统筹、策划、编辑、运作，这算是开了个好头。新部门新气象，相信一定能做出新成绩，把这两块版在原有基础上做得更好，达到“1+1＞2”的效果，真正体现出“理论强报”的要求。

（三）

今年以来，本报的特色报道在增多，策划的内容在版面上能得到很好体现。在前几个月取得突出成效的基础上，这个月又有新进展。包括多套金观平文章，“中国经济一季度亮点”系列，关注版的一季度形势怎么看、二季度怎么干的连续报道，抗疫的言论和专题，等等，都给人留下深刻印象。

昨天，值白班的孙世芳同志说：“现在越来越感到策划十分重要，特别是当天的及时策划，对做好报道很有必要。”这话讲得是对的。每月拟定的报道方案，只能是个总体框架和大致安排，要想做出特色、体现质量，就要在及时策划上多下功夫。

事实就是如此，仅仅满足于月度报道方案的内容是远远不够的。那样的方案，只是我们做好全月报道工作的路线图，真正的具体的施工图还需要及时调整、丰富和完善，才有可能推出更多精彩的、有时效性的、切合实际也把准脉搏的优秀作品。

对此，我们要继续加深理解，提高思想认识，切实加以贯彻。

真心为年轻同志快速进步欣慰

2022年4月28日 · 星期四

今天的“经济论坛”稿《上市公司切忌贪大求快》，要提出表扬。

这篇金观平文章针对*ST长动退市一事提出，目前A股市场偏离主业、贪大求快的上市公司并不是孤例。文章谈到，对于企业来说，上市不是终点，而是实现更高质量发展的起点。上市公司必须主动承担起引领经济高质量发展的责任，褪去浮躁、扎根实体，专注主业、稳健经营，完善治理、规范发展，从而助推资本市场激浊扬清，护航中国经济行稳致远。

李华林同志撰写的这篇评论，是她在言论写作上迈出的又一大步。稿件的主题、立意、站位、结构、文笔，都在原有基础上上了一个新台阶。读来真心为年轻同志的快速进步感到欣慰。

需要指出的是，此文标题精彩，很是吸引眼球，是夜班重新拟的题。原来的题目叫《给公众提供一个放心的上市公司》，也不错，但比较来看，现在的标题鲜明生动抓人，警示作用凸显。这也提醒我们的每一位版面编辑，在做题上不妨多花点时间和精力，要有一种“语不惊人誓不休”的韧劲。每次版面编完了，设备大样出来了，不妨花上十分钟，把几篇稿件的标题，再认认真真、仔仔细细考虑一下，反复琢磨琢磨，看有没有可以改进的地方，最终能够呈现出与众不同的、令人耳目一新的好标题。

我们多次强调白班、夜班要加强统筹，其中一个重要内容就是对报道和版面，包括对所有版面和标题的统筹，力争调出亮色、改出质量、统出水平，使我们第二天的报纸整体效果高人一筹。这一点，应该成为我们编辑业务的工作规范和执业要求。

进而言之，对新闻事业的不懈追求，对采编工作的精益求精，对稿件和文字的敬畏之心，这也应该是我们经济报人共同的价值观。可喜的是，采编人员对此正逐步形成共识，越来越多的同志特别是年轻同志，在把时间和精力更多地投向工作，这是我们事业发展的动力之源。

在周一的总编辑办公会业务研讨会上，作为年轻记者的代表，李华林同志做了很好的分享，给人留下深刻印象："眼下，我们正迎来攀登高峰前所未有的好时候。只要想干就有机会，只要努力就有舞台。"她说："过去一年，身边越来越多年轻同事正在被业内看见、被圈里认可，越来越多人干劲被激发，你追我赶的风气在养成。"

发言的最后，李华林同志是这样结尾的："黄金时代，不在我们背后，乃在我们面前；不在过去，乃在将来！"

站长应有的站位和格局

2022年4月29日 · 星期五

（一）

“奋进新征程 赣州向未来”微视频征集活动，至今正好40天了。陈发宝同志报告说：这次活动共已收集到投稿作品近1400件。从此次活动的强地域性特点来看，数量还不错，比预期好。

为提高投稿质量，视听部近期加强与赣州方面及视觉中国等沟通，不断拓展思路。视觉中国正组织专业摄影师开展有针对性的创作活动，赣州市也在协调当地摄影家协会组织作品参赛，原方案中向地方融媒体中心、高校、企业等的约稿也正稳步推进。在抖音、微博等平台，已开设#奋进新征程赣州向未来# #红色赣州# #美丽赣州# #幸福赣州# #赣味乡村# 等多个话题，提前为后续的活动宣传、作品展播做好铺垫。

发宝同志认为，此次与赣州的合作，在我们去年微视频征集活动基础上既有继承也有拓展，遇到了一些新问题，也探索了一些新方法，进一步拓宽了开门办新媒体的思路和实践。应当说，这样的认识还是比较到位的，相信此次征集活动能达到预期效果，也为我们组织开展迎接二十大视频征集活动积累有益经验。

（二）

财金部周琳同志调任天津站副站长主持工作。近5个月一直未见面，过节了发来微信汇报工作——

目前，天津疫情平稳，仅有零星确诊案例，站内人员皆平安。天津站交接工作正在推进，受北京疫情影响，资产部门取消来津计划，由站里自己打印单子交接，预计节后可以落实完毕。

在业务层面，记者站与天津市委宣传部和多数区级单位、部门建立联系，倾听地方声音，将编委会布置的各项宣传工作做实做好。上周，滨海新区区委常委、宣传部部长徐恒到记者站考察，刚见面第一句就说："最近经济日报变化很大，财金类、产经类的经济内容很多，令人耳目一新，尤其是几个调研栏目，已经形成品牌效应。"记者站介绍了"践行习近平经济思想调研行""牢记总书记嘱托·企业调研行"以及行业调研等情况，他期望本报调研团队早日到滨海新区走走。

周琳同志表示，目前站里各项工作都在顺利推进，他与商瑞同志并肩战斗，一定会全力以赴完成编委会交付的各项任务。

（三）

昨天，评报中表扬了李华林同志言论写作有进步，看来对她是有触动的，发来微信谈体会："今天学习总编辑评报，激动的心情久久不能平息。感谢编委会一直以来的关心和鼓励。在评论立报指导下，过去一年，不断尝试言论写作，明显感觉自己政治站位、逻辑思维能力、语言组织能力都有了很大提升，对其他写作文体的把控能力也都上了一个台阶，终于找到了新闻业务的突破口，更加坚定了作为党报记者的信念和使命。"她说，要继续努力、加倍努力，以更多高质量的报道回报报社的肯定，不负编委会的期望！

总编室夜班的郭存举同志也发来微信说，感谢报社领导对编辑工作的肯定和鼓励。评报中提到，做标题要有“语不惊人誓不休”的韧劲，这句话非常触动我们，不少同事都在微信群里讨论如何更好做标题。好标题永远是反复打磨的结果，好编辑不应该容忍平庸的标题。作为编辑，理应对文字敏感，对标题苛刻，力争有态度、有温度、有力度，为稿件锦上添花。

郭存举同志还说，编委会对金观平文章标题的鼓励，更加启发我们，要有业务追求，在工作中要主动而为，还应进一步苦练内功。对稿件和标题精益求精，就是不断提升自我的过程。

（四）

今天上班路上，钟华林同志就发来微信：“看见成都头条了，谢谢支持！”

前些天，钟华林同志发来一稿，希望能够头条刊出。说成都这几天将召开党代会，主题之一就是学习贯彻习近平总书记的公园城市理念，并表示，成都会将此文作为会议资料下发。

原稿是不错的，就是篇幅长了些。我建议记者站修改。没两天，稿件就改好待发，一得空就推出了这篇《锦官城里春意浓》，效果是好的。

稿件如愿见报，记者自然很高兴，这不奇怪。不能如愿出，还能表示很理解，这就看格局了。

一个多月前，四川站发来一稿，是关于四川省项目投资现场会的。省委宣传部希望宣传一下，钟华林同志也表态尽快编发，“最好当晚安排明天头版见报”。

记者站的态度好理解，但当时多篇稿都是这个内容，且人民日报前一天已见报。当晚还有云南同类稿要发，夜班就在2版双拼出了。1版头条出的是习近平总书记视察海南讲生态文明的，1版还配发了一篇西藏的地方稿。

第二天一大早，一直盯着报纸版面的钟华林同志微信说："看见稿子了，云南也是项目投资，放一起也挺好的，西藏刚好又是生态文明方面的稿件。"我回复："华林同志明事理，顾大局，懂新闻，是个好站长！"

钟华林接着又说："开始也不明白，仔细研究一下就读懂了。"

我们的站长就应该有这样的站位，就应该有这样的格局。

企业报道要抓住三个重点

2022年4月30日 · 星期六

上周，编委会决定正式成立企业报道委员会；节前，徐立京同志就主持召开第一次会议。除季正聚同志值夜班，上午还在休息，编委会成员都参会了，就是在向大家宣示，企业报道很重要，编委会对企业报道很重视。

这次会开得务实，内容丰富，信息量大，为企业报道委员会的工作开了个好头。希望同志们按照编委会要求，把这项工作牢牢抓在手中，做出更大成绩。

关于企业报道，这一年多时间里，我已经讲得比较多了。但既然是第一次开，我也参加了，还是得说几句，通过这次会再跟同志们做个交流。

（一）

自2021年8月9日企业报道团队工作启动，8个多月来，编委们率先垂范、带队调研，团队成员踊跃参与、投身实践，企业报道取得多项成果，成为深度调研“三驾马车”的重要组成部分，初步彰显出经济日报企业报道的专业性和影响力。

这几句话是符合实际的，关键在于对企业报道形成共识，全社上下重视起来了。曾几何时，企业报道是不能写多的，写多了，会认为你跟企业有不清不楚的关系。8个多月来，大家逐渐认识到，有必要下大力气做好企业报道。这是我们能够推动这项工作取得成效的重要前提和坚实基础。

更为重要的是，我们初步摸索出了一种机制，形成多方发力企业报道的良好局面。特别是编委带队深入基层，扎实调研采访，带头营造了创业、创新、创造的良好氛围和向上、向好、向善的有利环境，是落实习近平总书记践行“四力”要求的具体体现。接下来，我们要按照中央要求，按照编委会部署，把企业报道工作进一步推向前进。

对企业报道现状，大家要有清醒认识。第一，实现了良好开局，还需要乘势而上，迎难而上。第二，企业报道好写，但写好企业报道不易，要明晰要求和标准，不断提升质量和含金量。第三，企业报道采写无一定之规，没有最好，只有更好，要靠大家去探索，有赖于同志们去实践。

（二）

编委会审定的工作方案中，明确提出了企业报道的总体目标要求，这就是：（一）立足企业报道领域，聚焦市场主体和创新主体，剖析案例样本，展现中国经济蓬勃动力与市场主体生机活力，讲好中国经济的企业故事。（二）聚焦重点行业重点领域，兼顾热点话题，精选有代表性企业，以“新闻性+问题导向”的深度调查报道为重点，解读企业发展战略及其实践，展现创新精神与奋斗精神。（三）力争推出一批有新意、多形态的精品力作，培养一批专业性强、践行“四力”的优秀记者，塑造经济日报企业报道品牌优势。

在我看来，我们的企业报道还应当注意抓住三个重点，即，体现新闻性，具有典型性，突出可读性。所谓的新闻性，就是要从新鲜度、关注度和贴近度这三个维度来衡量和选择企业，全国有1.5亿个市场主体，报道什么、不报道什么，要有我们自己的选择。企业的主业、产品、创新应体现出与新时代的相关性，是上上下下普遍关注的，与经济社会生活贴得越近越好。所谓的典型性，就是要从企业的独特之处、标杆意义和特色这三个精度来判断，从总体上加以把握，不能扔进筐里就是菜。所谓的可读性，就是要耐读、好看、吸引人，为此，报道至少应包括5个要素，即要有人物、有故事、有情节，最好还能有冲突、有矛盾。

（三）

对下一步企业报道委员会及企业报道工作，提三点建议：

一是精心策划。不要贪大求全，大的企业集团不要轻易去碰，就像地方调研不要以省为单位，有多大肚子吃多少饭。要按照“减量化改革、高质量发展”要求，反复研究梳理习近平总书记十八大以来考察过的企业，精心研选，量力而行。

二是用心采访。弄出来的就得是好东西，企业调研少于5天的就不要发了。只要我们持之以恒，扎扎实实采访，下笨功夫，就一定会见成效，对同志们一定会有帮助，对经济日报和党的新闻事业发展也一定会有促进。

三是倾心写稿。已经见报的几篇企业报道质量比较高，每一篇都是“十易其稿”以上。优秀的报道没有捷径可走，都是精心写出来、改出来的，就是要反复修改，反复提炼，反复打磨。

上个月，领导同志在谈到加强党的十八大以来成就宣传工作时，专门谈到了企业报道：比如解剖一个企业、一个厂如何体现变化进步的，就要从它的劳动生产率、产品流通、工资增长、管理提升等方面入手，做出细致可信的挖掘、分析、研判。这样就会更有说服力，也更能折射出立足新发展阶段、贯彻新发展理念、构建新发展格局、实现高质量发展取得的新成效、新成绩，让人们从中真切地看到中国经济社会更有后劲、更有活力……

领导同志的这些重要指示，指导性、针对性很强，我们要认真学习领会，真正吃透精神实质，切实贯彻到企业报道工作之中。

最后，祝大家五一节快乐！

MAY
2022 ／5

2022 年 5 月

总编辑评报

总编室为报道工作做出突出成绩

2022年5月1日 · 星期日

“五一”小长假，有时间坐下来整理整理资料，翻阅了这一两年的有关文字，想着可以做一些工作上的思考。

这一年多来，作为新闻采编枢纽部门，总编室是做出突出成绩的，不仅确保了新闻业务工作的正常运转和健康发展，也有力提升了版面乃至报纸的质量，在媒体深度融合发展方面更是发挥了关键作用。如果说，这一年多来新闻报道工作有所创新、变化较大、成效明显的话，那么王智和总编室的同志们是付出了艰辛努力的，功莫大焉。

今年开春后一直有考虑，再和总编室等部门的同志们分别座谈一次，和大家进行交流沟通，对下一阶段的工作做些安排。此前，和赵子忠、徐立京同志一起，带着报网两微团队开过一次工作现场会，谈了一些意见，但仅局限于新媒体业务发展，尤其是两微融合中的体制机制问题，未涉及其他问题。今天重新看了15个月前，在总编室调研时的讲话录音整理稿，感到并没有什么特别新的内容要讲，当时的讲话对总编室的同志们可能仍有参考价值。因此，全文照录如下，供大家一阅，希望对同志们有所帮助。

延伸阅读

充分发挥枢纽的特殊作用

——在总编室调研时的讲话

（2020年11月20日）

这次与总编室座谈调研是我近期系列调研活动的最后一站。从8月20日中央巡视反馈意见、新一届编委会统筹谋划全力推进整改到今天整整3个月。3个月来，徐立京同志和王智同志团结带领总编室的同志们不断提高政治站位，增强大局意识、阵地意识、责任意识，在编委会的领导下改进工作方式方法，加强创新能力建设，推出了一系列优秀报道和版面，成绩突出，开局很好。

这里，我就总编室的工作、对总编室的总体要求、对总编室工作的具体意见以及怎么做好今后工作这四个方面问题，谈谈我的思考，与同志们一起研讨。

一、主要特点

总编室是报社工作的中枢环节，承担了许多重要工作。同志们在总编室干了很多年，一定感触很多。我任编委16年，算起来连续上了30多个月的夜班，对总编室工作感受也比较深。在我看来，总编室工作的特点主要体现在以下三个方面。

一是总编室的工作分量很重、地位特殊。是报社的核心部门，工作也很神圣。总编室承担了大部分的版面编辑任务，在报社地位很重要。版面如何呈现、稿件如何选取体现了报纸的水平，好的报道能够在社会上迅速产生强烈反响，不好的报道、出差错的报道也会影响报社的形象。比如“编者按”三个字分量就很重，是代表报社的、代表编辑部态度的，不是轻易就能加“编者按”的。这也从一个侧面说明总编室工作之重要。我一直强调，大家要认真对待每一篇稿子、每一个版面，即使是寥寥数语，也有很重的分量，一定要慎重对待。正是因为分量很重、地位特殊、工作神圣，所以在总编室工作，要有自豪感、荣誉感。

二是总编室的工作很难、很有讲究。总编室的版面是报纸的门面，也是总编辑的脸面，标准很高，要求很高。做总编室的编辑是有门槛的。认识两千字就能当记者了，但编辑恐怕还不行，一定是比对记者的要求高的。我经常建议你们，把稿子再改改，给你们提要求、提标准。因为，编辑这个行业是很讲究的。我刚参加工作时稿子写得不好，老编辑就直接把我的稿子啪地扔在桌上，要求重写。有时你们会说我稿子改得细，但可能还不及他们的十分之一、百分之一。他们从早到晚就坐在那里改稿编稿，稿子改得就是漂亮、就是好，让人心服口服。我都不知道留存了多少篇改过的稿子，从中学到了好多东西。编辑的要求是很高的，不是谁都能当的，更不是谁都能当好的。以后不建议大学毕业生直接到总编室工作，从某种意义上说，这只会使总编室编辑的整个水准都下降了。而是要让其他部门已经工作三五年、七八年，具备一定采访策划经验和能力的同志到总编室工作。总编室的编辑岗位应该有特别的待遇，但首先要让自己的能力、素质、水平和这个岗位相匹配，才能得到相应的待遇和政策的倾斜。

三是总编室的工作很累、很熬人。没有人会否认、会抹杀、会回避这个问题。为了做好本职工作，总编室的编辑经常没法按时上下班。尤其是要闻版面的编辑，长期白夜颠倒，昼伏夜出，影响身体健康，身体透支严重，很少参与正常的社交活动或照顾家庭。总编室编辑的辛苦是有目共睹的，大家也是充满敬意的，但闻夜班色变也是不行的，不要有“悲情主义”。

很重、很神圣，很难、很有讲究，很累、很熬人。这些工作特点恰恰就体现了总编室特殊的分量，特殊的贡献。

二、总体要求

对总编室工作的要求更强调以下几个方面，当然对其他部门也有这些要求，对总编室尤其如此。

一是政治意识要强。始终把握正确舆论导向，对总编室来说，怎么强调都不为过。这是经济日报这样的中央党报的职责使命，也关系到报纸的盛衰成败。总编室的编辑必须要有很强的政治意识、大局意识、阵地意识和责任意识。编辑上夜班时，一楼平台就是阵地，你就是在给经济日报、给编委会、给我们这个党守阵地。编辑不管是做哪个版，都要想到“我是在守阵地的”，这个意识一定要强。稿件和版面的处理，得“正合适”。发行稿也要打磨好，只要用心，是可以处理好的。大家一定要把提高政治意识放在首要位置，用心工作，研究工作，积累经验，提高水平，体现总编室政治思想上的高水准。

二是业务能力要强。总编室应该是报社最强的一支队伍，在这方面，还有努力空间。能力建设对总编室是当务之急。部门每个月都应搞业务培训，可以请老领导老同志多回来讲课，每人讲半天，让年轻编辑们像海绵一样，快速地学，大量地学，才能迅速成长，才能有机会进步。业务能力到了，该有的政策、倾斜都会给，但得业务过得硬才行。编辑要下功夫能写能编，这一块空间很大。对于业务能力强、工作认真、各方面条件具备的同志，编委会会加大培养力度、给他们压担子。我同意向总编室编辑特别是夜班编辑倾斜，但不是不分青红皂白地倾斜，要作出贡献做出成绩做出成果才倾斜。我支持你们写评论、写言论，提高业务能力，每一位编辑都要下功夫研究编辑业务。从报社来讲，也将加强顶层设计，多从能力提升和成长路径上为大家提供更多的机会。

三是奉献精神要强。一个单位、一个团体一定是有一部分人付出更多的，古今中外、报社内外莫不如此。世界上没有完美的岗位、完美的单位、完美的职业，相对而言，经济日报还是不错的。我们要提倡更多同志作奉献，大家也要多考虑报社的利益，想着多为报社做工作、作贡献。总编室的同志们一定要有奉献精神、要有奉献意识。想发财，别来经济日报，这个地方无论如何也发不了财。明年准备多招一些年轻人，在编辑岗位上会有更多的有经验的同志来做，让年轻人去当记者。总编室的同志不要故步自封，要想办法提高自己，没有为他人奉献的精神，到哪里都不能长久。近期我们稳步推进报道工作，短短3个月就有明显效果，这都是大家奉献的成果。要鼓励奉献，把报纸办好，用钱引导大家做工作不是长久之计。编委会理解大家希望得到应有的尊重、足够的重视，想体现自己的分量、价值、重要性，但有的同志的价值观也需作必要调整。只有在奉献中，才能不断提高自己的能力，忙出成果，才能有成就感。只要干出成绩，编委会就会肯定，报社就会予以奖励，但不要指望着靠耗时间、熬年头，来获得待遇和政策的倾斜。

三、具体意见

对于总编室工作，我提四点具体意见，概括起来就是准、快、活、新。

一是准。要准确、准确、再准确。无论是事实、地名还是其他细节，都要搞准，不能含糊。出现差错，再辛苦也白费了。

二是快。在确保安全、准确的前提下，要快捷。夜班工作如果没有效率，天天弄到早上五六点、七八点，过度耗费大家精力，也不可持续。正常情况下，夜班工作要力争凌晨1:30签完版面，最好别拖过2:00，除了带班主任和检校人员，大部分人两点来钟可以下班回家。我值班时试过，时间上会有一点小紧张，但可以做到，为此相应的每一个前置环节都不能放松、拖延，要把工作做到前面。

三是活。不仅报道要鲜活，版面设计也要活泼一些，要有一点灵气，包括标题、图表、图片等，字体也不要都是又胖又笨，选择可以丰富一些，要得体、协调。

四是新。要有创新意识，报道策划、版面呈现都要努力改进，能让人耳目一新。

四、今后工作

总编室工作是重中之重，不管是报纸还是融合发展，都需要总编室投入更大的力量和热情，让版面和报道更出彩，带动报社各项改革工作顺利开展。

一是加强顶层设计。此前，总编室牵头对明年的改版工作进行了研究，对版面设计和运行流程提出了初步方案。目前，对于明年的版面是进行大改、中改还是小改还在思考之中，版面继续集中在总编室还是适当由相关采访部门分头承担，采编合一、采编分开在具体情况下哪种方式利大于弊，还要深入研究，听取各方面意见。但是版面结构和版面构成应该明确，要登我们独家的、有深度的、有价值的、研究性的东西，一般性的消息类、新闻性稿件越少越好，一般的通讯类或见闻式稿件越少越好，要加强深度报道，更加关注经济领域，更加突出经济特色。经济日报的旅游版就不能是写游记，而是要写旅游经济，写旅游产业。

二是加大报道策划。在现在的媒体竞争环境下，没有高人一筹的策划报道，是很难引起重视的。编辑约稿子、主动地策划，现在看还不够多，有时反而感觉越来越少了。只要是经过策划的报道，就会比较好看。稿件来啥用啥，报纸怎么会好看呢？总编室要打主动仗，加强策划，“视点”工作室就是要每天策划，把重点焦点集中放在经济领域。

三是优化人员配置。现在报社确实缺人，各个部门都打报告希望补充人员。但我们也要明确，人员不可能大面积补充，重点在优化人员配置。刚才的发言中，好几位同志都提到了报社现在开展的“减量化改革、高质量发展”，说明这个理念、这种思路、这项工作已经得到了大家的认可。减量化改革是手段，高质量发展是目的，要通过改革，集中精力做好做优我们的各项工作。

四是体现专业特色。这是最重要的，也是我这次最想说的。我们的编辑要表现出经济日报的水平和专业性。目前我们给多名记者开了个人专栏，这在中央媒体中是少有的，其目的就是通过专栏体现专业性，同时培养一批名记者。目前，顾阳同志的“每周经济观察”基本立住了，连俊同志的“国际经济观察”要继续努力，杨忠阳同志的车评专栏要给他创造良好外部环境，这3个专栏坚持得很好。也有人跟我提出要开专栏，我并不反对，但我也有一句话，你得坚持住，写一篇两篇、十篇八篇就不写了，那是不行的。写专栏是很严肃的事情，要有实力、精力、体力，编委会对此会有评估。记者编辑一定要在某一方面成为专业人士、行家里手。编辑是要做研究的，在日常工作中要注意积累，不能拼一个版完一个版，要深入研究，用心在专业化上下功夫，往深里走，精研某个领域，实现自身的进步发展。上级称赞前不久经济日报对蚂蚁集团暂缓上市的报道做得很漂亮、很好，并希望我们成立金融轻骑兵，能在金融领域有所突破。我们虽然有好几个人跑证券市场，但还算不上行家里手，稿子分量还不够，写得轻飘飘的、还不够专业。几经修改，这才有了专业性强的稿子。企业报道也是专业性强的领域，编辑还得加强研究，例如头部企业、高科技企业有哪些特点，第一代的企业家逐渐沉寂，现在处于什么状态。这方面，我们要向中国企业家杂志学习，他们这类报道做得比我们深、比我们多。

进一步推进媒体融合发展

2022年5月2日 · 星期一

今年2月，在下达的经济日报社“三定”方案中，成立了一个新部门——视听部。大家知道，这个部门就是在原新媒体部框架下构建的，主要任务是音视频的创作、生产和融媒推广，旨在适应新媒体发展的迫切需要，加快报社深度融合发展步伐。

自2020年12月以来，虽然还沿用新媒体部的名义，但陈发宝带领部门的同志们，在分管编委张曙红同志指导下，克服基础薄弱、条件有限、人手不足等困难，充分发扬创新精神和顽强作风，白手起家、迎难而上，扎实拓展业务，取得明显成效。特别是在迎接建党百年宣传、开展短视频征集活动、突出经济形势引导方面发挥了重要作用，《党史中的经济档案》融媒体作品成为全国媒体融合发展十大典型案例，“记录小康生活 见证时代变迁”短视频征集和展播全网播放量达8亿人次，产生了广泛的社会影响，受到上级机关的肯定和业内外的好评。

一年半前，我和张曙红同志专门与新媒体部的同志们座谈过，我也讲了一些意见。现在看这个讲话记录，也还有可借鉴之处。现照抄在这里，供大家参考，以进一步做好媒体融合发展工作。

延伸阅读

加快推进媒体深度融合发展
——在新媒体部调研时的讲话

（2020年10月21日）

今天开这个调研会主要有两个目的：一是报社正在制定十年发展规划和推进媒体深度融合发展五年规划，二是报社正在贯彻落实中办国办关于加快推进媒体深度融合发展的意见，这两件事编委会都想听听大家的意见建议。同时，也通过调研座谈，对新媒体传播部的工作加深了解，这也是编委会工作的当务之急。

一、不断加深对媒体深度融合发展的认识

加快推进媒体深度融合发展，对我们来讲，不是重视不重视的问题，而是重视得够不够的问题。中办国办印发的关于加快推进媒体深度融合发展的意见非常重要，我们进行了多次传达，体会不断加深。这是一个为我们提供改革发展契机的重要文件，大家一定要认真学习、反复学习、深入学习，努力学习到位。要把中央的政策要求转化为我们推进媒体深度融合发展的具体措施，落实到工作中去。要通过学习进一步加深认识。只有认识一致了，才有可能把工作真正落到实处，其他问题才好解决。

报社每位同志，在推进媒体深度融合发展上面都不应当有障碍，不仅思想上没有障碍，工作上也要没有障碍，全力以赴做好这项工作。中央明确了必须深化改革，必须加快推进媒体深度融合发展。我们不发展、不改革就没有出路，就不能完成中央交给的任务。所以这件事情不是可选项，而是必答题，是必须要做的，是摆在我们面前的重大政治任务。我们务必集中力量，在推进媒体深度融合发展这条路上走得更稳，走得更实，走得更有成效。融合发展必须坚持正确方向。要坚持正确的政治方向和舆论导向，认真学习贯彻习近平新时代中国特色社会主义思想，认真践行马克思主义新闻观，我们融合发展和所有的新闻宣传工作都要坚持正确的舆论导向，增强导向意识、阵地意识、大局意识、责任意识，确实把意识形态工作责任制落到实处。这个问题我在多个场合反复强调，今天就不展开讲了。

二、坚持做有经济特色的优质内容

"内容为王"这句话我始终是赞成的。我们是传统媒体，推进媒体融合发展靠什么？和那些头部互联网公司相比，我们有什么优势？我们有的就是报社300名记者编辑，就在于我们是新闻采编人员，这就是我们的优势。内容建设方面具体怎么做，我想首先要处理好几个关系。

1. 时政热点和经济特色的关系。不仅是办新媒体，包括办报纸，都要处理好这个关系。关于热点问题，以刚才有同志讲到的疫苗报道为例，如果不是我们的独家，不是我们首发，没有必要抢，没有必要争分夺秒，抢发这种热点报道并没有多大的必要。要把我们的重点放在特色产品上。如果处理不好热点和特色的关系，我们可能会不断出差错，有时可能还会出问题甚至出大问题。

要把经济特色做足。比如，在经济日报新媒体上能不能看到所有经济论坛的信息，能不能找到需要的经济方面的内容，是不是成为经济领域信息、资讯和经济理论等总汇，这才是经济日报受众最关心的，这才是我们的特色所在，也才是我们要下功夫做的。我们要把该做的事情做好，尤其在人手紧张、财力不足、力量不够的情况下，更要把特色做起来。跟突出经济特色没有直接关系的，不是独家的，晚发一点没什么关系，我们靠时政热点这东西打不出名堂来。如果我们有一些经济方面的特色报道，能够在经济领域有一席之地，有一定的知名度、美誉度，这就足矣。这个道理其实很简单，但有时干着干着就糊涂了，走着走着就忘了为什么出发。我们是经济日报！经济日报这么多年在历史上产生过影响的、得过奖的、受到好评的，大多是经济报道！这是我们的优势，这是我们的特色，这是我们的看家本领！对新媒体来讲也是一样的。

中央办经济日报主要是让我们搞经济报道的。经济日报不要做和人民日报完全一样的事情，经济日报客户端也不要做和人民日报客户端一样的事情。这一条同志们务必要认识清楚，不要犹豫，不要观望，要坚定不移地照这个路子去做，把我们该干的事情干好。

2\. 新媒体与报纸的关系。报纸和新媒体要在短期内融为一体，还是很难的。部门职能不一样，观念思路不一样，深度融合确实难度不小。但要处理好两者的关系，不能变成各干各的。报纸的重点报道怎样转化成融媒体报道，报纸的优秀作品如何能够通过新媒体得到及时传播并且取得好的效果，这是我们工作的一个重点。报社办新媒体、办中经网，一个最主要的目的就是要进一步扩大经济日报的影响力，这个理念一定要搞清楚。像最近的燕京理工学院“上网难”、江苏个体协会乱收费的报道，报纸和新媒体就配合得很好，报纸影响力也提高了，新媒体也涨粉了，这就是双赢。以后这样的融合报道要多做。我们是一家子，一家子不能分开吃饭，更不能各搞各的，井水不犯河水不行。对于中经网来说，也是如此。

3. 原创与转发的关系。转发是必然的，但我们要集中精力，努力把自己的原创产品做好，多生产传播一些能够提升经济日报影响力和美誉度的作品。原创产品我们不求多，要求做很多也不现实，没有那样的力量，没有那么多的人，因此要追求质量不求数量。你们最好不要再有数量和流量的太大压力，好作品也许一年做不了很多，但只要能够做出一些爆款产品，做出一些有经济日报特色、能进入年底十大精品的产品，一年有5个就很厉害了。我们就那么点人，就花那么点钱，就要集中力量办事、办成事。

4. 职能和粉丝量的关系。不能把吸引眼球和粉丝量作为我们的唯一目标，这不是党报党刊党媒的主要任务。从职能来看，中央要求我们做到“48个字”，宣传好习近平新时代中国特色社会主义思想，做好经济宣传，传播正能量，讲好中国故事，这是我们的目标和要求，也是我们的职能所在。新媒体要粉丝数、要点击量，但不能片面地追求粉丝量和点击量，更不能唯粉丝数、唯点击量。关键还在于，我们是不是履行好了职能职责。否则就本末倒置，舍本逐末了。这一点大家一定要认识清楚。

这四个关系希望同志们处理好。实际上道理都很简单，但有时候做着做着就忘了，做着做着就放下来了。具体操作上，我有三句话送给同志们：时政热点报道要强调“准”！经济特色报道要强调“深”！

各类服务性报道要强调“活”！

三、在体制机制建设和人力资源整合上下功夫

这段时间开了好几个座谈会，大家都在说人手不够，没有哪个部门说自己不缺人的。我看缺人是常态。这个问题怎么解决，目前还没有想得特别成熟。

首先，要靠挖掘潜力。总体来看，我们人力是不够的，新媒体也需要增加人力。但有些问题不能仅靠增加人力解决，有些问题人数也不是最重要的。大家还是要想办法挖掘潜力。

其次，要靠整合资源。要用好中央巡视整改和推进媒体深度融合发展这两个重要机遇，通过机制创新、搞活，把资源整合、整活起来。包括新媒体和中经网如何整合资源，这都是可以考虑的方向，也还需要我们进一步摸索。

此外，还要加强学习培训。同志们讲的加强培训学习的建议我都赞成，而且要加大力度，特别是要加大走出去学习培训的力度，不断提高“四个意识”，守好阵地，不断提高素质、能力和水平，更好地履职尽责。

最后，要鼓起劲儿工作。精神状态最为重要。再好的制度，再好的机制，最后还得靠我们去做、去拼搏，要靠同志们集中精力、用心用力去开展工作，这是最重要的。

目前，我们既有挑战，也有机遇，更有压力。希望大家抓住机遇，提高政治站位，在推进报社媒体深度融合发展方面作出新的贡献！

确保中经网健康平稳发展

2022年5月3日 · 星期二

经济日报创刊于1983年1月，20年后的2003年7月，中国经济网正式开通，至今又快20年了。中国经济网前身是《经济日报》网络版，于1999年9月上线，3年后开始筹建并成为中央重点新闻网站。

这些年来，在中央领导同志的关心关怀和大力支持下，经过广大员工的发愤图强，砥砺前行，中国经济网获得了长足进步，知名度不断扩大，影响力日益增强，逐步成为经济日报社事业发展新的增长点，特别是在新媒体建设和融合发展方面迈出了坚实步伐，在业内外形成了一定的竞争力和话语权。

业绩掩盖不了不足，发展凸显工作中的短板。中经网的快速进步也暴露出一系列问题，尤其是近几年中央巡视和中央审计，以及纪检监察部门的全方位监督，发现和查摆出不少问题亟待整改。如何保证中经网健康平稳发展，成为摆在我们面前的突出任务，也是新一届编委会无法回避的紧要工作。

为此，我和分管编委张曙红同志一道对中国经济网进行调研，与中层以上干部座谈。会上，我就中经网发展讲了话，今天看来，强调的内容仍有必要继续抓紧抓好。当然，现在要说的话，会以习近平总书记关于统筹好发展与安全重要论述为指导，可能更有政治站位和全局观念，指导性和针对性也会更强。

延伸阅读

切实抓好主责主业
——在中国经济网调研时的讲话

（2020年11月2日）

这次座谈调研是新一届编委会对报社整个调研活动的一部分，中经网是第四场，主要目的是想了解中经网现状尤其是存在的问题和困难，看看有什么是报社和编委会能够帮助解决的。刚才曙红同志说我对中经网情有独钟，确实是这样。在网站的起步阶段，我分管过中经网一段时间，和同志们一起奋斗过、努力过，中经网的每间屋子我几乎都到过。当时的艰难我也都亲历了，包括没有资金、缺少技术、对外合作困难重重，等等。在报社几届编委会领导下，面对各种困难和矛盾，网站全体员工经过20年的奋斗，取得了明显成绩，我由衷地高兴，也深知每一步都走得不容易。这些年，中经网影响力越来越大，在各类新媒体榜单中排名前列，给报社争了光，这和每一位同志的辛勤努力和艰苦奋斗分不开，要给予充分肯定。现在的困难，都是发展上了一个台阶后遇到的问题，和当年不可同日而语。

跟中经网的同志们有话要说，我对中经网领导班子的几位同志叮嘱过多次，今天网站的中层干部也都在这里，可以在更大范围和大家进行交流。

一、坚持正确政治方向，严守新闻宣传纪律

这是首要的政治任务，是我们的职责所在、立身之本。尤其在新媒体快速发展的今天，中经网业务范围越来越广的背景下，更要强调这一点。当一家媒体没有影响力的时候，出点差错可能都没人知晓。现在体量大了，有知名度了，出一点差错都会成为众矢之的，一举一动各界都会关注。

守土有责，守土负责，守土尽责，这是我反复强调的，务必要把坚持正确的政治方向、严守新闻宣传纪律在中经网的各个平台落到实处。大家在思想上一定要明确，不是“新媒体就可以例外”，我们的管理文件里写得清清楚楚，对传统媒体和新媒体、网上网下、大屏小屏坚持实行同一标准、一把尺子、一体管理。我们制定的这些规定，每个同志都要看，要仔细看，要认真落实。如果一而再、再而三地出差错，甚至是反复出重大的政治性差错，经济日报办中国经济网干什么？！中央办经济日报，经济日报办中国经济网是要做好经济宣传和舆论引导的，不是为了挣钱的，我们一年挣的钱甚至都赶不上有的央企一天的收入。我们是党的新闻舆论机构，是党的新闻工作者，这一点必须成为共识，要渗透到血液里，内化到行动中。只有做到了这一点，才能沿着正确的轨道前进。

二、聚焦主责主业，强化经济特色

做好经济宣传报道，做好舆论引导工作，这是我们的主责主业。

读者也好，网民也好，之所以看经济日报，之所以看中国经济网上的内容，主要的还是想了解经济方面的信息。世界上举办的各大经

济论坛的内容，如果都能在中经网上查阅到，这就很好，就很有价值。还有中经网跟市场监督管理总局一起做的活动，也是我们的重点工作，因为是和经济相关的。跟经济没有关系的内容和活动尽量少做，甚至可以不做。这一点我在不同场合讲过很多次了，今天不再重复，这里点到为止。

三、社会效益是首位，力争两个效益双丰收

不当家不知道柴米贵，中经网自己要养活260多人，事业还要发展，没有一定的经济基础做支撑确实不行。但是必须牢记，在发展的过程中，社会效益一定要始终放在第一位，这个底线不能破。我不希望看到，以后中经网一年能挣几个亿了，但我们的干部却因为违法违规被带走。这种事坚决不允许发生。

该挣的钱可以挣，但是国家规定、法律明确不能碰的，坚决不能碰。一旦出现违纪违法行为，编委会不会客气，一定会坚决严肃处理。我三番五次地重申采编经营两分开，不能以报道作为获取利益的要挟手段，这个责任太大了。现在报社正在开展“质量安全月”活动，中经网也要把经营方面的情况好好理一理，提前做，提前查清楚。我们宁可让发展速度慢一点，经济效益差一点，也不能在违规违纪的道路上狂奔。

从今天开始，打擦边球的事情坚决不能干，红线不能踩，底线不能破，高压线不能碰。中经网作为报社事业新的增长点，尤其不能出问题。网站领导班子要坚决把压力传导到各个部门，特别是在搞各种活动和对外合作的时候，一定要高度重视，千万要谨慎从事，合规运营。

四、加强队伍建设，严格内部管理

新生事物层出不穷，新技术迭代涌现。中经网年轻员工多，35岁以下的员工占到一半以上，同志们在知识结构、新闻阅历和判断力、鉴别力上都需要不断强化，要有本领恐慌。人事部开展各种培训活动，要尽量把中经网等直属单位都安排上。

要为员工创造好的工作条件，同时也要加强内部管理，处理好松与紧、宽与严两个关系，做到松紧适度，宽严适中。太严了，可能会不利于调动积极性和创造性，但过松了又容易出问题。我们不能每次遇到问题都推脱下次再说，下次注意，下不为例。这次就要说，这次就要严格要求，就要认真整改。最近，中经网官方抖音账号出现差错，虽然不很严重，但中经网正确面对，我们采取的处理措施起到了应有的警醒作用，在工作的过程中收到了扎扎实实的成效。如果不当回事，只批评那么两句，下回注意，恐怕就没有这个效果。我们就是要把教训让所有人吸取，在中经网内部做到个个都知道，人人不再犯。

现在出现的情况和采取的应对措施，本身就符合中经网发展的内在规律。中经网是从零起步，上无片瓦、地无一垄，现在一点点做起来了，不仅要发展得好，还要发展得质量更高才行。及时采取措施把问题在早期阶段解决，大家形成共识了，对下一步发展只会更加有益。

必须强调指出，加强内部管理，绝不是一句空话。各种规章制度其实都是有的，中经网的规章制度我也看过。现在的问题是时间一长，状态松懈，可能有些就忘了，抛诸脑后了。这根弦有点松了，需要再紧一紧，绷一绷。

说这么多，概括起来其实就是要落实到“减量化改革，高质量发展”上。这十个字能体现我们现在改革发展的思路，也符合中经网的现实发展需要。减量化改革就是做好主责主业，收缩战线，不再铺新摊子，把和我们主责主业无关的方面下决心大胆舍弃；高质量发展就是让报道质量更高，影响更大，特色更鲜明。对此，大家要真正理解，弄懂弄通，清楚明了，并且贯彻到工作当中去，做到目标明确，方向正确。我们要把有限的资源集中起来做事半功倍的事情，要把拳头攥起来专注做主责主业的工作。比如经济界、企业界、经济人物、国家的一些重大经济项目，都是我们报道的重点，值得多做宣传，这样的经济话题是大家关注的，做好了完全可以吸引人。

总而言之，这几条都是重要的原则性要求，大家务必把握好。领导班子要给网站的同志们反复讲，不要嫌麻烦。要让每一名员工都知道编委会期待中经网做什么，知道自己应该怎么做。希望中经网领导班子带领全体员工，按照中央部署和编委会要求，提高政治站位，严守宣传纪律，抓好主责主业，带好人员队伍，把握两个关系，把中经网的牌子擦得更亮，经济特色更加鲜明，让编委会放心，让报社放心！

一次重大的舆情应急管理

2022年5月4日 · 星期三

这一两年，我还没有哪次内部讲话会如此慎重，也没有哪次业务工作会议会提前准备讲稿，而且是长篇大论的讲稿。只有这一次。

我一直不喜欢念稿子，除非不得已，除非很正规的场合。一方面，大多数会议尤其是报社内部业务会议，没有必要正襟危坐、过于严肃死板；另一方面，也不愿意给工作已很繁重的有关同志平添更多的工作量。再者，大多数情况下也不必搞言之凿凿、不苟言笑那一套。但这一次，不同寻常。

去年11月中下旬，《新东方不应照搬李佳琦》一稿引发的舆情以迅雷不及掩耳之势爆发，同志们是始料未及的，我自己也是多少有些意外。说句心里话，从接任一把手后，处理过几次复杂的矛盾，因为事情本身的性质，知悉的人很少，且效果也是好的。但像这样人声鼎沸、众口铄金的情况，恨不得地球人都知道，算得上是前所未有的，经济日报发展史上也是少见的。接连那几天，报社上下人心浮动，笼罩着惶惶不安的情绪。正确面对、妥善应对成为当务之急，容不得有丝毫大意和疏忽，而做一次全面周到而有引导力的讲话，以统一思想、统一认识又是第一要务。只有把事情讲清楚、讲明白、讲到位、讲透彻，才可能稳定人心、稳住大局。

为此，我把讲话时机选在周一的总编辑办公会。出于能让更多人现场聆听，以免层层传达信息衰减甚至以讹传讹的考虑，我决定把办公会调整为扩大会，要求报社职工能参加的都参加。剩下来，就是讲什么、怎么讲了。鉴于此事涉及面广、影响力大、舆情复杂，稳妥起见，打消了拟订提纲、现场发挥的一贯做法，改为提前准备讲稿。我把总编室的同志叫来，说了一个多小时，明确了讲话重点和主要内容，要求照此起草整理、补充形成初稿。周末加班，我又接连反复修改，最终有了这次会议的讲话稿。

回头来看，这次讲话虽然不能说多么圆满、多么理想，但确实在特殊而紧急的情况下发挥了非同一般的作用，对于应急状态下的舆情管控、职工思想情绪的宣泄引导、对报社改革发展稳定大局的维护，都具有十分重要的意义。那次会后，很多同志都从不同的角度予以分析解读，总体上也都是积极向上的。可以说，达到了预期甚至超预期的目的，使这次舆情不仅没有酿成影响报社向上向好局面的重大危机，相反，对于凝聚人心、增强信心、坚定决心，对于团结干部职工开创事业发展新局面，还起到了加速和提振的效果，可谓化危为机，趁势而上，算得上是一次比较成功的应急管理，也充分体现出编委会应有的担当和把控大局的能力。

吃一堑长一智。经过这场舆情的洗礼，当事人无疑变得更为理性与成熟，干部职工愈加自信自强，而经济日报社也必然地因此更有底气和活力。教训让人聪明，失利教给人智慧，而挫折只能让我们更加强大！

现在，再读一读这次讲稿，对于做好当前报社的各项工作，也是有意义的。

延伸阅读

挫折让我们更加强大
——在总编辑办公会扩大会上的讲话

（2021年11月22日）

过去这一周，同志们都在关注、议论《新东方不应照搬李佳琦》这篇稿子引发的重大舆情。可以说，这是经济日报多年来未曾遇到过的舆情事件，参与人数之众，发酵速度之快，传播范围之广，影响力之大，均十分罕见。对报社干部职工带来的思想上的波动，也是前所未有、十分强烈的，对报社今后的工作也会产生不小的影响。因此，有必要就这个舆情事件做一次复盘，深入剖析、深刻反思、深层总结，以利工作，以鉴来者。

一、舆情基本情况

2021年11月13日，经济日报时评版刊发了《新东方不应照搬李佳琦》一文。当日上午8点52分，蓝鲸财经记者工作平台在微博上发布该稿件，并配发报纸截图，申请了#经济日报评新东方农货直播#话题；10点10分，财新网微博也发布了这篇稿子，申请了#经济日报评新东方直播助农#话题。这两条微博阅读量大，讨论量大，其中蓝鲸财经的那条微博，一度冲上微博热搜第31位。中午，该话题从热榜滑落，不在重点推荐目录显示。在微信平台，名为“古三古四”的账号发布《经济日报批俞敏洪直播带货，记者啊，我拜托你做个人吧》，短时间内突破10万+，打赏超过700，引发了大面积的朋友圈转发。这是第一波舆情。

11月14日晚11点，总编室向我和值班编委徐立京报告，转发了俞敏洪对经济日报稿件的回应。立京同志经请示后，当即调度经济日报抖音号、经济日报视点抖音号制作视频，同时请佘颖同志撰写稿件，供微博、微信和报纸发布。当晚12点左右，短视频《俞敏洪回应经济日报文章：记者是好意，表示感谢。我和新东方将努力前行！》发布；凌晨1点左右，微博、微信发布《俞敏洪回应经济日报：感谢善意提示，新东方将不负期望努力前行》。相关内容发布，起到了很好的平息情绪、引导舆论的效果。虽然仍有少部分负面舆论，但整体上舆情已基本恢复平静，一度扭转了严重不利的局面。

11月15日，名为“兔撕鸡大老爷”的微博账号，就这篇评论文章发声，但完全改变打法，直接晒出了记者在跑口工作群中的聊天记录，转发量超过1500，评论达到数千条。此后，微信群又陆续流出数张记者关于稿件、关于工作的留言截图。一些自媒体账号、第三方平台账号也纷纷跟进，就截图内容反复转发炒作，形成第二波高热度舆情。

回头来看，仅从报道角度而言，这篇稿子是没有什么问题的。当然，从高标准来要求，也存在不足，一是在文字表达上有点居高临下、盛气凌人；二是还不够专业，比如“挣快钱”等表述；三是所提建议还可以更切合实际、更有针对性。但总体来说稿子是没有硬伤的。那么，为什么会引发如此大的舆情呢？我想至少有这么几个原因。

第一，中央“双减”政策下，有相当一批人的利益受到了影响和冲击。不仅是教育培训从业者，也包括部分学生家长，这个群体人数不少，有的说大概有两三千万人受波及，情绪很大。通过这篇稿件，他们找到了一个宣泄不满、发泄不快的渠道和对象。

第二，俞敏洪在舆论场的人设很正，风头正旺。在舆论场，俞敏洪是白手起家、草根逆袭的企业家，是拼搏奋斗、有知识有文化的企业家，也是一个有责任心、使命感的企业家。在事业受挫、经营吃紧的情况下，他如数给用户退钱，给员工发工资，还把8万套价值数千万元的课桌椅捐给农村学校。这一切，让俞敏洪成为网民眼中的英雄，而且还是具有悲剧色彩的英雄，引发了网友极大的共情。这个时候，出现了一个央媒的年轻记者，对俞敏洪和新东方指点江山、指三呵四，这个不好，那里不对，应该这样，应该那样，这让读者、受众在心理上接受不了，在情感上接受不了，甚至在道义上也接受不了。这些情绪如同汽油桶，这篇文章如同火星，火星掉在汽油桶里，岂有不炸的道理？

细究起来，第一波舆情更多的是对报道情绪上的宣泄，说报道不专业、缺乏同情心、饱汉不知饿汉饥之类。到俞敏洪抖音回应后，舆情基本已平复，逐步冷却下来。

第三，严重的是，记者本人在有很多外人的工作群里，在自己的朋友圈里，讲了一些不得体、不成熟乃至令人气愤的话语。更严重的是，这些内容居然被截图之后公之于众，起到了火上浇油的效果。于是，舆情顿成燎原之势，远超第一波舆情，且一发不可收拾。而面对这样的截图，我们已无还手之力，只能被动挨打。

第四，有极少数别有用心的人，不断蹭热点，带节奏，用十分卑劣的非正常手段，获取了记者的留言截图，加油添料，生怕事不够大，火不够旺。一批自媒体、第三方平台账号站在所谓道德的制高点，肆意解读、猜测记者留言动机，推波助澜，中伤、打击经济日报，甚至攻击党媒和中央政策，可谓欲加之罪，何患无辞？起到了相当恶劣的落井下石的负面作用。

舆情期间，经济日报社的同志们通过微博、微信了解了相关情况，很多同志还收到家人、朋友乃至许久不联系的好友的微信，上上下下对这起舆情事件高度关注，深入讨论，都真诚希望经济日报的声誉不被玷污，经济日报的品牌不受伤害，经济日报的形象不遭抹黑，表现出强烈的集体荣誉感。同时，大家对个别同志不严谨、不慎重的留言表态也深感痛心，认为这样随意的言论，让报社很难堪、很丢脸、很没面子，应该好好反思检讨，吸取教训。

需要指出的是，就是面对汹汹舆情，也有不少理性客观的网民发声，发表公正的意见，表明实事求是的态度，但都淹没在众多头脑发热罔顾现实的群情激愤之中。

二、厘清几个问题

回顾这次舆情事件，有几个问题需要厘清。

一是关于稿件的问题。在第一波舆情来临时，很多网友对稿件不满、指责，其实很大原因在于用情绪取代了理性，用从众取代了思考，很多人没有看原文，大部分只看了标题，上来就开始各种怼，各种骂。事实上，只要平心静气地看完全文，就能感受到稿件的善意。就连俞敏洪本人在回应时，也多次表示“记者本身是好意，我在这要向她表示感谢”“(文章)其实给我们一个非常善意的提示”。

当然，我们也要看到，稿件本身是有改进空间的。前面，我已分析过了，如果姿态平和谦逊一些，表达周全周到一些，言辞让人更容易接受一些，观点客观理性一些，定论留有余地一些，就更好了。但这是从高标准要求稿件的。事实上，苛求稿件完美无缺是做不到的，包括所谓的“大家”、高手。另外，微信平台在发布时，将标题改成“好家伙，新东方要学李佳琦了?”多少有哗众取宠、吸引眼球之嫌，也进一步强化了网友的负面观感。

二是关于记者的问题。稿件的作者佘颖同志，这一年来努力提升综合能力，精心运营个人专栏，写出了一批诸如《广告法能否啃动“椰子”壳》《抓住撒谎的加拿大鹅》《海底捞毛肚缩的水去哪儿了》等有较大影响、较强社会反响、较好读者口碑的好报道，进步很快。另一方面，佘颖同志在这次舆情中的个别言论，也反映出我们对采编队伍特别是年轻采编人员的教育培训明显还有短板、不足。很多时候，我们往往是强调业务能力多一些，政治站位、职业道德等教育，虽然也说了，也讲了，但没有完全到位，还没有入脑入心，还没有化为自觉行动。今天怼这个，明天怼那个，虽然这样的言论是在私底下说的，但也多少反映出内心的真实想法。佘颖同志，也包括其他年轻同志，还有必要补补马克思主义新闻观的课，补补思想政治建设的课，补补新闻职业道德的课。不要有个人英雄主义的杂念，也不要有个人成名成家的私念。

但在这里，也要实事求是地说，佘颖同志写这篇稿子，并不像有人猜测的那样，存在商业利益。经过核实与了解，这其中并没有经济瓜葛，没有广告要求，也没有商业合作，佘颖同志本人也没有违法违纪问题。她只是想写出好稿件，写出有影响力的报道，仅此而已。从一定程度上说，佘颖同志也是受害者，她也为自己的不慎重、不严谨付出了代价。

三是关于舆情回应的问题。这次舆情，我们在掌握情况后，第一时间部署、推动、安排，徐立京同志和崔军同志等相关同志也做了不少工作，对舆情平息起到了积极作用。但不得不说，我们此前的舆情应对是存在严重问题的。第一，没有请示，没有汇报，记者、编辑擅自在微信回应，基本上处于“自运行”状态。从13日上午舆情发酵到14日下午5点多，这中间有30多个小时，都没有人向值班编委、向我汇报，以致我们失去了舆情应对的黄金时间。这期间，记者与编辑独自联系，在微信上擅自回应，我们浑然不知。同志们，舆情处置的黄金时间是4小时啊，我们呢，从报社层面来说，是整整30多个小时“不动声色”，听任舆情发展，眼见舆情失控。第二，舆情发生后，记者未经请示、同意，在多个场合做出种种回应，比如在朋友圈转发文章，并讲“我必须说两点”；又比如，在俞敏洪回应后，又转发并说“今后都要努力呦”。特别是在某工作群、在朋友圈，发表跟工作内容相关的态度和观点。这些言论又被截图，被恶意疯传，引发了更大舆情，致使我们基本上处于被动应付、毫无还手之力的窘境，也使得我们控制舆情所做的工作打了折扣，难以达到预期效果。

三、舆情的总体评估

这次舆情，是经济日报前所未有的一次舆情事件。从中，我们也有一些透过现象看本质的研判。

首先，要辩证地看待这次舆情事件。一方面，此次舆情给经济日报带来了一定的负面影响。另一方面，这么多人关注关心经济日报的报道，说明我们经济日报覆盖面在拓展，关注度在扩大。一年多来，我们加强优质内容报道，坚持评论立报、评论优先，成效显著。不知不觉中，我们已经走到了舆论场的中央，接受了舆论聚光灯的照射。在这样的新舆论环境下，我们的一举一动，我们的一言一行，都会被聚焦。而一旦出现一丁点差错，就会被放大，包括报道，包括新闻从业人员。

其次，我们的工作存在不足，特别是采编队伍建设存在不足。采编人员在党的新闻史观教育、职业道德教育、专业精神教育等方面还有很大空间，缺少有历史责任感、职业使命感和社会责任心的党媒新闻工作者的素质和品德。经济日报是大家的平台，希望同志们利用自身聪明才智，在成就报社的过程中成就自我。但这并不是说，让大家利用报社成名成家，只满足个人的虚荣心。记者不是个体户，是党的新闻工作者，我们经济日报是党媒，是央媒，是大报，肩负着神圣的使命和重任。对此，习近平总书记有明确指示，报社有具体要求。对于这一点，同志们要有清醒的认知和深刻的理解。

第三，我们的工作有明显短板，特别是面临新形势，舆情反馈和请示汇报等相关规章制度有盲区。舆情发酵那么长时间，无人汇报。这充分说明，我们的请示汇报制度还不健全，还不完善，我们的舆情研判分析制度还不健全，还不完善，我们的舆情应对处置流程和办法还不周全，我们的应急处突力量还很薄弱。在舆论新格局下，我们的有关工作还远远不能够适应。

最后，传帮带的优良传统未得到很好继承。经济日报有一个优良传统，那就是传帮带。现在来看，我们的一些资深采编人员，政治站位是高的，综合素质是过硬的。但是，这些优秀的素质，并没有通过传帮带传递给每一位年轻同志，并没有在日常工作中感染到每一位年轻同志。同时，对于年轻同志，总体上我们是呵护得多，批评得少，要求还不够严，多年形成的“哄着干”状态还不同程度存在。这一点，我和编委会是有责任的。

四、得失分析

交了学费，就要有收获，就要明白得在哪，失在哪。

先说失。这次舆情事件客观上影响了报社的声誉。虽然我们并没有什么问题，但是情绪高涨的网友被别有用心的人带了节奏，舆论几乎是一边倒地怼和骂，正面声音也有，但几乎没有形成声势。特别是在第二波舆情中，我们基本上是被动挨怼，搞得我们好像犯了“滔天大罪”似的。

这次舆情打击了报社同志的情绪。不管是在餐厅还是在办公室，大家谈论起这个事情，心情都是沉重的，情绪都是低迷的，心里窝着火，肚子里憋着气。特别是看到记者留言的那几张截图后，同志们更是无语，觉得恼火，觉得窝囊。面对排山倒海的舆情和责问，同志们都会有种很糟糕的感觉。这个我都知道，我和同志们的感受是差不多的。还有的同志告诉我，现在记者出去采访，采访对象都会怀疑我们记者的采访动机，会问：你们不是来捶我们的吧？怀疑记者的采访动机，甚至怀疑经济日报的公信力，这样的后果，需要我们花时间去修复，去弥补，去挽救。

但辩证地看，我们也有很多得。我们得到了清醒，得到了教训，也得到了启示。没有这些得，这样的事情，现在不发生，明年后年也会发生，佘颖不发生，张颖李颖也会发生。

——我们得到了清醒。知耻而后勇，知弱而图强。我们清醒地认识到，采编工作依然存在很多不足。一年来，评论工作取得了明显成效，但现在看来，还不够，还严重不够。稿件打磨得还不够精细，像“挣快钱”这样的表述就不精当；采编流程遵守得还不够到位，记者的回应应当视为稿件的一部分，必须走送审流程。

我们也清醒地认识到，采编队伍依然存在思想建设上的短板。我们要摒弃个人英雄主义，摒弃个人成名成家的私心杂念，不断加强党的新闻史观教育，加强职业道德建设，找对位置，站稳立场，真正做一名优秀的党的新闻工作者。

——我们得到了教训。正所谓吃一堑，长一智。这个教训就是，干部队伍思想建设丝毫放松不得，要有常态化的机制；年轻干部培养丝毫放松不得，要坚持不懈抓起来，抓下去；体制机制完善也丝毫放松不得，宁可十防九空，也不能一空万无。

——我们还得到了很多启示。比如，当前意识形态形势严峻复杂，要尽快绷紧这根弦。不少同志认为，意识形态斗争离我们很遥远，至少不是眼面前的事。但实际上，网络时代的意识形态斗争不仅具有复杂性、严峻性，还具有相当的隐蔽性。隐蔽到如果没有这根弦，如果没有警惕性，就非常容易忽略，甚至被牵着走。同志们，我们冷静、客观、理性地复盘一下这次舆情事件，如果说一开始，这种意识形态斗争的特征还不够明显的话，到了第二波舆情，就很清楚，很清晰了。有的微信公众号、自媒体账号挖空心思，费尽心机，用不正常手段，说白了吧，就是花钱搞到了留言截图，给继续炒作提供子弹，处心积虑啊，同志们。而且，攻击的对象，也由记者本人，把火烧到了经济日报、把火烧到了中央“双减”政策、把火烧到了党管媒体原则。如果只是业务范围的讨论，哪怕是文章有可商榷的地方，到了俞敏洪正式回应后，舆情就应该平息了。可见，有极少数别有用心的人，他们从一开始就不是跟我们讨论业务，人家就是对着中央的政策去的，对着党管媒体的铁律去的。他们就是要顾左右而言他，就是要项庄舞剑，意在沛公。

又比如，当前网络生态构成具有多样性多元性，要加强学习研究。在主力军向主阵地转移的过程中，我们发现，网络生态构成复杂多样，远超出我们的想象。这里面，有我们黏度很高的“铁粉”，也有广大真诚、热心、善良的网友，还有不少暗藏利益的企业或个人的营销号，有热衷于呼风唤雨的各种“意见领袖”，也不排除还有不怀好意、别有用心的人，等等。形形色色、林林总总的声音，共同构成了多元多样的网络舆论场。要在这样的网络生态下发出好声音，传播正能量，不仅要讲正确的话，还要学会正确地讲话，有技巧地讲话；不仅要善于跟粉丝、友军对话，还要学会跟对我们了解不多的普通网友，甚至是对我们怀有偏见的人对话。只有这样，才能在新型网络生态格局中，把我们的声音传得远远的，把我们的朋友做得多多的，让更多之前对我们不熟悉不了解的“路人”，对我们“路转粉”。这次之所以能够引发这么大的舆情，恐怕跟发声之前，我们对网络生态的主流舆论了解不够透彻、不够深入有关。这都是值得我们深刻反思的问题。

再比如，舆情生成发酵的重要阵地正在发生急剧变化，要更加积极主动应对。按照传统观点，微博是舆情发酵传播的重要平台。在新形势下，这个判断依然准确，但这不够全面。微信平台、抖音快手等短视频平台，也成为舆情快速演化的重要阵地。而且，微博微信抖音快手等完全不同的平台之间，舆情也会相互传染、相互加力、相互影响。这一次，就有不少抖音用户，在经济日报抖音号留言讨论佘颖同志的稿子，但是经济日报抖音号并没有发布相关内容。也就是说，有相当一部分人是从其他平台把舆情带到了抖音平台。这是一个新现象。与此同时，这次舆情出现了几乎一边倒的情况，绝大部分的声音都是怼我们，骂我们的。同志们，这个现象值得深思啊！这提醒我们要尽快加强在这些平台的力量，壮大我们在这些平台的友军、粉丝，平时要加强跟粉丝互动、联系，不要只顾着自己发，把粉丝完全当成被动接受者。我们在这些平台的“人设”要更加鲜明，让他们从内心里更亲近我们，行动上更支持我们。有了舆情，这些“铁粉”也会出来帮“老朋友”说几句公道话。此外，我们平时就要加强跟上级主管部门、跟平台方负责人的沟通交流，一旦有大的负面舆情出现，要能做到及时管控，要有各种手段。总之是，介入越早越好，手段越多越有效越好。

还比如，在媒体融合的大背景下，在全新的舆论环境下，在经济日报日益走进舆论场中心的新形势下，我们一定要用好新媒体，管理好舆情。新媒体工作中的“策采编发推馈评”，每一个环节都要守住，守好，不能嘴巴上有，行动上没有；不能文件上有，落实上没有，等等。

当然，我觉得，我们最大的得，就是在这么一次严重的舆情事件中，同志们都能自觉维护报社声誉，坚决听从编委会安排，积极为报社发展建言献策。人心齐，泰山移。经济日报的采编队伍，是一支有强烈集体荣誉感的队伍，是一支经受住了考验挫折的队伍，是一支明确了前进方向的队伍，也是一支一旦出发就必须到达的队伍。有这样一支信得过、冲得上、顶得住的队伍，前路再险，何愁不胜？目标再远，何虑不达？

所以说，这次舆情事件是有得有失，得大于失！

五、改进措施

智者有言：不必为打翻的牛奶瓶而哭泣。发生了事情，不可怕；产生了影响，也不可怕。可怕的是，不从挫折吸取教训，甚至干脆倒在摔倒的地方。哪里跌倒，就从哪里爬起来！我们要振奋精神，补齐短板，斗志昂扬，整装再战。

第一，要坚定不移地提高采编队伍的政治意识。要时刻谨记，经济日报是中央党报，是经济大报，我们都是党的新闻工作者，要有厚重的责任感，光荣的使命感，要心怀敬畏，心系人民，做党的政策主张的传播者、时代风云的记录者、社会进步的推动者、公平正义的守望者。政治思想工作不是可有可无的事情，不是可多可少的事情，而是必须常抓不懈、久久为功的事情。我想，如果没有这次舆情，佘颖同志的认识也不会这么深刻，报社其他同志也不会这么感同身受。要下决心继续抓好思想政治工作，该学习学习，该培训培训，绝不走过场，绝不能搞雨过地皮湿。

第二，要坚定不移地推进“减量化改革，高质量发展”。在全新的舆论形势下，只有高质量的报道，才能经受住时间的考验，才能不辜负读者的期待。网友拿着放大镜看我们的报道，我们不提高质量，行吗？因此，采编人员要通过终生学习，反复练习，持续提升自身的业务能力，提升自身的工作能力，提升自身的专业能力，要真正成为各自领域的行家里手，成为各自条线的大家专家，推出更多高质量的作品。

第三，要坚定不移地加强人才队伍建设。真金不怕火炼。过硬的队伍，必须要不断打磨、锤炼。要通过目标明晰、形式多样、质量过硬的教育培训，让我们的采编队伍牢牢树立正确的意识形态观，拥有精湛的业务水平，拥有优良的工作作风，通过扎实的采访，深邃的思考，精心的写作，贡献更多有思想、有温度、有品质的精品佳作。同时，报社的老同志，特别是编委会的同志、各部门主任，要切实担当主体责任，发挥传帮带作用，让年轻同志从我们的一言一行中体悟，从我们的一举一动中学习，加速成长为党的合格的新闻工作者。

第四，要坚定不移地完善规章制度、强化规矩意识。要通过复盘这次舆情事件，找到我们工作中存在的短板、漏洞和不足，该健全制度的健全制度，该补充人力的补充人力。舆情之后，总编室及时提交了舆情研判处置的相关规范，很及时，很有操作性，这样就很好。下一步，要进一步完善“策采编发推馈评”全流程的风险防范机制，真正让学费不白交，亏不白吃。没有规矩定规矩，有了规矩守规矩。要不断强化规矩意识，红线意识，要知敬畏、存戒惧、守底线。工作中遇到重要的事情，遇到自己拿不准的事情，遇到不同寻常的事情，一定要主动请示汇报。

六、统一思想认识

前进的道路上不可能一帆风顺，也不可能一蹴而就。这一年多来，编委会团结带领大家坚持“减量化改革、高质量发展”，现在看来，路子是正确的，效果也是明显的。但是不是在有的同志的心里，因为这次舆情，产生这样那样的疑问，有这样那样的想法呢？比如说，是不是不该把评论提高到立报的高度啊？记者个人专栏是不是设错设多了啊？我们改革的步子是不是有点大了啊？对年轻同志是不是过于信任过于放手了啊？更有甚者，会不会想着以前挺好挺舒服的，折腾啥啊？

应该说，经过一年多的实践和磨合，同志们对“减量化改革，高质量发展”形成了共识，大家一致认识到：在新闻报道方面减量，不是单纯地减少数量，而是为了做大特色报道的增量，留足优质报道的余量，实现报社发展的高质量。正是在这个思路之下，我们结合经济日报的定位特质，结合经济日报的核心优势，重点推了评论理论和深度调研报道，以及正在推进的企业报道。

那么，评论到底该不该提到立报的高度？移动互联网时代，信息传播具有极速、海量等特征。所谓极速，就是基本上能够做到零迟滞、零距离，从文字到画面、视频都能做到同步；所谓海量，就是理论上讲，发布信息的条数没有上限。以我们目前的人力配置和技术支撑，要想跟其他央媒拼速度和数量，恐怕是以己之短，博人之长。但是，我们也不是全无优势。我们有一支比较有积累、有沉淀、有研究的记者团队，他们尽管还不够专业，但已能生产一批高质量的、独家的观点类稿件，这在信息海洋中，恰恰是稀缺资源。一年来，经济日报主动发声亮剑，主动引导舆论，主动设置议题，发表了大量言论评论，产生了很大影响，“重要经济问题和经济事件看看经济日报怎么说”的氛围正在一点点形成。刚才获得及时奖励的冯其予同志的短评《不要过度解读甚至误读储存一定生活必需品》，虽然只有400字，但斩获了3亿多的阅读量，受到上级机关的充分肯定和普遍好评，这是很了不起的事情，也充分说明了这一点。

记者个人专栏是不是设错了设多了呢？在中央新闻单位中，为记者开个人专栏，一下子开12个专栏的，还没有。别说12个，三个五个的都见不着。编委会对同志们十分信任，也寄予厚望，拿出宝贵的版面资源，为同志们发挥聪明才智、撰写优质稿件提供广阔平台，就是希望更多同志特别是年轻同志，将个人发展与报社发展紧紧联系起来，将个人名誉与报社声誉紧紧联系起来，将个人成长与报社未来进步紧紧联系起来，实现个人与报社一起成长、相互成就、共同成功。一年多来，专栏作者的表现令人欣喜，专栏稿件的质量也令人欣慰，不说篇篇精品，但说佳作频频还是比较实事求是的。同时，我们赛马不相马，让专栏记者们同台竞技，各展所长。3年之后再看，能经过读者、时间考验的专栏，一定是最有价值、含金量最高的专栏。而这样的专栏，也一定是经济日报的核心竞争力之一。当务之急，还是要不断提升专栏稿件的质量和水平，增强报道的专业性。

还有的同志可能会想，我们是不是对年轻同志过于信任、过于放手了？这种担心不无道理，出发点主要是考虑到年轻同志斗争经验少，综合能力不足，还是要多替他们把把舵，校校准。但有时候我在想，我们经济日报就是一张年轻的报纸，我们经济日报最辉煌、最璀璨的时期，中流砥柱也就是一帮年轻人。现在的这帮年轻人，说起来年轻，其实，跟其他兄弟单位比一比，也已经不太年轻了。只有信任他们，支持他们，才能让年轻同志真正在激烈的竞争乃至斗争中见世面，历风雨，增本领，长才干，才能真正为经济日报锻造出一批有宏观视野，有真才实学，有斗争经验的可用之才。现在的问题是，要加强培养、严格要求，不能放任不管，自生自灭。

也有同志好心提醒，发展不能脱离实际、急于求成，言下之意，就是路要一步一步走，饭要一口一口吃。说实话，对这样的想法，我心里是赞成的，也是这么做的。实际工作中，我和编委会也是尽量考虑报社实际，提目标，干工作，也都是稳步推进，决不搞朝有所令，夕必求果。事实上，这一年多来我们定的事情、干的项目、做的工作都取得了比较满意的效果，说明都是契合报社实际的，否则怎么能做得成呢？但是，慢个一拍半拍还可以，要是慢个三拍四拍，恐怕就不行了，就要被淘汰了。形势比人强。如今，深入融合发展日新月异，舆论斗争环境复杂严峻，媒体竞争也日益激烈，经济日报只有稳中求进，守正创新，发展得又好又快，才能不负中央嘱托，不负时代重任，不负同志们的期待。否则，我们对过去无法交代，对后人也无法交代。

开弓没有回头箭，改革不能走回头路。眼下，我们正在爬坡过坎、滚石上山的关键期。船到中流浪更急，人到半山路更陡，但越是艰难越需要我们奋力前行。回望经济日报近40年的历史，经济报人从来不会在一时的挫折面前垂头丧气，也从来不会在暂时的坎坷面前踌躇不前。我们始终坚信：每一份努力都不会被辜负，每一分坚持都定有收获。我们要勿忘昨天的艰辛辉煌，无愧今天的使命担当，不负明天的伟大梦想，在以习近平同志为核心的党中央坚强领导下，以更加昂扬的斗志，更加坚定的决心，更加务实的作风，更加优质的报道，让经济日报的品牌在我们手中越来越亮，让经济日报的名声在我们手中越来越响，让经济日报的影响力在我们手中越来越大，以优异成绩迎接党的二十大胜利召开，以崭新姿态迎接经济日报创刊40周年！

推广办责任重作用大

2022年5月6日 · 星期五

融合推广办公室的作用是日益显现、越来越突出的。虽是虚拟机构，但工作愈来愈实。我说过，每天的日报、每期的周报，以及几个月汇编一册的简报集，是我必读的材料，启发、学习、借鉴的作用是丝毫不能轻忽的。

目前来看，推广办的职能至少有三。一是推广，把报社各平台的优秀产品以合适的方式、途径、手段广而告之，稳中求进、守正创新，不断扩大影响力到达率；二是铺路，铺通抵达受众的传播之路，与市场各平台加强联系、合作、公关，借其道、用其力，弥补我之不足和短板；三是研析，针对报社现状，总结传播规律，从整体上把握深度融合发展的重点和路径，为编委会出谋划策，拟提意见建议，着力推进报道质量和宣传效果提升。

不到一年时间，这三大职能得到很好展示，成效是多方面的，也为大家所公认。我们要感谢牵头负责这项工作的徐立京同志，感谢推广办的同志们一日不歇、节假无休、持之以恒的劳作与奉献！

最新一期的融合推广周报已印发，不知同志们是不是认真看了。所提的建议很有价值，其中第一条就强调，面对经济敏感、热点事件，经济日报要敢于发声、善于发声。

4月底有两件大事，牵动着市场各方神经。一是中央政治局召开会议，对当前及今后一段时期面临的各种挑战作出重要研判，对稳定市场信心起到关键作用；二是金融市场和资本市场出现短期波动，场内外出现了一些非理性的恐慌情绪，不少自媒体逢迎境外论调，重弹“中国经济唱衰论”。如何既考虑到市场投资者感受，又能将中央决策部署宣传好，唱响“中国经济光明论”？对这道重大舆情处置考题，我们推出系列金观平文章，深入解读中央政治局会议精神，推广办利用各平台端口特点迅速出击，获得了良好的传播效果。

比如，《明确了！中央支持各地完善房地产政策》，从确认题词到上榜仅用时26分钟，打破了“头条热评”最快题词上榜记录，一度登上“今日头条”热榜第一名，多达2164万人参与讨论。再如，A股跌破3000点的第二天，中国经济网短视频集纳整理四大证券报头版评论文章，播发《四大证券报齐发声力挺A股：熬过春寒，播种未来》，获得538万的传播数据，点赞量2.9万，仅抖音跟评就达2.2万条。同时，两微平台也配合联动，推出多篇针对资本市场的文章，微信阅读总量超20万次，微博阅读总量近10万次。

周报分析指出，这些可观的数据说明，越是市场出现剧烈波动的关键时刻，越是中央党报应该发声的时刻，市场主体和各方投资者更想从党报、央媒的文章和报道中，读到经济发展的信心和定力，在这个时刻敢于发声、善于发声，就能赢得读者和受众的肯定与信赖。这样的研析结论是有指导性的，也是有深度、有分量的。

这期融合推广周报还提出，要更快、更好、更有针对性做好报纸内容转化。推广工作经过这10个月的磨合，各平台之间已形成较为稳定、比较高效的传播推广路径。经济日报客户端和中国经济网作为推广工作的第一梯队，确保见报稿件第一时间上网，与读者见面。中国经济网首页要闻和中央网信办全网推送作为第二梯队，一方面是通过修改标题、凸显主题的方式，让报纸稿件内容更具象，体现以问题为导向，更适合网络化传播；另一方面是利用中央网信办推广渠道，提高稿件在各平台曝光量，努力增加阅读群体。微信微博、短视频、第三方平台作为第三梯队，重点是针对各端口特点，挑选最符合平台用户画像的稿件，利用“富媒体”形式加以转化，并逐步形成固定风格。比如，中国经济网以农业、疫情、国际经济等话题转化制作的短视频作品，3月份以来已涌现多个百万量级、千万量级的“爆款”。“头条热评”作为“轻骑兵”，作品不仅发布快，各端口衔接也快。

实际情况表明，从今日头条发布，到微信、微博、网站等各端口发布，目前已形成比较完善的转发稿机制，可以在第一时间完成已有平台的全覆盖推广。这与一年前的情况相比，已是天壤之别。说说容易，做起来难。为达到这一目的，实现这个目标，推广办的同志们真是不知付出了多大的代价。

向同志们致敬！

广告经营逆势翻盘来之不易

2022年5月7日 · 星期六

五一小长假期间，翻阅了以前的一些文字材料，评报时还转录了几份，供更多同志参考。上班后，徐立京同志提出："去年与新闻发展中心的座谈讲话，是不是也可以评报时转发，便于大家学习?"今天找来这个记录稿，看了看，觉得这是我这一两年来专门讲到经营的，围绕报社广告工作提了些意见，对同志们也不无裨益。

在中国报业，经济日报的广告经营工作有代表性。自改革开放之初的正式创刊，到20世纪90年代末，经济日报广告业务一直顺风顺水、高歌猛进。进入新世纪，随着新媒体异军突起，报业渐趋萎缩，本报广告业务和整个行业同起伏，开始逐年下行。到前两年，广告收入落入历史低谷。中央党报、经济大报广告少得可怜，让人唏嘘、令人汗颜。

针对严峻的经营形势，编委会是有压力的，新闻发展中心是有压力的。经过同志们团结奋斗、顽强拼搏，本报广告经营超额完成年度任务，比2020年增长20.8%，实现逆势翻盘。这个出人意料的成绩来之不易，让人惊喜，也为我们下一步工作奠定了基础、探索了路径、坚定了信心。

回头看，去年这个讲话，还比较切合报社实际、切合新闻发展中心实际，也比较切合报业实际，对做好今后一个时期的广告经营工作也是可资借鉴的。摘录于后，供大家参阅。

延伸阅读

奋力迎难而上 实现最好效果
——在新闻发展中心座谈时的讲话

（2021年8月16日）

过去一年来，我们集中精力抓报道、办报纸，效果正日益显现。经营工作也取得了一定成效，但存在问题和困难还比较多，有必要一起认真研究。

报社的广告经营正处于一个比较特殊的时期。前些年我们每年都开经营工作会议，给记者站下任务，有的记者站一年能完成300万元、500万元，干得好的站长都要披红戴花、发奖金、搞表彰的。现在不能这样了，特别是采编经营“两分开”之后，驻地机构的经营工作实际上就停滞了。

这就是现状。驻地记者站再不能搞经营，再不能做广告，所以当时同志们提出要完成增长任务，在我心里觉得难度是很大的。但提出这个目标，还是要鼓励。

我在5月份江西井冈山开驻地记者会时明确宣布，不再给驻地机构特别是记者站站长和记者们下达广告任务。所以经营工作也没有驻地这只腿了。新闻发展中心广告团队19个人，加上尚红伟同志在上海，就是这20个人在做经济日报的广告经营活动。这支队伍实事求是讲老化比较明显，不少五六十岁的人在弄广告，一看都是要退休的，不太像开拓广告业务的。现在社会上那些广告队伍都是小年轻，二十二三岁、二十四五岁，能说会道的，会说中文，会说上海话，还会说英语德语的……讲这么多的困难和问题，不是说我们只能往地下一躺，眼睛一闭就不干了。我们还是要想办法，要迎难而上，尽最大可能，做出最大努力，实现最好效果。

第一，保持进取状态，积极工作。不能说再有两三年、三五年就退休了，就倚老卖老。我们在职一天，就要在岗位上做好工作。这20个人，经济日报付出的成本多少？算起来的话一年差不多也得七八百万，大家的收入不比报社平均数低，不能说我们年纪大了，就这样了，这恐怕不行。尤其不少同志还是领导干部，是处长、主任，更要有良好的精神状态。

目前，报社采编人员是一种积极进取的状态。同志们是为报社挣钱的，更要有紧迫感，有责任心。我们把本职工作做好，保持积极进取的状态，非常重要。很多采编人员都是晚上7点多才走，记者在自觉加班写稿子，主任们主动带着同志们在编版、编稿子，这就是编辑部现在的状态。广告部不能说这都跟我没关系，躲进小楼成一统，管它春夏与秋冬，这是不行的。调整了状态，才有可能在原有基础上把工作往前推进，否则只会一点点往下出溜。

内部要加强管理，真正为报社做事。这一点不调整不解决，什么事情都谈不上。要自我加压。解决思想问题，比什么都重要。只要思想不滑坡，办法总比困难多，这话没错。否则，就是这个我没人、那个困难多，这个做不了、那个干不成，过一天算一天，等到年底了啥成绩也没有。大家要积极向上不怕困难，迎着困难上。不能吃老本，不能等靠要，就是要靠我们自己干起来。没有什么神仙皇帝，天上也不会掉馅饼。我反复讲这个话，就要靠我们自己，这是最重要的。

第二，坚持实事求是，创新创造。经营工作确实是有很多困难，人手不足，体制不顺，奖励政策不到位，等等。但还是要创新创造，想方设法把业务拓展开。

要想办法啊！包括小型的、中小型的论坛，弄到一个就抓紧办，短平快。像京东那个论坛大家反映很好，请四五个专家，安排五六十个听众，半天一天的，弄好了50万是它，100万也是它。而且在做的过程中，增强了信心，扩大了影响，还能够发现新的商机。去做，这个圈子会越来越大，雪球就越滚越大，要通过干活来创新创造，把我们的事业创出一个新局面来。可多去调研学习，看看人家怎么弄的。

再比如说上海公司，为什么成立？大家都知道这个过程，就是要顺应事业发展需要，顺应驻地机构经营工作的需要，探索驻地经营新模式新途径。成立这么一个实体，使我们多一个抓手来探索。我们强调实事求是，不搞虚头巴脑的事情，就是要踏踏实实地去干。

必须承认，我们落伍了，落后报业、落后时代、落后潮流，更得去搞调研，更得去想办法。不要在屋里待着，把口罩戴好，好好跑业务去，坐着能坐出什么名堂来？本来这个业务就应该整天对外联络，我看到有的同志总坐在办公室，跑广告拉广告，得又跑又拉啊，天天在报社坐着，“坐”得出广告来吗？关键是要动起来。

第三，统筹各方资源，力求突破。不给同志们大目标，也不做不切实际的事情。我们不好大喜功，我们知道工作的不易、同志们的艰难，这就是在坚持一切从实际出发。

所谓的统筹各种资源，一方面是内部的资源。但千万别觉得社长说了，部门主任就带着记者来跟我一起做广告，站长们就跟我来一起去拉广告。没有的事儿，还是要靠自己。报社搞了那么多深度调研报道，经营工作没有跟上，怪谁？都要别人给你弄好去签合同吗？一些直属单位都想跟着报社调研报道去做广告。经济日报做了那么大量的宣传报道，有这么好的一个平台，不主动去做，坐着等着，谁会做好了合同让你们签字呢？要想办法跟上。

记者编辑是不能跟上的，跟上就违规了，就违反“两分开”，而你们是名正言顺的。像上海市金山区，记者们不能去拉广告，经营公司可以。调研组做了那么多工作，弄了那么多报道，都不要钱，都是免费的，但经济日报广告工作，你们可以光明正大提出，这是完全符合规定的。你本身就是个广告人，经营广告有什么问题吗？有的直属单位很精明，一看经济日报已经在那儿打开局面，马上就过去要广告了。你们如果只是坐着等着，等着张站长、李站长弄好了，过去签合同？没有这种好事了，有了那就是违规。这些内部资源要学会利用。光靠你们自己，上海两三千万人口，一个尚红伟掉进去，一点水花都没有。没有更多的力量和资源，必须把我们已有的资源利用好。给你3个人5个人，不起多大作用，30人50人在上海都显不出来。所以要借力，更何况我们也不可能给你这么多人。

另一方面是用好外部资源。社会上的代理公司、中介机构要利用，要合作。当然合作时头脑要清醒，别被人家带沟里了，被人家带着走。我们的资源现在没有得到很好的利用，有很多平台希望跟我们加强合作。我们要先借力，包括一些部委和地方政府的智囊、智库，他们也希望跟经济日报这个平台一起做事情。我们完全可以实现双赢、多赢。否则，光靠19个人也远远不够，是不是？

上海公司可以聘请一两个人，就是聘用制的。你们喜欢用做大做强，我从来不用这个词，因为我知道既做不大也做不强。说要做大做强，那是忽悠人，我们就是尽量踏踏实实、实事求是往前做。包括搞论坛，人手不够，也可以聘请。一次活动聘几个人，阶段性干点什么，灵活的、短期的。在做的过程中，就能越做越活、越做越好。

总之，经济日报的广告业务，现处在一个新的起点上，下一步怎么发展，有赖于同志们探索。没有什么现成的经验可循，没有什么成功的路子去走，但是这一块依然大有可为。概括起来就是3句话：保持进取状态，积极工作；坚持实事求是，创新创造；统筹各方资源，力求突破。

今天把话说在前面，努力了、尽心了，完不成没有多大关系，但是不努力不尽心，坚决不可以。有疫情不能出门了，不怪大家，但是同志们奋斗的状态、拼搏的状态、进取的状态必须保持。垂头丧气的话不要说，消解正能量的话不要讲。特别是各位负责同志，消减生产力的话和事都不要讲不要做。负面情绪是会影响别人的，自己情绪不好，很容易传染别人。秦海波同志要带头，作为主任责无旁贷。干得好，有功劳，是同志们努力的结果，干不好首先是主任的责任。尚红伟同志也是，克服困难，年底前做一个是一个，不要想得太多、太大、太美，把精力放在金山上，就有可能弄回“金山”！

金观平文章深入解读重要会议精神

2022年5月9日 · 星期一

（一）

今天隆重推出“践行习近平经济思想调研行”——《东莞豪迈》，是季正聚同志带着调研组操盘的又一精心之作。

在疫情不断反复的特殊时期开展这样的调研，是不同凡响的，也更显来之不易。报道一如既往保持高站位、高标准、高质量，特别是新媒体稿件内容丰富，形式新颖，早早就开始预热，起到了渲染强化、扩大影响的作用。重要的是，我们选择东莞这个“世界工厂”作为报道对象，在国际经济形势严峻复杂的大背景下，在加快建立国内统一大市场的新形势下，在强调制造业重要作用和地位的情况下，做这样的深入报道，意义不同寻常。

这个调研报道用无可辩驳的事实告诉人们，中国经济要平稳健康发展，必须立足于自身发展，立足于制造业尤其是先进制造业。应该说，报道把握了时代脉搏，抓住了经济转型发展的深层次问题，凸显了经济日报的独特眼光。与此前有所不同的是，这次选择的地方，习近平总书记并没有到过，也没有专门对其作出重要指示、提出明确要求。但东莞这样的城市，坚决贯彻落实习近平经济思想，创造了世人瞩目的发展业绩，同样可以成为我们系列调研的对象。这也意味着，我们对“践行习近平经济思想调研行”有了新的认识理解、新的拓展延伸。同时，也对报道提出了更高要求——必须紧扣习近平经济思想的具体实践，作出深入、精准的调查研究和阐释剖析，才能达到预期的效果。

（二）

10天前，中共中央政治局召开会议，专门研究经济形势和经济工作。报道好会议精神并深入解读，成为我们义不容辞的责任。连日来，白夜班紧密配合，协调部、总编室和相关部门调度有方，采编人员贯彻到位，连续发出8篇金观平文章，体现出了经济日报的独特作用。

能够招之即来，来之能战，战之能胜，很能说明问题。一方面，这说明我们在经济领域的重点报道是有基础、有条件的。短时间内，推出系列高质量评论，如果没有平时的积累和扎实的基础，是难以完成的。《稳就业需更多实招硬招》《着力实施好退税减税降费》《发挥各类货币政策工具效能》《积极有序引入长期投资者》等讲得到位、分析透彻，《推动平台经济健康可持续发展》《因城施策完善房地产政策》《千方百计促进消费持续恢复》《以高水平对外开放稳住外贸外资基本盘》等有研究、有观点，都是有分量的好文章。

另一方面，也说明我们的采编人员经过较长一个时期的训练、锻炼和历练，业务能力、写作能力、分析和研究能力都得到了明显提升，面对这种急难险重任务，完全能够应付裕如。

同时，还说明经过一年多来的努力，我们已经形成了比较灵活高效的策划指挥体系，形成了有利于促进新闻生产力的工作运行机制，可以行之有效地进行操作。这方面，我们要继续探索，不断提高快速反应能力和应急报道水平。

（三）

进入5月份，北京疫情越来越严重，成为继上海之后的又一高风险地区，工作秩序和采编业务都不可避免地受到影响。按照上级要求部署，我们调整了工作时间，各部门、各单位在确保工作正常运转的前提下，安排好部分职工居家办公。

这一个时期，赵子忠、康巨淋和抗疫专班的同志们迎难而上，默默奉献，做了大量细致、周到的工作，效果是好的。大家要保持这种状态，不松懈、不麻痹、不厌战，确保职工身体健康，确保工作正常运转，确保报纸出版安全。

近段时间以来，编委会反复强调安全问题。我也是逢会必讲，这里再次重申。今年将迎来党的二十大召开，同志们一定要有强烈的安全意识，不能有丝毫松劲大意；同时，还要强调纪律，要坚决遵守各项规定和制度，特别是请示汇报制度，不能随心所欲，各行其是，各部门各单位务必把各项纪律传达落实到位；此外，还得强调责任。同志们重任在肩，要把意识形态工作责任制扛起来，切实履行一岗双责，做到守土有责、守土负责、守土尽责。

总之，希望同志们集中精力，知重负重，带领职工更加严细深实，更加勤勉用心，不断取得新成绩、新进步。

驻站记者状态积极向上

2022年5月11日 · 星期三

由评论部调任吉林记者站副站长的马洪超同志，今天从正在驶向长春的高铁上，发来微信汇报。

这项干部任命已有些日子了。由于疫情影响，马洪超同志一直未能履职。上周来跟我请示说，虽然有疫情，他还是想早日到岗。

前几天，马洪超同志完成了时评版编辑工作的平稳交接，并与李己平站长保持密切联系。目前，吉林省实现疫情社会面清零，长春虽不能跨区县自由流动，但疫情防控措施已逐步降级，北京来客需遵守居家隔离14天的防疫规定。马洪超同志还是下决心早日抵达长春，早日结束隔离，早日投入工作。

“这次从编辑岗位调到记者站工作，是个人职业历程中的一次转型。一是，角色上从编辑变成了记者；二是，工作地点从报社到了驻地；三是，从新闻业务为主转向多方面综合考验。”马洪超同志感慨道：这样的转型，意味着有更多锻炼机会、更大施展舞台，将为职业生涯和人生旅程注入新的内容。同时，也深知意味着挑战，一些美好图景不会自动实现，很多知识和能力需要学习补充，需要进行大量的“学、思、践、悟”来积累，力争完成化蝶般的蜕变，去除稚气、戒掉浮躁、补齐短板、提升境界、走向完善。

马洪超同志说，此时此刻，第一位的仍是学习。一定要加强学习习近平新时代中国特色社会主义思想、中央有关会议文件精神以及编委会办报思路与要求，学习站长与其他记者站的好经验，学习其他央媒驻地机构好做法，紧紧围绕评论写作、深度调研和报纸发行三大任务发力，在学中干、在干中学，多思考、多总结、多创新，切实掌握记者站工作真本领，为报社“减量化改革、高质量发展”贡献自己的智慧和力量！

“征途漫漫，唯有奋斗！”马洪超表示：“只有不懈奋斗，方能不负信任、不负嘱托、不负内心、不负韶华！”

李己平同志也发来微信，感谢报社派出年富力强的同志到吉林记者站工作，一定会做好服务，尤其是安排好抗疫隔离期间的生活，请编委会放心。

还收到广西记者站童政同志的微信。他报告说，5月8日，广西壮族自治区党委书记刘宁对“牢记总书记嘱托·企业调研记”——《柳工移山》报道做出批示：“无疑，这一深度报道达到了预期的效果，也成为一篇力作。感谢经济日报的宣传报道，记者站的同志们辛苦。”童政同志还说：“我也给了他一套咱们的习近平经济思想研究文集和调研文集，他说要好好学习。”

刘宁书记讲得对。郑波同志带队做的《柳工移山》这个调研报道，确乎达到了预期效果，称得上是我们这一年多来企业调研报道的又一力作。

这条路要坚定不移走下去

2022年5月12日 · 星期四

编委会今天决定给予东莞调研组通报表扬，及时奖励，以表彰他们精心采写推出的践行习近平经济思想深度调研报道。

万字雄文《东莞豪迈》，深入报道东莞市以习近平新时代中国特色社会主义思想为指导，深入贯彻落实新发展理念，推动制造业高质量发展，成功迈上“双万”新台阶的奋斗历程。编委会通报指出，调研组采访深入，扎实细致，写作精心，以高屋建瓴的格局站位、深入浅出的语言表达、鞭辟入里的分析阐释，生动展现了东莞努力做实做强做优实体经济，坚持制造业不动摇，坚定不移推进科技创新，抢抓机遇、积极作为、顽强拼搏所取得的突出成就，深刻总结了东莞坚持走高质量发展之路的经验。这样的肯定和评价，还是比较实事求是的。

这套报道的社会反响，是远超预期的。报道刊发后，广东省主流媒体以及学习强国等新媒体进行了广泛转载和推送。截至今天中午，经济日报各新媒体平台累计阅读量超2.3亿，其中微博话题阅读量超2亿，海外平台累计播放量485万。当地新媒体平台阅读量1.15亿。初步统计显示，这个系列报道全平台累计传播量已达到4.45亿，各平台数据目前仍在不停上涨。

这样的传播量，创下了我们系列调研报道的最高纪录。广东记者站庞彩霞同志报告：广东省委常委、宣传部部长陈建文同志昨天在部务会上严重表扬，说经济日报现在这种深度调研和新华社、人民日报比，很有辨识度，稿子很有质量，事情办得很完美。

庞彩霞同志感叹“这是破天荒之举”，连称“了不起的东莞，了不起的经济日报！”其实，一年前，包括庞彩霞在内的一些同志对我们的这种深度调研报道是颇有微词，甚或是十分抵触的。如今，态度变了，明确表示：“经济日报的品牌重振看来是走对了路子。”

一时有疑虑不要紧，内心不赞成也没关系。出水才看两腿泥，事实总会作出回答的。“减量化改革、高质量发展”这条路子，我们就是要坚定不移走下去！

延伸阅读

下大力气抓好深度调研工作

——在深度调研报道委员会第三次会议上的讲话

（2021年9月17日）

今天，我们召开深度调研报道委员会第三次会议。深度调研报道工作，已经成为报社新闻采编工作的重中之重。从去年底至今10个月的时间，我们下了很大功夫，投入许多人力、物力、财力，收到了明显成效。

回头看看我们走过的路，第一，这条路走对了，符合实际，切合需要。第二，这条路走得好、走得稳、走得实，取得了显著效果。第三，坚定了我们进一步推进深度调研报道工作的信心和决心。

此前，对能不能做好这项工作，我们没有十足的把握，但实践证明我们不仅做成了，而且做得很好。比如，《齐鲁不凡》的报道获得山东省委书记刘家义的两次批示，说将这套报道“置于案头，时常翻阅”，这样的批示是真心觉得我们的报道质量是拿得出手的。实践证明，我们深度调研报道形成规模，全报社一心一意抓调研、聚精会神抓报道，形成浓厚氛围，效果超出预期。

关于深度调研报道工作，重点讲四个问题。

一、我们为什么要做深度调研报道

首先，职责使命的需要。中央新闻单位要反映各地区各部门、各行业各领域在新时代取得的新进展、发生的历史性变革、取得的历史性成就，特别是反映党的十八大以来各地发生的新变化，这是我们中央党报的职责使命所在。

第二，践行“四力”的需要。践行脚力、眼力、脑力、笔力，都需要我们身入基层、心至一线。习近平总书记指示我们提升“四力”，为党的新闻舆论工作者提高本领指明了努力方向。我们必须深入学习领会，认真贯彻落实。

第三，提高报道质量的需要。我们的深度调研报道质量都比较高，这样的高质量，不是说写篇万字文章就可以达到，关键在于有没有深入的调查研究。实践证明，要提高报道质量，一个重要抓手就是做深度调研。

第四，增强报社地方影响力的需要。一段时间以来，我们的地方影响力在下降，甚至逐步边缘化。现在，我们推出深度调研报道，就是要通过这些有影响力的独家重磅报道，增强我们的地方影响力。

第五，培养采编人才队伍的需要。一名优秀的党报记者，不能只满足于抄抄改改，这样的记者有什么好当的？如果不愿、不会、不能搞深入调查研究，业务就荒废了，采编队伍就会垮了。

此外，还有5个方面的考虑：

其一，我们缺少独家报道。一段时间以来，我们缺少像《关广梅现象》《醒来吧，铜陵》《开封何时能“开封”》这样独家的有震撼力作品。而深度调研报道就是独家报道，经济日报需要这样的独家报道。

其二，我们缺少业务工作重点。虽然同志们都很忙，但忙忙叨叨，没忙出明显成效来。现在搞深度调研报道，大家都知道这是我们的主责主业，是我们的业务重点，有劲知道往哪里使了。

其三，我们缺少能拿得出手的亮点。我们与新闻界同行聊天，聊的经常还是“关广梅现象”这些30年前的作品。现在，我们的深度调研报道就是亮点。编委会领导带队出去调研，每次调研都是7到10天，扑下身子、心无旁骛、扎扎实实，稿件精心修改、反复打磨，这样搞调研报道在新闻界不多见了，同行们看到这样的报道，没有不敬佩的，我们做到了。

其四，我们缺少培养人才、改变工作作风的途径和方法。以往，我们也强调要转变作风、要深入基层，但很多时候流于形式。我们缺少的，就是扎扎实实搞调研、认认真真转作风。改进工作作风，严格锤炼业务，这是我们推进工作的重要抓手。

其五，我们缺少撬动地方报道、改变不利局面的支点。驻地记者在地方怎样打开局面，深度调研是一个好办法；而且，事实证明，深度调研报道完全能够起到“一石多鸟”的良好效果。

希望同志们统一认识、形成共识，继续加深对做好深度调研报道工作的重要性、紧迫性的理解和认识。

二、如何做好深度调研报道

有四个维度请同志们关注：

第一，见人、见事、见物。深度调研报道都是上万字的稿件，更强调要见人、见事、见物；而且，采访的人越多越好，事儿越具体越好，故事越精彩越好。深度调研之所以要求最少7天到10天，目的就在于要真正“见人见事见物”，不能抄袭材料、不能当“二传手”，要自己去找，找到活生生的故事和案例。只有这样，才能够真正深入下去，也才能往深里写，往深里思考。

第二，想深、想透、想全。这6个字看似简单，实际上，十分考验我们思想的深度和锐度，考验我们对问题的思考和理解，考验我们对事物的观察和分析。写稿子如果感觉深度不够，就是因为思想不够深。做深度调研报道，记者要有思考的力量、思考的功力、思考的深度，必须努力做到想深想透想全。

第三，写细、写活、写准。万字长文最怕空洞无味，越细越有生命力，越细越有说服力，越细越容易给读者留下深刻印象。稿件写作还要生动一些、活泼一些，要有故事、有案例。同时，还要写准，新闻报道必须精准。写细写活写准，需要我们付出很多心血，一遍一遍地写，一遍一遍地打磨。

第四，用心、用力、用情。不投入，就少了责任心；不下功夫，不可能写出精品力作。不怕吃苦、乐于奉献的事业心和责任感，是我们做好党的新闻工作的重要前提。一代一代老报人，怀着对新闻理想的追求、对报社事业的热爱，用心、用力、用情做工作，为我们后来者树立了好榜样。

三、需要注意的问题

第一，把握不住的问题。目前，以我们的思想准备、理论准备、采访能力、各种资源储备，要对一个省的情况做发展评判、做深度报道，条件还不够成熟。我们倾向于对某个地级市或一省的某一领域工作做调研和研判，这样既能避免太吃力、把握不了，又不会被牵着鼻子走、流于形式，对此我们要有定力。

第二，思考不深的问题。做深度调研报道最难的就是要有深度，要有思想的深度。只有真正扎到基层调研，才能有观察和思考的深度。以见报的十几套深度调研报道为例，如果调研组没有积累，对相关问题缺乏深入思考，是写不出这样高质量、有广泛社会影响力的稿件的，也是很难被当地读者认可的。

第三，写作不精的问题。深调稿件未见报之前需要反复打磨。有几篇稿子我花了不少时间反复地改、反复地打磨，主要是结构不够紧凑、写作不够精练、文字不够精致，有必要下更大功夫、花更多时间。

这些都是深度调研报道的共性问题，需要高标准、严要求，力争尽善尽美。

四、对深度调研报道的要求

第一，体现问题导向，注重宣传效果。深度调研报道某种意义上类似于写论文，它是有问题导向、目标导向的，层层递进，以研究问题的方式来呈现。因而，调研之前就要想到哪些问题是我们需要思考、需要解决的。正是因为有了问题导向、目标导向，我们这些稿件才会有分量，才会有好的传播效果。同时，这也能有效解决我们深度调研报道思考不深入、深度不够的问题。

第二，坚持理性思维，体现思辨色彩。深度调研报道千万不能写成见闻式的，写成通讯也不行，从头至尾都是有闻必录凑在一起更不行，一定要有理性思维、思想厚度。适当“吊书袋子”是可以的，增加一些理性的思维、辩证的色彩、学理性的描述，更是我们需要的。

三是反复修改打磨，力求精致精彩。深度调研报道想一遍成文、一气呵成基本上是不可能的，我们不能降格以求，务必保证品质。如今，深度调研报道已成为我们经济日报的品牌，这个品牌是大家点灯熬油、举全社之力打造的，必须精益求精、共同呵护。我们要珍惜这个品牌，不符合标准的稿件不能轻易纳入这个系列，一定要保证质量。

年底打算出书，集纳推出系列深度调研报道。这是我们一年来学习宣传贯彻习近平经济思想的重要成果，大家都是贡献者、参与者、实践者。相信在今后的工作中，特别是在深度调研报道委员会的有力推进下，我们的深度调研工作一定能够在现有基础上取得新成绩、作出新贡献，从根本上提升办报质量，提高我们的业务素质，从而把经济日报办得更好！

又一篇精彩的企业报道

2022年5月14日 · 星期六

《东莞豪迈》去，《太钢制胜》来。

东莞的深度调研，周四以刊出对广东省省长王伟中同志专访稿圆满收官。昨天，我们就紧接着再推万字雄文——由张曙红同志牵头打造的企业深度调研。在习近平总书记视察太钢两周年之际，隆重推出这一重磅报道，是很有意义的，也是继《柳工移山》后我们的又一个精彩的企业报道。

本想今天周末有空，多评评这个稿子的，上午正写着，接到山西记者站李红光同志发来的长篇微信。微信的内容比较多，说的也算比较全乎，我也就不打算多唠叨了。这里摘录如下，供大家分享。

昨天咱们的稿子见报后，省委宣传部就给省内媒体下发通知，转发咱们的报道以及新媒体产品，山西电视台昨晚就予以播发，山西日报今天在头版播发，太原日报更是进行了全文转载。

山西媒体圈的朋友纷纷发微信夸赞咱们的报道，有的说今天被你们经济日报刷屏了；有的说收藏了，要举行专题会好好学习你们的报道……可以说，大大提振了我们的影响力。

在报纸上头版头条+整版报道太钢，让太钢集团的宣传部部长惊呼，“我在太钢几十年，这是第一次见到央媒这么大篇幅报道太钢。”咱们精心组织的新媒体传播和广泛的二次传播更是让他连连说：“没想到，没想到”。

这次的报道不仅震撼了太钢人，也让山西省内对我们经济日报有了新的认识。而作为驻站记者参与这样的报道，我也深有感触：

一是高质量特色报道是我们开展工作的有力武器。在地方上，经常是言必称三大家，虽然心里会不舒服，但确实是客观事实，在各种资源的配置上，我们和他们存在着不小的差距。临渊羡鱼，不如退而结网。随着报社“减量化改革、高质量发展”不断推进，三大深度调研体系的建立，我们经济日报的品牌与形象更加清晰，报社影响力的提升，我们是能感受到的。感谢编委会对山西记者站的关心和爱护，一直指导我们的工作，给我们提供调研的机会。这次调研正好在总书记视察太钢两周年之际刊出，完美的呈现让我们下一步开展工作更有底气，更有信心。

二是全员推广增添爆发力。一篇高质量的报道要产生广泛的影响力，离不开全方位的推广。通过这次报道，我也是第一次亲身感受到全员推广的威力。之前，在新媒体部工作的时候，大部分推广是处室级或部门层级的推广，在与相关平台沟通中，议价能力明显不足。如今，我们建立了比较成熟的推广体系，推广办主推、全员参与，让重磅报道向各个方向扩散。以这次报道为例，推广办将报道和新媒体产品推向报社主平台和主账号，并组织转发，记者站协调省、市、企业的宣传部门进行二次传播，调研组成员根据自身特点拓展渠道，推向一些行业网站与平台。这样就形成了一个巨大的推广范围，将报道的影响力推到极致。在微博上，报道被要闻热搜榜置顶，相关话题阅读增长迅速；山西电视台、山西日报等省内媒体及时播发，太原日报更是全文转载，太钢及宝武集团网站与微信传播；国资小新、中国钢铁工业协会、中国报业协会等公众号予以转发；中国县域经济报也参与稿件和新媒体产品的转发。“人人都是报道员，人人都是推销员”，全员参与推广让我们的报道具有非常强的爆发力，刷屏也就水到渠成。

三是业务学习永无止境。这次报道，曙红同志是采访大家，王晋同志是资深记者，周雷同志是产业专家，杜秀萍同志是新媒体高手，这样的组合让我们非常振奋。我跟梁婧同志说：“咱们既要做好各项配合工作，又要抓住难得的机会好好学习，提高业务能力。”在采访中，曙红同志以身作则，带领调研组高效、细致、专业完成每天的采访，对我们来说，每天既是采访，又是学习。最后的成稿又让我们感觉到自身差距，看到经过多次修改和审定之后的稿子，再回头看我们的初稿，多次感叹“原来可以这么写呀”。好多人读完报道跟我说，不知不觉就读完了，没感觉是篇万字长文。通过这次报道，提升了能力也意识到了差距，决心继续提高业务水平，写出更多更好的稿件。

今年是我到记者站工作的第二年，要想在去年发行高增长的基础上实现稳中有升，需要把各项工作做得更加扎实，筑牢增长基础，避免大起大落。因为疫情，最近这两个月工作难以拓展，家里也照顾不上，一个人的情绪和状态难免受到影响。这次报道就像一场及时雨，提振了士气。我要抓住目前山西疫情向好的窗口期，为下半年发行工作做好铺垫，为迎接报社创刊40周年交上一份好成绩。

作为这个调研组的成员，驻地记者部副主任王晋同志今天下午也发来微信，谈了她的体会和认识。现抄录如下，供大家参阅。

《太钢制胜》稿微信已过10万+，全平台数据还在进一步增长。

参加这次企调收获满满，主要有三：

其一，战略正确，战术扎实。本报加大企业报道正当其时，曙红同志临行特别传达编委会对企调的要求，不要有广告味，要有问题意识，要有行业眼光。采访组学习习近平总书记考察时的重要指示和对钢铁行业的要求，提高站位，采访时克服疫情突发的困难，有分有合，除了看点、开会，还利用午餐时间采访了董事长，每晚开会讨论稿件框架。

其二，精心打磨，深思细磨。返京后，马上进入两会时间，大家在完成两会报道后精心写作，有的部分改了十几遍，曙红同志又利用五一休假两次大改，更加突出问题导向，以实战完成“传帮带”。

其三，融合创新，合力推广。夜班和企业版精心编排稿件，每晚十一二点采访组还在打磨修改新媒体产品，山西站两位同事发动当地媒体和企业二次推广，周雷同志发动国资委、钢铁工业协会等转发，全体总动员，大家的士气高劲头足，推广办、中经网、县域经济报等合力推广本报深度企调品牌，强烈感受到经济报人的战斗力。

一位读者说，作为外行，读这篇万字大稿不觉得长，太钢故事很有启发。我参加过深调，这是第一次参加企调，企调的推广难度更大，想写好写深写透不易。

经此一役，深感企调对本报之重要，深感报社“减量化改革、高质量发展”的战略正确，深感经济报人的士气大振。新闻作品也需要百炼成钢，我们还会继续淬炼……

这个月，我们深度调研的“三驾马车”已见其二，按计划还要刊出一个产业深度调研报道。这里，不禁要问一句：“那个茶产业调研啥时候交稿呀？”

新媒体人迅速成长令人开心

2022年5月15日 · 星期日

昨天评报，谈及企业调研报道《太钢制胜》，大段引用李红光、王晋同志的微信，与大家分享他们的体会。晚上快11点了，看到王智同志转发的一条微信，是参与此次企业深调采写、视频制作和推广工作的杜秀萍同志谈感受。如果说王晋算得上是老同志的话，那么，李红光同志可以说是中年骨干，而杜秀萍则应该称得上是年轻一辈了。这个微信不长，一视同仁，也予以摘录：

这是一次满怀感恩和感动的调研行。

作为多年从事新媒体工作的编辑，对于深度调研我充满向往，有想要成长的迫切，也有迎接挑战的兴奋，还有担心扯团队后腿的紧张。是调研组团队成员的相信、指导和鼓励，是采写过程中的真枪实干，强化了我的信心，锤炼了我的业务，让我在体验“策采编发推馈评”的全过程中，深入新闻的内核，感受调研的魅力。

虽然在稿件写作和视频制作过程中，有“为伊消得人憔悴”的磨炼，但“衣带渐宽终不悔”。我相信在报社的沃土上，在领导和同事们的帮助下，我一定也会拥有“众里寻他千百度，蓦然回首，那人却在灯火阑珊处”的那份从容和舒展……

杜秀萍同志此前是在新媒体部工作，随着为融合发展而进行的机构变动，调整到总编室的。她能有这样的认识是让人欣慰的，因为一年半前，一批与她情况类似的年轻同志正面临职业上的困惑与焦虑。

记得是2020年底，为推进深度融合发展，解决传统媒体与新媒体

"两张皮"问题，编委会作出部署，试行"部门+频道"制，以扭转一个部门、一小部分人做新媒体，其他部门、绝大部分人还在做传统媒体的格局。

为此，需对原新媒体传播部的机构和人员予以调整。除保留短视频制作及推广业务外，杜秀萍等30多名同志将到总编室、产经部、财金部、综采部、驻地记者部、国际部工作，面对的是新部门、新同事、新业务。一时间，不少同志思想上有波动，精神上有压力，甚至无所适从、惶恐不安，不知下一步发展如何、事业前景怎样？

鉴于大家的精神状况，也为了统一思想，借新媒体传播部召开最后一次会议之机，我到会当面听取意见建议，谈了此次机构人员调整的主要考虑。

这次会开的时间不长，讲得也不多，但确是推心置腹的，对同志们特别是年轻人充满期待。听说，反应还不错，多次有年轻人讲，听了那次谈话受益匪浅，对做好新闻工作和事业发展是有启发有帮助的。如今，看到杜秀萍同志这样的年轻人迅速成长感到很是开心、十分放心。那次谈话有个记录稿。摘录于后，以备查。

延伸阅读

做一个火种吧，去映照满天彩霞
——与新媒体传播部座谈时的讲话

（2020年12月10日）

这次对新媒体传播部及其人员作出调整，主要有三方面考虑。

一是深度融合发展的需要。中办国办文件精神已反复向同志们传达学习，中宣部负责同志在今年新媒体年会上的讲话也反复给同志们传达学习。媒体深度融合发展，箭在弦上，不是我们愿不愿做、想不想做、要不要做的问题，而是必须迈出的重要一步。报社现在这种格局不适应深度融合发展的需要，大家都是明白这个道理的。有两句话被业内反复引用。第一句，如果一个新闻单位的领导班子里面，还有一两位同志分管新媒体工作，说明这个单位媒体融合发展是不到位的；第二句，如果一个新闻单位还有一部分人做融合发展的工作，一部分人还是做传统媒体的工作，也说明这个单位媒体融合发展是不到位的。这两条，目前经济日报都占了。加快深度融合发展，必须首先把这两个问题逐步解决！从某种意义上来讲，对新媒体传播部机构和人员作出调整，并不是说我们新媒体工作在弱化，而是我们新媒体建设和融合发展工作向前迈出了一大步！原来就我们这40多个人在做新媒体业务，而现在要报社很多人共同来做这个事情。

二是加快队伍建设的需要。报社干部队伍现在称得上青黄不接，存在断层，缺乏人才梯队建设。处级干部平均年龄大约47岁，老化是很突出、很明显的，需要更多的年轻同志经过集中训练、强化训练，迅速成长起来，挑起大梁。同志们知识丰富，眼界开阔，思维敏捷，对新技术掌握很快，但还有不少地方需要进一步提高，特别是关于新闻采编、新闻业务方面的训练。有的同志连新闻工作的基本功都没有完全具备，新闻工作的基础性知识都尚未掌握，这在新闻单位怎么进一步开展工作？怎么才能培养成一个合格乃至优秀的新闻工作者？比如，做过深度报道没有？比如，做过一线调研没有？我看大部分同志都没有做过。虽然有的同志也参加过进博会、全国两会等报道，也得到了一定的训练，但那还是不够的。要到采编一线，真正扎下根去做这样的工作；要从原来比较窄的领域里面，逐步涉猎更广的新闻业务。这就是在培养干部，否则，以后你们怎么当处长、怎么当主任？编委会现在就是在给你们创造这样的条件。

三是个人成长成才的需要。在一个岗位时间长了，思想容易固化，人也容易产生惰性。年轻人虽然思想活跃，充满朝气与生机，但时间长了，也是会固化的。天地本来很广阔，绝不能故步自封，自我设限，不能眼睛就盯着眼前的这一小块地方，视野要更开阔一些，高远一些，要充分地全面地锻炼自己、历练自己、培养自己。从编委会角度来看也是这样，要让你们早点成长、早点成才、早点成功。我们正在加大对年轻干部的培养，最近一个时期，陆续推出多个个人专栏，效果很好。中央新闻单位目前只有经济日报做到了这一点，目的就是加快培养年轻干部。还有的年轻同志将要离开编辑部，离开北京，去驻地机构工作。同志们要抓住这个契机，展示出你们的才华。

经济日报给你们充分的阵地、广阔的舞台，给大家施展才华和智慧的空间，出头露脸的机会，你们自己务必接住。

借这个机会,给年轻的同志们提几点建议。

第一,勤奋学习，刻苦工作。人生几十年，光阴过得很快，而最关键的时期就是工作后的前20年，从现在起到45岁左右，这就是一个人事业发展的黄金期。关键的时期就应该干大事，干有意义的事，干有益于社会的事。新闻事业是年轻人的事业，是一个充满朝气的事业，是一个令人热血沸腾的事业。在45岁前这一段时间，不妨把其他不那么重要的事放一放，不要患得患失，只想到我收入怎么样，待遇怎么样，办公条件怎么样，等等。时间很宝贵，对你们来讲更是如此，要学的东西还很多，务必要勤奋学习、刻苦工作。

第二，学会沟通，善于交流。我们是要培养全面的人才、全方位的人才、高素质的人才。千万不要学会眼前这一点就沾沾自喜，洋洋自得，还差得远呢。新闻工作更多的是带有团体性的工作，跟研究人员是不一样的，研究人员可以抱个电脑在家里独自研究。新闻工作者要善于交流、善于沟通，要能跟各种人打交道。这是一个基本的素质和要求。我们常说，新闻工作者是“外交家”“社会活动家”，就是要学会跟各方面、各层次、各界别打交道，善于和各种各样的人打交道。你有你的长处，别人有别人的长处，要取长补短，相互学习借鉴。学会沟通，对年轻人来讲尤其重要。你要有个好的工作环境、有个好的工作生态，你得跟周围同志打交道，保持良好人脉关系，这都是需要学会、需要掌握的基本素质。只有这样，你才能够有丰富的信息源，丰富的人脉和社会资源，才称得上是合格的新闻工作者。

第三，夯实根基，厚积薄发。做什么事情都需要一个过程。有的年轻同志会显得有点急，不愿意下苦功夫、笨功夫、做长线工作，恨不得一夜成名、一战成名。要耐得住性子，要有足够耐心，要扎扎实实打基础，要一点点一点点去积累，须知成长起来是需要一个过程的，甚至是一个比较漫长的过程。同志们要多做打基础、厚积薄发的事情。报社的评论理论部之所以能够出人才，出好作品，他们都是下了苦功夫、用了笨办法的。这方面，大家看了他们编辑的版样就会知道。事实上，你也急不得，饭要一口一口吃，路要一步一步走，急能有什么用？就是要每天学一点，每个礼拜长进一点，每个月成熟一点，最后怎么可能不进步不发展？

今天讲这几句话，我还想了个题目，叫《做一个火种吧，去映照满天彩霞》，就是要靠你们这一个个火种，去映照经济日报融合发展的满天彩霞。同志们是有使命的，可谓重任在肩，要带动全报社的同志成为懂新媒体的记者。相信大家在新的岗位上一定能建功立业，一定能取得新成绩、获得新发展、展现新风采！

切忌“因图害版”

2022年5月17日·星期二（上）

（一）

今天，我们在头版头条推出深度调研“三驾马车”之一“高质量发展产业调研”——《拉面飘香》。

与此前不同的是，此稿是甘肃记者站赵梅同志独自采写完成的。看得出，记者对拉面这个领域的调研做了长期准备，是下了大功夫的。这也说明，未必每次调研都得组建一个跨部门的多人调研团队，要宜多则多，从实际出发。

3个月前，当我第一次看到这个调研报道初稿时，内心一阵惊喜，为我们的同志在业务上的用心、在工作上的专心而高兴不已。驻地人员能够对工作、对业务、对稿件用这么大力气、投入这么多精力，是非常不容易的，也是十分可贵的。

此稿经过编辑多次提出意见、修改补充、反复打磨，保持了较高水准，让人们对拉面行业有了全面深入的了解，对总书记关心的这个产业的重要意义和特殊作用有了全新透彻的认识。稿件采访深入，写作讲究，编辑到位，特别是张曙红同志最后又做了认真编审，使得这一万字长文能够得到精彩呈现。

在我们推出的几十套调研稿中，这篇报道是比较有特点、有个性的。赵梅同志来报社几年了，我还对不上号，要自我批评。她能写出这样高质量的调研报道，要提出表扬。

（二）

要表扬的还有近期好稿迭出的财金报道。

近一段时期以来，特别是中央政治局4月29日召开会议，对一季度的经济形势作出重要判断，尤其是关于如何促进资本健康发展的分析阐述，引发国内外广泛关注。

围绕会议精神，按照中央部署，我们连续推出多篇报道，包括评论员文章、金观平文章，对经济形势和资本问题进行了比较全面的剖析，其中“经济论坛”专栏系列金观平文章《依法规范和引导资本健康发展》《发挥资本的积极作用》《全面推动我国市场由大到强》《更好发挥资本市场功能》等有站位、有分量，高举高打、论述精准，受到市场人士的好评。有企业界负责人专门打电话来，问我们这几篇文章是不是授意而为，或者有什么特别的背景。昨天，新媒体还用集纳的方式，把这几篇言论进行捆绑式推广，效果也不错。

我们欣喜地看到，经过大家的共同努力，财金报道正在大踏步前进，财金部的同志们正在迅速成长，一大批年轻同志已经挑起了大梁，发挥了日益重要的突击队的作用，可喜可贺。

（三）

与一年前相比，报纸版面是发生了不小变化的，甚至可以说是很大的变化，用图、布局、风格上都有明显的进步。总体上说，版面是越来越漂亮，越来越美观，越来越现代了。

在我们充分肯定取得成绩的同时，也要特别注意，报纸版面是有其自身规律的，我们对版面的改革和调整也是有内在要求的，不可以随心所欲，毫无禁忌。此前我多次提醒过的，评报中时有论及，不能喧宾夺主，更不能“因图害版”。有极少数版面，或者说有个别版面，在用图上过重、过大、过于突兀，且有些图意义不大，看起来醒目，吸引眼球，但没什么实质性内容，就显得很不得体，版面质量反而大受影响。这一点要引起编辑们尤其是美编们的高度重视。

必须明确，除了“视觉”版等特殊版面外，其他版面的图片、图表依然是配角，版面仍然主要靠稿件内容来吸引读者、体现价值，文字才是主角。我们绝不能舍本逐末。

（四）

这一段时间，北京新冠疫情防控形势严峻复杂。按照上级有关要求，我们采取了一些必要措施，包括部分同志居家办公、大型会议推迟召开、超过20人的聚集活动从严控制等，特别是疫情防控专班在赵子忠和康巨淋同志带领下，坚决落实编委会部署，贯彻执行有关规定，工作扎实有效，报社疫情防控有序推进，日常工作可正常开展。

鉴于有关会议不能如期召开，在此特殊时期，各职能部门要多采取点对点的工作方式，在确保人员不大量聚集的前提下，及时沟通信息，及时布置事项，及时安排工作，及时督促检查，尽最大努力使报社正常的工作秩序不受影响，确保各项工作按照中央要求和编委会部署平稳运行。值班的同志，特别是各部门、各单位的主要负责同志，要切实负起责任，体现担当意识，服从指挥调度，发挥应有作用，保障各项任务正常开展并顺利完成，给广大职工做出样子、立个标杆。

今天2版的“金视角”专栏文章说得好：坚持就是胜利，坚持就能胜利！

作者谈《拉面飘香》编采体会

2022年5月17日 · 星期二（下）

有了微信，沟通实在太方便。

今天见报《拉面飘香》，评报发完后，便收到策划编辑此重磅报道的总编室王薇薇同志的微信，谈了她作为编辑的体会和思考。读完觉得很受启发，再发一次评报也未尝不可，与大家分享。

看到今天拉面的调研稿见报，感到十分振奋。真的没有想到这篇稿件最终能够在头版头条刊出，还挂上了“高质量发展产业调研”的栏头，列入了大调研的序列。回溯这篇稿件整个策采编发过程，深觉有不少值得我们思考和总结的地方。

一是小产业也能写出大文章。最初甘肃站记者赵梅同志提出写兰州牛肉拉面的调研时，没有想到能够写出这么一篇大文章。但在记者与编辑的多次思路碰撞过程中，感觉稿件的视野和采写的深度也在不断延展，好的调查报道不怕对象“小”，怕的是不“深”。驻地记者身在基层一线，类似的选题还可以有很多，也希望这次驻地记者与调查版编辑的合作尝试模式，可以在今后的工作中不断复制，挖掘出更多好选题，产出更多好稿件。

二是好稿子是磨出来的。正如总编辑评报中所说，此篇调研不是调研组的采访方式，稿件从去年8月报送策划方案和稿件提纲，今年3月底报送成稿直至刊出，历时较长，采编之间不断碰撞、打磨直至成稿。赵梅同志采写、补采、修改不厌其烦，调查版编辑闫伟奇同志从提纲到稿件反复提出修改意见，和记者共同雕琢。

稿件送审后，社长指示我们“先把总书记关于兰州牛肉面的内容发来看看”，之后让我们将找到的总书记考察中提及兰州牛肉拉面的内容在文章开头予以体现，顿时提高了整篇文章的站位和质量。之后稿件又得到曙红同志精心修改。不断追求更高质量的努力，成就了这次调研稿采写的新尝试。

三是挖好驻地记者这个调查报道“富矿”。社长说过，驻地记者是调查报道的“富矿”，但怎么挖出“金子”来一直是调查版编辑团队思考的问题。这次采编合作也是我们的一次尝试。希望能够在日常调查报道的同时，发现一些有价值的选题，与有愿望有热情深度调研采写的驻地记者合作，花时间打磨出精品稿件来。我们觉得，这也是贯彻报社“减量化改革、高质量发展”的一种实践……

王薇薇同志最后表示，她们将继续努力摸索，力争将好的做法形成更多的复制成果，为报社调查报道的百花齐放贡献力量。

不一会儿，又收到赵梅同志的微信申请。刚加上不久，即接到一个长长长长的微信，讲了她这篇调研稿件的采写经过、加入经济日报团队的职业考虑和不同一般的心路历程，说的都是“发自肺腑的真心话!”还请我原谅她的冒昧与唐突。仔细看完，也是很受触动，便想着让同志们都能读一读。为慎重起见，我专门征得赵梅同志的同意，现摘录如下：

……看到今天的报纸，我心绪澎湃！我何德何能，受到如此之优待啊，我不知道除了“感恩”“感谢”之外，还能说什么？

看到总编辑评报中的表扬，我突然泪目……感谢报社提供了如此广阔的平台，让我能在不惑之年依然能书写二十多岁时怀抱的新闻理想！感谢社长的鼓励和认可！

我当时选择离开已有一些积淀的省报，是觉得自己年龄渐长，怕等不及省报改革的速度。我想在咱们改革步伐更快的大平台上，提升业务水平，我还想再成长！

说实话，在我这个年龄选择跳槽是有风险的。而且，很长一段时间，我曾迷茫困顿。但是让我欣慰的是，编委会“减量化改革，高质量发展”的思路让我看到了希望之光，让我再次有了青春年少时初入华商报系时的激情和勇气，也让我无悔于自己的选择。

《拉面飘香》稿件，当初采写的由头是总书记甘肃调研时关于兰州人幸福感的视频，后来甘肃作为脱贫攻坚最重要的省份把拉面作为脱贫攻坚的主产业成效显著，由此我搜集了很多素材，和调查版王薇薇同志对接碰撞，从第一版方案出炉到将高度定位到小吃产业发展，再到二版方案确定，随后还有几次微调。在我的预想中，最多只会按普通调查刊发，但没想到您看了初稿后，有了“加入总书记对拉面的指示”的批示，更没想到挂上了“高质量发展产业行调研”栏头，让这个选题层层升级。我深知，若没有您的重视，曙红同志字斟句酌的审读，这万字调研不会大放异彩，拉面不会有今日的香飘四方。您和曙红同志倾注的心血和付出的辛劳是如此之厚重。此刻，说“感谢”二字显得如此浅薄！

说实话，这个采访并不容易。有些采访对象配合并不如想象的好，而且没有官方材料，只能靠自己根据了解到的情况搜集素材，分析判断。过程是痛苦的，但我从未料到结果会如此甘甜。没想到您会以如此隆重的形式让它亮相。

清晨，李琛奇站长将稿件链接转发到甘肃新闻宣传群后，甘肃省、市、县102家媒体平台、学习强国平台都进行了广泛转发，“新甘肃微博”“甘肃发布”进行了关联互动，网易甘肃等平台也进行了转载。可以说，今天甘肃新闻圈被“拉面”刷屏了。甘肃省委副书记、省委宣传部部长王嘉毅同志亲自在甘肃新闻宣传群转发链接和版面，还一再表示感谢。

有同仁用“震撼”形容了我们的版面。省报同仁评价说：“全面、深入、精彩！一篇全面报道兰州牛肉拉面的好文章！”更可喜的是，今天，许多同事和朋友的午饭是兰州牛肉面！

我采访的专家在朋友圈发了如下文字：“记者要靠大稿建立自己的IP，但写大稿不容易。今天《经济日报》头版头条赵梅记者写的这篇长文，把兰州牛肉面的事基本说清楚了，下了功夫，值得点赞。设立‘牛肉面走出去办公室’，简称‘牛走办’，是2018年我向当时唐仁建省长提的建议。我当时的想法，赵梅记者基本都写在这篇报道里面了。”

我深知这些溢美之词都是大家对我的厚爱和鼓励。我也清楚自己的不足。您提到的用心、专心，下力气是作为一名记者的本分。我知道，距离一名合格的记者，我还有很长的一段路要走，这路一定不会是鲜花铺就的阳光大道。但有如此广阔的平台，有才学深厚的领导、师长，还有才华横溢的同事们，我怕什么呢？迈开腿大步向前走就是了，对吗？

您的表扬我受之有愧，您的鼓励我悉数全收！

祝福您，也祝福我的新报社在编委会的带领下，坚定一如既往，所向披靡……

旁观者评本报四篇评论

2022年5月18日 · 星期三

评报至今一年多，我还没有哪一次，就一组报道作出上千字篇幅的阅评。也没有哪一次评报，能超然于物外，如此冷静客观，不带个人好恶。

昨天打破惯例，连着评了两次报。本来已不准备今天再评了，可看了工作群和朋友圈转发的“一见财经”的微信公号文章，决定今天继续评报。只是不用自己评，而是完完整整、原原本本地转发此文，目的是让更多的同志看到。

这位作者是谁，我们并不清楚，也不了解。其实是应当好好表达谢意的，感谢其无私的推广和独特的肯定。

虽然多少有溢美之处，甚至有夸大拔高之嫌，但还是建议同志们花点时间认真阅读，看看作为一位旁观者，是怎样看待我们的报道，怎样看待我们的报社，怎样看待我们的工作的。

学，然后知不足。与这位作者相比，深感自己的评报还有不小差距，需要改进提升的地方不少，我要不断努力，真诚地向他学习。

延伸阅读

被忽视的《经济日报》四篇重磅评论

（“一见财经”微信公众号 2022-05-17）

《经济日报》可谓用心良苦，近日连续刊发一系列评论员文章，宣示政策倾向。

连续评论某一件事件，这在《经济日报》历史上也是鲜有的。这一系列评论实际是在向外界传达国家对资本的态度。

最近一周内，《经济日报》相继刊发了四篇重磅评论，相信被不少人忽视了。

5月12日—5月16日，《经济日报》在报纸头版连续刊发有关资本的评论员文章，分别是《依法规范和引导资本健康发展》《发挥资本的积极作用》《全面提升资本治理效能》《更好发挥资本市场功能》。

《经济日报》隶属于国务院，是党中央、国务院指导全国经济工作的重要舆论阵地。在报纸头版重要位置连续刊发4篇重磅评论，具有特殊意义。

一见君通读4篇评论发现，这是对中共中央政治局4月29日下午就依法规范和引导我国资本健康发展进行第三十八次集体学习的权威解读，对未来政策做出指引。

读懂这4篇评论，有助于看懂决策，看清大势。不夸张地说，新的政策方向，将影响资本和民营企业家的决策。

信号一：肯定资本作用，为资本指明方向

第一篇评论认为，40多年来，资本同土地、劳动力、技术、数据等生产要素共同为社会主义市场经济繁荣发展作出了贡献。未来，仍然需要发挥资本促进科技进步、繁荣市场经济、便利人民生活、参与国际竞争的积极作用，使之始终服从和服务于人民和国家利益。

这段评论亮点之于，肯定资本对改革开放以来中国经济发展的作用和贡献，并为资本指明方向：资本要始终服从和服务于人民和国家利益。

评论指出，在社会主义市场经济条件下，如何扬长避短、趋利避害，发挥资本作为生产要素的积极作用，同时有效控制其消极作用，尤为关键。

“既要支持和引导资本规范健康发展，也要依法加强对资本的有效监管，防止资本野蛮生长。”评论说。

这些年，资本的无序扩张扰乱了市场秩序，有关部门出手整治。从现在“既要……也要”的表述变化可以看出，要实现对资本“监管”和市场各方之间的平衡，是一个不断平衡的过程。

信号二：强调为民营资本松绑，国家对于资本一直处于探索阶段

当前社会心理预期普遍处于敏感阶段，稳定预期至关重要。在第二篇文章中，评论指出，我国对社会主义市场经济条件下如何认识和把握资本进行了长期有益探索。

改革开放40多年来，资本与土地、劳动力、技术、数据等生产要

素一道，共同为社会主义市场经济的繁荣发展作出了贡献，在促进科技进步、便利人民生活、参与国际竞争等方面发挥了积极作用。

“从党的十一届三中全会实行改革开放以后，我们破除所有制问题上的传统观念束缚；再到党的十八大以来，我国坚持和完善社会主义基本经济制度，并把‘两个毫不动摇’写入新时代坚持和发展中国特色社会主义的基本方略。致力于为非公有制经济发展营造良好环境和提供更多机会的方针政策没有变。”

这其实是对民营企业家喊话，也是对外资喊话，告诉他们，治理无序扩张不是反对民营资本，也不是打击外资。

评论最后强调，未来要探索如何在社会主义市场经济条件下发挥资本的积极作用、有效控制其消极作用。

信号三：资本是把“双刃剑”，将全面提升资本治理效能

第三篇评论主要谈如何全面提升资本治理效能。尽管包括国资、外资、民资、集体资本等多种形态资本已成为促进社会生产力发展的重要力量，但也要看到，资本是一把“双刃剑”，用好了能创造价值，用不好了其逐利本性也能导致无序扩张、野蛮生长。最具代表性的是互联网平台企业在资本助推下“赢者通吃”，挤压了中小企业生存空间，损害了公平竞争的市场环境。

这说明，要提升资本治理效能，就需为资本设置“红绿灯”，健全资本发展的法律制度，形成框架完整、逻辑清晰、制度完备的规则体系，让各类资本明确规则底线、知晓行为边界。通过提供发展路径依据、强化预期引导，促进各类所有制经济公平竞争、合作共赢。

目前治理无序扩张的办法是设立“红绿灯”、创新监管方式、加

强属地监管等举措，其出发点都是为了营造各种所有制主体依法平等使用资源要素、公开公平公正参与竞争、同等受到法律保护的市场环境。

信号四：给股民信心，扩大直接融资

评论说：“扩大直接融资，优化金融结构，是我国金融供给侧结构性改革的重要方向。目前，A股投资者数量已突破2亿，相当于每7个人中就有1个是证券市场投资者，资本市场改革发展稳定，直接关乎亿万家庭、数亿群众的切身利益……要把好IPO、再融资、并购重组等‘入口关’，维护公平公开公正的市场秩序，站稳资本市场监管的人民立场，认真贯彻‘建制度、不干预、零容忍’的方针；加快投资端改革步伐，积极引入长期投资者，进一步发挥机构投资者作用；激发市场活力，形成投融资均衡发展、市场交易高效透明、各类投资者积极参与的市场生态，保护好广大投资者的合法权益，更好满足广大人民群众财富管理需求，不断增强投资者获得感。”

评论这个说法很明确，一方面是给股民信心，另一方面要为实体经济提供资金。要达到这个目的，最直接的方法就是扩大直接融资。居民的钱进入股市赚到钱，才能持续循环投资，居民也就能获得更多财产性收入，资本市场的“弹药”也就充足，有利于企业直接融资需求，形成良性循环。

一周内在头版刊发四篇评论员文章，宣示政策倾向。既给资本信心，还要让资本有所期盼。

北京气温在逐渐升高，而宏观调控政策也在逐渐加码示好，相信中国还是那个各种资本竞相投资的热土。

绷紧弦、瞪大眼，守好阵地，把好导向

2022年5月19日 · 星期四

今天，产经版刊发《燃油车涨价影响有多大》，报道的是我国汽车产销4月份出现下滑，但车企价格向上趋势未变，越来越多的燃油车也开启涨价模式。稿件内容丰富，采访扎实，是一篇有质量的“产业聚焦”。对此稿，新媒体进行了转发，是合适的。问题在于，编辑从稿中专门挑出一句话重新做了标题——“价格都在上涨，确实真的扛不住了”。在目前的经济形势和疫情当头等复杂背景下，用这样的题目实在不妥，是吸引眼球了，但导向上是有问题的。值白班的郑波同志及时发现，并作了妥善处理。分管两微团队的徐立京同志也马上召开会议查找原因，举一反三改进工作。

关于新媒体的报道工作，报社制定了一系列规章制度，编委会有过明确要求。总体来说，我们的新媒体发展是稳定、健康、有序的。特别是近两个月来，报网两微融合团队从陌生到熟悉，从网友到战友，凝聚力、战斗力显著增强。虽然工作辛苦，有的岗位工作量翻倍，但大家干劲足，精神状态好，各方面工作开展得比较顺利，取得的成效也比预想的好。但越是在这个时候，越要保持清醒头脑，越要增强忧患意识。这个团队4月份工作月报中就讲得很好：“两微融合既要跑得快，又要跑得稳。”

这一年多，我在评报中讲过多次，新媒体平台必须处理好职责和流量的关系。新媒体要粉丝数，要点击量，但不能唯粉丝数、唯点击量。要牢记中央党报、经济大报的职责使命，不能因为追求粉丝量、点击量就本末倒置、舍本逐末了。要讲政治、守规矩，每个环节、每个层级都要守住、守好，不能嘴巴上有，行动上没有，不能文件上有，落实上没有。今年，我们要召开党的二十大，意识形态形势可以说严峻复杂，而两微平台又处在意识形态斗争的“最前沿”，更需要我们绷紧弦、瞪大眼，以“时时放心不下”的责任心使命感，守好阵地，把好导向。

前些年，在这方面是有教训的，出过这样那样的一些问题。这一两年来，我们始终强化阵地意识，坚持正确的舆论导向不动摇。2020年11月，我们在中央媒体中率先建立新媒体审读制度。去年，先后召开两次新媒体审读工作会议，对新媒体的管理发展作出具体部署，提出了明确要求。各部门各单位狠抓落实，效果还是好的，保证了我们新媒体平稳发展，总粉丝量已经达到历史最高位的 1.53 亿，不仅有力促进了融合发展，也切实增强了经济日报的影响力和竞争力。

试想，如果这一年多新媒体管不住、管不好，不断出问题，我们怎么可能保证报社事业正常发展？怎么可能开创工作新局面？又该怎么样去庆祝经济日报创刊40周年？因此，做好新媒体建设，抓好新媒体报道，加强新媒体管理，是我们丝毫不能松懈的重点工作。

最近，新闻协调部根据我的两次讲话记录作了文字整理，我看有必要转录如下，供同志们参阅。

延伸阅读

把这项首提首创的事情办好
——在新媒体账号管理和审读工作会议上的讲话

（2021年12月1日）

新媒体专家审读，在中央媒体我们是首提首创，是经过认真考虑、反复酝酿的。正式启动后，前期经过各种磨合、适应、改进，承担任务的各个部门为此付出很多努力。目前看，达到了预期目的，收到了明显成效。中宣部予以充分肯定，《宣传工作》专门刊文推介我们的做法。

新媒体管理和审读是报社推进深度融合发展的一项重要工作。无论是从报社外部发展环境，还是从报社内部实际情况出发，无论是从我们中央党报、经济大报的定位，还是从我们所承担的职责使命而言，这项工作都必须坚持下去，并做得更扎实、更有实效。

一、进一步提高政治站位，新媒体各传播平台必须牢牢坚持党性原则

政治性是第一属性。这不是大话、空话，而是中央党报必须遵循的根本原则，是中央党报职责使命所在。这也不仅是对经济日报这张报纸的要求，是对经济日报社所属各类媒体、各类平台、各个出口的

统一要求。

当前，媒体融合向纵深发展，新媒体影响力势不可挡。作为主流媒体，在融为一体、合而为一的全媒体传播格局中，必须是网上网下一个标准、一把尺子、一体管理。所属新媒体账号、各传播平台，都要牢牢坚持党性原则，始终坚持正确的政治方向和舆论导向。

我们的新媒体管理工作，必须站在这样的高度去理解、去重视、去开展。新媒体账号不是特殊成员，更不是法外之地。在实际工作中，必须要自觉同习近平新时代中国特色社会主义思想对标对表，同党中央决策部署对标对表，同上级领导机关的指示要求对标对表，准确把握报道基调，准确阐释政策精神。这一点，越是在舆论环境复杂多变之时，越要头脑清醒，越要坚持坚守，时刻不能放松，须臾不能懈怠。

二、时刻绷紧意识形态工作责任制这根弦，切实增强新媒体管理和审读工作的思想自觉和行动自觉

新媒体管理和审读是我们落实意识形态工作责任制的一个重要抓手。关于意识形态工作的极端重要性，习近平总书记有全面、深入、系统的重要论述。总书记强调指出，我们党过不了互联网这一关，就过不了长期执政这一关。我们对此必须要有深刻的理解、实实在在的措施和扎扎实实的行动。作为中央党报，我们时刻要对自己的职责保持清醒认识、全力担当，始终坚持党管宣传、党管意识形态、党管媒体，在推进报社深度融合发展中，坚定地把这一原则贯彻到管好新媒体的全过程，紧紧抓住，切实管好。

新媒体的传播力和影响力毋庸置疑。管好新媒体的同时，也要用

好新媒体。关键在于，扬长避短，趋利避害。在这一过程中，我们必须不断强化阵地意识，积极争夺并牢牢掌握舆论引导主动权。

当前，我们的报道发生了不小的变化。凭借越来越多的优质内容，经济日报的影响力明显提升，关注度大为提高，不知不觉我们已然走近舆论场中心。形势变化可喜，但压力更是显然。这就要求我们更加时刻警醒，时刻绷紧意识形态工作责任制这根弦，务必加强新媒体的运营管理，务必做好专家审读工作，坚决守住底线，把好各个出口，切实做到知重负重，如履薄冰。

三、深刻认识网络舆论生态复杂性，不断完善管理和审读工作机制

网络舆论多元多样多变，这已成共识。但若一直身处边缘，抱着观望心态，那对这个话一定不会真正理解。当前，新媒体形态层出不穷，网络舆情与社会舆论同存共振，在现实中各种人、各种机构的编织交错下，网络舆论生态的复杂性远超我们的想象。

当今的网络舆论场，绝不是单纯的信息传播平台，而是思想观点、价值取向相互交锋较量的大擂台，是意识形态斗争的主战场。主流意识形态与多样化社会思潮在网上持续碰撞，各种舆论网上网下相互交织。有些人为所谓流量不断蹭热点，断章取义、牵强附会；有些人煽风点火，推波助澜；有些人出于不良动机或私欲发泄胡言乱语，信口雌黄；还有些人因心态失衡而造谣生事，恶毒攻击。这些都是别有用心的，罔顾事实、上纲上线，目的就是要乱带节奏、带乱节奏，打击、削弱主流媒体在这一新兴战场的战斗力和影响力，从而妄想达到其更大、更不可告人的企图。

可以说，越来越复杂的网络舆论场，成为舆论热点的重要策源地。以前我们可以看得多一点、做得少一点，但目前形势已经发生了变化，我们必须要下功夫认真研究，要积极主动应对挑战。逃避、躲避就是不作为不担当，被动挨打更是不可取不可行。在这样的情况下，我们务必做到自身过硬，挑不出毛病、找不到漏洞，不授人以把柄、不落人以口实。网上热点舆论持续发酵，就会形成重大网络舆情事件。网络舆情对政治、经济、生活秩序和社会稳定的影响与日俱增。一旦处置不当，就会造成一系列连锁负面反应，带来严重后果。

作为办报出身的传统媒体，我们的思维和打法一贯比较正统。对网上舆论舆情的套路和招数，了解还不够深入，运用新媒体的能力还不够强。这是我们的短板，要抓紧补课，努力提高对网上舆情的分析研判能力、应对处置能力。同时，我们要加强内容监管，建立健全舆情收集反馈机制，形成发现、研判、处置、回应等各个环节的操作标准和流程。在加强分析研判的基础上，还要制定应对处置的基本规范模式，其中包括对突发事件和网络舆情热点，务必要第一时间落实请示报告制度。

总之，网络具有放大功能，一旦在这方面出现重大差错乃至严重失误，绝无小事。新媒体管理和审读工作任务艰巨，务必把工作做得更细致更扎实。

一是要实事求是，讲求实效。新媒体管理到目前依然是个行业课题、业界难点，涉及诸多环节，任务繁重、情况复杂。新媒体管理环境是动态的，任务是长期的、艰巨的，没有一劳永逸、可全盘复制的什么模式。这项工作必须从报社的实际情况出发，不断探索、创新、改进。就是要一切从实际出发，讲求工作实效。不能急躁冒进，更不能急功近利，同时也不能故步自封，止步不前。

二是要精准定位，明确目标。各部门单位、各个环节都要明确自身定位，要有清晰的阶段性工作目标和任务。什么时段该做什么事、能做成什么事，要心中有数、有章法。“减量化改革，高质量发展”是总体要求，确保新媒体账号有重点高质量安全运行是总体目标。

总编室作为报社新媒体管理主管部门，作为新媒体账号最多最重要的运营部门，要率先示范。要与各部门单位加强联系沟通，把许多工作落到实处，一些工作可以先行试点，逐步推开。新闻协调部、人事部要各负其责，继续做好专家审读支持服务保障工作。及时整理汇总专家们的意见建议，进一步改进和完善工作方法，要和各位专家、部门、单位保持沟通联系，扎实做好协调和服务工作。也请各位专家继续辛苦，助力守好底线。技术部要及时跟进，抓紧整改问题隐患，完善应急预案，确保网络安全。文政办要做好上传下达，协助做好各单位新媒体管理有关工作。

三是要查缺补漏，攻克难点。停更/保更等“僵尸”账号、个人账号、海外账号，这些都是管理中的难点。但难点不能成盲点，更要加强管理，彻底消除隐患。对“僵尸”账号要进一步梳理，搞清所处状态，该注销的抓紧注销。未实名也未涉及职务身份的个人账号，各部门各单位负责同志要特别注意，要反复提醒、要求他们不能发布和单位、职务相关的任何内容，要严格遵守相关规章法律。对海外账号，外事部、国际部要严格按照相关规定做好运营和管理。

头条热评流程机制不断优化

2022年5月21日 · 星期六

（一）

截至5月18日，长篇调研报道《拉面飘香》全网传播量达9475万。离我期待的1个亿，还有一步之遥。

据推广办统计，本报各新媒体平台累计传播量9412万。其中，微博策划主持开设了#万字调查品尝牛肉拉面#、#兰州人的早晨从一碗拉面开始#、#做一碗牛肉拉面总共需几步#、#柳州螺蛳粉和兰州拉面你更爱哪个#等多个话题，阅读量9360万。经济日报微信阅读量10万+、双账号总阅读量近20万，成为微信阅读量最高的产业调研稿。此外，《拉面飘香》在学习强国推荐频道展示，在经济日报强国号、甘肃学习平台号发布，阅读量约32万。甘肃省属主要媒体和市州、县区所有新媒体共102家媒体平台全网转发，“甘肃发布”微博话题#做一碗牛肉拉面总共需几步#观看突破30万，阅读量63.7万。

这期推广周报认为，三大深度调研系列内容定位明晰，不仅口碑传播上逐步建立优势，传播资源开拓也有不少新探索。在报道传播高峰期，多家媒体、政务账号、行业账号纷纷转发，形成了经济日报自有平台传播矩阵与外部资源传播方阵的推广合力。比如，《东莞豪迈》被广东发布、东莞发布等120个微信公号转发，《太钢制胜》被行业影响力较大的国资小新、中国钢铁工业协会等新媒体账号转发。可以说，这些高质量报道的推出，擦亮了深度调研的“金字招牌”，在地方、行业、企业多领域提升了品牌影响力。

推广办提出，可在此基础上建立经济日报合作传播数据库，对传播资源进行梳理，报社层面对渠道维护给予持续支持，以期逐步建立起立体化传播网络。这样的分析和建议是有价值的，也有可操作性，要加快推进落实。

（二）

经过同志们的共同努力，头条热评流程机制在不断积累经验进程中得到了优化。

一是提前策划选题，建立热点线索研讨机制，以权威理性发声，与平台共建热榜生态；二是选题热度分级，明确B级为财经领域热点，A级为全网热点，S级为突发爆点，根据用户需求，有针对性进行生产和运营；三是丰富选题库，利用晨会对近期发布会选题储备，提前与记者对接，适合的热点时效性选题提前备稿，抢占央媒首发位。

不仅如此，工作团队还加强选题舆情跟进。如农业农村部全面排查各类毁麦情况的热点，本报是第一个做热评策划的。在对舆情监测中发现热度异常后，热评团队即对舆情走势作出研判，记者持续进行核实，与部委和专家沟通。第二天晨会决定采用“粮食大事”专栏文章进行回应，并广泛传播，从而取得很好的宣传效果。

周四编委会听取推广办工作汇报，一致认为，一段时期以来，融合推广办公室积极工作、成效明显，有力促进了重点稿件特别是系列深度调研作品不断涌现亿级传播，大大提升了经济日报影响力，辨识度得到进一步增强。

会议要求融合推广办公室坚持例会制度，完善协调机制，加强与深度调研报道委员会、评论委员会、企业调研报道委员会等的联动协同，提高工作针对性、有效性；创新技术手段，优化数据统计口径，为传播力分析提供科学依据；进一步明确工作流程，针对不同内容，分级分类进行聚合推广。会议决定，新入职人员须到融合推广办公室轮岗实训。按照相关规定，对表现突出、作出贡献的个人和团队，通过及时奖励方式予以褒扬。

编委会对推广办寄予厚望，希望同志们推动全媒体传播力再上新台阶，取得新成效。

（三）

这一段时间，社办公室和驻地记者部、事业发展部按照编委会要求，加班加点，有效督办，编制完成2022年度工作台账等，并已印发给大家。社办公室印制的这个小册子既有对工作任务的描述，也有关于具体工作的要求，还明确了工作任务的完成时限和负责人，可以说是我们做好今年工作的重要抓手，也都是各部门落实报社要求，深化开展“质量提升年”活动的具体工作安排。

因为疫情等因素的影响，各项工作都不可避免地会有所滞后，但既然制定了措施，印制了台账，明确了责任，接下来就得扎扎实实推进，不折不扣落实，真正把全年工作抓在手中，体现在行动上，尽最大可能取得好的结果。千万不要满足于印在本子里，停在口头上，也不要搞走过场、形式主义那一套。社办公室等部门要按照深化“质量提升年”活动的有关要求，继续加强跟踪督办，及时发现问题，及时汇总报告，为编委会出谋划策，有力推进工作落实。

把意识形态工作责任制落实到位

2022年5月22日 · 星期日

周末有时间，翻看了一些文件和材料，包括总编室报送的最新一期两微融合团队例会纪要。针对5月19日微信公号转发《燃油车涨价影响有多大》时将标题修改后推送出现导向问题，这次例会进行了对照检查，梳理了出现问题的原因，并提出了改进措施。

此次发生差错的3名责任人在会上分别做了检讨，对此事进行反思，认为教训十分深刻，给工作敲响了警钟，表示要加强学习，提高政治站位，时刻绷紧弦，坚决杜绝此类事件再次发生。

听说这次例会上，两微融合团队的每位同志也都发了言。大家谈到，在工作中要牢记职责使命，不能被流量冲昏了头脑；要增强责任感，各个环节都要忠于职守，不能有丝毫放松；要加强业务学习，提高对新闻的鉴别能力、研判能力、编辑能力。同志们表示，当前互联网舆情严峻复杂，“安全”是“1”，其他都是“0”，如果守不住安全底线，就会一失万无。大家也认识到，守底线与做特色、出精品其实并不矛盾，要引以为戒、不断进取，力争生产出更多叫好又叫座的新媒体产品。

总编室主任王智同志强调说，当前要切实处理好安全与流量的关系，处理好“快”与“稳”的关系，处理好“紧”与“松”的关系。要继续保持良好的工作状态，奋发努力，不辜负编委会的信任和期待。

仔细读了几位同志的个人检查，感到大家对问题的认识是深刻的，对原因的分析也是到位的，对做好今后工作的改进措施也比较切合实际。相信同志们能够引以为戒，吸取教训，切实做到举一反三，吃一堑长一智，为报网两微融合发展贡献自己的智慧与力量。

必须指出的是，这次两微团队在报道中出现导向问题，虽然得到了及时纠正，并未酿成什么后果，但确实给我们敲响了一记警钟，警示我们千万不可麻痹大意，千万不能不以为然，千万不应有丝毫松懈，务必高度重视、瞪大眼睛、时时警觉，把意识形态工作责任制落地落实落到位，为营造平稳健康的经济环境、国泰民安的社会环境、风清气正的政治环境作出不懈努力，以实际行动迎接党的二十大的胜利召开。

想起去年10月份，总编辑办公会听取了中国经济网的工作汇报，我还做了简要点评，其中也谈到网络宣传和报道安全的问题。现在觉得，有必要请同志们再看一看这个记录稿，对做好新闻报道特别是新媒体工作可能还是有帮助的。

延伸阅读

守土有责 守土负责 守土尽责

——在总编辑办公会上对中国经济网工作的点评

（2021年10月25日）

多年前，我分管过中国经济网，对网站的基本情况大致是清楚的。中国经济网在中央媒体网站里面起步还算是早的，但从零起步，基础比较弱。最开始还是王玉玲同志负责，后来是秦德继、解廉廉同志，再后来是王旭东、崔军同志，现在是何振红、崔军同志。通过中经网一拨拨同志的接续奋斗，网站从无到有，从小到大，这20年的发展还是了不起的。现在在新闻界，中国经济网称得上是有明显特色、有一定影响、有较高地位的中央新闻网站，而且能够不断改进创新、积极拓展业务，取得的成效是明显的、突出的，在提高经济日报的影响力、扩大经济日报的美誉度方面做了大量工作，效果是好的。这几届编委会对中国经济网的工作都给予了大力支持、充分肯定，从武春河同志开始，到徐如俊同志，再到张小影同志，几位社长都给中经网很多的关心、很多的帮助、很多的支持，确保了中经网始终沿着正确健康的道路向前发展。

总体来讲，中国经济网这些年做了很多卓有成效的工作，其中有三点印象尤其深刻。一是勇于探索。在没有先例可循的情况下，中国经济网能够不断探索和尝试，逐步发展壮大起来，从最早的10多个人发展到现在拥有200多名员工，具有一定规模和影响。二是敢于创新。中经网能够紧盯行业发展趋势，追赶技术进步，与时俱进，改进创新，微博微信等新媒体发展也是走在报社前面的。三是自立自强。近20年来，中国经济网依靠总额不到3亿元的财政补助资金逐步发展起来，凝聚着同志们的心血与汗水，是很不容易的。

在我看来，衡量中国经济网的工作怎么样，主要有三个标准：第一，是不是有利于经济日报深度融合发展的大力推进；第二，是不是有利于经济日报影响力公信力的明显增强；第三，是不是有利于经济日报知名度美誉度的进一步扩大。这三个标准也是报社创办中国经济网的重要目标和工作追求，应成为做好中国经济网工作的一个指导性要求，希望同志们深入学习领会，进一步贯彻落实。一年前，对中国经济网工作专门讲了意见。今天借这个机会，对中国经济网再提几点希望和要求。

一要提高政治站位。中央批准经济日报社办中国经济网，是要在新媒体领域进一步发挥主流舆论的引导作用，尤其是在经济范畴要做“压舱石”。中国经济网的每位职工都要明白，我们是中央媒体工作人员，不是市场化的媒体人。要坚决弄清楚这一点，否则的话不可能做好工作。同志们都是党的新闻工作者，在这方面对经济日报、对中国经济网的标准和要求完全一样。

二要明确主责主业。中国经济网是中央媒体网站，中央的要求要坚决执行到位，上级的宣传重点要不折不扣落实落地。不要热衷于市场化媒体的那些做法，不要片面追求博眼球、引流量。我们有导向的要求，有社会责任的要求，有意识形态工作责任制的要求，这一点需要进一步强化。从实践来看，马克思主义新闻观的教育对中经网来说更加迫切、更加重要，人事部对中经网在内的直属单位要加强这方面的培训。还有一部分同志认为自己是市场化的媒体人，就是来挣钱的，给多少钱干多少事，这种打工者的心态在我们中央媒体里面要尽快扭转。我们的主责主业就是要宣传好党的主张、党的方针、党的政策，宣传好社会主义核心价值观，唱响主旋律，弘扬正能量。

三要加快融合发展。经济日报和中国经济网是一体化的，两者的发展密不可分，中经网只有在经济日报社这个大家庭中才有生存发展的空间，这一点需要给全体职工反复讲。经济日报和中国经济网要做到真正的融合发展，做到真正的合而为一，这在经济日报的五年融合发展规划目标里是明确的。相关工作现在已经开展了一年，争取再用两三年时间，把中国经济网和经济日报融为一体。这一年来的实践证明，我们的融合发展是可以做得更好的。报网基本在业务方面融为一体了，包括重点报道、重点推介、大型活动等，初步做到了相互补充、相互融合、相互增强，呈现出相得益彰的良好局面。接下来，我们要进一步加快融合的步伐和节奏。比如，要让经济日报和中国经济网的微博、微信进一步融在一起，形成合力。就现在这些人和技术，还需要再分家吃饭吗？分的结果就是什么事儿都很难做、做不好。

四要严守纪律规矩。中国经济网发展近20年来不是一帆风顺的，总体上是好的，也出现过一些问题，走过弯路，包括地方频道、对外合作等，中央巡视都指出来了，大多已经整改，但有些至今还没有完全解决。同时，在宣传报道方面还时常有这样那样的问题和隐患，这都为我们敲响了警钟。好在从今年开始中经网没有出现大的问题，小的问题也没有怎么出现。之所以出问题，说到底还是规矩意识、纪律意识不强，规章制度执行得不到位、不彻底。必须强调规矩意识和纪律意识，严格做到“两分开”，杜绝新闻敲诈现象，不符合规矩的事情坚决不能干。特别是领导班子成员，一定要把这个意识强化起来，出了事再去弥补就晚了，付出的代价就大了。

五要确保宣传安全。中国经济网是经不起出错的。采编工作的规章制度，不能只写在纸上，要坚决落实到位，要经常拿出来看一看，学一学，强调强调。比如有些模棱两可的说法提法、政治上不准确的内容，都要好好甄别。要严格把关，避免出现各种差错，特别是重大差错。市场化的东西是可以借鉴的，但我们毕竟不是市场化的媒体，一定要有这个意识，要确保导向正确，做到守土有责、守土负责、守土尽责。

总而言之，希望中经网领导班子团结带领职工自加压力，发扬长处，克服短板，在现有基础上把工作做得更好，为经济日报社增光添彩。

东莞深调报道创两项纪录

2022年5月23日·星期一（上）

昨天，广东记者站庞彩霞同志发来《关于经济日报对东莞深度调研报道取得重大反响的总结》，梳理归纳了《东莞豪迈》调研稿的有关情况。她报告说，这个总结是报送广东省委常委、宣传部部长陈建文同志的，又被批转上报给李希同志、王伟中同志，两位领导先后作出批示。庞彩霞同志表示："诸事办妥，圆满收官。"

为便于大家内部学习交流，现将批示转录如下，仅供参阅。

中共中央政治局委员、广东省委书记李希同志5月19日批示："经济日报广东记者站认真贯彻习近平经济思想，对我省特别是东莞市全面贯彻落实新发展理念、探索高质量发展的经验做法，进行了深度调研报道，为助力广东经济社会发展营造了良好舆论环境。衷心感谢经济日报广东记者站的大力支持！"

广东省省长王伟中同志5月16日批示："感谢经济日报对我省工作的支持。"

听说，陈建文同志也作了批示。庞彩霞同志讲，"批示原件收齐后一起寄回报社。站里也在做一个向报社的汇报。"我答复说，把这个总结汇报编发《经济报人》吧，也让大家好好学习。

现在看来，这次对东莞的调研效果是超出预期的，创下了两项纪录：

一是报道的传播量最高。截至5月12日，全平台累计传播量达4.45亿，远超此前20多套深度调研稿；

二是领导批示层级最高。此前，有多位省委书记、省长对我们的调研报道作出批示，山东省委原书记刘家义同志还做了两次比较长的批示，但作为中共中央政治局委员的李希书记作出批示，这还是第一次。正如牵头这次调研的季正聚同志所说："这也是迄今为止，深度调研中最高级别的领导批示。得到批示也不容易，说明我们报社深度调研越来越好，影响力越来越大。"

行而不辍，万里可期。这里，我们要向东莞调研组的同志们表示祝贺，向深度调研委员会的同志们表示祝贺，向融合推广办公室的同志们表示祝贺，感谢大家为报社宣传报道和事业发展作出了突出成绩。同时，也期待着同志们做出新的贡献，创造更骄人的纪录。

努力，在路上

2022年5月23日·星期一（下）

今天评报刚在工作群发出，几分钟后就收到庞彩霞同志的微信报告，说已收到了陈建文部长5月21日的跟批内容。现一并转录如下，供大家参阅：

“请志清、晓伟、一婷同志阅。请晓伟同志向经济日报广东记者站转述李希书记对经济日报特别是广东记者站为广东经济社会发展作出重要贡献的感谢之情。经济日报精心组织策划、派出精干力量，紧扣经济运行这个重大主题，在重要版面位置推出万字调研报道、省长专访以及评论员文章等一系列重磅报道和新媒体产品，生动呈现了广东特别是东莞加快高质量发展举措成效和践行习近平经济思想火热实践，充分体现了经济日报对广东的高度重视和大力支持，为东莞乃至广东经济发展稳思想、稳人心、稳信心发挥了央媒重要作用，在此表示感谢。东莞市委市政府高度重视宣传工作，积极借助主流媒体讲好东莞故事、传播东莞好声音，这种做法值得肯定和借鉴。希望东莞以这次创造的成功案例为契机，再接再厉，深入总结经验做法，全力呈现好践行习近平新时代中国特色社会主义思想的进展成效，为党的二十大胜利召开营造良好氛围。”

真是没想到，广东这几位领导同志批示会有这么长，这么到位，这么有分量！

别怕什么路途遥远，别想什么奋斗艰难，走一步就有一步的风景，进一步就有一步的收获。努力，在路上！

采编人员参与评报更积极

2022年5月24日 · 星期二

每次评报都有一些反应和回响，尤其是涉及具体的人和稿件的时候。随着一年多来评报氛围一天天形成，业务空气越来越浓厚，采编人员参与评报更为积极，也更为投入。加上现在微信便捷，工作群众多，又不受篇幅和字数限制，可以尽情挥洒，动辄千言。每次读来，都有所收获，有所感悟，有所启发，称得上开卷有益。

昨天又连着发了两次评报，说的都是关于《东莞豪迈》调研报道工作。参与其中的几位同志人人谈体会，个个讲感受，搞起了“获奖感言”和评报接力，很坦诚，很尽兴。现加上小题、稍做编辑转发如下，供同志们分享。

季正聚：奋斗的汗水最香甜

衷心感谢编委会领导对这次调研的关心、关怀和指导，百忙中对调研工作提出明确要求，对调研稿进行精心修改，发稿前还嘱我们对文字再打磨一下。

衷心感谢深调办、推广办和总编室、记者部等各部门和单位同仁的支持帮助，齐心协力。十分感谢郑波副总编以及苏民主任对文稿的精心修改，深调办和广东站做了大量协调沟通工作，总编室精心编辑，立京副总编领导推广办精彩呈现。十分感谢调研组的同志们，以严细深实作风践行“四力”，出色完成了调研任务！

多谢广东省领导的肯定和表扬，充分彰显了经济日报在广东的影响力和美誉度。感谢广东特别是东莞对这次调研的鼎力支持！感谢广东站的有力有效有为！奋斗的汗水最香甜，前行的步伐是最美的风景线！

行而不辍，臻于至善。我们将继续努力，拿出更多的高质量成果。

熊丽：征途漫漫唯有奋斗

难忘的东莞调研顺利收官，效果远超预期。作为采访组一员，很幸运有这次宝贵的学习锻炼机会。

一是要学习学习再学习。庖丁解牛之所以能游刃有余，是因为摸准了根本规律，并经过反复实践才能得心应手。面对复杂的国内外经济形势和纷繁多样的经济现象，只有加强对习近平经济思想的学习，才能解析好东莞这个样本，才能透过现象看本质，真正理解东莞这个“区位特殊、行政架构特殊、产业结构特殊、人才结构特殊”的地级市特殊性背后的普遍性。在采访出发前，季总就要求我们深入学习习总书记的相关讲话精神，学习编委会领导对深度调研的各项要求，学习本报之前刊发的系列深调稿件。记者站也提前准备了充分的素材，为调研报道打下了扎实基础。

二是要打磨打磨再打磨。调研之初，季总就和我们说，经济日报是中央党报、经济大报，我们要落实好编委会的要求，写出来的稿子要让地方服气，让采访对象服气，让读者服气，体现出经济日报的格局和站位。让人服气的稿件是“磨”出来的。“磨”一方面是体现在采访过程中，采访越充分越深入，采访对象“说心里话”“爆金句”的可能性越大，这也正是报社要求调研在7天以上的良苦用心。“磨”更体现在后期写稿上。动笔前我们经过讨论基本确定了框架，成稿后在季总指导下又进行了反复打磨精雕细琢，可以说稿子的每个标题，一字一句都倾注了季总的心血。

三是团队合作让主题报道更有传播力。从采访写作、视频制作到后期推广，采访组都进行了充分的交流与合作。更要感谢报社的大力支持，对报道进行了全方位多角度的推广，大大提振了我们的信心和士气。记者站还广泛发动省市两级宣传部门以及企业界的力量。依托报社的大平台，报道的传播力和影响力大大提高。这就是平台的力量，品牌的力量，合作的力量。

征途漫漫唯有奋斗。现在，报社的业务氛围空前浓厚，我所在的产经部也一直佳作频出。我将继续努力学习，践行四力，争取写出好的作品。

郑杨：事非经过不知难

衷心感激报社编委会对这次调研、对广东站的肯定和期许！作为一名普通的驻地记者，能够像一滴水汇入到报社深度调研的磅礴洪流中去，见证深调的又一个"爆款"、又一次新纪录诞生，何其有幸！

这次调研能够取得不同凡响的效果，有赖于报社编委会高屋建瓴的谋划和各部门呕心沥血的推动。社长早在去年9月前来东莞考察时就定下了调研选题，并明确了问题导向的基调；季正聚副总编带领总部精兵强将，在东莞突发2020年以来最严峻疫情的不利情势下，克服重重困难完成对数十个点的采访；编委会领导以及总编室、记者部、新媒体部、推广办等多个部门领导都倾注了大量的心血、智慧和汗水，才有了这来之不易的成果。

事非经历不知难。回想从调研启动到现在的整整3个月，季总在调研期间忍受着肩膀疼痛、夜不能寐的辛苦与大家讨论思路到深夜，熊丽、郭子源、赵田格格放弃一个个周末和假期反复磨合稿件，编委会领导和总编室在主稿刊发前的凌晨还在跟我们沟通稿件字句、照片和图说，庞站长为拿到省领导批示字斟句酌指点我打磨汇报材料到深夜，我自己也曾因初稿不如预期而辗转难眠……到今天，总编辑评报3次肯定《东莞豪迈》调研，让我们觉得一切经历都非常值得，倍感振奋，也倍加惶恐。

“别怕什么路途遥远，别想什么奋斗艰难，走一步就有一步的风景，进一步就有一步的收获。”这番话讲出了广东站每一个人的心声。继续努力，在路上！

郭子源：认定了就一往无前

倍受振奋与鼓舞，十分荣幸能够成为东莞调研组的一员。

一、报社的影响力是底气。报社有影响力、有美誉度，采访对象才更愿意信任记者、更乐于向记者敞开心扉。通过此次采访，调研组深切地感受到报社影响力带来的积极成效，报社的美誉度为采访的顺利进行提供了坚实保障。这是此前历次深度调研聚力积累的成果，是报社深度报道“三驾马车”共同创造的又一成绩。

二、文章的思辨力是武器。出发前、采访中、写作时，季总曾多次指导调研组成员：“文章要有思辨性，要有金句，咱们是中央党报，要看到、想到采访对象看不到、想不到的层面，这样文章才能让人服气。”作为年轻记者，提升思辨性知易行难。很幸运的是，在季总的指导下，在调研组成员的帮助下，在反复打磨文章的过程中，我逐渐学会了透过现象看本质，学会了提炼、总结规律性认识，学会了将规律性认识用准确、通俗、精彩的语言表达出来。可以说，我自己的收获远远超出预期。

三、采访的下沉力是根基。采访要下沉，要扎跟基层、贴近群众，由此才能更好地焕发生机与活力。按照报社要求，调研组不折不扣地确保调研时长，多措并举提升调研质效。白天，调研组深入一线，与政府、企业、居民等多方开展研讨；晚间，季总组织大家复盘思考，彼此说一说体会，相互捋一捋思路，共同碰撞出火花。这样扎实的采访，对于年轻记者来说是一次难得的业务课、练兵场、去躁剂。受益于深度调研，相信将有更多的年轻记者快速成长。

行而不辍，万里可期。坚信、坚持、坚守，认定了就一往无前。接下来，我将倍加珍惜报社、财金部给予的绝佳成长平台，努力向身边的优秀记者学习，弥补自身不足，争取写出更多有深度、有影响力的报道。

赵田格格：不畏艰难险阻

东莞调研行，是我第一次参加报社如此规格的调研采访。初期的忐忑、过程中的跃跃欲试，以及因疫情防控滞留广州近一月的沮丧都还历历在目。学习了总编辑评报后，我的激动、感激之情更上一层楼。

作为一名入社仅3年的年轻编辑，此行对我而言是一次前所未有的迈步，曾经自己并不丰富的采访经历，采编能力的不足和怕拖后腿的习惯性思维让我容易畏首畏尾，但迫切想要跟随老师们学习的心情战胜了紧张与不安。调研全程季总的细心规划，稿件打磨中大家的如琢如磨，让我获益匪浅；新媒体产品制作中团队的齐心协力，意外滞留广州期间报社领导、老师和站长时时刻刻的关心，让我心潮澎湃。之前社长与新媒体传播部座谈时说，要到采编一线，真正扎下根去，现在我也深深理解了社长的教诲，年轻编辑正是要勇于尝试、千锤百炼的，怎能“畏首畏尾”？

社长的评报也再次让我笃信，要像调研中感受到的东莞精神一样，做事情有“一根筋”的劲，不怕下苦功夫，不畏努力路上的艰难险阻。

道阻且长，行则将至

2022年5月25日 · 星期三

（一）

在习近平总书记考察南水北调工程一周年之际，我们在周一头版头条刊出重点稿《南水北调能否破解新难题》。这篇长通讯坚持问题导向，报道这个世纪工程的作用和效能，着眼于能否达到预期目标，还是有一定质量、能体现经济日报水准的。

两个多月前，徐涵同志策划这个报道选题时，表示要做成深度调研，已对接去南水北调中线进京渠闸、团城湖调蓄库等关键节点采访，奈何北京疫情散发，相关单位防控升级闭门谢客。尽管如此，她们围绕南水北调面临的新使命、新任务、新难题，先后去水利部、中国南水北调集团座谈采访，请教水资源院士、专家，力求全面深入地了解工程的进展。成稿后，张曙红同志又对稿件进行认真修改，使得稿件上了一个台阶，也更加吸引人。

稿件见报后，水利部相关领导表示，“成绩写得够，问题说得清，前景讲得明，是一篇有关南水北调难得的好文章。”南水北调集团认为：经济日报的报道非常敏锐地发现了工程中被其他媒体忽略的重要新闻点——中线工程至今未停水检修过，调蓄库建设非常迫切，这也是工程下一步建设的重点工作之一。

收到这样专业的反馈，是让人欣慰的。对记者来说，更是莫大鼓励。吉蕾蕾同志说：“南水北调稿件在一版重磅刊出，特别是收到跑口单位和同行发来的肯定，也是一种鞭策。我深知，这源于报社给我们记者提供了一个难得的工作条件和事业舞台。只有写出更多经得住时间考验和业内检验的稿件，才能不辜负报社的期待！”

（二）

今年以来，数据版已刊发50期啦！

过去这5个月，总编室数据版团队精益求进，多方探索，在去年基础上又取得阶段性成效。一是选题设定更注重整体性、连贯性和实用性；二是呈现方式更得体、大气，中央党报的风格渐渐成形；三是版面评论有力，突出对消费动态的把握、趋势的预判、规律的总结。

据统计，数据版今年已获转载近6000篇次，微博平台累计传播4000万次，全网累计阅读量近亿次，与去年同期相比增长超10倍。有关部委和北京、浙江等地方政府以及多家企业对数据版是比较认可的，认为经济日报走在前头，数据挖掘有价值，应当坚持。

牵头这项工作的胡文鹏同志测算，数据版若每周增加到4期（此前为3期），到12月将能如期完成年内刊发150期的任务。团队的几名同志都表示，有报社的支持，有前期积累的经验，有京东方面的精诚合作，有信心在“人员不增”“版面更优”前提下，实现年初目标。

去年底在召开100期数据版座谈会上，我承诺2022年底完成150个版时，还要开一次研讨会。言而有信，我是准备要履行这个承诺的。

（三）

作为甘肃记者站站长，李琛奇同志多年来爱社如家，工作上十分投入、十分用心，对赵梅同志做的《拉面飘香》调研报道也是甚为在意、挂念。他说：没想到兰州牛肉面这篇调研稿，能以这样的高规格刊发，令人很是振奋！这个报道的成功，充分证明了编委会减量化改革、高质量发展的无穷力量。

为扩大这一报道的影响力，李琛奇同志做了大量艰苦细致的推广工作。他认为，这篇调研稿报社上下一心，花了很大精力，也是继去年《威武祁连》深度调研取得圆满成功后，又一篇关于甘肃产业发展的重头报道，产生了很好的传播效果。

道阻且长，行则将至。李琛奇同志还谈道：近两年来，报社先后组织的深度调研报道，越来越产生意想不到的成效，经济日报在地方的形象、在地方的影响又开始提升，也鼓舞了我们在驻地记者这方舞台上充分展示自己的信心。他再次表示，将不负编委会的厚望，精心梳理可供深度调研的选题，为报社的“三驾马车”添砖加瓦！

多谢琛奇同志，也望多保重身体！

延伸阅读

打造数据优势 助力中国经济

——在数据版100期研讨会上的讲话

（2021年12月24日）

2021年新年伊始，经济日报提出“开门办版，与京东合作，做100个数据版”。经过数据版团队的不懈努力、艰难摸索、创新实践，如期地、高质量地完成了这一看似不太可能完成的任务。

一年来，数据版挖掘数据资源，打造数据优势，强化数据赋能，通过大量精准、翔实、典型的数字，聚焦消费热点，展现消费亮点，解析消费习惯，研判消费趋势，为政策决策提供参考，为企业经营提供方向，为用户消费提供价值，初步形成了一定的影响力，有了一定的美誉度，是很有意义的。

第一，为什么要办数据版？

数据版，是经济日报今年开办的一个全新版面，在经济日报近40年的历史上，可以说是没有过的。据了解，其他中央媒体也少有开设这样一个版面的，或许零星的、偶尔的有一两个版，但像经济日报这样，投入这么多人力资源、版面资源、第三方资源，将版面刊发纳入日常运行之中的，作出固定化、制度化、长期化的安排，可以说是“仅此一家”。那么，为什么要办数据版呢？

首先，办数据版是数字经济发展的需要。习近平总书记特别重视数字经济，并将数字经济提到了“事关国家发展安全大局”的前所未有的高度。他在中央政治局第三十四次集体学习会上指出，数字经济发展速度之快、辐射范围之广、影响程度之深前所未有，正在成为重组全球要素资源、重塑全球经济结构、改变全球竞争格局的关键力量。今年以来，滴滴赴美上市数据问题、携程美团“大数据杀熟”问题集中爆发，无不凸显出移动互联网时代，数据作为核心资源的极端重要性。经济日报作为中央党报、经济大报，理应当仁不让，主动担当，在数字收集、整理、归纳、挖掘、分析、利用方面有更多新尝试、新作为。

其次，办数据版是“减量化改革，高质量发展”的题中之义。一年多来，经济日报践行“减量化改革，高质量发展”的办报理念。所谓减量，不是单纯地减少新闻报道数量，而是为了做大特色报道的这个增量，留足优质报道的余量，实现报社发展的高质量。打造和推出稀缺资源、优质内容、优秀作品，是经济日报高质量发展的主要目标，也是办好经济日报的重要着力点。做到了这三点，质量就必然过硬，读者就必然爱看，就必然受到受众欢迎。数据版，正是实现上述“三合一”的重要抓手之一。

再者，办数据版是经济日报彰显经济特色的一个路径。经济特色，是经济日报有别于其他中央媒体、避免千报一面的核心优势和突出要求。大数据时代，买与卖、购与销、上游与下游、进口与出口等等一切经济行为，都是可以用数据加以呈现和反映的。数据在经济行为中全过程、穿透式的存在，让一切经济活动、经济事件、经济报道，也都绕不开数据。一定程度上也可以说，经济特色集中体现在数据上，用数据来展现经济特色，正是好马配好鞍，篱笆配栅栏——再合适不过了。

最后，办数据版也是行业企业的共同需求。单一的个体消费、企业经营、产业发展数据，可能并不那么引人关注，意义也有限，可连续的、全面的、系统的数据，价值和意义就不言而喻了。如果经济日报能通过数据版这一载体，将经济社会生活中的新趋势、新动向和新亮点，持续、系统、全面地加以呈现，这对生产端、消费端和研究者乃至政策制定者而言，都具有不同一般的意义。满足需求，自然就会产生价值。

特别是，在以国内大循环为主体、国内国际双循环相互促进的新发展格局下，消费行为的底层逻辑在变化，消费心理的底层逻辑也在嬗变，消费自身也在“稳字当头、稳中求进”的经济工作要求下，被赋予了更大的意义和更多期待。连续的、系统的、全面的数据，是分析、研判消费热点、消费趋势的不二之选。

正是基于以上几点考虑，经过2020年底一系列意见征集座谈会，我们认为，一个以数据为核心内容的新闻产品，或可成为经济日报的一个特色和亮点。

第二，数据版的几个突破

年初的时候，数据版唯一能确定的就是这个版面名称，至于数据版做哪些数据，数据从哪里来，数据如何呈现，数据如何制作等等，这些问题数据版团队的同志还不太清晰，方向不太明确，步子也不太稳。

后来，在各方面的大力支持，尤其是京东团队的加持下，数据版起步了，一期一期做下来，一个版一个版坚持下来，效果越来越好，影响越来越大。尽管还不是尽善尽美，但逐步形成了自己的风格，形成了经济日报的特点，也凸显了自身的价值，有了令人欣喜的突破。

一是开门办报有力度。年初，数据版团队接到“与京东合作，做100个数据版”的任务后，立即与京东消费及产业发展研究院深度合作，建立了工作群，设立了例会制，形成了常态化沟通机制，数据团队提供数据需求和新闻价值判断，对版面进行符合经济日报形象、定位的适应化改造，京东方面提供数据收集、整理、归纳、分析能力及版面美编制作。据统计，京东方面以消费及产业发展研究院、公关媒介部、视频团队、美编团队为主，20多人投入到对数据版面的支撑之中。双方深度合作，探索出了一条“选题策划能力在报社内、数据整理环节在报社外；版面把关环节在报社内、版面制作环节在报社外”内外结合的开门办报新模式。

二是融合报道有深度。从一开始，经济日报编委会就向数据版团队明确：数据版，不能止于版。所以，数据版有很多副面孔——报纸版面、微博、微信、客户端、短视频等。这是数据版有别于其他版的一个鲜明特点。面孔虽多，但万变不离其宗，都是为了扩大数据版的影响力和到达率。数据版团队根据每期数据版的特点，结合“两微一端”和短视频平台的传播规律，制作最有利于传播的融媒体产品。这一运行模式的底层逻辑是——融合为魂、数据为核、规律为先、特色为要、效果为王。

三是数据挖掘有广度。据了解，京东消费及产业发展研究院此前每年的数据报告在50个左右，但这50个报告，因为种种原因无法做到全部契合数据版需要。这也就意味着，经济日报不是拿来就能用，还要做大量的数据挖掘工作。为此，数据版团队加强选题策划，根据新闻热点、消费热点、版面定位，提出新的数据需求。数据版推出的不同年龄群体消费习惯报告、不同性别消费需求报告、不同区域消费者消费报告等，都是据此产生的。统计显示，100期数据版中，65%以上都是采取了数据挖掘的模式。

四是版面影响有速度。对于一个新设立的版面，最难的是形成影响，最难能可贵的也是形成影响。可喜的是，从0到100，数据版的影响力也在逐步形成，并不断扩大。有的企业家通过经济日报地方站的同志，转达对数据版的关注和认可；有的企业，比如快手、中科星图等，联系数据版团队表达合作意向；有的地方政府，辗转找到数据版团队，希望能查看数据版更多内容；还有的年轻读者，在数据版融媒产品下留言："想不到你是这样的经济日报!"阿里的同志也提出，能不能也和他们搞些数据合作。草摇叶响知鹿过，松风一起知虎来。各方的积极反应充分说明，数据版的定位是准的，方向是对的，路子是可行的，要坚持办下去。

第三，一年来办数据版的启示

从2月21日第一块数据版首次亮相，到12月5日第100期数据版精彩呈现，一年来，数据版团队如期完成了年初的预定目标，为经济日报开发数据资源、强化数据禀赋、打造数据核心竞争力，进行了积极探索和有益尝试，初步走出了一条符合经济日报实际的数据产品化之路。这也带来一些可贵的启示。

启示一，经济数据开发利用的潜力还很大，空间还很广，可谓是一片蓝海。中国拥有14亿人口，近4亿中等收入群体，同时也是世界第二大经济体，有着逾1.5亿市场主体。如此庞大的基数，如此活跃的市场，每分每秒都会产生海量的、庞大的数据资源。而这些数据资源，如果能用恰当的底层逻辑进行收集、整理、归纳、分析并形成有关报告，就一定会具有很大的价值，也一定会产生广泛的关注。当前，我国正加快形成以国内大循环为主体、国内国际双循环相互促进的新发展格局。全面、系统、科学的数据分析，无疑将为新发展格局的形成提供有力支撑。在这一过程中，数据开发利用必将迎来前景无限的蓝海。

启示二，深挖数据背后的数据、价值背后的价值、意义背后的意义，数据产品才更具有核心竞争力。今年以来，数据版也曾以权威部门发布的数据为依托，推出过几个数据版。但由于数据开发能力缺失，又无法获取更多分项数据，这些数据版往往只是把已经发布的数据做了再次呈现，意思不大，意义也不大。而后的100个数据版，则是依据京东平台的各类消费数据，再由数据版团队针对研发端、生产端、消费端各环节潜在的数据需求，精准挖掘数据背后的数据。这些数据是独家的，是首发的，是全新的，是专业的，也是不可替代的，因此产生的价值和意义也就不可同日而语了。

启示三，要继续发扬和坚持“开门办报”的优良传统。经济日报是中央党报、经济大报，在政府机关、研究机构、市场主体中拥有大量高质量的读者群体。同时，在媒体格局之中，经济日报是主流、权威、公信力的代名词。这是经济日报的长项和长处。但正所谓：高手在民间。京东作为平台型公司，每天都生产出大量的经济行为数据，且有着强大的数据开发利用能力。双方合作，就是“强强联合”。如今的数据版，既有经济日报的独特禀赋，又有京东独家数据资源、强大数据开发能力的强力支持，这才能坚持下来，越办越好。

启示四，高质量产品是办好报纸、办好新媒体的重要条件。今年以来，经济日报践行“减量化改革，高质量发展”的办报理念，坚持“内容为王”，充分发挥经济日报的资源和优势，努力为受众和其他传播机构提供有经济日报特色、有经济日报水准的优质内容产品。数据版就是其中之一。我们狠抓经济评论言论，狠抓深度调研，狠抓企业报道，推出了一系列引起良好社会反响的报道，报纸影响力在增强，新媒体影响力也在增强。这表明我们“减量化改革，高质量发展”的路基本上是闯出来了，方向是对的，要坚持不懈走下去。

第四，明年数据版如何出新出彩

数据版办到100期，的确不易。但100期不是终点，而是一个进阶更高维度的原点，一个通往更高质量的起点，一个迈向更新未来的出发点。2022年，数据版要增加一些前瞻性、警示性的内容，包括增强忧患意识，反映正反两方面数据等等。此外，也还要在三个方面加强探索实践。

第一点，要站得更高、看得更远，不断拓展收集整理、归纳分析、开发利用的数据报道新领域。海量的、有价值的数据，不仅可以赋能传统产业转型升级，催生新产业新业态新模式，还拥有丰富的应用场景。我们要从提升经济日报数据核心竞争力、强化经济日报数据赋能的高度出发，继续跟像京东这样，拥有强大的数据资源，拥有强大的数据开发能力的互联网公司合作。要有体系思维，不能只顾一点，不及其余，也不能“捡到篮子里都是菜”。不仅要聚焦消费端，还要关注研发端、生产端、物流端等领域的数据需求，塑造新的核心生产力和核心竞争力。

第二点，要花大气力、下绣花功，不断创造数据呈现、数据表达的新形式。2021年，经济日报和京东方面无缝交流，深度沟通，在数据版的版面和新媒体呈现方面，有不少有益的探索和实践。2022年，我们要有“归零心态”，要重新出发，在版面版式上精耕细作，更加大气美观，更加精致典雅，要做到让版面有收藏价值；在色调选择应用上，也要更加讲究、精细，真正体现出中央党报、经济大报的风采；在新媒体形态上不断创新，除了图片、短视频，还要利用长图、动态海报等新形式，丰富数据产品最终形态，并在版面上留下二维码，让更多受众更为便捷地转发、分享、互动。

第三点，要精益求精、更上层楼，不断追求数据版面及衍生产品的新效果。有价值的产品，才最有生命力。2022年，要进一步拓展思路，开阔视野，专业、精准对接政府部门、市场主体、研究人员、经济行业从业者需求，进一步实现比较清晰的数据收集、数据分析、数据生产和数据服务的商业化模式，赋能数据运营，开发更有价值、更有效果的数据产品，加快打造新的经济增长点。

与此同时，数据版还要在增强“三性”上下功夫。一是数据内容整体要更有针对性，要更加契合企业、消费者、研究者和政策制定者的需求；二是数据分析要更有指导性，评点更有水准，进一步提升质量，真正让数据需求者有借鉴、可操作、能落地；三是数据整理更有贴近性，有些数据整理还要更接地气。

如果要问，办数据版一年最大的感悟是什么的话，或许可以凝练成一句话：数据版要跟时间做朋友。只有日积月累的努力，一点一滴的积累，坚持不懈的付出，才有厚积薄发的可能。只有沉下心、屏住气，坚持做下去，至少办三年，才能通过时间效应，将零散的、分散的、单一的数据模块，积淀成系统的、统一的、连贯的数据体系，个别的、孤立的、局部的数据也就由此被赋予了乘法效应，必将发挥出更大的、不可估量的价值。

编辑部文章发挥了压舱石作用

2022年5月26日 · 星期四

“战略导弹部队”再显神威，编辑部文章成刷屏之作。

经过前后20天的策划、写作、打磨，本报编辑部文章《全面辩证看待当前经济形势》新鲜出炉。新华社昨晚10时许转发这篇重磅文章后，即引起社会关注，各新媒体平台均在显著位置予以转载。

今天，人民日报、光明日报和北京日报等多家媒体全文刊发这篇编辑部文章，我们自己更是在一版断版刊出。6000多字的长文，因其内容的特殊性、重要性、敏感性，有力引导了舆论，为稳经济大盘、促经济增长发挥了压舱石应有的作用，体现了经济日报的政治站位和大局观。

现在看，这篇报道能产生如此大的反响，主要有三方面因素。

首先，文章撰写编发时机好。今年以来，中国经济形势严峻复杂，特别是三四月份以来，下行压力陡增，大盘面临巨大挑战，国内外忧心忡忡，消极悲观情绪顿生。在这种情况下，坚定信心，看清大势显得尤为重要。在国务院召开10万人参加的全国稳住经济大盘电视电话会议之际，我们推出此文，引导大家全面辩证地看待中国经济，可谓应时应景，水到渠成，广受关注就成为必然。

其次，文章质量高针对性强。此文条分缕析、引经据典，从多侧面、多维度阐述了中国经济面临的严峻挑战和有利条件，分析了存在问题的深层次原因。求实务实，不尚空谈，不回避矛盾，不淡化问题。文章有说服力、有逻辑性，说理性强，可信度高，向读者和盘托出中国经济怎么了、又该怎么看。

第三，各方形成支持合力。从内部讲，五一节后，编委会决定启动编辑部文章撰写，到评论部齐东向、牛瑾同志具体操刀，到上下几次反复修改，季正聚、徐立京和齐平等同志接手打磨，十易其稿。从外部说，得到有关方面的帮助，在修改稿件、核实资料和推广播发等方面，都给予了精心指导。有关负责同志也提出了修改意见。人民日报、光明日报等兄弟媒体都予以积极支持。最终，形成了强大的宣传合力，收到了很好的宣传效果。

这样的报道，进一步坚定了我们“减量化改革、高质量发展”的信心。有同志查了资料，新华社转发经济日报报道，最近的一次是2016年，至今已有6年之久。在目前的新闻宣传格局中，躲进小楼成一统、搞自给自足的小农经济那一套，是难以适应形势要求的。必须要有全局意识，和其他主流媒体一同进步，跟上时代发展潮流。

这样的实践，再一次提示我们，经济日报这个平台可以做很多工作，经济日报这支队伍可以干许多事情，经济日报这个品牌可以发挥更大作用。关键是要干起来，所谓一打纲领，顶不上一个行动。须知，天上不会掉馅饼。要获得业绩，要取得进步，只能付出不懈努力，只能付出必须代价。舍此，别无他途！

向为采写编发推广这篇编辑部文章辛勤付出的同志们表示敬意！

苦干实干，不负最好时代

2022年5月27日 · 星期五

（一）

这期的推广周报，在谈到平台运营策略时提出，要充分发挥融合生产优势，全要素、全链条形成议题聚焦。这个建议对同志们来讲，是有指导性的。

根据不同平台特点，实现作品形态和形式上的差异化表达，形成议题聚焦，是媒体融合背景下内容生产的特征。《拉面飘香》全网传播取得可观效果，这其中，微博主动设置议题#万字调查品尝牛肉拉面##柳州螺蛳粉和兰州拉面你更爱哪个#等，用多个接地气、有温度的话题引导受众，带动网友参与讨论的热度。而微信设置的新媒体稿件《“中华第一面”，真香！》，辅以视频和图片，引发受众共情，让网友直呼“看饿了！”此外，地方媒体和平台的宣传推广，形成传播矩阵和推广合力，在传播高峰期迅速产生刷屏效果，都有力促进了高效传播。

推广周报说，融媒体时代，爆款新闻产品的出炉，已不仅仅是一篇文章、一个视频或一张海报，在议题设置上较为成功的产品，往往是跨领域的综合性产品。周报进一步指出，以主报原创的拳头作品为基础，经过采编团队精心打磨，利用新技术手段，报网端微一体化策划、分渠道传播，做到主题统一、细节各异，就能以小博大。这样的认识是有站位的，也比较专业，我们要尽快体现在工作中。

（二）

说到《拉面飘香》这个调研报道，刚好收到甘肃记者站李琛奇同志发来的微信。这个微信报告，甘肃省委副书记、宣传部部长王嘉毅同志5月25日作出比较长的批示，充分肯定了我们的报道。现不妨转录如下，供同志们内部参阅——

经济日报历时半年深度调研兰州牛肉面产业发展，系统讲述了兰州牛肉面从地方小吃逐渐成长为特色品牌、富民产业并走向世界的发展历程。同时，经济日报采取多种形式推广报道，形成全网“爆款”，为进一步宣传甘肃特色美食文化做出了巨大贡献，向经济日报表示感谢。

请省委宣传部学习借鉴经济日报宣传推广专题报道的方式方法，推动我省主题宣传报道提质增效。

请省乡村振兴局会同省商务厅、省人社厅等部门，将发展牛肉拉面产业作为带动农村地区特别是少数民族地区群众就业、巩固脱贫成果的有效手段，加大就业培训和资金扶持力度，推动牛肉拉面产业快速发展。

（三）

长期以来，各部门评报不断改进，总编室做了大量组织统筹工作，特别是这一两年抓得更紧，收到了务实成效。上个月我提出，部门评报可作小小调整，由部门署名调整为部门+作者署名，可能效果会更好。

昨天评报轮到评论部，是牛瑾同志写的。她首先推荐了自己参与采写的编辑部文章《全面辩证看待当前经济形势》，同时指出，编辑部文章的题眼在“全面辩证”。昨天报纸稿件安排，也都集中体现着“全面”与“辩证”。在列举了版面主要内容和特点后，牛瑾同志认为，本报编辑部文章讲明大形势，后面内容提供多角度支撑。昨天的报纸，是在用12个版的容量，讲明全面辩证看待经济形势的观点。在我看来，这样的评报是有独到眼光的，读了也是颇有启发。

齐东向同志谈及评报体会时表示，“本报编辑部文章刷屏，朋友圈里点赞频频，还有的群里在‘科普’什么是党报的编辑部文章，经济日报的权威性、公信力、影响力又一次得到全面展现，倍感兴奋。”重要的是齐东向同志的这番话——与以往明显不同，这篇重磅文章从选题到策划、从撰写到刊播的整个过程，凸显了策划早、部署快、精心打磨、广泛协调的特点，每个环节、每个关口都克服了种种困难，倾注了各位编委、各相关部门的心血智慧，体现了社长提出“要实现从‘有没有’到‘好不好’的重大跨越”的重要要求。

经历风雨才能见到彩虹，闯过隘口才能一马平川。齐东向同志不愧是本报首席评论员，说话不仅有站位，而且也有情怀，极富感染力。她说眼下深刻的感受是，正是一件事一件事的“干”，一篇稿一篇稿的“磨”，才有了经济日报影响力的与日俱增。现在大家都说“最好的时代”，最好的时代就是奋斗的时代、实干的时代。我们要继续努力、继续探索，尽职尽责、苦干实干，不负最好时代，做经济日报40周年历史新起点上的见证者、建设者。

在大有可为的平台上大有可为

2022年5月29日 · 星期日

周三召开5月份驻地记者例会，这已是第二次了。会上，传达编委会指示要求，通报报社有关情况，交流各站工作，也反映了遇到的困难和需要解决的问题，徐立京同志作重点部署和具体安排，起到了上下沟通、信息畅达、统一思想、落实工作的作用，达到了预期效果。这个机制要探索完善，并持续下去。

看了两次例会的材料，是有收获有帮助的，特别是几位年轻同志的发言，留下了深刻印象。陕西站杨开新同志在第一次会上发言道："每个人都有不同的人生经历，但都拥有共同的时代际遇。经过这一年的驻站经历，我由衷感恩于能成长在社会主义新时代，成长在报社砥砺奋进的新时期，成长在驻地机构大有可为的新阶段。"他表示，报社年近不惑，我们重任在肩，一定要倍加珍惜组织上的信任，倍加珍视报社搭建的平台，牢记编委会的殷切嘱托，在广阔的基层把工作干实干好。

山西站李红光同志发来微信，谈到《太钢制胜》企业调研在当地的影响，说报道至今还在发酵，新媒体多平台累积阅读量约1.25亿，其中仅海外平台就产生930万阅读量。

"这是咱们的又一爆款之作，特别是海外平台有近千万阅读量，更是想不到。最近在对外交往中，不少人多次提到这个稿子，让我们增加了不少底气和自信。"李红光同志说，记者站工作每年有每年的困难，作为一名新兵，仍在摸索适合自己的路径，不仅要新闻能力过硬，而且还要提升社交能力，有时甚至要逆自己的性格而行，这相当令人痛苦。当然，痛苦之后的成长，也是能感受到的。与初来时的恐惧焦虑相比，现在多了不少从容淡定，也更清楚了自己的目标和方向。自己在山西毫无根基，想做好工作就需要沉下去，打下扎实的基础。

疫情给好多人带来困难，红光同志已有两个多月没回家。“面对这样的挑战，唯有坚持才能胜利。”李红光同志汇报，此刻他正坐在去长治采访的火车上，脑海中想起总编辑评报中的一段话，给自己鼓劲儿：“不管做什么，都不要急于回报，因为播种和收获不在同一个季节，中间隔着一段时间，我们叫它坚持！”

湖北站董庆森同志也发来微信，说他这几天在枣阳采访，那里的麦子已经成熟，遍地金黄。他感慨道：“种下毅力和认真两粒种子，用时间浇灌，只要坚持就会有最美的收获。编委会对记者站很重视，我们将坚决贯彻报社的指示精神，不负期望。也期待经济日报更辉煌的未来。将来，回过头看这段记者站的奋斗时光，必将是人生最美的回忆。”

读着这些坦诚的文字，眼前就会浮现出年轻同志拼搏奋斗的身影，总会想到驻站记者迎难而上的模样，为他们的进步而欣慰，也为他们取得的成功而高兴，更为他们在磨练中日益成熟而开心。

刚刚又收到上海站李治国同志微信，要汇报工作。他说，今天各央媒前方支援部队撤回北京了，持续近两个月的上海抗疫报道基本告一段落。

历经此次抗疫报道，李治国认为有三点感受特别深刻。

首先是磨练了心智。这次上海抗疫报道持续时间长、任务重，同志们经受住了长时间封闭带来的心理上、精神上的考验，保持了人员安全和报道安全。

其次是锻炼了能力。面对复杂的舆情环境，而且舆情斗争主要体现在线上，要求必须熟练掌握新媒体手段。我们应用多种新媒体手法，制作了大量新媒体产品，形成了良好的传播效果。在报社越来越成熟的新媒体运作机制下，未来的新媒体报道工作会越来越得心应手。

第三是培养了人才。两个月抗疫报道确实考验人，尤其是对于李景同志这样的年轻人，更是个严峻考验。他两个月独处斗室，一直保持战斗姿态和战斗作风，持续拿出优秀作品。关键时刻站得出、顶得上，在战斗中成长得格外迅速，真要为报社有这样优秀的年轻人才点赞。相信随着这一代优秀人才逐渐成熟，报社未来的事业也将蒸蒸日上……

目前，上海的抗疫还在继续，抗疫和疫后建设报道任务依旧繁重。李治国同志表示：“我们将继续保持战斗力，并开始布局下半年工作。静止了两个月的上海正在重新开始，我们也要重新开始新的战斗！”

一批大有可为的人正在大有可为的平台上大有可为，怎能不让人振奋、令人神往？

媒体融合要勇于尝试勇于实践

2022年5月30日 · 星期一

（一）

人事部对采编部门工作进行统计分析，已有一年多了，每月都会在总编辑办公会上通报，并印发各部门。作为“质量提升年”活动的一项创新举措，这件事做得有价值、有意义，对加强管理服务、促进采编业务起到了积极的推动作用。希望大家认真学习参阅，不断改进工作。

4月份的统计报告指出，媒体深度融合和推广工作是取得明显成效的。这主要体现在两个方面：

一是报网两微融合机制激发出生产效能和创新活力。统计显示，4月份主报微博微信发稿839条，较3月份提升近25%，阅读量和粉丝量也呈增长态势。与此同时，两微融合团队在对报纸作品进行新媒体转化和延伸报道上也有新进展，呈现形式多样，传播效果较好。其中，关于一季度经济数据的融合报道作品还获评A稿。

二是积极摸索深度调研报道海外传播新路径。据统计，从3月底到4月份，廉丹同志牵头的海外平台团队守正创新，选取包括《柳工移山》等10套本报独家原创深度调研报道，经二次加工后在脸书等海外社交平台集中推送，牛刀小试，总阅读量居然超过4700万，有效提升了本报的海外影响力。

现在看来，在媒体融合发展方面，总编室两微融合团队和国际部海外账号团队迈出了实质性步伐，取得的成绩也比较突出，从整体上提升了深度融合报道的质量和水平。要再接再厉，不懈探索。

（二）

说到两微融合报道，又仔细翻看了融合团队上周五召开的工作例会纪要。这次例会的主要内容是围绕新媒体标题制作进行业务研讨，觉得很是重要，也十分迫切。

有同志说，在制作新媒体标题时，要倍加谨慎，重点把握政治导向，要把发生过问题、出现过险情的案例汇总复盘，举一反三，始终将安全、准确摆在第一位；

有同志说，新媒体编辑既要熟悉网言网语，又要认识到舆论环境的复杂性，时刻绷紧意识形态这根弦，不能为了吸引眼球简单化处理，更不能在情绪引导上“火上浇油”；

还有同志说，在做新媒体标题或设置平台话题时，导向必须正向、积极，要在提升稿件关注度的同时，增强信息的权威性。不能夸大处理，也不能片面化解读。

归纳起来，大家在这次研讨中形成了几点共识，一是要坚持正确舆论导向，二是要完整准确，三是要客观平实，四是要符合新媒体传播规律。在此基础上，王智同志又做了概括，强调新媒体编辑要注意把握好火候和分寸，切实处理好“准”与“活”的关系、“褒”与“贬”的关系、“快”与“慢”的关系，提高新闻业务能力、对经济问题的把握能力，努力形成人人把关守牢阵地的良好局面。

新领域，新业务。我们就是要通过大胆尝试、勇于实践，力促媒体融合向纵深发展。

（三）

因为疫情影响，评论委员会这一个月未能如期开会，但技术部仍按惯例做出4月中旬到5月中旬两个周期评论稿件传播情况统计分析，正好可以与人事部4月份工作统计对照起来看。

统计表明，前一个周期报纸发布原创评论稿件168篇，后一个周期由于存在五一假期因素发稿158篇，总体而言发稿量稳定。中央网信办全网推送量均有所增长，网上转载量分别为13225次、13051次。前一周期转载量增长14%，后一周期回落了1%，但相比总转载量平均值高出10%。评论专栏转载超200次的分别为13个、12个，评论稿件转载超200次的分别是18篇、17篇。

技术部分析认为，微博话题多次引发热议，显著提升了阅读量。比如，亢舒同志专栏文章话题#发挥稳楼市在稳大盘中作用#阅读量达3060.1万，登上了微博热搜。同时，短视频对传播量增长也有大贡献。中经网短视频平台，近期产出两条千万级作品，一是乔金亮同志《确保疫情防控与农业生产两不误》转化的视频播放量1430.9万，二是顾阳同志头条热评《经济日报：全面取消县城落户限制是挑战更是机遇》转化的视频播放量1113.4万。这都说明，应加大微博和短视频工作力度，不仅可以扩大影响力，也能彰显权威性和引导力。

目前，北京疫情正在好转。等下个月条件允许了，包括评论委员会和总编辑办公会等会议制度，要逐步恢复运行，以发挥机制的应有作用。

如何做好新媒体标题

2022年5月31日 · 星期二

新闻标题的重要性是不言而喻的，报纸这样的平面媒体如此，对新媒体来说更是如此。

近年来，无论是报社的新媒体部，还是中国经济网，在标题制作上是有不少经验的，出了不少好标题。但同时，也有过这样那样的教训，产生过程度不同的负面影响。如何做好做靓新媒体标题，是我们广大采编人员尤其是报网两微工作团队的一项十分重要的工作。

这一年多来，我在评报中多次讲过这个问题，也反复强调过做好标题的原则要求。这次，最新一期融合推广周报专门谈了新媒体标题问题，说得比较透彻，也比较到位，还是颇有参考意义的。

不同的平台、不同的内容、不同的读者，对标题制作有不同的要求，也决定着传播效果。周报认为，一篇文章，决定用户会不会打开的第一要素就是标题，标题是否吸引人，直接决定了文章的打开率。因此，做新媒体，不管是微信、微博，还是短视频，虽然有各自的平台属性，决定传播效果的因素有所不同，但无论哪个平台，标题都是最关键的要素。周报进一步指出，对于短视频平台来说，标题决定视频的播放量；对于微信，标题直接决定文章的打开率；而对于微博，标题话题直接决定文章是否能够上热搜，从而形成更大的覆盖率和到达率。

那么，什么样的标题是优秀的、成功的，算得上是好标题呢？这期周报提出，一个好的标题必须符合以下三方面的条件：

第一，安全性。这一条是底线，也是红线，是“1”，其他都是“0”。只有在保证安全的基础上创新，才有意义和价值；

第二，有特色。牢记我们是中央党报、经济大报，标题一定要体现政治站位、经济特色，要做出经济日报独有的属性和调性，打造出经济日报的特色标题；

第三，重规律。要充分利用好全平台优势，尊重各平台属性，掌握并利用好各平台的传播规律，努力做出符合各平台用户阅读习惯、有吸引力和传播力的标题。

安全性、有特色、重规律，这三点概括和总结是有水准的，虽然还不那么完整、周密，但抓住了要害，体现了本质，突出了重点，尤其是把政治安全、导向安全比作“1”，其他都是“0”，这样的表达很形象、很生动，是站得住脚的，也比较耐人寻味。希望同志们加以借鉴，并在工作中注意把握。

JUNE
2022 / 6

2022 年 6 月

总编辑评报

海外传播摸索规律体现特色

2022年6月1日·星期三

在这一年多的评报中，多次提及国际部海外账号工作团队，对同志们的表现和取得的成绩予以表扬肯定，总是会期待我们的这支了不起的娘子军做出更大成绩。

前几天，我在评报中谈到海外团队今年工作上取得的一个突破，就是对深度调研报道海外推广表现出色，反响可喜。记得1月份《鄂尔多斯重塑》见报后，海外平台传播量为600万，这次《太钢制胜》已近1000万。看到评报后，廉丹同志即反馈说，感谢报社对海外账号团队工作的肯定，海外推广工作成效初显，离不开编委会的靠前指导、部门的全力支持和报社各相关部门给予的配合。她认为，报社的深度调研风生水起，彰显了经济日报的金字招牌，而报纸的优质内容恰恰是做好海外传播的底气所在。

作为报社海外传播的一扇重要窗口，应当不断学习借鉴，不断探索创新，争取更大的进步和提升。为此，廉丹同志和团队的同志们一直坚持实事求是，稳中求进，守正创新。她们还专门总结了深度调研报道海外发布推广的几点体会：

首先，“内容为王”无论在哪个平台都是定律。深度调研报道是本报原创重量级经济特色报道，也充分体现了融合报道理念，选题、内容、配图、视频等各环节都精耕细作、匠心独具，从策划入手就是为“融合”而生，为各平台的展现与推广提供了良好素材。目前，海外平台内容发布以图文、视频+文字报道等为主要形式，深度调研报道在这个平台发布优势显著，相应的传播效果也显著。

其次，在不断摸索和总结中找到“契合点”。廉丹同志认为，经济日报海外账号开设两年多来，最难的莫过于找到海外传播的规律，怎么样在原有报道中找准符合海外受众口味的亮点，以什么形式对作品进行二次加工。她们的体会是，在深度调研报道的作品转化中，要本着发现美的、找出高精尖的、呈现独特的等几个原则。

再者，在开拓进取中方能有更大的前行空间。之前，我们的海外团队一直重点在做脸书、推特平台主账号。从今年3月份开始，她们逐步探索Instagram平台规律，且初见成效。可以说，这几次深度调研报道传播量喜人，也是多平台共同发力、形成合力的结果。

两年前，刚做海外账号时，廉丹同志和这个工作团队的同志们心里并没有底，大家也不知道会做成什么样子。但她们咬定青山不放松，以强烈的事业心和责任感，克服人手少、条件差等困难，从零起步，坚持不懈，硬生生地闯出了一片天，为经济日报社国际传播和扩大海外影响作出了不可取代、不同一般的贡献。我们要再次为这支三五个人组成的娘子军点赞！

日日行，不怕千万里；常常做，不怕千万事。这也是海外团队用行动和实绩再次印证的一个道理。

要重视新闻业务研究

2022年6月2日·星期四

这段时间，新闻协调部和有关部门一起在准备中国新闻奖的评选材料。在这个过程中，议论到推荐的作品类别，发现我们是可以推荐新闻论文参加新闻奖评选的。事实上，每年新闻界都有多篇这类作品获奖，人民日报、新华社等其他中央媒体都能够大有斩获，但经济日报在这一类别评选中，多年来始终是个空白。

鉴于此，大家在商量时就想到，我们能不能今年也推选这样的作品参选，争取能有所突破？结果到处搜罗，没有找到采编人员2021年度在正式专业刊物上发表过有分量的业务文章。只有徐立京同志在《新闻战线》上刊发了一篇署名文章，还是她在中央党校中青班学习期间做的课题。考虑到徐立京同志今年要作为中国新闻奖评委，不能有自己的作品参选，所以这一项参评类别最终只能作罢。

前一阵子，孙世芳同志提出，由于内参部和经济研究部机构人员有所调整，工作职能发生变化，此前由内参部负责组稿编辑的内部刊物《经济新闻研究》，建议交由新成立的理论部负责承担。经过综合考虑，我是同意的，同时提出，像这样的内部刊物要尽量减少出版期数。据说，此刊主要是为了满足报社内部采编人员评职称需要，完成刊发论文这个硬指标，是给同志们提供一个便利。这完全可以理解，短时间内这样临时性安排也是可以的，但不应成为一种制度性设计。我们还是希望采编人员在新闻业务上用心用力，撰写一些有真知灼见、有丰富实践和理论积淀的业务文章，并力争在公开正式的刊物上刊发。这不仅可以展示本报采编人员的实力，更重要的也是提高采编人员素质的内在要求。

从这个角度考虑，《经济新闻研究》这个刊物要少出，就是要倒逼我们的采编人员走出去，视野向外、眼睛向上，在提升自己的业务能力、理论研究水平上下功夫、花力气。须知，吃送到嘴边的饭是不可持续的，属于一种自欺欺人，既不是出路，也没有前途。我们不鼓励，不提倡，希望大家在这方面形成共识。

工作了几十年，都没有写几篇业务文章，也实在对不起自己在这个职业中的付出和实践。那么多的经验和体会，如果不作概括和总结，也是比较遗憾的。我建议也希望同志们注意积累，悉心钻研，出些货真价实的业务论文，且不断在报刊登场亮相，为报社增光添彩。在下一次中国新闻奖新闻论文评选中，最起码能够有一些可以用来推荐、有竞争力的作品。

体现站位、素质和修为

2022年6月4日 · 星期六

（一）

端午小长假，少不了发发微信，祝亲朋好友安康，也会接到不少的节日祝福。其中，上海站李景同志不仅发来问候，还发来两个自拍自剪的视频。他说，这种形式挺好，借助咱们的平台资源把自己的影像也留在上海抗疫报道历史里，既是业务创新，又是个人纪念，感谢报社为大家提供了施展创意和想法的平台。

李景同志在微信中说：前几天的《总编辑评报》特别提到我独处斗室，但一直保持战斗姿态和战斗作风，我一下就忍不住泪目了，疫情中的百般滋味涌上心头。想起您两个月前跟我说："现在遇到的，都是人生历练中必须要经受的，这样才会更快成长。"现在看来，完全如此，经历此"疫"，我的心智更加坚韧，业务能力、抗压能力、自我调整能力、应急处突能力，甚至生存能力都得到提升。回头看，这段磨练虽苦，但很值得！

如今上海疫情形势向好，生活秩序逐渐恢复。李景同志表示，期待北京早日恢复，期待早日能够回京当面汇报这一年来的感受……

日子过得真快。这批年轻人到记者站工作，大多已逾一年了。

（二）

山西站李红光同志传来山西省委宣传部的感谢信。信中说，经济日报推出深度调研报道《太钢制胜》，全面展现山西制造业深入贯彻习近平总书记重要指示精神，克服重重困难，努力迈向高质量发展的崭新面貌。这对我们是极大的激励和鼓舞。我们对经济日报社给予的大力支持表示诚挚感谢，对贵报重点报道表达由衷敬意!

信中谈到，张曙红同志带队组成调研组，按照“践行习近平经济思想调研行”“牢记总书记的嘱托·企业调研记”“高质量发展产业调研”三大深度调研策划，深入太钢集团采访，推出重磅报道，彰显习近平新时代中国特色社会主义思想的真理力量和实践伟力，将山西牢记总书记嘱托、全方位推动高质量发展的实践生动地展现在全国读者面前。

感谢信还说，山西记者站的同志们常年深入三晋大地基层一线采访调研，密切联系群众，用清晰镜头、生动笔触充分汇聚起奋发进取的磅礴力量，充分展现了中央经济大报的优良传统和党的新闻舆论工作者的良好素质，赢得山西广大干部群众的尊重和敬佩!信中表示，他们将更加主动配合经济日报社做好各项工作，衷心祝愿经济日报社各项事业不断发展壮大!

接着又收到山西站梁婧同志报告，她说太原日报头版转载了她写的《汾河再现水韵悠悠》。太原日报社社长兼太原市宣传部副部长一早就发来截图，是他们主动转载的，说他们现在阅读经济日报是每日必选项目。梁婧同志反复讲，我们报纸在太原影响力越来越大，作为经济日报人，激动又自豪。要持续写好稿，用好稿进一步扩大咱报纸在山西的影响。

（三）

前几天，关于“四川撂荒地复垦专项整治调查”稿不能见报一事值得说一说。

四川站钟华林同志在业务上一直是比较讲究的，为这个调研报道很是下了一番功夫。该选题在3月初准备采写时，曾查阅大量资料，征求了农业厅和省委政研室搞这方面研究的同志意见，又与县市农业部门提前进行了解沟通，各方面都觉得复垦工作很有成效，值得写。

在采写过程中，钟华林同志确定了坚持正面引导原则，目的不是揭露问题，旨在着重推介成效和经验。他采访了有代表性的6个市县区10多个村，在田间地头与100多名乡村干部、农民群众、复垦业主等深入交流。

5000多字的第一稿很快形成，但在准备提交入库时自己又推翻了，觉得完全是个“大表扬稿”，没有什么味道。此后，他另起炉灶，从存在什么样的问题，有哪些难题，如何破解，基层进行了哪些探索，收到什么样的成效等方面重新谋篇布局，几易其稿，最终形成了8000多字的重磅稿件。

没想到，近期四川省委主要领导调整。安排见报前，编辑部提出因主题重大、涉及面广，请新任省委书记给看看，结果得到的回复是“先不发表”。

辛辛苦苦付出，没能如愿展示，搁谁都开心不了。华林同志说还是不太甘心的，但也在不断宽慰自己：这一个多月的调研成果虽不能在报纸上呈现，但给刚到任的省委主要领导提供了基层最鲜活的素材，让省委能了解最真实的情况，也算有所贡献吧！至少可以算作一个“参阅件”吧？如果能推动工作，那就超额完成任务了。

华林同志有这样的认识和态度是难能可贵的，也是有高站位的，体现了素质和修为，值得大家好好学习。

下力气开辟地方工作新局面

2022年6月5日 · 星期日（上）

昨晚，河北站王胜强同志发来一份报告，专门汇报了近期的工作情况。王胜强说自3月21日到河北站工作两个多月，已基本适应新的工作环境，新闻采写工作有序展开，与站里同志保持精诚团结，与省委宣传部和各地区沟通良好，与报社各部门对接有序，与中央驻冀各新闻单位关系融洽。在业务工作中笨鸟先飞努力用作品说话，在内部管理中张弛有度营造干事创业氛围，在对外交往中有理有节展现经济日报自信向上形象。总之，各项工作稳中向好、稳中有进，请编委会放心。

报告重点谈了河北新任省委书记倪岳峰主持召开央媒驻冀新闻单位负责人座谈会的情况。

5月18日，倪岳峰书记在雄安新区组织召开央媒驻冀新闻单位负责人座谈会，人民日报等6家驻冀新闻单位负责人发言。王胜强同志在会上介绍了经济日报打造习近平经济思想学习宣传高地、做好经济报道的做法及成效，感谢河北省委一直以来给予经济日报的关心、支持。还介绍了拟对石家庄和君乐宝乳业深度调研的初步想法。

倪岳峰书记对两个调研选题很感兴趣，在与胜强同志互动交流时说：

“经济日报的深度调研已成为品牌，各个不同的区域有不同的状态。你刚才谈到调研石家庄，石家庄这个地方现在干部的精气神很好。另外你谈到君乐宝，君乐宝这个企业我去看了一下，质量体系很先进，当年，三聚氰胺事件是我们的惨痛教训，打垮了河北的乳业，也打垮了全中国的乳业。在新时期，振兴乳业实际上是一个非常重要的话题，比如说婴儿奶粉，现在农村普遍信心有了提升，但在城市，特别是大型城市，信心是不足的。从我去君乐宝调研的实际情况看，质量控制完全采用的是世界一流技术。大家对企业的挖掘报道不是宣传这个企业，而是宣传整个行业，宣传质量意识，以及民族产业的振兴。这个角度确实有很多需要挖掘的东西。”

此段倪岳峰书记的讲话，是河北省委会议工作人员根据录音整理后提供的。

5月24日，河北省委常委、宣传部部长张政主持召开会议，带着6家单位梳理落实这个座谈会的各项要求。胜强同志在会上谈到，正在抓紧深度调研的前期准备工作，待北京疫情得到控制后，将根据安排有序开展调研。

5月31日，胜强同志又出席了保定市委书记党晓龙主持召开的中央驻冀及省属媒体座谈会，并作了发言。

对王胜强同志来说，在半个月时间连续参加3场高规格的座谈会并发言，这是难得的历练，是在报社工作十几年未曾经历的。以前无论是在社办公室、总编室还是在新闻协调部，他接触最多的是文字和文件，打交道的也都是社内同事。就算是参加会议，也多是倾听者，通过发言表达观点、展示形象的机会很少。

胜强同志深有体会地说，作为一名记者站负责人，除了与采访对象交流外，还时刻在与地方党委政府的负责同志、宣传部门和各省直市直单位的同志打交道，一言一行不仅关乎个人能力水平，更关乎报社的整体形象。“会写”与“能说”同等重要，惟有两手都硬，才能在各种场合、与人交往中，以稳健、自信、从容的姿态，表达观点、传递友善、赢得尊重。

在河北站的工作刚起步，也面临诸多困难，但胜强同志表示，有信心在编委会领导下稳住基本盘，开辟工作新局面。他说，下一步，将继续勤奋工作，扎实采访，多写稿、写好稿；树立全程抓发行思想，提前着手，确保发行量稳中有进；加强自我管理和团队建设，遵守各项规章制度，通过驻站人员的良好形象展现经济日报的新气象新风貌……

喜看新人在成长。祝愿胜强这拨年轻同志，在经济日报创刊40周年这个历史新起点上做出骄人业绩，实现更快更全面的发展和进步！

展现新一代经济报人风采

2022年6月5日·星期日（下）

今天上午评报，集中说了河北站王胜强同志履新3个月的总结，介绍了他作为记者站负责人先后参加3次重要会议的体会，以及迎难而上尽快实现转型的良好精神状态。傍晚，就收到苏民同志转发到工作群里的微信，打开一看，原来是王胜强同志撰写的对今天评报的几点认识，题为《诚惶诚恐 知重前行》。

这篇读后感写得好，情真意切，未做雕琢，反映出作者坦诚的心态、细腻的情感和积极向上的思想状况，折射出王胜强同志政治上的清醒和比较强烈的事业心、责任感。在我看来，此文是很有代表性的，展现了新一代经济报人的崭新风貌和时代风采，也是我们事业能够接续奋斗、发展壮大的力量源泉与希望所在。

现向采编人员乃至报社全体干部职工推荐，希望同志们都读一读，认真加以思考。

严守纪律制度规矩

2022年6月7日 · 星期二

受疫情影响，总编辑办公会一个多月没开了。这期间，评报加大频次，就是为了加强和同志们在信息方面的交流沟通。昨天的会开得好，内容比较多。大家在发言时谈到，5月份，同志们顽强拼搏，迎难而上，确保了工作正常运转，确保了报道质量持续提升，确保了各项活动有序开展，不管是宣传报道，还是行政工作，都做得有声有色。

利用这个机会，我也讲几点意见供同志们参考，特别强调大家要亲力亲为，守好阵地，勇于担当，坚决履行落实意识形态工作责任。会后觉得，这些话不仅与会的同志要抓好落实，未参会的报社干部职工也应当重视并加以贯彻。所以，有必要把这个讲话摘要转发。

大家都知道，今年要召开党的二十大，国内意识形态复杂严峻，国际政经形势复杂多变，做好宣传工作，特别是做好经济报道、经济宣传意义重大。这也要求我们，务必坚决贯彻落实意识形态工作责任制。

第一，严守纪律制度规矩。不那么特殊的时期，不那么敏感的阶段，工作中出一点小问题，出一个小毛病小状况，也许批评两句、吸取教训就过去了，现在可能就不行了。党的宣传纪律、政治纪律、规章制度，必须坚决贯彻落实；各方面的请示汇报制度，必须坚决贯彻落实。从现在起，同志们务必绷紧纪律、制度、规矩之弦，我们不希望看到有违反纪律、违反规矩、破坏制度的言行。

第二，压实夯实工作责任。从大的方面要求来看，意识形态工作责任制是明确的，具体操作层面来看，要求也是明确的。稿件的采写和版面的编辑，送审发制度都是清楚的，现在要进一步责任到人，谁出差错谁负责，所谓在其位、担其责。经过手的稿件、编过的版面、签发的报道务必负起责任，出问题了不能说忙没顾上看，也不要说什么粗心大意，这些话都于事无补、没有用的。为什么大意了？为什么不好好看？

第三，做好表率以身作则。参加会议的都是党员领导干部，是报社的中坚和骨干，关键时刻特殊时期，大家要发挥先锋模范带头作用，要求别人做到的，自己首先做到，要身先士卒，给同志们做榜样。这一段时间，不少职工居家隔离，我们很多负责同志坚持在岗，一个人顶三五个人在做事，这很好，要继续发扬。

最后，确保舆论导向安全。舆论导向是我们的生命线，绝不允许出现任何问题。有些稿子没有把握的，情愿不发、晚发也不能出纰漏。这个时候出问题就添大乱了，要确保我们舆论导向不出问题，尤其是不出大的问题。

总而言之，希望同志们不断提高政治站位，进一步增强“四个意识”，坚持稳字当头、稳中求进，坚持守正创新、与时俱进，在编委会领导下，团结一心把工作做好，取得新成绩，做出新贡献，以实际行动迎接党的二十大胜利召开，以崭新风貌迎接经济日报创刊40周年。

世上万事贵有恒

2022年6月9日 · 星期四

（一）

在差不多3个月的采访、调研、写稿、打磨后，《中国茶业的使命担当》今天在头版头条亮相，为高质量发展产业调研再添力作。

这篇报道初稿成型，征求了大家意见，又经过反复修改，特别是负责产业调研工作的张曙红同志做了认真编辑。见报之前，值白班的季正聚同志又对文字进行了细心修改润色。夜班的版面安排也比较大气得体，最终呈现是不错的。

本想就此稿写作和内容多说几句，正好看到中国经济网张厚为同志的当日评报，其中有一段专门讲该文，觉得写得别致，点评得也比较到位。干脆就摘引如下，供同志们分享——

早晨到工位刚泡好一杯茶，打开报纸电子版，就看到今天头条推出的产业调研稿件《中国茶业的使命担当》，顿觉眼前一亮。通读下来，最大的感受是稿件保持了系列调研报道一贯的高站位，从行业全局角度，以问题为导向，分析了茶业发展在年轻人茶消费文化、规模化标准化生产、绿色生产和生态保护利用、机械化生产、创新科技投入、茶金融等方面存在的问题和短板，同时指出了打造新茶饮的发展方向。稿件信息量大、逻辑性强、专业内容采访到位，做到了全面、客观、准确报道。同时，文风朴实，娓娓道来，虽然篇幅较长，但读着很轻松。由于受篇幅限制，为保证用户浏览体验，个别内容未及展开，有点令人意犹未尽。总体来说，本篇调研报道是一篇围绕茶文化、茶产业、茶科技撰写的大文章、好文章。

（二）

评论委员会周三召开第27次会议，总结了近期评论选题落实情况，介绍了评论全媒体传播的数据统计，对舆情做出分析研判，并针对下一阶段的评论进行策划，提出了一些相关的选题。

这是评论委员会因疫情影响一个多月后重启的会议。主持会议的季正聚同志说，我们要落实好编委会要求，进一步做好评论工作，确保评论工作持续有效地开展，尤其要在用心、用力、用情上下功夫、想办法。他认为，所谓用心，就是要集中精力，专心而精心，勤于思考和琢磨，全力以赴，使命必达；所谓用力，就是要充分体现脚力、眼力、脑力、笔力，提升评论水平；所谓用情，就是要充满社会关怀、人文情怀、大众情怀，做到情真意切，寓情于理，声气相投。季正聚同志指出，只要我们做到了心、力、情交融，报社的评论工作就一定会越来越好。

这几天，郑波、张曙红同志也分别对深度调研工作做出部署和安排。此前，徐立京同志还召开视频会，对企业调研报道工作进行具体布置。相关调研活动将逐步铺开。

世上万事贵有恒。随着疫情形势进一步好转，各项采编工作要尽快恢复正常。各工作团队要合理安排时间和力量，不断推出优秀作品，持续提升报道质量和办报水平。

（三）

今天编委会听取机关纪委关于内部巡视整改督办检查情况的报告，研究部署做好内部巡视整改下半篇文章。

3个月前，机关纪委印发通知，发放督办单及巡视整改监督台账，督办检查内容为报社2020年、2021年内部巡视中，移交的513个主要问题、指导制定的798项整改措施的整改落实情况。

总体上看，接受内部巡视的部门和单位均表现出较强的政治意识，推进内部巡视整改措施具体、责任明晰、落实有力，做到把巡视整改融入日常工作、融入深化改革、融入全面从严治党、融入班子队伍建设，实现了以巡促改、以巡促建、以巡促治的预期目的。前期移交的问题和整改措施中，整改完成率为99.37%。

对照高标准，内部巡视整改的质量与深度还需加强。机关纪委提出，要从多方面进一步用力。其中，特别强调坚持把党的政治建设摆在首位,立足主责主业，全力抓好报道。要响应“减量化改革、高质量发展”总要求，巩固深化“质量提升年”活动成果，突出工作的计划性与主动性，增强执行力与学习力，做出更多思想性强、社会影响大的拳头产品。同时要认真落实意识形态工作责任制，强化阵地意识，严格落实“三审三校”，对涉及总书记的重要内容实行“四审四校”，加强意识形态阵地的管理，做到关口前置、可溯可查，严防问题差错发生，做到守土有责、守土负责、守土尽责。

这些要求提得好，十分重要，各部门、各单位以及各驻地机构都要遵照执行，落实落地。

探索与各新媒体平台的合作

2022年6月12日 · 星期日

20天前，5月22日，福建举办“3820”战略工程研讨会。次日，本报2版刊发综述《推动新福建建设迈出新步伐》；24日，10版“理论”整版刊发了有关“3820”战略工程的4篇专家文章。报道推出后，在当地引起很大反响，福建省委领导要求全省全网推送，各地市媒体广泛转载，宣传效果出乎意料。

所谓“3820”战略工程，是习近平总书记当年任福州市委书记时提出的战略举措，事关福州乃至福建省经济发展大局，意义重大，影响深远。福建近期为此举办了一系列活动，各方面都很关注，我们对此重点报道十分必要。

统计显示，截至上周末，《推动新福建建设迈出新步伐》转载537条，阅读量1611万；《一整版！经济日报刊发“3820”战略工程重头文章》转载492次，阅读量1476万；《“3820”战略工程的思想精髓和时代价值》转载1295次，《推动区域协调发展的先行实践》转载1219次，《中国式现代化道路的生动体现》转载1365次，《彰显马克思主义哲学智慧的战略构想》转载1218次，共计转载6126次，阅读量超1.83亿。

福建记者站薛志伟同志说，福建省委常委、宣传部部长张彦同志表示，此次研讨活动的宣传，在所有中央媒体中，经济日报的报道最及时，力度最大，影响也最广。各地熟悉的同志都发来微信，称赞我们这套报道在福建全网刷屏，力度巨大。

前几天，薛志伟同志专门发来一份材料，说受这次报道推广启发，提出关于和各地融媒体中心开展战略合作的建议。他认为，当前报纸影响力的扩大，主要是两个途径。一是报纸发行量的增长，二是主要内容在网络尤其是移动端的传播。报纸发行是央媒的传统优势，近几年报社上下齐心协力，尽管发行形势严峻，但经济日报在全国的发行依然稳中有升，既进一步扩大了报纸的影响力，也保持了稳定的发行收入，为报社各项事业的高质量发展奠定了坚实基础。

在这份报告中，薛志伟同志分析指出，从目前情况来看，报纸在各地的发行趋于饱和，覆盖面趋于临界。而且由于疫情影响，各地普遍面临财政吃紧的困难，发行经费很难再有增加。另一方面，尽管报纸订阅量在增加，但实际上报纸的直接阅读量是下降的，更多的人是通过经济日报客户端，或者其他新媒体渠道来阅读我们的报纸，获取我们的内容。所以，今后报纸订阅量要继续稳中有升，操作上面临困难，对内容传播的实际效果也难有直接推动，传播重点还是应当放在移动端。

去年以来，报社重点内容二次传播稳步推进，取得了大量稿件传播量上千万、上亿的可喜现象，大家也都形成共识，移动端的大力转发对报纸内容传播作用大，成为扩大影响力的主战场。有鉴于此，薛志伟认为，可探讨经济日报和各县市区融媒体中心、各厅局办新媒体平台开展战略合作。他说，全国各县市区已基本建成融媒体中心，运营的新媒体账号虽然看起来单个的用户订阅量不大，但基本能覆盖当地的主要群体。如果能把所有县市区融媒体中心整合起来，那就能覆盖全国大多数移动网络用户，实现涓涓细流汇聚成大江大海的效果，这样我们的重点稿件就可能轻松实现上亿的传播量。重要的在于，各地融媒体中心也有和我们合作的愿望，如果他们的重点稿件能通过我们客户端平台转发，也能覆盖全国各地更多用户。因此，形成战略合作，对本报和地方都将是一种双赢，而且基本不会增加双方的成本。

薛志伟同志建议，在具体操作上，可以每月选取最重要的稿件，通过全国各县市区融媒体中心全网推送，这样每月都可以有一批经济日报文章达到上亿的传播量。对各县市区融媒体中心，我们每月或者每季度为他们推送当地最重要的稿件，帮助其达到更好的宣传效果。不妨先选取几个省份或几个地市试点，如果实际效果能达到预期，则可以在全国范围推广。

应该说，薛志伟同志的这个建议是有意义、有价值的，反映出我们站长的大局意识和责任意识，体现了驻地记者人在地方、心系报社的主人翁意识。也希望同志们认真思考这个问题，特别是总编室、驻地记者部要做可行性论证，拟订具体操作方案，报编委会审定。

努力开创评论理论工作新局面

2022年6月15日 · 星期三

按照新的“三定”方案，撤销评论理论部、经济研究部，分设评论部、理论部。自4月初两个新部门正式成立后，我就提出要和两个部门的同志们做一次交流，原定在5月中旬，因疫情加重，一直延期，今天和季正聚同志一起，和大家进行了座谈。

近两年来，编委会始终把评论理论工作放在重要位置，突出体现评论立报、理论强报，取得了明显成效，做了一些开创性的工作，干成了以前想做没做成的事情。

比如，建立评论委员会机制。我记得20多年前就提出过，要成立评论委员会。这期间，要么停留在纸上、计划中，要么就是有头没尾。原因是多方面的，但没有坚持、缺乏韧劲是关键。现在，经过同志们的努力，我们干成了，正发挥大效用，委员会开了27次会，评论工作大有长进，从两周50多篇评论稿到目前稳定在170篇左右，更重要的是，评论质量不断提升，初步实现了从“有没有”到“好不好”的变革，这是很了不起的。

比如，我们举办习近平经济思想研究征文，这在报社历史上没有过，在新闻界也没有过，刚开始也没有人觉得能干成，但大家协力同心迎难而上，就是办成了。还有两本文集的编辑出版，卖了好几万套，这在经济日报社历史上也是不多见的。我们从山东到北京，到在报社，举办习近平经济思想研究和文集出版研讨会，影响越来越大，各方面反响都比较好。

比如，我们遴选12名中青年骨干，为他们开辟个人署名专栏，保持良好发展势头，出了不少优秀作品，大家进步很快，在业内外产生了越来越大的反响，在中国新闻界也是少有的。

还比如，我们的采编队伍迅速发展壮大，经多方整合，评论理论队伍达到20人左右，这在经济日报社历史上也是没有过的。

这些事情都是在一年多时间内完成的。虽然还只是初步的，但确实展现出良好的发展前景。能达到这一成效，关键在于方向明确，路子对头，关键在于不怕付出，默默奉献，关键在于不尚空谈，持之以恒。这既是我们工作的重要体会，也是我们做好今后工作的有利条件。只要求实务实，坚持不懈，就一定能完成很多看似不可能完成的任务，就一定能实现既定目标。

关于评论部、理论部这两个部门的具体工作，此前与齐东向、徐向梅同志多次交流过、交代过。今天的会上，我主要讲了三点。

一、为什么要成立评论部和理论部

首先，是外在的要求，上级的指示。去年初，中央开会研究加快“马工程”建设，领导提出经济日报的理论宣传要加把劲，要迎头赶上来。我感受到了莫大的压力，还有什么理由不做好这项工作呢？这是我们的政治责任。其次，从内部来讲，经济日报的理论工作也得加强，之前有进步，但不够给力，缺乏重磅理论文章、没有压得住的内容，“理论”版提升空间大。这是与中央经济大报的地位不相符的，必须加强理论建设，提高理论宣传的质量和水平，千方百计把理论工作搞上去。

从去年3月份开始，我们加大工作力度，一方面加强习近平经济思想研究，另一方面酝酿机构和人员，两件事齐头并进、共抓共促，从研讨、论证进入实操阶段，正式启动习近平经济思想研究征文活动。经过几个月焚膏继晷、加班加点，高质量完成了有关工作，取得了令人满意的成效，受到中央领导同志和各界人士的肯定和好评。

随着“三定”方案的出台，评论部和理论部正式诞生，开始步入“名正言顺”的新阶段。

二、评论部和理论部的工作重点

“三定”方案说得很清楚，评论部的工作职责是撰写社论、编辑部文章、评论员文章等，编辑运营相关版面和频道；理论部的工作职责是经济理论研究与宣传，做好“理论”版，经营好“智库”等。这就是我们两个部门主要的工作职能。

评论部，是我们的“战略导弹部队”，关键时期、重要节点要推出重磅文章，显示我们的质量和水准。一年不要多，像《全面辩证看待当前经济形势》这样的编辑部文章，3篇不算多，5篇更好。还有日常的工作，阐释习近平总书记重要讲话精神、党中央最新政策举措等评论，也要抓紧抓好。另外，还有深度调研。这是从写文章、撰稿的角度来说的。从编辑角度来看，“时评”版特色鲜明，是评论委员会下功夫耕耘的一块阵地，要继续经营好、稳定住质量，在原有基础上上台阶。

理论部，更多是两大块任务，编辑好“理论”与“智库”版面，还有理论研究工作，自己做点东西，“茶座”也是可以自己写的。可先用专家的，然后慢慢开始自己上手。在做好版面的同时，还要经营好一版“专论”“学思践悟习近平经济思想”等重点专栏，提供专家重磅来稿。在疫情之下，可能没有那么多的活动要办，研讨会每年可以搞一两次，还有中国经济趋势年会。这也不仅仅是理论部的工作，是全报社多个部门都要介入的事情。

评论部与理论部一周共13块版面，必须按要求保质保量完成。首先是要解决有没有的问题，接下来才是好不好的问题，尤其是“理论”版，目前还没有实现大步提升，要争取明年有提高；“智库”版在原有基础上有变化、有新意，尚需要逐步成熟；“时评”版水准较高，要保持稳定，减少层次不够高的稿件，确保标准不降低。

三、如何更好推进两个部门的工作

在编委会看来，评论理论是一家，评论部、理论部要一体化运作，不能画地为牢，自我设限，务必要实现1+1>2的效果。我们本来就是一支队伍，一定要做出与这支队伍相匹配的成绩来，发挥更大的作用。这是我们的目的和初衷，而不是相反。

某种意义上来说，我们如同是一个大的评论理论部，是一支有20人队伍的部门，其中一部分叫评论组，一部分叫理论组，在编委会领导下，由分管编委统一指挥。要打破部门隔阂，形成合力。大而言之，报社就是一盘棋，都是一个整体，我们更看重综合效应，希望同志们一定要有全局意识，准确理解把握，进一步发挥出重要作用。

第一，认清形势，迎难而上，知重负重。经过一两年的努力，评论理论工作在原有基础上取得明显进展，成效是突出的，但同时要保持清醒头脑。我们做的还远远不够，人民日报、光明日报的理论宣传做得比我们好，就是我们学习的榜样与追赶的目标，要天天研究。中央领导同志说我们要赶上来，针对性是很强的，我们的短板和弱项是很明显的。目前，我们仍然人手紧张、基础薄弱、困难很多，必须攻坚克难，必须继续努力。同志们要知重负重，努力赶上，绝不能含含糊糊，凑凑乎乎。

第二，夯实基础，稳中求进，守正创新。打了一些小胜仗，但基础还要继续打牢，相关工作都必须坚持不懈，还要做到与时俱进。比如，评论委员会各项工作不能放松，在目前基础还不够扎实的情况下，一松就会一泻千里，就会前功尽弃，不可收拾。

第三，加强合作，借力发展，实现多赢。包括评论部与理论部之间，评论部理论部与报社各部门之间，都需要加强合作，部门之间的协同配合很重要；同时，要跟其他智库、理论机构、高校加强沟通交流，建立长期稳定的支持合作关系。要善于借力，这是行之有效的，要继续做好；惟其如此，才能实现双赢与多赢。

总之，评论部、理论部责任重大，使命光荣，希望大家发愤图强，在编委会的领导下，在正聚同志的带领下，做出新成绩，开创新局面。经济日报已迎来创刊40周年，将翻开历史新的一页，希望大家不辜负编委会的信任和期待，在新的一页上描绘最美、最绚丽的图画，书写新的精彩与辉煌。

力求稳扎稳打 做到忙而不乱

2022年6月19日 · 星期日

思考让人成熟，实践获得真知。这几个月来，总编室两微团队的同志们在融合发展试点中不断汲取教训，积累经验，对工作的理解逐步理性和成熟。大家一致的认识是，节奏要慢下来，心态要稳得住，质量要提上去。

6月10日，两微融合团队召开例会，交流学习体会。有的同志说，通过这一段时间的工作学习，守安全的弦绷得更紧了。守正是底线，要在其位、担其责，经过手的稿件务必负起责任，确保自己这一环不出错；出新是态度，把焦点集中到正面宣传上，集中到主责主业上，集中到挖掘原创上，集中到用心编辑上，力出一孔，做出独家特色；出彩是责任，不光不出错、不添乱，还要迎难而上，把手中的工作做得有声有色。

有的同志说，要更加严格遵守纪律制度规矩，让自己的脚步慢下来，调整好节奏，力求稳扎稳打，做到忙而不乱。舆论导向是生命线，不允许出现任何问题。导向安全是第一要求，也是最基本的原则，要不断提高政治站位。对于那些没有把握的内容，不能自以为是，要及时请示汇报，坚持稳中求进。

还有的同志说，新媒体是意识形态工作的前沿阵地，责任重大。意识形态工作不是口号，它贯穿于日常工作中，存在于编发的每一条稿件里。新媒体编辑要对每条发出去的稿件负责，绝不把差错留给下一个环节。编辑稿件时要全面客观，不可断章取义，还要努力做到对舆论场动向了如指掌，准确掌握网民的心态变化。

在交流相关情况时，王智同志特别强调了三点：一是要增强落实意识形态工作责任制的使命感，时刻高度警惕，时刻保持警觉；二是要强化严守纪律制度规矩的政治自觉，严格执行送审流程和请示报告；三是要提升新闻业务能力，在新媒体标题制作上不哗众取宠、故弄玄虚，力求做到准确、平实。

同志们的这些认识和体会，来源于实践，是日常工作的经验总结，也是对各种失误教训的反思，体现出同志们“吃一堑长一智”的领悟，对深度融合发展精髓的把握，以及严细深实做好工作的追求，读来给人启发，令人振奋，同时也有不少收获。

针对新媒体工作，两微融合团队通过小结5月份工作，也提出了两点很有价值的意见建议：

其一，把握火候和分寸，处理好“准”与“活”的关系。意见谈到，对新媒体内容来说，标题寥寥数字，却是影响传播效果的重要因素之一，两微融合团队的所有编辑都要在标题制作上多下功夫，精心打磨，让标题吸睛。同时，标题制作也是对编辑水平和能力的考验，做出好标题，离不开对内容的把握和相关知识的储备，平时要加强学习，多进行业务交流。意见指出，对两微各平台而言，不管是标题制作，还是内容编辑，都要注重把握好火候和分寸，既把住政治关、突出经济味，做得“准”，又要符合新媒体传播规律，做得“活”。应当时刻牢记“准”是基础，不能本末倒置，为了追求“活”而过于“标题党”。同时也要尊重各平台传播规律与特点，制作出符合受众阅读习惯、有影响力的好标题、好内容。

其二，调控节奏和资源，处理好“量”与“质”的关系。月报强调，根据微信、微博平台的运营规律和特点，要想获得推荐或者更多曝光，离不开一定数量的内容做支撑，要想让平台有长久的生命力和强大的影响力，还是得靠优质的、有特色的原创内容。目前两微平台运营任务重、节奏快，一定程度上也暴露出“重量不重质”的问题。为此，月报指出，工作中应当找准定位，统筹调度好现有的人力和资源，进一步落实好编委会“减量化改革、高质量发展”要求，紧紧围绕经济领域话题，集中体现经济特色，探索一条适合平台自身发展的路径。

这些意见、建议都是有说服力的，也是有针对性的，应当引起同志们的重视，并在融合发展中遵照执行。

展现出向上向好发展态势

2022年6月20日 · 星期一

今天一上班，就看到办公桌上摆着一份批示抄清件，细看是福建省委书记尹力同志的批示，自然是开心的。能经常有地方大员对我们的工作做出回应，无疑是很有意义的。看了一下内容，没什么可保密的，想着还是发给大家参阅吧。尹力书记的批示如下：

长期以来，经济日报社始终关心支持福建发展，积极宣传报道福建，为我省经济社会发展营造了良好氛围。5月份，我们成功举办3820战略工程与习近平新时代中国特色社会主义思想理论研讨会。贵报迅速刊发研讨会综述及4篇理论文章，引发热烈反响。我们表示衷心感谢！

希望经济日报社继续支持福建工作，帮助我们更好地围绕迎接宣传贯彻党的二十大这条主线，聚焦我省全方位推进高质量发展，持续讲好福建故事、传播福建声音、展现福建形象，为谱写全面建设社会主义现代化国家福建篇章注入强大正能量。

回头想想这一年多时间里，随着深度调研工作逐步铺开，各类报道影响越来越大，社会各界反应越来越好，省委书记、省长不仅接受我们的专访，也接二连三做出批示。这也从一个侧面展示出同志们工作取得的突出成绩，表现出报社向上向好的可喜发展态势。希望同志们百尺竿头更进一步，趁势而上久久为功，为推进减量化改革、高质量发展做出新的更大贡献。

务必咬定青山不放松

2022年6月22日 · 星期三

今天下午，评论委员会要召开第28次例会。技术部按照惯例，要向与会者提交一份双周评论稿件传播情况统计分析。每次印发前，都会先送一份来，让我看看。今天，杨晓斌同志送来材料时说，自去年6月21日起，开展评论稿件传播情况统计分析满一年了。

时间过得真是快。这一年，晓斌带领技术部的几名同志在有关部门的支持配合下，做了大量扎实细致的工作，对评论稿件的发稿量、转载量、阅读量和全网推荐情况进行了越来越有针对性的统计，并且有重点地做出思考与分析，提出了一些有价值的意见建议，对于推进评论工作上台阶发挥了特殊作用。他们就像无名英雄一样，默默地付出，无私地奉献。我们要向他们表示敬意和感谢！

这期统计分析指出，一年来评论工作不断发力，开设新的评论栏目等，扩充专栏记者数量至12名，创新头条热评等工作机制。每个双周期，评论作者和栏目基本都稳定在120人和38个，每次统计各平台榜单作者大部分都会被替换，形成了你追我赶的良性竞争氛围。多篇文章成为爆款，阅读量超千万乃至过亿，多个话题登上热搜，产出像《不要过度解读甚至误读储存一定生活必需品》这样的刷屏报道。

据统计显示，过去一年，报纸刊发原创评论稿件4270篇，共获转载31.3万次，在报社主要新媒体平台获总阅读量8.97亿……我们说评论工作硕果累累、向好发展，显然是有充分依据的，也是有足够底气的。我们务必要咬定青山不放松！

把严细深实贯彻始终

2022年6月24日 · 星期五

对于我们新闻工作者而言，特别是报人来说，严细深实十分重要，是一项没完没了、持续不断的要求。

今天5版“时评”，有一篇评论的标题是《布局经济发展新赛道》，翻开6版“企业”，有一篇报道的标题叫《驶向传感器行业新赛道》，两个标题里都有“新赛道”3个字。看完后很是不适，这显然是不妥的。

前两天的报纸，标题中曾经出现过3个“警惕”，分别是《比特币暴跌还需警惕归零风险》《警惕似是而非的品牌》《警惕“回款”诈骗风险》。同一天，高频用上“警惕”一词，看来，我们真得警惕起来了！

用词相同，句式接近，表述老套，这不是一天两天的事情，这是新闻人、办报人长期要面对的业务上的老问题，也是我们与时俱进、努力提高报道质量必须攻克的顽瘴痼疾。

近一两年来，我们在标题制作上是用了心的，总编室等各采编部门下了不少功夫，每天还有评好标题的激励机制，应该说，也是出了一些比较精彩的标题的。但现在看来，持之以恒不放松，还是十分必要的。

出现标题雷同、句式相近的问题，关键还在于版面统筹、协调把控仍存在薄弱环节，还存在麻痹松懈、不够到位的地方。包括我在内的几个环节，比如白班、夜班，在这方面应该花更多的心思和精力，特别是总编室夜班更要进一步强化职能，履行职责，对第二天所有见报版面统筹规整，拾遗补漏。这个事情以前说过，评报中我也反复提醒过，现在看来，仍有强调重申的必要，希望引起同志们的足够重视。

做标题可不能在一个“赛道”上跑下去，对此，各个环节不能不“警惕”。否则，真是会让同行小瞧、读者笑话的。

全力以赴完成二十大报道任务

2022年6月26日 · 星期日

今年下半年，将召开党的二十大。这是我们党和国家政治生活中的头等大事，迎接、宣传二十大，为二十大胜利召开营造良好的舆论氛围，是我们当前和今后一个时期最重要的工作、最迫切的任务、最重大的政治责任。

这项工作涵盖面广、时间跨度大。齐平同志及新闻协调部按照编委会要求，根据上级总体部署，先后制定了“奋进新征程 建功新时代”“伟大变革”“我们的新时代”“老区新貌”“大美边疆”“足迹”“非凡十年”等7套报道方案，从不同角度全面展示新时代的变革性实践、实质性进展、标志性成果。2月18日，我们在1版隆重推出编辑部文章《创造中华民族新的伟大历史时间》，正式启动党的二十大宣传报道。此后，在严格落实疫情防控要求前提下，总编室和各采编部门特别是驻地记者，克难攻坚，共同努力，采写编发了一大批有站位、有分量的主题报道。4个多月来，“奋进新征程 建功新时代”系列主题报道，全媒发力融合呈现，篇与版联动，纸与屏联播。截至今天，已推出专版67块，各类稿件及系列融媒产品约200篇，相关报道传播量近2亿，形成了报道矩阵和传播合力，产生了良好的社会影响。

为防范网络安全风险，早在去年12月，我们就成立了网络安全工作领导小组及其办公室，加强网络安全工作组织领导，细化相关部门和人员职责分工。两个月前，印发了《经济日报社网络安全工作规定》。上个月，又专门印发《经济日报社党的二十大网络安全保障工作方案》，对有关工作作出具体部署和安排。在这方面，杨晓斌和技术部的同志们做了大量艰苦细致的工作，目的就是要确保党的二十大期间宣传报道网络安全，坚决做到严防死守、万无一失。

现在，盛会召开日益临近，宣传报道逐渐升温，采编工作任务将不断加重。我们要在此前工作基础上周密策划，科学调度，形成更为有力、有效的工作机制，特别是要拟定一批能体现本报特色的重点报道、重磅文章，力争高质量完成党的二十大宣传报道任务。

经营重点报道，不可半途而废

2022年6月27日 · 星期一

今天再推重磅报道《美国是世界经济动荡之源》。

这篇“郭言”文章是五一节后策划布置的两篇重点稿件之一。前者是署名本报编辑部的《全面辩证看待当前经济形势》，一个月前的5月26日已见报，说的是怎样看待复杂严峻的国内经济形势，如何坚定信心攻坚克难、实现经济平稳健康发展，播发后产生了超出预期的反响，受到国内外的广泛关注，对提高报纸影响力、扩大报道到达率发挥了很好的作用。而此文则是揭露美国制造世界经济衰退和走向霸凌主义的丑恶本质，鞭挞美国对世界经济产生的负面影响和严重危害，帮助人们进一步认清美国所谓的民主、自由、人权的极端虚伪性，从而继续坚定不移地做好我们自己的事情。

“郭言”，就是国际部言论的谐音，是集体化名。这篇文章由陈学慧带领连俊等国际部的几位同志精心采写，后经季正聚、徐立京等同志反复修改打磨而成，前后改了14稿。这期间，还征求了有关方面的意见建议。全文以事实为依据，用大量有说服力的数字、资料等，从四个方面进行条分缕析，旁征博引，稿件有站位、有深度、有逻辑性，体现了强烈的使命担当和历史责任感、央媒权威性，是我们不多见的优秀国际报道。

采写这样的稿件，对采编人员特别是国际部的同志，是一大考验和重要历练。近两年来，国际部的年轻人以“郭言”之名，采写了数以百计的国际评论，内容包括中美贸易战、涉疫涉港舆论宣传以及人权斗争等。与此同时，围绕重要论坛、重要会议、重要活动，也撰写了不少短评快论。他们在实践中，业务能力明显提高，也逐步树立了信心，积累了经验，为撰写这样的重磅文章打下了日益坚实的基础。相信此文的采写和编发，对他们来讲，一定是一次难得的阅历和淬炼，一定能够大大提升自己的业务素质和工作水平。

我说过，像这样的重磅文章、重点报道，每年总要推出一些的，否则无法增强报道的影响力、号召力，要想办好报纸，无疑也是困难的。同志们要共同努力，绝不能浅尝辄止，更不能半途而废！

附 录

着力打造经济领域新型主流媒体

中办、国办印发的《关于加快推进媒体深度融合发展的意见》(以下简称《意见》)，是2014年中央全面深化改革领导小组第四次会议审议通过《关于推动传统媒体和新兴媒体融合发展的指导意见》后，中央关于推进媒体融合发展、构建全媒体传播体系的又一纲领性文件，为新闻宣传战线深化改革、优化治理、加快推进媒体深度融合发展提供了遵循，明确了方向，规划了路径。

当前，国际国内形势发生深刻变化，中国经济进入新发展阶段，媒体融合发展也进入了“下半场”。与“上半场”相比，面临的形势更加复杂，任务更加艰巨。我们要深刻认识互联网在媒体领域催生的这场变革给意识形态和新闻舆论工作带来的机遇和挑战。要从更好发挥主流媒体压舱石、黏合剂、风向标作用，牢牢掌握全媒体时代舆论主动权和主导权，夯实党执政的社会基础、群众基础的高度，结合融合发展的生动实践，认真学习领会《意见》提出的新目标新任务新部署新要求，以互联网思维、全媒体视角加快推进媒体深度融合发展。

一、把握总体要求，加强媒体深度融合发展顶层设计

《意见》从重要意义、目标任务、工作原则三个方面明确了媒体深度融合发展的总体要求，是对媒体深度融合的顶层设计。当前，经济日报融合发展已进入重要阶段，要按照《意见》总体要求，结合自身实际，制定《经济日报加快推进媒体深度融合发展五年规划》，进一步加强统筹规划和顶层设计，明确和细化推进媒体深度融合发展的目标任务、工作思路。

（一）始终坚持媒体深度融合发展的正确方向

不论传播技术如何发展，媒介形态如何变化，融合发展到了哪个阶段，都必须牢牢坚持马克思主义指导地位，增强“四个意识”、坚定“四个自信”、做到“两个维护”，自觉在思想上政治上行动上同以习近平同志为核心的党中央保持高度一致。经济日报作为中央党报、经济大报，任何时候都必须坚持党性原则，把党管宣传、党管意识形态、党管媒体贯彻始终；必须时刻围绕“举旗帜、聚民心、育新人、兴文化、展形象”使命任务，坚持正确舆论导向，唱响主旋律，用主流价值引领舆论，确保媒体深度融合发展沿着正确方向推进。

（二）着力打造习近平新时代中国特色社会主义经济思想宣传高地

办好经济日报及其新媒体，必须把学习好、宣传好、阐释好习近平新时代中国特色社会主义思想特别是经济思想作为首要政治任务，完整准确、系统深入地阐释习近平总书记思想的重大意义、深刻内涵和核心要义，迅速及时、全面生动地阐释习近平总书记思想的理论创新成果，并将其融会贯通到日常经济报道和舆论引导的方方面面、各个环节，彰显习近平新时代中国特色社会主义思想的真理力量、理论力量、实践力量。

（三）努力建成经济领域新型主流媒体

我们一定要按照中央的总体规划和布局，在推进媒体深度融合中进一步找准自身定位，始终聚焦主责主业，深耕经济宣传和经济报道，把推进经济治理、解读经济布局、回应经济热点、服务市场主体、关注经济生活等作为宣传报道重点，唱响中国经济光明论、发展论、贡献论，发挥好经济领域新闻报道和舆论引导压舱石作用，努力建成经济领域新型主流媒体。

二、坚持内容为王，推进内容生产供给侧结构性改革

习近平总书记多次强调，内容永远是根本，媒体融合发展必须坚持内容为王，以内容优势赢得发展优势。《意见》指出，要推进内容生产供给侧结构性改革，更加注重网络内容建设，始终保持内容定力，专注内容质量，扩大优质内容产能，创新内容表现形式，提升内容传播效果。

（一）以内容建设为根本，不断提高经济报道质量和水平

传统媒体最大的优势依然在内容生产。但必须看到，线下的内容优势不会自动延伸到线上，必须适应移动传播特点和规律进行“优势再造”。经济日报因改革开放而生，因改革开放而兴，成为经济领域主流媒体，具有天然优势和深厚积累。办好经济日报是中央领导同志交给我们的一项重要任务。我们要充分发挥中央党报主流、权威、公信力的优势，充分发挥经济大报专业性强、特色鲜明的优势，把内容建设作为推进媒体深度融合发展最重要的工作，努力提高内容生产的质量水平，让优势更优、强项更强、特色更鲜明，让优质内容成为不可替代的核心竞争力。

要进一步凸显经济报道的及时性、权威性、准确性，科学研判经济趋势，为党和政府决策提供参考；深度解读经济数据，为读者从纷繁复杂的数据中发掘亮点、找到看点、明确重点；及时分析经济动态，为市场主体提供有价值的经济信息；主动引导经济舆情，勇于发声亮剑，正本清源，凝聚起推进改革的强大正能量。要坚定不移推动对外传播，致力成为世界了解中国和中国经济的重要窗口，努力营造于我有利的良好国际舆论氛围。

（二）走好全媒体时代群众路线，内容供给与受众需求有机结合

人在哪儿，宣传思想工作的重点就在哪儿。加强内容建设，必须增强新闻生产的对象意识、用户意识、市场意识。要把党的新闻工作优良传统与新技术新手段结合起来，研究用户使用习惯、接受心理和传播规律，生产全媒体时代用户需要、喜爱的内容，强化媒体与受众的连接，充分发挥主流媒体党和政府联系群众的桥梁纽带作用。要始终把群众作为报道的主体、屏幕的主角，反映群众所思所想、回应群众关心关切，把我们想说的和用户想听的有效结合起来，在贴近用户、服务用户中引导用户。要用好用户资源，加强与用户互动，通过UGC（用户生产内容）等方式，吸引用户参与新闻信息生产与传播过程中来，在不断丰富优质信息内容的同时，实现用户的自我教育、自我引导。

（三）创新内容形式手段，提升信息传播和舆论引导实际效果

优质内容要“到达”用户才可能产生效果。内容生产必须坚持效果导向，从采集、生产、传播、反馈等全流程进行谋划，创新呈现形式、丰富传播方式、提升传播效果。要坚持互联网思维、全媒体思维，综合运用新技术、新手段、新形态，精心制作有品质、有格调、有温度的内容产品，增强正面宣传的表现力、吸引力和感染力。要紧跟媒体形态发展新趋势、新应用、新场景，抓住“风口”，赢得“红利”。作为从平面媒体向融媒体转变的重点和难点，当前要尽快补齐音视频内容生产供给这个“短板”，加快推进多媒体演播厅项目建设，引进音视频采编和技术人才，提升短视频、微电影、动漫、海报图片等视觉产品的生产制作能力，形成新的增长点和竞争力。要适应用户分众化、差异化传播趋势，运用人工智能、算法推荐等技术，实现定制传播、垂直传播、精准传播。在下功夫做大做强自有平台的同时，用好第三方平台、渠道，不断扩大正面宣传的覆盖面和影响力。

三、坚持技术引领，增强先进技术在融合发展中的“赋能”作用

传播技术的创新发展，是新媒体建设和媒体融合的直接推动力。加快推进媒体深度融合发展，必须坚持以先进技术为引领，把各类先进传播技术运用到做大做强主流媒体、主流舆论中来，做到为我所用、于我有利、由我来管，打牢媒体深度融合发展的坚实基础。

（一）明确发展路径，优化技术布局

当前，5G、人工智能、大数据、移动互联网、物联网及云计算，基本代表了传播技术创新的最新成果。但客观地讲，无论是技术创新能力，还是运用技术的资金实力，传统媒体还有很长的路要走。对大多数传统媒体来说，要把所有新技术、新手段都收入囊中不太现实。在融合发展中用好信息技术革命成果，最重要的是规划设计好技术路线和技术布局，找到符合自身实际、适合管用、安全可靠的技术路线和产品局部，而不能一味贪大求全，追求最新最尖端，“适合的才是最好的”。

近年来，经济日报在技术平台建设方面做了一些探索，逐步形成“建好自有阵地、用好第三方平台”的技术思路和布局。在面向用户的前端阵地建设方面，集中力量建好经济日报新闻客户端和中国经济网中经云端这两个主平台，着力扩大在移动传播领域的传播力和影响力；同时，积极用好社交媒体和第三方平台，拓展传播渠道，扩大传播覆盖面。在后台生产系统方面，重点建好经济日报全媒体中心，以

此为中枢，植入第三方提供的“云应用”，逐步形成适合自身需求的生产支撑体系。下一步，我们将优化完善技术思路和布局，走符合经济日报融合发展需要的技术路径。

（二）用好先进技术手段，助力全媒体生产传播

技术创新成果的价值必须体现在实际应用上。必须始终保持对新技术的敏感性，及时把先进技术运用到融合发展全过程、新闻生产全流程。要加强对前端传播平台的技术支撑，运用5G、大数据、云计算、人工智能、虚拟现实、混合现实、超高清等先进技术，以及交互式、沉浸式等设计理念，保持新媒体平台的先进性。要运用先进技术优化流程、服务内容创新，突出移动优先、场景优化、协同融合、视频处理、智能生产等核心功能，形成集指挥调度和协同执行，融策、采、编、发、馈、存于一体的全媒体采编流程。利月先进技术强化用户认知与传播反馈，打破单向传播的固有思维，运用用户画像，匹配用户需求，优化用户体验，实现精准分发传播。通过舆情跟踪、传播力评价等智能分析服务，优化效果分析、绩效考核，加快新闻生产配套体系建设。

（三）加强技术积累，努力形成独特技术优势

在推进媒体深度融合发展中，技术始终是重要基础。但传统媒体在技术创新方面“天生不足”，长期处于“跟跑”“补课”状态。主流媒体要在推进媒体深度融合发展中实现主导，必须加强技术积累，逐步形成自身独特的优势，实现对媒体融合发展的技术引领。

要找准技术创新方向和突破口。在前一阶段融合发展过程中，主流媒体运用了大量信息技术革命新成果，在这一过程中要逐步找到自身优势，利用前期积累和已有基础，在某一领域实现突破，形成独特的技术优势。要加强对新闻传播领域新技术的前瞻性研究和应用，特别要加强对“下一个”传播新形态的探索和尝试，力争在最新的媒体形态创新方面抢占先机、实现引领。要坚持“开门”强技术，积极探索与商业平台、技术公司的开放合作新模式，借力其在大数据、云计算、人工智能等领域的技术优势，探索技术研发、平台建设、数据共享等领域的深度合作，尽快补齐技术短板，加快技术积累。

四、大力培养人才，锻造挺进主战场、占领主阵地的主力军

习近平总书记多次强调，新闻媒体竞争关键是人才竞争，媒体优势核心是人才优势。在推动主力军全面挺进主战场这一媒体深度融合发展过程中，人的因素是决定性因素。必须把全媒体人才队伍培养建设作为一项基础工程常抓不懈。

（一）优化人才结构，加强新媒体平台人才队伍建设

各类新媒体平台直接面向用户，处于“主阵地”最前沿。要加强新媒体平台领导班子、把关队伍的建设，把政治强、业务精、纪律严、作风正的干部充实到新媒体平台领导岗位，确保各类新媒体平台阵地始终掌握在忠于党、忠于人民、忠于马克思主义的人手中。要把更多熟悉新媒体的中青年优秀人才、业务骨干充实到新媒体运营的关键岗位，确保各类新媒体平台运营始终坚持正确政治方向和舆论导向。要进一步优化完善新媒体平台人才队伍结构，加强采编播管、技术研发、产品创新、平台运营、市场推广等人才队伍建设，切实增强各类新媒体平台的市场竞争力。要加强对新媒体平台人才队伍特别是年轻同志马克思主义新闻观的培训教育，既发挥年轻人有热情、有闯劲、有创新意识、贴近年轻网民的优势，又确保各新媒体平台始终沿

着健康轨道发展。

（二）推进整体转型，加大全媒体人才培养力度

要持续组织采编人员深入学习领会习近平总书记关于新闻舆论工作、媒体融合发展的重要讲话精神，增强推进深度融合的紧迫感和责任感，树立“全员转型”的意识，巩固推进媒体深度融合发展的思想基础。要加强对采编队伍全媒体技能的培训，把全媒体技能培训作为推进媒体深度融合的基础性、关键性工程来抓，建设常态化、分层次的培训体系，加快建立一支年龄层次合理、善用现代传播手段、掌握“跨界叙事”能力的全媒体人才队伍。制定采编队伍建设培养中长期规划，通过持续开展培训工作，发掘、培养一批复合型、高层次人才，逐步形成金字塔型的人才结构。要加强对全媒型、专家型人才发掘培养，鼓励有能力、有名气、有水平的编辑记者开通运营新媒体账号，并给予相应扶持激励，力争孵化、打造出一批有较大影响力的网络账号和网络名人。

（三）营造优良环境，激发融媒体人才活力

改进选人用人制度，重点培养、大胆提拔年轻融媒体人才，让优秀年轻干部走上关键岗位“挑大梁”。实行更加积极、开放、有效的人才引进机制，加大人才引进力度，重点引进传统媒体亟须的视频制作、创意策划、产品设计、运营推广等领域人才，补齐媒体融合专业人才短板。完善优化绩效考核奖励制度，提高激励机制的有效性，切实发挥绩效考核“指挥棒”的导向作用。建立完善灵活高效的人才流动机制，实现人才队伍的合理配置，努力实现人尽其才、才尽其用，充分激发人才队伍的积极性主动性创造性，把人才队伍对媒体融合的热情转化为融合发展的实际效能。加快推进媒体深度融合发展，是全媒体时代传统媒体的“自我革命”和“二次创业”。我们一定要站在维护国家政治安全、文化安全、意识形态安全的高度，回答好这一时代课题，使互联网这个最大变量变成经济日报事业发展的最大增量，完成好中央交给我们的任务。

（刊载于《中国记者》2021年第1期）

提高舆论引导能力 做好经济宣传工作

身处世界百年未有之大变局，踏上全面建设社会主义现代化国家新征程，如何认识和把握新形势下社会环境和现实条件的深刻变化；如何牢牢掌握意识形态领域主导权和话语权，巩固全党全国人民的共同思想基础；如何为国家立心、为民族铸魂，坚定广大干部群众的“四个自信”；如何进一步加强和创新党的宣传思想工作，为新时代提供有力思想舆论支持？对于这些事关道路方向、事关治国理政的重大问题，习近平同志《论党的宣传思想工作》一书给出了明确答案。我们要深钻苦研、读懂弄通、联系实际、抓好落实，推动宣传思想工作更加强起来，为服务党和国家事业全局作出更大贡献。

《把宣传思想工作做得更好》，是2013年8月召开的全国宣传思想工作会议上，习近平同志作为党的总书记第一次专门就宣传思想工作所作的全面系统的讲话。这篇讲话开宗明义地指出：“经济建设是党的中心工作，意识形态工作是党的一项极端重要的工作。”既讲明了经济建设在党的各项工作中的中心地位，也指出了意识形态工作的极端重要性。

以经济建设为中心是兴国之要，发展仍是解决我国所有问题的关键、满足人民日益增长的美好生活需要的关键。意识形态工作极端重要，是因为它关乎国家的社会主义性质、关乎建设中国特色社会主义伟大事业的精神动力。经济建设工作和意识形态工作相辅相成、缺一不可。因此，习近平总书记强调，“宣传思想工作一定要把围绕中心、服务大局作为基本职责，胸怀大局、把握大势、着眼大事，找准工作切入点和着力点，做到因势而谋、应势而动、顺势而为。”这些重要论述和重大部署，充分体现了历史唯物主义的思考和分析。经济基础决定包括意识形态在内的上层建筑，做好宣传思想工作，必须围绕中心才能立稳根基、服务大局才能天宽地阔、把握大势才能大有作为。

经济建设是党的中心工作，意识形态工作是党的一项极端重要的工作，新闻舆论工作是治国理政、定国安邦的大事。经济日报处于三者交集之间，更要清醒认识自己的政治站位、职责使命。做好经济工作一直是各级党委、政府的中心任务，经济运行状况、经济生活信息从来都是社会各方面高度关注的焦点，这决定了经济领域始终是发挥舆论引导作用的主阵地，经济宣传始终是党的新闻事业极为重要的组成部分。我们要牢记神圣职责和光荣使命，强党性之基、固能力之本、培创新之元，不断提高舆论引导的公信力、影响力，为推动经济高质量发展、全面建设社会主义现代化国家、实现中华民族伟大复兴中国梦创造良好的思想舆论环境。

强党性之基，始终坚持把正确政治方向放在首位

党性原则是党的新闻舆论工作的根本原则，这一点，我们时刻不忘。经济日报是党的新闻舆论阵地，必须姓党，必须成为党和人民的喉舌，无条件地宣传好党的主张。无论时代如何发展、媒体格局如何变化，这一根本原则不能变。

社会上有一种观点认为，搞经济新闻、办财经媒体不必太“讲政治”。这是极其糊涂、极其错误、极其有害的观念！政治体现了经济发展的客观要求，又对经济发展产生巨大影响，经济与政治从来密不可分。比如“发展为了人民”，这是马克思主义政治经济学的根本立场，也是中国共产党的政治立场，在部署经济工作、制定经济政策、

推动经济发展时，始终把增进人民福祉、促进人的全面发展、朝着共同富裕方向稳步前进作为出发点和落脚点。再比如，我们坚持“两个毫不动摇”，将其作为我国基本经济制度的重要组成部分，推动各种所有制取长补短、相互促进、共同发展，就是为我国各族人民共享发展成果提供制度性保证，为巩固党的执政地位、坚持我国社会主义制度提供重要保证。

因此，做合格的党的经济新闻舆论工作者，必须把坚持正确政治方向放在第一位，把增强政治意识作为“必修课”。做政治上的明白人，善于从政治上看问题，不断提高政治判断力、政治领悟力、政治执行力，才能切实提高政治站位、坚定政治立场、强化政治担当，全力以赴抓好各项工作落实。

近年来，经济日报刊发的优秀作品中，无论是获得中国新闻奖一等奖的《走向经济治理现代化的中国探索——深入学习习近平总书记经济思想述评》《对“私营经济离场论”这类蛊惑人心的奇谈怪论应高度警惕——“两个毫不动摇”任何时候都不能偏废》，还是前不久总结“十三五”极不平凡历程的两篇编辑部文章《直面大变局的伟大斗争》《奋进新时代的伟大开创》，都是牢记“政治家办报”、站稳政治立场、深入阐释重大经济宣传主题的佳作，彰显了引导经济舆论的“导航仪”作用。

强党性之基，一是要恪守党性原则，自觉在思想上、政治上、行动上同党中央保持高度一致，自觉同习近平总书记重要讲话、重要指示批示精神对标对表，按照党中央指明的正确方向、确定的前进路线为经济新闻舆论工作“定调”“发声”；

二是不断加强理论研究和宣传工作，尤其是把习近平新时代中国特色社会主义思想的阐释宣传、把中国特色社会主义政治经济学的研究总结作为“定海神针”，更好地为经济战线广大干部群众武装头脑；

三是遵循“团结稳定鼓劲、正面宣传为主”的基本方针，做到各项工作都有利于坚持中国共产党领导和中国特色社会主义制度，有利于推动改革发展，有利于增进人民团结，有利于维护社会和谐稳定；

四是主动举旗亮剑、占领舆论高地，高度关注国内外经济运行中的风险点，及时分析研判，看住“黑天鹅”“灰犀牛”，对唱衰中国的“崩溃论”等及时回应、有力批驳；

五是坚守马克思主义新闻观，教育引导广大采编人员做党的政策主张的传播者、时代发展的记录者、社会进步的推动者、公平正义的守望者。

固能力之本，发挥经济新闻舆论阵地主力军作用

2016年2月19日，习近平总书记在党的新闻舆论工作座谈会上发表重要讲话，深刻阐述党的新闻舆论工作的地位作用、职责使命、原则要求等一系列重大理论和实践问题，以鲜明的时代精神、强烈的创新意识、明确的实践指向，为做好新时代党的新闻舆论工作提供强大思想武器。对于经济日报而言，把习近平总书记的讲话精神落到实处，是必须承担的职责使命，也是推动事业发展、当好经济新闻舆论阵地主力军的重大机遇。

习近平总书记在讲话中指出，时度效是检验新闻舆论工作水平的标尺；要在坚持真实准确的前提下，力争第一时间介入、第一时间发声；要恰如其分掌控舆论引导的密度和尺度；要讲求艺术、改进方法，不断提高工作实效。切实增强新闻舆论工作的“时度效”，是摆

在主流媒体面前的一项重要任务，也对提高我们的能力水平、当好经济新闻舆论阵地“主力军”提出了重要要求。

——关于“时”。时效性是新闻报道的基本特性，是新闻报道的生命线。以经济形势报道为例，这些年每逢月度、季度、年度经济数据发布，经济日报都提前做好策划方案，在预估评判的基础上，记者报道、专家访谈和融媒体传播三套人马齐上阵，第一时间发声，为后续舆论引导打下良好基础。

2020年11月3日，蚂蚁金服上市被按下“暂停键”，引发国内外各方人士的猜测和议论。经济日报第一时间在客户端刊发《蚂蚁集团暂缓上市彰显保护投资者利益的坚定决心》，明确定调“此事彰显了资本市场的严肃性”，并向市场发出明确信号——“各参与主体必须尊重规则、敬畏规则，谁也不能例外”。这篇短评发出后，引发社会高度关注，12小时内阅读量超过3000万，打消了市场疑虑，显示了中央媒体正本清源、以正视听的“压舱石”作用。

经济日报每年都做读者问卷调查，每年排在第一位的需求都是“了解党和国家的经济政策”。特别是当前，人们对许多经济话题议论纷纷，莫衷一是。按照习近平总书记的要求，我们还要在增强时效性上下更大功夫，努力做到全时性、即时性，全天候、全过程、全方位，零时差、零距离，把准时代脉搏，抓准热点难点，根据中央政策精神第一时间做好解疑释惑的工作，以速度赢得先机、赢得读者，增强传播力和影响力。

——关于“度”。把握力度、分寸，考验的是经济报道的专业性。经济领域门类繁多，经济问题非常复杂，各项经济工作都具有很强的专业性，从而使“专业不专业”成为评判经济宣传报道核心能力的一个重要标准。多年来，我们一直都在探索如何提升经济新闻报道的专业性，具体体会是：

一是要有大局观。对经济社会发展大势的科学判断、对党的路线方针政策的全面认识、对人民群众意愿的真切了解、对党报经济宣传要求的准确把握，这几个方面缺一不可；

二是要用马克思主义的基本立场、观点和方法，科学分析判断经济形势，同时借助成熟的经济学基本理论和分析工具，努力把握经济形势分析工作的特点和规律；

三是深刻领会党的路线方针政策的制定意图，充分认识形势发展变化所带来的复杂的、系统的经济社会转型，用专业的思考和理解在改革开放进入全新阶段后更好地发挥引导作用；

四是深入实践“接地气”。有对人民群众的真切了解，才会有实事求是的分析与判断，使文章的观点和论述更加符合客观实际，更加准确地反映经济社会生活的真相，使党报的舆论主张、舆论立场真正站在国家民族利益一边，反映最广大人民群众的根本要求，有益于经济繁荣、社会进步、人民幸福。

——关于“效”。效果、实效，是对新闻舆论工作的最终检验标准。在经济生活中，无论是政策制定者还是广大企业家、消费者，对经济宣传报道所看重的就是实效性。政策制定者希望能及时发现问题、改善管理，企业家、消费者希望了解经济大势、行业机会、市场行情，都需要经济宣传报道来帮助他们做出理性判断和正确抉择。

如何体现“效”？从选题上，要抓住涉及治国理政的战略问题、广大群众关注的现实问题、国内外发生的热点问题深入报道、及时发声，满足受众的迫切需求。从方法上，要兼顾专业性与大众性的统一。专业性是内在，大众性是外衣；专业性保证公信力，大众性保证传播力。离开了大众性，难免枯燥乏味，也不会产生影响力。比如成就性宣传报道，有许多领域专业性很强，就需要我们实现“第二种翻译”，提醒老百姓身边那些看得见摸得着或者不知不觉发生的变化，了解社会主义经济建设的每一个成就，从而把个人命运同党和国家、同社会主义的命运紧紧连在一起。做好这一经济宣传的“重头戏”，尤其要重视广大读者对专业报道的感受、理解程度。这不仅仅是写作技巧问题，更是我们应当牢固树立的价值观。

培创新之元，实现经济舆论引导与时俱进

习近平总书记指出，随着形势发展，党的新闻舆论工作必须创新理念、内容、体裁、形式、方法、手段、业态、体制、机制。这一要求切中了做好新形势下新闻舆论工作的关键。

创新，是开创新局面的动力源泉。与过去相比，当前国内外形势深刻变化，现代传播科技迅猛发展，新闻舆论工作的外部环境、社会条件、受众群体、技术手段已大不一样，由此带来的新挑战、新问题亟待破解。互联网、大数据催生前所未有的大变革，怎样利用新技术的特点和优势，实现媒体深度融合、创新发展？中国已经是具有全球影响力的大国，怎样引导海内外更加全面客观地认识当代中国、看待外部世界？随着受众需求越来越多元，参与意识越来越强，怎样提高引导效果，让党的新闻舆论传播入眼、入脑、入心？总的来看，面对互联网时代纷繁复杂的舆论传播格局，有些做法过去有效，现在未必有效；有些过去不可逾越，现在则必须突破。

媒体深度融合发展的潮流汹涌澎湃，已经把我们推到一个谁也不

能故步自封、谁都必须适应变革的新阶段。做好新闻舆论工作，比以往任何时候都更加需要创新。

培创新之元，必须准确把握创新的重点和方向。一方面，要加快媒体深度融合，按照“正能量是总要求、管得住是硬道理、用得好是真本事”，占领新闻舆论传播制高点，逐步构建网上网下一体、内宣外宣联动的主流舆论格局，建立以内容建设为根本、先进技术为支撑、创新管理为保障的全媒体传播体系。另一方面，要深入研究新的时代背景下受众的心理特点和接受习惯，适应分众化、差异化传播趋势，遵循传播规律，讲求传播艺术，突出媒体特色，善于设置议题，从时度效着力，抓住时机、把握节奏、讲究策略，使舆论引导事半功倍、恰到好处，达到理想效果。

培创新之元，必须始终坚持“内容为王”。要把内容建设摆在十分突出的位置，以具有权威、高端、深度、全面特色的优质新闻产品赢得发展优势，以核心价值观作为内容建设的底色和基调，在众声喧哗中凸显主流价值，有效引导舆论方向。为此，我们既要把传统媒体的内容原创、权威报道、深度解读、言论评论等优势向新兴媒体延伸，发挥舆论引领作用，也要顺应“微时代”的微传播、快传播特点，以精准短小、鲜活快捷、吸引力强、形式多样的信息，综合运用图文、图表、动漫、音视频等多种形式，生产特色信息产品，实现内容产品从可读到可视、从静态到动态、从一维到多维的升级融合，满足多终端传播和多种体验的需求，在传播中抢得先机。

培创新之元，必须加强国际传播能力建设。习近平总书记提出的新闻舆论工作“48字”方针中，“联接中外、沟通世界”是一项重要职责使命。随着中国对世界经济的贡献越来越大，国际社会对中国经济的关注越来越多，各国都在适应重新走向世界舞台中央的中国，并试图找到一条迥异于西方、打破定论的现代化路径。同时，一些西方国家一方面希望借助中国力量尽快摆脱危机，表现了对我倚重、与我合作的意图，同时也在加紧实施西化分化战略，“唱空中国”“唱衰中国”的声音此起彼伏，利用新闻媒体等手段进行遏制的企图十分明显。

向世界及时发出“中国声音”，说明“中国立场”，同时抵御别有用心者的渗透和攻击，是经济宣传战线的一项重大任务，也迫切需要我们尽快提高对外传播能力和水平，向国际人士全面准确地阐释中国的经济政策，充分客观地解读中国的经济走势，进一步增强我国在国际上的话语权，努力营造客观友善、于我有利的国际舆论环境。

培创新之元，必须高度重视人才队伍建设。人才是媒体竞争的核心要素。建设一支政治素质高、业务能力强的人才队伍，拥有一批真正有使命感、责任感和执行力的创新人才，是推进媒体融合发展的关键。现在，媒体人才已大大突破传统单一采编人才的范畴，数据处理工程师、产品经理、UI设计师等新岗位、新工种不断涌现，同时对编辑记者的职业素养和网络表达能力也提出了新的更高要求。我们要大力培养和引进互联网技术人才，加强对采编人员的培训，同时创新选人用人机制，加快建立适应媒体融合发展的人才管理体系，激活人才队伍活力，努力打造一支既有专业新闻素养，又懂新媒体传播运营，还具有互联网思维和实践能力的复合型人才队伍。

凡益之道，与时偕行。中国特色社会主义伟大事业已经踏上新征程，做好新时代的经济新闻舆论工作使命光荣、责任重大。面对新形势、新任务、新要求，我们要坚定信心、锐意创新，不负时代、不负重托，以对党和人民的绝对忠诚，尽心竭力做好宣传思想工作、做好经济新闻舆论工作，为我们党团结带领人民不断取得新的伟大胜利贡献力量。

【刊载于《新闻战线》2021年4月（上）】

有效拓展主题宣传的内容、主体与时空维度

为庆祝建党百年、有效丰富主题宣传的内容和形式，3月14日至6月21日，经济日报社积极组织开展了为期100天的“记录小康生活 见证时代变迁——庆祝中国共产党成立100周年”微视频征集活动。众多网民用自己的镜头和视角，反映我国经济社会发生的巨大变化、取得的伟大成就，抒发爱党爱国之情。活动共收到征集作品7000余件，在各平台累计播放量超过8亿次。此次活动取得的超预期效果，对进一步做好主题宣传、推动媒体深度融合发展有诸多启示。

聚焦建党百年，拓展主题宣传维度

做好中国共产党成立100周年宣传，是今年新闻宣传工作的头等大事。从年初开始，经济日报社编委会就开始统筹谋划。在精心安排主报报道的同时，力图在新媒体宣传上有所突破，最终确定了重点原创新媒体产品生产制作和引导网民参与相结合的思路，由此形成了经济日报建党百年主题宣传中“主报+新媒体”“报社原创+网民互动”的基本格局。微视频征集是我们重点策划的互动类新媒体产品之一。

为确保征集活动取得良好效果，我们将100天征集周期分为四个阶段，每阶段主推一个主题，保证了征集活动的持续热度；在征集主题下梳理出多个关键词，对投稿者进行创作指引，保证了征集作品与活动主题的契合度；同时，建立严格的内容审核把关流程机制，确保导向正确。

实践证明，通过作品征集方式组织广大网民参与到重大主题宣传中来，符合移动时代的传播特点和规律，有利于切实提高主题宣传实

际效果，有效拓展主题宣传维度。

内容维度。改进主题宣传关键在内容创新。征集活动有效地解决了以往主题宣传内容不够丰富、广泛性不足等问题。作品题材涵盖了祖国风貌、脱贫攻坚、乡村振兴、大国工程、城市变迁、文化传承、个人成长、家庭故事等方面，特别是党史等红色题材作品占了相当大比例，许多作品都可以作为生动的党史知识课、革命传统和爱国主义教育课内容。如此数量众多、题材广泛、生动鲜活的内容供给，超出了任何一家媒体自身的生产能力，有效地拓展了主题宣传的内容维度，让建党百年宣传更有厚度。

主体维度。移动传播时代，提升主题宣传效果，不能是单向传播，而应是双向互动、多向交流。征集活动让网民成为主题宣传内容生产者，让受众成为宣传的主体。普通网民从身边事例、个人视角、切身感受出发生产制作的内容产品，真实、生动，带着露珠、带着温度、带着感情，天然就具有吸引力、说服力和感召力。

时空维度。主题宣传的传播力、引导力、影响力、公信力，源自传播内容的典型性和代表性。征集作品内容在空间上基本覆盖了全国各省区市，有城市有乡村，有发达地区有边远地区……在时间上，既有史料的挖掘、历史的回顾，也有现实的反映、未来的展望。众多作品共同反映了祖国大地全面建成小康社会、过去现在同颂党恩的生动画卷，让建党百年主题宣传产生了跨越时空、同题聚焦的良好效果。

在“万物皆媒”“人人都有麦克风”的移动互联时代，让最广泛的人群参与进来，用好一切新手段、新形态、新模式，拓展宣传报道和舆论引导的内容维度、主体维度、时空维度等，是改进创新主题宣传、增强传播效果的必然要求。

坚持开门办报，当好移动时代“组织者”

组织这次征集活动，我们有一个很深的体会，那就是“高手在民间”，网民中蕴藏着巨大的生产力！这是做好新闻舆论工作的宝贵资源。列宁同志说过，“报纸不仅是集体的宣传员和集体的鼓动员，而且是集体的组织者。”当前，媒体格局、舆论生态、受众对象、传播技术都发生了深刻变化，新闻舆论工作面临的形势更复杂、任务更艰巨、要求也更高，新闻媒体更要发挥好“组织者”的作用。在移动互联时代当好“组织者”，最重要的一点，是坚持“开门办报”。

“开门办报”是我们党新闻舆论工作的优良传统，经济日报也一直坚持着“开门办报”的传统。前几年的“大美中国”视觉大赛影响广泛，今年春节期间的“新春七天乐”摄影大赛，这次微视频征集活动，都取得了超出预期的效果。事实证明，在自身资源不多、技术不足、能力不够的情况下，依靠读者和受众的力量是可以大有作为的。在互联网时代，我们仍必须坚持开门办报、开门做新媒体、开门搞融合发展。经济日报就是一个平台，它不仅是经济日报社的，也是读者和受众的。只要紧紧依靠读者，时刻都有受众意识，就会被大家重视和关注。

汇聚放大网络正能量。据第47次《中国互联网络发展状况统计报告》（2021年3月）数据显示，截至2020年12月，我国网民规模为9.89亿，网络视频用户规模达9.27亿，短视频用户达8.73亿，用户平均每天花2小时看短视频。这个数据是相当惊人的！随着短视频的发展，网民表达的门槛降低、意愿更强、形式更多样。

在网络空间里，包含着大量的正能量内容，但往往比较分散，淹没在“信息海洋”之中。主流媒体要当好社会舆论的引导者和组织者，一方面，要将网民积极、健康、向上的表达聚集起来，将网民分散的力量汇聚成流，将散漫的表达引导到正确方向，放大其效能，丰富主题宣传，壮大主流舆论；另一方面，要引导网民直接参与到主题宣传中来，让他们成为主题宣传的主角、主体。普通人都有“镜头效应”，即面对镜头时更愿意展示积极、正面的形象。同理，让网民直接参与主题宣传，他们也更愿意反映积极正面的内容，可以有效发挥其自我引导、相互引导的积极作用。

组织好利用好各种有效资源。在这次征集活动中，参与者除了普通网民，还有大量单位机构等社会力量，包括地方政府部门特别是宣传部门、国有企业及大中小微民营企业、大中小学校，特别是新闻类院系、县级融媒体中心、社会工作室等。这意味着做好新闻舆论工作已不仅仅是新闻媒体的事情，可以运用的力量是强大的、资源是丰富的。

新闻媒体有义务、有责任、有必要把这些力量和资源统筹起来、联络起来、运用起来，形成做好新闻宣传和舆论引导的强大合力。一方面，要结合重大事件、重要活动、关键节点，集中调动各类有效资源；另一方面，要在日常新闻舆论工作中加强与各方沟通联系，主动引导、吸纳它们参与其中，有效提高新闻宣传和舆论引导工作的整体水平。

发挥好第三方平台的积极作用。当前媒体格局下，分工细化特点日益突出。推动媒体深度融合，涉及生产、发布、分发、传播等各个环节。对一家媒体来说，很难在全链条都做到极致。善借外力，加强与第三方平台的合作，发挥好商业平台、渠道的积极作用，可以提升

实际传播效果。在此次征集活动中，经济日报正是引入了今日头条、视觉中国、小红书等商业平台，

借用其在作品组织、平台传播、流量导入等方面的优势，才取得了良好效果。推动媒体深度融合发展，必须要有“大融合视野”，要有“跨界思维”。不仅媒体自身内部要融合，媒体和第三方平台、渠道也要加强融合、加强合作。在这样的思维下，媒体、平台、渠道发挥各自优势，做自己最擅长的事情，然后通过合作使内容生产、分发、传播有机衔接，最终实现信息传播和舆论引导的最佳效果。这是更高层面的新闻生产力布局。

着眼深度融合，抓住适合自己的“风口”

当前，媒体融合发展已经走向深入。平台建设、渠道搭建等基础建设阶段基本结束，现在已进入“深水区”，剩下的都是“硬骨头”，任务更加艰巨，工作难度更大，挑战性更强。当然，也到了可以出成果的时期。

只有做了才有发展机会。近年来，经济日报在推动媒体融合发展方面做了不少工作，上了些项目，建起了平台，推出了一批产品，也取得了一定成果，积累了一些经验。但距离深度融合还有很大差距，还存在很多薄弱环节和明显短板。特别是媒体融合发展逐步走向深入，要求更高、任务更艰巨，我们基础薄弱、人才短缺、资金不足、技术短板突出等问题更为凸显。但推动媒体深度融合发展不是我们要不要做、想不想做的问题，而是我们这一代新闻人必须回答的时代课题。这是中央的重大战略决策，是报社事业发展的需要，也是全体干部职工的迫切愿望，我们必须努力去做，而且要努力做好。在融合

发展的路上，没有“万事俱备、只欠东风”，只有做了才会有发展机会。这要求我们必须开拓一些还不太了解的新领域，做一些还不太专业的新业务，尝试一些还不太熟悉的新模式，在不断尝试中寻找突破口。组织微视频征集活动就是基于这样的考虑，也表明了我们在融合发展方面永不停步的决心。

适合自己的才是真“风口”。媒体融合发展是信息传播新技术、新形态、新模式带给我们的课题。信息传播领域的每一次技术变革、形态更新，在给我们带来极大冲击和挑战的同时，也提供了众多的机会与可能性。从这个角度看，包括当前正处于“风口期”的短视频等新业态、新模式，对经济日报这样的传统纸媒来讲，有可能是推进媒体深度融合发展的一条“捷径”、实现弯道超车的一个机会。推动媒体深度融合发展，必须坚持开放心态，紧紧拥抱信息传播新技术、互联网发展新业态。但也要看到，互联网领域“风口”变化很快，几年一个甚至一年一个。我们不可能抓住每一个“风口”、深耕每一个领域，而必须找到最适合自己的，攥指成拳、突出重点，不求所有、但求所成。

当前，有媒体在建平台、建生态，有媒体在搞AI、做算法，经济日报在这些方面没有基础、没有优势。而短视频门槛较低、投入不大，大家在这个领域的差距还没有拉得特别大，对我们来讲是一个值得尝试的领域。今年以来，我们在短视频领域优化布局，加大工作力度，取得了一定成效。我们组织微视频征集活动也是一种探索，客观上锻炼了队伍、提升了能力、积累了经验。

持续锻造核心竞争力。推进媒体融合发展，内容建设始终是根本。近年来，经济日报一直锚定一个目标 ：做经济领域报道的“优质内容供应商”，就是以内容建设为根本，坚持“内容为王”，充分发挥经济日报的资源和专业优势，努力为受众和其他传播机构提供有经济日报特色、经济日报水准的优质内容产品。我们办经济日报是这个定位，办新媒体、搞融合发展也坚持这个定位。今年以来，我们以提升办报质量为目标，狠抓经济评论言论，狠抓深度调研，生产了一系列优质内容产品，取得了良好传播效果和社会影响。这也再次证明，无论媒体形态如何发展变化，好的内容永远是根本，是舆论场上的“硬通货”。我们推进媒体深度融合，搭建平台、构建渠道、对外合作，不管多热闹，优质内容产品生产能力始终是根本前提和基础，是不可替代的核心优势和竞争力，也是我们的安身立命之本。

【刊载于《新闻战线》2021年8月（上）】

努力打造学习宣传习近平经济思想高地

科学理论是坚持正确方向、战胜艰难险阻的强大思想武器。近两年，面对严峻复杂的国际形势、艰巨繁重的国内改革发展稳定任务，特别是新冠肺炎疫情严重冲击、经济下行压力加大，在以习近平同志为核心的党中央坚强领导下，全国人民团结奋战，经受了艰苦卓绝的历史大考，不仅实现了率先控制疫情、率先复工复产、率先实现经济增长由负转正的胜利，而且历史性地解决了绝对贫困问题，在中华大地上全面建成小康社会，第一个百年奋斗目标如期实现，开启了全面建设社会主义现代化国家、向第二个百年奋斗目标进军新征程。这些辉煌成就世界瞩目、载入史册，充分彰显了习近平经济思想在引领和指导中国经济社会改革发展中所具有的重大实践意义。

掌握用好经济工作“金钥匙”

党的十八大以来，习近平总书记对于如何推动新时代社会主义经济建设作出一系列重要论述，从加强党对经济工作的集中统一领导到坚持以人民为中心的发展思想，以新发展理念统领发展全局；从适应把握引领经济发展新常态到深化供给侧结构性改革，推动经济高质量发展；从处理好政府与市场关系到完善宏观调控，统筹发展和安全，构建以国内大循环为主体、国内国际双循环相互促进的新发展格局；从坚持问题导向部署经济发展新战略到明确科学工作策略和方法……其中，既有对改革开放以来我国发展历史经验的新总结，又有对新时代条件下经济发展客观规律的新认识，更有对建设现代化经济体系的新部署，形成了一个具有原创性、突破性、时代性的科学系统的经济思想体系，引领着新时代党和人民在经济治理中的创造性探索与实践，引领着中国经济一步步迈向高质量发展新阶段。

2012年，我国人均GDP是6100美元；2021年，人均GDP突破1.2万美元。新时代的中国经济，在全球经济坐标系中尤为抢眼，引人关注。经济增长含金量明显提升，经济结构更加合理，就业保持稳定，消费结构加快升级，单位GDP能耗下降，美丽中国建设迈出重大步伐，社会大局保持和谐稳定。科技自立自强成为国家发展的战略支撑，中国桥、中国路、中国车、中国港、中国网，一个个圆梦工程造福中国、享誉世界……在实现中国梦的伟大进程中，新思想武装头脑、新理念全面播种、新思维指导方法、新战略纵深推进，全面深化改革立柱架梁、更高水平开放击楫勇进，为中国经济增强了发展动力、拓展了发展空间。

百年未有之大变局是世界之变、时代之变、历史之变，眼下正在进入加速演变期，形势依然错综复杂。我国经济呈现持续向好势头，但疫情变化和外部环境仍存在诸多不确定性，经济恢复基础尚不牢固。对此，我们必须从讲政治的高度做好经济工作，善于用政治眼光观察和分析经济社会问题，做好开“顶风船”的各项思想准备和工作准备，力争在危机中育新机、于变局中开新局，首先就要加强理论武装，坚持把深入学习贯彻习近平新时代中国特色社会主义思想这个首要政治任务加紧落实到位，用好习近平经济思想这个做好经济工作的“金钥匙”，真正做到学思用贯通、知信行统一。

立足学理研究与实践总结打造学习宣传高地

理论的价值在于指导实践，学习的目的全在于运用。深刻认识习近平经济思想的重大意义，深入理解和准确把握其核心要义、精神实质、主题主线、丰富内容、实践要求，这既是新时代做好宣传思想工作的基础和前提，也是强化党员干部理论武装和加强对广大群众思想引领，为奋进新征程、建功新时代统一思想、凝聚力量的迫切需要。必须持续开展大学习，不断增强学习的主动性和积极性；必须持续推进抓落实，努力实现学以致用、以用促学、用之见效。经济日报是中央党报、经济大报，是党中央、国务院指导全国经济工作的重要舆论阵地。积极宣传阐释习近平经济思想，及时跟踪报道全国各地、各行各业践行习近平经济思想的实践探索，生动呈现党的十八大以来我国经济社会发展取得的伟大成就，打造学习宣传习近平经济思想高地和重要阵地，是经济日报最重要的职责。

2021年7月，经上级批准，经济日报组织开展为期4个月的习近平经济思想研究征文活动。征文的目的是按照中央领导同志的指示要求，深化对习近平经济思想的学理化研究，总结党的十八大以来中国经济社会发生深刻变革中所蕴含的历史经验和发展规律。经济日报社组织专家对上千篇来稿进行审读，优中选优近50篇在经济日报头版和理论版集中刊发，文章被学习强国、人民网、新华网等央媒网站大量转发，《新华文摘》等刊物广为转载。为吸引、集聚各方面力量，共同加强对习近平经济思想的学习贯彻、深化研究，经济日报社先后联合广东省委宣传部、山东省委宣传部主办习近平经济思想研讨会。知名专家学者和有关领导同志济济一堂，进行深入研讨，对理论界深化习近平经济思想研究起到积极推动作用。

为客观反映、深入挖掘各地贯彻落实习近平经济思想的实践探索、创新举措，总结和宣传其有益经验，经济日报社从2020年底组织开展践行习近平经济思想深度调研工作。从地方开始，足迹遍及北京、上海、广东、广西、山东等16个省区市，深入基层一线，探访厂矿企业，蹲点田间地头。至今年2月底，《佛山典型》《柳州惊奇》《深圳领跑》等18套长篇深度调研报道以多种形式刊发在经济日报报网端微各平台，以图、文、声、影全景式呈现了党的十八大以来各地干部群众学习贯彻习近平经济思想的实践探索，以及经济社会发展取得的显著成就和创新创业创造实现的重大突破。从2021年下半年起，经济日报将调研范围从地方扩展到企业和产业、行业，推出一批高质量的深度调研成果，目前已初步形成三大深度调研齐头并进的局面。地方调研继续以“践行习近平经济思想调研行”为主题稳步推进；企业调研以“牢记总书记的嘱托·企业调研记”为主题如火如荼展开；产业行业调研聚焦热点问题。三类深度调研成果接续推出，受到社会各界广泛关注。广大受众尤其是专家学者和地方领导予以高度评价，20多位省委书记、省长和部门负责同志作出重要批示指示，或接受专题访谈，给予充分肯定。为使系列成果充分发挥作用，也满足专家学者和党员干部的学习要求，我们组织编辑“学思践悟习近平经济思想丛书”，包括《习近平经济思想研究文集（2021）》和《践行习近平经济思想调研文集（2021）》，近日已由经济日报出版社出版发行。

继续高举引领经济高质量发展的思想火炬

习近平经济思想内容博大精深，逻辑体系严密完备，理论来源丰富深厚，实践基础坚实厚重，作出了很多重大深刻的理论创新，以政治性、人民性、时代性、科学性、实践性、开放性和世界性展现出鲜明的理论品格，为我们做好新时代经济工作提供了根本遵循和行动指南。

经济日报的前述工作只是个开端。我们将牢牢把握正确方向，解放思想、守正创新，充分发挥主流媒体的传播力引导力影响力公信力，筑牢宣传阐释习近平经济思想的高端平台，推动习近平经济思想的学理化研究走深走实，持续推进践行习近平经济思想深度调研工作，及时总结宣传全国各地各行各业用习近平经济思想指导经济工作的成功经验，为宣传、研究、践行习近平经济思想作出不懈努力，以优异成绩迎接党的二十大胜利召开。

（刊载于《学习时报》2022年3月18日1版）

构建新时代全媒体传播格局

习近平总书记强调："我们要加快推动媒体融合发展，使主流媒体具有强大传播力、引导力、影响力、公信力。"为深入贯彻落实习近平总书记系列重要讲话精神和中办、国办《关于加快推进媒体深度融合发展的意见》，经济日报社明确提出"减量化改革、高质量发展"思路，出台融合发展五年规划，围绕"融为一体、合而为一"的目标，锐意进取，稳打稳扎，传播力引导力影响力公信力显著增强，主要新媒体账号用户粉丝已达1.4亿。

深度融合发展没有经验可循，没有捷径可走。多年来特别是近一年多来，经济日报社在融合发展征程上，顺应大势，立足实际，从"策、采、编、发、推、馈、评"全流程发力，优化机构设置、理顺体制机制、强化技术赋能、做强优质内容、加大推广力度，工作取得明显成效。特别是今年先后举办了"春节七天乐"全国新闻摄影大赛、"记录小康生活 见证时代变迁——庆祝中国共产党成立100周年"短视频征集活动，参与人数近3万人次，多个产品成为爆款，累计总播放量逾10亿次，产生良好的社会影响。

适应融合大势 优化整合机构

新闻单位的组织架构，是新闻生产、流程运转、部门设置及职能规划等的结构依托，也是推进媒体深度融合的重点和难点。组织架构适应融合大势，设置合理高效，就能激发资源潜力，释放新闻生产力。

2020年10月，经济日报编委会经过充分调研，细致谋划，迎难而上，推动新闻生产组织架构的调整与优化。

指挥体系上，取消原来由编委会一名成员单管新媒体业务的指挥架构，转变为编委会整个班子都负责融媒体业务，每月轮值编委负责全媒体调度，社长兼总编辑就是全媒体总负责人。所有编委都逐步向全媒体传播转型，既指挥报纸，也指挥新媒体。这种指挥体系，弥合了此前融媒体生产在管理、机制、流程、产品、空间上的割裂状态，形成了人人参与的局面，“局外人”“旁观者”越来越少。

部门设置上，改变以往总编室、新媒体传播部分设各自为政的组织架构，将两个部门深度合并、完全融合，组建成立全新的全媒体总编室，原新媒体传播部专门负责音视频制作。全媒体总编室在业务上打破传统媒体、新媒体的界限，一支编辑队伍服务报纸、微博、微信、客户端、短视频、第三方账号等全媒平台，负责所有渠道、终端。记者部、评论理论部、综合采访部、产经新闻部、财经新闻部、国际部等其他采编部门也同时转型为融媒体业务部门，负责对应领域的全媒产品生产。编辑部所有采编人员全员转型，既负责报纸采编，也负责新媒体业务，人员流动轮班上岗，基本实现了“你就是我，我就是你”。

生产流程上，重塑“策、采、编、发、推、馈、评”流程，将深度融合发展理念贯穿新闻生产全流程、各环节。建立评论工作委员会、深度调研报道工作委员会等机制，由编委会统筹评论理论、深度调研等重点内容的全媒策划、采写、编辑、制作与传播等全流程、一体化运作。从全媒总编室、新媒体传播部、中国经济网等部门抽调人员，成立融合推广办公室，专司优质内容在各重点传播平台的推广工作。同时，特别强调主动策划、一体策划和全媒策划，将策划工作嵌入融合报道始终。

改革体制机制 畅通全媒脉络

经济日报编委会决定，以新闻客户端频道制改革，作为理顺深度融合发展体制机制的突破口。一是因为客户端是以我为主的融媒体平台，内容可控，技术可控，风险可控；二是因为客户端日常运营信息更新量大，决定了客户端需举全社之力才可能取得预期效果。

去年底，改“部门制”为“频道+平台制”，突出频道和平台作用，赋予频道和平台更大责任，以更加适应融媒体运行。具体而言，经济日报新闻客户端主要频道由总编室负责运营，包括客户端头条、热点、视觉、企业等频道及总体协调工作。其他频道则由各相关业务采编部门负责，以提升各频道专业化水平。如评论理论部负责理论频道、观点频道，综采部负责政务、科技频道，产经部负责产经频道，财经部负责财经频道，国际部负责国际频道，新媒体部负责视频频道等。

各采编部门结合新的职能定位，以频道制改革为重点，重新谋划任务分工和日常业务，逐步做到“平台专人负责、业务统筹考虑”。日常运维中，各部门坚持内容生产推广“两手抓”“两手硬”。加强新闻的策划性和贴近性，让融合报道既“好看”又“有用”。同时，借助第三方平台拓展传播渠道，提升传播效果。

频道制改革一年来，经济日报深度融合发展格局初步形成，全媒产品生产效率显著提升，优质融媒内容竞相涌现、各类全媒人才尽展所长。

改进优化技术 赋能深度融合

习近平总书记就多次强调："要适应社会信息化持续推进的新情况，加快传统媒体和新兴媒体融合发展，充分运用新技术新应用创新媒体传播方式，占领信息传播制高点。"作为中央媒体，面对这一新形势，不日新者必日退。经济日报编委会高度重视新技术的研究引进，强化技术赋能，将之运用于加快推进深度融合发展的方方面面。

集成技术成果，对采编系统进行融媒化改造。今年8月，全媒体三期采编系统正式上线，顺利完成两次系统割接。该系统融合"策、采、编、发、推、馈、评、存"等各生产环节，兼具报纸、网站、新媒体等平台采编生产能力。同时，实现与客户端、中国经济网、中经视觉等8个已有系统的集成对接，有效推进新媒体技术平台与生产支撑体系深度融合。

优化技术路径，加快融媒产品"触网"时效。通过技术手段实现经济日报新闻客户端同步抓取中国经济网稿件，报纸稿件实现"一次发布，多平台同步"，优质内容的"上网时间"大大提前。经过技术路径优化，经济日报优质融媒产品在各平台的转载量、点击量日渐提高，传播力、影响力明显增强。

强化技术驱动，提高融媒产品制作精细度。结合人工检索和智能工具，持续开展对重点优质稿件传播情况的统计分析，从发稿量、转载量、各端口阅读量、点赞量等多个维度对稿件传播效果进行统计和分析。通过挖掘数据价值，用大数据分析更好地为采编业务提供改进建议，把握传播规律，引导产品制作，形成传播反馈的完整闭环。

运用技术手段，提升融媒产品传播针对性。主动适应用户分众化、差异化传播趋势，运用人工智能、“算法”推荐等新兴技术，研究用户习惯，摸清用户心理，掌握传播规律，并将相关成果转化为更多受众喜闻乐见的全媒体产品，个性化推送，定制化推荐，实现分众传播、垂直传播、精准传播。

突出经济特色 做优做强内容

对新闻媒体而言，内容创新、形式创新、手段创新都重要，但内容创新是根本。无论时代、业态如何变化，优质的、独家的、过硬的内容，永远是媒体的“硬通货”。随着传播格局的深刻变迁，内容为王也有了新的内涵和外延，包含了“内容+技术”“内容+服务”等形式的“内容+”为王，也越来越成为业内共识。

经济日报突出经济特色，找准自身优势，按照内涵式高质量发展的要求，锚定做经济报道领域的优质内容供应商。在做优做强特色报道上花大心思、下苦功夫，一年来产生了一大批经济特色鲜明、呈现形式多样、受众喜闻乐见、社会反响良好的精品佳作。

突出经济特色，打造学习宣传习近平经济思想的理论高地。经济日报是中央党报、经济大报，理应在宣传习近平新时代中国特色社会主义思想特别是经济思想上有更大作为，有更多担当。在一版显著位置开设“学思践悟习近平经济思想”“专论”等理论文章专栏，推出《论新阶段、新理念、新格局的内在统一性》《统筹发展与安全既是方法论更是实践论》等数十篇解读习近平经济思想的理论文章，在学习强国等平台获得积极反响，如《推动我国经济社会全面发展的科学指引》阅读量1540万，《深入理解“四个伟大成就”的内在逻辑》阅读量1608万。从7月起，经济日报主办“习近平经济思想研究”征文活动，面向全国征集学理性研究文章，以彰显习近平经济思想科学理论的伟力。目前，已刊发多篇重磅征文稿件。

聚焦各地落实习近平经济思想的生动实践，主打深度调研报道。经济日报在一版推出“践行习近平经济思想调研记”系列深度报道，由编委和采编部门主任带队，深入基层，深入一线。自2020年12月至今，先后推出《柳州惊奇》《齐鲁不凡》《阿佤新歌》《吉林问粮》《西宁赋绿》《南阳重耕》《威武祁连》等19套深度调研系列报道，并同步进行新媒体报道与转化。该报道获得10多亿次阅读量、近万次转载，其中一些篇目形成亿级阅读量。地方党委政府致函编辑部表达强烈共鸣，许多专家、读者纷纷来信来函表达感想……引发很大社会反响。推出调查版，今年以来共刊发版面136个，刊发调查稿件142篇。调查报道已成为日常报道的重要组成部分，在自有平台和第三方平台均取得了较好的传播效果。

集中资源做强评论，引领形成正确看待和引导经济问题的舆论共识。没有言论，版面无魂；没有言论，报纸无神。编委会集中优势资源，推动版版有评论，争取篇篇都精彩。在一版开设“经济论坛”专栏，以“金观平”就重大经济政策、重要经济话题及时表态发声，澄清误解误读，凝聚最大共识。2020年11月3日，蚂蚁金服上市被按下“暂停键”，引发各方猜测和议论。经济日报第一时间在客户端刊发《蚂蚁集团暂缓上市彰显保护投资者利益的坚定决心》，明确定调“此事彰显了资本市场的严肃性”，并向市场发出明确信号——“各参与主体必须尊重规则、敬畏规则，谁也不能例外”。该短评发出后，4小时内总阅读量超过6000万，打消了市场疑虑，凸显中央媒体正本清源的“压舱石”作用。从去年9月至今，为10多名中青年记者开设“市场监管”“三农瞭望”“科创之声”“国际经济观察”等专栏。这些专栏文章紧跟舆情热点，敢于发声亮剑，形成了品牌效应和社会影响，涌现出《再谈恒大“盖楼式”造车》《臆断“中美经济增长竞赛”纯属炒作》等一大批立论扎实、观点鲜明、文风鲜活、说理透彻的优秀评论。其中,《广告法能否啃动“椰子”壳》一文在微博微信客户端及学习强国平台等，阅读量达9000多万。

加大视频转化力度，让优质内容传播得更广更远。在抖音、快手等短视频平台开设经济日报、经济日报视点、中国经济网等3个账号，各有侧重，将经济日报每天的优质内容转化为短视频。目前3个账号粉丝量累计达4290万。围绕经济数据发布、经济社会发展成就等，做好经济特色原创音视频产品生产，以逐步形成特色产品生产能力。推出《2020，中国答卷》《百万亿元是怎样炼成的?》《建党百年经济风云录》等重点视频产品,《大城市青年人买不起房、租不好房？住建部回应》等一批围绕社会关注度高的经济热点视频，单条累计播放量均超2000万。

坚持“开门办报”“开门办新媒体”，实现社会效益和传播效应最大化。今年以来，经济日报精心策划、认真组织，先后举办2021“春节七天乐”全国新闻摄影大赛、“记录小康生活 见证时代变迁——庆祝中国共产党成立100周年”微视频征集活动等。其中，“春节七天乐”征集到参赛作品21800多幅（组），海外投稿达到2000多幅（组），新媒体平台累计阅读量300多万次。微视频征集活动共收到网友视频投稿作品超7700件，相关展播作品全网播放量超8亿次，主管部门称赞，“经济日报积极探索，值得肯定与鼓励”。

坚持转作风、改文风，熟练运用受众喜闻乐见的表达方式和鲜活语言。毛泽东同志曾指出，“共产党员想做宣传，就要看对象，就要想一想自己的文章、演说、谈话、写字是给什么人看，给什么人听的，否则就等于下决心不要人看，不要人听。”一年来，经济日报在融媒产品制作中，提倡“短、实、新”，反对“假、长、空”，无论是标题制作，还是文字把握，抑或是语言表达，都努力做到言之有物、言之有理、言之有情。《凭啥说美的只是造了个“寂寞”》《方便之门绝不是偷窥之门》《一元钱“绊倒”大超市》等一大批令人印象深刻的报道脱颖而出。

统筹发展与安全，建立新媒体账号审读机制，守好意识形态工作安全底线。对经济日报集团新媒体账号进行梳理整顿，在关停并转基础上精耕细作，打造特色优质账号。从资深编辑中选聘一批审读专家，负责每天监看相关新媒体账号，实现对所有新媒体账号的每日监看全覆盖，保证安全运行。把“坚持正能量是总要求，管得住是硬道理，用得好是真本事，把握正确政治方向、舆论导向和价值取向”落实到全媒生产运营全过程。

强化全媒传播 高效精准到达

优质的融媒产品缺乏有效传播，也会“养在深闺人未识”。编委会重视融合推广工作，通过设置组织机构、明确推广重点、加大转化力度、研判舆情热点等，提高产品到达率。

建立工作机制，形成推广合力。为集中优势资源，做好推广工作，经济日报成立融合推广办公室，由一名编委会成员牵头，主要负责推广经济日报优质内容，研究各新媒体平台的传播规律，对接不同平台内容需求，据此制定不同的推广策略与方案。同时，启动全员推广机制，提倡职工在朋友圈、社群等转发优质内容，提升内容传播的精准度、到达率。

经营主流平台，抓住流量平台。媒体深度融合发展是一把手工程，编委会靠前指挥，亲力亲为，加强与主流平台“学习强国”和流量平台“今日头条”的合作对接，为巩固深化合作打下坚实基础。目前，经济日报已和学习强国、今日头条等平台达成一揽子合作方案，将在内容共建、精准传播方面推出一系列新举措。

研究平台特点，创新语言表达。顺应差异化、分众化传播趋势，针对不同平台特点和不同受众关注点，创新话语体系，实现精准传播，提高产品的针对性、有效性和可读性，产生了一批亿次展现量的热点内容。如，《“双减”政策落地，释放哪些信号？最新解读来了》经济日报头条号展现量达1.9亿；在今日头条开设的话题#中国共产党成立一百周年#，累计阅读量1.3亿。

研判舆情热点，助力新闻生产。融合推广工作机制发挥与多平台密切联系的资源优势，动态掌握平台热点，建立起第三方平台热榜评论响应机制，及时反馈给采编部门。在新闻热点尚未完全发酵前，第一时间做出反应，第一时间发出声音，第一时间抢占舆论高地，取得较好效果。11月2日，针对商务部印发《关于做好今冬明春蔬菜等生活必需品市场保供稳价工作的通知》中提到，“鼓励家庭根据需要储存一定数量的生活必需品”引发社会高度关注，经济日报及时发出热评《不要过度解读甚至误读储存一定生活必需品》，一小时内即进头条热榜第一位、抖音热榜第一位、新浪微博热搜第三位，当天阅读量逾2亿次，产生了良好的舆论引导效果。

经济日报一年来的融合发展实践，给我们不少启示和思考。

首先，融合发展时代更需要“开门办报”“开门办融媒体”。读者和网民中蕴藏着巨大的生产力，在“春节七天乐”新闻摄影大赛活动和今年举办的短视频征集活动中，累计征集到2万多张照片、7700多个视频，不仅数量上惊人，还有大量高品质、专业化的作品。这告诉我们，要紧紧依靠读者，让“开门”成为常态。

其次，融合发展时代更需要借力，单枪匹马走不远。“君子生非异也，善假于物也”。推动媒体深度融合发展，要有“大融合视野”“跨界思维”。媒体、平台、渠道各自发挥优势，做自己最专业的事情，通过合作使内容生产、分发、传播有机衔接，最终实现信息传播和舆论引导的最佳效果。

最后，高质量产品是办好报纸、办好新媒体的重要条件。要始终坚持“内容为王”，提供最有经济日报特色、最有经济日报水准的优质内容产品。今年以来，经济日报以提升办报质量为目标，报纸、新媒体影响力都明显增强。

（刊载于《三项学习教育通讯》2021年11期）

守正创新彰显特色 讲好百年大党故事

庆祝中国共产党成立100周年是党和国家政治生活中的一件大事，做好建党百年宣传报道是新闻战线贯穿全年的主题主线。讲好百年大党历经艰难困苦、玉汝于成的奋斗故事，讲好党带领人民开创社会主义现代化道路、取得伟大成就的历史经验，引领全国人民以更加昂扬的姿态踏上全面建设社会主义现代化国家新征程，是中央媒体的职责使命。今年以来，经济日报社以习近平新时代中国特色社会主义思想武装头脑，深入学习贯彻习近平总书记关于新闻舆论工作的重要论述和“七一”重要讲话精神，提高政治站位，坚持守正创新，突出经济特色，报道工作用心用情用功、出新出彩出效果。

用心：提高政治站位，突出经济特色，以独特音色唱响时代主旋律

庆祝建党百年宣传报道是各媒体同台竞技、各展所长、相得益彰的大合唱。经济日报是党中央、国务院指导全国经济工作的重要舆论阵地，作为中央党报、经济大报，在这场大合唱中，既要紧扣红色主题、坚持基调一致，又要找准自身角色定位，做到视角独特、表达有别，演绎好富有经济特色的“声部”，深入阐释中国共产党为什么能、马克思主义为什么行、中国特色社会主义为什么好。

（一）迅速形成热潮，主题宣传有声势有力度有效果。“七一”前后报道是庆祝建党百年宣传的精彩华章。从6月中下旬起，经济日报尽锐出战、全媒发力。“献给中国共产党成立100周年”专栏刊发3篇编辑部文章《人民至上》《奇迹密码》《伟大荣光》，推出3篇系列综

述《百年征程写奇迹》《减贫奇迹铸丰碑》《大国风范显担当》，连续的优质内容供给，烘托出共襄伟大盛世、共庆百年华诞的热烈氛围。7月1日和2日共刊出22个特刊，刊发社论《矢志践行初心使命 奋力开创光辉未来》《建党百年赋》。

习近平总书记“七一”重要讲话发表后，经济日报先学一步、学深一步，精心策划实施，阐释重大意义和深刻内涵，报道各界热烈反响。推出《以最坚强的领导力锻造最可靠的主心骨》《沿着不可逆转的复兴之路阔步前行》等7篇本报评论员文章。“全面建成小康社会的伟大探索与实践”系列特稿《小康大道》《减贫伟业》《筑梦时代》全景展现全面建成小康社会的历史成就及伟大经验。这些报道在近半年主题宣传的良好基础上，全面发力、更上层楼，把学习习近平总书记“七一”重要讲话精神引向深入。

（二）树立大历史观，讲述经济战线百年风云。历史是最生动、最有说服力的教科书。中国共产党从诞生之日起，践行“为中国人民谋幸福、为中华民族谋复兴”的初心，始终伴随着经济战线的斗争和实践。在“两个一百年”奋斗目标历史交汇点，回望来时路，眺望新征程，重温建党百年经济战线的不平凡历程和伟大成就，具有重大的现实意义和深远的历史意义。

今年初，经济日报组建专班，集中梳理中国共产党成立百年的经济发展史，为党的经济战线立传。经过4个多月准备，5月30日起，以《经世济民为苍生》为开篇，40期系列报道“建党百年·经济战线风云录”正式亮相。这组报道聚焦百年来中国共产党人的经济探索和建设经验，系统梳理了中国共产党在经济战线的重大决策、重要文献和重要会议，回顾百年来中国共产党在经济领域进行的伟大斗争，以及带领中国人民加快建设、发展经济的伟大成就。报道产生良好社会反响，学习强国和今日头条开辟专栏推荐，每期阅读量达2000万。许多网友表示，这组报道为读者了解中国共产党经济斗争史提供了生动翔实的史料，为我们更理性认识、更有效应对新征程上的风险挑战提供了历史智慧与决策参考。

（三）突出经济视角，主题宣传报道独具特色。在“奋斗百年路启航新征程”主题宣传报道中，我们重点选取具有代表性的经济事件和重大工业项目，宣传党带领人民不懈奋斗取得的历史性成就、发生的历史性变革。井冈山时期，突出红色政权在地方的经济实践；新中国成立初期，突出草原钢城包头、“聚宝盆”柴达木、成渝铁路等重点地区、重点工程建设；改革开放时期，重点关注青藏铁路、深圳特区建设，以及资本市场诞生、全面取消农业税、设立自贸试验区等经济领域重大事件。

从5月份开始，经济日报以每天4个版篇幅，浓墨重彩开展巡礼式报道，通过历史回溯、现实分析、横向比较和客观数据、典型案例、群众感受，全景展示各地区、各领域、各行业的发展成就。每期特刊开辟企业专版，讲述有代表性的企业在党的领导下，艰苦创业、改革创新的发展历程。截至6月30日，共编发专版330余块，字数超过200万。这样的规模和数量在近年来的专题报道中都是不多见的。

报社还集中推出数篇“新思想引领新征程·红色足迹”行进式调研报道，忆当年事，访当事人，从经济民生视角报道红色圣地牢记习近平总书记殷殷嘱托，探索经济社会高质量发展的生动故事。

“沿着高速看中国”报道持续3个多月，捕捉因路而兴的众多生动场景，以小故事、小切口反映大时代、大变迁，刊发《京沪高速助力区域新发展》《“静悄悄”里见功夫》等融媒体作品近300篇，总阅读量超3亿。

（四）加强舆论引导，营造大庆之年和谐氛围。经济领域始终是发挥舆论引导作用的主阵地，经济日报着力唱响中国经济“光明论”“机遇论”“贡献论”，凝聚发展共识，展示发展成绩，提振发展信心，营造共庆百年华诞、齐心开创新局的良好氛围。

围绕经济形势增信释疑。在全球疫情蔓延的形势下，中国作为唯一实现经济正增长的国家，今年一二季度经济表现备受关注。我们推出系列专版，针对经济运行、工业生产、就业、进出口、物价、消费等方面最新数据进行深度分析，客观讲述成绩，科学研判形势，理性看待不足。全国两会召开前夕，经济日报连续刊发《率先实现正增长是怎么得来的》《世界性难题是怎么破解的》等多篇“迎接全国两会特稿”，解读我国经济长期向好的基本态势，反映推动经济高质量发展的进展成效，鼓舞发展信心，聚集向上力量。

围绕热点难点正本清源。一版常设“经济聚焦”“新闻分析”等专栏，围绕经济领域的重大问题及热点话题，刊发《全面客观看待当前经济形势》《看好中国经济今年表现成共识》等；聚焦“十四五”规划，开设“院士访谈录”“企业家访谈录”专栏，推出《我们该如何打赢种业“翻身仗”》《如何保障食用油料供给安全》等进行解读；针对政府非税收入征管职责划转税务部门的有关部署，刊发《土地出让收入征管职责缘何划转》，及时引导经济热点，产生了较好的社会效果。

用情：思想引领为先，坚持学思践悟，打造习近平新时代中国特色社会主义经济思想宣传高地

习近平新时代中国特色社会主义思想是马克思主义中国化的最新理论成果，是为实践证明了的具有真理伟力和实践伟力的党的创新理论。习近平新时代中国特色社会主义经济思想是这一创新理论的重要内容，深刻揭示了中国特色社会主义经济建设规律和现代化发展规律，是我们进入新发展阶段、贯彻新发展理念、构建新发展格局、实现高质量发展的科学指引。深化对中国化马克思主义既一脉相承又与时俱进的理论品质的认识，是宣传出新出彩的客观要求，也是从理论逻辑、历史逻辑、现实逻辑上全方位、系统化阐释党的创新理论科学性、时代性、实践性的必然要求。经济日报坚持把学习好、阐释好、宣传好习近平新时代中国特色社会主义经济思想作为首要政治任务和重大政治责任，着力打造习近平新时代中国特色社会主义经济思想的宣传高地。

（一）在“深学”上下功夫。经济日报加强理论研究和宣传工作，把习近平新时代中国特色社会主义思想的阐释宣传作为“定海神针”，尤为注重从学理层面阐释习近平新时代中国特色社会主义经济思想的理论品格、理论特色和理论价值。为此，在一版开设“专论”“经济论坛”“学思践悟习近平新时代中国特色社会主义经济思想”等专栏，邀请经济职能部门负责同志和专家学者撰写署名文章，力求把经济宣传做出权威性和公信力，今年已推出《深化做好经济工作的规律性认识》《做好当前经济工作的根本遵循》《用新发展理念破局成势》等70余篇重头理论文章、编辑部文章和本报评论员文章。每

周3期理论专版，今年已推出60余个整版，刊发近200篇有高度、有站位、接地气的理论文章，全方位、多视角地阐释习近平新时代中国特色社会主义经济思想的丰富内涵、核心要义、实践要求等。

（二）**在“勤思”上做文章。**海量信息时代，言论评论是彰显态度立场、引导经济热点、体现媒体深度的重要手段。今年以来，经济日报启动评论委员会工作机制，通过定期召开会议、建立台账制度、优化考评体系等一系列举措，使言论评论无论在数量上还是质量上都有大的提升，构建起包括社论、编辑部文章、评论员文章、短评快评等在内的言论评论矩阵。作为强化言论评论写作的创新举措，经济日报推出10名年轻骨干记者个人署名专栏，聚焦宏观经济、市场监管、财政金融、汽车产业、“三农”、粮食、科技、房地产等专业领域，推出《销量新高难解一汽之忧》《以教育资源均衡破解学区房之困》《特斯拉该学三门功课》等200多篇观点鲜明、文风犀利的作品，在社会上产生了积极反响。

（三）**在“笃行”上求突破。**实践性是习近平新时代中国特色社会主义经济思想的鲜明特征。经济日报集中力量、重点突破，通过蹲点式、写实性采访调研，反映各地践行习近平新时代中国特色社会主义经济思想的丰富实践，充分体现习近平新时代中国特色社会主义经济思想的实践伟力，切实增强人民群众对党的理论创新成果的政治认同、价值认同、情感认同。今年初以来，组织多路由编委会成员带队的调研组，深入一线蹲点采访。在广东佛山报道之后，陆续推出《顺德再造》《贵阳后发赶超》《柳州惊奇》《深圳领跑》《金山探路》《阿佤新歌》《齐鲁不凡》等一批有力度的深度调研报道，引发社会广泛关注。每组深度调研报道采访前做足功课，调研中沉下身心，成文时反复打磨，版面呈现梯次推出、有序展开，构成全链条宣传产品集群，取得良好传播效果，各地媒体纷纷转载，学习强国等平台突出推送，阅读量达上亿人次。这些深度调研展现出的丰富实践，构成了学思践悟习近平新时代中国特色社会主义经济思想的“案例库”，既对各地区实践探索进行了及时总结，也为其他地区学习借鉴提供了重要参考。

用功：突出融合发展，创新构建多层次立体化差异化的全媒体传播体系

推动媒体融合发展、建设全媒体，是我们面临的紧迫课题。习近平总书记指出，要运用信息革命成果，推动媒体融合向纵深发展，做大做强主流舆论，巩固全党全国人民团结奋斗的共同思想基础。

经济日报坚决贯彻落实习近平总书记重要讲话精神及中央决策部署，瞄准具有强大竞争力和鲜明特色的经济领域新型主流媒体目标，加快建设以内容为根本、先进技术为支撑、创新管理为保障的全媒体传播体系。出台《经济日报社深度融合发展五年规划（2021—2025）》，给出推动媒体融合发展的时间表和路线图；在中央媒体中率先推行频道制改革，构建各平台一体化运作机制；大力推进“减量化改革，高质量发展”，促进媒介资源、生产要素有效整合。

今年以来，经济日报把建党百年报道作为检验媒体深度融合发展成果的练兵场和试验田，实现宣传报道与队伍建设双丰收。

（一）表现手法多样融合，实现宏大主题的生动展现、共同主题的独特表达。今年春节期间，经济日报推出“喜迎百年华诞　送你红

色货币”H5作品。最早的红币、首批国币、晋察冀“红票子”等9枚标志性“红色货币”，在彩绘画卷上沿着时间轴推进，用户参与活动可以获得带有编号的虚拟红币。作品兼具知识性、互动性和趣味性，节日期间传播量近5000万人次，参与用户覆盖84个国家和地区，成为爆款产品。许多用户表示，通过这一张张红色货币，仿佛上了一堂生动的红色货币课，更真切地感受到中国共产党领导人民发展经济的艰辛历程和高超智慧。“七一”前推出的“党史中的经济档案”系列微视频作品，从经济视角入手，探索党史宣传的视频表达，播放量达3000万。

（二）**报网端微资源整合，用全媒体视角、互联网思维谋划主题宣传。**策划之初，我们注意将内容制作与渠道推广一体化考虑，保证了作品的传播效果。推出“脱贫攻坚的中国答卷”系列短视频，探索经济报道的数字化和可视化表达，把严肃新闻转化为可见可感的画面；“奋斗百年路 启航新征程”专题报道一体化推送、形成合力。报纸刊发稿件的同时，微信、微博同步制作产品，经济日报客户端、中国经济网分别设置专题专栏，实现宣传效果倍增。

（三）**社内社外力量聚合，坚持开门办报，走好新时代群众路线。**今年春节期间，经济日报举办了以庆祝百年华诞为主题的“春节七天乐”摄影大赛，得到各方面积极响应，收到参赛作品2.2万余幅，其中包括美国、德国、法国等20多个国家和地区投送的2000多幅作品，实现了全国参与、全球覆盖。全国两会后，经济日报又启动以“记录小康生活 见证时代变迁——庆祝中国共产党成立100周年”为主题的微视频征集活动，反响良好，投稿踊跃，在为期100天的活动中，共征集作品7700余件，目前累计播放量已超过8亿。

这些活动将我党百年历史投射在生动立体的聚焦点上，有效吸引受众深度参与，增强了主题宣传的黏性互动，促进了主题宣传的柔性落地。

百年大党风华正茂，青春中国扬帆远航。后续庆祝建党百年宣传任务还很重，经济日报将继续以绝对忠诚的政治品格、严细深实的工作作风、精益求精的质量追求，统筹建党百年宣传与党史学习教育，推进媒体深度融合发展，保证声势力度，确保质量效果。

一是突出重点。继续深入学习宣传习近平总书记发表的重要讲话精神，推出系列评论员文章和专题节目，策划更多主题鲜明、形式新颖、好读好看的全媒体作品，形成强大舆论声势，展示我们党的百年伟大成就和宝贵经验，激励和动员各族人民更加紧密地团结在以习近平同志为核心的党中央周围，为全面建设社会主义现代化国家、实现中华民族伟大复兴的中国梦继续奋斗。

二是聚焦主业。攥指成拳，从经济内容和经济视角两个维度，集中力量报道我党经济发展史，分析演变机理，总结历史规律，探寻现实解决之道；精心解读经济政策，研判经济形势，引导舆论热点，讲好中国发展故事，凝聚开启新征程的磅礴伟力；做好中国精神系列报道，以故事打动人心，用精神成风化人。

三是把握关键。坚持“减量化改革，高质量发展”，保持内容定力，扩大优质内容供给，以融合发展成果提升主题宣传效果，以内容优势赢得发展优势。统筹线上线下，增强对象意识，特别是面向青少年开展分众式传播和差异化宣传，用高水准的融媒体作品体现公信力影响力，以内容精致、形式新颖、好玩有趣的作品吸引年轻人。

【刊载于《中国报业》2021年8月（上）】

创新体制机制 推进真融深融

习近平总书记强调："推动媒体融合发展、建设全媒体成为我们面临的一项紧迫课题。"为深入贯彻落实习近平总书记重要讲话精神和《关于加快推进媒体深度融合发展的意见》，经济日报社加快推进深度融合，明确提出"减量化改革、高质量发展"的思路，制定出台融合发展五年规划，围绕"融为一体、合而为一"的目标，锐意进取，稳打稳扎，传播力引导力影响力公信力显著增强，主要新媒体账号用户粉丝已达1.53亿。

一、以机构优化为抓手，着力建设适应全媒体传播态势、传播规律、传播需求的新闻生产组织架构

新闻生产的组织架构，是推进媒体深度融合的关键。编委会经过充分调研，细致谋划，克服困难，从2020年10月起，推动新闻生产组织架构的调整与优化。

指挥体系上，取消原来由编委会一名成员单管新媒体业务的指挥架构，转变为编委会整个班子都负责融媒体业务，每月轮值编委负责全媒体调度，社长兼总编辑是全媒体的总负责人。整个报社统为一个全媒体，一个领导班子，一个调度中心，所有编委会成员都逐步向全能转型，既指挥报纸，也指挥新媒体。

部门设置上，改变以往总编室和新媒体传播部分而设之、各自为政的组织架构，将两个部门深度合并，完全融合，组建成立新的全媒体总编室，原新媒体传播部专司音视频制作。全媒体总编室在业务上打破传统媒体、新媒体的界限，一支编辑队伍服务报纸、微

博、微信、客户端、短视频、第三方账号等全媒平台，负责所有的渠道、终端。

生产流程上，重塑“策、采、编、评、发、馈、推”流程，将深度融合发展理念贯穿新闻生产全流程、各环节。先后建立评论工作委员会、深度报道工作委员会、企业报道团队、高质量发展产业调研协调机制等工作机制，由编委会统筹理论、评论、深度调研、企业调研、产业调研等重点内容的全媒策划、采写、编辑、制作与传播等全流程、一体化运作。从全媒总编室、音视频部、中国经济网等部门抽调人员，成立融合推广办公室，由一名编委负责，负责优质内容在各重点传播平台的推广工作。

二、以体制机制改革为突破口，努力打通深度融合堵点，营造优质内容迸发、全媒人才涌现的制度环境

将经济日报、中国经济网微博微信账号，融为一体，合而为一。2022年2月，经济日报大胆创新，先行先试，开展两微融合试点，将主报微博微信账号与下属单位微博微信账号一同管理、打通运营。

经过一个多月的探索、实践和尝试，内容融合、人员融合、平台融合、机制融合优势逐渐显现，主要有三方面：

一是运行效率明显提升。4个账号管理，1个平台办公，新媒体产品策划、审核效率得以提升，部分产品在环节不减、质量不变的前提下，审核时间由数小时缩短到10分钟，更加符合新媒体的时度效需求。

二是优秀产品量增质升。两微融合，“1+1”远远大于2。数据显示，一个多月来，经济日报、中国经济网微博原创量更多了，热榜数

更多了，微信10万+更多了，爆款产品更多了。其中，两个微信账号阅读量3月份比2月份平均增长16.25%。

三是人员聚合效果初显。两微融合试点成立后，人在一起，平台在一起，“你们”“他们”都变成了“我们”，“体制内”“体制外”都变成了“一家人”。部分岗位交替值班，部分流程打通运行，人力资源潜力被激发，运行管理更精细。

将基于报纸生产流程的“部门制”，改为更加适应融媒体运行的“频道+平台制”，突出频道和平台作用，赋予其更大责任。具体而言，经济日报新闻客户端作为新媒体主平台之一，主要频道由总编室运营，包括客户端头条、热点、视觉等频道及总体协调工作。其他频道则由各相关业务采编部门负责，以提升各频道专业化水平。如理论部负责理论频道、评论部负责观点频道、综合部负责政务、科技频道，产经部负责产经频道，财金部负责财金频道，国际部负责国际频道，音视频部负责视频频道等。

在职能优化方面，各采编部门结合新的职能定位，以频道制改革为重点，对任务分工和日常业务进行重新谋划，逐步做到“平台专人负责、业务统筹考虑”。在日常运维方面，各部门坚持内容生产和内容推广两手抓，两手都要硬。加强新闻的策划性和贴近性，让融合报道既“好看”，又“有用”。同时，借助第三方平台壮大推广力量，实现传播渠道的拓展和传播效果的提升。

相关改革推动以来，经济日报深度融合发展格局初步形成，全媒产品生产效率显著提升，优质融媒内容竞相涌现，各类全媒人才尽展所长。

三、以技术改进优化为手段，通过技术赋能为深度融合效率更高、流程更顺、传播更准提供有力支撑

当前，在信息传播领域，新技术、新平台、新成果层出不穷。作为中央媒体，面对这一新形势，不日新者必日退。为此，编委会重视新技术的研究引进，将之运用于加快推进深度融合发展的方方面面。

集成技术成果，对采编系统进行融媒化改造。2021年8月，全媒体三期采编系统正式上线，顺利完成两次系统割接。该系统融合了“策、采、编、发、馈、存”各生产环节，兼具报纸、网站、新媒体等平台采编生产能力。同时，还实现了与客户端、中国经济网、中经视觉等8个已有系统的集成和对接，有效推进新媒体技术平台与生产支撑体系的深度融合。

优化技术路径，加快融媒产品“触网”时效。2021年8月底，通过技术手段实现了经济日报新闻客户端同步抓取中国经济网稿件，报纸稿件实现了“一次发布，多平台同步”，经济日报优质内容的“上网时间”大大提前。经过技术路径优化，经济日报优质融媒产品在各平台的转载量、点击量明显提高，影响力、传播力明显增强。

强化技术驱动，提高融媒产品制作精细度。依靠人工检索和智能工具相结合的方式，持续开展对重点优质稿件传播情况的统计分析，从发稿量、转载量、各端口阅读量、点赞量等多个维度对稿件传播效果进行统计和分析。通过挖掘数据价值，用大数据分析更好地为采编业务提供改进建议，把握传播规律，引导产品制作，形成传播反馈的完整闭环。

运用技术手段，提升融媒产品传播针对性。主动适应用户分众

化、差异化传播趋势，运用人工智能、“算法”推荐等新兴技术，研究用户习惯，摸清用户心理，掌握传播规律，并将相关成果转化为更多受众喜闻乐见的全媒体产品，个性化推送，定制化推荐，实现分众传播、垂直传播、精准传播。

四、以做优做强特色内容为根本，通过内容创新，筑牢提升传播力引导力影响力公信力的根基

找准自身优势，按照内涵式高质量发展的要求，锚定做经济报道领域的优质内容供应商。在做优做强特色报道上花心思、下功夫，一年多来产生了一批经济特色鲜明、呈现形式多样、受众喜闻乐见、社会反响良好的优秀作品。

始终突出经济特色，打造宣传习近平经济思想的理论高地。在一版开设“学思践悟习近平经济思想”“专论”等理论文章专栏，推出了《论新阶段、新理念、新格局的内在统一性》《统筹发展与安全既是方法论更是实践论》等数十篇系统解读习近平经济思想的理论文章，在学习强国等平台获得积极反响，如《推动我国经济社会全面发展的科学指引》阅读量1540万，点赞量超44万；《深入理解“四个伟大成就”的内在逻辑》阅读量1608万，点赞量48万。

2021年7月，经济日报分别在报纸一版、两微一端、中国经济网等平台，同步刊发《“习近平经济思想研究”征文启事》，面向全国读者征集习近平经济思想的学理性研究文章，以彰显习近平经济思想科学理论的伟力。历时4个多月，共收到国内外专家学者撰写的来稿上千篇，不少稿件在报纸上精彩亮相。2022年3月，经济日报将优秀理论文章结集成册，《习近平经济思想研究文集（2021）》一经面世，

就引发了社会各界强烈反响。相关消息在人民日报等媒体呈现，在“学习强国”阅读量超过3000万，点赞量112万。书籍一经付印，便洛阳纸贵，加印已超10万册。

聚焦各地落实习近平经济思想的生动实践，主打深度调研报道。经济日报在一版推出系列深度报道，由编委会成员和采编部门主任带队，短则一周，长达10天，深入基层，深入一线。自2020年12月至今，《鄂尔多斯重塑》《宜昌蝶变》《威武祁连》《西宁赋绿》《深圳领跑》《齐鲁不凡》等23套“践行习近平经济思想调研行”报道接续推出，《践行习近平经济思想调研文集（2021）》也于2022年3月出版发行；《臻至破危》《正泰正青春》等“牢记总书记的嘱托·企业调研记”精彩连连。2022年3月23日，“高质量发展产业调研”也首次亮相。至此，地方、企业、产业深度调研“三驾马车”正式成型。

根据相关内容改造的融媒体产品，斩获多个亿级阅读量，单篇最高传播量达3.2亿。截至目前，上述调研报道共获得阅读量超过15亿，其中一些篇目已形成亿级阅读量，这在上万字的深度报道中是比较少见的。地方党委政府、许多专家和读者纷纷致函编辑部表达强烈共鸣，多名省委书记、省（市）长接受采访或作出批示，引发很大社会反响。

集中资源做强评论，引领形成正确看待和引导经济问题的舆论共识。没有言论，版面无魂；没有言论，报纸无神。编委会集中优势资源，推动版版有评论，争取篇篇都精彩。在一版开设“经济论坛”专栏，以“金观平”署名就重大经济政策、重要经济话题及时表态发声，澄清误解误读，凝聚最大共识。2021年11月2日，针对商务部印发《关于做好今冬明春蔬菜等生活必需品市场保供稳价工作的通知》中提到，“鼓励家庭根据需要储存一定数量的生活必需品”引发社会高度关注，我们及时发出热评《不要过度解读甚至误读储存一定生活必需品》，一小时内即进头条热榜第一位、抖音热榜第一位、新浪微博热搜第三位，累计阅读量3亿多次，打消了市场疑虑，凸显中央媒体正本清源、以正视听的“压舱石”作用。从去年9月至今，为12名中青年记者开设“市场监管”“忠阳车评”“三农瞭望”“科创之声”“每周经济观察”“国际经济观察”等专栏。这些专栏文章紧跟舆情热点，敢于发声亮剑，形成了品牌效应和社会影响。其中，《广告法能否啃动“椰子”壳》在微博、微信、客户端及学习强国、今日头条等平台推出后，阅读量达9000多万。

加大视频转化力度，让优质内容传播得更广更远。短视频平台已成风口，经济日报、经济日报视点、中国经济网三个账号的抖音、快手粉丝量累计达4363万，是优质的流量入口。这三个账号各有侧重，各有分工，紧紧围绕经济日报每天的优质内容，将其转化为短视频，平均每天转化量在10条左右，每天阅读量在1000万左右。此外，围绕经济数据发布、经济社会发展成就等，做好经济特色原创音视频产品生产，以逐步形成相对独特的特色产品生产能力。推出《2020，中国答卷》《百万亿元是怎样炼成的？》《党史中的经济档案》等重点视频产品，《大城市青年人买不起房、租不好房？住建部回应》等一批围绕社会关注度高的经济热点视频，单条累计播放量均超2000万。

坚持“开门办报”“开门办新媒体”，实现社会效益和传播效应最大化。2021年以来，经济日报精心策划、认真组织，先后举办2021“春节七天乐”全国新闻摄影大赛、“记录小康生活 见证时代变迁——庆祝中国共产党成立100周年”微视频征集活动、2022年“旺旺杯”春节七天乐新闻摄影征集活动等，并与京东集团合作加强数据版的内容建设。其中，2021年与2022年“春节七天乐”全国新闻摄影活动、“记录小康生活 见证时代变迁——庆祝中国共产党成立100周年”短视频征集活动，参与人数累计近4万人次，征集图片视频作品近8万件，据此制作的各类新媒体产品，产生多个爆款佳作，累计总播放量逾10亿次，产生了很好的宣传效果和社会影响。

从2021年起，与京东集团合作推出数据版，聚焦消费领域数据，为政策制定者、行业参与者和普通消费者提供参考借鉴，数据版已刊发144个，据此改造的微博、微信、客户端、短视频产品，结合不同平台传播规律和运行特点，和而不同，各有千秋，赢得知名企业家、年轻粉丝群体的好评，相关话题全网阅读量达6000多万。

统筹发展与安全，建立新媒体账号审读机制，守好意识形态工作安全底线。对全集团新媒体账号进行梳理整顿，在关停并转的基础上精耕细作，打造特色优质账号。从资深编辑中选聘一批审读专家，负责每天监看相关新媒体账号，实现对所有新媒体账号的每日监看全覆盖，保证安全运行。把握正确政治方向、舆论导向和价值取向，把“坚持正能量是总要求，管得住是硬道理，用得好是真本事”落实到全媒生产运营全过程。

五、以融合推广为推手，着力提高融媒产品到达率，将优质内容高效、及时、精准地呈现在受众面前

通过设置组织机构、明确推广重点、加大转化力度、研判舆情热点等，形成最大合力，提高产品到达率。

建立工作机制，形成推广合力。为集中优势资源，做好推广工作，经济日报专门成立融合推广办公室，负责推广经济日报优质内

容，研究各新媒体平台的传播规律，对接不同平台内容需求，并据此制定不同的推广策略与方案。同时，启动全员推广机制，提倡职工在朋友圈、社群等私域流量内转发优质内容，提升内容传播的精准度、到达率。

经营主流平台，抓住流量平台。媒体深度融合发展是一把手工程，编委会靠前指挥，亲力亲为，加强与主流平台“学习强国”和流量平台“今日头条”的合作对接，为巩固深化合作打下坚实基础。目前，经济日报已和学习强国、今日头条等平台达成一揽子合作方案，将在内容共建、精准传播方面推出一系列新举措。

研究平台特点，创新语言表达。顺应差异化、分众化传播趋势，针对不同平台特点和不同受众关注点，创新话语体系，实现精准传播，提高产品的针对性、有效性和可读性，产生了一批近亿传播量的热点内容。比如，在2022年全国两会期间，经济日报微博主持策划了原创话题#总书记两会知心话#，登上微博置顶热搜；在今日头条开设#北京冬奥会 共赴冰雪之约##关注北京冬奥会#等多个话题，将独家优质内容进行聚合展示，有效开展网络聚合传播，系列话题累计阅读量达11.6亿。

研判舆情热点，助力新闻生产。融合推广工作机制充分发挥与多个平台密切联系的优势资源，动态掌握平台热点，建立起第三方平台热榜评论响应机制，及时反馈给采编部门。在新闻热点尚未完全发酵前，经济日报就能第一时间做出反应，第一时间发出声音，第一时间抢占舆论高地，取得较好效果。多篇稳定市场信心、回应社会关切、凝聚舆论共识的热评，登上热榜，成为爆款。

（刊载于“中国记协”公众号2022年5月11日）

彰显习近平经济思想现实解释力实践引领力

党的十八大以来，面对新的时代条件、新的发展阶段，习近平总书记在领导全党全国人民推进社会主义经济建设伟大实践中，创立了习近平经济思想。近两年，在百年变局加速演进的复杂局面下，中国经济发展和疫情防控保持全球领先地位，构建新发展格局迈出新步伐，高质量发展取得新成效。实践充分证明，习近平经济思想是解决问题、推动发展的“金钥匙”，是做好新时代经济工作的根本遵循，也为我们开展重大主题报道提供了旗帜方向和深耕沃土。

经济日报是中央党报、经济大报，是党中央、国务院指导全国经济工作的重要舆论阵地。积极宣传阐释习近平经济思想，及时跟踪报道全国各地、各行各业践行习近平经济思想的实践探索，生动呈现党的十八大以来我国经济社会发展取得的伟大成就，打造学习宣传习近平经济思想高地和重要阵地，是经济日报最重要的职责。一年多来，我们围绕“学以致用，以用促学，用之见效”，精心组织开展深度调研，接续推出“践行习近平经济思想调研行”“高质量发展产业调研”“牢记总书记的嘱托 · 企业调研记”三大系列报道，生动反映地方、产业、企业如何以习近平经济思想为指导攻坚克难，如何把党的创新理论转化为开拓创新的能力本领，如何推动新发展理念落地生根取得成效，形成了“三驾马车”的深度报道格局，生产了一批优秀新闻作品、收获了各界广泛好评，也使人们对习近平经济思想在指导实践中彰显的现实解释力、实践引领力有了更直观感受，对其科学真理性、强大生命力有了更深刻认识。

在“学”字上下功夫、在“用”上见成效。“学用结合”已成为广大党员干部的基本功、必修课，也是主流媒体把学习贯彻习近平经济思想引向深入的重要方法论。

一、深入挖掘习近平经济思想打造的经济报道“富矿”

时代是思想之母，实践是理论之源。新时代条件下，创造性的实践突破与重大的理论创新相辅相成，统一并贯穿于中国特色社会主义这一鲜明主题，习近平经济思想的鲜明实践特征、问题导向意识，为经济新闻报道打造了一座“富矿”。

习近平总书记高度重视基层考察调研工作，党的十八大以来频频深入一线指导工作，坚实的足迹纵横跨越中国版图。从广东深圳莲花山到安徽凤阳小岗村，从上海自由贸易试验区到香港、澳门特别行政区，从太行深处访贫问苦到中关村里了解前沿科技，从云南洱海督促保持绿水青山到东北老工业基地考察国企改革……考察调研的过程，是听民声、察民情、问民意的过程，也是一系列重大战略的决策部署过程。在问题中把准社会脉搏，在解题中认识发展规律，双脚的一步步丈量，推动了理论和实践的一步步创新，形成了习近平新时代中国特色社会主义思想。其中，围绕新时代的社会主义经济建设，习近平总书记的着眼点和立足点始终放在全局和战略高度，以当代世界与中国经济发展的大趋势、新特点为判断依据，以中华民族的前途命运为出发点，以全面发展中国特色社会主义为方向，以巩固改革、发展、稳定大局为责任，把人民利益放在第一位，规划出实现中国梦的宏伟战略蓝图。一系列重要论述中体现的大脉络、大逻辑、大格局，形成了习近平经济思想，对于社会主义经济建设思想史而言，具有重大的创新意义，标注了经济治理现代化的新高度。

问题是时代的声音，是事业发展的磨刀石。新时代的开创，新思想的诞生，本身就是在扎根现实土壤、回应实践需求、回答时代课题中实现的。习近平总书记指出，坚持问题导向是马克思主义的鲜明特点，我们中国共产党人干革命、搞建设、抓改革，从来都是为了解决中国的现实问题；要以重大问题为导向，抓住关键问题进一步研究思考，着力推动解决我国发展面临的一系列突出矛盾和问题。我们看到，无论是提出我国社会主要矛盾发生变化的重大论断，还是作出贯彻新发展理念、构建新发展格局、推动经济高质量发展的重大部署，无论是推进精准扶贫脱贫的政策方略，还是制度建设上补短板、强弱项，都来自习近平总书记对“实事”清醒而全面的认识，对“求是”坚定而执着的追求，体现出唯实务实的思想品格和直面矛盾的政治勇气。正是在“实践—认识—实践”持续深化的过程中，在指导我们认识世界、改造世界的过程中，习近平经济思想彰显出巨大的现实解释力和实践引领力。

经济日报把深度调研报道作为坚持问题导向、体现实事求是、真实反映各地区各领域生动实践的有力抓手。各地各领域落实中央决策部署的推进怎样、效果如何，来自基层一线、反映客观实际的调查研究最有说服力。经济日报开展“三驾马车”的深度调研报道，就要求采编人员坚持实事求是，一切从实际出发，深入地方，深入企业行业，用心真听、真看、真感受、真调研。短则一周，多则十日，不搞清真实情况不罢休，不弄懂实际问题不收兵，以经得起历史、实践检验的调研结果，挖掘各地各领域重大变革性实践、突破性进展、标志性成就背后的理论逻辑、实践逻辑和思想逻辑，引发社会热烈反响。

在已刊发的33篇深度调研报道中，“镇版”“刷屏”之作接二连三，累计收获了逾20亿次的全网传播量。这也证明，在“人人都是传播者、随时随地能发声”的时代，只有摒弃浮躁之气、远离喧嚣之风，不随波逐流，不浅尝辄止，用深度调研凝练成有深度、有内涵、有价值的新闻作品，才是走正途、行大道。

二、在践行“四力”中凸显深度调研多维度

经过一年多来的探索实践，经济日报编委会提出“深度立报”方针已见成效，形成了深度调研“三驾马车”的报道格局：2021年1月13日，“践行习近平经济思想调研行”推出开栏之作《佛山典型》；2021年11月2日，“牢记总书记的嘱托 · 企业调研记”专栏推出首篇稿件《臻至破危》；2021年12月13日，产业调研推出第一篇报道《煤炭问题调查》。短短一年多，深度调研报道共刊发重磅文章33篇。这些深度调研在业内外引起强烈反响，成为经济日报宣传工作的新亮点。

经济日报高度重视深度调研报道，力争每一篇都是精心打磨的万字长文，每一篇都是精品佳作，凸显深度调研的多维度。

（一）**谋篇布局心怀国之大者，政治站位有高度。**经济日报深度调研报道的一个突出特征，就是一刻也不偏离习近平经济思想这条鲜明主线。地方调研，主要聚焦各地高质量发展、生态文明建设、脱贫攻坚、乡村振兴等习近平总书记多次强调、尤为重视的主题；产业调研，集中追踪粮食问题、耕地问题、种子问题等习近平总书记特别牵挂、反复过问的话题；企业调研，也均是选择习近平总书记长期关心、关注且亲自调研过的企业。经济日报深度调研始终突出思想主线，充分展现习近平经济思想对经济全局的科学引领，对经济社

会发展难点堵点的精准把握，对做好当前形势下经济工作的有力指导，让每篇深度调研都成为习近平经济思想在各地各领域生动实践的精彩注释。

（二）**始终深入实际深入一线，新闻采访有厚度。**七分采访，三分写作。只有全面、细致、深入、扎实的采访，才能不断积累素材的厚度、认知的厚度，进而凝练成作品的厚度。经济日报深度调研的厚度，主要体现在三个方面。一是调研时间长，每篇调研报道采访时长不少于一周，在“新闻产品成快消品”的当下，这是不多见的。二是骨干记者多，调研报道大多由一名编委会成员领衔，同时抽调业务骨干、地方记者站力量参与，集中优势兵力，深入扎实采访。三是调研深入，数百米深的地下矿井、寒风猎猎的大漠深处、火热繁忙的生产一线、生机盎然的黑土地上……都留下调研组成员求“深”若渴的印记。如《威武祁连》采访，就由多名记者辗转2000公里，历时9天采访完成。这在经济日报深度调研中，是一种“常态”。

（三）**坚持深挖一点多想一层，理论思考有深度。**思考的深度，决定着作品的价值与高度。深度调研报道既要扎得进去，获取第一手真实、鲜活、厚实的素材，又要跳得出来，以客观、理性、深度的思考，发现共性问题，剖析各方实践，总结普遍规律，提供全新视角。如此，报道才能好看、耐看，值得反复看。比如，《顺德再造》就以经济日报持续30年关注顺德经济社会发展为引子，解剖在高质量发展要求下，改革先锋顺德为何壮士断腕决意“村改”，“村改”如何突破，怎样闯关，做对了什么，等等。稿件刊发后，顺德区委印发参与“村改”干部人手一册，用以指导推动工作。又比如，《一重重生》聚焦中国一重这个老央企的新改革，精准把握改革的重点、痛点、难点和突破点。稿件刊发后，有关专家发文称："国企改革三年行动以来，这是看到的最好的典型报道，也是最好的国企典型通讯。"

（四）**秉承问题导向问题意识，提炼观点有锐度。**信息爆炸时代，有锐度的观点就是稀缺资源。观点从何而来？从发现问题、分析问题、解剖问题、处理问题的过程中来。经济日报深度调研报道尤为重视问题意识，奔着问题去，抓住问题不放，最终是为化解问题、亮明观点、求解答案。以产业调研为例，目前刊发的产业报道有《煤炭问题调查》《耕地问题调查》《种业问题调查》《四问冰雪产业》等，仅从题目就能看出明确指向。如何攥紧中国种子？如何端稳中国饭碗？《种业问题调查》就直言不讳地指出，当前中国种业存在种质资源保护利用不足、商业化育种体系还没完全建立等问题。中国种业十大功勋人物、86岁的著名玉米育种家程相文说："经济日报的文章分析了种业面临的难点，提出了做强种业的建议，很有指导意义。"

（五）**稿件精心打磨反复修改，文本写作有靓度。**文章不厌百回改，反复推敲佳句来。好稿件莫不是精心雕琢、用心修改的结果。新闻作品一经发布，或白纸黑字难以再改，或网上热传广受关注，我们理应对文字、对文章心存敬畏，力求最佳。经济日报动辄上万字的深度调研报道，更要求文字必须有吸引力、感染力。因此，30多篇深度调研报道，每一篇都是精心打磨，反复修改，有的数易其稿。《正泰正青春》从初稿到终稿，经历一月有余，前后大的修改就有三次。经过精心修改、反复打磨，最后版本的内容与初稿相去甚远。正是这样脱胎换骨、大刀阔斧的优化，刊发见报稿件的文字才更有吸引力和可读性。

（六）**打通融合报道多个环节，作品传播有广度。**以融合推广为推手，着力提高融媒产品到达率、传播力，将优质内容高效、及时、精准地呈现在受众面前，应是深度融合时代媒体操作的“标配”。经济日报打通融合报道全流程，一是抓关键平台。媒体深度融合发展是一把手工程，经济日报编委会靠前指挥，亲力亲为，加强与主流平台“学习强国”和流量平台“今日头条”的合作对接，为巩固深化合作打下坚实基础。二是抓融合改造。顺应差异化、分众化传播趋势，针对不同平台特点和不同受众关注点，以深度融合报道内容为蓝本，进行融合改造，创新话语体系，优化呈现方式。三是抓融合推广。经济日报专门成立融合推广办公室，负责推广深度融合报道等优质内容，研究各新媒体平台的传播规律，对接不同平台内容需求，并据此制定不同的推广策略与方案。《鄂尔多斯重塑》3.2亿、《先锋沈阳》2.2亿、《宜昌蝶变》1.3亿、《臻至破危》1.96亿……动辄破亿次的全网传播量，正是上述措施高效、有力的明证。

三、做优做强深度调研是提高宣传水平的重要抓手

春种一粒粟，秋收万颗子。一年多来，经济日报狠抓深度调研报道，无论是从总量看，还是从效果看，在经济日报发展史上都是不多见的。2022年3月，经济日报将优秀深度调研报道结集成册，《践行习近平经济思想调研文集（2021）》一经面世，就引发了社会各界强烈反响，一周之内加印超4万册。

总体而言，经济日报的系列深度调研报道，营造了学思践悟习近平经济思想的良好氛围，发掘了一批各地区、各领域高质量发展的生动案例，培养了一批具有深度思考调研能力的采编人才，产生了一批特

色鲜明影响深远的爆款产品，在选题策划、深度采访、稿件写作、刊发节奏、推送规律、融媒体呈现等方面积累了经验，为“打造学习宣传习近平经济思想高地”夯实了根基。

一年多来的深度调研工作，也给我们带来重要启示。

第一，坚持把深度调研作为报道工作重中之重，作为打造习近平经济思想宣传高地的有力抓手，作为履行使命、践行“四力”、提升报道、带好队伍的主要支点。实践证明，深度调研报道实现了报道质量提高、采编能力增强、社会影响扩大的多重效果，提高了经济日报的知名度、美誉度、品牌度，提升了经济日报的传播力、引导力、影响力，已成为经济日报的金字招牌。更为重要的是，经过不断改进、完善，深度调研已成为经济日报做强做优重大主题宣传报道的有力抓手，应该长期坚持下去，不断发展优化。

第二，坚持深度调研报道高起点高水准高质量，做深地方调研、做活企业调研、做重产业调研，以更多精品佳作，回应时代呼唤人民关切。深度调研报道的质量与水准，在某种程度上决定了这种报道形式能否获得受众的青睐与认可。不是精品，没有深度，不够精彩，如何能让受众静下来、沉下来、读下去？当下新闻报道存在碎片化、快餐化、情绪化的倾向，但对真正有内容、有深度、有价值的调研报道的阅读需求依然存在。要坚持内容为王，质量为先，一步一个脚印把地方调研做深，把企业调研做活，把产业调研做重，久久为功，必有回响。

第三，坚持问题导向，坚持“调查就是解决问题”，深度调研报道主要反映成就、变化和变革，但绝不是简单表扬，要力避不重效果的“大表扬稿”的窠臼。正面、积极、向上地反映各地区各领域的创新、实践、成就，是经济日报深度调研报道的主旋律。这是毋庸置疑的。关键在于，如何吸引住读者和受众，并让他们乐于接受，进而认同、赞成，这就涉及宣传艺术、报道艺术的问题。要坚持问题意识，抓问题、细梳理、深剖析，聚焦地方、企业、产业中具有普遍性的难点、痛点、堵点，挖掘地方、企业、产业具有共性的积极作为、大胆创新，不仅要看到成绩，还要看到成绩背后的探索，不仅要看到做对了什么，还要看到哪些没有做到，以问题为导向，通过深度调研报道给人以向上向好的信心和力量，这才是最需要用大力气去推进落实、下大功夫去探索实践的。

第四、坚持融合报道思维，打通“策、采、编、发、推、馈、评”全流程各环节各关口，以融合发展扩大深度调研报道的传播力、引导力、影响力、公信力。在媒体深度融合的背景下，深度调研报道不仅要在传统媒体上成为“实力担当”，也要在新媒体上成为“流量担当”。为此，深度调研报道要打通“策、采、编、发、推、馈、评”，从策划之初，就要根据微博、微信、客户端、短视频、第三方平台等不同平台的传播规律和产品需求，拟定不同表达方式、不同呈现方式、不同发布频次的多元化新媒体产品，从而以融合发展的合力实现深度调研报道的最大传播力和到达率。

迎接和服务党的二十大胜利召开，是当前经济日报做好主题宣传、成就宣传、典型宣传的主线。我们将继续以中央党报、经济大报的政治站位，砥砺初心使命，切实践行“四力”，勇立时代潮头，展现理论创新和实践创新塑造的时代新貌，坚定不移“打造学习宣传习近平经济思想高地”，为实现中华民族伟大复兴的中国梦贡献力量。

（刊载于《中国记者》2022年第5期）

后记

Editor-in-Chief's comments on Economic Daily

今年以来，评报与去年有所不同。第一，今年并非每天评。一开始是每周一评，经过一段时间，特别是不少年轻同志提出，仍希望能够每天读到“总编辑评报”。所以虽没做到每日一评，但基本上一周数评，有时还一天两评，且评的内容更多，量更大；第二，今年评报不局限于新闻采编业务范畴，而是以评报为基础，对报业发展、深度融合、队伍建设、改革创新等问题做出阐释思考。已很少专门就某个报道、某篇稿件、某块版面进行点评，更侧重于对新闻宣传工作规律性的认识和理论上的分析。可以说，今年的评报是在去年基础上的新探索，也从一个侧面折射出传统报业、中央党媒如何在融合发展轨道上迈出新步伐。

要说明的是，考虑到内外有别，在编辑出版该书时，对有的文字和表达稍作修改，有些明显错谬也进行了勘误。特别要说明的是，书中有些文稿、讲稿，齐东向、齐平、徐向梅、胡文鹏等同志以及总编室负责讲话录音整理的编辑们，也有很大贡献，在此一并表示感谢！

最后，再次感谢为本书编辑出版付出辛勤劳动的韩文高、肖小琴、黄芳芳、王浩宇、张琦、金丹和武力、李菊英等同志，特别是我的秘书胡达闻同志，花的时间和心血尤其多，作用至关重要。谨向大家致敬！

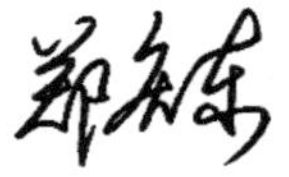

2022 年 7 月

总编辑评报

上

郑庆东◎著

Editor-in-Chief's comments
on Economic Daily

经济日报出版社

图书在版编目（C I P）数据

总编辑评报．上 / 郑庆东著．-- 北京 : 经济日报出版社，2022.3
ISBN 978-7-5196-1067-8

Ⅰ．①总… Ⅱ．①郑… Ⅲ．①经济－报纸编辑－编辑工作－文集 Ⅳ．① G216.3-53

中国版本图书馆 CIP 数据核字 (2022) 第 053704 号

总编辑评报（上）

作　　者	郑庆东
统　　筹	张兴军
责任编辑	肖小琴　黄芳芳
助理编辑	张　琦
责任校对	温　海
出版发行	经济日报出版社
地　　址	北京市西城区白纸坊东街 2 号 A 座综合楼 710（邮政编码 :100054）
电　　话	010-63567684 （总编室）
	010-63584556 （财经编辑部）
	010-63567687（企业与企业家史编辑部）
	010-63567683（经济与管理学术编辑部）
	010-63538621 63567692（发行部）
网　　址	www.edpbook.com.cn
E - mail	edpbook@126.com
经　　销	全国新华书店
印　　刷	鑫艺佳利（天津）印刷有限公司
开　　本	710×1000 毫米　1/16
印　　张	26.5
字　　数	303 千字
版　　次	2022 年 4 月第 1 版
印　　次	2022 年 4 月第 1 次印刷
书　　号	ISBN 978-7-5196-1067-8
定　　价	68.00 元

序言

Editor-in-Chief's comments on Economic Daily

2020年8月，新一届编委会成立后，为贯彻落实中央领导同志指示精神，推进报社各项事业健康发展，我们创新体制机制，整合报社资源，坚持减量化改革、高质量发展，开展“质量提升年”活动，各项工作在原有基础上扎实推进。

在这个过程中，办好报纸、提高质量成为重中之重。当务之急，则是尽快统一干部职工特别是采编人员的思想认识，迫切需要用一种快速的、迅捷的方式方法实现信息畅通。在我看来，评报就是可以达到此目的的简便方法和有效途径。

结合推进2021年的工作，特别是年底报纸改版，我尝试着从元旦起开始评报，每天一篇，一页纸，几百字，不求面面俱到，重在点到为止，言之有物。写完后，通过微信工作群及时向同志们发布。本来计划评上3个月左右，把对报纸的理解、对报道的认识和改进工作的思路及时地通报给大家，同时也针对采编人员的所思所想所惑有针对性地做出回应。没想到，评报得到热烈反响，都鼓励我把评报做下去。

就这样，一年过去了，也就评了365天。回头来看，“总编辑评报”虽然有萝卜快了不洗泥之嫌，但还是有三大作用的。

首先，做到上情下达，实现信息直通。采编人员可以及时了解和掌握编委会的决策部署、工作安排和报道重点，使同志们工作有重点、努力有方向，能够在采编业务上倾心用力，从不同的角度提高办报水平和报道质量。

其次，明确业务标准，立出工作标杆。通过自己对报纸的理解，对报道的理解，乃至于对每一篇稿件、每一块版面、每一件作品的理解，引导采编人员目标一致、要求一致，为了一个比较理想的工作状态而不断进取。什么样的稿件是好稿件？什么样的版面是好版面？什么样的问题需要及时解决？什么样的矛盾亟待化解？我都向同志们和盘托出，有针对性地帮助采编人员学有榜样、干有标准，心无旁骛地做好采编工作。

第三，汇聚各方力量，构建共同价值观。通过评报和安排工作，逐步梳理归纳形成我们共同的行为准则，由此让经济日报创刊40年来几代经济报人打造的优良传统和作风，得到有效传承和有力拓展。在我看来，这一点更为重要，也至为关键。

从一年来的实践看，“总编辑评报”初步实现了这个目标，达到了这个目的。不仅借此提升了报道的质量水平，促进了报社的事业发展，也凝聚了采编人员乃至全体经济报人的精气神。

结集出版这本书的目的，依然是为了促进工作，让更多的同志包括新入社的同志，能够尽早了解和掌握报社的采编理念和工作规则，更快地融入集体，积极投入到火热的新闻采编业务之中。另一方面，可以为中央党报、经济大报的改革发展备下一份历史资料，留下整整一年时间探索的深深足迹，也为新时代新闻理论和新闻宣传工作提供一个可供研析的鲜活案例。

需要说明的是，由于各种各样的原因，特别是由于事务多、时间紧，评报成了急就章，难以反复斟酌和推敲修改，做不到尽善尽美，有些话说得不周到，有些评价讲得不准确，对一些稿件和问题的分析也未必切合实际，希望同志们包容和谅解。相信大家一定能理解我的初衷和愿望，那就是要和同志们一道，为了共同的目标奋力前行。

谨向给我鼓励和支持的同事们表示崇高敬意！

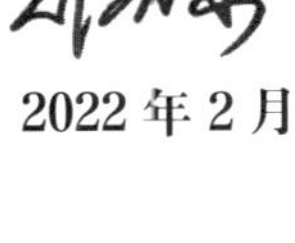

2022 年 2 月

目录

CONTENTS

JANUARY 2021 / 1

MAY
2021 ／5

2021年5月总编辑评报／127

JUNE 2021 /6

2021 年 6 月总编辑评报 /159

JULY 2021 /7

NOVEMBER 2021 / 11

2021年11月总编辑评报 /319

DECEMBER 2021 / 12

JANUARY
2021 / 1

2021 年 1 月

总编辑评报

改版达到预期效果

2021年1月1日 · 星期五

大家新年好!

改版后的经济日报今天首次推出，不求惊艳，重在平稳过渡。虽是元旦假期，仅有8个版，且重大时政报道较多，但改版的思路和本报特色仍可见端倪。从报头到版式，从字体到图片图表运用，体现出一种大气和庄重，反映出相关编辑人员是用了心、动了脑子、下了功夫的，达到了预期效果。具体会如何，还要看此后的久久为功。

有几篇报道值得一说。

一是元旦献词，牛瑾同志操刀的该文虽是急就章，欠精心打磨，但还是有耐人琢磨的味道的。

二是顾阳同志的“每周经济观察”专栏已刊发十五六篇，开始渐入佳境，“今日头条”等平台转发的也多起来了，势头很好。

三是6版《世界经济形势分析与展望》一文有分量，体现出专业性和指导性，读完有收获。这样的稿件多多益善。

兼顾时政要闻和本报特色

2021年1月2日 · 星期六

今天的1版不错，既妥善处理好时政要闻，又体现了本报特点。几篇重大经济新闻和部长专访次第展开，就显现出一股浓浓的经济味了。《瑞雪迎新年》的图片抢眼，题、图均很应景、合时宜。评论员文章《中国人民有多拼，中国梦就有多美》，题目很精彩，短小精悍，文风更显活泼生动，应予坚持。

对7版“地方”版提出表扬。熊丽同志的《推动区域协调迈向更高质量》头条言论分量重，把地方新闻版的站位立了起来，几篇报道也是从新闻角度铺展开，避免了地方表扬稿堆砌的担忧。这也证明这块版能够做好，也完全可以做好。

6版“智库”定位如何与“理论”版区分开，还值得研究。

“发行稿”也可以很精彩

2021年1月3日·星期日

今天的头版头条是“发行稿”。宁夏记者站发回的《西海固翻越贫困大山》写得精练，编得妥当，放在头条丝毫不觉勉强，也没有什么违和感。这再次提醒我们，“千字文”也可以有分量、有特色、受欢迎。同时也进一步说明，只要用心去采写，认真去编辑，“发行稿”也可以精彩吸引人。

《年终特稿》首篇可谓先声夺人，后面几篇虽然参差不齐，但总体有气势、分量足。这类稿件写起来是不容易的，记者们也是费了心思的。称得上是近期的一套好策划、好报道，经济日报特色是鲜明的，值得表扬和肯定。

“消费”“生态”“文旅”等版首次亮相，都有一定水准，图片选得好，版面比较亮眼，望坚持下去。有的版上的言论还可以再短一点，超过800字可能就显得长了。

“视觉”版仍有较高质量，颇具冲击力，请继续保持。

“专论”争取不转活

2021年1月4日 · 星期一

今天1版的“专论”由产经部约稿编发。作者分别是生态环境部规划院院长和副院长，前者还是中国工程院院士，属环境问题顶级专家，所以这篇专论真正是专家之论，权威性很强。建议咱报社同志抽时间一阅，免得对碳中和碳达峰不知究竟，聊天都少一话题。此文篇幅合适，今后“专论”争取不转活，最为妥帖。

9版“理论”出手不凡。单看栏题就抢眼——《2021：世界怎么样 中国怎么看》，版式有新意，编者按言简意赅，点到为止；两篇文章纵论中外经济，条分缕析，可谓开卷有益，可作资料备查。看来欧阳优同志组编发是用了心的。

有必要推荐11版“调查”。《40个农户眼中的脱贫变化》接地气、冒热气、有生气，调查既有现场描写，又有人物刻画，还有综合分析；手记有观点，有感受，更有情怀。是不可多得的调研报道，也称得上是“调查”版的标杆，值得大家学习。这套报道一方面显示出记者扎实的新闻基本功和务实的工作作风，另一方面也说明，践行“四力”是多么有意义、多么有价值。为永刚同志点赞！

“企业”“人物”报道要出精品

2021年1月5日 · 星期二

开年以来，“企业”版已发两期，“人物”版出了一期，整体上还可以，但总感到差强人意，不够理想，离与《经济日报》相匹配的企业、经济人物的报道还有一定差距。

原因可能有两点：一是观念陈旧、惯性使然。不论写企业还是写人物，都是在做表扬稿，而且是层次不高的表扬稿，把事迹或业绩罗列一番。二是采访不深入、写作不讲究。既无独到的视角，也无与众不同的故事和细节，又缺乏精当的表达，要么资料堆砌，要么一“说”到底，比较枯燥乏味，让人不忍卒读。其实，现在已无数量上的硬性要求，完全可以花时间在采访上，花功夫在写作上，出一点精品的。

需要讲到的是，这些日子总编室的同志很负责任，对一些稿件下了大力气编辑，不论是年终特稿还是系列评论，包括地方新闻等等，都甘当幕后英雄，不仅优化了稿件锦上添花，也做了不少查漏补缺雪中送炭的事情，向他们致敬！

顺便说一句，那几位署名的作者有必要把自己的签名好好练一练。

时评要紧盯热点亮明态度

2021年1月6日 · 星期三

今天在朋友圈转发了本报两篇稿件，都是5版“时评”上的，一是佘颖同志的专栏文章《垄断企业起诉执法部门是“硬杠”吗》，一是韩秉志同志的《鼓励奋斗，也要保护好奋斗者》。

这两篇短文并非尽善尽美，行文也略显粗糙，但有共同的一点难能可贵，就是针对性强、有时效性，称得上是“时评”。前者说的是一个市场热点———一起企业反诉执法机构的诉讼案，后者关注的是社会热点——某互联网公司员工凌晨意外死亡。我们说在一些经济社会热点面前，经济日报不能失声，不能视若无睹，这两位记者做到了。作为新闻纸，一方面离不开经过策划、提前做出来的报道和文章，另一方面同样需要这样一些紧盯新闻热点主动发声、亮明态度的“时评”之作。当前，对经济日报来说，这可能更显重要和紧迫。

10篇年终特稿，以连俊同志这篇收尾，还是相当不错的。这样的报道不在字数长短，重在有观点、有思想，文字干净利落，内在逻辑性强，很是锻炼作者笔力和思维能力。今后在重点报道中还可组织策划，对大家也是一种能力的培养和锻炼。

做好经济报道需群策群力

2021年1月7日·星期四

《世行为何上调中国经济增长预期》一稿今天上了头条，对经济日报来讲，这并不多见，说明夜班的同志是有眼光和胆识的，同时也说明抓好经济报道、体现经济特色、做浓经济味道是采编各环节必须同心协力的事情。只要做到心往一处想，劲往一处使，人人持之以恒，就能见到成效。

连续几天，围绕共抓长江大保护、共促高质量发展这个主题，有关部门和记者部精心策划、周密安排，各驻地记者紧锣密鼓联系采写，专访对象均为省级领导，不少还是常务副职，层次高，内容实，观点新；版面安排大气美观清爽，所配言论简明扼要精当，是近期比较成功的重点策划，显示出地方新闻和驻地机构的特殊重要性。这支有生力量不去用或者不用好，实在可惜，也是不利于新闻生产力的优化布局的。这也说明，我们重构记者部业务，进行资源整合，是有道理的，路子也是对的。

今天“调查”版仍显示出一定水准。薛志伟同志对“生态银行”的调研是下了笨功夫的，内容扎实厚重，行文不事张扬，是一个比较有分量的调研报道。从开年来的情况看，“调研”版是有不小进步的。

“忠阳车评”渐入佳境

2021年1月8日 · 星期五

今天见到“忠阳车评”今年首篇专栏稿《销量新高难解一汽之忧》，可谓新年新气象，出手显威风，专栏写了几个月，看来是越来越找到感觉了。此文既钻得进去、体现专业性，又跳得出来、有科技发展和产业全局视野；引经据典，上下勾连，文笔也更为流畅老练，读来很是提气。更为重要的是，该稿“透过现象看本质”，呼唤民族品牌之情跃然纸上，期待一汽从根本上解决发展隐忧之愿望十分强烈。一汽的当家人阅后不知是否有同感，还能不能坐得住？建议大家不妨花上几分钟，读一读这篇文章。

两天前的全国宣传部长会议期间，领导同志要求我们提高经济日报的黏性，增加经济报道的深度。可谓站得高、看得准、说得透，我们要深刻理解，抓好落实。而黏度和深度都离不开不断推出精彩报道。我想，要是我们每天每块版都有一两篇这样的独家、有深度、高质量的新闻作品，经济日报就一定能形成比较强的黏性，吸引越来越多的读者，影响力、引导力、感召力自然会大为增强。

杨忠阳，好样的！

“数据”版亮相符合预期

2021年1月9日 · 星期六

今天9版“数据”首次亮相，第一感觉是打消了我对这块版拿不准、没把握、不踏实的担忧，心底冒出来的词汇就是还不错、有基础、能办好。一个月前，琢磨的是经济日报的数据版应该是什么样？做出来后会是什么样？现在谜底揭晓：就是这个样子，还是有一定水准的。虽然只是开头，但总体上觉得路子是对的，编辑理念是切合实际的，内容和形式也是合适的，继续往前走一定会蹚出一条新路子的。

“世界经济”版一直保持较高水准，信息量、可读性和版式在以前的基础上都有明显进步，正在逐步形成自己的特色。今年以来推出的“经世言”署名文章为版面增色不少，多了些辣味和斗争精神，体现了在国际问题上特别是在对美舆论斗争中的不缺位和及时发声。看来，版位提前并固定在4版是妥当的，对于做好经济日报的国际报道也是有帮助的。

“时评”版长期以来是有质量的，但在选稿中要做到均衡与协调。多次版面刊发的内容集中在财经领域，像今天见报的四篇主要稿件讲的都是财经话题，容易让读者有“财金时评”之惑。

抗疫报道再出征

2021年1月10日 · 星期日

河北疫情告急，新闻人怎可缺位？今天报眼位置刊发“来自抗疫一线的报道”——石家庄市桥西蔬菜中心批发市场见闻，用现场亲历向读者报告：疫情严重的灾区群众货源有保障，物资供应不会断档。

前天晚上，得知报社要派人逆行河北，综采部、总编室等部门积极响应，多位记者主动请缨。韩秉志、高兴贵两位同志第一时间报名参战，特别是高兴贵同志有武汉战史，这次再次出征。多名女将不让须眉，曾诗阳、沈慧、郭子源等均表示时刻待命，定不负重托！闻讯甚慰，深为有这样的同事感到自豪：重大新闻现场，有我经济报人！

昨天的2021中国经济趋势年会顺利举办，大家一起使劲，效果很好。不仅会议组织得好，对年会的报道也很不错。从微博、微信、客户端到中经网，直至今天见报的特别报道版，还上了昨晚的新闻联播，还是很让人振奋的。世芳同志和所有参与会务、报道的同志们为此付出了艰苦努力，社内外评价都很高。一开年，我们又顺顺当当办成了一件事。向大家道一声辛苦啦！

“经济聚焦”要说清说透说明白

2021年1月11日·星期一

今天1版刊登的《撑起社会保险的第三支柱》，是一篇“经济聚焦”专栏文章，还是不错的。但总感觉这样的报道作为“经济聚焦”来说，还不深、不透、不解渴。从新年到现在，“经济聚焦”专栏刊发了好几篇，都有这个共同特点，让人读完之后觉得不太像经济日报的深度报道，不过瘾。

这几篇报道短则短矣，深度挖掘不够，没有达到应有的聚焦效果。在我看来，这个专栏太短了是不行的，从篇幅上来讲，应该在2500字左右，才有可能说得清、说得透、说得明白，可以有几个小标题，从是什么、为什么、怎么办这几个角度入手分析。这样对于读者来说，才更像“经济聚焦”，更像经济日报的深度报道。

我们在提倡文字“短些短些再短些”的同时，并不是要排斥一些深度的、有一定篇幅的报道，不能厚此薄彼、以偏概全，这样可能更符合宣传报道的要求。这就是人们常说的“该长则长，该短则短”。该长的长不了或者不够长，就让人感觉欠缺一些东西，显得肤浅；该短的短不起来，就让人感到臃肿拖沓，品质不高。

之所以出现这样不深、不透、不过瘾的现象，我想最关键的还是对一些问题的研究是不够的，缺乏积累，以至在分析时说不出更多有价值的内容，只能点到为止、浅尝辄止。这可能是我们今后需要下功夫解决的问题。我们现在已经不追求数量了，大家不妨多写一些高水平的优质的报道。

专栏文章针对性要强，观点要鲜明

2021年1月12日 · 星期二

今天的报纸有不少可圈可点之处，其中比较亮眼的是连俊、乔金亮同志的专栏文章。这两篇文章针对性强、观点鲜明，都是大家关心的问题，写得也精致一些，是他俩近期专栏中比较出色的。

说到专栏文章，还需要再提一下“忠阳说车”专栏关于一汽的那篇文章。从见报到现在，该文在汽车界产生的反响是超出预期的，从一汽的董事长到相关人员一直在公关，要求删稿撤稿，特别是希望经济日报客户端和中国经济网撤稿。一汽总经理辗转打电话跟我说，希望加强合作，对一汽的宣传给予支持。我说，加强合作和支持都没有问题，但撤稿是不可能的，除非我们的报道和记者有问题，否则不可能撤稿，我们也不会因为给一些支持、搞一些合作，就去做撤稿的事情。对方表示，稿子没有问题，记者也没有问题，只是他们压力很大，没有办法向上面交代。云云。

现在看来，我们遴选记者开专栏的做法见到了效果，不仅提高了报道质量，也让一批年轻同志迅速成长起来。希望其他同志特别是年轻同志向他们学习，早日成才挑大梁。

今天多块版面做得好，有一定水准。我赞成立京同志在总编辑办公会上所指出的：版面质量要保持稳定性，版面特色要保持连续性，整个报道要保持向上向好。希望大家坚持，我们不是只做一块版，也不是只做十天，而是要长期做下去。请同志们持之以恒，始终保持一种良好的工作状态。

期待形成更多报道高峰

2021年1月13日 · 星期三

今天头版头条推出对广东佛山的调查与思考，以及评论员文章《做好当前经济工作的根本遵循》。这套报道指导性、理论性和针对性都比较强，分量很重，是近期不多见的重磅报道。

佛山这个典型是本报独家发现挖掘采访的。一个多月前写出调查报告后，在经济内参率先刊发，中央领导同志作出批示。据此，中宣部就中央新闻单位对佛山的报道作了统一安排和要求：11日新华社播发综述，人民、光明、经济等12日刊发重点报道。考虑到昨天1版要安排总书记重要讲话，所以推迟一天，才有了比较理想的呈现。

这套报道难能可贵在于：其一，调研和报道契合中央精神和要求，把住了时代脉搏，率先提出要以习近平新时代中国特色社会主义经济思想作为做好当前经济工作的根本遵循。这带有普遍性和指导意义；其二，从策划到调研到写稿，前后花了2个多月，几下广东、反复打磨，调研稿扎实，评论稿站位高，有新提法、新观点，最终经中财委审定，确实不同凡响。

习近平总书记在评价文艺创作时曾说过，我们不仅要有高原，更要有高峰。对经济日报的报道来讲，也是这个道理。经过大家努力，我们的整体报道质量在提高，逐步形成高原，但高峰依然不多，迫切需要有今天这样的调研和评论文章，成为报道中的高峰。

报社有高峰，每位记者也应当有高峰。对余颖同志来讲，今天的《喂别人的红牛，不如养自己的战马》专栏文章也可算得上她的一个高峰。这篇稿件从选题到写作都有特色，写得越来越有味道。以一个个个人的高峰，最终形成经济日报整体报道的高峰，这是我们无比期待的。

必要时版位可作调整

2021年1月14日 · 星期四

今天推出佛山的报道第二套，分别是佛山市委书记致编辑部的信，以及评论员文章《坚定守护壮大实体经济这个命脉》。这是对佛山报道的深化和拓展，扩大了宣传报道的效果和影响力。昨天的报道在广东产生了很大反响，当地媒体予以转发，南方日报更是在头版头条刊登，形成了一个重大的正面舆情。

编发佛山市委书记的来函，是从不同角度解读习近平新时代中国特色社会主义经济思想落地见效的有益方法，事实上，这对我们增加报纸黏性也十分有效。我们发了报道，报道产生了反响，被报道者表明他们的意见和态度，我们再用评论员文章的形式回应，这就产生了互动，体现出一种动感和进行时，报道就活起来了，就比较容易吸引人。因此，对佛山报道的影响还可以进一步扩大，战果还可以进一步拓展，力求取得更好效果。

从这些天的版面呈现来看，总体上很不错，也可作一点调整。比如说，我们的报纸是单面彩，9版“理论”版以文字为主，彩版意义不大，而11版“调查”版图片好、版式新、可读性强，出彩版就很好看。这两块版可以进行版位调换。

做好重点报道的启示

2021年1月15日 · 星期五

关于佛山的第三套报道今天推出，包括这组报道的反响，以及评论员文章《怎样从讲政治的高度做经济工作》。周到的策划、深入的调研、犀利的评论，形成高质量的系列报道，为我们2021年的报道开了一个好头，奠定了高起点。

今天这篇评论不同凡响，读来大有收获，是近年来不多见的。它不仅告诉人们如何从政治的高度做好经济工作，其实也在提醒经济日报的采编人员，如何从政治的高度看待和理解经济工作，如何从政治的高度做好我们的经济报道。建议同志们抽空一阅。

这个系列报道暂告一段落，对我们做好重点报道提供了有益启示。通过复盘可以发现有这么几个重要环节：先是发现分析典型，提出报道方案，开始深入调研，形成调研报告，先编发内参，中央领导批示肯定，中宣部调动中央媒体集中报道，我们进行稿件打磨、评论撰写，最终渐次推出，逐步形成高潮。这其中，每一个环节、每一个步骤都凝聚着采编人员的大量心血。它再简单不过地说明了“一分耕耘，一分收获”这个浅显道理。

人们都说新闻行业门槛低，但要做得与众不同、高人一筹，那是非付出艰苦努力而不可能达到的。希望同志们特别是年轻的同志谨记。

评论言论更有看头

2021年1月16日 · 星期六

推动各部门采写水平高、质量佳的报道是不断见效的。今天1版断版刊发的“郭言”文章《中国理念破解世界之问》，是国际部精心撰写、反复修改的好作品。

“郭言”此前已发过多篇，大多是千字文，在国际报道和对美舆论斗争等宣传中就某一方面、某一事件、某一现象发声，起到短平快舆论引导的作用。但像今天这样的重大主题、这样的篇幅和分量，还算是第一次，体现出我们的采编人员站位高了、视野宽了、文字把握能力强了，也说明我们努力实现报道高质量发展的方向是对的，也是有条件的。

更多的部门、更多的采编人员能够把重头文章拿起来并保持较高水准，是一个可喜的变化。

这几个月以来，编委会下大力气抓评论言论工作，得到大家的积极响应，越来越多的同志包括年轻同志加入这个行列中来。不仅评论理论部持续用力给力，其他采编部门也紧紧跟上；不仅专栏作者不时有好文章，多个版面上也不断有抢眼的言论、短评出现；不仅总部记者在这方面下功夫，驻地记者也推出了不少质量较高的作品，就连驻外的很多同志也加大了撰写评论言论的力度。可以说，报社上下已逐步形成你争我赶、互相促进的良好态势和喜人局面，令人欣慰。

聚沙成塔，积厚成势。希望每天都有能给经济日报增光添彩的亮眼作品，让我们在朋友圈中自豪地转发。

向逆行疫区的同志致敬

2021年1月17日 · 星期日

综采部韩秉志、总编室高兴贵两同志逆行河北已逾一周，他俩和河北站陈发明等同志奋战在抗疫一线，每天辛勤采写“来自抗疫一线的报道”，图文并茂，现场感强，今天还特别推出了“视觉”版。他们既生动报道了疫区的真实情况，也在关键时刻展示出经济报人的责任感和职业精神，为经济日报增了光添了彩。当我们在温暖如春的屋子里，安逸地过周末的时候，有必要向奔波在冰天雪地和疫情风险中的年轻同事们表达由衷的敬意！

今天头条《从一产独大到三产融合》是张曙红同志带队在湖南调研的报道，12版刊发的《量子科技革命是重大历史机遇》是徐立京同志采写的人物对话。这一头一尾两稿各有特点，前者重在对素材的精当选择和妥帖概括，后者则重在条分缕析、原汁原味。编委们都积极采访调研、践行“四力”了，我们的其他同志是不是也可以进一步行动起来呢？

再次亮相的“数据”版仍有水准，从11版调至4版是合适的，我看，“港澳台”版今后就放在11版安排吧。

做好报道的关键是要有积累

2021年1月18日·星期一

今天头条是曹红艳同志采写的《实现碳达峰“十四五”是关键》。本来应按要求刊发新华社述评《东风浩荡万里澄》的，考虑到前两天已刊发国际部的两篇“郭言”，所以夜班选用这篇“经济聚焦”，并进行了突出处理。

与前一阵的专栏稿相比，这篇报道更像经济日报“经济聚焦”的文章。虽还不能说尽善尽美，但确有明显进步，说明在这方面我们是有努力空间的，是可以做得更好的。

这类报道要写好，最关键的还是得有积累，要更多掌握相关资料，更多了解行业信息，更多把握行业最新进展。同时，对行业发展趋势要有比较深入的研究。这就牵扯到一个深层次问题，那就是如何加强学习，加强业务知识、专业知识、理论知识的学习。采编人员经过三年五年十年八年乃至更长的时间，对新闻采编基本技巧和能力可以说掌握得很熟练了。但如果不加强学习，对深度问题缺乏研究，特别是对一些新知识、新领域、新理论不注意学习，那很可能就成为技能熟练的新闻人而已。主动学习，加强学习，应该成为我们的共同任务。

人人都知道“三新”，但是不是人人都明白其本质和深意呢？今天“学思践悟”专栏高培勇院长的文章，就值得经济日报的同志们一阅，“理论”版上的一些重点文章，同样值得大家学习。愿与同志们共勉！

重大主题宣传要体现特色

2021年1月19日 · 星期二

今天报纸除日常报道外，有两个重大主题。一个是中国经济总量超百万亿元，上了大台阶；另一个是“百年奋斗路 启航新征程”大型采访报道活动拉开帷幕。本报对这两大主题都作了浓墨重彩的报道，呈现效果不错，还是有创新之处的。

1版对GDP总量超百万亿元的新闻进行了突出处理，版面呈现形式是前所未有的。头条和“经济论坛”相得益彰，通栏标题十分亮眼，中间的彩色箭头很吸引人，也把中国经济持续向好、风景这边独好的新闻事实充分展示出来。而报眼上的图表一目了然，进一步显示出中国经济的发展态势。不仅如此，9版还编发了国家统计局有关负责同志的点评。可以说，对这个重大新闻，我们报道是充分的，也是深入的，采编人员也是下了大功夫的，应予表扬。

“百年奋斗路 启航新征程”主题报道活动昨天启动，今天用六七通版第一次呈现。对通版要从严控制，但像今天这样的重大主题重大活动，还是应当用非常规的方式展示。通讯、评论、史料和读者反馈等多种形式集纳推出，图文并茂，庄重大气，既隆重热烈，又生动活泼。这个将持续全年的主题报道算是开张了，如何报道出特色，体现经济日报的味道，是摆在我们面前的一项紧迫任务。这类报道看似容易，其实难度不小，需要我们付出扎实艰苦的努力。

不是所有稿件都需要栏头

2021年1月20日 · 星期三

经济日报不乏思考者。

今天“地方”版刊发了潜彤同志的言论，是系列评论的第二篇，字数不长，篇幅不大，但充满闪光点，耐人玩味。此文展示了作者的睿智和深思，体现出一个优秀新闻工作者的清醒与理性，也展示了我们驻地记者善于思考、善于钻研的良好素养。

我多次说过，驻地机构的60多名采编人员是经济日报社的重要组成部分。经济日报的创业史，无不凝聚着驻地人员的心血和付出，这些年来涌现出来的在社会上产生重大反响的报道，都有我们驻地同志的身影。要把经济日报办好，须臾离不开驻地同志们的努力和作为。可以说，驻地机构不仅是报社事业发展的重要力量，也是经济日报能够有影响力、号召力、公信力的重要力量。我们的所有版面都必须向驻地机构打开，也期待着每天都能够读到驻地同志们的精彩作品。

提醒一下有关编辑，并不是所有稿件都需要有一个栏头。今天1版的《国际化人才回流大幅增长》与“经济聚焦”这个栏头感觉不是很匹配，不要完全可以，加了就有些牵强附会不协调了。

“忠阳说车”又有新篇

2021年1月21日 · 星期四

“忠阳说车”专栏又有新篇。今天12版编发的是拜腾执行官致本报编辑部的一封信，加上编者按和忠阳同志的短评。上期的“忠阳说车”刊登了题为《富士康救拜腾有点悬》的专栏文章，在企业产生了反响。就像编者按中所指出的：记者在分析双方合作前景的同时，表达了对拜腾牵手富士康的担忧，指出富士康作为苹果代工厂，可能是在为苹果汽车量产前积累经验，而不是真心救拜腾。拜腾的执行官态度诚恳，在肯定和感谢我们报道的同时，表示要改进工作，力争在自主创新中作出新的努力。这样的结果让人欣慰。

一个多月前，“忠阳说车”专栏还刊发了关于恒大造车的文章，相信同志们还有印象。当时，公司几位高管专程来我办公室说明情况，表达加强合作的愿望。昨天下午，广东站建军同志短信我，恒大将在今年与经济日报进行项目合作。建军同志问我：“社长，你还有什么指示没有?”我没什么指示要说，只给他发了3个表情，两个点赞中加一个微笑。

忠阳同志今天短评的题目叫《稳扎稳打创新突破》，也祝愿“忠阳说车”这个专栏稳扎稳打，创新发展。同时，我也希望经济日报的宣传报道和各项工作稳扎稳打，创新发展，向我们预期的目标迈进。

从恒大到一汽，再到今天的拜腾，“忠阳说车”这么个专栏，就能接连给我们惊喜，我们在向忠阳同志表达敬意之余也想引用那句流行语：这，难道不“香”吗?

“表扬稿”可以休矣

2021年1月22日 · 星期五

要说稿件内容和版面定位匹配得比较好的话，今天的11版“市场·产经”算是一块。这块版只有三篇报道加一篇评论，三篇报道分别是《铁矿石价格高企倒逼钢铁业补短板》《纺织行业价值提升大有可为》《生产资料需求回暖价格回升》，评论是《警惕光伏盲目扩产》。从这些标题可以看出，紧紧抓住产业经济，特别是重要行业产业发展现状和走势作出分析判断，还是有参考价值的。

周雷同志采写的《铁矿石价格高企倒逼钢铁业补短板》有示范性，他把铁矿石资源对我国钢铁业的影响分析得比较透彻，对行业发展有思考和积累，信息量大，读起来比较有味道。这也显示出作者在写作上是讲究的，对问题研究是用心的，值得大家学习。

比较起来，我们许多稿件还停留在写表扬稿这个水平和层次上，不管是标题还是文字，不管是资料运用还是背景铺垫，充满了浓浓的宣传味。多的是概念化语言，没有细节，没有故事，没有分析，一味地说好，确实难以卒读。这种报道哪怕是写出一个整版，也是没有多大价值的。

产业报道、财金报道是经济日报的主要任务和看家本领。报道要有深度，这两个领域的报道首先要有深度。如何持续做好产经、财金报道，是摆在我们面前的一项重要而迫切的任务，希望产经部、财经部的同志们多努力。

驻地记者不妨多花些时间在调研上

2021年1月23日 · 星期六

驻地记者做深度调研有天然优势。今天9版刊发的《都市里的美丽乡村——广东东莞市改善农村人居环境调查》，为此又一次作了注脚。

脏乱差是乡村振兴的一大难题，也是逐步富裕起来的农村的短板，对于有“世界工厂”之称的东莞而言，更是一场硬仗。广东站郑杨同志抓住这一重大主题，深入乡间地头，走进村镇农户，以生动的事实和见闻，从三个方面娓娓道来，为我们描绘了东莞3年时间改善农村人居环境发生的巨大变化，展示出加快建设与国际一流湾区和世界级城市群相匹配的美丽乡村。

这个调查难能可贵的在于手记《安下身才能安放未来》。记者用冷静的笔触揭示出，数以亿计的“打工人”如果不能在城市安下身，就不可能安下心，也就不可能为中国经济的持续发展提供源源不断的人力支撑。这个问题并非东莞独有，更是各地面临的共性问题。这也是这个调查看似平淡，实质意味深长的价值所在。事实上，这个深层次的问题，还值得我们包括郑杨同志继续深挖下去。

人们常说，新闻工作者要上接天线，下接地气。对驻地记者来说，上接天线远不如下接地气那么有优势。我想，驻地的同志们不妨多花些时间在调研上，我们的版面也迫切需要有更多这样的深度调研报道。

版面还需精确统筹

2021年1月24日 · 星期日

今天感到有些遗憾的是，没有下决心把9版头条稿和2版右上的新闻稿放在1版下组合刊出。

9版头条是山东站金虎同志采写的调查《极寒天气频发，“菜篮子”还稳吗》，2版右上是顾阳同志采写的消息《国家发改委有关负责人回应热点——菜价有望逐步回归常年水平》。前者从微观出发，探访山东多处蔬菜产业基地稳供保价情况，后者则是从宏观角度报道各地各部门正在采取措施，确保市场保供稳价。有点有面，给读者一个既全面又有重点的分析解读。现在分散在不同版面上，且并不突出，真的让一组新闻性、时效性和可读性都不错的报道打了大大的折扣。

这个情况说明，我们对稿件和版面的运作还缺乏精准统筹，白班预拼版和夜班拼的版还不能够有效打通，总体上对稿件的把控和协调尚未形成畅通的运行机制。这也提醒我们，采编工作还有不少需要改进完善的地方，要做的事情可真不少。

还有一个问题，就是当中央时政新闻有限的情况下，如何把预留的4块版编好、编出特色？我想夜班还是原则上只留3块，第4块可由白班拼版，遇有时政新闻多的情况，可随机冲版。具体请总编室考虑，作出安排。实践证明，在稿件准备不富裕、不充分的情况下，拼4块版且保持一定水准是难以做到的。

图片这样用效果好

2021年1月25日 · 星期一

读图时代，图片比较容易吸引人、抓眼球，而一些重大事件、重大新闻的图片更能够吸引读者的目光。今天的1版就是这个思路的体现。

对经济日报来讲，在1版用两张图片突出报道一个新闻事件，近年来是不多见的。山东栖霞笏山金矿发生事故，全国上下都很关注，矿工们的生死牵动人心。昨天下午，当其中的11名矿工被安全救上地面时，这一刻是激动人心的。两张图片特别是大照片，展现的就是矿工回到地面的感人瞬间。一图抵万言，它足以让读者目光为之聚焦。

昨晚夜班做出这样的安排，是一种探索和创新。这样的安排是大胆的，这样的安排是可贵的。从呈现的效果来看，也相当不错。不知道大家是不是也这样认为。

近一段时期以来，我们的报纸在图片、图表的运用方面，是在原来基础上有明显变化和进步的，这条路子要继续走下去。希望编辑们解放思想，大胆尝试，给我们呈现更多精彩的版面，吸引更多读者的关注，从而更好地增加报纸的黏性。

春节马上就要到了。节日期间没有那么多新闻要刊发，版面怎么办呢？我想请总编室组织一次摄影征文大赛，邀约全国各地的摄影爱好者和广大读者，把身边的精彩瞬间拍下来，在我们的报纸和新媒体上呈现，经济日报每天出一块“春节七天乐”摄影大赛特刊。我想，可能还是有人感兴趣的。

理想的“经济聚焦”专栏稿长这样

2021年1月26日 · 星期二

今天虽然前3版要闻多,但整体上报纸经济味还是比较浓的。

“世界经济”“时评”“调查”“财经”“企业”这几块质量都不错，“智库”版也有明显进步；连俊同志、金亮同志的专栏文章和阳腾同志的调查稿都是下了功夫的，就连报屁股12版上佘颖同志的“企谈快论”专栏《知乎十年都没上市，有错吗》，都写得有滋有味的。看来，讲求质量的理念大家是越来越接受并践行了。

其实，最想说的是8版“关注”头条——《这个“V”字了不起！》。

如果经济日报今天有头条可安排，我一定会选择这一篇，因为它太像经济日报的头版头条了。熊丽同志在报道中不仅向读者率先勾勒出中国经济强劲复苏、走出了举世瞩目的V型曲线，还进一步梳理出中国经济反弹的密码。同时，对中国经济现状中的短板作出理性分析,丝丝入扣，很是到位。文字和写作也比较干净、凝练，标题很吸引人。

要说比较理想的“经济聚焦”专栏稿应该是什么样？我想，这一篇完全算得上。

看着一批年富力强、才气冲天的年轻同志迅速成长，真是感到十分的喜悦。

“特别报道”出新出彩出特色

2021年1月27日 · 星期三

“奋斗百年路 启航新征程”特别报道逾一周，已刊发版面14块。总体来看，这些报道有一定水准，策划做得细，稿件写得实，编辑用了心，版面呈现好，主题挖掘和导向把控是到位的，为逐步升温的百年华诞的宣传开了一个好头。

作为党的新闻工作者，作为共产党员，有幸躬逢这一盛事，并能参与其中做些有益的工作，还是很有意义的。中央领导同志这几天逢会必讲，开展好中国共产党成立100周年宣传报道是贯穿全年的主题主线，一定要从讲政治的高度落实好中央部署和要求，努力做到出新出彩出特色。

出新出彩出特色，说起来简单，真正操作起来难度可不小，必须要花大力气、下苦功夫。连日来，几位编委带着专班的同志们都在为之努力，驻地的记者们克服困难采写稿件，起步是好的，成绩是突出的，也体现出经济报人政治上的自觉，工作上的主动。望大家充分发挥创造性，把这项重大的宣传报道任务完成好！

实际上，不仅百年华诞这样的报道要努力出新出彩出特色，日常的经济报道同样要想方设法出新出彩出特色，不能老生常谈、旧话连篇。今天报纸上的不少标题就缺乏新意，体现不出什么特色。本想列举几个，引起大家重视并有意识加以改进，写了几个后发现还有不少。算了，还是大家自己去看吧。

“关系稿”须严控

2021年1月28日 · 星期四

对报道来讲，策划至关重要。有时有了好的策划，报道就成功了一半。对版面而言，这个道理也是一样的。今天9版“调查”《“就地过年”，商家准备好了吗》就说明了这一点。

今年春节，就地过年是一大特点，也被称为“不一样的春节”。这块版从文化消费、电商备战、快递等不同角度，对商家进行调查采访，“调查手记”还特别提示商家转型要快更要实。时效性强的主题加上丰富的采访内容以及多彩的版面语言，使这个热点话题得到很好展示，还是很有看头的。这体现了版面编辑和记者的良好互动，也充分说明了策划在做好版面、优化版面方面的特殊作用。没有提前策划，没有编辑用心，是不可能呈现出这么一块色香味形俱佳的好版面的。

今天的“智库”“企业”等版面都在以前基础上有所进步。北京站佳霖同志采写的《上市在即的“快手”仍需闯关》不错，版面处理也好，很抓人，“企业”版需要这样的报道。

需要提醒的是，“企业”版今天还刊发了《企业上市 税务护航》一稿，实在不应该。这种不起眼的“关系稿”放在“企业”版上是很不妥的，希望相关编辑注意。全国的税务系统对报道是有考核要求的，我们不能一屁股坐在税务系统一边。这类报道要严控，请各个版面包括客户端严格遵守。

“努力吧，一定能！”

2021年1月29日 · 星期五

前几天，我说过读图时代图片图表的重要性。对我们这样的传统纸媒来说，更不能轻忽。今天1版和“地方”版、“特别报道”版等选用的图片都比较亮眼，提请编辑们对图片图表的运用可以多花些功夫。

从今年元旦起，在报社好作品评选中，我们特别增加了“好图片（图表）”一项，作为日评的内容，作为提高报道质量的一个重要抓手，将大力提倡和鼓励更多优秀的好图片、好图表扮靓我们的版面以及微博微信客户端。希望总编室和景录同志的团队发挥更大作用，把“中经视觉”做得更精彩，首先把“春节七天乐”新闻摄影大赛办成功！

寒夜里，收到景录同志的微信：“社长，我65年出生，我争取在离岗之前，完成您嘱托的中国新闻奖一等奖的使命。这也是我终生追求的目标。”内心感到好一阵温暖，即复：“努力吧，一定能！”

“港澳台”版回归

2021年1月30日 · 星期六

在今年的版面安排中，增加了“港澳台”版。说是增加，其实是恢复，多年前本报就有，后来因各种原因消失了。

这两年在涉港舆论全局中，按照中央部署，本报做了不少努力，也取得了一定成效。但由于本报没有版面承接这个领域的报道，加上没有安排记者分工，涉港澳台的报道一度处于有一搭没一搭的地步。领导机关要求经济日报作为中央媒体加强对港舆论宣传，我们多个部门以轮换制的方式算是勉力支撑，但大家也都知道，这个状态不可持续。

上级领导多次提出，在对港舆论宣传中，经济日报应当发挥更大作用，特别是要加大对香港经济问题的研究和分析，有重点地推出有深度、有说服力的独家重磅文章，体现出你们的特色和水平。

每次听到这个话，都心有戚戚。既无人，又无版，怎么办？为此，先恢复安排版面，以版面来带动报道。同时，把前几年挂靠在国际部的港澳台部这块牌子回归至综合采访部。虽然未经中编办批准，还是“黑户”，但活儿总算是干起来了。出了几块版，带有试验性质，采编人员费了不少劲，用了不少功，总体上还是可以的。我想稿件来源先做这么三点：编一点、写一点、约一点。版面先是双周刊，假以时日，再逐步增多。

今年以来，有些版面做起来难度是很大的，“港澳台”版就是其中之一，还需要我们作进一步谋划，付出更多的努力。

“文旅”“消费”有股经济味儿

2021年1月31日 · 星期日

今天的5版“文旅”和10版“消费”值得一说。

“文旅”版是以前文化副刊的一部分，这次改版成了单个版，能不能办出名堂，体现经济日报的特色，其实心中并没有底，最大的担心是满版“心灵鸡汤”文和林林总总的“游记”。而这两方面内容是众多自媒体及个人微博微信的主打内容，与之海量信息和容量相比，咱一块版微不足道，更遑论特色？从出的这几块版来看，还是不错的，是紧紧围绕文旅中的经济问题、经济趋势、经济现象做文章的，从而充盈着一股经济味儿，看得出编辑和记者的良苦用心。

“消费”版看似内容丰富，报道范围很广，但要形成特色，亦非易事，必须有独特视角和过人眼光，去捕捉和挖掘各种消费现象，老话题说出新味道，新话题道出新变化。今天版上的这几篇报道都是下功夫采写编辑的。尤其是“市场瞭望”栏下的《“球鞋理财”是商机还是“坑”》有意思，署名叫“佑安”的作者确实是在瞭望市场，有感而发的。

改版至今已整一月，该是回头看的时候了。建议各相关部门和采编人员坐下来一起议一议、聊一聊，小结取得的成绩，查找存在的不足，改进我们的采编工作。

明天，我们的业务探讨和交流，就先从国际部的“世界经济”版开始。

FEBRUARY 2021 / 2

2021 年 2 月

总编辑评报

深度调研报道的范例

2021年2月1日 · 星期一

这一阵儿，经济日报算是跟广东佛山这个地方“干”上了。

先是对碧桂园进行系列调研报道，关注的是民营企业多元化和高科技发力。接着是对佛山学习贯彻习近平新时代中国特色社会主义经济思想学以致用、用之见效的深度调研，多篇评论员文章产生了不小影响。今天，我们再隆重推出两个整版的重磅文章《顺德再造》。

20多年前，经济日报刊发了《可怕的顺德人》，以及后来的《顺德当年》《顺德力量》等报道，均引起较大反响。如今，《顺德再造》万字雄文又掀高潮。文章聚焦顺德如何提高土地综合利用效率，为新时代发展打开空间，以新发展理念走出高质量发展新路径。这对广东乃至先发展起来的沿海地区来说，无疑是十分重要的，有一定的代表性和典型意义。

曙红同志带领一众精兵强将，在顺德待了好几天，下了大功夫。报道主题重大、观察细致、采访深入、提炼精当、写作讲究，为我们提供了一个深度调研报道的范例。建议同志们抽时间阅读，认真学习借鉴。

努力是个十分缓慢的过程，量变可以引发质变。也只有当量变累积到一定程度，才能够引发质变。我们希望，经过大家的共同努力，持续提升经济日报的报道质量，假以时日一定会产生良好的社会效果和市场预期。

对经济日报来讲，这样的报道实在是多多益善。比较理想的是每周一套，如果做不到，能不能每个月做一套呢？广东做的已经不少了，其他地方是不是可以接上来呢？

“黄金宝地”含金量要高

2021年2月2日 · 星期二

昨天夜班比平时晚了一个小时，原因是到最后1版换了一篇稿子。

原来1版右下发的是“就地过年暖在身边”专栏稿《青岛暖心举措鼓励留青过年》，现刊登在2版右上。此稿是按照上级要求突出“就地过年”这一主题，1版刊登本亦无可厚非，但对经济日报来讲，这块“黄金宝地”刊登这篇报道就感到“含金量”不高，体现不出经济特色来。所以，尽管已比较晚了，还是坚决要求换稿，最终编发了亢舒同志的这篇“经济聚焦”《部分一线城市房地产市场升温——楼市调控会升级吗》，顿时让版面有了经济味。从效果来看，这篇报道就使得1版有看头，更像是经济日报的1版了。

头版是报纸的门面，是提升报道质量的关键，必须严格要求、严格标准，绝不能降格以求。否则后面的内容和版面再精彩，再有可读性，也会因1版的平庸，吸引不了读者，甚至使宣传效果为零。

看来，对版面是需要下狠心的，有时也是需要逼一逼的。这一逼就逼出了效果，逼出了质量，逼出了特色。希望我们的编辑们能自加压力，自我逼一逼，逼出更高的生产力和更高质量的版面。

言论是报纸之魂

2021年2月3日 · 星期三

今天4版“世界经济”的头条有意思，标题就很吸引人——《除了开动印钞机 美国已别无选择》。这篇评论让整个版面充满了活力和张力，是一篇优秀的国际评论。

近一个时期以来，我们下功夫抓言论评论，收到了初步成效。各部门和每个版面，都把不少精力放在增加评论言论数量和提高评论言论质量上；多名资深记者开了个人署名专栏，取得明显效果，在社会上已经产生一定的影响。现在是总部编辑记者重视评论言论，国内驻地记者重视评论言论，驻外记者也把重点放在评论言论的写作上。这是一个可喜的现象，要充分肯定，并给予进一步支持和鼓励。

有人说，无言论不版面。这虽是极而言之，我觉得还是有一定道理的。言论是报纸之魂，进一步说，也是版面的魂。没有言论，版面无魂；没有言论，报纸无神。这应该成为采编人员特别是版面编辑的座右铭。

今日立春，万物勃发，充满希望。12版刊发了报社2021年度应届高校毕业生公开招聘公告，新媒体也将同步播发视频短片。年内，将有一批应届毕业生加入我们这个大家庭，真是值得期待！

专业化是条康庄大道

2021年2月4日 · 星期四

看了今天9版“调查”很开心。不仅是因为这个版有特色，越来越像经济日报的“调查”版，更重要的是，看到越来越多的年轻记者在专业化的道路上迅跑。产经部刘瑾同志写出这样的调研报道，真的让人刮目相看。

不仅是刘瑾同志，也不仅是产经部。财金部（以后“三定”时就叫财金部）也有不少小伙伴疾走在专业化这条康庄大道上，多位年轻人约谈我，表达要做有思考有研究有深度的新闻人的愿望和情怀，听了总是心情大好。看来，徐涵、国民两位主任在带队伍方面是下了功夫的。

对经济日报来说，产经、财金两个部门是基础性部门，也是天然的主力部队。报纸能否办出特色，报道能否体现特色，与这两个部门的业绩关系太过密切，也与这两位主任的表现关系太过密切。我从18年前担任经济部主任、具体负责产经和财经领域报道的实践出发，深感要做好特别是要持续做好这方面的报道，并非易事，还是“压力山大”的。现在看来，这两位主任和两个部门的表现是值得称道的。不仅这几个月做得不错，相信可以一直有出色表现；不仅“产经”版、“财金”版做得不错，相信还可以给其他版面提供更多高质量的报道；不仅可以抓出更多的优秀报道，相信还能带出一支专业化的人才队伍来。

我想，有了专业化的人才队伍，何愁没有专业化的报道？

元芳，你怎么看？

摄影大赛一举三得

2021年2月5日 · 星期五

今天的报纸1版，应该是经济日报正常状态下的1版。在重要时政报道量不大的情况下，怎样安排1版，是我们经常要面对的问题。时政报道多时，记者们常会说自采稿不能得到很好呈现，这是实际情况。但是，当重要时政新闻少了，我们是不是做好准备了呢?

实际上，我们经常还处于准备不充分、稿源不丰富、安排不周密的状态，随机性比较突出。而要保持稳定的、较高的版面质量，就必须每天都做好比较周到的版面和稿件安排。

说今天1版是正常状态，主要是指稿件构成。除报眼要闻外，共有4篇稿件，头条“经济聚焦”《人民币升值对实体经济影响有限》，断版刊出的“专论”《深入推进优质粮食工程》，右栏《小木耳做出大文章》，图片则是视觉工作室提供的“春节七天乐”大赛作品。这基本勾画出我们的主体业务和稿件格局。当然，并不是说其他部门就不需要给1版供稿了。就像昨天评报时讲的，产经部、财金部在经济日报的报道中有着特殊的作用和地位。这两部门提供的稿件，前者兼具新闻性和深度，后者专论站位高、分量重，体现了经济日报的指导性和权威性。望继续保持。

“春节七天乐”全国摄影大赛自2月1日征稿以来，受到广泛关注。景录同志昨晚告诉我，短短4天就收到2000多幅参赛作品，超出预期。举办这个活动，首先是为了让春节报道丰富多彩，其次是想增加独家图片，第三，增加报纸黏性和关注度。期待看到更多精彩抢眼的图片在大赛中涌现，并在我们的版面和微博微信客户端上闪亮登场。

驻地记者要在三个方面下功夫

2021年2月6日 · 星期六

《少替领导“瞎操心”，多为群众办实事》，今天12版头条这篇“地方观察”稿针砭时弊，有辣味，直指基层作风痼疾，分析到位，对一些基层干部画像是准的，对“上有所好，下必甚焉”的根源透视也是深刻的。

今年我们党要开展一项活动，主题就叫“我为群众办实事”。陈发明同志的眼光和思考还是比较独到的，抵得上“地方观察”这个专栏之名。

对驻地记者来说，报道重点是越来越清楚了。

首先，是典型报道。包括地方党委政府和主要领导的关注点及重要选题，甚至常说的“发行稿”，关键在于费心采访、精心写作、用心打磨，不能只以书记、省长、部长很重视，对记者站很重要为由，拼凑资料、改写材料，对质量降格以求。

其次，是蹲点调研。弄出一些分量重、影响大、关注度高的调研报道，像此前管斌同志对山东德州城乡融合的调研，像近日曙红同志带队、建军同志力推的《顺德再造》的报道，等等。一个人可以，几个人团队也行，驻地与总部联合也可以；单篇可以，组合也行，两个版出也可以；一个企业可以，一个行业也行，一个城市也可以；一周可以，两周也行，三个月也可以。关键是要有“语不惊人誓不休”的劲头，不能“萝卜快了不洗泥”。

第三，是写点言论。近期潜彤同志、发明同志这两组“地方观察”就不错，也是发挥了驻地记者所长的（版面还可以再突出些，行文走三栏，出大黑字标题）。

站长们要做的可能还有不少，比如新媒体、摄影图片等，但我想主要还是这三方面。归纳起来，供大家参考，也以此回答几位驻地同志的有关提问。

深度！深度！深度！

2021年2月7日 · 星期日

今天3版头条刊发了深交所主板与中小板合并的报道。这是我国资本市场的重要新闻，本报刊发理所应当。但如何写、如何发，涉及报道思路的厘清和采编思想的明晰，有必要和同志们说一说。

我们采编经济领域重要新闻，是天经地义的，也是不二选择。问题是，仅仅止步于采编“发生了什么?”对经济日报来说远远不够。“为什么会发生?”“有什么影响?”“对人们有什么意义?”“该如何看待?”，等等，这些才是我们必须重点关注的内容，也是我们必须向受众提供的重要资讯。否则，哪还有什么竞争力影响力？哪还有什么指导性和不可替代性？哪还有什么经济日报特色呢？只报道新闻，我们已无独家，刷一刷“头条”、打开各部委网站，没有什么新闻会漏掉。那怎么办呢？我想，重点就放在讲背景、做深度、谈意义上。

其实，中央领导希望我们的报道要增加深度，讲得实在到位，有如醍醐灌顶。不漏新闻只是入门、初中生水平，在新闻业尤其报业不甚发达、信息不够丰富通畅之时，是有存在价值的，而在今天这个信息社会已难适应，如不改变，被淘汰则是再自然不过的了。因此，摆在我们面前的生死抉择就是：深度！深度！深度！

回头来说这篇报道，夜班不是来稿照发，像以前那样把新闻稿一登了事，而是主动与记者沟通，最终写成“新闻分析”推出。虽然稿件并不理想，缺乏深度，但编辑思路是对的，要充分肯定并大力提倡。

说到这里，又引出另一重要话题，即报道的专业性。

这个问题下次再说。

专业性从哪里来？

2021年2月8日 · 星期一

“德勤”会计师事务所近日被举报一事，受到社会普遍关注，本报亦应有所表示。今天1版“经济论坛”金观平文章《当好“看门人”还需自身硬》，就是财金部金华同志捉刀。虽然晚见报一天，还隐讳了主角大名，但能够发声、善于发声，还是难能可贵的。关键也在于作者在这方面是有积累的，体现出一定的专业性。

没有人不想具备专业性，但专业性从哪里来呢？我想不外乎这么几条：

一是比较专一的研究。作为新闻人，不可能像专家学者那样，对某一方面、某一领域皓首穷经、浸淫其中，也无须引经据典、咬文嚼字，搞“言必称希腊”那一套。但对所关注的领域和行业专心致志，稳得住心定得住神，努力做个“二专家”，还是可行的。

二是相对长期的积累。熟能生巧，勤能补拙，一件事情做得久了，就会有心得；一项工作干得长了，也就容易出类拔萃，高人一筹。从每天收集资料做起，注重积累，而非三心二意、有一搭没一搭，假以时日必见奇效。

三是持之以恒的学习。学海无涯，学无止境，尤其是在现如今这信息爆炸的年头，得不断地跟进学习，才可能不被时代落下，也才可能见人所未见，道人所未道，才能知其然且知其所以然，知其所以然且知其所以必然。

这几条无甚新意，可谓老生常谈。尽管如此，对增强报道的专业性还是有用的。对年轻同志，尤其如此。事实上，这也是做好一切工作的通用之道。问题在于，嘴上说说容易，道理人人都懂，难的是并非个个能够做到。而能力大小、水平高低甚至发展快慢莫不与此有关。

我们不指望人人都是专家，也不奢求篇篇报道都具有专业性。但作为韩信他老乡，我还确实是盼着多多益善！

欣见年轻同事迅速成长

2021年2月9日 · 星期二

今天好稿件不少。连俊、乔金亮同志的专栏渐入佳境，从《美国贸易逆差创新高意味着什么》《乡村建设要找准农民需求》这样的标题就可看出作者愈益自信和日趋成熟；陈果静、王轶辰、马春阳同志所写言论《支付机构应摒弃“赚快钱”思维》《房企降负债莫等闲视之》《“蒙眼”募资岂能一退了之》等也言之有物，很有味道；温济聪同志的报道《彰显中国经济高质量发展强劲韧性》《资本市场深化改革上演“开年大戏”》分量重，有冲击力，都是可以上1版甚至发头条的。

今天好版面也不少。除了“时评”“世界经济”外，“智库”“财金”和“特刊”都有明显进步，感觉编辑们逐步找到了感觉，特别是9版“调查”做得相当不错。

说9版做得不错，不仅是因为版面设计用心，图片有新意，重要的还是因为报道的选题好，新闻性时效性强。《春节“不打烊”，底气足不足》这篇北京餐饮企业运营情况走访调查，比较准确地体现出这块版的定位，是真的在踏踏实实搞调查。作者叫刘春沐阳，年纪轻轻帅小伙子，能写出这样的报道，真是后生可畏。今天1版还刊发了他采写的《北京新发地市场探访记》，也是来自一线的调查。

勤奋努力，不怕吃苦，这样的年轻人怎能不进步？

深夜里，读着一篇篇充盈思想之光的文章，琢磨这些洋溢青春朝气的一行行文字，深为我们的年轻同行迅速成长而欣喜不已，难以入睡。

新媒体制作迈出创新一步

2021年2月10日 · 星期三

农历牛年春节就在眼前，过节的气氛是越来越浓了。今天报纸9版刊登了半个版的广告——“喜迎百年华诞 送你红色货币”，也给我们佳节报道增添了不一样的色彩。

“送你红色货币”这个策划提出差不多有一个多月。中经网、新媒体部、新闻发展中心以及总编室接受任务后，反复研讨，多方求证，拿出多个策划案，经多次打磨最终完成。昨天下午正式定稿后，各平台包括个人都在推广转发。昨晚10时许，振红同志告诉我，已有超过400万的传播量，看来还是蛮不错的。

这个新媒体作品突出了经济特色，把中国共产党百年华诞的宣传报道用一种比较特殊的方式呈现，同时也为春节增添了新的喜庆元素。虽然还谈不上多么出色，但我觉得创意和制作还是有独到之处的，算是我们新的一年在新媒体制作方面迈出的新的一步，还是可喜可贺的。向振红和海波、发宝等诸同志致敬！

为喜迎新春，我们的版面也逐渐热闹起来。今天4版“世界经济”用整版展示多位中国人在海外和外国友人在中国过年的情况，丰富生动鲜活，版面也安排得喜庆热闹。但这块版面用“世界经济”的报眉似乎不搭，如果是节日期间以“新年特刊”来刊发，可能效果会好些。试想，中外人士过年，跟“世界经济”有多大的关系呢？

借社会之力提高质量增加黏性

2021年2月11日 · 星期四

春节长假，报纸大多到不了读者手中，阅读的人很有限。但同样不可敷衍凑合，失了职业水准。

今天的4块版比较精致，就一个主题：欢欢喜喜过大年！按计划，从今儿起“视觉”版将连续刊出7天，集中编发选登“春节七天乐”全国摄影大赛作品。

20天前，提出请总编室组织摄影比赛活动时，心里并没有什么把握，只是觉得可以一试，开门办报嘛！也是立京和王智他们抓得紧，特别是景录同志，激发出全部智慧，很快就定出方案并即时启动。没想到，效果出乎意料，这10多天报纸版面和客户端图片大为增加，有琳琅满目之感，有点让人不止“七天乐”了。

昨晚，景录同志微信我：“大赛征稿启动10天来，已收到参赛作品6680多幅（组）。”我回复：“超万幅照片就厉害了！”景录道：“我预计肯定能过万张！”我说：“参赛者过万就更厉害了！”景录看来不敢肯定了：“2月19日后，具体汇总参赛作者人数后呈报您。”其实，过不过万我不太在意，能有如此影响和效果已甚为欣慰了。

借社会之力提高报道质量，增加经济日报黏性——“春节七天乐”全国摄影大赛就是我们落实中央领导同志指示、开展“质量提升年”活动的一项具体举措。景录同志，继续把活动办好吧！

大过年的，录两句才子佳人整的词与大家分享。总编室刘亮同志在今天“视觉”版上写道：山河无恙国安泰，物阜民丰小康家。欢欢喜喜迎新春，意气风发过大年。

评论理论部牛瑾同志在今天1版《铿锵步伐，走向光明未来》评论员文章中这样感叹：在中国，每一个春节的到来都承载着新的美好期待，每一段旅程的延展都描绘出砥砺奋进的时代风景。

2021，步履不停！

媒体深度融合须继续推进

2021年2月12日 · 星期五

鼠去牛来，万象更新。先给同志们拜个年！

子夜时分，一楼平台灯火通明。世芳同志率王智等值班编辑很是精神，三下五除二就把版面拼个八九不离十了。头条“总书记的深情牵挂”栏首篇《新居新生活》比较打眼，读来深感张毅同志这位老站长功力还在，还是有两下子的。

假期里，手机已成不可或缺之物，愈发显得报纸之式微，也更觉媒体深度融合之紧迫与必然。上个月在给上级汇报工作时，中央领导同志特别肯定了我们的频道制改革，指出这一步走得有必要、有特色、有意义，是领先了的，要求我们继续推进。所以我们真不能浅尝辄止，年后还得抓紧谋划。

新媒体业务这一个多月是发生了不小变化的。以前那种紧盯点击量、片面追求吸引力的“野蛮生长”有所扭转，减量化改革、高质量发展的理念得到了贯彻。客观地说，短期内会对关注度产生影响，但集中有限力量和资源，坚持围绕主责主业，体现经济特色，既是唯一正确选择，长期来看也必然能收到良好效果。对此，不仅主报新媒体要坚定不移，中国经济网和所有直属单位的新媒体业务也都务必遵从，咬住不放，久久为功。

评报中，收到中经网的微信，他们还在对“送你红色货币”进行扩大战果的抽奖推广活动。看来，何振红同志说“红色货币”超千万还是牛年里的第一个客观判断，并非吹“牛”！

“只要相信就能看见”

2021年2月13日 · 星期六

“视觉”版开始以专题的形式，编发“春节七天乐”全国新闻摄影大赛参赛作品。今天的主题是“就地过年”，6幅大大小小的照片也许还称不上十分精彩，但拍摄视角独特，编排错落有致，还是蛮有感染力的，看完让人顿生暖意。

报纸版面有限，客户端容量就大得多了，截至昨晚已编发了11辑，都是喜气洋洋、万民同乐之情景。自2月1日征稿以来，收到的参赛作品已达8300多幅（组）。这就意味着，每天有许多网民和读者在把自己拍摄的六七百幅照片，向经济日报汇聚而来，期盼着参赛、发表、得奖，真是想想都有点激动，难怪景录同志的团队群情振奋呢！

得知我对新媒体优化布局后的效果忧心忡忡，总编室做了调查。昨晚，正在带班的王智同志发来微信《客户端频道制改革前后30天数据对比》，结论是：①前后30天对比，用户数据比较稳定，比调整前一个月增长了4.6%；②发稿量大幅减少，降幅为26.8%，总阅读量未降反升0.4%，单条稿件平均阅读量有所增高；③月活数据由41.91万增至42.89万，增长2.3%。近7天推广力度大，日活用户由2万左右升至3万左右。

数字会说话，解我心中愁。看来，坚持减量化改革、高质量发展，优化调整资源布局，实行新媒体频道制，这一步走得还算是蹄疾步稳。

昨天下午，“红色货币”新媒体作品传播量破千万后，何振红同志有三点体会说得好，在此照录，供大家分享：一、融合发展必须协同作战，谁都不可能独自成功；二、技术是绕不过的坎儿，必须开放合作；三、只要相信就能看见，经济日报的融合发展大有可为。

“只要相信就能看见”。大伙说说，你相信吗？

不到现场，怎能发见闻稿

2021年2月14日 · 星期日

节日这几天，有两个专栏不错。一是“总书记的深情牵挂”，一是“新春走基层 · 蹲点笔记”，连续在头条和1版刊发，效果是好的，保证了作为中央党报、经济大报新春佳节期间的站位和品质。

这两套报道有一共同特点，就是记者到了现场。由于都是亲历，所以生动鲜活。从编辑部到记者站工作，李红光同志真正下去了，而且下到了村里，得“吃透两头”之便，《黄花成了“致富花”》稿采写轻松自在，游刃有余。刘成站长多年来业务上从不懈怠，写作一直比较讲究，这篇《王哥庄大馒头为啥能火》读来都能闻得出香甜气味，让人不禁口中生津。

前两天这两个专栏编发的报道也有较高水准。比如陕西站张毅同志的《新居新生活》、浙江站柳文同志的《绿水青山的美丽回馈》，还比如覃皓珺同志的《奋战在地下的坚守者》、李芃达同志的《跟着“小哥”送快递》等，都是走出舒适区采写出的冒热气、有温度、有灵性的文字，体现出经济报人的职业精神和事业追求。

想起20年前，1版就设过一个专栏叫“记者亲历”，发了不少来自一线的好报道。现在践行“四力”，突出走转改，培养年轻记者深入基层的作风，看来还是可以恢复这个专栏的。

尽管我们在反复强调职业精神、职业道德，可听说仍有人不太当回事，不到现场就发稿，自称是通过长途电话采访的。这里再次重申，不允许再发生这种违反宣传纪律的事情。一方面，各位签发人和编辑要严格审核把关；另一方面，记者亦应有畏惧之心。须知，作为新闻人，你的职业生涯怎么能留下这种“污点”呢？

春节“文旅”版精彩精致精当

2021年2月15日 · 星期一

大年三十起，“文旅”版已连出5期了。从“云端”非遗到京味年景，从线上线下到就地过年，从风味美食到宜人山水，图文并茂，相得益彰，特别是从移动端阅读十分“靓”眼，块块版面称得上精彩精致精当。看来，编辑们是没少下功夫的。

每逢节假日都会缺稿，这是新闻工作特点，春节长假更是如此。如何保证正常的版面运行？总编室提前谋划，安排节日期间的3版均为“文旅”版，集中报道各地过大年的喜庆和欢乐，反映各地的民俗民风和文化旅游盛况。董庆森、陈郁等有关编辑全身心投入、高质量完成，给我们呈现出形神兼备的优秀版面。这个编辑团队真是好样的！

牛马年，好种田。习近平总书记在今年春节团拜会上发表重要讲话，特别强调了要争做“三牛”，指出新时代要大力弘扬“孺子牛”“拓荒牛”“老黄牛”精神。现场聆听，感慨良多。对于滚石上坡的经济日报社来说，我们同样需要有更多同志甘做“孺子牛”，勇做“拓荒牛”，乐做“老黄牛”。从某种意义上来说，对广大职工来讲，“老黄牛”精神尤其值得称道，而吃苦耐劳、甘当幕后英雄，默默奉献、为他人做嫁衣裳的众多编辑正是值得尊敬的“老黄牛”。

应该点赞的不仅是我们的版面编辑，新媒体的编辑们也同样要给予掌声。节日期间，他们编发了大量微博微信客户端稿件。就连报纸版样更新也已大为提前，六点半左右我们就可以浏览当天的经济日报版面了。

与牛人们同行，向奉献者致敬！

汇集众智，创意不断

2021年2月16日 · 星期二

自2月1日以来，“春节七天乐”全国新闻摄影大赛收到参赛作品11400多幅（组）。这已远超预期。不仅如此，好图片也不少，让人有目不暇接之感。据介绍，参赛者中除了大量的网民和摄影爱好者，也有不少是专业摄影的，作品整体水准较高。

对于本报视觉小团队来说，这个春节称得上是丰收之年，也是忙碌之年。每天收集整理所有来稿，从中选出作品编发报纸或客户端，他们整个春节假期无休。

景录同志在他们的工作群中说：一人的坚守在岗位，为的是给爱经济日报的读者奉上“春节七天乐”盛宴。更多的人付出，才能“火焰高”。加油，为了牛年春节假日更精彩……

读着这样的文字，完全能够体会那种“忙并快乐着”的切身感受，那种拥有了成就感之后的真切喜悦。我看这个活动名叫“春节七天乐”，景录同志的团队首先做到了。

受摄影大赛和“送你红色货币”新媒体作品产生良好效果的启发，有编委建议再搞短视频大赛，“以经济为主题的摄影大赛、短视频大赛和创意互动产品长流水、不断线，成本不高，吸粉和增黏性的效果还特别好”；

受广东佛山调研报道的影响，有领导建议再选择几个城市，围绕地方贯彻习近平经济思想学以致用、用之见效的主题，不断复制扩大效果，把习近平经济思想的宣传形成声势、引向深入；

受“忠阳车评”关于一汽自主创新步伐迟滞的报道引发关注的启示，有同志建议抓住我国科技“卡脖子”问题，突出企业创新主体，开展系列调研，把这个重大战略问题好好挖一挖……

汇集众智，创意不断。春节假期尚未结束，要做的事情可真不少。且让我们养精蓄锐！

对版面的认识是动态过程

2021年2月17日 · 星期三

报纸天天出，版面年年改。对版面的认识理解和布局调整，是一个动态的改进完善过程。

对今年改版，大家说得比较多了。从效果来看，我再梳理出这么几个特点：

一是分工趋于专业。特别是“产经”“财金”“市场”等版面由采访部门运营，报社层面上是采编一体，部门内部则是采编分开。既便于稿件安排、增强专业性，又缩短采编流程、提高了效率。

二是特色逐步显现。由于减少了“综合”等版面，强调重点报道特色内容，动态新闻、一般消息尤其是简讯无处立足，既腾出版面，节约了采编力量，经济特色也得以比较充分地体现。

三是抓深度报道、重点报道成版面共识。强化评论理论导向，提倡调研和专题报道，鼓励支持个人专栏，都在产生挤出效应。靠资料写稿、改通讯员来稿、扒材料串稿等渐没市场，写好稿、编好版受到追捧表彰，导向作用愈益凸显。

这次改版成效有待进一步检验，但势头是好的，社会上也有反响，认为报纸有变化，《新闻阅评》予以刊文肯定。我们要围绕目标，继续推进。这里转录山西原平吉建平读者的评报，说的是“调查”版，虽属溢美之言，权作鞭策之语——

改版后9版成“调查”专版，是一大特色。一是具有引导作用。作为新闻媒体，调查是一种导向，引导读者不论任何事情，都去调查研究，达到知己知彼，无往不胜。二是寻找轨迹。每期刊载的调查，既是经验总结，也是其发展轨迹的展现，为读者提供了样本。三是榜样的力量。这种善于发现典型，善于调查研究的工作作风，为人们树立了榜样。希望“调查”版越办越好，成为众多党报中最亮的品牌。

形式内容都有亮点

2021年2月18日 · 星期四

节后上班第一天。刚进办公室，就收到中经网何振红同志发来的短信：社长，开工大吉！“红色货币”产品自上线以来，总收藏数据为4412万啦！

真是个好消息，让心情与今天这灿烂的阳光颇为匹配。向为这个产品付出辛劳和智慧的同志们致敬！振红说得对，只要相信，就能看见。新媒体肯定有希望！

今天的12块版整齐现身，节日的喜庆气氛仍很浓郁，从形式到内容都有不少亮点。像熊丽同志的《实物量指标飘红说明了什么》、亢舒同志的《租赁住房将成可长期接受的住房消费方式》、刘慧同志的《稳粮增产还须唤醒沉睡的撂荒地》、康琼艳同志的《新老热点汇聚消费热情攀升》等还是很有经济味道的，“关注”“视觉”“时评”“世界经济”和“特刊”等版面都有吸睛之处。有的是节前预拼的，也有的是节日期间现采现写现拼的，体现出大家的事业心和责任感！

在我微信转发上述报道时，突然看到《证券日报》的一篇文章，题目叫《中国股市需要牛精神牛韧劲》。一口气读完，真心为直属报刊高兴，同时也感到《经济日报》还缺乏足够的闯劲，足够的锐度，足够的朝气。要是今天的本报1版乃至头条刊发了这篇文章，会是什么样的效果呢？

在比较中发现差距，在学习中加快进步。看来，我们要做的事情真不少，牛年还得使出牛劲来！

改版效果越来越好

2021年2月19日 · 星期五

正月初八，满天朝霞。翻看今天报纸，亮点不少，可读性、时效性和思想性得到较好体现，稿件和版面都比较精彩，整体上质量较高。

头条虽不及昨日《证券日报》那篇“牛”稿有冲击力，但仍有本报务实扎实的特点。《牛年股市基础更牢韧性更足》这样的报道在近些年是不多见的，对全年资本市场作出大胆的分析、判断和预测，难能可贵，特别是在头版头条突出处理，应该说也是一种有勇气的创新和探索。

《电影春节档不能止于热闹》是夜里从“时评”版调到1版的。看起来该文说的是文化现象，本质上仍是经济问题；看起来似乎讲的是精神文明建设，事实上也还是物质文明建设范畴。此稿观点鲜明，材料丰富，显示出我们年轻记者的眼光和水准。姜天骄同志能写出这样的文章，还是有扎实基本功的。

值得一说的，还有佘惠敏同志撰写的《“白酒院士”为何引争议》，对于社会热点我们不能缺位，必须及时发声。这篇文章不长，但分析透彻，说理性强，对“白酒院士”表明了我们的观点和立场。

“忠阳车评”继续保持理性特色和深入思考。针对车市开门红这一现象，专栏尖锐地提出“汽车产业比增量更重要的是提质”这个重大话题，读后让人很受启发。

版面还要多说一下4版。今天的“世界经济”很有气象，做到了内容与版面互为增色、相得益彰。《从跨国公司财报透视中国市场“引力”》《世贸组织新掌门临危受命挑战重重》有分量、有可读性。版面大图醒目、有吸引力，颇有一些国际化版面的味道了，值得学习借鉴。

整体上看，经过一个多月改版，各部门都下了很大功夫，逐渐找到了版面定位和着力点，效果越来越好。希望同志们保持。

改版尚未成功，同志仍需努力！

融合发展要抓住重点突出重点做强重点

2021年2月20日·星期六

节后甫一上班，新媒体部陈发宝同志就找我，提出举办短视频大赛事宜，表示愿意牵头策划这项活动。

举办短视频大赛是有关编委建议，受“送你红色货币”H5新媒体产品及“春节七天乐”全国新闻摄影大赛的启发提出来的。从得到的数据来看，两个活动效果超出预期，体现了经济日报特色，算是我们在融合发展和开门办报方面迈出的新步伐。

关于“送你红色货币”，有个小结，我录一段——推出“喜迎百年华诞 送你红色货币”H5互动融媒体产品，当天传播量突破2000万人次，截至17日超过4400万人次。目前，这一数字已近5000万。参与用户覆盖84个国家和地区，成为春节期间庆祝建党百年主题宣传名副其实的爆款产品。

关于新闻摄影大赛，景录同志说，过两天他会把大赛小结报给我。从昨天的初步统计来看，整个活动收到参赛作品远超15000件。说大赛取得成功，不是虚言诳语。

昨天，中宣部领导在听取我们工作汇报时指出，经济日报近期融合发展采取的措施是得力的，效果也是不错的，要继续努力，特别要在体制机制方面迈出创新步伐。领导同志强调，要抓住经济宣传，做深经济报道，体现经济特色，这应该成为办好报纸和融合发展的工作重心。这些指示和要求，让我们坚定信心走减量化改革、高质量发展之路，在人力不足、财力薄弱、技术力量欠缺条件下，唯有抓住重点、突出重点、做强重点，才能在新媒体格局中体现我们的不可替代性。

我对发宝同志说，新媒体部工作不在量多，关键在于每年能够推出三五个像“送你红色货币”这样的爆款产品，这就是了不起的业绩和贡献！

开门办报 加强合作 借力做事

2021年2月21日 · 星期日

今天评报说两点。

一是1版刊发的稿件《中欧贸易迈上新高度说明了什么》。这是本报驻外记者陈博同志针对欧盟与中国货物贸易额保持持续增长、中国首次成为欧盟最大贸易伙伴撰写的言论，在国际传统贸易关系出现“洗牌”态势，单边主义、保护主义干扰日益增多的背景下，中欧经贸逆势增长是有重要意义的。此稿在1版刊发分量是够的，重要的在于，这类国际经济报道在1版刊发要成为常态，是我们提高政治站位、增强大局意识、拓宽国际视野的必然要求。希望白夜班继续做好调度，也期待国际部动员驻外记者在这方面多下功夫。

二是4版“数据”。这块“数据”版是本报携手京东资源优化互补的一次新尝试。春节前，京东一位副总裁来报社见面时，我们提出可在此前合作基础上，增加新闻性、实用性、指导性比较强的数据合作，具体而言，就是利用其大数据优势，弥补本报这方面的不足，合力打造今年新出的“数据”版。没想到双方团队过节也没闲着，执行力挺强，今天就推出了第一块。也是因为是第一次，还有需要改进之处，特别是版面呈现、色彩运用、图表制作均有待完善，但路子是对的。有了可持续发展的重要支撑，“数据”这块版，坚持下去就会有特色，显示出价值。

其实，谈上面这两条归纳起来有一个共同点，就是要开门办报，加强合作，借力做好我们的事情。这既是迫不得已，亦是明智选择！

一个绝不容忽视的细节问题

2021年2月22日 · 星期一

今天讲一下新闻采写中的一个细节问题。

大家都知道，新闻与文学创作不同，与纪实性写作也不同。后者是创作，是可以有虚构成分的，包括合理想象。而新闻就是新闻，必须是实打实的，来不得半点虚假和臆造。

近年来在一些报道中，经常看到会有这样的表述，比如李女士、张大爷、刘先生之类的，甚至还有名有姓，但你从文中很难去查验核实真假。这种情形不是绝对不可以，在涉及隐私和安全保密的情况下是允许采用化名或代称的，但总体上必须做到真实、准确、且可查核。这是新闻写作和新闻伦理上的基本要求和重要原则。

在读到今日11版刊发的《云端好戏连台 新春欢乐“不打折”》时，一方面觉得此文梳理概括到位、写作轻松自如，另一方面又对文中有名有姓的人物表述感到不甚放心。开头即出场的“李子豪”，文内陆续出现的“孙慧子”“李蕾”“朱延锋”等，这几个人都难以核实。对我们的记者当然应该信任，相信一定是深入采访才成稿的，相信编审也一定是核实把关了的。但既然采访了这几个人，为什么不把他们的单位、身份之类的信息在稿中充分体现出来呢?

这个问题看似不大，但绝不能等闲视之。它既是新闻入门之必须，也涉及新闻报道工作的根基，更与新闻职业伦理密不可分。对此，我们每一位新闻人都不应轻忽大意!

要做报人，更要做媒体人

2021年2月23日 · 星期二

昨天，发宝、振红同志来找我，商量办短视频大赛的事情。

说起来就发现，短视频大赛和摄影大赛相比，复杂性不是增加了一点，完全是个系统性工程，最大区别在于技术难度大为不同。拍照片人人都会，但要做视频、做出有内容的精彩视频，则不是一件那么容易实现的事情，门槛还是相当高的。我们从举办大赛的政策、主题、时限、途径等方面进行研讨，提出要秉持开放思路，加大与抖音等平台的合作，力求取得较好效果。

他俩走后，我还在想着这件事，不知道能不能达到预期目的。很快，我收到一条长微信，是吉林站李己平同志发来的，恰恰就是对举办短视频大赛的建议。他说，从“总编辑评报”里得知报社计划举办短视频大赛，他感到很有意义，并把3年前他曾经参与策划的关于短视频大赛的过程和想法，原原本本地作了介绍。他认为，现在经济日报举办短视频大赛是有条件的，时机是成熟的，应该能够办成功。我即转发宝他们，供其参考借鉴。

在媒体深度融合背景下，要学的东西确实很多。中宣部副部长、外宣办主任徐麟同志在与我们座谈时指出，满足于当个报人是不够的，也是不全面的，应该做媒体人。报纸等传统媒体要熟悉，新媒体也要熟悉，这已成为一项紧迫任务。倚老卖老已无法适应需求，老本也吃不了多长时间了。唯有学习，唯有在实践中学，唯有向年轻同志学，我们才能如臂使指、应付裕如地履行好职责使命。

原则上不出专版

2021年2月24日 · 星期三

昨天见一报告说，考虑到驻地机构要求，建议给省区市出专版，集中展示地方工作成就，就叫“亮点巡礼”，列出的专版数还不少。对此，我没有同意，觉得有必要多说几句。

报纸出专版由来已久，除了多年延续的广告专版，带有各种目的、已无经营性质的专版还会隔三差五出现。读者不禁要问：你们为什么还要用这种名声很差的方式做报道呢？

是呀，为什么呢？我想可能有这么几个原因。一是惯性使然，给不给钱都下意识地这么做，甚至说：不收费不就可以大大方方做专版了吗？二是认为整版分量重，容易引起关注。事实上只有被宣传者当回事，其他人要么不看，看了的仍会说这是拿钱换的。三是多少有偷懒取巧的想法作祟。从编辑来说，这个策划不费劲；从记者来说，稿件基本可以自己做主说了算。

整版报道不是不可以出，相反，我们支持出高质量的专题报道。前两年的“深读经济”，近期的深度调查，一个版两个版都多次刊出，效果是好的，关键是有较高水准。多年来的实践证明，专版特别是那些成建制的地方专版是很难保证质量的，读者根本不买账，又哪里谈得上报道的深度和特色呢？

说这么多，就是希望大家把精力放在多采写好作品上。这方面我们既不怕多，更不怕长。为提升报道质量，务必控制出一般性专版的冲动，要多从新闻的角度采写和组织稿件、编辑版面。这里也再次明确，出专版须慎重。没有上级要求和特殊原因，原则上不出专版，总体上从严控制。

重要的是有一个过硬的团队

2021年2月25日 · 星期四

看惯了前一阵琳琅满目的图片，觉得这几天版面明显少了些啥——活跃了20天的摄影大赛总归是落下了帷幕。

奋斗成就梦想，影像记录时代。总编室报来的小结说，全国新闻摄影大赛共收到参赛作品21800多幅（组）；参赛人员超万名，涉及除澳门、台湾以外的全国各省、自治区、直辖市；此外，还有美、德、法、英、韩、日等40多个国家和地区的摄影爱好者递交作品2000多幅（组）。小结用“应者云集、佳作纷至、反响热烈”12个字做了概括。

春节期间两大创意活动——摄影大赛和H5“送你红色货币”的成效是明显的，为新年报道多了一份喜庆、添了一抹色彩，真是牛年的好兆头！

对这两个活动，我让相关同志分析一下：为什么能取得超预期的效果？在我看来，原因是多方面的，其中十分重要的是有一个过硬的工作团队。这个团队有智慧、有办法、有拼劲，关键是有很强的执行力。还是那句老话，政治路线确定之后，干部就是决定因素，实不谬也。

对于亟待迎难而上的报社来讲，当前很有必要强调执行力的问题。这不仅决定了我们报道质量、办报水平的提升，也将对改革发展稳定各项工作产生重大而深远的影响。对此，我们必须有清醒认识并起而行之。

“没有比人更高的山，没有比脚更长的路。”这是今天1版隆重推出的文章《奋志笃行 伟业功成》中的话，讲得真好，再录几句与大家分享：走过一段攻城拔寨、布满艰辛的非凡历程，绘就一份纵贯千年、摆脱贫困的历史答卷，成为这个亘古未有伟大跨越的参与者、见证者，人生之大幸，莫不如是！

增强计划性 突出经济特色

2021年2月26日 · 星期五

全国脱贫攻坚总结表彰大会昨天在人民大会堂隆重召开。习近平总书记庄严宣告，我国脱贫攻坚战取得了全面胜利，我们又创造了一个彪炳史册的人间奇迹。

对会议的报道是前所未有的，有关文件、名单等远超版面容量，所以昨天加了版，16块版全部由夜班完成。这是不多见的，也让世芳和王智、益勇等夜班的同志们度过了一个不眠之夜。

随着疫情趋稳、天气渐暖，“两会”等重大活动都将铺开，重大时政性报道亦将增多，必然对版面带来较大影响，也对我们的报道工作提出了新的要求。

面对这种新形势、新情况，还是要坚持减量化改革、高质量发展，把有限的人力物力财力向特色方面集聚，在履行好中央党报职责使命的同时，充分体现经济大报的特色，做优做强经济报道，攥指成拳，收缩战线，力求在特色上下更大功夫。我想，越是在冲版冲稿频繁的情况下，我们越是要有定力，做到有效应对。一方面，要增强计划性，精准安排和调控版面；另一方面，要进一步集中力量，做出独家报道。可以说，这是摆在我们面前的一项紧迫任务，也是我最近反复强调增强报道计划性、增强工作计划性的一个重要考量。

对此，希望同志们能形成共识，更好地开展工作。

对融合发展的思考

2021年2月27日 · 星期六

昨天的朋友圈，上报集团社长裘新的讲话稿广受关注。多位同事转发给我，表示“供你参考”，有的说“值得借鉴”，甚至于提出组建个班子去上报蹲点学习，回来“复制”。

对于融合发展，现在是万箭齐发。领袖的号召，“33号文”的引领，各级领导的督导和新媒体格局的加速演化，使得媒体深度融合发展成为业内外瞩目的热点话题。从某种意义上说，这已成为全行业高度焦虑的共性问题。

从这些年的实践来看，中央到地方各个层级打法不同，效果各异。人民日报、新华社、广电总台3大家优势突出，上海报业等省级媒体形式多样，地市县级媒体适者生存，可谓各有各的门道。但总体而言，远没有想象中那么乐观，掌门人见面时往往会说“试着干吧”“走着看吧”，远没有公开讲话时那么胸有成竹、信心满满。

对于光明日报、经济日报和中国日报3家来说，在融合发展方面大致处于同一层级，困难和矛盾基本相同，不仅纸媒和新媒体两方面都需要加快改革发展，在纸媒和新媒体融合上难度同样不小，面临的任务更重。中宣部主管领导指出，“3大家”的情况是传统媒体和新媒体两个方面具有天然优势，都比较强，但相融做得并不理想；光明日报、经济日报和中国日报可以在相融方面走在前列，甚至走在“3大家”之前。

要完成这一任务，实现相融并走在前列，实在不是件容易的事情。

在我看来，我们要做的，首先是要打开思路，开阔眼界，学习借鉴，所谓它山之石可以攻玉。其次，是要保持定力，量力而行，不焦虑不盲动，不做不切实际的幻想。第三，循序渐进，稳扎稳打，咬定目标不放松，且行且珍惜！与其临渊羡鱼，莫如退而结网。我们做不到大刀阔斧，大开大合，姑且小步快走，积小胜为大胜吧。只要持之以恒，久久为功，也许我们也可以——冲出“跑者蓝调”的烟霭。

开展多种形式业务交流很有必要

2021年2月28日·星期日

前几天，总编室在准备第二次总编辑业务研讨会，计划请产经部介绍有关工作，大家一起聊聊业务上的事儿。徐涵同志很重视，百忙中做了认真准备，还把汇报材料发给我征求意见，问是否合适。我回答道："想说啥都可以，业务交流嘛！"

一个月前，2月1日，我们举办了首场业务研讨会，围绕国际部采编业务特别是"世界经济"版的工作进行深入、生动的交流，效果是好的。同志们反映也不错，希望能坚持下去，尤其是年轻同志都表示从中能学到不少东西，对实际采编工作有针对性和指导性，帮助很大。

举办新闻采编业务研讨会，开展多种形式业务交流，应该是新闻单位的一项长期性任务和制度性安排。首先，作为新闻单位、业务部门和专业人员，不断提高业务水平和能力素质，是一种职业要求和工作必须；第二，新知识、新业务、新技术日新月异，不加强学习，不强化能力和技能无法应对新形势、新情况、新要求；第三，总结实践中的经验做法，查找工作中的不足和短板，可以相互学习，相互借鉴，相互促进，共同提高。

更为重要的是，可以在报社逐步营造出浓郁的业务氛围，形成人人在业务上用心、个个在工作中进步的良好局面，让每一位采编人员在尽忠职守中实现自己的人生价值，得到应有的尊重、体面和成就感。对此，编委会责任重大，部门主任们责任重大，因为我们面对的是广大采编人员，特别是众多年轻同志正向我们投来期待的目光。

好了，给徐涵同志做个广告吧——明天，3月1日上午，第二次业务交流活动举办，欢迎大家参加。

MARCH
2021 ／3

2021 年 3 月

总编辑评报

新媒体部实现重大蜕变

2021年3月1日 · 星期一

周末有时间，看了总编室报来的频道制改革小结，收获很大，特别是新媒体部的小结看了好几遍，感触良多，想专门说一说。

这次频道制改革，触及最大的就是新媒体部，40多人仅四分之一留下，其他就像种子一样播撒到各部门。同志们站在报社发展大局和媒体深度融合的高度，自觉服从报社安排，体现了很好的政治素质、思想境界和工作作风，给大家留下深刻印象。

看完小结，我又翻阅了新媒体部近期的作品，感到两个月来，新媒体部实现重大蜕变，去除了不相适应的外壳和累赘，变得清秀、简洁、光亮起来。以前就像已进入春天还穿着臃肿大衣一样，现在是卸下负担，轻快地奔跑了起来，只有十来个人却做了不少事，比如视频栏目“数说经济”“权威访谈”，比如原创视频产品《红色货币见证烽火岁月》《2020，中国答卷》《百万亿元是怎样炼成的？》《31省区市2020年GDP发布》等，都有一定水准，展示出短视频制作的实力。

此前，和发宝同志交流过有关新媒体部业务重点，就是两条。第一，要抓住重大的经济事件、经济热点、经济问题，制作出有本报风格特色的短视频作品。第二，以经济日报的报道为基础，加工、改造、升华相关内容，作为扩大影响力的延伸和拓展。实践证明，业务重点突出，工作效果明显，“减量化改革、高质量发展”得到了很好落实。如果每年能够有三五个乃至十个八个爆款作品，新媒体部的工作就是很了不起的。

中央领导同志对短视频非常重视，说“年轻人爱看短视频，大家都得努力”。我想，虽然我们人不多、钱不足、技术力量薄弱，但依然要咬紧牙关向前，力争取得较好成效。对此，发宝和他的团队可谓使命光荣，责任重大，我们充满期待！

版面视觉统筹上了台阶

2021年3月2日·星期二

“奋斗百年路 启航新征程”系列报道已有一个多月，刊发的“特别报道”达几十个版了。报道从上海和嘉兴红船启程，现已走到东北黑土地。厚重的主题、深入的采访、丰富的史料、精彩的版面，给我们提供了特别的精神食粮。

这一报道是统一组织的规定动作，是中国共产党百年华诞宣传报道的重要组成部分。各家媒体想方设法，力争在同台竞技中显示特色。应当说，做这种报道既容易又不容易。说它容易就在于报道的内容、主题、方式都是明确的，大家都一样；说它不容易，也是因为大家同时在做同样的事，要体现特色，还是要下大功夫的。

从本报实际情况看，采访是到位的，记者在疫情中、假日里付出了艰苦劳动；编辑是精心的，每篇稿和每块版都细致用心。还有一点非常突出，就是版面视觉统筹在原有基础，是上了台阶的，和其他媒体相比毫不逊色，甚至略胜一筹。我们的美编、视觉统筹高妍等同志功不可没，要向他们道一声“辛苦”！

今年以来，我们在版面上花了大工夫，视觉效果有不小变化。现在看，不平衡不协调的现象依然存在，版与版之间差距较大。不少版面已相当亮眼了，有的版面却还是老面孔。天生丽质当然好，略施粉黛不是更好吗？如果本来就颜值不高，再不化化妆美美颜，怕是更难以展现在人们面前。

关于版面的视觉效果、色彩对比、图表运用等，我和有关同志说过多次了，希望认真研究，争取从整体上提升本报视觉效果。这也应该是我们提升报道质量的一个重要方面。

不应回避的政治责任

2021年3月3日 · 星期三

每天翻阅报纸版面，看到精彩标题时心情是不一样的。

佘颖同志《5块钱的“李焕英”为什么不香了》、连俊同志《美国资本市场何以草木皆兵》，“特别报道”版《雷锋城六十载与爱同行》《焦桐如柱，兰考换了新天》《砥柱人间是此峰》《百姓谁不爱好官》，还有“数据”版《传统佳节过出新花样》，这些标题都为报道和报纸增添了亮色和活力。期待这样的好标题能越来越多出现在版面上。

标题有优劣，质量有高低，是很正常的事。想着篇篇精彩、个个出色并不切合实际。十个指头不是还有长短嘛。

昨天有部门负责人谈工作时，希望编委会把其部门的一位同志调出，说其能力差、啥也干不了，做不了什么事情，还给部门带来负能量。

如果有什么特殊原因，也是可以考虑调整岗位的。可只是由于能力差就要调出，部门工作是好做了，可又有哪个部门愿意接受？又有哪个领导不希望部下是齐刷刷能力强呢？我也希望报社人人是高手、个个是能人，做工作干事情轻而易举，但这可能吗？中央交给我的任务就是要带着这几百上千人奋力前行的呀！同样，编委会也是期待着大家领着部门单位的职工一起朝前奔。我们怎么可以把能力弱的职工放下和舍弃呢？再说了，作为体制内的单位，这一点你也根本无法做到。

我们期待着报纸每一个标题都很精彩，同时也需包容那些不那么精彩的；我们期待着报社每一位员工都成为精兵强将，同时也要给那些能力比较一般、水平不那么高的同志以宽容。我想，这既是现实的正确选择，也是一种不应回避的政治责任！

理论宣传“成色不足”现象须扭转

2021年3月4日·星期四

全国政协十三届四次会下午在大会堂开幕，两会报道正式开启，今天起本报推出“两会特刊”。

今天头条编辑部文章《赢得历史主动 创造新的辉煌——写在2021年全国两会召开之际》和5版评论员文章《核心领航定向 阔步伟大征程》算是本报两会献礼之作，体现出高起点、高站位、高质量，也显示了本报评论应有的水准。

本报评论理论部只有七八个人，长期人手不足、拉不开栓。这些年，评论还是不错的，出了不少优秀作品，但理论宣传存在明显短板。前两天，中央领导同志明确指出，作为中央大报，经济日报理论宣传务必抓紧赶上来，要下决心扭转多年来理论宣传“成色不足”的问题。对这一最新重要指示，我们一定要认真学习领会，正视工作中的不足，高度重视理论工作。

首先，要加强人员配备。不要说和人民日报相比，就是和光明日报相比，我们的评论理论部人员数量都差得太多。要力争在不长时间里，将人员增加到20人左右。

其次，要提高业务能力。一方面要给现有采编人员创造进修提高的机会，促使他们尽快成长；另一方面，在全社范围遴选有基础、有志于评论理论工作的苗子，定向培养，充实力量。

第三，要坚持开门办报。借助社会力量，特别是高等院校、知名智库以及社会上一些专家学者为我所用。

此外，要加强理论宣传策划。开展有经济日报特色、能体现经济理论风格的宣传研讨活动，提升影响力。

加强理论队伍建设是一项长期任务，也是一件久久为功的事情。我们要下苦功夫、笨功夫、真功夫，力争通过三五年的攻关，改变理论宣传“成色不足”的问题，完成好中央领导同志交给我们的这一重要任务。

评论工作的新高度

2021年3月5日·星期五

如果问你，同样的题材和体裁可以有几种表达方式？你可能会有点蒙，不知道如何回答。看完今天报纸，你就会知道，最起码有三种。

今天，本报1版刊发社论《凝心谋发展 聚力开新局——热烈祝贺全国两会开幕》，5版“两会特刊”推出评论员文章《读懂非常之年的非凡答卷》，4版“两会快评”栏刊发《这个春天不寻常》。这三篇都是言论稿件，都是总结回顾过去一年成就，展望未来发展。同样的主题，同样的体裁，但分量、作用和效果显然是不同的。它们形成了一个言论矩阵，体现着我们两会报道的良好开局和能力水平，也从一个侧面反映了本报评论工作的新高度。

社论稿沉稳大气，站位高，如同一位睿智的长者娓娓道来，充满理性和持重；快评稿以小博大，文笔轻松优美，角度新颖独特，让人感受到青春年少的美好与曼妙；评论员文章英气勃发，撒豆成兵，充满火热的激情，展示着智慧的滥觞。读这三篇言论,如同谛听三种乐器在共同演奏着两会评论的交响乐曲，怎不教人心潮起伏。

我们说，评论是报纸的灵魂，是报道的号角，是宣传工作的特殊武器。做报道、办报纸，抓好评论言论，是首要任务和重要着力点。半年多来，我们在这方面下的功夫不小，同志们十分努力，看来效果是不错的，也更加坚定了我们做好评论言论工作，并以此为支点撬动报道和报纸质量的信心决心。

由于疫情原因，今年两会记者和代表委员仍难有面对面采访机会，报道难度很大。在这种特殊情况下，更多组织采写评论言论，就成为明智选择。几位编委和两会报道团队指挥有力、调度有方、工作有效，相信一定能圆满完成今年的两会报道任务。

让年轻人多去一线磨练

2021年3月6日 · 星期六

我们的年轻记者还是很拼的。在昨天上午首场“部长通道”上，温济聪同志争取到对财政部部长提问的机会，直播时出镜抢眼，晚上《新闻联播》也是鲜亮登场，展示出年轻一代经济报人的风采。

这一阵子与不少青年同志交流，总会说，影响发展进步的因素很多，难以尽述，但有两点十分重要，这就是事业心和责任感。对新闻人来说，这两点尤其如此。

所谓事业心，就是对从事的工作，不是仅仅把它作为谋生手段和途径，而是将其视作愿意为之付出并终身无悔的事业。也许成就有大小，社会效用有不同，但值得我们操心劳神、吃苦受累。

所谓责任感，就是对集体、对他人、也对自己有责任心，不敷衍塞责，不逃避担当，不耍滑头不偷懒，该干的事情干，不该做的不做。说一个人靠不靠谱，我看就是说负不负责任，责任心强不强。

事实上，不仅是我们新闻人，干其他工作也离不开事业心和责任感。有这两条，也许并不能保证一定可以做出骄人业绩，但缺乏这两条，要想有所成就有所建树，几无可能。那种靠小聪明或指望天上掉馅饼的事还是少想为好，盼着天下好事都来眷顾自己的“巨婴”心态也迫切需要尽快调整。

温济聪作为年轻同志，有优点也有不足，有长处也有短板，甚至还有亟待改进完善之处，但难能可贵的是，他具有事业心和责任感。日常报道，他全身心投入；武汉抗疫，他能挺身而出在一线；定点扶贫，他独自在赤城县融媒体中心干了3个月。我想，如果让他到记者站再磨练一段时间，定能堪当重任。

在经济日报社，有事业心和责任感的同志不少，这就是我们的希望所在！

如何对待“一般性”稿件

2021年3月7日 · 星期日

昨天一位资深站长发来短信，强烈要求两会期间在客户端编发几篇企业稿件，甚至用了“呼救”这个词。不由得我不重视，赶到报社让总编室打印送我，编后感到咱们的这位站长同志有些言过其实了。

这几天两会报道，采编部门人手比较紧张，对一般性、时效不强的稿件难以像平时那样及时编发客户端。近几个月以来，听说有个别同志对稿件处理不及时、版面安排不如意还是有意见的，这完全可以理解。出于“减量化改革、高质量发展”的考虑，一般性稿件不如以前那样经常能在1版甚至头条刊出，还由于版面更多编发了质量较高、有一定特点的报道，可发可不发的稿件也难以像从前那样容易见报。但实事求是地说，还真没发现有什么精彩的报道被轻忽，或处理得不合适，乃至把好稿件生生给糟蹋了。试想，我们每天都在要求大家采写好稿、编辑好版面，怎么可能不对好稿件青睐有加呢？

现在的问题是，对大量一般性稿件如何处理、如何对待？少数同志有意见的恐怕也在于此。开头提到的那几篇企业稿件，总体上还是不错的，完全可以做出好报道，但现在觉得就是急就章，采访匆忙、写作匆忙，恨不得就像是在战场上即写即发。文内语法错误、错别字不少，层次有点乱，标点符号不规范，花了我一小时总算编完了，不禁想问：既然这么在意这个报道为什么不好好采写呢？是不是认为客户端的稿件就可以不那么讲究呢？这样的报道如果不认真编就发出去，人家真的会高看我们的站长和经济日报吗？

要解决这个矛盾和问题，还是从两个方面入手：一方面，编辑要更加重视驻地记者来稿，相关部门要统筹力量做好编辑服务工作，不可怠慢大意；另一方面，记者们也应转变观念，顺应形势，把注意力更多用在采写重点报道和优秀作品上。对于一般性的稿件，我看就没有“呼救”的必要了吧？

关键时刻要发声发力

2021年3月8日 · 星期一

今天是“三八”妇女节。首先向女同胞们，特别是辛勤工作在两会报道一线的女同胞们问好，祝大家节日快乐！

两会日程过半，本报两会报道进展顺利。“要闻”和“特刊”都体现出一定水准，显示出风格特色；新媒体比较出彩，一些报道和节目如“云访谈”等让人印象深刻；直属报刊社也有不少亮点，中经网、《中国企业家》等都发挥出了自身优势。相信在同志们的共同努力下，我们定能完成好开年的第一个重大战役性报道。

在两会报道的同时，我们还在进行另一场舆论斗争，也可以说是两会报道的重要组成部分，就是涉港宣传。经过前一阵子策划准备，这两天我们陆续刊发了《香港人心思安期盼制度护航》《爱国者治理是世界通例》。这套“香江系列评论”共9篇，我们先在新媒体刊发，次日报纸见报，“学习强国”等平台传播后，产生的影响是很不错的，在涉港舆论斗争中发挥了经济日报的独特作用。

这套评论每篇不过几百字，可对我们来讲难度还是比较大的，难就难在我们没有人对香港问题进行过深入研究。从报社实际出发，我们没有全面铺开、平均用力，只是精心策划了这套“香江系列评论”。现在来看，这组文章旗帜鲜明，辩驳有力，观点犀利，体现了中央意图，反映了斗争重点，在关键时刻发出了我们的声音，再次显示出经济日报在重大斗争、重大事件、重大变革中发声发力的重要作用。

实践再次说明，面对很多事情很多工作，只要自我加压，想点办法，集中力量，还是可以做出成绩的。同时，也提醒我们的采编人员，要更加重视学习积累，在业务上严格要求，精益求精，才能使报道更加精彩，才能达到更好效果。

“出乎想象”的浏览量

2021年3月9日 · 星期二

昨天一大早，我还在走路，总编室主任王智就通过微信把“两会云访谈”内部版发来，说凌晨3点多才改完，请我审阅定稿，计划中午推出。

打开链接，就见主持人胡文鹏端坐开讲，节目有40分钟，只能边走路边听了。内容当然不错，董明珠、刘永好、杨元庆等5位企业家代表委员的访谈含金量还是很高的。节目听完，我就嘀咕着：这节目能有多少人看呢？还是带有安慰性质地回复道：“没关系，你们多试试，我支持！”

到了下午，王智同志来谈事情，顺便提起，那个节目播出了，效果还挺好，已有7000多万的浏览量。我将信将疑地问：这个数字可靠不可靠？王智也是不确定，说再了解了解吧。

诸事办完，刚进家门，王智又来微信了：截至今晚21时，本报策划制作的“两会云访谈”视频节目全网浏览量达1.2亿人次；本报客户端开播后，各大平台在开机页、首页、要闻、弹窗等同时推荐，相关微博话题登上热搜榜排名第六！最后他还不忘加这么一句——“的确出乎想象”！

同样的内容，刊发到经济日报上，即使每份报纸都有人看，也只不过100万的阅读量，与1.2亿这个数字相比有着天壤之别。新媒体，就是这样颠覆着我们这些报人的传统观念，就是这样拓展着我们作为新闻人的视野和边界，让我们惊讶、诧异和感叹，并不得不发自内心地臣服、跟进和追随……

今天有件事要做，就是找人给我说清楚：这1.2亿浏览量到底是怎么来的？！

“两会云访谈”成爆款的启示

2021年3月10日 · 星期三

似乎一眨眼工夫，全国两会今明两天就要落幕。想起30多年前采访两会时，动辄20多天，真为如今的记者们着急：还没想好要写啥重点稿，一切就结束了！

不仅会期短，更着急的是还不能面对面采访。因为疫情，线上采访和隔空报道成为常态，粉碎了新闻学的基本理论和定义，再不好说“我在现场”和“记者亲历”这样的职业追求了。不过，厉害之处在于借助强大的先进技术，即使一点物理接触都没有的云端采访也可以产生远超以前的传播效果，比如我们的“两会云访谈”。

昨天一上班，就有同事发来关于浏览量和访问量的报告，还阐释了虚假访问量、浏览量的逻辑，提醒我有可能在造假。我很不以为然，因为这样造假毫无意义。还是王智同志讲得更靠谱——

为扩大影响，云访谈团队提前在微博平台开设了“两会大咖访谈”和“对话企业家”两个话题，累计收获浏览量4255万；同时参与“两会连麦”等话题，再获浏览量7564万。经济日报客户端在线观看直播89.8万。最终，全国累计浏览量近1.2亿。

细细分析，这个节目之所以能成为“爆款”，关键在于借助外力，体现了开门办报、办节目、办新媒体的思想。首先，选取董明珠、刘永好等自带流量的代表委员，选择的话题也是网友关心的热点，两者结合就带来了流量的乘法效应。其次，广泛动员第三方平台参与传播，争取到“一点资讯”开机屏、百度搜索关键词、搜狐客户端首页、知乎两会专题首页轮播区等曝光量大的资源位做展示。第三，与“学习强国”深度沟通合作，借助其强势平台持续推荐。

看来，在媒体深度融合发展的新形势下，写出报道、做好节目只是第一步，更为重要的是要重视外力、借助外力、善用外力，才能产生出乎意料的宣传效果和社会影响。这算得上是“两会云访谈”成爆款给我们的一个重要启示。

该伸伸懒腰出发了

2021年3月11日 · 星期四

天气渐暖，院子里的玉兰花含苞欲放；疫情趋稳，多日不见本土病例，即便是境外输入也已屈指可数。虽是雾霾来袭，人们的精神还是越来越抖擞的。

昨天，先后有两位编委和两位部门主任向我请假报备，周末要去外地调研，并表示会多待几天。一位主任申请让他在外蹲点十天以上，说工作已作周到安排，中间最好不要催他回来。闻之，甚慰：春天来临，万物萌动，大伙儿是该伸伸懒腰出发了！

新闻单位与机关不同，是有自己特点的。人们常说，新闻人要么是在新闻现场，要么就是在去新闻现场的路上。如果我们既不在新闻现场，也不在去新闻现场的路上，报纸的影响力、吸引力以及报道的深度和质量从何而来呢？我们与坐办公室的机关干部又有什么区别？哪里还像是怀揣记者证的新闻工作者呢？

当然，并不是说人人都要去新闻现场，比如行政管理者，还有理论研究人员。昨天下午，我们多位同志一起商量加强理论工作，再次研讨如何加大对习近平新时代中国特色社会主义经济思想的宣介。每个人都感到难度不小，困难不少，压力山大，但共识是必须操练起来，即使力小任重亦需倾情投入。与其坐而论道，怎如起而行之？正所谓一打纲领，抵不上一个行动！

两会今落幕，号角已吹响。2021年度内部巡视马上启动，几位秘书长和部主任这两天就要率队出征，对驻地机构进行巡视体检。动起来，干起来，忙起来，应该是这个牛年春天的主旋律，更是经济报人的职责所在、利益所在、希望所在！

“董小姐”的问题，我们须用行动回答

2021年3月12日 · 星期五

——“我对经济日报很有感情！”

——“我已经很久不看经济日报了！”

——“我觉得你们应该紧紧围绕经济做文章，让搞企业的人都爱看经济日报！”

这是昨天和我第一次见面的董明珠代表说的话，坦诚、直率、不绕弯子。董小姐果然不是吃素的，一点面子都不给：“你们经济日报得办好，你们应该能办好。”

本是礼节性地见个面，寒暄几分钟，没想到居然交流了半个多小时。当着武力同志和何振红同志的面，听着外人这么评价经济日报，我这个一把手内心真的是五味杂陈。

话虽刺耳，但也绝不是第一次听到。半年前，中央领导同志也是这样叮嘱我的：一个14亿人口的国家，这么大的一个经济体，为什么办不好一个与之相匹配的经济日报？你们一定要办好！

中央领导同志的谈话指示，已经印发给了大家传达学习。我让武力他们把董明珠昨天的谈话也整理出来，准备发给同志们看看。一个企业家，一个生意人，一个经济界人士，以旁观者的身份，一把扯掉了包裹在经济日报身上的那层已并不华丽的外衣，既让我们不那么自在，也逼迫我们自警自省，再不能做把脑袋埋进沙土里的那只鸵鸟了。

会见结束，当年轻的同事们与董小姐合影留念时，我心里很不是滋味。当年让董明珠仰视的经济日报还能重现昨天的精彩吗？对这个问题，有待于我们每一位经济报人用行动作答。其中，也包括你！

两会报道任务顺利完成

2021年3月13日 · 星期六

对总编室夜班来说，这一阵子已有多个不眠之夜。两会是闭幕了，但各种长报告、大文件还需刊发几日。今天这十来个版忙完，天光已见亮。向夜班的同志们道一声辛苦了！

经过大家共同努力，我们顺利完成今年的两会报道任务。编委们履职尽职，统筹谋划；各位组长调度周全，配合默契；各小组成员尽心竭力，倾情投入；采编人员夜以继日，不辞辛劳；行政后勤也是默默奉献，甘当绿叶。前后方、白夜班、采编与后勤、总部与驻地、报社与直属单位都表现出良好的精神状态，达到了预期效果。向所有为两会付出的同志们表示衷心感谢！

这次两会报道有不少好作品。十多天来，部门评报很有质量，点评得比较到位，所以，我很少评说。在我看来，可圈可点的还是挺多的，印象深刻的至少有3点：一是评论言论出彩，多篇评论员文章、快评、社论都属优秀之作；二是专访形成声势，特别是对林毅夫和几位经济学家的专访值得大赞，彰显本报特色；三是融媒体报道影响大，包括直属单位在内的新媒体报道如“两会云访谈”等呈矩阵式传播，效果远超以往。此外，图片、图表和版面安排特别是特刊也都有创新有进步。

难能可贵的是，除少数同志采访过两会，大部分参与报道的是新手，表现还相当不错。我想，通过这样难得的锻炼、培训和实战，小伙伴们一定能早日挑起大梁。

昨天，有个年轻记者对我说，明年两会他一定会注重质量，务必在增加稿件深度和专业性上用心用力下功夫！听了深以为然，还是颇耐人寻味的。

与其坐而论道 怎如奋而行之

2021年3月14日 · 星期日

“记录小康生活 见证时代变迁——庆祝中国共产党成立100周年微视频征集活动”今天启动，又一场开门办报、办网、办新媒体的探索就这样拉开帷幕。对此，还是有些小期待的，也多少有点小紧张。

有所期待在于，报社的融合发展有待作出新尝试，迫切需要开拓创新，也迫切需要取得新成效，并以此来鼓舞士气，坚定大伙儿推进深度融合发展的信心；有点紧张在于，毕竟是第一次搞这种活动，没甚把握，心里也没底。此前新闻摄影大赛很成功，标杆已经很高，这次要是搞不好似乎面子上不好看，所以确乎有些惴惴不安。

继“送你红色货币”H5融媒体产品成爆款、“春节七天乐”全国摄影大赛圆满举办，徐立京同志就提议搞这个视频征集活动。经过编委会各位同志认真审议，并广泛征求各方面意见建议，特别是报经上级领导机关批准，最终拍板：成也罢，不成也罢，这都是我们在落实习近平总书记和党中央关于加快融合发展重要指示精神迈出的新步伐、作出的新探索、推出的新举措。至于说面子好不好看，也不那么重要。

尽管如此，昨晚快11点了，当这个活动的操盘手陈发宝同志把征集启事发我备审时，我还是回复了5个字：“争取干成功！”发宝同志表态也很干脆：“我们努力，不负领导期待！！！”这3个感叹号还是体现出他的自信和决心的。

坦率地说，听到这样的回应是开心的，但更感到开心的是同事们雷厉风行的工作作风和敬业精神。问题不怕大，困难不畏多，矛盾不惧深，关键是要付诸行动。所谓谋定而后动，现在最重要的是马上就做，马上就干，马上就办。

与其坐而论道，怎如奋而行之（后四字为季正聚同志语——笔者注）？

要形似，更要神似

2021年3月15日 · 星期一

今天头条刊发的是周琳、马春阳两位年轻同志采写的《鼓励长期资金入市——夯实A股“压舱石”》。这篇报道，抓住证券监管部门鼓励更多资金参与资本市场投资和优化中长期资金入市环境等问题，进行聚焦剖析，是资本市场关注的热点，也是影响资本市场健康发展的深层次问题。报道通过多名专家学者条分缕析，有利于读者更清晰地了解中国资本市场发展前景。在版面渐趋正常的情况下，夜班精心编辑，突出呈现，效果是好的，体现了导向和特色。

但是，从高标准和严要求来看，这篇稿件还没有达到理想状态，显示出我们报道深度还不够，专业性还不强，对一些重大经济问题的分析研究还不到位。或者说，乍看还是有专业性的，有深度的，可通读全文，就感到不过瘾、不解渴、不透彻，形似而神不似，离形神兼备还有不小差距。这是新情况，也是老问题，是一个带有普遍性的问题。不仅报社的同志在一起交流时谈到这个问题，一些读者和同行也坦率地给我们指出了这方面的不足。对此，我们要服气，一定要有清醒认识。

增加报道的深度，提高报道的质量，增强报道的专业性，非一日之功，也是开展“质量提升年”活动的一个重要抓手，需要我们下大力气、花真功夫、用长时间才可能达到预期目标。我已请总编室安排，准备近期召开业务研讨会专题研究，首先就从个人署名专栏抓起。届时，欢迎同志们共同参与。

何谓有深度、专业性强？

2021年3月16日 · 星期二

在昨天评报中，专门谈了要增加报道深度、增强专业性，希望大家一起来重视和研究这个带有共性的问题。

有同志问，什么样的报道是有深度、专业性强的呢？我想了想，可能并没有什么标准答案。从实践来看，有深度的、专业性强的报道大多有这么几个特点：

首先，选题准。报道的应该是某一领域某一方面的热点、难点、痛点，是读者比较关注、大家有兴趣了解或有疑问待解的话题。简言之，就是要有新闻性和贴近性。

其次，观点新。报道的观点应当新鲜、新颖，富有新意，不能人云亦云。力争说出别人没想到的话，讲出别人没看明白的道理，要让人读完后有收获、长见识、开眼界。

第三，分析透。这个最关键。要有层次感、逻辑性，说理要有递进、有纵深。不能车轱辘话来回讲，一遍遍同义反复说。不仅要说出所以然，而且还讲明白了所以必然，要让人看完很信服、很佩服，甚至很折服。

第四，讲得清。这主要是指文字表达能力，驾驭文字、运用材料、遣词造句、行文用典都比较讲究。肚里没货是无话可说，胸中有物还得精准表达。有理说不出，有话讲不清也是不行的。

我想，若这几个方面都做得好，那么报道一定有分量。退而求其次，能有两三个方面甚至一个方面比较出色，依然是不错的。可要是一条都不占，这样的报道无论如何算不上有深度、专业性强的报道，也绝无可能吸引读者，那可真就一无是处了。

昨天，周琳同志给我发来微信，表示会努力提升专业能力，丝毫不放弃对采编业务和新闻理想的追求。他还说，作为新闻学硕士，他正在对外经贸大学攻读金融学硕士学位，目的就是要提高财金报道的高度、广度、深度。听了喜不自禁，真心为我们年轻的同行们点赞！

企业报道大有可为

2021年3月17日 · 星期三

经济日报与企业的关系应该十分密切，说是鱼水关系也不为过。企业理应成为我们报道中的主角、版面上的常客。今天隆重推出万字调研《晶能，为什么能》，自有其不同寻常之处。有人肯定会说：如此报道企业已有一阵子不见了。

浓墨重彩地报道一家企业，堂而皇之地在1版刊发，确实是有用意的。其一，经济日报把企业报道放在重要位置，加大对各类市场主体特别是企业的报道，是我们的主责主业。其二，通过高质量的企业报道促进经济报道整体水平提升，也是办好报纸的必然要求。其三，要强化与企业界的联系，企业报道必须做、应该做，且完全可以做出影响、做出特色。

就经济日报而言，企业报道是不可或缺的，也是大有可为的。从一定意义上说，经济日报就是伴随着企业改革发展逐步成长起来的。郑波同志这次带队调研，几易其稿，反复打磨，就是用行动体现编委会的战略意图。希望同志们认真体会，充分理解并切实践行。

分析来看，近年来企业报道削弱，原因并不复杂。由于采编经营两分开的政策要求，采编人员与企业的合作受到了挑战和考验，关系由热转冷，从一端走到另一端。也由于新的合作关系尚未形成，大家感到似乎没有必要、也没有什么动力加强与企业的联系，潜意识里是多一事不如少一事，免得瓜田李下说不清。如此，企业报道只能日渐式微，优秀的企业报道更是难得一见。

昨天下午，总编室编辑李景同志来，交我一份他写的《对2021年企业版改版运行的心得体会》，洋洋洒洒数千言，谈了如何让“企业”版更有特色、有质量、有影响力的思考。看了很有启发，也坚定了下一步做好企业报道的信心。对经济日报来说，企业报道就是一片充满希望的蓝海。我多次说过，如果经济日报周围能有100家各领域的头部企业，那会是幅怎样诱人的场景呢？

怎样面对逝去的黄金年代

2021年3月18日 · 星期四

前几天，老领导丁士同志送来一本书，是他与夫人蔡雯合著的。内容是他俩以个人视角，对过去40年间中国报业发展和新闻改革的亲力亲为、所思所感。500多页的大部头，拿手里沉甸甸的。翻阅一遍，不禁为两位的敬业而感佩。

书名叫《走过报业黄金时代》。乍看时未多想，只是说丁氏夫妇从事报业赶上了好时光，可往细里琢磨，陡觉有些不寒而栗：正处在报业衰败之时，我们不少人还似乎并不那么愿意接受这个现实！

报业走下坡路的大环境里，报纸还能办好吗？把那么多的人力物力投入到办报上是不是在缘木求鱼呢？领导同志一再叮嘱"要把报纸办好"还有其合理性和必要性吗？前些年，新闻人在一起还会褒贬某家报纸，现如今，还真的没怎么再听到说某某报办得好还是不好呢。

尽管如此，还是得下功夫办报。同时，也深感加快融合转型的紧迫。报纸的黄金时代确已成前尘往事，但信息传播正以迅雷不及掩耳的速度抵近生活的方方面面。报业在衰落，信息业在崛起。面对逝去的黄金年代，我们只能掬一捧岁月的辛酸泪，祭一杯历史的忘情水，与过去悲怆诀别，转身争做融合发展洪流中的弄潮儿。

由是观之，人们所说的把报纸办好，恐怕并不只是说把传统意义上的报纸办好，而是要把以报纸为代表或象征的新闻传播工作做好。也许从这个角度出发，才能更深切理解媒体融合的重大理论意义和实践意义，也唯有如此，才是我们这些新闻人辛勤工作、日夜劳碌的价值所在！

两会报道与日常报道平稳过渡

2021年3月19日 · 星期五

两会一结束，白班就策划安排了"'十四五'规划主要发展目标解读"系列报道，今天刊出第3篇。翻了翻其他几家报纸，我们两会报道与日常报道的过渡还是平稳顺畅的，有经济特色，效果也是好的。

从已刊发的《GDP增速为何不设量化目标》《为何设立能源综合生产能力指标》《粮食产能为何成为主要指标》稿件来看，这几个经济指标都是政府工作报告中的热点，也是国内外普遍关注的焦点，既有新闻性，也有关注度。稿件写作扎实，材料丰富，分析权威，说服力强，无论是白班的安排，还是夜班的呈现，都是不错的，算得上是一套比较精致的报道。

今天8版"企业"只有半个版，仅安排了两篇稿件，一是《苏宁易购引入国资为哪般》，一是《黄峥为何辞任"去摸石头"》，说的都是经济领域的热点事件。稿件虽谈不上深入全面透彻，但还是有自己风格的，特别是拼多多掌门更替引发市场关注这篇报道，还是驻站记者采写的，反映出新闻人应有的敏感，值得肯定！

两会之后，经济报道成了我们版面的主角，比较有质量、有深度、也有可读性的报道，开始越来越多地出现在各个版面上。这是一个好现象。

除了融合发展，我们别无选择

2021年3月20日·星期六

一件事情安排下去，想不再惦记挂念，还是挺难做到的。

“记录小康生活 见证时代变迁”微视频征集活动已经启动好几天了。尽管这阵子杂事不少，但心里还是会想着这个事，多少有点放不下，担心泥牛入海没啥动静。昨晚，发宝同志报告说：“投稿情况比较理想，邮箱投稿已近80件作品，且总体质量还可以。”他表示，从目前情况看，实现预期目标应该问题不大。

发宝同志所说的预期目标，就是我在编委会上讲的，来稿不要太少了，怎么也得大几百件吧，否则就有点寒碜了，让人笑话。据了解，去年有家新闻单位搞过类似活动，征集数有上千件。我说，比较理想的是征集作品超过1000个，当然也是有一定质量的1000个。这就是我的预期，也是这个活动的一个最起码的要求。

作为操盘手，发宝同志是有压力的：“我们继续扎实做好组织协调工作，努力把此次活动办成功、办出亮点！”这里用了“努力”一词，可见他的表态是留有余地的。

其实，我们犇跑在融合发展的康庄大道上，快一点慢一点并非特别重要，哪怕是有些磕磕碰碰，摔上几跤也没什么大碍。因为，摆在我们面前的路径似乎也没得选——做，横下一条心去尝试、探索，或许还有机会和希望，闯出一片发展新天地；不做，故步自封不作为，麻木不仁吃老本，只能是死路一条。

运气和成功，总是垂青那些不屈不挠的行动派！对此，我是深信不疑的。

一个可喜的现象

2021年3月21日 · 星期日

昨日春分。中国发展高层论坛在京举办，境内外政商云集，充分表明世界对中国发展的高度关切。今天1版刊发“郭言”文章《“十四五”规划为全球注入信心和动力》，不仅应景，也颇为亮眼，体现了本报的全球视野和国际眼光。

国际部打造的这个言论品牌渐有影响。每当重大国际会议、主场外交或涉外主题宣传，“郭言”就会代表本报亮明观点，阐释理念，主动发声。上级有关部门在布置工作时，已多次明确要求本报撰写并刊发“郭言”文章，可见已逐步显出了分量。

我们已有“忠阳车评”“陶然笔记”“每周经济观察”等若干个人署名专栏，知名度在不断扩大，业内外反响也日趋热烈。与此同时，“金观平”“郭言”等这样主要由集体部门经营的报道品牌开始陆续出现，并渐成气候，真是一个可喜现象。这从一个侧面反映出我们的采编部门倾心钻研业务、提升报道质量的良好工作状态和职业追求，开展“质量提升年”活动，就是要通过这些具体扎实的努力，来做细做实做出成效。

今天又见综采部的“港澳台”版。从版面效果来看，今年新出的这块版基本上是立住了。与之相适应的是，本报港澳台报道的质和量都有了一定的保证，今天这篇《在新发展格局中保持香港金融市场繁荣稳定》是约来的专家稿，分量也是够的。刚接到上级部门来函，对本报前一阵子在“爱国者治港”重大舆论宣传中的突出表现予以充分肯定，特别是对一组九篇“香江系列评论”大加赞赏。听说，上级领导问其他中央媒体：经济日报都有港澳台专版了，你们为什么不办？

个人专栏也好，部门署名文章也罢，包括专题专版、办事搞活动，等等，要干出点名堂，弄出点影响，做出点成绩，我想，关键还在于用心用力不偷懒、不自满，更在于上下同心不避事、不畏难。

期待优秀调研报道不断涌现

2021年3月22日 · 星期一

继广东佛山调研报道之后，经过一个多月精心采写，第二套践行习近平新时代中国特色社会主义经济思想深度报道《贵阳后发赶超》万字雄文，今天闪亮登场。

这次调研从春节前的谋划，到节后的采访，前后有一个半月。调研组出发前，做了细致的案头工作，对贵阳在践行习近平经济思想方面的进展和成效，进行了多次研讨，理清了报道思路，捋出了采写路径。调研组一直待了七八天时间，白天满负荷采访，晚上交流沟通碰情况，可以说，对贵阳的方方面面都做到了全面深入的了解。

从报道中就能看出调研组工作的投入，写作过程也是煞费苦心，数易其稿。参与调研的同志说，以前采访只需要三五个材料，整理下来，就算完成一篇报道。现在采访了三五十个材料，从中只选出三五个，写作的难度反而加大，劳动成本也大为增加。就在昨天晚上，郑波同志还把已拼出的两个整版精炼成了一个版，使得稿件更为精彩，确保了报道的高质量。

如果有人问，什么样的调研报道算是优秀的？那么我告诉你，《贵阳后发赶超》就算得上。要说此稿有什么特点，我看主要就两条：第一条，采访扎实，内容丰富；第二条，写作认真，打磨到位。这看起来简单，要真正做到位实在不易。建议同志们读一读，并从中有所借鉴、有所收获。

今年以来，编委们分别带队采访，每个月都将刊发一组由编委同志牵头采写的重点稿件，给大家做出样子。曙红同志和郑波同志已经先后完成了第一轮调研，正聚同志和世芳同志眼下正在外地调研。接下来，将会有更精彩的调研报道推出，且让我们拭目以待。

"智库""数据"要做深做透做出风格

2021年3月23日 · 星期二

今天专门说说两块版面。

先说"智库"。今天见报的这块版，与往日很是不同。以"智库圆桌"的形式，集中研讨"如何建设宜居宜业的美丽乡村"，版式新颖，图表精致，色彩清新养眼。看来，世芳同志和研究部编辑是动了不少脑筋的。

"智库"版怎么办一直颇为操心，靠自发来稿或处理各类"关系稿"，肯定是不行的。特别是如何与"理论"版有所区别，有所差异，进而形成互补，始终没有好的办法。有过几期不错的呈现，但总体上未能达到预期。这次用"圆桌"来体现智库的特点和作用，还是有点意思的，希望能继续保持。这也说明，只要从大局出发，下功夫研究，用心去琢磨，就一定能有新收获，取得好效果。

再说"数据"。自从与京东合作后，"数据"版有较大变化，不仅数量增加，质量也在提升。有同志可能认为，出这个版很容易。殊不知，京东的数据提取、分析、发布，均有它自己的节奏和频率，且并非以新闻性为主。要完成每周3块版的设计安排，难度不小，磨合也很不易。

具体负责这个项目的总编室年轻人这阵子花了许多精力，沟通、策划、编辑，包括还要制作短视频，忙得不亦乐乎。牵头人胡文鹏同志微信我说，他们与京东已建立了固定的会议机制，假以时日，相信无论是从形式到内容，"数据"版都会办得越来越好！

在我看来，这"数据"版是其他媒体还没有予以特别关注的。做成了，做好了，就是特色，就有卖点，就有不可替代性；做深了，做透了，就是独家，就有口碑，就能体现经济日报特有的风格。"智库"版也是如此。有关同志一定要予以足够重视，切莫轻率大意。

“消息+短评”可以继续用好

2021年3月24日 · 星期三

今天头版头条，用消息加短评的形式，报道了天津外贸创新高的新闻。这种形式多年前我们常用，近些年少见了，现在看来还是可以继续沿用的。

对一些重大经济新闻，或是有代表性的地方新闻，我们当然应当在报纸上特别是1版上突出报道，长通讯、大稿子是可以的，但量不能太大，频率不能太高，否则版面沉闷，阅读体验不佳。而用消息加短评的形式，既操作简单、采写便捷，同时也能有出乎意料之效。像今天的头条，连消息带短评就千把字，但感觉相当不错。建议大家特别是驻站的同志们多多采用。当然，要是高标准要求的话，这个消息还可以再精炼一点，短评稿还可以稍长一点，观点更鲜明更有冲击力一点。我想，下次再做这样的组合报道时应该有所改进。

关于贵阳的调研报道，今天按计划推出第三套，就算告一段落了。贵阳市委书记赵德明致函编辑部的文章《在闯新路开新局抢新机出新绩中彰显使命担当》，是对贵阳报道的深化和拓展，提高了报道影响力，增强了报纸的黏性。这两天，当地省报市报、省台市台和各种新媒体对这套报道进行了广泛全面地转载转发，甚至超出了我们的预期。

昨晚，我意犹未尽地提出，要是能来一篇对贵州省委书记的专访，那这套报道就OK了，那会是一个完美收官。郑波同志深以为然。不知明天的报纸能不能做到这一点，对此，我还是充满期待的。

想到就干，做就做成

2021年3月25日·星期四

我们驻地机构执行力还是蛮强的。在郑波同志有力调度下，贵州站王新伟同志知重负重，雷厉风行，如期发回贵州省委书记专访稿，今天在1版闪亮登场，使得贵阳的调研报道画上了圆满句号。想到就干，做就做成，这就是有执行力的表现。

今年以来，编委会反复强调，要切实增强执行力。有些工作看起来很难，扎扎实实去推进，锲而不舍去落实，是完全能够解决的。这半年多，我们强化马上就办、马上就干、马上就做的作风，最终做成了一些以前认为很难做成的事情。下一步，我们要在深化开展“质量提升年”活动上下更大功夫，花更多力气，见更明显成效。

对践行习近平经济思想的调研报道，在社会上产生良好反响，也得到驻地机构积极响应。山西站、上海站等记者站都提出申请，希望对其当地工作做类似报道。对此，我是赞成的。我们就是要集中精兵强将，一个接一个，高质量地进行深度调研报道。

有两点体会：一是要做就尽量做到极致，让人印象深刻，最起码在两三年内，当地还记得经济日报做过这样的报道。二是要加强新媒体的运用。策划阶段就考虑新媒体如何呈现，怎样做出叫得响的融合产品，搞些新玩意出来。

既然报社需要这样的深度调研报道，地方有这样的迫切需求，驻地机构有这样的强烈愿望，你说，我们有什么理由不继续做下去呢？

征途漫漫，惟有奋斗！

2021年3月26日 · 星期五

前两期“智库”版大有改观，给大家印象比较深。今天“理论”版也有变化，体现出编辑思路和策划重点——以专题方式对“老龄化”进行阐释，效果是好的，让人耳目一新。

本月初，领导同志提出经济日报理论宣传要增加“成色”，理论文章要增强学理性和逻辑性，还是压力山大的，不仅编委们在研析，评论理论部和经济研究部的同志也在理性思考。经过反思，既肯定了成绩，又查摆了不足，深感领导同志的指示十分重要十分及时，问题看得清，针对性很强，是心服口服的。

连日来，就如何落实重要指示精神，我们多次召开座谈会，反复研讨改进措施，从人员、机构、机制和工作重点等方面提出应对之策。今天，编委会还将研究相关议题，力争早点启动这项很难立竿见影、需要久久为功的“工程”，推动理论宣传尽快赶上去。

冰冻三尺，非一日之寒。要改变理论宣传“成色”不足状况，也绝非一时之功。除了要从大处着眼，从大局谋划，作出战略性安排，亦须从小处入手，从小事抓起，从具体工作发力。特别是要在每篇文章的约稿、编辑上用心，在每块版面的策划、组织上用力，在每位作者的发掘、培养上用情，靠大家细致、艰苦、扎实的行动，向目标迈进。

——这既是使命，更是责任。对我们这拨经济报人来说，实在是无路可退。正所谓征途漫漫，惟有奋斗！

务必下功夫解决的三项短板

2021年3月27日 · 星期六

这半年多来，上级领导对经济日报工作肯定不少，鼓励多多，要求提高水平、改进工作的指示也比较集中，每次我都及时向编委会和同志们汇报传达。要我们解决的短板和问题，归纳起来主要有三条：报道深度不够，报纸黏性不强，理论宣传成色不足。

领导同志在指出问题之前，都是有几句过渡性表扬的话的。比如，这些年推出了一些有深度的报道；比如，读者对经济日报评价还是好的；再比如，在理论宣传方面刊发了一些有分量的文章。等等。但锣鼓听声，听话听音，我们关注的重点应该是下半句，就是“不够”“不强”“不足”。

乍一听，是有些接受不了的；细琢磨，每一条都击中要害。我们必须心服口服，决不能讳疾忌医：这三条就是面对的客观现实，就是务必下功夫加以解决的突出问题，也是扭转业务工作严重滑坡的关键所在。

闻过则喜很难，知耻而后勇则是必须的。近一段时期，大家出主意想办法，群策群力，工作有不少改进改良改善，效果也在逐步显现，向上向好势头日益明朗，特别是采取了针对性措施，相信坚持不懈就能收到成效。

昨天在群里发完评报后，有编委就予以回应，看完很受启发。为让更多同志看到，现摘录如下，供大家参阅：

上心专心精心，以扎实的学风、厚实的文风、务实的作风，夯实科学性底色，筑牢马克思主义政治经济学本色，增强和提升学理学术成色，知重负重，开拓奋进。——季正聚同志

从学理和逻辑层面学懂弄通总书记思想，不仅对做好理论宣传至关重要，而且是做好所有宣传报道工作的关键。没有对党的创新理论的准确全面把握，都难以做到准、深、活、新。这是本报一些报道仍然浮在表面、照本宣科的症结所在。——徐立京同志

老总编贡献“文旅”版力作

2021年3月28日 · 星期日

今天给大家隆重推荐“文旅”版上的《大河长流无尽时》。这是老总编冯并同志的最新力作。

春节前，代表大伙儿去看望慰问老领导。记得上午已过十点半，来到冯并同志家，离退办同志告诉说，冯总昨晚写作至凌晨，刚起床。虽是睡眼惺忪，但谈锋甚健，冯总拉着我到电脑前看他熬夜的战果。这一看，真是大喜过望：“文旅”版可有合适稿件了！

冯并同志的文化根基和历史底蕴，对中华文明尤其是西部文化的积淀和理解，30多年前的20世纪80年代后半期，我在新华社做记者时就有了解和面谈，读了一些他带有游记性质的杂文，更是钦敬。在我看来，冯并同志这方面的成就几可与余秋雨先生的《文化苦旅》有一拼，对我的影响也是大致相当的。

去年底，在设计“文旅”版时，我反复说过，绝不能办成一般的“游记”版，尤其不能尽刊发那些人人都能做、个个都在写的景点介绍和作者见闻，众多自媒体每天发的这方面内容以海量计，而那种有文化、有历史、有文采的文章则是我希望看到的。所以，当我趴在冯总家电脑前，浏览“黄河行”时，那种心情想必你会感同身受，眼神应该是闪闪发亮的。

报纸要摘发，新媒体要连播——这里向大家郑重建议，读一读这个作品吧。年纪大的同志，你会重温激情岁月，体会早期经济报人的实力与水准；年轻人，你可以近距离触摸到老一代报人早年的那种厚重与敏锐；而新加入我们这个行列的后来者，你也一定能从中领略前行者的文气和风采，折服之、追随之、超越之。

最后，说句具体的：“文旅”版的编辑大人，知道这块版该如何办了吧？

“记者亲历”重新开栏

2021年3月29日 · 星期一

“记者亲历”专栏今天刊出了。这是时隔多年后在1版重新开栏，还是很有必要的。正如“开栏的话”所指出的，这个专栏刊发的主要是来自一线的现场报道，要为读者呈现冒热气、带露珠、有思想的经济新闻，记录新时代经济社会发展的强劲脉动。

率先推出的《“都市里的村庄”分红记》也颇有味道，现场感和时代感都比较强。看来，上海站李治国同志不是在“编”稿子，真是践行了“四力”。其实，这个专栏从一定意义上说，就是为驻地同志们量身打造的1版发稿平台。希望大家好好利用，多多供稿，把这个专栏办出特色、办出质量。

1版“郭言”文章《苏伊士运河停航引全球关注》，值得肯定。对这样重大的国际经济新闻，国际部反应是及时的，夜班处理也是妥当的，效果还是不错的。我看，只要没有特殊的原因和特别的限制，这样的稿件在1版刊发，应该成为一种制度性安排。

“记者亲历”和郭言文章这两类稿件，都是有关部门落实“减量化改革、高质量发展”的具体措施，也可以说是“质量提升年”活动的重要内容，体现了求实务实的精神。希望大家都能结合本部门本单位实际，找准找实到底该“减”什么、“提”什么，重点应解决什么问题，不要大而化之，务求取得实效，用自己的实际行动，促进报社关键之年的各项工作高质量发展。

部门评报水平提高了

2021年3月30日 · 星期二

今年以来，部门评报水平在不断提高。各部门通过评报，总结好做法，也提出意见建议，达到了相互学习、共同进步的目的。那种轻描淡写、应付了事的现象大为减少，变化是可喜的。

大家可能还记得，中央巡视组对我们评报工作是有过严厉批评的，认为形式主义严重，好人主义盛行，要求我们必须加以扭转。经过大家努力，这项工作取得了明显成效，还是让人十分欣慰的，希望同志们继续保持。

昨天的部门评报讲得很好，认为近期报纸各个版都加强了策划，体现了高水准、高质量。这个评价我认为是切合实际的，今天的多个版面也是如此。像“世界经济”“时评”“财金”“企业”“智库”包括“特别报道”等，都有很强的策划意识。那种“大杂烩”式、来什么用什么的情况是越来越少了，而经过策划的版面，无论如何也差不到哪儿去。对此，大家是有共识的。

由立京同志建议、发宝同志操刀策划的“记录小康生活”短视频征集活动，已过去半个月了。昨天，发宝同志报告说，征集到的作品已超700件。按计划，经济日报客户端和中经网昨天起陆续播发。我看了几个作品，还是开了眼界的，很有冲击力，颇有大片的感觉。发宝同志介绍说，这都是没有加工过的，待编辑后，质量会有明显提升，效果也会更好。

现在看来，这个活动有了很好的开头。相信在大家的共同努力下，一定能够达到预期效果。

个人署名专栏成效显现

2021年3月31日 · 星期三

每天晨起，总会刷刷本报电子版，转发三五篇比较满意的稿件到朋友圈。如果可转的稿子多，那心情是轻松愉悦的；一旦值得转发的少，乏善可陈，甚至都没有，心情就会沉重起来。欣慰的是，可在朋友圈展示的稿件越来越多，反响也是越来越好的。

每天12块版，八九万字，如果没有几篇拿得出手，供同行和朋友们阅读的稿件，那报纸的质量可想而知。在我看来，可转发的稿件多不多，一定程度上就能反映出我们报纸的质量和水平。

今天时政报道多，但好稿不少。像1版的《我国有能力应对国际粮价上涨挑战》《国际投资者看好中国经济发展前景》，都很有经济特色；“特别报道”版《飞天梦圆》《问鼎苍穹》，有气势很抓人；“关注”版《深圳向炒房说不》，“世界经济”版《美国能源新政策说易行难》《中斯合作击碎“债务陷阱”谣言》，“产经”版《硬约束倒逼钢铁业限产减碳》等都值得一看。

要多说几句的是“时评”版刊发的《广告法能否啃动“椰子”壳》。此稿相当不错，也是佘颖同志个人专栏又一篇出色文章。在目前六七位专栏作者中，佘颖同志的风格是比较独特的，有眼光，有味道，写得收放自如，不经意间却颇有穿透力，充盈着一股灵气和辣味，值得大家学习借鉴。

实践证明，个人署名专栏效果是好的，对于提高报道质量、培养人才作用突出。我已让总编室准备，近期针对专栏作者及其文章进行一次业务研讨，小结经验和不足，力求新的突破。届时，希望大家积极参与，集中智慧把众专栏办得更好！

APRIL
2021 ／4

2021 年 4 月

总编辑评报

占得先机很重要

2021年4月1日 · 星期四

昨天，发宝同志在群里发了个截图，报告“记录小康生活 见证时代变迁”短视频征集活动，在抖音平台的专题页播放量已达3700万。

看到这个数字，先是惊讶：怎么会这么多？接着是怀疑：会不会有水分？发宝同志了解的结果是数据无问题，确认没作假，并表示“目前抖音平台投稿量还不算多，后期投稿量上来后，播放量可能还会有比较大的增长”。

好吧，我倒要看看究竟会有多大的增长。

本来以为就咱自己玩呢，没想到别人家也干了这么一出：昨天，由人民日报社主办、人民日报新媒体中心承办的“我爱中国风”全球短视频大赛正式启动！

老大就是老大，不服都不行——我们在国内搞，人家是全球的；我们叫征集活动，人家叫大赛。殊不知，原来我们设计的就叫大赛，向上级报批时，硬生生就给改成征集活动，不让叫“大赛”。要不是我们早启动半个月，真就毫无悬念地被人认定为跟风之举、抄袭之作了！假如现在推出，可就真成了起大早赶晚集，恐怕也就不会再办，免得让人笑话，羞煞人也。

由此可见，占得先机还是相当重要的。同样，打到七寸、击中要害也十分重要。昨天本报刊发《广告法能否啃动“椰子”壳》，严厉批评椰树集团又拿女性身材做文章，没承想，到了下午，海南即宣布对椰树集团发布涉嫌违法广告行为立案调查。

不少人说这是佘颖同志这篇文章引发的，我并不这么认为，也许这只是众多作用力中的一部分。但至少可以说明，我们的报道把握是准的、时机是对的、效果是好的，充分体现出经济日报的魄力和眼光、站位和担当。

是的，我们完全可以引以为豪，我们又怎会甘于人后？

采编行政都需精细化管理

2021年4月2日 · 星期五

去年底，在对绩效分配进行调整完善方面，人事部是下了大功夫的，特别是在精细化管理方面做出了有益探索。

为解决采编管理相对粗放的问题，人事部门做了长时间调研：各部门人力配置和工作量是什么状况？部门和个人采编业务成效如何？部门之间有什么明显差异？等等。这次都进行了深入分析。其中，大数据的作用发挥了出来，精细管理的效能得到体现。

在昨天的总编辑办公会上，陈小力同志报告了一二月份统计分析，对大家是有触动的。这些数据也许还不够全面准确，但确实能反映采编部门和编辑记者的工作状况，为我们加强管理、完善制度提供了第一手资料。部门人手是否紧张？工作量是否饱和？成绩到底有多大？在报社和部门中处于什么样的位次？可以说一目了然。到年底评先进、评“十佳”，我看就容易得多了。

由此想到，行政部门同样需要精细化管理。我们强调工作要有计划性，就是在为精细化管理提供抓手。也许行政系统有一定复杂性，但也应该是可以做到的。不妨打开眼界，去学习借鉴其他单位的经验和做法。最终，对部门也好，对同志也好，在考核评价上就多了一个维度和依据，这样工作会更好开展，对大家也更加体现尊重。

所谓磨刀不误砍柴工。建议人事部和行政部门负责同志在这方面也用点心，力争使我们的管理从比较粗放向比较精细转变，为报社质量提升、管理升级多做一些努力。

一个应引起重视和深思的现象

2021年4月3日 · 星期六

有一阵儿没看到亢舒同志了。今天见到1版刊发《“房住不炒”底线不容突破》，知道她仍在做房地产报道，还是很高兴的。

此前，曾问过产经部，得知她家里有事且需要调养，颇为其有才华未得充分展示而觉得多少有点遗憾，更为楼市报道后继无人而郁闷。现在看来，这位秀外慧中的记者还是灵气犹在的。既然归队了，有关房地产行业的报道，还是要有赖于亢舒同志担当起来、做出特色。请产经部商总编室，看近期能否给亢舒同志开个署名专栏，专门观察分析房地产市场，这一领域应该是可以有所作为的。

专人专栏专业，这是我们在提高报道水平、培养人才队伍方面的重要路径，既符合新闻规律和办报实践，也切合本报工作实际。远的不说了，这半年我们就有了实实在在的成效。假以时日，一定会有相当一批年轻人在这条路上大踏步前进，迅速成长并挑起大梁。我们要为他们铺路搭桥，扶上马还应当送一程。

近一个时期，大家都在讨论向专业化报道转化的问题。昨天和一位同志交流，聊到一个现象：这些年，到报社机要档案室阅读文件的人越来越少了。作为中央部门和单位，报社有和其他部委同样待遇，文件和内参资料都是第一时间送到。为便于大家特别是采编人员做报道，除特殊要求外，大量文件材料是可以在机要室现场阅看的。20年前，我在社办公室当主任时，档案处就在我边上，每天都能看到采编部门负责同志包括普通编辑记者在查文件做笔记。如今，专门设立的阅览区居然难觅人影！

人们常说，新闻工作要上连天线、下接地气。如果我们既不能及时获悉上面在想什么，又不能深入一线了解基层在做什么，要拿出不同一般的策划、写出与众不同的文章、做出高人一筹的报道，那恐怕只能是一厢情愿。

少有人去阅读文件，原因可能有多种，但这个现象还是耐人寻味的，应当引起大家的重视和深思。

想方设法解决驻地机构发稿难问题

2021年4月4日 · 星期日

前两天，有站长提出，能否在客户端上加大发稿量，给驻地机构多些发稿机会，以满足地方宣传之需，维护与当地各方面的联系。

这是个好建议。由于这两年报纸从16块版减至12块版，加上强调质量、强化特色等原因，刊发驻地稿件总量是下降的，尤其是那些特点不突出、分量不够重、采写不精心的报道上1版乃至头条难度加大，至于那些简讯、短消息、小活动的稿件更是没有可能在版面上编发。看来，驻地机构发稿难的问题确实需要重视并解决了。

对驻地记者业务重点，此前我有过分析，建议大家在深度调研、专题报道、企业蹲点、精心采写等方面更加用心用力。近期，我们提倡总部与驻地联合调研、1版开设“记者亲历”专栏等，都是在努力改善驻地记者发稿环境。在4月1日总编辑办公会上，我又强调重视采用地方稿件，尤其新媒体要加大发稿容量。节前，总编室专门拟定了关于在客户端多个频道增设专栏、便于驻地记者更多发稿的暂行办法，且当天即在“头条”频道推出专题“学党史悟思想办实事开新局 · 各地在行动”，并编发地方稿件。王智同志说，在其他频道开设的专栏，节后协调后即行推出。

现在看，这还是不够的。在中国经济网和新闻客户端开设运营“地方频道”，应当摆上议事日程。因为管理不到位、经营不规范、两不分问题突出，前些年曾运作的中经网地方频道，中途不幸夭折，使得驻地机构在日常报道和影响力上大受局限，空间更显逼仄，越来越边缘化，存在感成就感渐失。

开办运营地方频道是件大事，也是推进融合发展的具体手段，要做好也很不简单，各方面都得跟上，特别是管理制度和工作规范务必到位。这方面，其他几家央媒已有比较成熟的做法，大可拿来主义。请总编室、中经网和记者部做些调研，节后一起来商量推进这项重点工作。

如何体现“主流、权威、公信力”

2021年4月5日 · 星期一

策划多日的“院士访谈录”今天推出，首篇是佘惠敏同志采写的对高分子化学家唐本忠院士的访谈。

党的十九届五中全会关于“十四五”规划和2035年远景目标纲要的建议，首次提出要“强化国家战略科技力量”，上个月人代会又从整合优化科技资源配置、加强原创性引领性科技攻关等方面，进行科学谋划和战略部署。应当说，这是涉及国之大者的重大问题，经济日报理应下大力气深入阐释。两会一结束，值白班的曙红同志研读了政府工作报告等文件后，提出请院士们来谈这个问题。这样既权威又生动，比起理论文章接地气，宣传效果也会好一些。

说干就干。不到一周，好几篇稿已采回待发。多年前，我们设过类似专栏，效果就不错，在业内外都有一定知名度。如今是老树新花，轻车熟路。以专家视野剖析强化国家战略科技力量的重点和难点，可谓问得好、答得深、讲得透。什么才叫“主流、权威、公信力”，我看，这套“院士访谈录”就是。

近来，时不时会有编辑记者问我，这篇稿件写多少字合适？那个专栏发多少字为好？每次我都感到难以回答。在情况并不清楚、稿件也没看过的前提下，作出明确回答未免过于轻率。稿件长短，字数多寡，实在不应由我提前设定，关键还看采写的内容如何以及内容的呈现怎样，当长则长、当短则短。我们提倡短些再短些，但并不反对长稿件、大篇幅，重要的在于有没有内容，内容是否精彩，读者是不是需要，读完有没有收获。从某种意义上来说，对于传统纸媒而言，还真不能过于强调短小精悍，有深度的调研和有独特眼光的专题，可能更有价值，更应提倡，也更应成为当前我们改进新闻报道工作的重要着力点。

具体到“院士访谈录”这个专栏，太短就失去了意义。在我看来，佘惠敏同志如果能把我国的两院院士专访个遍，一次一个版都应当全力支持！

改版成效比较明显

2021年4月6日 · 星期二

这个节假日有时间，把报纸认真翻了翻，以元旦为界，对近半年来的报纸做了一些比较，感觉变化还是明显的。

首先，从内容上看。重点报道、有分量的报道在增多，署名专栏文章、重点文章几乎每天都能看到，深度调研、系列报道也成为版面的主打内容。不管是要闻版还是各个专版，都加强了策划，把言论评论和有分量的报道作为工作重点。尽管只是初步的，但从各方面反应来看，报道质量确实是有所提高的。

其次，从形式上看。版面的表现形式变化不小，图片大量增加，图表越来越多，版式越来越新颖。视觉专版增加了刊发频率，各版图片运用明显增多，图表制作更为大胆，色彩和线条更有个性。就连新闻版也加大了采用图片图表的力度，更有冲击力。虽然版面间有时还不够协调，但总的效果是好的。

总体而言，改版不足百日，成绩尚不稳定，效果还有待进一步显现，但去年底改版时所想到的，大多得到了较好落实，还是很令人欣慰的。

小结过去，既要肯定成绩，更应看到不足，尤其是要正视差距并加以改进。一方面，要抓住提高报道质量不放松，在加强策划、加大深度调研、增强专业性上下更大功夫；另一方面，要在稳定现有水准前提下，细化和完善版面，特别是在解决版面间差异性、协调性方面花更大力气，力争新的突破，取得更好效果。

关键是真正深入下去

2021年4月7日 · 星期三

做好调研报道，是我们采编业务的工作重点，也是落实“质量提升年”的重要抓手。所以，对调研报道是要多加关注的，“调查”版也是会每期必看的。今天9版刊发的《小贷公司出路在哪里——来自多位小额贷款公司经营者的调查》不错，材料扎实，调查深入，采写投入，编辑精心，继续保持这个版的较高水准。

昨天总编室报来个材料，汇总了近期编辑部和驻地机构的调研选题，还对一二月份“调查”版刊发稿件进行统计。从中可以看到，有的部门发了多篇，有的寥寥无几；有些记者发了四五篇，有的记者却不见踪影。我想，原因可能有这么几种：一是不会写，大几千字，写起来可不那么容易；二是不敢写，望而生畏，现在要求高，又不让和通讯员合写，担心露怯丢面子；三是不想写，没什么动力，写了又如何？凡此种种，说到底，就是对加强调研报道重要性和必要性的认识不到位，态度不坚决，执行不到底，还是习惯于在舒适区待着比较好！

好在有更多的同志动起来了。在报来的几十个选题中，绝大多数都是可行的，是可以做出优秀报道的。我看，最关键的还是能否真正深入下去，这是稿件能否成功、能否保证质量的一个最重要因素。从实际情况来看，不调研，不深入调研，不下苦功夫调研，靠地方提供资料，靠网上扒材料，靠通讯员来稿，东拼拼西凑凑，这样的调研稿件是不可能有较高水准的，也一定会把自己的不足和缺陷暴露无遗。

新闻业务取得重要成果

2021年4月8日 · 星期四

一年前的今天，在经历76天封城之后，武汉按下重启键，充满烟火气的英雄城重生了！

今天1版刊发评论员文章《弘扬伟大抗疫精神》，就是要纪念这一特殊的日子、难忘的事件。需要说明的是，这篇评论是综采部撰写、经正聚等同志精心编发的。半年多来，为数不少评论员文章和重点言论是由各部门采写的，效果相当不错，可以说是我们在新闻业务方面取得的一个重要成果。

会不会写评论，能不能写评论，能否写出高水平的评论，是衡量一个新闻工作者职业水准的重要标志。我们高兴地看到，写评论，努力写出好评论，成为大家的共同追求，这个现象令人鼓舞。

事实上，这种变化看似不经意，却又是十分明显的。试想半年前，一腔热血的杨忠阳同志只能东看看西转转，哪会写出一篇篇精彩的专栏文章？朝气蓬勃的佘颖同志恐怕也很难接连拿出啃“椰壳”这样的评论。同样，像顾阳、连俊、刘慧、乔金亮、周琳等同志，也不可能如此高频率地推出优秀专栏，并产生越来越大的影响。那种看起来像是言论评论的楷体字已经很少见了，取而代之的是有观点、有思考、有独到见解的言论不断出现在各个版面上，质量是有较大提高的。

昨天，在与新任职干部集体谈话时，郑波同志的一句话给人印象深刻。他说，他进入经济日报社30多年，感到目前正是可以大有作为的时期，可以大显身手的时期，可以大展才华的时期。此时不干活，此时不大干，那只有傻子才会这样！

我想，对于年轻同志来讲，尤其如此。

“才女”是怎样炼成的

2021年4月9日 · 星期五

看惯了齐东向同志的长篇大论和重头文章，乍一看与之迥然不同的随笔，颇有些讶异。俟带着好奇心读完这篇另类杂谈，不禁拊掌击节：“才女”之称可真不是白给的！

今天10版“理论”，断版刊出的是“经济茶座”栏文章《带上经济学漫谈“人生道”》。正如这个题目所说，就是作者用经济学原理剖析、研究人生路上和现实生活中遇到的问题和现象，不能不说是别具一格。此文围绕“稀缺”“平衡”和“成本”3个概念，借助经济学理论加以勾连与印证，既引经据典，又通俗易懂，娓娓道来，原本比较枯燥寡味的名词和道理，不经意间就能理解和接受。看似浅显，实质不易，可谓四两拨千斤，没有两下子是做不到的。

人们常用“上得厅堂、下得厨房”来形容一个人的综合素质，也会用十八般武艺来称赞一个人的整体实力和多方面本领。对大多数人而言，要做到这样并非易事，但多掌握点技能，多方面磨炼和训练自己的能力，还是很有必要的，所谓“技不压身”。东向同志由以前文章的“高冷”，尝试一下“亲民”，就是在不满足于已有成就，勇于探索求变，敢于创新自我。她能五六次荣膺中国新闻奖一等奖，并斩获长江韬奋奖绝非偶然，是有内在必然逻辑的。

这篇文章不长，读一遍只需10分钟，建议大家拿出这点时间。我想，你会有收获的，也希望你能从中有所启迪，有所触动。

短视频“风口”不容错过

2021年4月10日 · 星期六

前几天，陈发宝同志发来一个视频，是征集来的展播作品，说是“给社长推荐水准比较高的投稿”。

手头事情多，并没及时看。待我有空看完这个2分钟的视频后，真是颇受触动。三代共产党人奉献基层的真实画面，有着扣人心弦的独特魅力。题为《使命践行者》的这个作品主题好、策划精、剪辑到位、表现力强，投稿人说不定就是个专业人士。否则，怎么可能做到水准如此之高呢？

昨天下午，发宝告诉我：社长你可以放心了！征集活动不到1个月，收到投稿突破1000件，在各平台已刊发80余件，单是抖音平台专题页播放量就近4000万人次！他说，征集活动超出预期了，这是编委会“攥紧拳头、集中力量、抓住重点”和开门办报、办网、办新媒体思路的具体体现，大家在执行过程中也是深受鼓舞！

不仅如此。发宝还说，投稿中有不少质量较高、拍摄制作精良，且主题和故事打动人心。他们在审核过程中，经常被作品吸引、感动，比如前面提到的《使命践行者》。

看完几部作品，深感此言不虚。同时，也领略了新媒体的神奇。一方面，觉得编委会的决策是正确的，活动正在取得更大成果；另一方面，也感到融合步伐仍需加快，观念还需更新，应主动去拥抱扑面而来的新媒体发展浪潮。

周五见报的“数据”版，刊出了携手京东发布的《人间烟火气 活力英雄城》，图表精致，吸引力强，本想评报时肯定几句。可当我看了同样内容的一分钟视频后，我竟犹豫了：短视频，看来真成了眼下这拨新媒体发展的风口了！

发愤自强解决专业性欠缺问题

2021年4月11日 · 星期日

今天1版“专论”分量很重。编发中国政法大学副校长时建中教授题为《加强反垄断监管 促进平台经济在规范中发展》的文章，背景就是市场监管总局依法对阿里巴巴实施“二选一”垄断行为作出行政处罚，罚款额达182.28亿元——这是我国反垄断史上的最高一笔罚款。

众所周知，此案是我国平台经济领域首起重大典型垄断案例，标志着这一领域反垄断执法进入新阶段。而对案件的调查处理，亦具有标志意义和示范作用。此案一经公布，即引起国内外普遍关注。作为经济日报，能不能发声、会不会发声，确实是个考验。

专家就是专家。时建中教授的重磅文章分析了此案查处的原则、理念、监管思路和监管作风，及时、解渴，很有说服力，可谓新闻性、时效性、专业性俱佳。本报客户端率先独家发出后，短时间内就10万+，在微信群里形成了热文被广为转发。实践证明，在这种关键时刻，经济日报还是没掉链子的。

这几天，财金部的几位年轻同志一直没闲着，按照要求忙着采写相关稿件，昨天还在反复修改，适时就会刊发。应该说，在这一过程中，也暴露出我们缺乏专门研究和专业积累的短板。

平台经济这些年发展迅猛，随着竞争愈益激烈，平台企业垄断问题更趋突出。去年五中全会和中央经济工作会议就强调要解决这个问题，“蚂蚁”暂缓上市成为标志性事件。当时，我们刊发了多篇评论，受到中央领导同志肯定和社会广泛好评。但此后，我们并未接着做深入研究，对平台经济和垄断问题浅尝辄止，就像狗熊掰棒子一样，又找别的棒子去了。及至现在要做些有分量的深度报道，就显得捉襟见肘，勉为其难了。

这再次反映出我们欠缺专业性的毛病和采编作风不实、满足于一般化报道的业务工作状态。我们应当自警自省自励自强，发愤努力勤奋工作，否则可真就要被上级看轻、为同行不屑、遭读者抛弃了。

加快推进驻地机构力量配备

2021年4月12日·星期一

我们总是说，驻地记者在调研报道方面有着天然优势。今天9版刊发新疆站采写的《“赏花经济”发展潜力可不小》，再次为此做了注脚。

赏花经济的提法还不多见。乍一看，觉得这样的概括有些突兀，仔细琢磨还是有一定道理，同时也感到很新鲜。看得出，乔文汇同志的这个调研报道还是费了一番心思的，采访比较深入，写作也很精心。从“如何破”“怎么解”“如何推进”“咋布局”四个小标题就体会到，记者是做了认真思考的，有一定的深度，十分契合“调查”版的特点。今天这块版内容与形式都不错，反映出我们采编人员业务上的精进，值得充分肯定。

在我看来，60多名驻地记者应该成为调研的主力军。这半年多推出的一批深度调研报道，驻地同志们发挥了特殊而重要的作用。必须正视的是，驻地机构眼下正处于人员加快更新的时期，不少站长和资深记者将在一两年、两三年内退休，使得为驻地配备人员、加强力量成为当务之急。这一段时间，已有多位同志到驻地机构任职工作。现在看来，这个步伐还要加快。

总部采编人员到驻地机构交流工作，编委会是十分慎重的。一方面，驻地机构迫切需要有更多的新生力量，最近有多位老站长给我提出这一要求，最好是工作过一个阶段，到岗就能上手的；另一方面，编辑部的年轻同志也迫切需要到基层锻炼，增加历练，加快成长，也有多名年轻同志主动向我报名。曾几何时，驻地同志们虎虎生威，充满活力，为报社事业发展做出了重大贡献。我们要加快推进，力争为驻地机构配备更多、更强的力量，再现驻地机构生龙活虎的喜人景象。

在发声亮剑中锻炼队伍

2021年4月13日 · 星期二

针对蚂蚁集团被再次约谈，我们推出金观平文章《规范发展才有平台经济更好未来》，还是挺给力的。昨晚新媒体率先播发，经全网推送，今天又在1版“经济论坛”专栏刊出，产生了很好的传播效果，为经济日报增了光添了彩。

此稿不足700字，但稿小影响大，文短分量足，深刻揭示了金融监管部门再次约谈蚂蚁集团在于明方向、亮态度、提要求，鲜明地提出只有规范发展、才有平台经济的更好未来，强调平台企业将在规范中迎来新起点，开启更加稳健、更高质量发展的大幕。可谓字字千钧，以一当十，成为舆论定音鼓、政策方向标。

从去年底蚂蚁集团暂缓上市，到一次、二次约谈，我们都及时发声。可以说，在重大经济现象、经济问题、经济事件面前，务必不失声、努力发好声，是我们显示特色、体现不可替代性的重要立足点和着力点，也应成为我们提高报道质量的重要内容和有力抓手。

在对蚂蚁集团的报道过程中，财金部的几位同志是付出艰苦努力的，要向他们表示感谢。昨晚，上级领导机关还专门对陈果静等同志提出表扬。可喜的是，就在这种高水平、高强度的发声亮剑中，锻炼了队伍，提高了能力，改进了工作。这些都是值得我们认真总结的。

这两天，总编室等部门准备围绕这个话题，把平台经济的深度报道往前推进，我觉得很有意义。更为重要的是，可以形成对经济热点问题的跟踪研究，从而使报道的深度和专业性得到进一步体现。

署名专栏喜现“八仙过海”

2021年4月14日 · 星期三

今天11版“产经”推出了个新专栏——“房地产周评”，是为第八位专栏作者亢舒同志量身打造的，这篇《炒房绝不会稳赚不赔》算是开栏之作。

亢舒同志多年报道房地产业，对这个领域有积累，也写过不少好报道，是有一定实力的。另一方面，对经济日报来讲，房地产业报道有必要加强。作为国民经济重要支柱，房地产业对宏观经济影响至关重要，社会各界高度关注。推专栏专门研究房地产领域，应该说还是非常必要的。今天首篇就精彩，相信亢舒同志一定能不负重托，把专栏经营好。

我在上周召开的评论委员会第一次会议上说过，目前已有八位专栏作者，每天都能在版面上看到其作品。开栏时间虽然还不长，却已有力提升本报评论言论水平，整体上推动了报纸质量提高。八仙过海，各显其能，大家既能为办好报纸作出贡献，同时也让自己的价值得到提升和体现。

这两天，还有同志申请开专栏。对此，我是持积极态度的。能在中央党报开个人专栏，那是令人羡慕的；能把个人专栏做出特色，是非常了不起的；能把个人专栏办出知名度和影响力，那该是多么了不起的阅历和业绩！对新闻人来说，不管这个行业发生什么变化，发展到什么阶段，有三五百篇专栏文章戳在那里，就是你的标杆，就是你的底气和实力。

总编室安排明天开业务会，专题研讨专栏作者及其作品，很有意义。我希望大家特别是年轻同志都来参加，相互学习借鉴，相互促进提高。

严格执行稿件登记溯源制度

2021年4月15日 · 星期四

没有策划的版面好不到哪儿去，这是反复证明了的。靠自发来稿，靠东凑西凑拼出的版面，不可能达到理想水平。

今天10版"智库"围绕"如何推进创业服务优化升级"这一主题，推出圆桌第二期。世芳同志亲自出面，邀请7位专家学者，进行多方面多角度研讨，内容朴实，形式多样，可谓内外兼修，提升了版面质量，应予充分肯定。希望"智库"版继续加强策划，每期都能保持较高水准。

"智库"版质量的提高，一方面，是有关人员自我加压，与时俱进；另一方面，也与我们建立稿件登记和溯源制度的倒逼有一定关系。去年以来，针对一些稿件来路不明，存在重大风险隐患，我们采取稿件登记和溯源制度，到现在3个多月。尽管还有极少数部门和同志在这方面做得不到位，但总体效果是不错的。尤其是经济研究部和评论理论部，作为编发社会来稿比较集中的部门，严格按照要求制定登记备查制度，每一篇来稿都注明作者、单位、联系电话、具体经手人等，及时行文报批，从而使一些"形迹可疑"的稿件受到制约，一定程度上排除了隐患，更为重要的是，也保护了我们的同志。正是由于减少了自发来稿刊发的概率，使得加强策划成为必须，客观上就形成了有力有效的倒逼机制。

加强稿件管理，建立登记备查制度，十分必要。近年来，新闻界发生的一些案件，不少都与此有关，应当引起我们足够的警觉。也希望各部门各单位堵塞漏洞，未雨绸缪，在防范风险和保护队伍方面作出新的努力。

抓好落实，注重结果

2021年4月16日 · 星期五

今天1版刊发“建设高标准市场体系”系列评论，首篇题为《推动现代化经济体系建设的重大举措》。这是以金观平署名的最新重点评论，也是我们研究重大经济问题的又一套深度报道。

这个系列评论是评论委员会成立后，策划拟订的众多选题中的一部分。上周五（4月9日）召开第一次评论委员会会议，大家群策群力，商定了40多个选题，这一周里，有将近一半已陆续在各版刊出，有力支撑了评论言论报道，体现出了第一次会议应有的效果和作用。一方面，说明大家有着高度的责任意识和担当精神；另一方面，也说明承担组织协调事务的评论理论部工作是到位的。

工作目标确定后，抓落实就成为当务之急、重中之重。要通过努力逐步取得成效，最终达到预期目的，这不仅可以鼓舞人心，也必然有力推进各项工作。因此，抓好落实，注重结果，应该是我们工作的一条重要遵循。

昨天，中直管理局12位同志莅临报社，就本报后勤保障由其统一接管与报社全面对接。在我几十年的工作经历中，这还是第一次。中直管理局领导说，他们这次来就是要落实中央领导同志指示精神，把工作抓到位、抓到底。这种务实作风让人肃然起敬，也值得我们认真学习。

以此为标志，自2021年4月15日，经济日报社与人民日报社、光明日报社、中国日报社一样，正式加入中直序列，包括办公用房、公务用车、财务、基建、职工住房等后勤保障，均由中直管理局统筹安排，协调管理。对经济日报社来讲，这是个重大事件，是历届编委会不断努力、接续推进取得的重大成果。我们一定要坚决落实中央的决策部署和各项指示精神，把经济日报办好，把各项事业发展好，以实际行动不辜负中央对我们的关怀和支持！

业务培训应成常态

2021年4月17日 · 星期六

昨天，郑波同志以《贵阳后发赶超》为主要案例，做了一次业务培训。他围绕深度调研报道的思维及采写技巧进行生动讲解，引经据典，深入浅出，大家听得津津有味。几位同志跟我说，希望多办这样的培训，解渴，管用！

为让内容更有针对性，郑波同志是下了一番功夫的。从实践到理论，又从理论到实践，有操作层面的，也有理论上的思考，既谈到了写作和版面呈现，又介绍了成功案例和践行“四力”的必要性，信息量大，针对性很强。我仔细读了这个讲稿，也是收获大，启发多，可谓三人行必有师。

一个多月前，曙红同志率先做业务培训，也是反响热烈，不少同志尤其是年轻同志表示大为受益，对实战性授课纷纷点赞。昨天的这场培训又“让业务研讨的氛围搞得浓浓的”（郑波同志语），效果是很好的。

新闻单位有新闻单位的特点。回归新闻初心，钻研新闻业务，增强采编能力，是新闻人的天职与本分，学习业务，研讨业务，交流业务，应当成为常态。须知，要履行好使命，承担我们这代经济报人的责任，做不好工作不行，低水平开展工作也是不行的。

可喜的是，今年以来报社工作氛围和业务气氛渐浓，说报道谈业务找题目写好稿渐成主流，闲论是非、不务正业的空间被有效压缩。上周征求意见时，又有同志提出，还要加大业务培训力度。真是言之切切。编委们一次次亲自授课，总编辑办公会业务研讨会一次次召开，评论委员会业务例会按计划举办……这都是从报社实际、员工需求和工作重点出发采取的具体举措，都是为了尽快培养出一批高素质人才，更好落实中央“把经济日报办好”的指示，完成“把经济报道搞好”的任务。

在这方面，我们不吝时间，不惜精力，不怕困难。我们坚信，持之以恒，必见成效！

辛勤耕耘才能出佳作

2021年4月18日 · 星期日

一大早，财金部祝惠春同志就发来微信，说头版头条登了她的稿件《理性看待大宗商品价格走势》，很开心地对夜班表示感谢！

夜班这样安排处理是合适的。这一年来，国际大宗商品涨个不停，对世界经济复苏和国内经济发展都已产生影响，市场高度关注。本报理应回应，作出我们的解答。该稿借多位专家之口，剖析了此轮大宗商品价格上涨的原因、应如何看待及企业该如何应对，还是有权威性和针对性的，以“经济聚焦”栏调到头条编发是立得住的。

《开放共创繁荣 创新引领未来——写在博鳌亚洲论坛2021年年会召开之际》，这篇郭言文章也很不错。相对于头条而言，此文站位高，分量更重，写作和编辑更为精心，还是能体现精品意识和高质量的，也说明我们在对博鳌亚洲论坛的报道有积累、有策划、有创新，上了一个新台阶。昨天，报道组已飞抵博鳌，开始论坛年会报道，此稿算是一个良好的开局。

今天6版“地方”新开了个专栏，叫“城市杂谈”。首篇题为《“丑陋建筑”出了谁的丑》，对国内城市建设中的丑陋建筑予以抨击，选题好，有理有据，还是富有战斗精神的，提升了整块版面的高度和水准。希望记者部王晋同志继续发扬多年来勤于思考、刻苦钻研的好作风，写出更多好作品。

每天，看着一个个有质量、有水平的报道，编发一篇篇有思想、有观点的文章，审定一块块有创新、有进步的版面，翻阅一件件有内容、有故事的新媒体作品，讲真是既高兴又欣慰的。更深夜静之时，眼前总会浮现出众同事们辛勤耕耘、拼搏奋进的场景和画面，真心为我们的报纸和报社一天天凡尔赛起来而激奋不已！

期待更多“惊奇”之作

2021年4月19日 · 星期一

践行习近平经济思想调研谱新篇。由季正聚同志牵头，凝聚总部与驻地多位同志心血的调研报道今天新鲜出炉——《柳州惊奇》经过数次打磨，高质量呈现在人们面前。这是继佛山、顺德、贵阳报道后的又一万字雄文，也是我们开展“质量提升年”活动、提高报道质量的又一重要成果。

这篇深度调研，深入分析了工业城市柳州在生态文明建设、人与自然和谐相处方面进行的探索及其成效，内容宏阔有深度，采访深入有思想，写作用心有感受。看完令人信服，很受教益，加深了对习近平经济思想的理解和认识。此稿思辨色彩浓，说理性强，文章结构紧凑，逻辑鲜明，是一篇高质量的调研报道。建议同志们学习借鉴。

今年以来，我们把深度调研作为提高报道质量、办好经济日报的重要抓手，效果是日益明显了。孙世芳同志带队的另一组调研报道正在反复修改中，他们一行用了十天时间，在一个城市蹲点采访，报道想必会很精彩，不妨就安排在“五一”后推出吧。

昨天，郑波同志带着一拨人马离京蹲点去了。也是昨天，刚从党校学习结束的赵子忠同志也带着一拨人马去外地调研了。人们说，疫情好转，出现了报复性消费。我们当然不能用报复性这个词，但回归新闻初心、践行“四力”要求，还是很有意义，也是非常必要的。试想，如果不采访、不调研、不写稿，如果不策划、不编稿、不看版，那还算得上是采编人员、称得上是新闻工作者吗？对此，越来越多同事的认识是到位的，行动也是到位的。

不入虎穴，焉得虎子；不入深海，哪见蛟龙？只要我们尊重新闻规律，坚持不懈努力，不仅会有一批优秀的报道出现，也一定能涌现出更多优秀人才。这是我们事业发展的前提和条件，也是我们做好党的新闻宣传工作的根本途径。

两条细线敲响警钟

2021年4月20日 · 星期二

凌晨4时许，总编室夜班打来电话，说版面出了问题，顿时睡意全消。原来是印务中心在印报过程中发现，9版图片上有两道线，请示是否需要停机处理。我忙开电脑查看，总算放下心来。如果不注意，不太容易发现这两条长约10公分的细线，应是编辑疏忽遗漏的，对整个版面影响不大。我回话说可正常印发。

这两条细线，虽不在要害处，也没影响报纸印刷发行，但向我们敲响了警钟。新闻报道无小事，安全生产大于天。新闻界这方面的教训太多了，就是本报发生的差错包括重大差错，也不是十件八件。在任何时候、任何情况下，我们都务必把报道安全放在心上，须臾不可松懈。

去年底，我们针对差错问题，专门开展了“安全月”活动，取得较好效果；同时还推进施行了审读制度，也收到明显成效。这半年多，实现了全面安全生产，使得我们有更多时间和精力从事各项改革发展工作。在防止报道差错方面，总编室等部门制定了周密制度和规范，每天都能挡住不少差错，包括一些重大差错。尽管如此，安全生产这根弦依然不能放松，绝不能麻痹大意。在中国共产党百年华诞宣传报道的特殊时期，我们尤其要以高度的责任心和使命感，做好新闻采编和安全出版工作。

慎终如始，如履薄冰。也借着这两条细线，提醒全体采编人员，包括直属单位、驻地机构的同志们，务必把重安全、防差错放在更加突出位置，切实落实意识形态工作责任制，牢牢守住新闻宣传工作的底线。

哪有什么万无一失，更多的则是一失万无！

致敬长者 礼赞后生

2021年4月21日 · 星期三

昨日谷雨，正是耕耘播种的好时节。亢舒同志第二篇“房地产周评”——《别让高房价吓跑大城市的年轻人》今天见报。这个专栏起点比较高，选题也有吸引力，颇有后来居上的冲劲与活力。

看着又一新专栏呱呱坠地，就像老农播下种子期待丰收。昨天在编发该稿时，这种心情颇为强烈，看到佘颖同志专栏稿《道歉的永辉超市，是聪明还是傻》，更是有这种感受。“市场监管”文章写得越来越汪洋恣肆、得心应手，战斗性也更强了。她说，前几天我提示的“九个一点”，对她还是有启发的，写稿也更放得开了。

上海车展特斯拉维权，引起舆论关注。我想，经济日报也应表个态。刚把资料发给杨忠阳同志，就看到“关注”版上佘颖同志写的《与其车顶维权莫如检测说话》。稿件相当不错，观察和分析是到位的，连杨忠阳同志看了都说站位高，眼光准，立得住。遗憾的是，昨晚夜班稿多临时冲掉了版，好在新媒体已编发。看着一个个年轻同志生龙活虎跃跃然，真为后浪们的进步而欣喜。

昨天，机关党委邀请原中央党史研究室副主任石仲泉授课，在两个半小时里，石主任生动阐释了“百年奋斗路”“未来发展路”“新时代新长征路”，条分缕析，简明扼要，给人留下深刻印象。石主任已83岁，不用讲稿，不看资料，思路清楚，表达准确。哪像年逾八旬的老翁？

石主任告诉我两条秘诀：一，思考不停，研究不断。北大毕业后50多年，他一直做研究、写文章、作报告，从未断过；二，每天运动，日行万步。现在他每天3次，每次半小时，目标仍是1万步。

老吾老以及人之老，幼吾幼以及人之幼。让我们向长者致敬，向可畏的后生们礼赞！

《柳州惊奇》报道效果令人惊奇

2021年4月22日 · 星期四

由于这几天时政稿多，柳州调研后续报道延至今天在1版刊发。《柳州惊奇》刊发后，产生热烈反响，广西各媒体转载，引起广泛讨论和关注。

今天的评论《惊奇，源于同频共振的战略定力》，进一步回答了柳州为什么能够做到工业高质量发展与生态文明建设同频共振，同时揭示出新时代新征程，必须答好一个历史性答卷，就是如何建设美丽中国，实现高质量发展。主题和分量都是挺重的。

这次调研报道效果，同样超出预期，也让我们“惊奇”。记者站发回很多转载转发和好评的材料，中央媒体的有关负责人专门批示，要求采编人员研读学习；一位领导给我发来读后感说：这个报道神完气足，“四力”俱雄，既见运斤如风，又显绣花功夫，是值得尊敬的经济新闻佳作。向经济日报致敬……虽为溢美之词，但确实反映了报道的水准和功底，彰显出本报的影响力。

说到影响力，是靠一个个优秀报道、一篇篇上乘作品、一件件漂亮事情累积而成的，需要每位同志脚踏实地、辛勤付出。昨晚，佘颖同志加班撰写评论《特斯拉该学三门功课》，充满了战斗性，显示出强烈的事业心和责任感。这篇观点独到的短评，是在评论委员会充分讨论基础上完成的，观点理性，写作老练，质量是比较高的。

昨天第二次评论委员会开得好，小结过去十几天工作，对下阶段选题进行研讨。内容既有大中小选题，也有长期、中期和短期的选题安排，且明确到人，明确完成时间，可行性和成功率均有了保证。相信经过共同努力，评论委员会一定能形成机制，促进评论工作在现有基础上取得新成绩。

方向对了，路途再远，也能到达；目标定了，困难再多，也能实现！

一心一意搞业务 团结互助上水平

2021年4月23日 · 星期五

今天1版编发对广西鹿心社书记的专访，既是《柳州惊奇》深度调研报道的拓展，也是对习近平生态文明思想的进一步阐释和升华，标志着柳州调研报道至此成功收官。

这里提前做个预报，下一套深度调研是关于创新之城深圳的。孙世芳同志带着采编人员正反复修改，精心打磨，将如期在“五一”节后隆重推出，敬请关注。

从目前来看，一个月发这样一套报道，还是不够的，5月份争取出两个。或者说，以后每个月都力求有两套以上这样的深度报道，在版面上出现，同时，还得有融媒体报道相得益彰，丰富深化我们的调研报道。

把更多精力和时间用在业务上，用在办好报纸、办好版面上，用在采写深度报道和高质量稿件上，正成为广大采编人员的自觉行动，这是一种非常可喜的现象。而同志们的相互帮助、相互支持，更是难能可贵。

针对特斯拉一事，杨忠阳同志终于按捺不住了。今天9版刊发的个人专栏稿《也谈特斯拉现象》，从更深层次剖析了特斯拉现象及带给我们的思考。编完后，觉得专家型记者就是不一样，真没有浪得虚名。此前，佘颖同志已发两篇评论，都得到忠阳同志的支持和帮助，提出了有益的意见和建议，从而保证了稿件的水准。这种开放的心态是值得肯定和提倡的。

工作上团结互助，业务上比学赶超，这是健康和谐的同事关系，也是十分珍贵的同志情谊，更是我们战胜困难、做好工作的有利条件和力量源泉。

呵护好身体，不负学识与才华

2021年4月24日 · 星期六

由于篇幅关系，评报不可能面面俱到。好稿多，更会挂一漏万。这里，就昨天见报一稿说几句，就是产经部黄晓芳同志撰写的言论《摁住地价，房价就难脱缰》。

这个短评很不错，我审定时，只把标题里的“地价摁住”改为“摁住地价”，感到更有动感。见报后，新媒体广泛转发，多位同行还微信转我，称抓得准、写得好，眼光独到，体现出经济日报水准和特色。我也觉得是实至名归。晓芳同志入社不久，就在我当主任的经济部工作过，聪慧而内向，后来还读了博士，实力是杠杠的，只是因为眼疾，工作受到影响，但时不时还能弄出有分量的报道，让人不能轻忽她的存在。希望大伙呵护好身体，不仅生活有质量，也能给报社作贡献，不负学识与才华。

带队去博鳌的陈发宝同志，完成论坛报道任务，一回京就报告，说微视频征集活动40天来，取得突破性进展：投稿作品数量超过2200件！仅头条系各平台征集页面总阅读量就达5500万人次！

据发宝同志分析，投稿有3个特点：一是参与主体覆盖面广。除普通用户外，地方宣传部门、县级融媒体中心、知名企业、高等院校均有投稿；二是作品题材丰富。除风光片、随手拍外，有大量反映红色文化、脱贫攻坚、乡村振兴的作品，与征集主题匹配度高；三是作品质量超预期。无论是主题把握，还是拍摄质量、制作水准，不乏上乘之作。

结合组织这个活动，发宝同志说最深的感受就是，融合发展不仅是媒体自己的事，用好受众、加强媒体与用户间的沟通联动，也是融合发展的重要形式和途径。看来，这是有感而发的。

发宝同志还给我推荐一件来稿，题目叫《樱为礼》。内容是去年支援武汉抗疫的全国医护人员，应邀到武大观赏樱花。白衣天使们一句句感慨和压抑不住的情愫扣人心弦，4分多钟的视频居然让我不知不觉中流下了热泪，惊觉自己真的老了！

既要体现高站位，也要放得下身段

2021年4月25日·星期日

第九个署名专栏今天与大家见面。“香江观察”专栏首篇是《香港应在融入国家发展中转型创新》，作者为总编室刘亮同志。

这个专栏是作者主动请缨开办的。刘亮同志曾在香港工作，对香港有一定了解，也写过不少有关香港的报道，特别是对新闻业务很用心、很投入，不怕吃苦、不怕付出，文字表达能力也比较强。相信他定能不负重托，办好这个专栏。

这一两年来，对香港问题的研究和报道，显得十分迫切。尤其是要加强对香港经济社会等问题的深层次剖析，发挥在对港舆论宣传中的应有作用，才能完成好中央交给我们的任务。今天这篇文章反映出作者对香港经济社会和青年问题认识是准的，观察比较细致，应该说是有了一个良好的开局。

需要提醒的是，我们的专栏作者一方面要体现高站位，另一方面也要放下身段。既纵横捭阖、指点江山，有这种气势和高度，同时在表达时又必须放低身段，平等交流，不能让人感觉到高高在上，颐指气使。这一点相当重要，专栏作者们要稳妥把握，处理好这个高低关系。

新版面、新专栏、新作者，这是港澳台版的现状。从几个月情况来看，做这个版是必要的，也是有意义的，关键是要出大力气、下硬功夫，办出特色、办出水平。希望综采部的同志在组稿、约稿、写稿、编稿、编版等方面多用心多使劲，力求取得更好效果。

行百里者半九十。我们的版面和报道、专栏和专题、工作上的改进和调整，有赖于持之以恒，否则必然前功尽弃。所以，有必要提醒大家，慎终如始，坚持不懈，扎实做好每一项具体工作。

可作范文的“规定动作”

2021年4月26日·星期一

真没想到，一篇小通讯，齐慧同志能够写得这么认真、这么好！

刊发在3版“综合”上的《别了，溜索飞渡》，是“公共服务 民生温度”专栏中的一篇，从民族地区交通发生变化的角度，报道了全国289对溜索在“溜索改桥”后停止使用，1168个建制村、165万人靠溜索出行的历史已经结束。

这个专栏是统一布置的规定动作。一般而言，大家都不很在意，觉得差不多完成就好，采写上往往是不够用心的。而齐慧同志可不是这样。从稿件中就能看出，她对采写是用了心思的，把一件并不那么起眼的事情写得娓娓道来，把一个规定动作写得相当精彩。只有不到两千字，但有人物、有场景、有故事，有点有面，由小及大，材料运用得当，背景穿插妥帖，生动真实地反映了交通建设取得的成就，是一篇质量很高的优秀通讯。建议同志们一阅，作为范文亦未尝不可。

近一段时间以来，越来越多的同志像齐慧一样，把心思和精力用在采编业务上，效果是明显的，报道质量在提高，版面和稿件有变化。但在我看来，更为关键的是，大家行动起来了，想干事、能干事、干成事的内生动力得到了体现，在报社平台上建功立业、展示才华的愿望得到了激发，工作的主动性、积极性、创造性得到了充分尊重。我看，这比什么都重要，一定可以帮助我们克服很多困难，解决更多问题。

最近，有多名同志主动要求到记者站工作，我是支持的。一方面，可以缓解驻地机构急需人手、干部队伍青黄不接的问题；另一方面，也可以在基层锻炼、历练、淬炼年轻同志。年轻人跟我说，他们只是想干事儿，希望给他们平台和机会。尽管报社各部门也需要骨干，人手紧张，但编委会仍然决定，支持他们到基层去、到驻地机构去、到最需要他们的地方去激扬文字、挥斥方遒。

重大主题宣传踩到点子上了

2021年4月27日 · 星期二

4月19日起，我们推出《柳州惊奇》深度调研报道，此后又连续刊发相关评论、反响和区委书记专访。没想到，总书记到柳州视察。同行发来微信打趣："你们对柳州刚报道完，总书记就去了，看来你们是在给总书记暖场呀！"

一个多月前，正聚同志带队去柳州调研，我们不知道总书记要视察广西。一周前，开始编发这套报道时，也不知道总书记要去柳州。就在昨天看到网上报道之前，也并不知道总书记要到柳州。但事情就是这么奇巧，我们的报道效果还在发酵，余音仍在绕梁，总书记就去了柳州，而且连称"惊奇"。你说，这到底惊不惊奇？

昨晚11时许，广西周骁骏站长在电话中兴奋地说："《柳州惊奇》这套报道，是经济日报有史以来对广西报道的巅峰之作，质量之高、效果之好、影响之大前所未有！"大大的嗓门，急促的语气，洋溢着满满的自豪。他说："自治区党委宣传部希望把这套报道，算作是他们策划的。"周骁骏同志还苦笑道：现在"两分开"了，如果像以前，立马可弄十个版广告。这次影响力太大了，太有效果了！他进而又建议抓紧在广西成立公司，要两个效益双丰收……

调研报道契合上总书记的考察调研了，当然是巧合。重要的在于，我们这些重大主题宣传踩到点子上了。宣传贯彻习近平新时代中国特色社会主义思想特别是经济思想，是我们的主责主业和政治任务。几个月来的实践证明，这条路走得是对的，集中力量、重点突破的打法，也是切合实际的，产生了超预期效果。对此，要坚定不移地推进下去。

春风沉醉的夜晚，趁着月光去散步，想到还应扩大战果，忙嘱正上夜班的正聚同志，马上安排人作微信产品，内容就是经济日报推出柳州惊奇深度调研，总书记考察柳州连称惊奇。后半夜节目做完，我看了看，还挺不错。相信今天播发后，会受到欢迎的。

国际评论已形成矩阵

2021年4月28日·星期三

今年以来，本报国际评论明显加强。今天“国际”版刊发《复苏岂能靠“迷之自信”》的“世经述评”稿，“要闻”版还刊发了“郭言”文章《核废水排放决定不能突破人权底线》，都是针对国际热点问题发出的声音，效果是好的。

经过国际部同志们共同努力，加上驻外记者积极参与，国际评论工作可以说上了新台阶。现在本报国际评论已形成一个矩阵，包括“郭言”文章、连俊同志的“国际经济观察”“世经述评”“经世言”，可以及时围绕国际时政、经济、社会等热点话题发声亮剑。这种局面十分可喜，也是来之不易的。

一季度，国际部采写评论42篇，且质量较高。之所以量质俱佳，关键还在于部门重视、人人用心。很多稿件是集众人之智，认真策划研讨，反复打磨推出的，收效自然是突出的。

对报道对稿件对版面精益求精，应该成为我们的业务追求。这半年多来，我们多套优秀报道都是精心修改后出手的，不管是对顺德、佛山的报道，还是对贵阳、柳州的报道，也不管是重点评论言论，还是重大主题报道，莫不如此。几位编委在这方面作出了榜样，值得全体采编人员学习。那种以己昏昏、使人昭昭瞎对付的情况不能再出现了，那种满足于写了、有了、登了的低标准也不能再持续下去了。希望那些极少数还没有调整好状态的同志抓紧赶上来，跟上大部队前行的步伐。

早起听了一段鸡汤文，挺有感触，摘录与大家分享：“不管做什么，都不要急于回报。因为播种和收获不在同一个季节，中间隔着的一段时间，我们叫它坚持。”

记者发稿两极化让人忧心

2021年4月29日 · 星期四

今天“特别报道”版的稿件，分别由湖北站柳洁同志和北京站杨学聪同志采写，是关于两地抗击新冠肺炎疫情的，内容厚重、文风朴实，读来令人感慨良多。

自1月18日“奋斗百年路 启航新征程”重大主题宣传启动以来，本报已发120多块版面,从不同方面、多个维度展示我们党带领全国人民砥砺奋进的不平凡历程，浓墨重彩地表现了建党百年走过的峥嵘岁月，体现了党媒的责任担当。其中，驻地记者堪称主力，尤其是疫情尚不稳定，总部记者不便外出，绝大部分任务均由驻地完成。从近10万字稿件的采写来看，记者站同志是尽了心、出了力、立了功的，向大家致敬！

这几天，记者部和人事部对今年以来驻地人员发稿分别作了统计，且根据工作量进行排名。不看不知道，看了吓一跳。出现了比较严重的两极化：有相当一批站长和记者采写见报了大量优秀报道及新媒体产品，还有一部分同志写稿寥寥无几，甚至有的基本处于冬眠状态。不禁让人忧心忡忡。

对驻地同志编委会是高度重视、充分尊重的，尽管压力较大、困难不少，仍决定较大幅度提高驻地人员绩效，增加大家收入。一方面，是为了肯定同志们的贡献，体现劳动的价值，引导大家把更多时间和精力用在主责主业上；另一方面，也对驻地机构寄予厚望，期待同志们发挥更大作用，做出更大成绩。现在来看，目的没有完全达到。为尊重驻地机构，也没有设计严格的量化考核指标，完全寄希望于同志们发挥能动性。从实际情况看，对一部分同志来讲也没有多大效果，甚至一点效果都没有。我不知道，驻地同志们看了这两张统计表，会有什么感想。

人是有惰性的，都愿意追求舒适。事少钱又多，睡到自然醒，真乃人生乐事。但我们满足不了，也不应该这样。怎么办？请记者部和人事部研提意见，也希望驻地的同志们对此进行思考和讨论。

对数据信息价值的认识还需深化

2021年4月30日 · 星期五

昨天，中国空间站天和核心舱升空，准确进入预定轨道，发射取得成功，习近平总书记专门发了贺电。今天的报纸头条都套红印刷，以庆贺这一大事喜事。

天和核心舱发射成功，标志着我国空间站建造进入全面实施阶段，为国人争了光、长了脸。综采部姜天骄同志不仅采写了多篇报道，还赶写出《自立自强方能领跑未来》的短评，抒发了壮志豪情："没有什么能够阻挡中国人奔跑追梦的脚步，载人航天事业取得的非凡成就充分表明，中国人有志气、有骨气攀登世界科技高峰，也有能力在人类探索太空的伟大事业中作出应有贡献。"这项成就了不起，文章写得也比较有底气，是可以说"厉害了，我的国！"的。

今天的12版"数据"，是携手京东发布的数据——《五一假期去哪里》，及时、应景，信息量大，时效性强，在原来基础上是有明显改进的。这块版办4个月了，总编室出了得有20多块版。从内容来看，还是有价值的，成为我们经济报道的独特内容，丰富了经济宣传的方式和手段，也多了一个层面服务读者，应该说效果不错。

前几天，一家专做数据信息服务的公司联系我，希望能与经济日报在数据信息方面加强合作。他们认为，经济日报创刊30多年，有海量数据可发掘，关键是要开发。对此，我是赞同的，但到底怎么合作、怎么开发没有想好。这也提醒我们，对数据信息价值的认识，还需要深化。数据信息是沉睡的资源，真正变成有价值的产品，不但可以服务社会，也能够增加收益和实力。这都有待于我们花力气、下功夫去研究推进。

"五一"到了，要探亲的探亲，旅游的旅游，休息的休息，利用这个难得的假期好好调整一下吧。提前祝同志们出入安全，节日快乐！

MAY
2021 / 5

2021 年 5 月

总编辑评报

每一位奋力拼搏的经济报人都了不起

2021年5月1日 · 星期六

大家五一节好！

我们仍用社论庆祝国际劳动节，以真挚情感和朴实之语致敬劳动者：实现中华民族伟大复兴的历史进程中，每一个奋力拼搏的劳动者都是主角，每一个积极向上的劳动者都是生力军，每一个付出辛勤汗水的劳动者都了不起！

评论理论部牛瑾同志捉刀的社论《用劳动续写新时代荣光》，还是有质量的，文字不长，分量不轻，写得从容淡定，与板起面孔引经据典，佶屈聱牙欧式长句相比，还是有明显改进的。本报的评论言论，这一段时间的文风正在不经意间发生可喜变化。

按照惯例，节日版面每天只有4块，但移动端推出了多个重头报道。

首先，就是客户端开始播出《奇迹——脱贫攻坚的中国答卷》。这是个系列短片，共3集，各5分钟左右，今天播出第一集，算得上是今年以来，新媒体部自己精心策划、制作的重磅作品，还多少有点大片的感觉。

其次，就是中经网集中推出微视频征集作品——《你，了不起》。这个作品共5个小视频，包括《希望的田野上》《动车医生》《为医而生》《最美爱心课堂》《使命践行者》。客户端同时开播，主题名改为《奋斗路上》，内容丰富，表现新颖，立意很高，特色是鲜明的。本报主办的“记录小康生活 见证时代变迁”微视频征集活动，已开展了两个多月，正在顺利推进，量大质优，效果远超预期。

过节期间不占用大家更多时间了。只是闲暇时，不妨打开手机，了解一下我们新媒体也正在发生可喜变化，值得一看，还是会让你耳目一新的。

你，了不起！——每一位奋力拼搏的经济报人。

追求有尊严地工作

2021年5月2日 · 星期日

昨晚，上着夜班的正聚同志转发我一个表情包，说是柳州眼下正在流行：3个工农兵卡通人物作斗志昂扬状，背后3面红旗上赫然印着四个字："柳州惊奇！"

调研报道成热文，柳州惊奇成热词，还是很长经济报人志气的。有驻地同志说，这是报社聚焦主责主业后，增强报纸政治传播力、扩大品牌影响力的一件大事，是推进减量化改革、高质量发展的一个成功案例，建议各站学习广西站经验，精心策划推出对当地产生轰动效应的重磅报道。这话说得有见地，也是抓住了要害的。

正是从便于大家有所启发和借鉴的角度出发，广西站小结了这次报道，并发来了材料，我觉得有必要花时间看看。没想到刚看了开头两段，就颇为疑惑："《柳州惊奇》调研报道是广西壮族自治区党委宣传部策划组织实施的一次重点调研报道……"最近眼睛有点花，可真没想到能花到这个程度！

柳州报道是今年以来，对佛山、顺德、贵阳践行习近平新时代中国特色社会主义经济思想深度调研报道的第4套，接下来还有深圳等几套已完成调研，正在起草中。怎么就成了别人策划组织实施的？如果说当地宣传部门为了邀功求宠向其领导讲了这个话，最多说其不够厚道（季正聚同志语），可这是记者站撰写且正式报来的总结，你让我们情何以堪？

我说过，我们追求有尊严地工作，那是需要每个人用言行去构建的。如果为了个人和局部利益或者一时一地之需，就不考虑集体和大局利益，甚而至于伤害报社形象，那是断断不可接受的。自尊都做不到，又如何赢得他人尊重？这样的工作又哪里谈得上有尊严？

小结材料记者站当晚就改正了，很简单。但是不是人人都能明白这个道理，并践行之，我看又很不简单。

愿你们青春正好，不负韶华

2021年5月3日 · 星期一

每逢节假日,总有一部分同志为保证报社运转坚守值班岗位。到院子里走一走看一看，一切正常，同志们放弃与家人团聚和外出旅游的机会，是尽心尽力的。

还有不少同志在家也没完全闲着，评论理论部银晟同志就是其中之一。

这个年轻人是去年新入社的，喜欢琢磨问题。看似大大咧咧，没想到做事还挺细心。这一阵子，按要求每天登记整理评论委员会工作进展，过节也未中断，没有眼高手低、好高骛远的毛病，也没有怀才不遇、大材小用的怨愤，一副乐在其中的样子，踏实、勤勉，前途不可限量。

节前，编委会决定，再安排5名同志去驻地机构工作。与年轻同志谈话时，强调的还是两句话：一是记者站需要大家去奉献，二是自身亦需要锻炼提高。有首歌唱得好，不经历风雨，怎能见彩虹？看着一个个年轻的脸庞，听着一句句勇于接受挑战的表态，被那一双双闪亮的眼眸所吸引，真的觉得这就是青春的模样！

总编室这几天把个人署名专栏作了规整。9位作者的照片和个人签名在客户端热点首页同时亮相，颇显阵仗，给经济日报平添了不少活力和色彩。打心眼里为他们高兴：真是赶上了大显身手、挥洒青春的好时光！

今天头版头条编发了通稿《习近平与青年的故事》，开头便是这样的话语：“一个国家的进步，镌刻着青年的足迹；一个民族的未来，寄望于青春的力量。”我想，报社的明天，就有赖于英气勃发的新一代经济报人。

没有人能随随便便成功。明天就是五四青年节了，借用习近平总书记的教诲寄语报社的青年朋友——

愿你们青春正好、不负韶华，都能成就梦想！

无奋斗，不青春！

2021年5月4日 · 星期二

节日期间，新闻界一位领导对我说，你们能推出个人专栏，且多为年轻同志执笔主持，胆子够大的。放眼中国新闻界，经济日报还是独一份！

由于时间比较短，影响还不怎么大，但已有越来越多的同行予以关注，甚至其他中央媒体的同志还会以羡慕的口吻谈及此事，期待他们单位也能为其创造开个人专栏的机会。

俗话说“艺高人胆大”。艺高不高不好说，但我们站位高是有把握的，对专栏作者的事业心、责任感、成长性及其能力有信心，对追求高水准报道的决心不含糊，特别是对舆论导向的把控和坚守是一以贯之的。从已刊发的150多篇专栏文章来看，我们完全可以从容面对，应付裕如。

产经部很厉害，9名专栏作者中，5人来自这个部门。这说明，作为报社主力业务部门，产经部地位特殊，分量很重，作用非同一般。同时也说明，在培养人才抓业务、锻炼队伍提质量方面，徐涵同志是下了功夫、花了心思的，是付出艰苦努力的。我多次说过，带出多名个人专栏作者，并且能保持较高水准，就是徐涵同志对报社业务工作的最大贡献！

既然是“独一份”，那就要踏踏实实去做，兢兢业业经营，呕心沥血打造，来不得半点马虎和投机，抖机灵、要小聪明也都使不得。上个月，就进一步做好个人专栏，我先后提出了“九个一点”的采写要求和“六个找”的选题建议。这里再提醒专栏作者，务必知重负重，精益求精，珍惜这来之不易的平台，在奉献报社的过程中展示自己，成长自己，在经济日报社乃至中国新闻界闯出一片天地，留下精彩一笔。

无奋斗，不青春！——五四青年节与同志们共勉。

版权问题须高度重视

2021年5月5日 · 星期三

“最近闹心事比较多。”何振红同志报告说，网站版权纠纷就是一件，牵扯了很多时间和精力。

中经网刚和浙江日报达成和解，紧跟着接到南方日报关于10篇评论侵权的法院传票，经过做工作，对方提出付3万元和解。这事还没完，又收到上海证券报律师函，追索4800多篇作品的版权费……

听说现在版权纠纷，已有成熟商业模式：媒体委托律所进行证据保全，然后起诉，官司打赢了，律所分成。问题是多年来，中经网都是以转载为主的，如果都来追索版权，肯定支付不起！

中国企业家杂志前几年就遇到这类问题，且均已妥善处理。振红同志接手后，希望中经网能够有效应对。我看他们提出的对策还是可行的，相信只要工作跟上，落实到位，是可以把这个历史遗留问题消化掉、解决好的。

出来混，总是要还的。不仅是中经网，这几年报社新媒体也接连不断遇到版权纠纷问题，钱花得虽然不多，但确实比较闹心。客观地说，这与全社会版权意识不强，法规未及时跟上，媒体融合进展太快密切相关。特别是报网端微等发展迅猛，而自我生产能力不足，又急于大干快上，只能拿来主义，明知不可为而为之。如今，官司缠身，只能老老实实交学费了。

对这个问题，编委会多次要求有关部门和单位予以重视，及时采取措施，我也反复提醒大家务必早做安排，免得事急被动。这里再次强调，报社客户端、微信、微博等新媒体端口要引以为戒，再做一次清查。各直属单位也须照此办理，彻查妥处。

量力而行，实事求是，是我们的工作准则。编委会提出“减量化改革、高质量发展”不是没来由的，符合报社和集团实际，也契合了新发展理念。重在稳扎稳打，务求善作善成。——这应该成为我们的共识和行动。

花开正艳 期待秋实

2021年5月6日 · 星期四

昨天头版头条是陕西站采写的，题为《创新联合体为发展添动力》。报道有新意，采访扎实，写作精心，是一篇比较过硬的地方工作通讯。

见报后，总编室王智同志把两位作者的聊天记录转发我，还补充说了句“老站长令人敬佩”。此稿原署名是张毅同志在前，编发时他却改成了在后。杨开新同志说：“站长，我应该在您后面，才好步步紧跟。”张毅同志回复道：“青年快成长，报社有希望！”

看完后，顿觉十分暖心。稍后，吉林站李己平同志发来长长的微信，就此感慨连连：

——在新闻媒体，优秀的编辑记者是最宝贵的竞争资源。编委会指方向建平台，聚力培养，一批骨干记者脱颖而出，将成为业内翘楚，也必将反哺提高报社影响力。

——年轻记者下基层，不仅提高记者站的即战力，更重要的是为报社培养了一批战将，做了战略性人才储备。这些年轻同志都很有潜力，赶上了好时候，真的好羡慕。

——我们这一代驻站记者就是把好记者培养成了报童，那就发报童的光、报童的热吧，用最后一丝力气，推年轻人一把。

——有人梯有才俊，这样的发展氛围一旦形成，挡都挡不住！

编委会的工作考虑和战略意图，能够得到同志们的理解支持，是无比欣慰的。看到驻地机构老少同心，互敬互助，更觉得前景可期。而老站长们也体现出了强烈的事业心，胸怀和气度让人尊敬。我想，这也是经济日报不甘黯淡下去、能够有所发展的重要保证。

己平同志微信写得充满激情，结尾也有点睛之笔——

“立夏，花开正艳，期待秋实！”

要在提高到达率上下功夫

2021年5月7日 · 星期五

今天，1版刊发了对国家统计局副局长盛来运的专访《全面客观看待当前经济形势》，新闻性和针对性强，信息量也比较大，还是很有看点的。

此稿署名分别是本报记者和中国经济网记者。有段时间，我们曾用过“经济日报·中国经济网记者”的署名方式，效果不佳，所以不再延用。但双方记者同时署名，这种方式还是可行的。中国经济网进行专家直播访谈，本报整理编发见报，这是我们前些年就设想好的一种报道模式，本质上也是报网融合的具体体现，应该大力提倡。

近一段时间以来，强烈地感到我们的平台推广不够。随着质量的逐步提升，越来越多的优秀报道，藏在深闺人未识，迫切需要加大向社会推广的力度。而我们自身平台影响力和社会关注度存在先天不足，还面临着“酒香也怕巷子深”的尴尬境况。

直属单位的同志多次提出，希望报社在推广其报道方面多些探索，比如，在中经网和经济日报客户端给他们增加频道。目的是一样的，直属单位希望能搭上经济日报和中经网的快车，而经济日报本身也有赖于搭上其他平台的快车。一些稿件在我们平台上阅读量有“10w+”就不少了，而经过学习强国、今日头条等平台的推广，动辄就是几百万、上千万甚至几千万的传播量，彰显出我们这方面的突出短板。

没有到达率就没有影响力，这话很有道理。摆在我们面前的一项重要而紧迫的任务，就是要解决到达率不够的问题。请总编室、新媒体部和中国经济网做些调研，近期碰一次，看看我们如何入手？能做些什么？要力争在提高到达率方面做出努力，从而增强报道的影响力和关注度。

小变化折射改革成效

2021年5月8日 · 星期六

通过手机屏翻看报纸，成为每天晨起后的头件事。这一阵子，在网上阅读经济日报版面和稿件，发生了多次变化。

一个月前，还是延续多年的那种方式，习以为常地一页一页翻，一篇一篇看。后来，看到有省报推出模拟翻报纸声音滚阅版面，总编室立马借鉴，第二天就推出这种新颖独特的做法。3天前，总编室在此基础上，又进行了改进：不仅可以翻阅，还可以同时对稿件和版面进行查阅，效果更好，也更受欢迎。

网上阅报这小小变化，从一个侧面反映出我们在技术改进、报道创新和融合发展方面取得的进展和成效，也是我们优化资源组合、完善职能职责、提高新闻生产力的具体体现。半年前，当我们对新媒体业务优化调整时，并不是人人都理解支持的。甚至有同志担忧，客户端试行频道制，新媒体发展将受到严重打击，可能会产生前功尽弃、难以预测的后果。实践表明，这种担忧完全没有必要。这几个月来，不仅新媒体有了长足进步，而且新闻生产力布局日趋合理；不仅传统的办报业务稳定提高，频道制也得到了较好的落实；不管是新媒体发稿数量，还是发稿质量都有明显的提升。作为业务影响最大的新媒体部，转型逐步到位，工作重点突出，成效也更为凸显。

加强学习，与时俱进，是我们做好工作的重要导向。不满足现状，不故步自封，不浅尝辄止，才有可能在变局中突破，在突破中提高，最终形成有利于事业发展的良好局面。而始终保持积极进取、敢于面对挑战的精神状态至关重要，这也是我们半年多来工作取得成效的关键所在。

话剧《香山之夜》带来的思考

2021年5月9日 · 星期日

一张桌子，两把椅子，几只沙发，偌大的舞台上，两名演员口吐莲花、纵情声色，一个半小时，演绎出国共两党30年的刀光剑影和兴衰沉浮，生动阐释了人心就是江山、江山就是人民的历史发展规律。

昨晚，作为党史学习教育的一项活动安排，应北京市委宣传部之邀，编委会学习中心组和人民日报、新华社同行们一道观看了话剧《香山之夜》。许久不看演出，不经意间欣赏了一场可能是史上参演人数最少的话剧，舞台上始终只有分饰毛泽东、蒋介石的演员在酣畅淋漓地挥洒才华，确有耳目一新、别开生面之感。整场戏中间无休息、场景无变化、服饰未调整，舞美和声光电的运用也极简，竟然一气呵成，引人入胜，不由人不心生敬意。

这部看似并不复杂的作品创作了整整两年。导演任鸣介绍说，从2019年4月领到任务，到构思筹划，再到反复推敲打磨，用最少的人力展示如此重大的主题，可谓绞尽脑汁。

琢磨着任导的话，自然就想到了办报。其实，办报纸与演话剧还真有异曲同工之处呢：报纸虽是大众媒体，但也如话剧一样，正逐步小众起来；厚报时代已成往事，不多的版面容量与话剧的场地逼仄大体相近；就像不能与电影比特效特技，话剧只能靠剧本的张力和演员的演技赢得观众一样，缺乏新媒体丰富多样的表现手段和技术加持，报纸只能靠内容的丰富独特和精益求精吸引读者。我们当然不可能像任导打造《香山之夜》那样两年磨一剑，但对报纸、对版面、对报道乃至对每一篇稿件高度负责、倾心用力，应该是要努力追求、争取做到的。

晨起，收到山西站李红光同志微信——

"报社又有一批年轻人到记者站工作。他们找我交流，我把心得体会和盘托出，希望对其有所帮助：压力确实很大，困难一个接一个，解决的过程很痛苦，但过后的成功让人十分振奋！此时的我正在大同采访的路上，心潮澎湃……"

让深度调研成为制度

2021年5月10日 · 星期一

又一套践行习近平经济思想调研记如期推出——《深圳领跑》今天精彩亮相。这是我们继佛山、顺德、贵阳、柳州之后的第五套系列深度调研报道。

孙世芳同志领衔带队报道组，深入采访十天，又花了一个月研究写作、修改打磨、数易其稿，用翔实的数据、充分的史料和深入的分析，全面生动地反映了深圳贯彻落实习近平经济思想、坚持走创新发展之路的丰富实践和巨大成就。报道站位高、质量好，新闻性、逻辑性都比较强，进一步拓展了本报调研报道，显示了水平和实力。

坦率地说，对经济日报而言，多人进行十天以上的调研很少见，走马观花、蜻蜓点水的调研报道已习以为常。充斥版面上的众多所谓调研报道，长则三天，短则一天，靠着大量资料和通讯员提供的素材编辑而成，哪有什么货真价实的调查研究？有的仅去了一两天，就写出整版整版稿件，还沾沾自喜，自诩业务能力强。殊不知，这样的报道只能算是新闻垃圾而已。

我们提倡践行“四力”，强调扎实开展调研，反复提醒重视报道质量，这是回归新闻职业的本质要求和必然选择。参加过这几次深度调研的同志对此都深有感触。有的说，新闻搞了十年二十年，从没有花那么长的时间，为一个报道下这么大的功夫。也有的说，现在才感觉到什么才是搞新闻，记者还是应该这样当！

在这方面，编委们做出了样子，树立了标杆，多位同志已进行第二轮带队调研，多组报道正在打磨之中，将陆续刊发。这样的深度调研将作为制度，常态化坚持下去。希望同志们积极行动起来，投身这一有意义的工作之中。

工作浮皮潦草现象得到扭转

2021年5月11日 · 星期二

为便于交流，这段时间，总编室“调查”版团队对几个月来编发工作，进行了归纳和梳理，总结出了一些带有规律性的做法。厚厚一本材料，看了还是很受启发的。

“调查”版编辑团队从稿件组稿、约稿、编辑，到版面呈现和提高质量、增加报道深度等多个环节，进行了全方位剖析，对按照“减量化改革、高质量发展”要求，在稿件和版面质量上下功夫的体会和做法，作了全面总结。同时，还介绍了如何在人手紧张、稿源匮乏情况下，竭力打造质量较高、可读性较强、社会反响较好的“调查”版所做出的不懈探索。要向同志们表示敬意！

给我印象最为深刻的是，这个团队每一名成员对报社事业的孜孜以求，对采编业务的尽忠职守，对每篇稿件和每块版面的倾心投入。“调查”版至今刊发的几十上百篇稿件，可以说没有一篇是轻轻松松完成的，浸透着同志们的心血和汗水，是他们反复打磨、认真编辑、有的甚至是重新改写而成的。没有极端负责的态度，没有乐为他人作嫁衣裳的精神，没有顽强拼搏的工作作风是难以实现的。

编辑们是如此。记者采写情况也在发生变化，对稿件精心撰写和反复打磨，正为越来越多的同志所接受。

昨天推出的《深圳领跑》是数易其稿，调研组的同志称得上为伊消得人憔悴，从采访到写稿到打磨，体现出对工作的严细深实和精益求精。毛主席说过：“世界上怕就怕‘认真’二字，共产党人就最讲认真。”我想，我们采编工作也是如此。萝卜快了不洗泥，装到篮里就是菜，那种浮皮潦草、应付了事的做法正在得到有效扭转和有力改变。

成绩显现，红包兑现

2021年5月12日 · 星期三

深圳的调研报道还在发酵。这两天来，当地的报纸、电视台、网站包括企业、单位的客户端等都在转载，产生的影响是可以的。

今天1版编发香港多家社团来信，题为《在融入国家发展大局中实现梦想》。来函表示，看到经济日报的这套报道后深受启发和鼓舞，认为深圳的经验对香港是有启示意义的，首先就是一心一意搞创新、谋发展。表示，当一个地方形成社会共识，很多项目就会顺利推动发展，就会驶入快车道。

这个认识还是比较深刻的，带有共性、规律性。这大半年来，我们就是一心一意办好报纸，就是上下同心提升质量，就是集中精力谋求发展，且逐步成为共识和行动。所以，报道工作和事业发展都取得了进展。这方面的体会，大家应该是感同身受的。

昨天有部门负责同志跟我说，大家做得这么好，将士用力、成绩显现，社长应该发红包。我说，当然要发红包，而且要发大红包。对方不解，我说，我们的绩效考核办法中是有明文规定的，就是双季奖。

在设计新的绩效考核办法时，对此是有考虑的。除及时奖励外，还有双季奖和全年奖，这3种方式构成了一个比较合理完备的调节机制。由于是双季奖，现在时间还不到。不少人也没细读文件，并不清楚还有这样一项安排。按照这个办法，将根据各部门工作业绩作出奖惩：有部分工作突出、成绩优秀的部门，绩效总额每月将上浮20%；一部分工作比较优秀、成绩比较突出的部门，上浮10%；也可能有10%工作出现失误或重要差错的部门，下调10%。部门主任可以匡算一下：这个红包还是比较大的呦！

请人事部门提前做好基础性工作，对各部门工作量进行统计和分析，作出考核排名，力争使这项政策收到预期效果。编委会将在总编辑办公会上，发这个红包。

评论工作风头正劲

2021年5月13日 · 星期四

《深圳领跑》调研报道按计划告一段落，今天1版刊发对广东省委副书记、深圳市委书记王伟中的专访《肩负起推进科技自立自强的深圳责任》，为报道画上了句号。让我们共同期待下一套深度调研的精彩呈现。

昨天下午，评论委员会召开第三次会议，对下阶段评论工作进行策划，拟定相关选题。会上提供的统计材料显示，自4月22日至5月11日，评论选题绝大部分已落实完成，撰写见报评论言论共计96篇，平均每天5篇以上（包括五一等节假日），成效还是相当突出的。

自评论委员会成立以来，经过同志们共同努力，评论工作呈现出一些明显特点：一是评论数量增加，质量提升；二是评论言论写作的作者增多，老少咸集，众人参与；三是评论大小结合，轻重搭配，大块头文章、重点言论与轻快灵的小言微评相得益彰；四是评论涉及领域广，内容丰富，涵盖了各行各业、国内国际，呈现出琳琅满目、多彩多元的局面。总体上说，我们已初步形成以评论理论部为主力、个人署名专栏为突击队、各部门为常规力量、全体采编人员齐上阵的评论工作格局，可谓风头正劲。

在肯定成绩的同时，也必须保持清醒头脑。要看到，我们的评论工作基础还不牢固，变化也只是初步的，还需付出更多投入，有赖于我们咬定青山不放松，锚定高质量发展不迟疑，看准了目标持之以恒不懈怠。浅尝辄止是不行的，一曝十寒更是要不得。我们务必一步一个脚印，下实功，用实劲，见实效。

赴任湖北站的董庆森同志，履新遇到困难不少，压力也挺大，还有诸多不适应，但一大早发来的微信显示出信心未减——

青春就是用来奋斗的！越是面对难题，越是要咬紧牙关迎难而上。湖北站大有可为，我要加快成长……

做出不一般努力 创造不一般业绩

2021年5月14日 · 星期五

今天报纸可看的不少。

头条《氢能为何成投资热点》和专论《顺应消费升级趋势调结构促改革》分量都比较重。顾阳和杨忠阳同志的专栏稿《老字号赶“国潮”重在出新》《福特能否迷途知返》还是颇有独到之处的。《大宗商品市场再迎周期性上涨》《联合国上调世界经济增长预期》，以及两篇“郭言”文章《世界需要真正的多边主义》《标榜人权的美国是“行动的矮子”》等，既有国际视野，也富有战斗性，体现了我们在对美舆论斗争中的作用。此外，特刊的质量也比较稳定。

特别要表扬的是，财金部曾金华同志和他采写的评论《房地产税座谈会传递什么信号》。虽晚了两天，但依然有价值。房地产税一直很敏感，社会关注度高，四部门召开试点工作座谈会的消息一公布，就引起广泛议论。经济日报理应作出反应。据说，有关部门不希望对此炒作。但我们发声还是非常必要的，在前天的评论委员会第三次会议上，我们提出不能缺位、不能熟视无睹、不能以有关部门不愿炒作为由噤若寒蝉。经过努力，这篇难能可贵的评论出现在我们的1版上，成了真正的独家。

这事告诉我们，转变工作模式、调整工作状态、更新工作理念，十分迫切。想方设法创造条件，在不违反宣传纪律前提下，推出独家报道不仅很有必要，也是完全可以做到的。

多说几句。就经济日报目前所处的位次和境况而言，若不做出不一般的努力和业绩，想与其他媒体同台竞争几无胜算可能。不做出一些与众不同、能引起关注的特色报道，无法扭转不那么景气的态势，影响力、公信力要想提高，也只能是镜中花、水中月。对此，务必头脑清醒，靠艰苦扎实、坚持不懈的工作，方能逐步实现我们的目标。

集中力量 聚焦重点 力求突破

2021年5月15日 · 星期六

随着七一临近，百年华诞的宣传逐步升温。5月6日起，“奋斗百年路 启航新征程”特别报道版由此前2块，增至每天4块（周末不停），内容也由重大事件、重要活动、重大成就等主线展开，转向对地方和领域集中报道。今天见报的是“江苏篇”，同样琳琅满目、图文并茂，还是有一定水准的。

五一前夕，总编室召开过转段会，安排节后特刊工作。我在小结时说到，从1月18日特别报道启动以来，工作专班100多天共编发120多个专版，见报七八十万字，图片图表资料若干，总体呈现出重、靓、稳的特点。所谓重，就是主题重大、内容厚重，稿件分量重；所谓靓，是指稿件质量较高，版面浓烈大方、充满喜庆气氛；所谓稳，就是把握稳妥，进展可控，质量稳定，一些史料、观点及论述均准确无误，至今未发生任何差错和问题。这说明参与其中的总部和驻地采编人员是尽心尽力的，值班编委和王智、齐平同志领衔的工作专班是尽职尽责的。

对大家的付出，不仅我们要感谢，还要转达地方党委政府的感谢。上周辽宁省委常委、宣传部部长刘慧晏同志来报社拜访，专门转达省委书记、省长的谢意，特别提到这4个版的特刊分量足、规模大、反响好。昨天还收到山西省委宣传部的感谢信，信中说，特别报道“山西篇”是对广大干部群众极大的激励和鼓舞，山西省委省政府对经济日报及记者站的同志们表达由衷敬意！

对各省区市集中报道，是统一要求，只是我们报道的内容和形式比较契合地方需求。相对于日常的零敲碎打，地方更喜欢我们做类似的集中而有规模的宣传。其实，我们开展系列深度调研报道，蕴含着同样的道理，就是集中力量、聚焦重点、力求突破，就是不平均用力，不鸡零狗碎，不胡子眉毛一把抓。如此，则不仅可以提升报道质量和影响力，也恰好能受到地方的欢迎和支持，工作上是多赢的，效果也是多方面的。这一点，需要我们在工作中加深理解和认识，并熟稔于心、落实于行。

办好地方频道关键要做好两条

2021年5月16日 · 星期日

针对开办地方频道，记者部做了一次调研，全面征求驻地机构意见。反馈的情况表明，除了两三个记者站表示不需要、不想办、不赞成外，绝大多数都是积极的，有的甚至是十分积极，认为试点都没必要，恨不得马上就办。

在客户端和官网开办地方频道，是做大新媒体、扩大宣传阵地的有效手段，是提高影响力、提升知名度的重要途径，也是中央媒体多年来的惯常做法。中经网多年前就曾做过，后因出了问题回到原点，就此沉寂，只能看着同行风生水起。我们重启此事，务必吸取教训，稳扎稳打，在试点的前提下逐步推开。

上周，我们召开会议，专门研究中经网和客户端开办地方频道问题，就近期抓紧筹备推出一个地方频道和一家直属单位频道作出安排，强调要严格遵守采编流程，保障三审三校制度，统筹做好内容把关，坚决执行“两分开”等，绝不能因为工作中的失误、操作上的缺位、管理过程的失控，产生大的问题，自废武功，重蹈覆辙。

在我看来，开办地方频道这项工作，技术上并不复杂，难度也不大，无非是报社总部要增加一些审编发力量，加强内容审核和工作上的管理与指导。我想，能不能办、能不能办好，关键是做到两条：第一，认真负责的态度。既然这是大势所趋，既然赞成做这项工作，就要有责任心，认真把它做好，做出质量和水准，不能只生孩子、不养孩子。第二，自觉遵守规章制度。地方频道发稿与报纸发稿同一标准，同一要求，不能降格以求变成垃圾稿、关系稿、通讯员来稿的“乐园”，更不能成为以稿谋私和“两不分”的“热土”。

青海站马玉宏同志发来微信表示，记者站没有抓手，开通地方频道，我们很期待，也满怀信心。他说，青海站报名参加试点，理由是办公场所不存在问题，想乘着离退休还有三年时间，给记者站长远发展做点打基础的工作，给继任者创造一个好的发展平台……

规定动作保质量 自选动作见特色

2021年5月17日 · 星期一

今天头条是大湾区的系列报道《倚陆向海看大湾》。这个系列共3篇，此文是第一篇。稿件相当不错，写出了气势，写出了豪情，写出了大湾区振奋人心的未来。

对大湾区的采访活动是统一部署安排的，是规定动作。产经部徐涵同志带队，深入湾区一线，每天奔波采访，勤奋思考，反复修改，推出了这套分量重、质量好的报道。这期间，还制作了一些新媒体产品，播发后也取得了好效果，受到上级的肯定。

随着中国共产党百年华诞的宣传逐渐进入高潮，规定性报道将大量增加。从报道总量看，目前已超过6块版面，能够承载我们自己策划的报道只占不到一半。如何在这样的情况下做好报道，做出特色，是需要认真对待、有效应对的。

一方面，在规定性报道中，我们要保持一定水准。由于是同台竞技，所以质量高低更会受到同行和上级的关注。做出与众不同、出类拔萃的报道，难度还是非常大的，但必须保持较好质量，这不仅关乎同行的脸面，也关乎报社的声誉和尊严。

另一方面，在自己策划的报道中，更要做精做细做出特色。承担采编任务的有关部门，务必更加重视版面质量和稿件质量，务必进一步加强策划，推出更多优质报道，在体现特色上下更多功夫、花更大力气、见更明显效果。

承担综合试点任务的上海记者站，人员得到了增加并已就位，中经传媒集团上海分公司此前正式成立，中经网和客户端上海频道正在报批试点，办公楼装修工程也在抓紧推进。李治国同志昨天发来微信说，上海是新闻富矿，一定大有可为。将全力以赴把上海站搞得更好，不负编委会的信任和重托！

让我们拭目以待吧。

加强新媒体平台推广刻不容缓

2021年5月18日·星期二

今天这12块版还是不错的。规定动作有高度、有内容，特色报道经济味浓、写作精当，多篇报道值得一看。这说明减量化改革、高质量发展成为大家共同的追求，并不断取得明显进展。

1版的报道很有特点，《汽车自主品牌携手做大市场》《辉光日新说大湾》《国民经济延续稳定恢复态势》《金融支持应连续稳定可持续》，以及报眼《“十四五”时期继续大力实施消费帮扶》和李景录同志5栏照片，都相当亮眼。连俊同志的《欧美施策促增长亘于稳通胀》、乔金亮同志的《大农业不能忽视小农户》、8版的调查《“半山”何以醉游人》等很有冲击力。特刊对福建全方位推进高质量发展作了全景式呈现，站位高，分量也是重的。

现在的问题是，如何让优质报道被更多受众看到，影响到更多人。前几天，我们在专题研究时，明确提出新媒体平台推广将是下一步的工作重点。要想方设法把我们认真策划、精心采写、辛苦编发的优质内容向社会推广。

总的工作思路是“量力而行，务求实效”。对外，加强合作，与主流平台如“学习强国”、流量平台如“今日头条”等开展交流，持续推进战略合作，实现内容传播的共赢；对内，优化资源，整合力量，对报社新媒体账号统筹管理、规范运营，同时加快建立内部推广机制，让报社更多人参与到平台推广中去。每位经济报人都应形成内容推广思维，逐步在生产观念、传播理念和对新媒体的理解上达成共识，力促融合发展稳步推进。

没有好的报道肯定是不行的，但有了好报道没有到达率，不能发挥应有作用，也是不行的。洞中方一日，世上已千年。抱残守缺、自我陶醉，是跟不上时代脚步的。面对新闻传播规律的变革，我们只能顺势而为，也必须勉力跟上。否则，就可能被历史大潮无情抛弃。

微视频征集活动成效远超预期

2021年5月19日 · 星期三

每次审看署名专栏稿都是有期待的，为记者们在不断进步而高兴。

看了佘颖同志“市场监管”《一句“对不起”难撇代言责任》和亢舒同志“房地产周评”《人口增速放缓楼市未必下滑》，开心之感油然而生，便会多花点时间去润色，希望打扮得更好，就像园丁愿意多浇两桶水一样，盼着花朵早日绽放。

今天版面继续保持较高水准。1版几篇稿件分量依然很重，经济特色越来越显现了。8版“调查”编发《唤醒沉睡的沙漠资源》，是对新疆“沙漠经济”发展情况的调查，记者耿丹丹是进报社时间不长的同志，我不熟悉，这篇调查还是有质量的，从而使得“调查”版采编俱佳，形神兼备。这也充分体现了记者和编辑对工作的负责和用心，应当大力提倡。

新媒体部陈发宝同志昨天告诉我，抖音平台上“记录小康生活 见证时代变迁”短视频展播观看量已超2亿，他还用微信给我发了显示这个数字的截图。看我将信将疑的样子，稍后他报来以下数字：

——根据头条反馈的数据，截至今天（5月18日），微视频征集活动在字节平台共征集到2578条视频，累计播放量超过2.7亿。其中，抖音平台征集1152条视频，播放量2.5亿；头条（西瓜）平台征集1426条视频，播放量2649万。

——综合全部数据：征集活动目前已征集到投稿作品超过4000件，其中，头条系2500多件，视觉中国1200多件，邮箱投稿300多件；总播放量超过3亿人次，其中，头条系2.7亿多，中经网2000多万，微博平台500多万。

发宝同志最后还加上一句说明：“经核实并评估，有关播放量数据统计的口径、方法是符合业内同类活动做法的，相关数据是真实的。”

这个情况已远超预期。不管别人信不信，反正我是信了。不知当初提议搞这个活动、正在中央党校深造的徐立京同志是不是也信了。

发稿流程也需与时俱进

2021年5月20日 · 星期四

今天5版有篇稿子要说一说，就是熊丽同志采写的《不宜轻言经济已恢复常态》。

此文不长，但观点鲜明、分析到位，很有经济日报的味道。分析和判断是有独到眼光的。

昨晚看版时曾想，要把此稿放1版去，后考虑到1版已有对俄言论，就搁下来了。现在看，1版出两篇评论也未尝不可，尤其是此稿分量不轻、观点鲜明，体现了经济日报的特色。也是因为当时“时评”版有另外一稿要换稿，就放弃了调整，应该说还是有点遗憾的。

晚上对版面和稿件作出必要调整，还没有形成机制，更多的还是担心添麻烦，加大出错概率。怎样在确保版面不折腾、报道不出错的前提下，使稿件调度和版面安排能够更机动、更有效果，是需要研究的。延续多年的发稿流程，如何适应传媒发展变化，还是一个新的课题，有待我们认真去探索、去破解，从而把工作做得更细、更实、更有成效。

去年底，我们对新入社大学生和军转干部作了工作上的调整，进行岗位轮训，由人事部统一安排在总编室、新媒体部、总值班室和发行部等部门和岗位，进行3至6个月的适应性培训。一方面，缓解了有关岗位人手紧张状况，另一方面，也是更重要的方面在于，让新入社的同志早日熟悉情况，尽快进入角色，更好开展本职工作。

半年过去了，同志们在人事部组织下进行了一次座谈，这期《经济报人》编发了发言摘要，我抽空看了看，很有收获。总值班室军转干部吴华伟同志有几句话，尤其受启发：作为行政值班人员，一定要做到“文经我手无差错，事交我办请放心”。他的体会是，不因事少而懒，不因事多而乱，兢兢业业、踏踏实实做好自己的事情。

讲得真好。我想，每一位经济报人，都应该以此为努力方向。昨晚，我把这两句话工工整整抄在笔记本首页，用同事的话时刻提醒着自己。

专家评论与专栏文章相得益彰

2021年5月21日 · 星期五

第七次人口普查结果不久前公布，各家媒体发了大量报道，本报也发了不少，有消息、有综述、有分析，但总体上还是有点碎片化，分量不太够，不甚过瘾。

今天“专论”《认识把握人口形势带来的机遇与挑战》是篇重磅文章，针对人口普查反映的情况和特点，特别是对中国经济社会带来的机遇与挑战进行了深入解读，一些重大问题讲清、讲透、讲到位了。作者蔡昉是中国社会科学院的学部委员，是著名的经济大家，听说还是评论理论部欧阳优同志的博导。所以，能约来这篇稿件也算是近水楼台了。

该文开宗明义地指出，对于此次人口普查所揭示的人口变化趋势，需全面认识和把握，并高度重视其中的一些结构性矛盾，着力清除未来发展中人口因素可能设置的障碍，推动我国经济发展达到必要的增长速度和发展质量，为基本实现社会主义现代化打下雄厚物质基础。看完之后，确实让我们对中国的人口问题有比较清晰深入的了解，建议同志们抽时间看看。

与这样的专论相比，我们的一些专栏文章也是颇具特色的，可谓相得益彰。像顾阳同志“每周经济观察”《消除营商环境评价“灰色地带”》，杨忠阳同志“忠阳车评”《凭啥说美的只是造了个“寂寞”》，都是言之有物、观点独到的，坚持问题导向，紧盯行业异象，有较高的含金量，读来也是很有收获。

“时评”版今天还刊发了陈果静同志的小言论《“货币收紧”系误读》，针对4月份广义货币增速比上年同期下降3个百分点这个现象，认为对于短期金融数据的波动应该理性看待，观点鲜明、论据充分，是篇不错的财经短评，显示出作者有较强的新闻敏感和财金思维，也反映出年轻记者们不断提升自身能力素质的内生动力和职业追求。

荀子《劝学》说得好：骐骥一跃，不能十步；驽马十驾，功在不舍。从小记者到大记者，从小作者到大作者，从青年学子到专家大家，确实是需要面壁十年的。

安全问题决不可掉以轻心

2021年5月22日 · 星期六

早起刷手机，就见青海突发7.4级地震的新闻，系我国自2008年汶川地震后最强地震。前两天云南也连发地震，最高6.4级。见报道中均有人员伤亡，即让记者部了解驻地情况。稍后，苏民同志报告说，记者站一切安全，工作上随时待命。

人员无恙让人放心，确保安全尤显重要。上周，上级机关对报社进行了保密安全检查，在肯定我们的特点和亮点的同时，毫无意外地查出存在的多方面问题和风险隐患，包括保密安全意识不到位、制度机制不健全、人防技防有短板等。花大价钱购置的保密计算机，配发时各部门都申请，人人争着要，可到手后却束之高阁，检查中发现多台电脑根本就没启用，还是在非保密电脑上处理和存储保密件。平时反复强调注意安全，有的同志就是不太当回事，被查出问题了就后悔不迭，担心受到处分。

有的事尚可亡羊补牢，而有的人却已无法回头。昨天，检察机关对中国纺织报社原社长马立群提出公诉，指控其利用职务上的便利，为他人谋取利益，或利用本人职权地位形成的便利条件，通过其他国家工作人员职务上的行为，为他人谋取不正当利益，单独或伙同他人非法收受或索取他人财物，数额特别巨大；滥用职权，致使国家利益遭受特别重大损失，依法应以受贿罪，国有企业、事业单位人员滥用职权罪追究其刑事责任。

此案经最高检微信号发布后，引起的社会关注度还是不低的，报社内部的震动也不小，大家都很熟悉的身边人走到这一步让人扼腕长叹。

马立群在忏悔书中也是一再反省，悔不当初。本可以安度晚年，尽享退休时光，如今这竟成了他铁窗里的奢望和高墙内的梦想。教训实在深刻，安全至关重要！

事实上，不安全的人和事还不同程度存在，我们决不可掉以轻心。昨晚，有部门负责同志报告，有记者外出采访，收受对方钱财。经做工作，表示要上交纪检部门，并作出深刻检查……

这个周末不寻常

2021年5月23日 · 星期日

这个周末不寻常。

青海、云南两省地震，长沙、上海两位国士辞世，牵动着亿万人的神经。作为新闻人，也在履行着自己的职责。

产经部和总编室不约而同地提出，要为袁隆平先生写点什么，这就有了今天1版见报的评论员文章《袁隆平先生留给我们的遗产》。乔金亮同志执笔的这篇评论虽是急就章，还说不上深思熟虑，但情感真挚，发自肺腑，特别是夜班在1版显著位置突出处理，相较于其他中央党报，还是显示了本报的态度的。

佘惠敏同志也是情之所至，写出了情真意切的悼文《谢谢您，我们都吃饱了！》，字里行间饱含钦敬之情、惋惜之意、悲伤之语，同时也展现出信心和力量。此文昨晚经新媒体编播后，得到了较好转发，社会反响也是不错的。

昨天下午，客户端还编发了《中国人的饭碗》一书作者杨建国博士的文章《深切缅怀袁隆平先生——全力保证粮食安全，确保中国人民的饭碗》，并呈现了袁隆平先生的题词，表达了无限的敬意与哀悼！

与此同时，青海、云南两个记者站和综采部的几名同志，针对灾情和救灾工作也及时发出报道，反映多方协力、驰援灾区的情况，凸显新闻人的应有状态。

今年是西藏和平解放70周年，涉藏的宣传报道任务比较重，西藏站迫切请求给予有力支援。综采部常理同志一马当先，上周已飞赴拉萨。记者部苏民同志昨天报告说，虽有高原反应，但已完成工作对接。常理同志也给我发来微信表示："已定好了几个采访，会尽快调整状态，全身心投入工作，完成好报社交给的任务……"

向周末还在工作的同志们致敬！

《金山探路》彰显功力

2021年5月24日 · 星期一

又一套深度调研报道如期推出。经过一个多月调研采访、精心写作、反复打磨，《金山探路》今天与大家见面。

这套报道延续了此前报道的“三高”特点，即高站位、高水准、高质量。有所不同的是，这次是上海市内的一个区，观察角度和研究视野有了拓展和深化，对习近平经济思想的践行有了新的观照和聚焦，从而使得这个系列报道更有全局性、层次感，也更具代表性，是对调研报道的有力提升。

作为魔都的落后地区，金山发展是慢的，但他们不甘人后、自我加压，以“人一之，我十之”的实干，对标世界四大湾区，打造“上海湾区”城市品牌，努力成为长三角高质量一体化发展的桥头堡。报道抓住这个脉络，进行深入剖析，不仅提炼和概括了金山的实践，也为其他后发地区实现跨越赶超提供了借鉴。

这已是郑波同志今年以来带队调研的第三套重点报道了。从企业典型《晶能，为什么能》到城市报道《贵阳后发赶超》，再到这次的《金山探路》，可以看到，郑波同志对重大问题、重大现象、重大趋势的分析和判断都有独到之处，对宏观和大局的把握是过硬的，体现出他和调研团队对新闻业务的精益求精。参与这次调研的徐达同志说，收获很大、受益良多，是一次十分难得的实战训练。

目前有近30位同志参加了深度调研。有同志问，能不能也安排他们参加。事实上，这类的调研报道，基本上是项目制，由牵头编委招兵买马，组建队伍。实践证明，这种做法是可行的，效果也是好的。下一波的调研报道正在酝酿，有兴趣的不妨提前报名申请。

上周，产经部徐涵同志提出，粮食问题应该深入调研，她计划近期就带队下去采访。这是个好选题。袁隆平先生仙逝，又让更多人关注粮食问题，如何端稳中国饭碗引发更多人思考，如果我们能扎实研究，推出的报道一定是很有价值、很有意义的。

关注热点 亮明观点

2021年5月25日 · 星期二

昨天，袁隆平先生遗体送别仪式在长沙举行，数以万计的民众前去为他送行。其情其景，令人动容。

本报再发评论员文章《这种力量，生生不息》，为这位老者送行，表达我们的哀思。这篇评论真情实感，抒发了对袁隆平先生的痛悼之情，褒扬了袁隆平先生毕生奉献的赤子情怀：虽然今后无法再看到这位一生为民谋稻粱的耕耘者，但他播在每个人心头的种子，化作千千万万个“他”，蕴含了生生不息的力量。是的，袁先生留下的种子定会在代代传承中生根发芽、开花结果。

乔金亮同志在“三农瞭望”专栏中，今天专门写了《袁隆平留给中国种业的“种子”》。文章指出，袁隆平走了，却将创新与奋斗的“种子”留给了后来人。“人就像种子，要做一粒好种子”。文章强调，对中国种业来说，要从袁先生身上汲取智慧，最终打赢种业翻身仗，更好地解决中国的粮食问题。

巧合的是，今天6版“智库”推出第八期“智库圆桌”，主题就是“时刻绷紧粮食安全这根弦”，十分契合当前人们关注的热点，体现了新闻敏感和时效性，还是相当不错的。

“国际经济观察”专栏写得越来越好了。今天的《虚拟货币震荡警示全球流动性泛滥风险》很有警示意味，文章不长，但观点鲜明，分量很重，警示作用凸显，反映出连俊同志细心研究、长期积累的专业素养。

上海金山调研报道，今天按计划出第二套，断版刊发评论员文章《用新发展理念破局成势》和社会各界反响。细读这篇评论，觉得还是下了不少功夫的，观点和论述都很给力，分析比较透彻，也是切合实际的，从而使得这套报道站位更高、思考更深，带有更强的针对性和普遍性。

评论言论体现了特色和水准

2021年5月26日 · 星期三

今天1版的几篇稿件，新闻性、时效性、可读性都比较强。

针对大宗商品价格持续大幅上涨、连创新高，熊丽同志等采写了大宗商品价格上涨面面观，还是值得看一看的。这套报道共3篇，这篇《物价平稳运行具有坚实基础》，分析了上涨的主要原因和对经济社会发展的多方面影响，回应了社会各界的关切。

另一稿是姚进同志采写的《人民币汇率能否保持基本稳定》。今年来，人民币对美元汇率双向波动明显，昨天中间价上调125个基点，在离岸人民币汇率均创3年来新高。此文借专家之口，剖析了变动原因及走势，也披露了中央在推动利率汇率市场化改革、保持人民币汇率基本稳定方面的态度。事实上，汇率波动与大宗商品价格上涨密切相关，因此，这两稿起到了相互补充的作用。

1版还刊发了金山区委书记胡卫国的来信《全力打响“上海湾区”城市品牌》，是对《金山探路》调研报道的拓展。原稿比较长，精编后突出处理，效果还是不错的。这两天还加了二维码，便于读者对整套报道阅读。这种做法可逐步推开，以达到更好的传播效果。

其他版的稿件也比较精彩。像佘颖同志的《莫把严管校外培训当“空调”》，亢舒同志的《对房地产中介服务违规行为应零容忍》，以及刘成同志的《“拨改投”改出了什么》、“理论”版《深化做好经济工作的规律性认识》等，还是体现了本报特色和水准的。

4版头条是柬埔寨记者站张保同志撰写的《中国的帮助从来都是实实在在的》。这篇挺不错的国际时评，充满了斗争精神，有力、有理、有据地驳斥了美西方对我的污蔑和诽谤。

昨晚，陈学慧同志报我一份材料，说刚分到国际部的杨啸林同志对1至4月人民日报、光明日报和经济日报的国际报道进行了统计和比较，得出的结论中有一条是，经济日报的评论分量比较重、数量比较多，评论力量比较壮大。我看还是颇有参考价值的，可转发给各位同事一阅。同时，也为年轻同志如此用心点个赞。

为直属单位开频道迈出第一步

2021年5月27日 · 星期四

今天的8版“调查”不错。内蒙古站陈力、余健同志采写的《草原建设走出“画地为牢”》，围绕优化草原围栏发展模式进行深入调查，有点有面，有见闻有分析，有现场有思考，调查研究的味道很浓。版面编得也很精心，图文并茂、色彩鲜亮，是近期一块质量较高的调研专版。期待更多采编人员特别是驻站的同志，在这方面多用心、多出力、多下功夫，推出更多高质量的调研报道。

昨天，总编室王智同志报告说，客户端“园林花卉”频道正式开通了。他还把微信截图发给我，告诉我如何查阅审看。

为直属单位开通频道的工作，终于迈出了第一步。半年多来，在调研座谈、征求意见时，直属单位多名负责同志都建议整合集团资源、加强合作共赢，其中就包括在中国经济网和经济日报客户端，为直属单位开设频道，以达到资源共享、优势互补、加快融合的目的。

经过多方考虑，编委会决定选择中国花卉报作为试点，在客户端上探路。上周，编委会专门审议并同意，客户端开通“园林花卉”频道，强调要按照“积极稳妥、确保安全”的原则，推动报社和直属单位深度融合发展，加快资源优化整合。同时明确，要在试点基础上，逐步有序探索直属企业开设频道的工作。

这次编委会还审议并同意中国经济网开通上海频道，认为此举有利于延伸和拓展经济日报的宣传舆论阵地，扩大传播力和影响力，目前条件基本成熟，可以开展试点。会议指出，在推进融合发展工作中，要勇于担当，稳步推进，完善管理机制，加强风险管控，做到规范运作。在上海频道积累经验后，审慎推广试点，做到成熟一个推一个，推一个成一个。

应当说，编委会在开通直属单位频道和地方频道这件事情上，是十分慎重的，也是经过深思熟虑的。使命光荣，责任重大。希望有关部门单位和人员务必落实好编委会的决策，善于创新，稳妥运作，蹚出一条切合报社实际、加快深度融合的发展之路。

调研报道运作模式日趋规范

2021年5月28日 · 星期五

金山区调研报道今天告一段落，上海市委副书记、市长龚正的答问为5月份这套系列深度调研，画上了圆满句号。这也标志着，经过半年多的探索和实践，我们在开展习近平经济思想调研报道方面越来越得心应手，有了比较成型的打法和规范的运作模式。这里，要向几个调研组的同志们道声辛苦！

6月份的深度调研报道即将推出。赵子忠同志和他的团队正在反复修改稿件，这几天打磨得差不多了，按计划我们将在上旬刊发，值得期待。

顾阳同志“每周经济观察”专栏稿《顺势而为迎接“银发经济”》写得不错，虽然时效性欠缺了点，但分析得到位，思考有深度，“观察”的特点还是比较突出的，让这个专栏增加了理性的分量。希望能继续在这方面下功夫。

同样的，“忠阳车评”这篇专栏稿也比较有深度，反映出作者对报道专业性的追求。《不要浪费芯片断供危机》，这类稿件已不是人人都能轻易操刀的，没有一定的积累和研究，根本无法驾驭。这也提醒我们其他几位专栏作者，务必加强对关注领域的学习和钻研，努力提升自己的素质和能力，尽快拥有在领域和行业内的发言权。

中国日报创刊40周年，习近平总书记昨天致贺信了。再过一年多，我们经济日报也将迎来创刊40周年。大家一定都会想，届时，我们也能收到这样的贺信吗？我不知道，我们也把控不了。我们能做的，就是竭力把自己的事情办好，尽量做出些成绩，切实履行好中央赋予的职责使命。我还是相信，天道酬勤！

对港对台报道迈出难能可贵一步

2021年5月29日 · 星期六

今天6版“港澳台”有两篇稿件，还是值得说说的。一篇是《香港公务员到内地挂职学什么》，另一篇是《“以疫谋独”必以失败告终》，反映出本报已经开始加大对香港和台湾问题的评析，发出我们的声音，亮出自己的观点。这是一个很好的现象。

“香江观察”是个人署名专栏，虽然开栏时间不长，但刘亮同志很用心。靠着曾在香港工作过的优势，关注着涉港的重要信息和政策动向，选题比较契合实际，前几篇稿件就写得不错。此文更有针对性和新闻性，对香港公务员分批到大湾区挂职这一舆论热点，提出自己的看法，指出一支兼具爱国立场、专业能力、奋斗精神的香港公务员队伍，将为“一国两制”行稳致远和香港繁荣稳定注入磅礴正能量。稿件的立意和站位都比较高，分量是够的。

李万祥同志针对世卫大会连续5年拒绝涉台提案这一重大新闻，通过阅读资料、查阅史实，进行精当剖析，言之有据，说服力强，坚决抨击了美西方为“台独”站台的无理行径。同时，也揭露了台湾方面频频依靠西方力量搞台独的做法是不得人心的，走的是一条行不通、走不下去的绝路。文章干脆利索，还是很有战斗性的。

对于经济日报来讲，就香港问题和台湾问题发表意见、提出观点是不多见的。我们在香港和台湾都没有设记者站，也没有部署和安排记者开展这方面的工作，但在对外宣传的大格局中，应该有经济日报的一席之地。对此，上级有明确要求，我们自身也有必要拓展报道领域，让报纸的视野更开阔，报道的眼光更全面，从而提升舆论的影响力和引导力。

正是从这样的角度来看，我们加大对香港问题、台湾问题的报道和评论，经常性推出一些有分量、有观点的文章，是一种可喜进步。虽然还只是一小步，却是我们提高报道质量的难能可贵的一步。

“建党百年”推出特色报道

2021年5月30日 · 星期日

再有整一个月，就是我们党百年华诞的正日子。今天，开始隆重推出“建党百年 · 经济战线风云录”专题报道，首篇是建党之初经济主张与实践——《经世济民为苍生》。

正如“开栏的话”中所说，今年是中国共产党成立100周年，在“两个一百年”奋斗目标历史交汇的关键节点，回望来时路，眺望新征程，重温建党百年经济战线的不平凡历程和伟大成就，具有重大的现实意义和深远的历史意义。

这套稿件从年初酝酿时，就作为本报的特色报道策划安排的，我曾两次向领导同志汇报过这套报道。承担任务的评论理论部为此准备了4个月之久，特别是吕立勤等同志查阅了大量史料，开展了深入研究，精心撰写文稿，又经正聚、东向同志反复打磨，终于与读者见面。现在看来，文章还是过硬的。版面和新媒体端要认真处理，进一步扩大影响，以产生更好的社会效果。

评报至此，接到参编部主任瞿长福同志发来的长微信：“今天的头条系列，选题思路彰显经济大报之责任担当——不仅是新闻宣传的高端大气立高峰，更是政治上的成熟与担当，从心底为本报进入一个人人努力做新闻、奋发有为谋新篇的时期而自豪……”善于思考业务、长于研究问题的长福同志，还对这组报道提出了专业性的意见和建议，听了还是很有收益的，对完善文章的撰写和编发颇有帮助。

大清早，就收到冯并老总编的短信：“黄河行”已网刊毕，感谢报社高看一眼。我回复说：这种内外兼修的精彩作品已不多见，得其所哉，实至名归。感谢冯总给我们立了标杆，向冯总学习！看来冯总心情不错，紧接着又发来六字：“何时请你喝酒?”我即回七言：“择时一聚，我请你!”

国际报道日益受关注

2021年5月31日 · 星期一

今天4版的“世经述评”专栏稿值得一读，是由驻外记者翁东辉同志撰写的。这篇题为《全球能源市场面临深刻变革》的楷体文，以翔实的数据和资料，深入分析了国际能源转型的格局，看后让人对全球能源市场走势有了全面而又清醒的认识，信息量大、说服力强，是篇相当不错的国际经济述评。

如今，国际报道越来越受到各界欢迎。前几天，“陶然笔记”连着发了两篇重磅文章，分别是《中美最新通话传递什么信息?》与《一个细节和一个判断》。虽然文字并不长，但由于内容重要，话题敏感，角度新颖，还是受到读者广泛关注的。

作为诞生于中美贸易摩擦初期的公号，“陶然笔记”还是有较高知名度和较大影响力的，一度成为观察中美经贸关系乃至外交关系的一个重要窗口，不仅国内读者比较看重，西方社会也予以密切跟踪。上周发出上述两稿后，彭博社就立即引用，并认定“陶然笔记”来自中国经济日报。当天，陈学慧同志还专门把英文报道截图用红笔标记出来，发给我参阅。

昨晚，上级机关有关负责同志也给我转来一份资料。说的是一位名字叫Bill Bishop 的美国评论员在推文中指出：“陶然笔记”据说是由官方媒体经济日报的高级记者撰写的，他与中央工作团队有密切联系，看上去他正在试图为中美两国互动传递积极信号……不能不说，这些西方人的嗅觉还是比较灵敏的。

看了这些资料，翻阅这些内容，心里还是挺高兴挺欣慰的，同时也进一步体会到一分耕耘、一分收获这个浅显而又朴实的道理。所谓的影响力和知名度，既不会从天而降，也不可能轻轻松松就可获得，离不开一步一个脚印的艰苦付出与持之不懈的昼夜劳作。一篇报道如此，一个公号和专栏如此，一张报纸又何尝不是如此呢?

JUNE
2021 ／6

2021 年 6 月

总编辑评报

抢时效的稿件也要写出高水平

2021年6月1日 · 星期二

今天是六一儿童节。节日前夕，中央审议《关于优化生育政策促进人口长期均衡发展的决定》，即刻在社会上产生巨大反响，满屏都是关于三孩的新闻。有媒体为抢时效，居然在海报上把“生育政策”打成“生肓政策”，闹出了笑话。我们的审读专家表示，此事可入防错教材。

针对三孩政策，我们赶写了评论员文章《着眼长期均衡“生好小、养好老”》，指出，从单独二孩，到全面二孩，再到三孩生育政策出台，每一次调整优化，都是科学把握人口发展规律、促进人口长期均衡发展的重大考量。文章强调，唯有以发展为解决人口结构性问题提供有力支撑、以政策举措不断完善为发展注入新动能，才能实现人口和经济社会持续协调健康发展。此文虽是急就章，但分析理性，思考独到，还是写出了水准的。

4版今天也很应景，推出数据《儿童节“娃礼”都有啥》，生动活泼吸引人。产经部昨天评报说，如果“数据”版多做些分析，从商品销售数据看生活方式变化，服务性可读性会更强。我看说得有道理，可考虑在版上增设短评专栏，针对数据做必要分析，效果应该是不错的。

“时评”版头条刊发的是《对科技人员少打扰不打扰》，说的是老问题，分析却有新角度，对总书记关于“要让科技人员把主要精力投入科技创新和研发活动”的指示进行解读，讲得是透彻的。听说还是外来稿。看来，开门办报、用些外稿很有必要，是对我们报道的有力补充，多多益善。

小力同志告诉我，今天下午，光明日报的两位副总编辑带队来报社，说是要学习借鉴我们的有关工作。前一阵儿，中国日报和科技日报也来人，了解频道制改革等融合发展的做法。其实我们做得远远不够，很多工作也只是开了个头。对此，务必保持清醒头脑，务虚名、得实祸的事还是不干为好！

新专栏 新气象

2021年6月2日 · 星期三

今天的“房地产周评”写得好，《楼市又见“冰火两重天”》，这样的标题吸引力是强的，关注度也会高。

此文信息量不小，有资料、有数据、有观点，分析到位。勾画了房地产市场的新变化和新特点，认为我国房地产市场已实现总体供需平衡，甚至出现局部过剩，提醒房地产开发切不可脱离地方产业发展和人口实际盲目上马。文章预测，随着人口老龄化加剧和人们对居住品质要求的提升，养老地产和旅游地产等是有广阔前景的。这些评述很有专业性、指导性，体现了专栏文章的特点和价值。

“房地产周评”开栏时间不长，但几篇文章都有一定质量，亢舒同志担起了重任，作出了自己的努力，达到了预期效果。

和亢舒同志前后脚开专栏的刘亮同志，近日到深圳专班工作。他给我发来微信，激情满满地表示，将利用在专班工作的优势和有利条件，更好地完成评论文章的撰写工作，承担起评论轻骑兵的任务，做到招之即来，来之能战，战之见效。

昨天下午，参加中国日报创刊40周年庆祝大会，一位名叫张耀宁的退休职工代表给我留下深刻印象。他在题为《时代、平台与个人命运》的发言中说：中国日报这个平台给了我发光发热的机会，为我提供了干事创业的空间。没有这个平台，自己什么都谈不上。离开了这个平台，你什么都不是。所以要感恩报社，祝福报社，期待报社发展得更好。

我们高兴地看到，越来越多的经济报人正在大显身手。就在参加这个会议期间，支援西藏记者站的常理同志发来他进藏后拍的第一个融媒体产品，是用自带无人机拍的，海拔高，飞机也“高反”，飞着飞着就掉下来了。但他说：“心里充满力量，一定会加倍努力，不辱使命!”

“特别报道”保持较高水准

2021年6月3日 · 星期四

夜班的同志很辛苦。为等新华社头条稿，版面直到今早六点才拼完。

昨天时政稿大增，冲了两块版，有些比较不错的稿件只能延后。尽管如此，还是在1版编发姚进等同志采写的《人民币单边升值预期不可持续》。此稿针对人民币近期过快升值做了些分析，借专家之口表明，一系列因素或变量有可能推动美元阶段性升值和人民币阶段性贬值，形成双向波动，后续人民币汇率有望继续在合理均衡水平附近运行。这个预判还是很有价值的。

“时评”版刘慧同志的个人专栏稿《用好用活粮食储备资源》也挺好，特别是提出了，粮食流通必须坚持市场化改革大方向，绝不能走回头路，同时也不能完全放任不管。这个观点很有针对性，廓清了有些人认识上的偏颇和思想上存在的误区。

“特别报道”一直保持较高水准，内容形式都体现特色，同志们付出了艰苦努力，效果是好的。尤其是驻地同志，为了让稿件质量和分量更足，做了很多外人看不到的事。昨天一位站长跟我说，原定是出省委书记署名稿，因故临时调整，觉得没有完成好任务，很自责。我看没有必要，不少书记、省长正在调整中，合不合适发署名文章，地方领导自有考量，并非我们把控得了，我们只需尽心做好分内之事就行。特刊还要持续一段时间，希望大家按策划要求，继续做成做好。

华为鸿蒙昨天问世，成为一个社会热点，引起人们普遍关注，我们的新媒体都有及时报道。现在看，本报对高科技企业、数字经济的报道还可以加大，应该有记者始终关注、跟踪这类企业的发展和走势，并适时做出深度报道。请产经部对此做出必要安排。

披沙拣金 打磨精品

2021年6月4日 · 星期五

今天1版继续安排“建党百年 · 经济战线风云录”《引领农民谋解放——聚焦土地革命根本问题》。这个专题报道特点在于以史为纲，详略得当，展现我们党在经济领域走过的不平凡历程，需要治学精神和严谨态度，需要拨云见日的概括提炼，而史料准确、运用妥帖最为重要。吕立勤、梁剑箫两位同志在时间紧的情况下，披沙拣金写出这套稿件，是很不容易的。审发过程中，又进行校核勘误，最终较好地呈现在读者面前。

这套报道自刊发以来，引起人们关注，特别是经过总编室的努力，“学习强国”进行了专题推荐，阅读量达上千万之多。后面的文章要继续打磨好，力争把这套体现本报特色的报道做成功，达到更好的社会效果。

今天，头版还刊发了国际部采写的首季世界经济形势与展望，标题就比较吸引人——《全球经济呈现两极分化》。在1版刊发这样的报道，对我们来说并不多见，还是能够体现国际视野和世界眼光的。

“理论”版刊发的一篇文章与众不同，也比较少见，这就是《“一带一路”惠及世界》，作者马丁 · 雅克是英国剑桥大学教授。用一个外国人的眼光，观察“一带一路”的重要意义和价值，视角更加多元多维，也更有说服力。期待驻外的同志们多留点心，邀约一些这样的稿件，更能展示我们经济大报的特质和禀赋。

4版“数据”有进步，开了个小言论专栏“说数”，第一篇是《新品消费折射经济活力》，提纲挈领，点到为止，还挺不错。“数据”版办到现在，已出了40块版，成为我们报道的一个特色和靓丽风景，还是值得肯定的。

今日芒种 硕果在前

2021年6月5日 · 星期六

今天1版金观平文章《用好价格机制 提升供给水平》，针对近期民生商品价格较大幅度波动，及时作出独家评析，时效性和引导力都比较强。这说明，我们的策划、调度、采写、编辑、审发各环节是操作顺畅、运行高效的，也说明采编系统的同志们逐步“回归”新闻了。

这篇“经济论坛”稿是由顾阳、孟飞同志撰写的，原来是上下篇，审稿时觉得各自成文有些单薄，也不利于读者阅读，改成一篇还是合适的。不足的是，标题有些平淡了，没能下功夫琢磨，留下点小遗憾。尽管如此，还是为各部门、各采编人员倾心业务而深受鼓舞。

今年以来，特别是报社评论委员会成立后，评论言论写作蔚然成风，成效喜人。每天翻阅银晟同志的统计表格，看着完成栏不断延长，好稿件越来越多，真心为大家的进步而欣喜，为同志们取得成绩而高兴，为采编工作加速“回归”而振奋。衷心感谢同志们的奉献与付出！

“经世言”专栏这几天正在连续刊发系列评论，揭批美国把病毒溯源问题政治化，今天见报的是第三篇，题为《病毒溯源要尊重科学而非服从政治》。该文写得不愠不火、不卑不亢，说理步步为营、锋芒渐露，并不像出自年轻后生之手。看来，国际部孙昌岳同志也开始进入状态，日渐成熟起来了。

这两天，对香港来说也是个敏感期，推出“港澳台”版还是很应景的，发挥了我们涉港舆论引导的应有作用。刘亮同志“香江观察”专栏稿《三十七万“内地港人”的分量》，角度新，视野广，剖析精准，娓娓道来，有润物无声之效。专家文章《凝聚新格局下香港发展新动力》，学理性强，分析论证有逻辑，宣传效果是好的。只是编辑处理此文时，小标题占5行，明显违反版面要求，要严守编辑规范，不能各行其是。

今日芒种，硕果在前！

好报道应长流水不断线

2021年6月6日 · 星期日

今天的头条是一篇新闻分析，是财金部曾金华、武亚东同志采写的《土地出让收入征管职责缘何划转》，对社会关注的经济热点作出及时正面回应，起到了解疑释惑的正面引导作用，体现出为读者服务的意识。

此稿原来拟发“经济聚焦”栏，后改为“新闻分析”，是恰如其分的。比较而言，“经济聚焦”栏的稿件更强调深度，更突出重磅，篇幅也可长一些，“新闻分析”则可长可短。以后，大家在采编时可照此把握。

这篇“企业家访谈录”不错，海尔集团总裁周云杰谈数字转型，还是有内容的。对话的几个方面针对性和指导性强，包括产业数字化和数字产业化、提升工业领域竞争力、增强企业核心竞争力等，都是企业界十分关心的，也是我们落实强国战略的关键。问题提得实，回答也有眼光、有见地。这样的报道应当长流水、不断线，最好每周出一次。坚持做下去，就会见到好效果。

记者部这阵子在版面上是下了功夫的。今天的“地方”和“文旅”版都有明显进步，内容丰富多彩，版式新颖独特，看得出编辑们创新意识是强的。特别是策划出走进别具特色的“谷”这个版颇有新意，对美谷、声谷、数谷、车谷等进行梳理，并通过熊丽同志的短评《是产业集聚区，更是创新领头羊》作出总体评价，确实是用心良苦的。

6版“消费”也挺出彩，3篇地方报道的标题生动、有诗意。《南京桨声灯影醉秦淮》《长沙烟火气中多彩夜》《西安梦回大唐不夜城》，加上评论《创新激活“夜经济”》，说明编辑在策划、组稿、做版等方面都是尽心尽力、反复琢磨的。看着刚到上海站工作的李景同志的这篇评论，深感其实力潜力俱佳。有了平台，假以时日，定能早日挑起大梁。对于不愿佛系、不甘躺平的年轻人，我是有信心的。

《阿佤新歌》唱得不同寻常

2021年6月7日 · 星期一

又一万字雄文隆重推出。

由赵子忠同志带队的践行习近平经济思想调研记《阿佤新歌》终于唱响，唱出了新时代的精气神，唱出了边疆群众脱贫奔小康的正能量，唱出了一个直过民族的历史性跨越和伟大变迁。超过一周时间蹲点调研，一个多月修改打磨，不仅结出硕果，也拓展了我们系列深度调研报道的视野。

今天1版还编发了“宣言”文章《社会主义没有辜负中国》。该文也是主题宏大，思辨色彩浓，文字很精彩。如果我们把这两篇重磅文章结合起来看，会更有收获。阿佤人民正是在社会主义制度下实现了巨变，特别是党的十八大以来，在习近平经济思想指引下，实现了脱贫攻坚的胜利。用一个民族的时代变迁，印证了社会主义制度的优越性，说明了“中国共产党为什么行”“中国社会主义制度为什么好”，中国也没有辜负社会主义。也正是从这个角度说，我们的《阿佤新歌》意义不同寻常。请总编室和中国经济网加大推送力度，也请云南站做好当地媒体转发工作。如果能全网推送，那么过千万的阅读量是不会有问题的，能取得更好的宣传效果。

周末有空还看了几个新媒体产品。常理同志发来了他入藏后的第2个短视频，介绍高原旅游业发展，无人机拍摄得相当不错。又看了黑龙江站马维维同志出镜主持的短视频《全国唯一高考专列今日启程!》，也很有质量。国际部徐胥同志把今天见报的头条做了个融媒体产品，还是有冲击力的。看着新一代经济报人正在茁壮成长，打心眼儿里感到欣慰，也能感受到青春的奋进力量。

今天，1000多万学子走进高考场地，接受人生大考。经济日报其实也同样面临时代大考。我们都是应考者，我们都是答卷人。

这封群众来信可谓神来之笔

2021年6月8日 · 星期二

《阿佤新歌》昨儿见报后，经过多方努力，全网推送，达到很好的宣传效果。今天见报的是3位佤族老人的联名来信，就这个报道畅谈感想，题目就叫《党的光辉照边疆 阿佤人民心向党》。如“编者按”所说的，佤族老人深情回顾佤族发展历程，表达了阿佤人民世世代代感党恩、听党话、跟党走的信念。

按照原来计划，“编者按”和这封来函以及报道在当地的反响，都会在1版下半部分安排，此前也一直是这么编发的。但由于要刊发“宣言”文章《中国没有辜负社会主义》，最终就把这封来函放到报眼下，还有一篇当地的反响稿也只能延后了。

凌晨时分，当我最后看版时，内心突然有股冲动，想把它平移至头条刊出。思考再三，还是作罢，想着这封信的内容和主题要是放在人民日报头条还是更合适些。现在看来，放在这么一个位置也并无不妥，还是比较妥帖的，也算是在显著位置突出处理了。

一大早，就有同行微信我说，已经很多年，不见经济日报这么处理稿件了，能在1版刊发一封普通群众的来信，胆子还是不小的。

对此，我不禁思忖起来：我们为什么故步自封，不敢越雷池半步呢？说实话，当我最先看到这封来信时，心中大喜过望，赵子忠同志和他的调研组是用心琢磨，下了大功夫的。从一定意义上来讲，这封信可谓神来之笔，可谓出人意料，是对我们半年多来深度调研报道的开拓与创新。

这种开拓精神和创新意识，是难能可贵的。在当下而言，更是如此，值得大力提倡和弘扬！

下大力气抓好评论工作

2021年6月9日 · 星期三

今天编发《阿佤新歌》第三套报道。特别推出评论员文章《新机遇更要有新作为》，结合临沧实际，生动阐释习近平总书记“发达地区要有新作为，欠发达地区也要有新作为”的重要论述，精辟指出，民族地区实现跨越式、高质量发展，需要深入思考谋划，更需要大胆创新实践。此文成稿后，我看了几遍，深感我们的言论写作水平在快速提高。以前认为只有专业的同志才可写出质量较高的评论，现在看来，其他采编部门也是不含糊的。

半年多来，我们下大力气抓评论工作，动员、提倡采编人员写评论，提高写作能力，效果是明显的。作为先行者，9位专栏作者推出的署名文章已近200篇，有力拉动和提升了评论生产力。尤其是评论委员会成立3个月来务实工作，进一步促进形成了上下抓评论、人人写评论的良好态势，每天都能在版面上看到三五篇甚至十多篇有一定水准的评论言论，初步扭转了观点缺乏、思想不够、站位不高、可读性不强的不利局面。

这两天，证券日报的同志报告说，他们正在进行业务上的调整改革，提出了评论立报的思想。改革举措中有一条，每天推一篇署名评论，且由几名部门主任轮流操刀。读了见报的这头3篇评论觉得不错，也还是有几分感慨的。

改革也好，创新也好，都是要付出艰苦扎实努力的，还要获得更多人的支持和参与。改革创新，基本上没有人反对，因为是大势所趋。但有人总觉得别的人、别的部门是必须改的，自己哪怕有缺陷、不足，也不愿意受到波及，这就是我们常要面对的窘境，所谓“我爱玫瑰，玫瑰有刺”就是这个道理。但改革号角既然已吹响，那就没有理由半途而废，只能全力以赴，争取最好效果。

最后，还是想推荐今天的评论员文章，希望大家学习借鉴。正评着报，收到银晟同志通知：评论委员会第五次例会下午召开，请准时出席。

践行“四力”的报道应充分肯定

2021年6月10日 · 星期四

习近平总书记考察青海，今天报纸在突出报道的同时，主动配发了评论员文章。《让生态财富造福人民泽被子孙》概括精当，论述到位，虽是应时应景之作，仍有较高水准，既体现了党报的政治担当，也反映出我们追求报道质量、注重宣传效果的态度和坚守。

8版刊发黑龙江五常黑土地遭遇盗挖后续调查，题为《这里为何卖土不种粮》，同时还编发手记《保护“耕地中的大熊猫”刻不容缓》。这个报道是郑波同志值班时安排布置、沈慧同志千里迢迢赴黑龙江调研后写成的，在强调粮食安全、端稳中国饭碗的大背景下，对破坏粮食生产的行为开展舆论监督，是很有价值、很有意义的。

这个报道难能可贵在于，记者亲历现场。没有单位接待，没有领导陪同，没有车接车送，沈慧和吴浩同志乘坐绿皮火车前往，这样的采访调研已多日难见了。稿件客观理性，不偏不倚，向读者展示事件原貌，呼吁社会各方重视保护黑土地，确保国家粮食安全和区域生态安全。这个报道做到了“三贴近”，践行了“四力”要求，应予充分肯定，值得大家学习。

与这个报道相呼应，“粮食大事”专栏推出刘慧同志的《对炒作粮价投机行为“亮剑”》。该文围绕新麦上市价格上涨，一些地方出现争抢粮源、哄抬价格的现象进行分析，并披露了相关部门正坚决打击炒作粮价投机行为，新闻性、针对性都比较强，还是相当不错的。

《阿佤新歌》后续报道，今天刊发临沧市委书记专访，从而顺利画上句号。按计划，下周我们将推出系列深度调研的另一套报道，是季正聚同志牵头带队的，与此前的报道又有创新，值得期待。

采编工作敏锐性专业性尚存不足

2021年6月11日 · 星期五

一群亚洲象成了网红，从西双版纳一路向北，闯入500公里外的昆明市郊，引起国内外高度关注。火了有些日子，本报才有了相关报道。佘惠敏同志今天的《“大象出走”可促进环保教育》，提出大象出走是悲剧还是喜剧的问题，算是让我们摆脱了只围观不吱声的非正常状态。倒是中国经济网在此前即做了评论和分析，没有闷声不语。

这类热点话题多日无语的现象，反映出我们采编工作敏锐性、专业性还存在明显不足。我们当然不能苛求大家对所有问题都有研究和积累，但对热点事件作出及时适度的回应，还是十分必要的。这同时也说明，我们尚缺乏灵敏高效的反应调度机制，还有不少需要改进的地方。

今天祝惠春同志采写的《股市研报乱象当休》不错，眼光独到，剖析深刻。针对一系列研报乱象，该文观点鲜明地进行了抨击，强调券商研报必须遵守职业规范，还是很有针对性和警示意义的。

有不少同志读报很认真，昨天一位领导发现，我们的一篇报道中数字出错。经查，是因为翻译时漏了一个字，从而引发歧义失真，暴露出采编环节还是有漏洞的。虽然只是篇并不起眼的稿件，但是给我们再次敲响警钟。无论是驻外还是国内，也不管是总部还是驻地，也不管是编辑还是记者，都应该时刻绷紧防范差错特别是防范重大差错这根弦，切实落实好意识形态工作责任制。

离党的百年华诞正日子只有20天了。做好主题宣传，确保导向正确，严防各类差错，保持健康稳定发展，是我们当前的首要任务。各部门各单位务必提高政治站位，全力以赴开展工作，严守纪律，坚守岗位，用实际行动迎接中国共产党成立100周年。报社各级领导干部和全体共产党员，从今天起要进入状态，做到守土有责、守土负责、守土尽责！这既是政治要求，更是职责所在。

驻地机构天高地阔大有可为

2021年6月12日 · 星期六

今天“学思践悟”专栏推出陕西省委书记刘国中的文章《全力开创县域经济高质量发展新局面》为这个重点专栏带来了一股务实之风，与此前更多编发专家学者文章形成互补，可谓相得益彰。

作为老站长，张毅同志站位高，大局意识强，对报社工作从来是贯彻到位、落实到底的，听说版面需要，即行照办。文稿契合要求，版面处理大方。我想，书记看了应该也是满意的，实乃双赢之举。希望驻地同志们向陕西站学习。

十三届陆家嘴论坛在财经界影响不小，国内外都很关注。李景同志这篇侧记信息量大，干货满满。夜班安排头条是妥当的，体现了经济大报的特点。对此，李治国同志在朋友圈感叹：“后生可畏，我们应该为年轻人让出一头地，让他们尽情发挥……”看完觉得有点好笑，治国同志自己尚属年轻人，可不能“倚老卖老、让人着恼”哦！

倒是李景同志多次表示出对治国站长的尊敬。前两天，他发来长微信，谈了到驻地工作的感受，摘录几段和大家分享：

人在上海，身处我国经济发展最前沿地带，每天都在参加各类采访，每天都在接触不同的人和事，每天都在接收大量新鲜信息。在此过程中，我真实感受到社会主义现代化国际大都市的底蕴和格局，看到了创新思维和先进做法，体会到了上海经济的发达与新闻资源的富足。

穿梭在新闻现场是锻炼脚力，注意观察当地的人文社会经济现象是锻炼眼力，仔细琢磨采访写作的框架和传播落点是锻炼笔力。这里节奏快，信息量大，任务多，真的是年轻人践行“四力”最好的试验场。

眼界的拓展、精神上的充实、本领的锻炼，对我来讲真是一笔巨大的财富。我一定要珍惜机会，加速成长，早日挑起大梁……

读着这些充满朝气的文字，感受着新一代经济报人的蓬勃活力，领略着后来者愿在报社平台上建功立业的豪迈，哪里会有内卷之忧、佛系之愁，躺平之虑？

驻地机构天高地阔，记者站的同志们大有可为！

持之以恒 终有所成

2021年6月13日 · 星期日

严细深实、精益求精，正成为大伙儿的共同追求。即便是节假日，报纸办得也是认认真真，一点不含糊；即便只有8块版，也还是有不少质量杠杠的好报道。

陈果静同志撰写的金观平文章《外资为何青睐人民币债券》，针对境外投资者对我债券市场投资保持两位数增长，从三个方面进行了分析，论据充分，说服力强。国际部就人大常委会表决通过《反外国制裁法》，及时推出“郭言”文章《反制“单边制裁”的精准重拳》，准确阐释了该法具有的指向性和针对性，剖析到位，义正词严，可谓善于发声，敢于亮剑。

《石油公司的明天在哪里》《“大象出走”为哪般》等报道题文俱佳，都有较强的可读性和吸引力。《大宗商品价格何时降温》，抓住市场热点，采撷了多方意见，深入分析思考，得出的结论令人信服，有一定的参考价值，也具有比较突出的经济特色。

作为个人署名专栏的第十位作者，佘惠敏同志的“科创之声”今天首次亮相，即显示出高起点。这篇《决不能再以“帽”取人了》称得上先声夺人，把焦点对准人才评价机制中存在的“帽子”问题，强调必须破除以“帽”取人，回归科研本质，才能真正实现“高水平科技自立自强”！文章层次清晰、观点鲜明、文字凝练。说作者才气逼人，还是恰如其分的。

此外，今天的版面也很出彩，“要闻”“关注”“数据”和“特别报道”都有亮点，图片、图表、版式、色调、字号等都比较用心，体现了我们编辑们的不甘平庸和专心细致。

同志们如此用力，报纸质量焉能不提高？宣传效果又怎会不彰显？山有峰顶，海有彼岸。持之以恒，终会抵达！

财金报道量增质提

2021年6月14日 · 星期一

今日端午，满屏安康！总编室做的端午节海报，品位是不低的。以后每逢大节大假、重要盛典，不妨都提前策划制作。我看，现在就可安排人设计“七一”海报，争取高质量推送！

今天的报纸财金味浓。1版李华林同志采写的“经济聚焦”《专项债发行求质重效》和姚进同志采写的“新闻分析”《外储规模仍将延续稳定态势》都挺不错，有深度有观点，分析比较深入到位。周琳同志的“财金视野”署名专栏《用好科创板“试验田”经验》，回顾科创板两年来的实践，揭示出“试验田”功能应得到充分重视，其旨在形成可复制和可推广的经验，并以此带动资本市场全面深化改革，站位比较高，角度新颖，很有专业的味道。

“时评”版还刊发了姚进同志的另一篇言论《企业应增强汇率风险管理意识》，也有实质性内容，提醒企业在做好汇率风险管理中，关键在于树立“风险中性”理念，避免炒汇行为；金融机构也不宜炒汇，以免造成汇率大起大落。这些观点还是有一定针对性和警示作用的。

近一个时期以来，财金报道数量增多，质量提升，是个好现象。这说明财金部的同志们很好地贯彻了编委会的意图，在增强报道深度和专业性方面持续用力，并逐步显现出可喜成效。望国民同志和财金部继续努力，蹚出一条有本报特色的财金报道路子来。

“建党百年 · 财经战线风云录”专栏，今天的内容反映的是大生产运动，题为《自己动手衣食足》。虽然这段历史大家都不陌生，但读完此文还是有收获的。没想到这套报道还有不少人关注，上周有家技术公司的高管见我说，你们完全可以据此做一个“中国共产党百年经济地图”呀！肯定是独一份，有特色，是会受到社会欢迎的。

不知道这事儿能不能做？好不好做？又有哪个部门可以牵头完成之？

报道地方新闻切忌走马观花

2021年6月15日·星期二

今天说说来自地方的两套报道。

5版是曹红艳同志采写的《山西焦化项目为何又被点名——严控“两高”焦化项目盲目发展情况调查》，以及“手记”《不能再让“两高”项目野蛮生长》。看得出调查下了功夫，用现场见闻和一线采访，揭示了一些地方尚未摆脱对“煤焦电”等高耗能、高污染产业发展路径的依赖。“手记”立足山西，放眼全国，指出“两高”项目盲目上马现象不容忽视，强调罔顾资源能源承载能力、大干快上“两高”项目拉动经济的老路子已经走不通了。稿件立意高、站位也高，材料翔实、数据可信、观点鲜明，是个有质量的调研报道。

“文旅”版的报道也颇有特色，分别是庞彩霞同志采写的《探寻老字号不“老”秘方》、商瑞同志采写的言论《求新求变活出“青春范”》。前者说的是广州“老字号”纷纷寻求转型升级，借助国潮风，抓住新消费，加快创新步伐。层层递进，梳理清晰，从激活、创新到跨界，展示了老字号传承精华、守正创新，不断发扬光大。与此相呼应的是配发的言论，指出老字号要做老品牌，不做老企业，强调老字号焕发新青春，离不开劳动者的匠心传承和企业的创新坚守。两稿篇幅不长，互为补充，有思想，写得也精致，质量是可以的。

这两套报道来自地方，反映的都是经济问题和经济现象，并不稀罕，也非可遇不可求。关键在于用心策划、精心采写，在于专心致志、用心用力，还在于做到了“三贴近”，践行了“四力”要求。那种蜻蜓点水、走马观花的采访，是肯定写不出这样比较精彩的报道的。

《齐鲁不凡》果然不凡

2021年6月16日 · 星期三

又一套践行习近平经济思想的深度调研如期推出。

3年前，习近平总书记指出，改革开放以来，山东创造了不少农村改革发展经验，形成了诸城模式、潍坊模式、寿光模式，要求山东扎实实施乡村振兴战略、打造乡村振兴的齐鲁样板。3年过去了，情况怎么样呢？今天的《齐鲁不凡》系列深度调研，就是要回答这个问题。实地调研的结论是：山东在全面推进乡村振兴和农业农村现代化等方面交出了卓尔不凡的答卷。

按计划，这套报道用“1+3”的方式呈现，即一个小综述加3个整版，深入剖析诸城、潍坊和寿光的实践。报道气势恢弘，鸿篇巨制，有高度、有深度、有锐度，层次清晰，逻辑性强，具有突出的示范作用和指导意义。篇幅虽大，但行文流畅，生动鲜活，好读耐读。看得出，调研组是下了苦功夫、真功夫的。正聚同志为撰写修改，连续几天吃住在办公室，昨天深夜还在打磨，可谓精益求精、废寝忘食。今天虽未能在头条刊出，但断版处理也很好。请总编室、中经网以及山东站在报道转发推广上加大力度，争取达到更好的宣传效果。

我们既有这样的万字雄文，专栏文章也相当精彩。连俊同志的《美国以“躺平”面对通胀风险》、佘颖同志的《扫码结账怎能成扫码关注》、亢舒同志《新房质量问题如何破解》等观点犀利、角度新颖，都很有可读性。“理论”版以市场为主题刊发的3篇文章分量也比较重。此外，《如何更好地保护“大象们”》《违背国际公理的挑衅行为注定不会得逞》等，都是可在朋友圈推送的。

看着同志们业务上的付出与精进，看到一篇篇精彩报道不断呈现，深感欣慰的同时，也对办好报纸充满信心。我想，大家同心协力，我们一定可以逐步实现每个人和整个集体的发展进步。

经济热点要及时报道

2021年6月17日 · 星期四

今天头条安排得好！乔金亮、崔国强同志采写的《夏粮丰收在望》亮眼，让关心中国经济的人们吃了颗定心丸，也为全年经济社会稳定健康发展奠定了基础。本报率先正式发出这样的重要信息，宣传效果无疑是不错的。

与之相关的，“时评”版还刊发了刘慧同志专栏文章《国际粮价上涨主因是什么》。该文就西方人炮制“中国需求是导致国际粮价上涨的主因”等奇谈怪论，用翔实资料和扎实数据，予以有理、有据、有力驳斥，并尖锐指出，全球流动性过剩和国际资本投机炒作才是造成粮价连续12个月上涨的主因。西方舆论经常拿“中国需求”说事，完全是污蔑和诽谤，我们切不可被西方的这种陈词滥调所迷惑。此稿针对性强，深度和分量是够的，体现出专栏文章的专业性。

6版头条《“杨百万”传奇落幕》，李景同志写得有质量，虽然见报晚了两天，但仍有可读性。对“杨百万”这样的知名经济人物，我们还是要给予应有关注的，特别是可以透过其传奇经历，折射出中国经济特别是证券市场30年来发生的历史性巨变。对此，我们是不能无声无息的。

同样，对数字人民币这一经济热点，我们也需要及时报道。7版“财经”今天用整版全面、多角度反映这一主题，尤其是陈果静同志撰写的小言论《莫要误读数字人民币》正本清源，注重引导，对于人们准确理解数字人民币有帮助、有参考价值。

《齐鲁不凡》系列调研报道今天推出第二套《寿光“植”造》,仍保持高水准。第一套稿件见报后，众多媒体和平台都进行转发和推广，产生了热烈反响。希望山东站抓住机遇，让经济日报在齐鲁大地上也能有不凡的表现和影响。

可看可转可说稿件明显增多

2021年6月18日 · 星期五

昨天最瞩目的新闻，莫过于神舟十二号载人飞船与天和核心舱完成自主快速交会对接，3名中国人首次进入自己的空间站。看直播画面，让人激动万分。今天，我们头版头条推出这个报道，同时配发快论《从容脚步彰显大国自信》，姜天骄同志用她的笔触，对伟大祖国取得的又一伟大成就抒发出我们共同的情感。相较于其他中央媒体，我们的报道还是分量重、有特色的。

产经部昨天评报时概括说“干货多、信息量大”，我看是切合实际的。虽然版面减了4块，但稿件质量在提高，可读性在增强，可看可转可说的稿件是明显增多的。像今天“经济聚焦”“经世言”“新闻分析”以及顾阳、杨忠阳同志的专栏文章，都是有水准的，始终保持较高质量。就连财金部郭子源同志采写的小言论《不合格“董监高”该下就下》也很给力，看完觉得相当不错。

《齐鲁不凡》今天推出《潍坊“画”卷》，进一步扩大这套深度调研报道的影响，在社会上特别是在山东各界持续发酵，转载的媒体和平台已有几百家。王金虎同志表示，要进一步扩大影响力，使之发挥出更好的社会效能，不辜负报社同仁对山东的工作鼎力支持。

昨晚看版时，删了两个小地方。一是“数据”版，原有一组数字图表，是关于年轻人购买钻石和黄金饰品的情况，说比以前增加了20%。还有一个是“企业”版《小牙膏“挤”出大市场》，原来标题中有个“冷酸灵”。前者被我删去的考虑是，可能会让相当一批钱包不鼓的年轻人感到不爽，平添收入差距带来的不平衡和挫折感，不宜去宣传以免引发这样的情绪。后者是标题里加产品名，有广告之嫌，还是删去为妥。对这类情况，希望同志们在采编工作中能更好地把握。

大数据威力再次显现

2021年6月19日 · 星期六

昨天是“6·18”，冯其予同志这篇“经济聚焦”时效性强，夜班编辑安排得当。《电商网购节折射多重消费态势》内容扎实，采写用心，分析比较透彻，揭示出我国消费市场的变革、下沉市场的崛起及消费互联网向产业互联网转轨的趋势，看完还是很有收获、很受启发的。

5版“数据”关注的是《消费习惯存在地域差异》，再次显示出大数据的威力。根据网购数据的统计分析，可轻易梳理归纳出不同地域有不同消费特色和消费习惯，像北京、上海、哈尔滨等地用户的消费习惯可谓一目了然。正如孟飞同志在配发的小言论中所指出的，企业可据此制定不同销售策略，优化产品结构，既满足消费需求，同时也可促进供给侧提质升级。

广东站庞彩霞同志微信我，她在采访陈李济时，公司总经理孙东说特别重视我们的“数据”版，对于他们生意人来说，这些数据特别有启发性。在我看来，这些基于大数据的统计分析以及指点引导，一定是有价值的，也一定会受到那些特定人群欢迎的。现在时间还不够久，影响力还需逐步积累和培养，假以时日，必定会引起更多人的“特别重视”。

今天两篇专栏文章不错。其一，是禹洋同志撰写的“经世言”《美欧为何暂停航空补贴之争》，围绕美欧持续17年、涉及百亿美元关税补贴争端达成休战协议，从经济和政治两端作出考量；其二，是刘亮同志个人专栏“香江观察”《港人说普通话好处多》，就教育部发布报告建议将普通话教育适度融入考评体系，认为此举有利于弘扬中华传统文化，强化香港市民的国民意识。前者涉及重大国际经济事件，分量很重，后者成风化雨，话题轻松。这一轻一重都反映出我们记者的眼光和视野，很有些指点江山、激扬文字的味道，还是有大报气象的。

做经济报道亦需关心重大时政新闻

2021年6月20日 · 星期日

这几天，中国共产党历史展览馆开馆及习近平总书记观展的新闻广受关注，作为庆祝百年华诞的重点内容，我们必须充分报道好。

今天头条《青史如鉴耀千秋》和报眼《从党的奋斗历史中汲取前进力量》主题厚重，信息量大，透露了不少很有价值、很有意义的细节，建议大家好好读一读。那种认为做经济报道可以不关心重大时政新闻的片面认识，应当及时纠正。

《齐鲁不凡》深度调研后续报道，因版面原因停了一天，今天继续刊发。评论员文章《因地制宜“兴”踏踏实实“行”》，对山东干群在习近平经济思想指引下，坚持从实际出发，推进乡村振兴战略，勇于创新、勇于探索的实践进行了概括和升华，提纲挈领，层层递进，颇有针对性和指导性，有力拓展了这套系列报道的深度和广度。计划中有对山东省委书记的专访稿，作为这次报道的收尾，请记者站抓紧落实到位，如期推出。

佘惠敏同志个人署名专栏“科创之声”今天刊发《疫苗接种速度要跑赢病毒变异》，有科技分量和知识含量，对变异毒株的危害和疫苗是否有效做了科普，强调当前仍需加快疫苗接种，是很有警示作用的。陈发明同志“地方观察”专栏稿《换届后最怕“急转弯”》，旗帜鲜明，针砭时弊，可谓高举高打，文字也比较讲究，读起来很有味道。

今天的“文旅”和“消费”两块版，选题有新意，版式有创意，图文并茂，阅读体验比较好，反映出策划是用心的，编辑是用力的，望继续保持这个水准。

8版吴浩、周雷同志采写的《中国一重提质增效振雄风》一稿不错，看得出采访是下了功夫的，稿子写得也没少花力气。提高业务能力，并无捷径可走，就是要多写多练多琢磨，才能熟能生巧、不断精进。

一篇充满理性和警醒的评论

2021年6月21日 · 星期一

今天1版的“经济论坛”好，《谨防产能过剩抬头》充满理性和警醒，有种当头棒喝的味道。

这篇“金观平”文章是产经部黄晓芳同志撰写的。针对一些地方上马高耗能、高排放项目指出，新一轮产能过剩风险可能正在累积，将使供给侧结构性改革成效大打折扣，难以实现行业的转型升级和由大向强的跨越。文章揭示，高耗能、高排放项目抬头的核心，是新旧发展方式的博弈，提醒人们对新一轮产能过剩风险必须高度警惕，抬头便打，绝不手软。此文分量重，抓住当前经济发展中的异象，发出经济日报的观点，针对性、警示性凸显，还是很有锐度的。期待着更多这样有眼光、有见地的独家报道，经常出现在我们的版面上。

《齐鲁不凡》系列调研报道今天以山东潍坊市委、市政府的来函和省委书记刘家义的专访完满收官。这套报道的社会反响是不错的，光“学习强国”阅读量就达300万，点赞超过36万人，影响力和到达率都比较可观，也把我们践行习近平经济思想调研报道推到一个新高度。按计划，“七一”之后，我们将推出另一套深度调研报道。

12版刊发了《坚定理想薪火传》，这是上个月在井冈山瞻仰烈士陵园时，培训班老师的现场教学，此文由讲稿编辑而成。站长们应该都记得，这次讲课让大家热泪盈眶，虽然文字不如现场解说那么生动感人，但重温这个内容，仍让人心潮澎湃。建议同志们抽时间一读。

杨开新同志《在井冈山砥砺初心》这篇短文讲得好：党执政后的最大危险是脱离群众，要牢记“水里可以没有鱼，但鱼儿却永远离不开水”的至理名言，永远保持革命年代那种鱼水情深、水乳交融的动人局面。这番话可谓有感而发，是情真意切的。

建党百年报道呈现经济特色

2021年6月22日 · 星期二

百年华诞纪念日越来越近了，报道热度必须加温。一方面，要浓墨重彩，用报道增加这个节日的喜庆气氛；另一方面，也要把有自己特色的报道隆重呈现。

今天头条安排“建党百年 · 经济战线风云录”是必要的，有关抗日根据地财经工作探索的内容也有可读性。看起来，这些都是史料，但如何写好写活写准确，还是费脑筋的，《控制物资反通胀》延续了整个系列的风格特点。这套报道有几十篇，每篇都在2000字左右，总计有大几万字，是吕立勤等同志从众多史料和书籍中披沙拣金出来的，相当不容易，成就了我们百年报道的一个特色。

以这套报道为蓝本，新媒体部制作了系列短视频。第一集讲的是安源煤矿工人俱乐部的经济活动，四五分钟时间，生动再现了中国共产党的早期金融实践。经过精心准备，今天起开始这个系列的播发。一天一集，贯穿“七一”。我看效果不错，短视频比专栏文章吸引人，质量也不错，希望各平台加大推送，力争好效果。

1版“经济论坛”《A股投资者逼近1.9亿说明了什么》有经济味。财金部周琳同志抓住这个新闻由头，进行深入剖析，并且按编辑要求连夜把原来的“经济聚焦”稿改为言论，还是有两下子的。此文分析比较到位，观察比较细致，质量还是好的。看来，经过这半年专栏写作训练，记者们的业务能力是明显提高的。

上周末，报社还举办了2021中国数字经济新引擎论坛，邀请专家和学者对数字经济进行研讨。赵子忠同志牵头负责的这次活动很顺利，各方面反映很好。今天7版对这次论坛全面报道，还是有不少干货的。我想，这样八九十人规模的论坛可以经常主办，完全能做到合法合规合要求，实现两个效益双丰收。

抓深度调研和评论言论有效果

2021年6月23日 · 星期三

今天，1版推出《重塑乡村经济和治理格局》，是对四川乡镇行政区划和村级建制调整改革的调查，是记者站深入调研、反复打磨的重点报道。

这个调查稿的编发是慎重的，前后改了多次。由于内容敏感，事关重大，一些地方在这方面出现问题，国内外都产生过负面影响。钟华林同志按照编辑部要求，广泛听取各方面意见，特别是四川省委的意见。省委书记等几位常委多次过问，认真审改，反复核实，最终成稿。1版出1500字、后面出整版的方式，呈现效果是好的。要不是有重要时政，放头条那就再好不过了。

像这种主题比较重大、地方领导重视、社会各方关注、经深入调研写出的报道，是我们特别需要的，是半年多来下大力气经营的报道重点。虽然规模和分量比不上践行习近平经济思想调研记，但路子是一样的，应成为驻地同志们的工作重点。建议大家从中能有所启发，有所借鉴。

评论立报是我们采编业务的一个重心。如今，采编人员写评论、写好评论、写高质量评论蔚然成风，写作能力和业务素质是有明显提高的。今天佘颖同志《迟来的苦果更要认真品尝》，亢舒同志《保障性租赁住房迎来多重利好》等，都有一定水准，正逐步形成自己的个性和特点。

1版“经济论坛”《斩断虚拟货币炒作资金链条》，是财金部陈果静同志撰写的，论得到位，评得在理，颇有独到之处。“时评”版上的几篇短评也不错，特别是郭存举同志的《楼市“黑嘴”要不得》，有内容有观点，旗帜鲜明，时评的味道很浓。

现在看来，抓深度调研报道和评论言论工作是有效果的，但还需咬紧牙关，顽强推进，也希望同志们坚持不懈，久久为功。

“三高”作品献礼百年华诞

2021年6月24日 · 星期四

百年华诞越来越近，“七一”就在眼前。作为中央党报，作为党的新闻工作者，要向这个大日子，致以我们的祝福。

今天1版刊发的《人民至上——伟大征程的永恒坐标》，就是我们给百年华诞的献礼。作为报社评论工作的主力军，言论写作的战略部队，评论理论部在特殊阶段发挥出了特殊作用。这篇编辑部文章是3篇精心准备的文章首篇，显示了高站位、高水平、高质量，属典型的“三高”作品。

这样的文章写作说容易很容易，因为没有什么特别的道理和特别的材料，大家都在做，也都能做。但又最难写，要写出不同、写出特点，没有真本事硬功夫是难以完成的。我们可不谦虚地说，这篇文章是相当精彩、相当出色、相当有水准的。一方面，这说明了评论立报的思路是正确的，另一方面，也说明我们评论工作取得了新成效，使得我们在重大报道的同台竞争中能出新出彩。建议大家将此文作为学党史的重要内容，也建议采编人员好好琢磨，加以学习和借鉴。

近一个时期，不仅报道质量明显提高，版面水平也比较稳定。今天的“世界经济”“财金”“特别报道”，在策划、组稿、编发等多个方面都精益求精、反复打磨，力争完美呈现。“智库”和“数据”版已形成自己的辨识度，给人留下深刻印象，吸引了越来越多的好评。

接下来这一周，采编任务会大为增加，请值班的同志特别是总编室、协调部、中经网等部门，要按照部署，忠于职守，确保报道工作安全、高效、有质量，以我们的实际行动迎接中国共产党成立100周年。

在短视频上持续发力

2021年6月25日 · 星期五

今天说说短视频的事。

按计划，“党史中的经济档案”已播发3集。据初步统计，传播效果不错：本报和中经网自有平台第三方账号上，总播放量超600万人次，其中经济日报抖音、快手账号开设的话题页阅读量逾200万人次。

同时，学习强国连续在首页推荐频道展示，并收入推荐频道专题“建党百年 · 经济战线风云录”。中央网信办也是全网推送，大量网站转发，其阅读量不好统计，但据说不会低于前述总阅读量。

在目前各媒体集中推出建党百年精品力作的情况下，这个量相当可以了。一方面说明此套产品策划有独到之处，另一方面也说明视频制作有一定水准。此外，本报近期抓推广也见到了实效。

前几天，我们还召开专题研讨会，邀请专家及同行就抓住短视频风口、推动深度融合进行深入交流，并对举办“记录小康生活 见证时代变迁”微视频征集活动作了小结。自3月14 日启动，至6月21日结束，100天内共收到视频投稿近7000件，全网播放量超8亿人次。可以说，这个效果是远超预期的，大大丰富了我们建党百年主题宣传的内容和形式。

专家们表示，短视频时代的到来，对传统媒体既是挑战，也是机遇。“无视频、不融合”，主流媒体应紧抓短视频风口，发挥权威性专业性优势，用新技术新形态新模式新理念强化主题宣传，不断提升传播力引导力影响力公信力。这些观点很有启发性，应当引起我们的重视，在短视频上继续发力。

这段时间，夜班处理了大量急难稿件，付出了艰苦努力。但越忙越要沉着细致。昨晚，就没做到“瞻前顾后”：企业版已有稿题为《“上汽车享”停摆意味着什么》，1版又用《LPR 保持不变意味着什么》这样的题，显然是考虑不周的。望今后多加注意。

针对经济热点开展调研报道

2021年6月26日 · 星期六

这几天，1版连续刊出“经济论坛”专栏，都是年轻记者写的，质量不错。今天熊丽同志的这篇金观平文章《不必过于担忧输入性通胀压力》，同样很有分量。

全球通胀水平短期在上升，这种势头是否会持续，人们认识是不一致的。该文从国内外经济状况和市场走势等方面进行精当分析，既指出由于不确定性仍然存在，对通胀通缩的压力不能掉以轻心，同时也明确提出，输入性通胀风险总体可控，全年物价调控目标可以顺利实现。此稿观点鲜明，论据充分，材料运用得心应手，语言文字简洁明快，是一篇相当有水平的经济时评。夜班编辑也很用心，题做得准确、有力度。

“世界经济”连出两期《全球生态保护面面观》（上、下），是国际部考虑到世界环境日和生物多样性日而精心策划组织的，围绕“山水林田湖草沙”七个方面，选择了七个国家的实践，图文并茂，版式清新，还是有吸引力的。加强策划组织，这条路子是对的，要持续做下去。

8版报道的是个老问题，关于快递行业包裹回收调查。祝君壁、冯其予两位年轻同志采写的《如何“瘦”下去 怎样“绿”起来》，动了脑筋，下了功夫，写出了新意。从使用和回收、生产和科技，到企业和消费者、机制和治理，作了全面深入剖析，读来有收获、有启发。“调查手记”提出的四点解决措施也有一定的参考性，更显出这个调研的价值。

像这类针对经济领域热点问题的调研，各方很关注，社会有需求，读者感兴趣，应当成为我们调研报道工作的重点。钟华林同志昨天报告说，关于四川乡镇区划改革的调研稿，四川日报在头版予以转发，已有超过50家网站转载。这样的影响和效果都是超出预期、出人意料的，有关《齐鲁不凡》的深度调研，网上总阅读量轻松就达到1200万！这都说明，调研报道是一片蓝海，是大有可为的。

长稿有深度 短文有新意“关注”有质量

2021年6月27日 · 星期日

一个月前，广东站郑杨同志在井冈山培训时跟我说，她准备去东莞做调研。今天的12版刊发的应该就是她这次调研的成果——《“世界工厂”匹配怎样的产业工人》。

这个调研主题很重要。粤港澳大湾区正在向先进制造业中心大步迈进，产业工人能否同速前行，是迫在眉睫的关键考题。东莞面临的困境、做出的探索及其成效都有一定代表性。“调查手记”还进一步提出要打造吸引人才新生态的问题，发出再见“打工人”、你好“追梦人”这样的呼吁，期待“打工人”都能成为“追梦人”！这个调研报道既不是表扬稿，也非成绩展示，称得上地地道道的调查研究，是有分量、有思想、有深度的。

8版是佘惠敏同志采写的人物通讯，《科学之光照亮人生路——记中国科学院院士唐本忠》，在人人追“星”的当下，多多宣传科学家不仅十分必要，也是我们加强舆论引导的重要责任。此稿下了不少功夫，不是抄资料、编材料，选材和写作都比较精心，可读性是强的。在我看来，这样的人物报道，包括知名经济人物、企业界领袖、优秀科研人才等，最好每天都能在版面上见到。

这两长稿不错，有两短文也挺好，分别是覃皓珺同志的《老胡同新韵味》，郭静原同志的《有故事的夜晚更精彩》。前者从文化角度探讨老胡同的治理和开发问题，后者用市场视角研究城市夜间经济如何更好发展，颇有新意和独到之处，共同点在于这两名年轻记者观察细致，做有心人。

今天“关注”版也是有质量的，编发的几篇稿件都值得一看，版面也漂亮。特别是《生猪养殖企业减亏稳产应对变局》，新闻性和专业性强，说明黄俊毅同志这些年在农产品市场方面的用心和积累是有成效的，业内人士也比较认可。这是很不容易的。

写好“大稿子”必下苦功夫

2021年6月28日 · 星期一

夜班的同志们又度过了一个不眠之夜。

随着“七一”临近，相关时政报道增加，新华社发稿晚，给夜班带来了很大压力，各项工作做完，往往天已破晓。这将是后面这几天夜班的常态，对总编室夜班的大伙来说，这也是一次大考和检阅。希望都能够调整好状态，妥善应对这一特殊时期。

今天，按计划推出第二篇编辑部文章《奇迹密码——中国共产党领导经济工作的伟大探索与辉煌成就》，献给中国共产党成立100周年。与上篇《人民至上》一样，该文恢弘大气、高屋建瓴，梳理了中国共产党100年来在经济建设、改革开放等多个方面的艰辛探索和不懈奋斗，从理论的高度、实践的维度，剖析了辉煌成就的成功密码，向世人揭示了中国奇迹的深刻内涵，同样是篇政治站位高、思想水平高、写作水准高的上乘之作，也展示了本报业务工作的实力。

这类所谓的大稿子，难在理论上的逻辑思考，难在材料上的选择运用，难在文章脉络上的精心梳理，难在文字上的精准把控，是长期积累、用心琢磨的结果，非一朝一夕之功。与那种千字文写作有明显不同，不下苦功夫，没有真本事，确实是难以完成、无法胜任愉快的。建议有志于写这种文章的同志认真学习揣摩，从中有所借鉴。

有关建党百年的宣传报道，已进入最后冲刺阶段，务必要以高度的政治自觉和历史责任感，完成好各项工作任务。无论是处于隔离状态的前方记者，还是在报社值守的同志，包括各部门各单位的全体人员，都要提高政治站位，增强大局意识，做到阵地不丢、工作有序，把本周工作落实落细，确保万无一失。

建党百年特刊体现了特色和实力

2021年6月29日 · 星期二

本报喜迎百年华诞的重点报道陆续推出。近期主要有3套：一套是“经济战线风云录”系列；一套是3篇编辑部文章；还有一套，就是“建党百年特稿”，也是3篇，今天刊发的“综合国力篇”是首篇。

如果说，编辑部文章的特点在于思想性、理论性突出，有高度、深度和历史感，那么特稿则在材料的搜集梳理，历史脉络的条分缕析，以及文字的精当把控方面，有过人之处。熊丽同志采写的这篇《百年征程写奇迹》，归纳展示了我们党团结带领全国人民万众一心、砥砺奋进取得的历史性跨越，思路清晰，材料丰富，详略得当，几千字的稿子写得情真意切。读来感觉还是不错的，看得出记者是用心用力了。

“特别报道”已近收尾。近半年来，王智、齐平同志牵头的工作专班带着责任感，从事这项时间长、要求高、难度大的报道，至今共编发版面超300个，文字量200多万，各类图片图表不下1000幅。在与其他媒体同台竞技中，这个特刊体现了我们的特色和实力，在各地、各部门和读者中产生了良好反响,效果是好的。参与报道的总部和驻地记者，为此付出了艰苦努力，很好履行了党报新闻工作者的职责使命。向同志们致敬！

“七一”过后，报道逐步转向正常，由抽调人员组成的专班将解散，版面格局也渐趋常态。原来的特刊版面，将由各部门分别承担，数量增多了，各部门的工作量也会明显增加。希望同志们以大局为重，努力克服人手紧张、采编力量不足的困难，多想办法多挖潜，为报社采编业务作出自己的不懈努力。

反复打磨出精品

2021年6月30日 · 星期三

由于重要时政和文件多，今天报纸增至16块版，总编室夜班的同志们又是通宵达旦。天已破晓，看到夜班在调版，有空余时间，我又看了遍待发的编辑部文章，忍不住又做了点修改。

这篇献礼之作《伟大荣光——迈向现代化的中国探索》，篇幅不是很长，但容量大，分量重，写作也比较讲究，确实是能代表经济日报业务能力和言论水平的。

回头来看，这3篇编辑部文章是个整体，既相互支撑，又层层递进，具有内在逻辑联系，形成了我们迎接中国共产党百年华诞的精彩篇章，表达了经济报人对百年大党的生日祝福和无限敬意。尤其是今天见报的这篇，把我们对中国共产党、中国特色社会主义制度、中国特色社会主义道路的分析概括，提升到了一个新的高度。建议大家好好读一读，不仅业务上可有所借鉴，思想上也能够有所启迪。

这些重点稿件相对质量高，关键还是在于用心用力、精写精编。同样，新媒体作品也需要反复打磨。昨天同志们看到的经济日报社纪念中国共产党100周年的专题小片《永远跟党走》，从策划、搜集材料、构思脚本，到现场拍摄和全面修改，花了将近两个月，大的修改不下十多次，播发前两小时还在改进完善。视频播发后，在业内外还是广受好评的。

天上不会掉下馅饼，一分耕耘一分收获。我们只有扎扎实实做工作，认认真真干事情，兢兢业业抓项目，才能取得好的效果，达到预期目标。

JULY
2021 / 7

2021 年 7 月

总编辑评报

生日快乐，我的党！

2021年7月1日 · 星期四

今天是中国共产党成立100周年。我们用增至16版和报纸全彩，以及丰富多样的报道，向这个特殊的日子致敬。

时政要闻不多，我们得以按计划在1版刊发3篇报道，分别是社论《矢志践行初心使命 奋力开创光辉未来》、特稿第三篇《大国风范显担当》和《建党百年赋》，形成了本报特色。虽然半年来，我们写了大量的评论言论和多篇编辑部文章，对中国共产党的百年历史和伟大成就进行了全面、深入、多角度的报道，但今天的这篇社论仍然新意迭出，耐人寻味。《建党百年赋》也比较有特点，以这种比较别致的形式来反映中国共产党100年的辉煌成就和非凡历程，还是不多见的。记者下了功夫写，编辑花了时间编，呈现效果也是相当不错。

为把特刊办好，总编室、协调部和有关采编部门，包括驻地记者，早策划、早安排、早组稿，浓墨重彩地拼出了10块特刊。总体来看，今天的报纸质量较高，反映出我们采编工作上的计划性和主动性，也说明我们为期半年的庆祝中国共产党百年华诞的重大主题报道进展顺利，收到了较好效果，也是受到业内外好评的。

看着夜班同志们虽然疲惫但充满斗志的那种状态，感到十分欣慰。昨晚夜班，除一人是入党积极分子外，其他同志都是共产党员。他们用自己的劳动和奉献，向党表达了忠诚。

迎着朝阳，让我们共同道一声：生日快乐，我的党！

庆典报道圆满完成

2021年7月 2日 · 星期五

到上午8时许，本报16块版全部完成，标志着本报庆祝中国共产党百年华诞庆典报道落下帷幕。在此，向所有参与这一重大报道任务的采编人员，以及为此付出辛劳的同志们，表示崇高敬意和衷心感谢！

对“七一”的报道隆重、热烈，特别是百年盛典特别报道这十几块版内容丰富，图文并茂。昨晚，由总编室和各有关部门人员组成的工作团队顶住压力，紧张工作，完成了16块版面的编辑任务。这充分说明我们这支队伍是有战斗力的，业务过硬、作风顽强，同时也说明，我们可以做更多的工作，啃更硬的骨头，干更大的事情。

对中国共产党成立百年的宣传报道，是贯穿全年的重大政治任务。这半年来，我们提高政治站位，不断增强政治责任感和历史使命感，提前策划，精心安排，周密部署，参与人员尽心竭力，忠于职守，确保了我们的工作始终有计划有步骤、有力有序有效地顺利推进。特别是进入6月份以来，任务越来越重，要求越来越高，责任越来越大，同志们发扬连续作战、不怕疲劳的作风，全身心投入到这项最为重要的报道之中，为我们党百年华诞和盛典举行做出了自己应有的贡献。

躬逢盛世，见证百年，我们何其幸甚！

掀起学习宣传“七一”重要讲话热潮

2021年7月3日 · 星期六

习近平总书记的“七一”重要讲话，是一篇马克思主义纲领性文献，反映了习近平新时代中国特色社会主义思想的最新发展，是指导我们开启第二个百年奋斗目标的行动纲领，具有重要的政治意义、理论意义、实践意义。学习宣传贯彻好这一重要讲话，是当前的一项重大的政治任务。今天上午，中央对此作出了部署安排，我们要坚决按照中央要求，迅速掀起学习宣传贯彻习近平总书记“七一”重要讲话的热潮。

此前，按照编委会要求，评论理论部就这一重要讲话，拟定了系列评论员文章。今天刊发的是第二篇《沿着不可逆转的复兴之路阔步前行》，对总书记强调“不可逆转”的这一重要论断，进行了全面深入的分析，具有思想的高度和逻辑的力量，感情充沛，充满自信，读来荡气回肠。建议机关党委提请各级党组织和全体共产党员认真学习“七一”重要讲话，首先就从这套系列评论员文章学起，会更有指导性和贴近性。

随着百年盛典报道的圆满结束，版面逐步恢复正常，一些重点稿件和专栏文章也开始陆续安排。像杨忠阳同志的《自主品牌如何打破“新尴尬”》，连俊同志的《发展中国家遭受通胀和疫情双重煎熬》，以及佘颖同志的《商家和平台需解决老问题换个新形象》等，相继得以刊出，质量不错，版面做得也是有质量的。

上半年工作告一段落，下半年工作责任很重，任务不少，我们要再接再厉，乘势而上。希望各部门各单位各驻地机构的同志们，利用这个周末好好调整一下，以让我们满血回归，精神抖擞地做好下半年的各项工作。

“战略导弹部队”发挥了威力

2021年7月4日 · 星期日

回顾建党百年报道，本报有不少可圈可点之处。这半年来，同志们用心用力，版面稿件精益求精，图片版式求新求变，新媒体重点突出，中经网全面发力，直属单位各展所长，可谓亮点频仍，高潮迭起，在社内外产生良好反响，多次受到各方面的好评。

昨天，中央领导同志表示，党中央对建党百年的宣传报道工作是满意的，对各媒体和广大新闻工作者的工作给予充分肯定。期待同志们再接再厉，再立新功，再创佳绩！

这次重大报道中，我们每位同志都付出了艰苦努力，做出了自己的贡献。总计达数百万字的文字报道中，3篇编辑部文章十分亮眼，在与其他媒体同台竞技中毫不逊色，彰显了本报特色和水准。试想，如果没有这套3篇编辑部文章，没有一套3篇的喜迎建党百年特稿，没有一套3篇的全面建成小康社会重点述评，本报的“七一”报道无疑将大打折扣，我们也一定会自惭自责的。

这套编辑部文章《人民至上》《奇迹密码》《伟大荣光》，分别由栾笑语、齐东向和牛瑾同志撰写，季正聚同志等修改而成。我此前说过，评论理论部就是“战略导弹部队”，关键时刻、特殊时期、重要关头，一定要发挥出不同于一般的作用和威力。东向同志和她的团队当得起这个称号，是为报社争了光添了彩的。

今天见报的《以最坚强的领导力锻造最可靠的主心骨》是“七一”重要讲话系列评论第二篇，由赵登华同志捉刀，和昨天见报的牛瑾同志起草的《沿着不可逆转的复兴之路阔步前行》同样有质量。“七一”社论《矢志践行初心使命 奋力开创光辉未来》（作者赵登华）、重点评论员文章《守护精神之源续写新的荣光》（作者牛瑾）和《守护好建设好红色江山》（作者牛瑾）等，是在短时间内连续完成，其强度之大、水平之高、反响之好，都是少有的，大家的工作也是超负荷的。东向同志说：“这阵子大伙都很拼。能赶上建党百年这样历史性时刻，人生值得！”

普普通通的话说得如此令人动容，不愧是本报首席评论员。

媒体融合发展迈出新步伐

2021年7月5日 · 星期一

“七一”这天，中经网推出“AI秀唱支红歌给党听”融媒体产品，董明珠等企业家、经济学家同唱经典歌曲，向党的百年华诞献礼。产品推出后，传播量超过480万人次。

这个产品是人工智能动作迁移技术在媒体融合中的一次尝试，不仅丰富了我们建党百年报道的内容和形式，也促进了重大战役性报道中的融合发展，是一种难能可贵的探索。

今年以来，总编室、新媒体部和中经网协同配合，共同努力，在媒体融合发展方面还是迈出了新的步伐的——

年初推出的“喜迎百年华诞送你红色货币”H5融媒体产品，可谓牛刀小试，出乎意料收获5000多万传播量；

接着，举办“春节七天乐”摄影大赛，来稿达两万多幅，参与者来自几十个国家的逾万人，报纸和客户端都从中获益；

全国两会期间，策划推出云访谈，也是几千万的传播量，在代表委员和企业界产生一定反响；

从3月14日起，举办“记录小康生活 见证时代变迁”微视频征集活动，100天时间收到投稿近7000件，播放量超过8亿人次。中宣部新闻局局长还专门批示：“经济日报社的探索，值得肯定与鼓励，要积极推动央媒加大深度融合力度”；

进入6月，先后集中推出“党史中的经济档案”“全面小康的中国密码”“感受小康”等系列视频，也都收到了较好的宣传效果。

与此同时，《证券日报》等直属单位推出了不少质量不错的融媒体产品，影响也挺大……

这半年多来的实践表明，融合发展不仅十分重要，也十分必要，尤其是在建党百年这样的重大报道中，完全可以发挥特别作用，收到特殊效果。这也提示我们，在融合发展方面要更自觉、更主动，做到坚定信心，量力而行，努力走出切合自己实际的创新发展之路。

在新闻分析上着力很有必要

2021年7月6日·星期二

今天说说新闻分析。

6版“产经”头条刊发黄鑫同志采写的《全球最大农业科技公司来了》。这是一个重要的产业新闻，说的是先正达集团披露招股说明书，即将登陆中国科创版。先正达是一家在全球农业技术和创新领域极具竞争力的巨头企业，其上市备受瞩目，对此进行报道是十分必要的。

可贵的在于，此稿没有止步于上市这个新闻，而是深入挖掘先正达上市所蕴含的重要意义和特殊价值，从公司把握中国市场机会，到推动种业创新发展，做了深层次分析，预判企业经过重组将轻装上阵，推动我国农业高质量发展，助力乡村振兴。这就使得这个新闻增加了内涵和深度，更有可读性。

8版“关注”刊发了郭子源同志采写的《房地产贷款增速为何创8年新低》。此稿没有满足于报道增速下降，而是进一步剖析了房地产贷款增速曾经高企的原因是什么？房地产贷款增速为什么会降低？以及房地产贷款的走势将会如何？分析认为，房贷增速持续下降的背后，是各地贯彻房地产长效机制要求的结果，也是金融监管部门遏制房地产金融化泡沫化势头的结果。这样的报道便于读者对房地产业与金融业的密切关系有更深了解，不仅有新闻性，也有针对性和指导性。

这两篇稿件共同之处在于，没有浅尝辄止，而是向前一步、往深一层，使得新闻的分量大为增加，让读者看完后，不仅知其然，而且知其所以然，乃至知其所以必然。我们常说，作为传统纸媒，一般的新闻稿已缺乏竞争力，事实上，我们也难以抢得第一落点。但由新闻入手做分析，特别是针对性强的深层次分析，在这样的第二落点上着力，还是十分需要的。希望大家在采编业务中注意把握。

新闻生产潜力待挖掘

2021年7月7日·星期三

昨晚，两办印发《关于依法从严打击证券违法活动的意见》。对证券市场来说，这无疑是件相当重要的事。除要及时刊发通稿外，有必要配发言论。

当我接通电话布置任务时，杨国民同志报告说：“社长，评论稿已写好，发到总编室了。明天还会有一篇有关通知解读的报道。”听后很是欣慰。这充分说明，我们采编人员新闻敏感性明显增强，积极性得到有效调动，主动性创造性正在充分显现。

夜里看到周琳同志起草的这篇金观平文章，有观点、有内容、颇具水准，体现出我们记者的专业性。

这几天，重要时政新闻仍比较多，但可读的报道还是不少的。像佘颖同志的《有标准的鸭血粉丝汤才有味道》，亢舒同志的《摁住楼市过快上涨的“七寸”》，祝惠春同志的《大宗商品撤“虚火”》，以及李丹同志的《从根上遏制学区房乱象》，等等，都是言之有物、针对性比较强的。

内参部赵淑兰同志采写的《打通农村融资“最后一公里”》也很不错。针对河南兰考县推行普惠授信贷款一事，记者进村入户调研采访，材料扎实可信，写作也比较讲究。调查手记《一步好棋活全盘》画龙点睛，言简意赅，抓住了问题的要害和实质，还是很有说服力的。

看到同志们充满积极性主动性创造性，深为有这样勤勉踏实、忠于职守的同事而感到庆幸。同时，也深感报社蕴含着的巨大潜力。关键还在于，我们要在严格要求、规范管理的同时，充分尊重大家、善待大家，团结最大多数，以共同推进我们共同的事业。

两篇稿件给驻地同志的启示

2021年7月8日 · 星期四

今天，9版刊发对西藏茶产业的调查稿。这个题为《茶歌嘹亮》的整版报道，是援藏的常理同志和西藏站代玲同志采写的。选题好，调研扎实，同时，编辑用心，版式新颖，是“调查”版推出的又一质量较高的报道。

综采部常理同志克服各种困难，主动报名到雪域高原工作快两个月了，下功夫做调研报道，体现了驻地记者的工作重点。这样的调研花的时间长、精力多、成本高，但效果好，不仅契合报社“减量化改革、高质量发展”要求，也更加符合驻站记者的工作特点。与其东写一篇西写一篇不疼不痒、可发可不发的稿件，不如集中精力和时间去写重点报道和深度调研。这个做法是明智的考虑，是正确的选择。

11版“地方”继续刊发河北站陈发明同志的言论，地方招商引资系列谈之三《要在“安商”上出实招》。文章围绕工作实际，分析地方在招商引资方面存在的不足和要害，针对性强，有战斗性。作者目光犀利，文风有锐度，展现出善于观察、深入剖析的能力，应当继续发扬。事实上，这同样是驻地记者调整工作重点、发挥自身长处、优势的有效做法和重要着力点。

这一长一短两篇稿件，再次提醒我们的驻地同志，一定要转变工作思路，顺应媒体变化，调整工作重心，尽快实现转型。当下，媒体和媒体人正处于重大变革之中，不仅是本报，不仅是总部采编人员，驻地同志们也同样面临这种重大调整。这是时代提出的崭新课题，是大势所趋。时移世易，谁都不是旁观者，必须理性面对：抱残守缺没有出路，因循守旧也没有前途，故步自封一定会被历史大潮吞没。与其被动观望，怎如顺势而为？

好文章就要做出好安排

2021年7月9日 · 星期五

好文章就要做出好安排。

今天我们断版刊发国际部集体撰写的“郭言”文章《以中国的新发展为世界提供新机遇》。此稿主题宏大，视野开阔，论据充分，说理性强。写作上也比较讲究，文字精致有味道。文章深刻阐释并向世人宣示，我们不仅将坚定走中国特色社会主义道路，而且在这一过程中，既发展了自身，同时也可以造福世界。值此欢庆中国共产党百年华诞、连续举办国际峰会等重大外交活动背景下，刊发此文很有意义，很有价值。

今年以来，国际部推出了多篇这样的重头文章，反映出国际部同志们业务上的精进和追求，同时也说明采编人员能力和水平有了明显提高。特别是他们善于精心策划和周密实施，擅长团队作战，并收到良好效果。这都是值得各部门学习借鉴的。

温济聪同志到辽宁站工作有三四个月了，今天“调查”版编发他的《辽宁丹东老品牌重生记》。这个调查很接地气，对经济现象的分析是透彻的，对老品牌的重新崛起思考也比较深入。这也反映出业务上的进步，理论和思考色彩渐浓，确实是在一天天成熟起来。像这样一篇篇有质量的报道也在不断提示我们，今年以来，到驻地机构工作的年轻同志们正在加速成长成才，给我们带来了信心和希望。

今天12版“数据”《销售产品带活夏日经济》时效性强，很应景，这些数据还是有参考价值的，《让纳凉消费“热”起来》这篇小文章也不错。特别的是那张配图，让人忍俊不禁：一个胖丫头在大口吃着雪糕。真想提醒一句：闺女，吃完快去减肥吧！

人人在创新 个个在奉献

2021年7月10日 · 星期六

昨天，央行宣布年内首次降准，将释放资金万亿元，受到市场广泛关注。今天1版发表金观平文章《适时降准更好支持实体经济》，予以评点和阐释，把背景和由来说清楚了，对货币政策和市场影响也讲明白了，财金部陈果静同志还是做到了“召必应、战必胜”的。

去年底以来，“经济论坛”专栏由评论理论部率先推出并苦心经营，经各部门协力支持参与，一直保持较高水准。技术部最新统计表明，在本报所有专栏中，“经济论坛”列第二，点赞和好评也名列前茅。这都离不开策划、调度，离不开及时采写、精心打磨，也离不开编辑环节的认真处理和悉心推广。

近两个月，总编室、新媒体部和中经网按照编委会的要求，克服各种困难，想了不少办法，在推广方面没少下功夫，成效也是明显的，特别是在头条、强国、抖音等多个平台，我们一些优质报道内容得到了良好传播。

最近，我们的一条关于生猪生产的短视频，播放量超8000万次，成了爆款。昨晚10点，王智同志在总编辑办公会工作群里说：《给钱！给地！给政策！保障性租赁住房将获长期资金支持》经二次、三次加工后，今日头条点赞1.1万，评论超过2000。

没过几分钟，孙世芳同志接着通报：他值班期间策划、新媒体部制作的以建党纪念邮票为主题的小视频《方寸之间显辉煌》，阅读量达1409.8万。抑制不住喜悦，世芳同志连声感叹“出乎意料!”

10分钟后，王智同志又补充道：“对这个小片，总编室团队和微博方面做了沟通，推介上了热搜，此时阅读量已达2008.8万，数字眼下还在涨。”王智同志还说：因这条阅读量高，头条给我们有点广告分成，一千多块……到处是活跃跃的创造，人人在投入地创新，个个在尽心竭力地奉献。你说，工作怎会没效果？报社焉能没变化？事业哪能不进步？

下功夫把国际副刊办好

2021年7月11日 · 星期日

今天，国际副刊第一次亮相，几篇稿件的主题是正在酣战中的欧洲杯足球赛。这与消费版报道的主题“啤酒”相对应，还是比较协调的。

增出国际副刊很有必要。目前，不仅人民日报有国际副刊，光明日报也有国际文化、国际科教版，我们涉及国际报道的总版数也相对较少。为办这个副刊，国际部专门拟订了具体方案，从定位、选题等方面作出安排。分管副总编辑季正聚同志强调，国际副刊务必围绕“经济”做文章，紧扣世界经济这个范畴。我看，这个定位是对的，既要体现可读性、文化味，更要反映经济生活，充满经济气息，展现经济特色。希望国际部的同志们深入领会，准确把握，下功夫把这个副刊办好。

就今年上半年客户端工作情况，总编室做了个小结，既肯定进展和成效，也指出了不足，特别谈到了阅读量和发稿量有较大幅度下降，建议予以足够重视。我看提醒得很及时。眼下，各采编部门发稿不够平衡，多的如总编室、记者部、产经部每月有几千篇，少的一个月两三百篇，甚至更少。对此，要从部门业务实际出发，定出比较合理的数量指标，并与考核挂钩，逐步改变多发少发一个样的问题。

昨天我在评报时提到，《方寸之间显辉煌》阅读量达2000多万。评报中午刚发出，王智同志即在群里通报说：“过了一夜，话题阅读量已经6000多万。”两小时后，午觉睡醒，又见何振红同志发出截图：阅读量已达7114.1万。

这个视频的策划者孙世芳同志，更会感到“出乎意料”了吧！

拉开下半年深度调研帷幕

2021年7月12日 · 星期一

今年下半年的第一套深度调研报道，今天隆重推出。

张曙红同志牵头完成的这次践行习近平经济思想调研行《中关村新传》，围绕北京国际科创中心核心区建设发展进行蹲点式调研，全面深入地报道了中关村之变。

细读这篇万字雄文，作者用无可辩驳的事实和有说服力的案例告诉我们，今日中关村已成为北京和中国的中关村，更日益成为世界的中关村，演绎出中关村正在向具有全球影响力的科创中心进军的交响乐章，反映出中关村人贯彻落实习近平总书记重要指示精神作出的不懈努力和创新创造。全文视野宏阔，主题鲜明，层次清晰，逻辑严密，是一个分量重、质量高、有思想的优秀报道，为我们下半年的深度调研拉开了帷幕，做出了样子。

为进一步组织开展好深度调研工作，编委会最近专题进行了研究，决定正式成立深度调研报道工作委员会，由郑波同志牵头负责这项工作，这个委员会办公室放在记者部，具体落实相关事宜。今天，深度调研报道工作委员会要召开第一次会议，对这项工作作出制度化、规范化、机制化安排，从调研点的遴选，主题的拟定，到调研组人员的组成，以及报道具体安排等，都将作出部署和明确要求。

近日，又将有调研组离京，进行新一轮调研。相信经过同志们的共同努力，我们这项工作，一定能够在上半年取得突出成绩的基础上，又有新的拓展和进步。

四篇稿件各有亮点

2021年7月13日 · 星期二

今天，我们按计划刊发中关村调研报道的反响和评论员文章《在实现高水平科技自立自强中发挥硬核作用》。评论进一步揭示出我们开展这个调研报道的时代背景和深刻主题，强调习近平总书记指出的“努力实现高水平科技自立自强”，既是中央把握时代潮流、立足发展全局作出的重大战略决策，也是各地区必须切实履行的职责使命，深化了人们对习近平经济思想的认识与理解，使整个报道提升了高度，开阔了视野，深化了主题，从而达到了更好的宣传效果。

连俊同志撰写的专栏稿《英国全面解封或带来巨大风险》，针对英国近期出台的防疫政策，深刻揭露了“选情重于疫情”的政策背后，是难以逾越的体制桎梏。文章尖锐指出，如果由于全面解封，助长了疫情蔓延，导致出现新的变异毒株，那势必会给全球，特别是发展中国家带来更大风险。这种警示还是很有价值的。

乔金亮同志的《培育更多有引领性的农业科技企业》，说的是一个重大主题：作为全球最大的农产品生产国和最重要的农产品贸易国，我们必须要有自己的国际大粮商和农业科技巨头。稿件涉及的内容相当重要，关系大局，发人深省，说明作者对农业问题的研究比较深入，认识比较透彻，站位也比较高，体现出我们专栏稿件的专业性。

9版今天编发了曹松同志对云南野生亚洲象保护状况的调查《远足的大象们还好吗》，很吸引眼球，有可读性和知识性，文风比较朴实、接地气。编辑也十分用心，版式独特有创意，视觉效果不错。这也给“调查”版增加了清新的气息和特点，反映出采编人员还是很用心，是下了功夫的。

稿件有看点 版面有活力

2021年7月14日·星期三

今天6版刊发的“房地产周评”《教育和住房何时能脱钩》，说的是社会广泛关注的热点，问题抓得准，分析透彻，针对性强。看来，亢舒同志的这个专栏越来越有看点了。

学区房问题是个老大难，家长操心，社会忧虑，炒作学区房受到人人诟病。该文把这个问题来龙去脉说得很清楚，认为，教育资源均衡是不断淡化学区房概念的根本途径，只有教育和住房彻底脱钩，住房才能真正回到居住本质。对这一焦点问题，还可以进一步跟踪研究，进行多角度分析，给读者以更多的参考。

今天版面上有不少可读性强的稿件。佘颖同志的《细品这剂反垄断的“预防针”》，针对虎牙和斗鱼合并被叫停指出，监管通过行政禁令敲打腾讯，就是在给资本打预防针，有利于规范互联网行业的投并活动，必须合规经营、创新驱动，才能畅享资本撬动未来的红利。这样的点评抓住了要害，对反垄断的这又一案例进行比较专业的评说。吴浩同志对鹤岗生态转型发展的调查比较扎实、比较深入，写出了转型之难，写出了鹤岗之变，读来还是很有启发的。

此外，像《全面降准不意味政策转松》《避免酒店垮塌悲剧重演》《砂石市场难题如何破解》《“睡眠账户”将被加速清理》《快递公司“快而不递”为哪般》《行政处罚不是为罚而罚》等，都是贴近现实、贴近市场、贴近读者的好报道，使版面充满了活力，报纸也越来越生动，越来越吸引人，越来越有看头。

近期，理论版突出宣传“七一”重要讲话精神，组织的一些稿件站位高、分量重、指导性强。《实现民族复兴进入不可逆转的历史进程》《坚定不移走中国式现代化新道路》《开辟马克思主义中国化新境界》等专家文章，读后都会有收获，也增加了报纸的厚重和内涵。编辑们是作出艰苦努力的。

今日1版特色鲜明

2021年7月15日 · 星期四

按照上级要求，我们加版刊登了第八届全国道德模范候选人事迹，明天还要继续加版刊登。总编室的同志们辛苦了！

今天1版的三篇稿件很有特点。

头条是熊丽同志采写的《夏粮喜获丰收》，不仅报道了全国夏粮丰收这一新闻，还作出进一步分析，把夏粮为什么能够再获丰收，以及播种面积为何增加的原因，进行了令人信服的解答，让人们对我国粮食生产的状况和特点有比较准确全面的了解。

周雷同志采写的“经济聚焦”《央企重组攥指成拳》，围绕上半年来，央企重组整合的重大经济现象，揭示了央企改革正在迈出坚实步伐，在构建新发展格局的背景下，加快重组整合，必将在实现科技自立自强、加快高质量发展等方面取得新的突破。这样的归纳和梳理，对于我们理解央企重组整合的目的和意义很有帮助，剖析得还是比较内行、比较专业的。

今天的金观平文章《着力为市场主体纾困解难》，是牛瑾同志撰写的。文章针对我国当前经济形势的特点，辩证指出：一方面，各地要舍得下绣花功夫，把党中央作出的具体部署落到实处、落到细处；另一方面，广大市场主体也必须自立自强，克服困难，越是面对激烈的市场竞争和不利的外部环境，越要发挥韧劲、闯劲和冲劲，茁壮成长。稿件观点鲜明有站位，问题分析有深度，针对性、指导性比较强，读完有启发、有收获。

总体来说，1版头条是个重大经济新闻，“经济聚焦”围绕的是重大经济现象，“经济论坛”讨论的是个重大经济问题。三者相互印证，相得益彰，分量不轻，使得今天报纸的1版经济味儿浓郁，经济特色鲜明，还是相当不错的。

知愈进 行愈达

2021年7月16日 · 星期五

国家统计局发布最新数据，对上半年国内经济发展情况进行通报，国内外是十分关注的。作为经济日报，应该全面深入作出解读，有针对性地回答人们的疑虑和担忧。今天1版断版刊发《中国经济半年报传递复苏信心》是合适的、必要的。

熊丽同志借新闻发言人之口，从内生动力、民生保障、质量效益等方面，详解了上半年经济发展的主要特点，加深了人们的认识和理解。报道提出，下半年外部不稳定不确定因素较多，国内经济恢复不均衡，巩固稳定恢复发展的基础仍需努力。这不仅坚定了我们对经济复苏的信心，也给不景气的世界经济增加了亮色。当然，如果再有一些独到的思考和精当的分析，稿件特色会更加鲜明。

中央关于进一步支持浦东改革开放的重要文件昨天正式印发，传递出我国把改革开放进行到底、矢志不渝迈向现代化的坚定决心，社会各界都很重视。牛瑾同志撰写的评论员文章《承载引领使命 打造示范样板》发得及时，分量不轻。在我看来，这篇文章最大的特点是，具有全局意义和国家站位。文章立足浦东，放眼全国，讲的是上海加快开放、深化改革，着眼的是全国各地如何坚持因地制宜，善于扬长避短，走出适合本地区实际的高质量发展之路，既为一域争光，更为全局添彩。作者思路清楚，视野开阔，评点精准，写作精致，还是很显功力的。

“行之力则知愈进，知之深则行愈达。”没有积累，没有投入，要写出这样的文章还是不容易的。建议对评论写作有兴趣的同志好好看一看，认真学一学。

上半年经济数据解读充分

2021年7月17日 · 星期六

今天，我们用足够多的篇幅解读上半年经济数据。

6版、7版以专题形式，编发了国家统计局相关负责人的分类评点，内容扎实，信息量大，对读者全面了解经济发展状况，应该是有帮助的。虽属常规动作，已做了好几年，但仍有分量和价值。

“世界经济”版组织的“海外看中国”，编发的是国际社会对中国经济半年报的评价，尽管稿件都不长，但用的是外国人的视角，多了一个观察的维度，增加了报道的参考性和比较意义。

与此同时，1版推出解读半年报的“经济聚焦”系列稿。熊丽同志采写的这篇《中国经济展现强劲韧性和巨大潜能》，从发展基础、发展动力和有利因素等方面，作了比较深入的梳理和分析，论述有据，评点到位，层次清楚，还是体现了本报水准的。

“时评”和“港澳台”版的几篇稿件质量也比较好。顾阳同志个人专栏《民营控股高铁能否搅动“一池春水”》，关注社会资本进入基础设施建设这个敏感话题，期待全国铁路投融资体制改革迈出新步伐，行文理性谨慎有节制。韩秉志同志撰写的《畸形加班文化不可滋长》，观点鲜明，针对性强，文字干净利落。刘亮同志个人专栏《香港国安法的亮丽“成绩单”》对“一法安香江”的归纳和点评是准确的，起到了引导舆论的作用。李万祥同志撰写的《“政治操弄”是以民众健康为代价的无德行为》，揭批台湾当局，义正词严，有力有据，颇有战斗性。

“智库”“视觉”和“数据”版做得都不错，特点日益显现，特色逐步形成，“视觉”“数据”从整体上提升了我们报纸的质量。希望同志们继续努力。

喜见图片图表争奇斗妍

2021年7月18日 · 星期日

报纸改版半年来，变化是多方面的。其中，就包括图片图表的充分运用和版式设计的多姿多彩。

今天见报的10多块版，是这半年间普通的版面，又是很有代表性的版面。在采编人员孜孜以求和不断创新中，我们的报纸在不经意间正发生着蜕变。

今年以来，顺应读图时代要求和融合发展潮流，我们加大图片图表的组织编发，强化版面的设计感时尚感，收到了好效果。“春节七天乐”摄影大赛征集作品2万多件，有国内外超万名作者来稿，拉动了版面图片的提档升级。特别是建党百年特刊中，策划设计了图片专版，推出专版近百块，图片图表超千张，进一步增强了多用图片图表、用好图片图表、放大图片图表效能的编辑理念。不仅特刊如此，不仅总编室编辑的版面如此，国际部、记者部等各部门负责的版面也同样如此。可以说，逐步呈现出了丰富多样、争奇斗妍的良好局面。

北京国际摄影周今天在京开幕，我们应中国新闻摄影学会之邀，举办“百年奋斗百年答卷——庆祝建党100周年新闻摄影展”，把本报特刊的系列摄影专版集中亮相。下周，同样的内容还将在中国（日照）新闻摄影周系列活动中展陈。徐立京同志在出席这个开幕式致辞中说，影像映时代，盛世谱华章，摄影事业、新闻事业肩负着记录时代的光荣使命，经济日报是高度重视经济新闻图片报道的。

下半年，我们还要继续加大图片图表运用，“视觉”专版每周的刊出量也将有所增加，从而让版面更亮丽，报纸质量水平再提升，努力把我们的主责主业完成好。

《吉林问粮》问出新意

2021年7月19日 · 星期一

由徐涵同志领衔的践行习近平经济思想调研记今天隆重推出。这是继《中关村新传》之后，今年下半年见报的又一套深度调研报道。

和此前多套报道不同的是，《吉林问粮》以粮食大省吉林为着眼点，紧紧围绕粮食问题，进行全方位、多角度、深层次的调查分析，探究的是中国的粮食生产和安全。这篇万字雄文，思考深入，视野开阔，从土地、种子、经营体系、政策机制等方面，做了全方位梳理和剖析，材料运用看似信手拈来，却含义深刻，层次清楚，主题挖掘层层递进，有历史感和纵深感，写作上精心，文字上讲究。经认真处理，特别是夜班同志打磨后，靓装出场，还是相当不错的。选在习近平总书记考察吉林一周年之际推出这套报道，很有意义，也很有价值。

作为经济大报，我们对农业问题、粮食问题，应当有比较专业的积淀，有与众不同的观察，不能只会写人人都可以完成的大路货。这个调研报道就体现了自己的个性和特点，显示出经济日报应有的专业性和思想性。从这个角度来说，《吉林问粮》进一步丰富了我们深度调研报道的内容和范畴，增加了调研报道的理性内涵和思辨色彩，是对我们半年多来深度调研报道的一个拓展和提升。

忍不住引用报道的最后一段文字：行走在吉林产粮区，我们强烈感受到黑土地的魅力与活力。黑土地是黑色的，它无私奉献着饱含养分的沃野；黑土地是绿色的，一系列生态保护措施让这片沃土充满生机；黑土地是金色的，收获的季节它向我们展示一片丰饶的景象……中国饭碗要牢牢端在中国人手里，吉林的实践让我们满怀信心。

多么精彩的语言，多么丰沛的情感，多么深切的认知！真心希望我们能够读到更多这样优秀的调研报道。

报纸版面充满张力

2021年7月20日 · 星期二

时政报道量少的时候，是对我们采编工作的考验，也是展示本报特色和水准的机会。今天就是如此。

1版头条是新闻分析，讲的是随着国力增强，人民币国际地位上升，夜班做的题《走出国门的人民币越来越好使了》很是生动。

金观平文章《乐观半年报 走好下半程》，也是夜班做的题，围绕上半年主要经济指标，表明我国经济不仅保持生产供给率先增长格局，且呈现出市场需求跟进恢复良好态势，强调下半年要持续巩固“稳”的基础、积蓄“进”的力量、守住“保”的底线。

深度调研《吉林问粮》今天发第二套，放大践行习近平经济思想调研行的影响，挖掘报道的深层内涵，深化了主题。

有新闻及其分析，有对经济形势的研判，有对社会焦点问题的思考，这就使得1版经济味浓，特色比较鲜明。

其他版面的经济特色也比较突出。除《美联储被通胀压力逼到墙角》《种业振兴关键要突破重点难点》保持较高水准、体现专业眼光外，像《数字人民币离普及还有多远》《高质量“农食融合”是怎样实现的》，以及《东北如何实现全面振兴新突破》等，都是对重大经济问题、经济现象的点评与剖析。难能可贵的是，年轻记者的小文章也颇有味道，《上市公司“忽悠式重组”要不得》《快递触角需加速向乡村延伸》《民风也是营商环境》《上市公司“充值送股”靠谱吗》，都接地气，读来很有启发，也使得我们的报纸和版面充满张力。

越来越多的同志在回归新闻，专心业务，这种现象是十分可喜的。当每一位采编人员，都在为如何写好稿、如何出精品而不懈努力的时候，离办一张高水准报纸的目标也就不远了。

产经财金两部门潜力不小

2021年7月21日 · 星期三

今天，1版刊发国家粮食局和物资储备局党组书记、局长张务锋的专访《心系“国之大者”端牢“中国饭碗”》，为《吉林问粮》深度调研报道收官。这个践行习近平经济思想深度调研稿，在学习强国等平台阅读量超过700万，行业内外都产生较好影响。《吉林日报》不仅予以全文转载，居然还配发了个评论，让人意想不到。

接下来，我们将在下月初刊出下半年的第三套深度调研报道，是关于河南的。请郑波同志和深度调研委员会办公室，对此作出具体安排。

今年以来，“财金”“产经”版编发量增加，7月份起分别增至5块版。从近期版面运转情况来看，还是保持了较高水准的。像今天不仅《酒店坍塌事故拷问建筑安全》《引导险资“活水”流向实体经济》言论写得不错，《“十四五”发力高质量循环经济》《建设好中国特色资本市场》《外资金融机构加快布局我国资本市场》等稿件都很有可读性，分量比较重。此外，版式也很用心，比较有新意。还是相当不错的。

现在看来，产经财金这两个主要业务部门潜力不小，能量还可以进一步挖掘。前天，财金部年轻记者彭江同志撰写的小言论《不能把碳中和当概念炒作》，迅即冲上热搜，仅新浪微博阅读量就高达3399万，真是出人意料。

河南暴雨成灾，说是千年一遇。驻地记者夏先清、杨子佩同志昨晚及时发来报道，夜班处理得当。今早，产经部王轶辰同志等主动申请到灾区采访。虽然目前尚不需要，但这种精神是应当嘉许的。

关注强降雨履行媒体人职责

2021年7月22日 · 星期四

河南持续强降雨，郑州严重内涝，造成重大人员伤亡和财产损失，牵动国人心。白班及时调度安排，河南站克服困难采写稿件，报网端微都做了充分报道，履行了媒体人的职责使命。夜班统筹有力，把“时评”版郭静原同志撰写的言论调到1版，并要求修改补充，最终《把责任落实到防汛救灾全过程》一稿，以评论员文章形式刊发。3版《风雨面前一起扛》是夏先清、杨子佩同志采写的抢险救灾一线见闻，很有时效性、现场感。多少有点遗憾的是，1版选用的照片和人民日报1版用的是同一张新华社照片。

今天，几篇产业报道不错。1版刊发刘瑾同志采写的《产销双过千万自主品牌亮眼》，分析了上半年汽车产销量同比增长的产业新闻，关注新能源车渗透率大幅增长，自主品牌市场占有率已接近历史最高水平。6版《环保产业唱响绿色低碳主旋律》也是刘瑾同志写的，聚焦的是环保产业绿色转型，指出环保企业要找准发展定位，在细分领域进行深耕。杨阳腾同志关于深圳黄金珠宝业发展调查《珠宝品牌如何焕发光彩》，说得比较透，思考有价值。这些报道读来都是有收获的。

近期“消费”版质量在稳步提高。今天这块版图文并茂，策划用心。常理同志采写的《消费，在高原持续“升级”》，有可读性、即视感。看得出，采访是扎实的，也反映出驻地记者的敬业和奉献。西藏站代玲同志怀孕6个多月了，还在藏南采访。这种精神令人尊敬，但我们不提倡。请记者部提请其处理好工作与健康的关系，确保人身安全。

“学思践悟”专栏影响越来越大

2021年7月23日 · 星期五

今天1版出“学思践悟习近平经济思想”专栏，刊发国家电网有限公司董事长、党组书记辛保安的文章《加快建设新型电力系统助力实现“双碳”目标》。

这个专栏办了半年多，发稿有几十篇。版头换了，由原来的“学思践悟习近平新时代中国特色社会主义经济思想”简化而来。专栏作者都是重量级人物，“非富即贵”。由评论理论部组织供稿，以专家为主，逐步增至各地区各部门负责同志及企业界人士共同撰稿，使专栏内容更加丰富，作者队伍更加广泛，影响也越来越大。

今天这篇稿件，是国家电网宣传部部长带着商请函专程来报社，希望我们刊发的。这一方面说明，国家电网对宣传重视，另一方面也说明，经济日报的影响力依然在，同时也说明这个专栏已产生引导力。所以，应当看到我们的优势和长处，把这项工作坚持做下去，久久为功。

这几天，接连签批了记者部的请示件，都是驻地为当地申请出“视觉”版的，有的站长还打来电话，表示“视觉”很受欢迎。我看，这个建议是对的。需要提醒的是，“视觉”版不能搞成美术片，不能尽是风景照，还是要做到：一、新闻性，二、经济味。希望同志们认真把握，保持质量。

新媒体推广和传播也需要坚持不懈，扩大战果。何振红同志报告：报社+中经网在头条、快手、微信、百家号上的粉丝总量近7000万，其中报社3000万，中经网3960万。她还说，昨天见报的《河南暴雨成灾各方紧急救援》一稿，在中经网头条号阅读量424万，评论达4196条！

在国际舆论斗争中不缺位不失声

2021年7月24日 · 星期六

昨天，我们成功主办了中柬经贸合作论坛。这是我们庆祝建党百年华诞的主要外宣活动，也是编委会落实中央要求、加强国际传播能力建设的具体举措。

由于疫情影响，论坛以线上线下结合的方式举行，中柬双方共8位专家学者作主旨发言，在线对话，共同探讨经贸合作机遇，凝聚互利合作共识。

会议只有半天，但前期筹备还是很花精力的。季正聚、孙世芳两位编委，带着外事部、研究部、国际部和中经网的同志们精心策划，周密安排，扎实推进，圆满完成了论坛工作。大家是尽职尽责的，感谢同志们的努力与付出！

围绕美国等西方国家将病毒溯源政治化、栽赃祸害中国的阴谋，我们按照部署，坚决开展舆论斗争，近期刊发了《病毒溯源必须尊重科学》等一系列揭批文章，体现出本报在国际舆论斗争中不缺位、不失声的鲜明态度。由国际部组织采写的“郭言”已出了多篇，从不同角度、多个方面表明了中国政府和人民的立场，批驳了美西方针对中国的险恶用心，理直气壮，义正词严，证据充分，说明力强，还是很有力度的。也正是在这种高强度、高频次、高标准的实战中，采编人员的思想水平和业务能力得到了有效提升，进步是十分明显的。

今天的版面都不错，看得出大家很用心。像“人物”“世界经济”“时评”“消费”“特别报道”“数据”等，称得上形神兼备、文图俱佳。特别是“智库”版有新意、有突破，不仅版式好，主文“智库报告”层次高，分量重，资政性突出，也让这个版更有“智库”味道了。

文风扎实接地气 版面越来越好看

2021年7月25日 · 星期日

天已大亮，新华社才播发头条稿，夜班又熬了一宿。

1版的3张新闻照片抢眼，《中国军团喜摘三金》题做得生动，夜班安排是周到的。夜班还及时增补图片，调整版序，编发《防汛救灾保民生》的“视觉”版，效果也是好的。

今天有几篇稿件都比较接地气，《以前缺啥买啥　现在啥好买啥》反映的是农村消费问题，梳理清楚，概述准确。评论《尽快适应农民消费升级变化》，进一步分析了农村市场建设面临的形势与挑战，提出要从流通渠道、质量监督等方面，促进农民消费升级，是抓住了要害的，也反映出作者对“三农”问题还是有深度思考的。

《“星空游”是怎么做起来的》，报道的是宁夏文旅产业创新、打造出特色旅游业态，有新意，有创意，有可读性。配发的《创造更多文旅消费亮点》则提出，文旅产业要增强“三力”，即想象力、创造力和新动力，读来有启发。

《“木头经济”到碳汇经济》写得也很实。记者深入内蒙古森工集团，采访扎实，内容厚实，对企业坚持绿色发展的描述和归纳是精当的。《不可小视生态产品价值》小言论，强调只有将林业生态效益价值量化，才更能激发全民保护生态环境的自觉性。虽然篇幅短，说得还是有道理的。

此外，像《警惕！您正遭遇诈骗》《互联网企业为何忙加薪》《智慧云仓开仓啦》等稿件都贴近生活、贴近读者、贴近实际，可读性比较强。

版面是越来越好看了，体现出越来越强的策划意识。“消费”“关注”“文旅”“企业”“生态”“数据”等版面，都保持较高水准。尤其是刚刚创办、还在摸索中的“国际副刊”，设计感强，颇有国际化、现代化的样子，应予肯定和鼓励。

稿件分量足 标题更生动

2021年7月26日 · 星期一

今天1版的几篇稿件，分量是够的。

头条《各地经济加快复苏效益提升》，结合省区市陆续发布上半年经济运行数据，从增速、动力和效益方面进行了分析，作出的判断是理性的，也切合实际，对于我们认识和把握当前经济形势很有帮助。

“经济论坛”这篇金观平文章写得好，《以更优营商环境构筑强大“引力场”》，也是对头条稿件的深化。思考是有一定深度的，指导性和针对性都比较强。

断版刊出的专论《推动浦东在新征程中发挥更大引领作用》，是对《中共中央国务院关于支持浦东新区高水平改革开放打造社会主义现代化建设引领区的意见》的解读。专家文章站位高，分析细致准确，对理解中央战略意图和改革开放总体态势，有很好的借鉴作用和参考价值。

为报道好奥运会，夜班辟了个摄影专栏，叫“夺冠时刻”。今天2版刊发了三幅获得金牌的运动员图片，呈现效果还是不错的，可以作为我们奥运期间的一个固定专栏和特色报道。现在，标题做得越来越生动了，反映出采编人员的良苦用心。像《资本市场拒绝“抖机灵”》《5G融合应用要打“团体赛”》《培育技能人才不能“闭门造车”》《碳市场“开张”，影响电价吗》都比较有吸引力。“关注”版标题也很精彩，《你的城市能容纳多少人口》《盲目建“摩天楼”当休矣》，增强了可读性，版面也活了起来。这种对稿件和版面的精益求精值得大力提倡。

有必要提醒的是，标题字体字号要规整、适当，特别是头条标题应统一，还是要按编辑规范执行的。

"经济特色"什么样?

2021年7月27日·星期二

今天报纸的经济特色是比较鲜明的。

有人问，什么样算是经济特色呢？在我看来，经济特色包含四个层次：首先，是经济报道，内容以经济为主；其二，质量较高，一般的不行；其三，是独家性的，不能人云亦云；其四，量得有，要足够多。概括来说，所谓的经济特色，就是有足够多的、独家的、高质量的经济报道。这也是我们一直在追求的目标。以此观之，在这方面，我们已经迈出可喜步伐。

1版的3篇稿件，是大体能称得上这类报道的。头条围绕上半年企业销售收入增长，得出税收大数据折射中国经济稳中向好的结论，数据虽不是独家，但分析和观点与众不同。以跨境服务贸易负面清单第一单出台为线索，《推动服务贸易高水平制度型开放》作出了深度分析，观察的角度体现了独家性。而"经济论坛"《深化金融改革开放正当时》本身就是观点。这些稿件材料扎实，写作讲究，质量是可以的。

还比如，《确保小农户在现代农业中不掉队》《坚持货币政策"以我为主"》《互联网的力量很强大》《楼市调控绝不能喘口气歇歇脚》《大提速能让邮件快起来吗》这样的一些评论言论，量多面广，都体现出浓浓的经济特色。像《央企快步向世界一流迈进》《暴雨预报难在哪》《超大城市数字生活啥样》《鞍钢，重振雄风会有时》《福建泉州古今风采相辉映》都是比较有特色的报道，做到了"人无我有，人有我优"。

就是在不断探索和开拓中，报道的质量在不知不觉间稳定提高，特色越来越鲜明。在这方面，我们绝不能浅尝辄止，必须继续下大力气向前推进，力争取得更好效果。

这里再强调一下，像今天的4版"特别报道"中柬经贸合作论坛，最好活动举办后次日见报，晚几天出意义就不大了。

“生态”版选题好版式新

2021年7月28日 · 星期三

近期国内发生的洪涝灾害，给粮食生产带来威胁，肆虐全球的洪灾进一步加剧了人们的担忧。总编室策划组织的“增强端牢‘中国饭碗’的底气系列评论”很有针对性。吉蕾蕾同志撰写的首篇金观平文章《粮食丰收关键在防灾减灾》指出，秋粮占大头，影响秋粮丰收最关键的因素是气象灾害，强调只有加强农田水利基本建设，提高农业防灾减灾能力，才能为粮食安全提供坚实保障。发出这样的警示，还是体现了经济日报责任担当的。

今天的专栏文章都相当不错。连俊同志《欧美经济复苏的最大障碍是傲慢与偏见》、佘颖同志《鸿星尔克怎样才能活到2140年》、亢舒同志《楼市靠投机获利此路不通了》等，有思想，有观点，生动鲜活有力度，经济特色是鲜明的。郭言文章《国际规则岂能合则用不合则弃》、熊丽同志《消费“压舱石”分量还要更足》、彭江同志《切莫在“影子”业务中丢掉金融本源》、王晋同志《北京地铁开便利店为啥上热搜》等言论稿，言之有物，思考到位，且短小精悍，有四两拨千斤之效。

最近“生态”版比较有特点，选题不错版式新。今天这篇《苏州河重生记》篇幅不长，但通过涅槃、蜕变、共生三个小题，生动展现出苏州河发生的变化。“生态谈”《长治方能久清》，则把蕴含的道理讲清楚了。看来，李景同志状态不错，工作用心，望再接再厉。

经上级批准，“习近平经济思想研究”征文今天正式启动。这是我们打造习近平经济思想宣传高地的重要举措，季正聚同志和评论理论部为此周密部署、细致安排。期待征文3个月，能够收获多多。

这篇评论员文章值得一说

2021年7月29日 · 星期四

今天1版评论员文章《中国股市稳健发展有充足底气》，值得说一说。

近段时期，由于加强了对平台和教培机构的管控，以及海外经济扰动，我国资本市场出现较大回调，众多投资者大跌眼镜，无所适从。对此，经济日报是不能不发声的。

昨天，白班编委郑波同志作了撰写评论的要求，财金部即抓落实，并将署名稿直发夜班。在这一当口发评论，还是需要十分慎重、妥善把握的，所以夜班建议，请证监部门帮着看一看。经记者沟通，有关部门迅速对稿件进行审改。在此基础上，夜班编委张曙红同志又做了修改打磨，重新制作标题，最终将祝惠春同志起草的言论以评论员文章的形式郑重推出。

这篇千字文高屋建瓴，观点鲜明，论据充分，详略得当，用事实和数据证明，随着中国经济迈上高质量发展之路，A股市场必将成为世界最重要市场之一。分析针对性、指导性强，有专业水准，相信一定会在市场上产生不小反响。

可以说，这个评论是白夜班共同努力的结果，是采编人员齐心合作的结果，凝聚着大家的心血，反映出我们对重大经济问题和经济现象的应对把控是过关的、胜任的。这也再次说明，经过近一年下功夫，采编能力和业务水平有了明显提高，狠抓报道质量工作取得了扎实成效。

2021年是编委会确定的“质量提升年”，要提升的不仅是报道，也包括其他各个方面。昨天，报来两个公益广告版面，也没啥不合适，但总觉得没什么新意，设计理念、表达方式、最终呈现，还是老一套。我想，广告版面质量是不是也应该有所提升呢？建议设计人员更新观念，开拓视野，增强时代感、现代感，让广告版面特别是公益广告版面和报纸的进步与变化更加匹配、相得益彰。

做有影响力的经济报道已成共识

2021年7月30日 · 星期五

针对当前经济形势，特别是资本市场和金融业现状，今天再发一弹。

《加快释放金融开放的制度红利》，是郑波同志调度的系列评论员文章的第二篇。财金部业务骨干陈果静同志起草的这篇文章，思路清楚，层次清晰，结构严谨，当天布置半天完成，质量之好是出人意料的。此稿撒豆成兵，挥洒自如，读来酣畅淋漓，禁不住大声朗诵出来。真心为年轻同志的进步和成长，感到无比欣慰。

齐平同志报告说，上级机关打来电话，希望我们近期加大对经济形势的报道和引导。事实上，较长一段时间以来，做好经济宣传，特别是经济形势的宣传报道始终是我们的中心工作和重点任务，须臾没有放松。版面上特别是1版，只要没有重大时政新闻，最打眼的内容就是经济报道。既有新闻分析，也有深度调研，尤其是经济评论言论，几乎每天都在隆重呈现，正所谓不待扬鞭自奋蹄。难能可贵的在于，做经济报道、做高质量的经济报道、做有影响力的经济报道，已日益成为我们广大采编人员的共识和行动。

“习近平经济思想研究”征文启事，我们连发三天，就是想让更多的人知晓，得到更广泛的支持，体现“开门办报”精神。徐立京同志带着运营推广办公室，加大各平台推广力度，启事在学习强国等各平台收获阅读量已近千万。齐东向同志昨晚跟我说，接到不少电话，表示要跟我们联合主办这个征文，共同开展相关的学习宣传和论坛研讨活动。上万字的稿件也开始一篇篇来了。衷心希望这个活动也能达到预期效果。

把握好经济工作宣传报道总基调

2021年7月31日 · 星期六

每年这几天，中央都要开会，分析研究经济形势，部署下半年经济工作。国内外对此是高度关注的，特别是全球疫情仍在持续演变，外部环境更趋复杂严峻，国内经济恢复仍不稳固、不均衡，中央如何定航指向，更成为社会热点。

从新闻报道中可以了解到，政治局会议提出下半年仍要坚持稳中求进，并作出具体部署。为便于读者加深理解，今天出金观平文章《把牢总基调 打好“下半场”》，对会议精神进行梳理。明确提出，要应对国内外复杂情况和严峻挑战，总的“药方”，还是立足新发展阶段、贯彻新发展理念、构建新发展格局，牢牢把握稳中求进工作总基调。这虽是“应景”之作，但分析是透彻到位的，解读是准确深刻的，还是体现出了一定水准。建议大家都读一读这个新闻和评论，对把握下半年经济工作，做好宣传报道还是很有帮助的。

正评报中，李力同志报告说，今天上午校招学生考试顺利结束，未受到新冠肺炎疫情影响，未出现突发性事件，考生们已陆续离开考场。从发来的图片能看出，考场秩序是好的，考试工作规范。人事部的同志们顶着疫情压力，克服不少困难，个个都是好样的。

说到疫情，这几天是明显加重了。赵子忠同志连续开会布置，启动联防联控机制，还就做好疫情防控工作发了通知，提出了12条措施，很及时很必要。其中，特别强调要加强人员流动管控，按照“非必要不出京，非必要不出差”和“谁审批谁负责”原则，合理安排工作和暑期休假。希望同志们切实遵照执行，千万不要有松懈麻痹思想，确保正常的工作秩序和出报安全，确保广大职工及其家人平安健康。

AUGUST
2021 ／8

2021年8月

总编辑评报

1版应有“三件套”

2021年8月1日 · 星期日

只要版面允许，每天1版都应有“三件套”，今天也是如此。

言论类有“经济论坛”专栏文章，新闻分析类有《中国经济继续保持恢复态势》，重点报道是“共同富裕看浙里”系列《枝繁叶茂的共建共享》。这3篇稿件质量不错，作者都是下了功夫的。特别是黄晓芳同志撰写的金观平文章《先立后破纠正运动式“减碳”》，有眼光、有思想、有分量，在一片“减碳热”中发出警示：把碳达峰当碳冲锋不行，把碳达峰、碳中和当概念炒作更不可取，绝不能成为资本的狂欢，必须摒弃运动式“减碳”。这些观点称得上当头棒喝，醍醐灌顶，还是有经济大报的高度和锐度的。

今天的“关注”“生态”“消费”“国际副刊”等版都比较好，不仅版式新颖大气吸引人，内容可读性也比较强。看得出记者是花了力气的，编辑组版也是动脑筋了。像《“双减”释放教育去产业化信号》《濯锦清江再现记》《奥运时刻话奥运魅力》等报道，《南京疫情给我们什么警示》《“我想静静”不该成奢望》《沉下心专注主业》等言论，观察细致，写作用心，都有一定的水准。

这几天，按照编委会要求，徐立京同志领着融合推广办公室，创造性开展工作，将优质内容和重点稿件在自建的平台、网站、账号上分发，同时向抖音、快手和学习强国、腾讯等平台加工推广，从《推广小结》看，效果是超出预期的，对扩大报纸影响力、有针对性地调度报道、第一时间指导工作重点都大有裨益，对采编人员的具体业务也会有直接帮助。我看，这个小结可以每天在总编辑办公会群里发布，也希望大家及时转发，争取让每一位同志特别是采编人员都能看到，使之发挥出应有作用。

快举快打特点日益显现

2021年8月2日 · 星期一

美国证券交易委员会近日出招，增加对企业赴美上市信息披露要求。昨天，证监会作出回应，提出双方应就中概股监管问题加强沟通。此事在资本市场引发高度关注。对此，财金部闻令而动。祝惠春同志起草的金观平文章《资本市场要坚持用好两个市场两种资源》，今天如期刊出。这说明财金部快举快打的特点日益显现。

这篇评论针对性、政策性、导向性强，专门引用美国著名投资人的观点：中国发展资本市场的趋势没有变化，中美市场各有千秋，风险与机遇并存，应当继续投资两国市场。这个认识还是有眼光的，切合中美资本市场实际。文章还透露，全面深化资本市场改革将进一步推进，我国还将推出更多务实的开放举措。这对资本市场而言，都是很有信息量、含金量的，相信能够产生良好的社会反响。

今天1版还出了“学思践悟习近平经济思想”专栏，编发四川省委书记彭清华署名文章《坚定以创新驱动引领四川高质量发展》。这个专栏刊发省委书记文章还不多见，事实上，这也是当初设计专栏时就期待出现的局面。四川站钟华林同志说，对这篇文章，书记十分重视，亲自选题、亲自审定。这也从一个侧面说明，地方对经济日报及这个专栏的认可。希望驻地同志用心用力，一起打造好这个专栏，扩大经济日报影响力。

“时评”版的几篇言论不错，讲的是绿色金融问题。《信贷资金不应“谈碳色变”》，角度独特，提醒到位。前段时间，周琳同志和包元凯同志沿着青藏、川藏线做行进式报道，半个多月时间，采写制作了不少稿件和融媒体作品，其个人专栏也没受影响。缺氧不缺精神，可谓政治过硬、业务过硬、作风过硬，值得大家学习。

高质量报道应追求“五度”

2021年8月3日 · 星期二

今天，9版刊发企业破产情况调查《破产能成为常态化退出机制吗》。这是综采部魏永刚、李万祥同志随全国人大常委会执法检查组到多地开展执法检查，深入调研做出的报道，并非走马观花抄材料，还是有看点的。

破产制度是市场经济体制的基本制度。这几年，企业破产案件数量逐渐增多，结构也发生了新的变化。这个调查从多方面对破产问题进行梳理归纳，对破产利弊得失进行理性思考，让读者对这一经济难点有全面了解。“调查手记”分析指出，市场经济大潮起起伏伏，没 有“破”的勇气，哪来“立”的机会？就是要通过破产程序，留住那些能留的，“破”掉那些不符合市场规律的，挽救还有价值的困境企业。这些观点给人以启迪，是有参考意义的。

昨天见报的辽宁破解企业融资难融资贵问题调查也很有分量，带有舆论监督意味。《融资成本怎样降下来》抓住降低企业融资成本的同时仍面临融资难这个焦点，对政策堵点进行剖析，把老问题说清楚讲明白了，调研深入细致，有独到思考，观察犀利客观，写作精致用心，特别是有一定专业性，不是泛泛而谈，读来令人信服。

辽宁站孙潜彤同志告诉我，这个调查坚持问题导向，比较尖锐，同时体现了客观立场和建设性。前后采访两周、不下 35名采访对象，所有数据一一查核，并做好录音、拍照等证据保全，免得惹火上身，做到了编委会要求的那样：舆论监督要站得住，就要自身正，不挟私念私利；就要有大局观，秉持公心公正。

何为“高质量报道”？孙潜彤同志自说自话：至少应以精度、高度、深度、力度、温度为所求。

此言，我是深以为然的。

力求内外兼修形神兼备

2021年8月4日 · 星期三

今天1版“三件套”处理得好，反映出白夜班采编工作的协调状态和有效打法。

头条报道了143家企业入围《财富》世界500强排行榜，进而说明中国对全球经济稳定贡献大。“年中经济形势面面观”之《消费“压舱石”作用发挥得怎么样》，剖析消费市场恢复态势，提出下半年要挖掘消费增长潜力、多方入手提振市场需求，有深度，有高度。“经济论坛”《科技评价“指挥棒”放大招》，围绕“指挥棒”标准发生变化，强调科技成果评价需真正回归科学本意，回归科技成果价值本位，讲的是当前科技工作的重大问题。听说这篇金观平文章，还是夜班点题、由佘惠敏同志完成的。白夜班指挥调度、编辑加工是有力的，稿件写得及时，版面做得也有质量。希望“三件套”都能保持高水准，让经济日报内外兼修、形神俱备。

报道的专业性是在日益增强的。今天亢舒同志的“房地产周评”就是如此。《二手房正成为房地产调控主战场》以多地出台调控政策为由头，条分缕析，娓娓道来，指出在很多热点城市，只有稳住二手房价才算是牵住了房价上涨牛鼻子。结论是，房地产调控从过去重点关注新建商品住宅，逐步发展到一二手房调控齐头并进。没有积累，没有思考，是写不出这个样子的。这篇稿件应该会引起人们关注的。

今天“生态”版比较亮眼。3篇有新闻性的动物故事，生动有趣可爱，佘惠敏同志撰写的小文《它们为啥成“网红”》，提纲挈领地揭示出，一级保护动物成“网红”，体现了自然生态环境整体好转，生态保护投入整体增强，以及我国生态文明理念整体提升。这样的组合报道提升了主题和价值，版面也精致美观，是近期“生态”版的上乘之作。

用好专家来稿很有必要

2021年8月5日 · 星期四

半个月前，共同富裕的话题曾引发社会广泛关注。我们当时没有发声，是因为对这个问题研究不深、看得不透、说不明白。经过浙江建设共同富裕示范区的调研，顾阳同志撰写金观平文章《共同富裕先要共同奋斗》就有了底气，有了站位。

虽没赶上第一落点，但这篇稿件思想性强，含金量高，认识是到位的，可谓后发制人，把共同富裕和共同奋斗的关系讲清楚了，有力拔千钧之感，让我们对共同富裕问题有了准确而全面的认识，称得上是一篇有质量、有水平的评论。

今天，4版刊发驻东京记者的报道《算算东京奥运经济账》。由于疫情影响，本报没有专门派记者采访，但对奥运会不能没有反应。除对涉及中国的比赛盛况通过“夺冠时刻”专栏图片报道外，这篇带有记者观察性质的报道，以经济视角关注奥运，让人们对疫情下的奥运经营状况有所了解，视野独特写得好，编辑得也好，还是有本报特色的。

“世界经济”版还有一篇文章也比较有分量，就是《“美式民主”的迷思》。这是篇专家来稿，在我们对美开展舆论斗争背景下，编发这样的文章很有必要，也很有说服力。文章深入揭批美国假民主及所谓的“上帝选民”“民主灯塔”，对美式民主“极化”“异化”“街头化”进行有力抨击，有很强的针对性。

近一段时间，国际部连续采写了一组8篇“郭言”文章，产生了很好的传播效果，总阅读量超千万，成为两周来本报传播力最强的言论稿之一，充分说明我们在重大舆论斗争中可以发挥更大作用。今天2版的《美国就是全球疫情防控“害群之马”》是其续篇，也相当不错。

“经济论坛”要拓展专业性

2021年8月6日 · 星期五

今天断版刊出《我国经济稳定恢复态势持续显现》，是国家统计局给我们提供的独家文章。对上半年经济形势，我们已做了多方面多角度报道，但编发这样全面、深入、准确的解读还是很有必要的。另一方面，国家统计局对本报越来越重视，正式来函商请支持，也说明经济日报分量重，作用独特。在我看来，这样的稿件多了，自然就体现出主流、权威、公信力了。也建议大家抽时间一读，对把握全年经济特别是下半年走势，是有参考价值的。

《中央为何再提加快发展新能源汽车》，本是杨忠阳同志个人专栏稿，总编室认为，此稿站位高，内容重要，经过编辑后，建议以“金观平”名义发。文章对中央再次强调加快发展新能源汽车进行分析解读，既有宏观政策的把握，也有具体行业的判断，体现了大局观和专业性。由此可见，“经济论坛”专栏文章，有必要向专业性方向进一步拓展。

本周三召开的第九次评论委员会会议提出，原则上每块版都应有言论，特别指出二版三版言论稿刊发不经常、整体版面不协调的问题。为此，总编室拟定“金视角”“经世言”两个专栏，相对固定在二版三版刊出。现在看，不仅做到了，且效果不错。像今天的《疫情可控但管理切不可放松》《“美式排名”是典型的精神胜利法》，短小精悍，观点鲜明，针对性、战斗性都比较强。加上二版三版突出图片的处理，使得各版渐趋协调，有整体感。希望坚持下去。

现在言论稿越来越有味道。佘颖同志这篇《蚂蚱腿肉攒到一起也能炒盘菜》生动活泼有张力，围绕共享经济的“团灭”现象深入剖析，还是有吸引力的，也逐步展现出自身的特色。

期待更多短平快小佳灵之作

2021年8月7日 · 星期六

今天报纸经济味还是很浓的，尤其是1版“经济观察”《调控“打补丁”谢绝炒房客》一文值得点赞。

亢舒同志起草的这个言论，本是给“关注”版准备的，王智同志精心修改安排在1版，以金观平署名出，夜班改题编发后效果很好。该文可能是这个专栏稿中最短的，但新闻时效性、点评及时性和观点鲜明性都不输那些长稿。作者从多地推出新规为由头，分析楼市调控正不断“打补丁”“堵漏洞”，就是要对炒房客形成持续威慑，灭掉楼市虚火。文风简洁明快，论述由浅入深，时度效把握得当，采编发一气呵成，可谓短平快、小佳灵之作。期待更多这样的稿件涌现，夯实我们的版面。

说到版面，这阵子变化比较明显，连“时评”版也在努力创新。配漫画是其一贯做法，如今试着插图了，而且是大图、色彩缤纷的不规则大图。像今天，围绕奥运的这篇言论，不知从哪“弄”来的以运动为中心的美术作品，组合在一起和谐得体，既美化了版面，又优化了主题，还是用心良苦的。只是要提醒，选图用画不要侵权，免得吃官司哦。

这几天，按照徐立京同志和推广办公室的安排，大家加大了对本报优质内容的推送转发，以弥补自有平台影响力不够的短板，成效是明显的，近日会有小结报告给大家。在我看来，每天为此花几分钟时间，算不上什么负担，更不丢人，既是本职工作、分内之事，也是一种责任和担当。有同志说得好：报社创刊很快就40年了，为这个集体付出举手之劳，理所应当，深感自豪！

今日立秋。一大早，就有同行发来“鸡汤”，录与大家分享：

很多时候，我们不缺方法，缺的是一往无前的决心。不要在事情开始时畏首畏尾，不要在事情进行时瞻前顾后。唯有如此，一切才皆有可能。

地方记者作用日益显现

2021年8月8日 · 星期日

这段时间，“经济论坛”几乎每天都出，数量是明显增加的，质量也一直保持较高水准。应该说，这与我们大力加强评论写作、评论委员会积极推进密切相关，也是我们办好报纸、提升质量的有力抓手和可喜成效。

今天这篇《警惕氢能产业重复建设抬头》，是产经部黄晓芳同志一个多月前就写成的，有独到视角，有产业透视，有理性分析，体现出专业化与思想性。之所以当时没见报，是由于其他稿件要早安排，更重要的在于，对重复建设这个问题还想再看看，力争稳一点、准一点、实一点。随着上半年经济数据出台，特别是中央政治局会议定调，文章揭示的问题更显出价值和可贵。晓芳同志写稿并不多，但分量都比较重，理性思考和辩证思维的特点鲜明，有“四两拨千斤”之效，值得大家学习借鉴。

地方记者的作用正在日益显现，“关注”“文旅”“生态”“企业”等版面供稿大多是驻地人员。郑杨同志《面对原材料上涨，制造企业咋破局》、梁婧同志《百年大院诉说晋商那些事》、刘春沐阳同志《福州城水相融记》、马维维同志《从石头缝“洗”出千万吨原油》等稿件来自生产生活一线、贴近基层群众实践、切合读者受众需求，既丰富充实了我们的报道，也发挥出了驻地记者的优势。这进一步说明，投入更多精力放在报道上特别是深度报道、重点报道、调研报道上是必要必须的，是踩准了“减量化改革、高质量发展”节奏的，也是可以有所作为、大有作为的。

湖北站董庆森同志报告说，经省委宣传部协调，记者站在省政府大院解决了办公用房，物业、供暖、水电等费用很少，关键是工作方便。这是个好思路。在我们没有更大实力租购办公场所的情况下，依靠地方党委政府、争取更多支持帮助，虽说是无奈之举，也不失为明智选择。

宜长则长 宜短则短

2021年8月9日 · 星期一

有年轻记者问我，喜欢长稿子，还是短稿子？我说，长稿子也好，短稿子也罢，关键是有内容。所谓宜长则长，宜短则短，就是根据内容而定的，脱离内容论长短，没有意义。

今天短稿子不少，由于有内容，所以不觉其短、其轻、其飘。韩秉志同志《完善三孩政策配套制度》，说的是用完善的配套制度，回应人们对生育政策的担忧，针对的是热点问题。杨啸林同志《别让科技企业复苏昙花一现》，讲的是后疫情时代，独角兽企业作为科技创新先锋，理应得到资金扶持，有观点有站位。“时评”版《有标准的煎饼馃子更香》《用市场化手段治理过度包装》《全民健身效果值得期待》等，也都言之有物。这是言论。短的报道如“产经”版《苏打水为什么这么火》，挺有可读性。这些稿件短则两三百字，长的也仅五六百字，但内容充实有价值，不可小视。

只要内容不错，与众不同，长稿件同样精彩。今天浦东新区打造社会主义现代化建设引领区纪事《改革之城蓄力攻坚》，3000多字，案例精彩，写作用心，读来不觉其长。“调查”版《找家政何时不再难》，紧紧围绕家政紧俏这一难点，以“南粤家政”工程为对象，深入剖析有参考性。篇幅长些的言论也是如此，像评论员文章《演绎大国崛起的伟大传奇》和《民意调查逐渐沦为西方政治工具》《直接融资不能总是“傍大户”》等，长则长矣，但有特色有质量，内容是过硬的。

有人说，仁者见仁，智者见智。但好报道自有其共性之处和相同特点，有没有内容，有没有精彩的内容，始终是衡量稿件优劣的重要标准。试想，如果花时间读了，却没有什么收获，这样的稿件和报纸怎么能得到人们的认可呢？所以，让报道和版面更充实扎实、更丰富多彩、更有可读性，应该是我们努力的方向。

“智库”版逐步形成特色

2021年8月10日 · 星期二

今天“智库”版编发了一份全年经济趋势分析报告，是一份有价值、有分量的重磅文章。与记者采写的报道不同，这个专家报告学理性强，分析判断更为客观理性，因而就更有指导性和参考价值。此文根据中国宏观经济预测模型，对今年物价、消费等各方面主要经济指标作了预测，还对经济发展提出了政策建议。该文便于我们对中国经济的发展和趋势有真切的认识和全面的把握，虽然篇幅较长，但读来有收获、有启发。

近一段时间以来，“智库”版按照编委会要求，精心策划，积极组稿，认真编发，质量明显提升，逐步形成了特色，充分体现出智库资政、专题研究、舆论引导的功能，对于提升报纸整体质量、增加经济报道力度，都起了很好的促进作用。希望同志们继续努力，多编发一些类似的重磅报告和含金量高的特色文章。

今天报纸继续保持浓浓的经济特色，稿件有较高水准，专栏等言论写得越来越得心应手。连俊同志《曲解“与病毒共存”代价沉重》、乔金亮同志《不可轻视都市农业的作用》和佘颖同志《云南白药的失误“实属不该”》、李华林同志《“币圈”须持续“缩圈”》、郭存举同志《暑期电影市场为何不火了》等，都很有针对性，有一定深度，可读性比较强。

不仅报道不错，版面也越来越赏心悦目。看得出，美编人员是下了功夫的。王智同志说，美编现在很紧俏，都忙不过来了，希望今年招聘增加美编人员，让版面及客户端等都能有更好呈现。这个建议是对的，请人事部马上落实。

深度调研势头良好务必保持

2021年8月11日 · 星期三

《西宁赋绿——践行习近平经济思想调研记》，今天按计划重磅推出。这是继《阿佤新歌》之后，赵子忠同志带队进行的又一深度调研报道。

见报前，我又花些时间过了一遍，深感这篇万字雄文的厚重。对高原之城追绿、求绿、赋绿的艰辛历程，进行了细致描述，对西宁人贯彻习近平经济思想特别是生态文明思想的生动实践，作了生动再现。采访很深入、思考有深度、写作站位高，同志们是下了大力气的，相信也一定能产生预期的社会效果。

昨天下午，山东站王金虎同志微信发来不少材料，其中有山东省委书记刘家义的批示。刘书记对我们两个月前《齐鲁不凡》调研报道评价之高是出人意料的，现转录供大家参考——

东奇（山东省委副书记杨东奇——记者注，下同）李猛（分管农业副省长）希信（农业厅厅长李希信）同志：

季正聚同志亲自带队，深入一线，实地考察，形成的三篇报道，真实、服人、感人。放置于桌，时翻阅读，很有感触。在打造乡村振兴齐鲁样板上，我们按总书记重要指示精神，迈出了一步，要持之以恒，扎扎实实抓下去，坚持数年，必见成效。以人民的获得感幸福感安全感大提升的实效，向总书记汇报。感谢经济日报社领导和同志们，感谢山东记者站的同志们。

刘家义 8.9

大半年来，对深度调研报道，编委会是十分重视的，可谓全员出动、身先士卒，还专门成立由郑波同志牵头的委员会具体运作。报社上下对此不仅形成共识，且在纷纷加入。我们必须坚持高起点、高水准、高质量，把深度调研作为报道工作的重中之重，作为办好报纸、提升报道、带好队伍、践行“四力”的主要支点和有力抓手，绝不降格以求，下决心把好不容易形成的良好势头保持下去。

“产经”“财金”越来越有看头

2021年8月12日 · 星期四

8月份以来，有两套报道策划组织是精心的。一是“年中经济形势面面观”，一是“国际经济形势面面观”。前者报道的是国内，后者说的是美西方等重要经济体，从总体上回顾和勾勒了当前经济大势。

从已编发的稿件来看，这些报道有宏观意识、大局观念，视野开阔，观点鲜明，对于人们了解把握国内国际经济形势及其主要特点，特别是展望趋势和前景，还是很有帮助的。虽说往年也做，但这次策划细致周密，采写水准较高，版面呈现也很讲究，是我们近期比较有特色有亮点的系列报道。如果再早半个月见报，可能效果会更突出一些。

“产经”和“财金”版做得是越来越好了。今天编发的6篇稿件都很有内容，很有看头。版式大方，图表亮眼，报道新闻性、可读性都比较强，显示出经济日报主体业务的实力，也反映出这两个重要业务部门应有的担当精神、良好的工作作风和积极的进取姿态，是十分难能可贵的。

今天可看的稿件不少。“关注”版刊发的佘颖同志《一元钱“绊倒”大超市》很抓人，报道的事情不大，但挖掘深，分析比较到位，给人以启迪，对企业也是一种警醒。这也说明我们的记者眼光犀利，观察入微，舆论监督作用是得到较好发挥的。像这样来自现实、反映生活、回应热点的报道和工作状态应该充分肯定，也希望更多的同志能从中有所借鉴。

这样的报道很带劲儿

2021年8月13日 · 星期五

“践行习近平经济思想调研记”之《西宁赋绿》见报后，青海和西宁的媒体都在转发传播。徐立京同志昨晚报告说，此稿在学习强国的阅读量已超500万，读者点赞达16万。

我们今天编发对青海省委副书记、省长信长星的专访《坚定不移走高质量发展之路》，为这套报道收官。下一套调研记，将刊发来自河南的报道，按计划本月下旬推出。

今天推荐稿件多了些，有11篇。包括熊丽同志采写的金观平文章《如何看待物价“剪刀差”扩大》、王轶辰同志《个人信息不是提款机》、郭言文章《社会撕裂让美国深陷疫情“泥潭”》、顾阳同志《加强宏观政策“跨周期调节”》、杨忠阳同志《一汽—大众为何遭遇销量“滑铁卢”》等，这些言论稿都有观点、有质量。重点报道如《楼市怎样实现平稳健康发展》《如何熨平“猪周期”》《购房契税将上涨属误读》《海南离岛免税购物真火》等，紧扣社会热点和市场焦点，针对性强。读完忍不住想让更多人分享，是不是有点“王婆卖瓜”了？！

还想推荐两块版。9 版“调查”《大象的旅行结束了吗》，关注的是15头亚洲象扣人心弦、跌宕起伏的冒险旅行，报道了2021年中国最成功的外宣案例，知识性、趣味性和思想性兼具，报道和版面是能给人留下深刻印象的。12 版“企业”也不错。黄鑫同志的《小米“小”目标能实现吗》，写得活泼、传神，角度、叙事都独具匠心有新意，不是材料堆砌之作。结尾很有味道——

7年前，小米要做全球手机市场第一的目标就受到许多质疑，雷军当时的回应是“梦想还是要有的，万一实现了呢?”而这一次，雷军的回应变成:“梦想一定要有，梦想也一定会实现!”

这样的报道很励志，很带劲儿!

深度报道“一箭数雕”

2021年8月14日 · 星期六

周末，想睡个懒觉。不承想，一大早就收到王智同志微信：西宁一稿在强国阅读量今早突破1000万。半小时后，又发来截图1100多万了，点赞量达31万之多。他还感叹了一句：“神奇的强国平台。”赵子忠同志也微信道：“没想到关注度这么高。”

《西宁赋绿》深度调研报道社会反响好，首先是站位高、分量足、质量高。万字长文能有上千万人阅读，尤其是30多万人点赞，就很能反映问题。这充分说明，我们紧紧围绕习近平经济思想与实践开展深度调研，是把住了时代脉搏，顺应了历史大潮；我们集中优势兵力，打重点报道“歼灭战”的思路是切合实际，初见成效的；动员更多采编人员切实转变作风、践行“四力”、打造“三贴近”优质报道的做法是正确的，是受到大家欢迎的。

其次，推广工作下了功夫、见了效果。上着夜班的徐立京同志，领着推广办的兼职人员，专门给强国、头条等发推荐函，争取优先展示位置；青海记者站动员各方力量加大转推，省内各类媒体端均在显要时段、版位、页面突出刊发展现；报社职工按照安排，广泛转发朋友圈，人人争当“王婆”，作用也是不可小视。据统计，本报及直属单位全媒体粉丝数已达1.4 亿多，量是不小的，有待于我们发掘、激活与运用之。

正在这时，徐立京同志发来截屏报告，#为什么不能是西宁#微博话题阅读量达2208万！

马玉宏同志发来微信说：“西宁报道以无可辩驳的事实证明，编委会提出的减量化改革、高质量发展是符合社情的，也完全切合地方实际。深度报道不仅有效扩大了本报的影响力和公信力，还弥补了记者站人员不足之短板，可谓‘一箭双雕’！”

这番话讲得好，只是“一箭双雕”不甚准确，应该是有好几雕的。

有针对性加强业务培训成当务之急

2021年8月15日 · 星期日

经过各部门的努力，近期稿件和版面变化不小，特别是版面定位渐趋清晰，且保持稳定水准。像今天的“消费”“文旅”“生态”等都有明显提升，但也有个别版面尚处在迷茫之中，比如“人物”。

昨天的“人物”版，编发的是《优合集团有限公司总经理刘洁——依靠科技抢占行业新赛道》，还配了言论和美图靓照。看完对这个美女总经理没有什么具体印象，就觉得是个企业报道，或者说是总经理访谈，看不出是写人物的。对勤于写稿的记者杨阳腾而言，只要见报就好，至于是人物版还是企业版，那是编辑的事情。问题是，这样的话就模糊了定位，又如何能体现出特色呢？

经济日报出“人物”版是需要的，没有反而不正常。世界第二大的经济体，改革发展的时代背景，火热的经济生活，涌现出的有特色、有故事的经济人物难以计数，值得挖掘、提炼、展示的经济人物不胜枚举，推出弘扬时代主旋律的正能量经济人物也是我们的职责所在。曾几何时，包括本报在内，新闻界报道了一大批经济人物，可谓多姿多彩，耳熟能详。由于多种原因，可能更多的是“人怕出名猪怕壮”“出头的椽子先烂”的现实案例让精英们变得噤若寒蝉，不愿待在聚光灯下。但这并不意味着经济人物就不能写、人物版就不好做乃至办不好。

现在突出的问题可能是不知道怎么写人物稿。我们已经太久不研究新闻写作了。且不说大多数同志没学过新闻，恐怕许多人都没有正经写过人物稿，也谈不上在这方面用心琢磨了。如此，要写出有质量的人物报道确实很难，做好版面也就成了无米之炊。

看来，有针对性地加强业务培训，引导大家用心钻研写作，已成当务之急。否则，要保持稳定的报道质量，就只能是无本之木了。

把握好组合报道的关键点

2021年8月16日 · 星期一

“习近平经济思想研究”征文今天选登第一篇，刊发的是中央党校副校长李毅同志的文章《认识把握新发展阶段的几个问题》。此文站位高，思考深入，对新发展阶段这个重要概念进行了全面准确的剖析，思想性学理性强，对我们加深对习近平经济思想的理解，很有针对性和指导性。征文以这篇文章打头，分量是够的，也很合适妥当。

这次征文启事发布后，回应还是比较强烈的。齐东向同志报告说，来稿不少，反响热烈，虽然不少人是希望在经济日报上发稿，包括希望见报博士、硕士论文，但能在学界产生这么大的影响，还是出乎意料的，也是我们求之不得的。按计划，征文前三篇在1版刊发，此后由理论版接续选登。请评论理论部把这项工作落实好。

“关注”版一直保持较高水准，每期头条都有一定吸引力。今天的《暑期游“暂停”企业咋应对》，是人们关心的热点，反映了当前疫情下企业和市场出现的新情况和新问题。佘颖同志《“孟母”也要学奥数吗》，热评新东方培训优质父母上热搜，揭示出教培行业的窘境，指出校外培训机构不转型，作死；乱转型，撞死；慢转型，饿死。只有回归育人正常轨道，才是生路。这些观点很有力度。看来，恢复“关注”版是必要的，它和“产经”“财金”等版面形成了整体上的互补。希望总编室和采编人员紧密合作，把这块版办得更精彩。

组合报道是版面常用的编辑手法，效果是不错的。今天的“世界经济”“地方”版就采用这种方式。这样的组合关键要注意两点：一是要有新闻性，内容要“三贴近”、吸引人；二是要有压得住的评论，才能形成合力，使版面更充实、更耐看。

写出了财经特点和专业味道

2021年8月17日 · 星期二

今天见报的金观平文章《稳通胀关键是管住货币》，写出了财经特点和专业味道，是合格的“经济论坛”专栏稿。

财金部陈果静同志撰写的这篇稿件，篇幅不长，但提纲挈领、论据充分、评点精当，针对国际市场通胀预期增强，强调稳通胀关键还是要管住货币，抓住了要害。从国外说到国内，认为我国应珍惜正常的货币政策空间，使今年的通胀水平整体可控。在市场观望情绪渐浓时，发出这样的声音还是很有价值、很有针对性的。

今天有两个报道涉及打官司。

其一是“关注”版《这场“国际官司”赢得漂亮》，说的是华药打赢美对华反垄断第一案。此案一周前宣判，我们抓的是第二落点，还配发言论《华药胜诉带来的三个思考》，提示国内企业在“走出去”过程中要做好风险评估，同时也要敢于拿起法律武器保护合法权益。这样的报道有借鉴意义。

其二是“企业”版的《技术竞争要靠实力说话》，说的是海信与TCL的商业诋毁案。两家大企业持续两年的诉讼终审落槌，揭示出彩电行业的技术之争，强调与其打口水战相互攻击，不如专心研发升级产品，赢得更大发展。这对众多厂家而言应该很有启发。

对涉法涉案报道，我们是有明确要求的。在案件终审前，不得介入任何一方，为其代言或发表有利舆论，这是一条纪律和“红线”，请大家务必严格遵守。但终审判决后，可以做文章，放大有关典型案件的社会意义，更好地以案说法。从这个角度来说，这两个涉案报道还是不错的。

吃透中央精神是舆论引导重要抓手

2021年8月18日 · 星期三

为期半个月的暑期集中休假告一段落。中央财经委第十次会议昨天召开，主题有两个，一个是研究共同富裕，另一个是研究防范化解重大金融风险。习近平总书记在主持会议时强调，共同富裕是社会主义的本质要求，是中国式现代化的重要特征，要坚持以人民为中心的发展思想，在高质量发展中促进共同富裕；金融是现代经济核心，关系发展和安全，要遵循市场化法治化原则，统筹做好重大金融风险防范化解工作。

这次会议研究的问题重大，是全社会和国内外普遍关注的热点。建议同志们仔细读一读，对做好下半年的报道工作很有帮助。

吃透中央精神，一直是我们反复强调的，是做好舆论引导的重要抓手和有效方法。要自觉与中央对标对表，悉心研究大政方针，把政策措施与现实生活相互联系、紧密结合，才能写出上接天线、下接地气的好作品。从实际来看，强调这一点也是很有必要性和针对性的，希望大家多多注意。

今天的几篇专栏稿不错。《物价运行结构性特征明显》《网约车洗牌，规矩不能坏》《“限跌令”能否防止房价过快下跌》等，反应迅速，回应及时，观点有分量，思考有专业性。特别是郭言文章《臆断“中美经济增长竞赛”纯属炒作》，是近期对美舆论斗争中有特色的言论。稿件分析了中美经济不同点和特殊性，强调不管谁出了问题，对世界经济都不是好事，分析有理有据，令人信服，对了解和把握中美经济发展趋势都很有参考价值。

从现在起，时政报道和规定动作将明显增加，对稿件和版面都会有所影响。请总编室和有关部门心中有数，确保工作平稳有序。

深入理解共同富裕很有必要

2021年8月19日 · 星期四

针对中央财经委会议议题，本报当即作出反应。今天除编发陈果静同志撰写的金观平文章《以经济高质量发展化解系统性金融风险》，还刊出《建设收入分配制度改革试验区助推共同富裕》的专论，“时评”版同时发了《实现共同富裕诠释责任担当》。

共同富裕是社会主义的本质要求、人民群众的共同期盼，既是实践问题，也是理论问题。当前，厘清其内涵和本质很有必要。在我们尚缺乏研究之时，坚持开门办报，善于借用外力，就是合理且明智的。这篇专家文章内容有干货、比较实，有空不妨一看，对加深理解还是有参考意义的。

今天几篇报道分量比较重。“产经”版《“自动驾驶”出事，谁背锅》从近期事故入手，聚焦无人驾驶汽车问题，有新闻性和阅读价值。“财金”版《对机构“抱团压价”说不》，围绕多家机构投资者遭罚，揭示出抱团压价干扰了新股发行秩序。“关注”版《A股持续巨量成交传递什么信号》，紧扣连续21个交易日突破1万亿元，反映股市给市场带来的信心。这都是经济热点，社会关注度高，针对性可读性强，经济特色浓。

突出问题意识，得到很好贯彻。刘慧同志专栏稿《玉米市场“降虚火”显成效》、冯其予同志《节奏差异无碍消费复苏》、彭江同志《加快治理新股发行定价乱象》、李万祥同志《莫让臭肉坏了招牌》等，体现问题导向，不仅内容吸引人，含金量也比较高，读完有启发。这与那种轻飘飘的表扬稿是不可同日而语的。

编辑部派出的同志，作用正日益显现。今天，李景同志发了整版《上海，争当世界消费“龙头”》；常理同志和同事合力报道西藏和平解放庆典，也是整版；杨开新同志和站长做的调查《硬科技“高产田”怎样炼成》，也是整版。质量都比较过硬。看到年轻人大步前进、迅速成长，真是十分开心！

评论言论强力拉升宣传质量

2021年8月20日 · 星期五

9版刊发的《拿什么保护这个万亿元产业》很吸睛，是综采部姜天骄同志对我国网络版权产业保护现状的调查。这个调查紧紧围绕网络版权产业面临的新形势新情况，探究怎样助力互联网时代的版权保护，抓住了社会关注的热点问题，采访深入，写作细致，思考有深度，最终揭示出知识产权保护难点，强调保护版权当从付费做起。这样的调查说服力、针对性强，是能代表经济日报调查报道水准的。

第十次评论委员会提供的数字表明，近两个月来，每周见报的评论言论稿超过70篇，意味着每天有10篇左右在版面呈现，强力拉升了报道和版面质量。其中，10位专栏作者作用尤为突出，顾阳、连俊、杨忠阳同志开栏很快满周年，每人都给我们带来四五十篇特色鲜明的专栏文章。像今天的《碳市场“冷清”应是虚惊一场》《自动驾驶，真没你想得那么香》都很有新闻价值、宏观视野和独家观点。可以说，他们为办好报纸、提高报道质量，是做出显著成绩的，称得上是我们的先遣人员、突击部队。

下个月起，评论委员会例会将增加业务研讨内容，对10位专栏作者逐一开展业务研讨。这既体现对他们的尊重和致敬，也表明我们在评论写作、人才培养上的不懈追求，希望他们作出新的探索、新的贡献。

总编室昨天评报说得好，今年以来，“世界经济”版不断创新，不管是报道内容还是版面呈现以及融媒体发展，都是走在前面的。这两天他们推出一个新专栏，叫“外企微观察”，还增加了二维码，点进去能看到国际部渠丽华、禹洋同志在主持直播，虽显生疏但耳目一新，效果是不错的，值得大家学习借鉴，与时俱进迈出新步伐。

深度调研这条路子走对了

2021年8月21日 · 星期六

习近平给他们回信了！

——这是昨天新媒体的刷屏之作。总书记给云南沧源佤族自治县边境村老支书们回信，在经济报人中还是产生了些波澜的。

两个多月前，赵子忠同志带着调研组深入临沧大山深处采访，推出《阿佤新歌》重磅报道，反响十分热烈。3位佤族老人还专门致函编辑部，表达阿佤人民世世代代感恩党、听党话、跟党走的信念。现在看来，我们的报道实实在在地为总书记这个回信埋下了伏笔，作出了铺垫。

四个月多前，季正聚同志带队的调研组去了广西，写出了《柳州惊奇》万字雄文，报道刊发不到一周，总书记视察柳州，连连发出“惊奇”的感叹！“惊奇”二字由此不胫而走，一时间竟然成为大众热词，很是火了一阵子。当时，便有同行打趣道：“你们经济日报又给总书记暖场啦！”

此为笑谈，但能为总书记“暖场”“铺垫”，对党的新闻工作者而言，实为莫大之荣耀，也是职责和使命所在。虽然并非大家都知道我们在其中的作用，但对经济报人来说，有理由为此感到自豪。同时，这说明我们政治站位是高的，政治敏锐性和新闻敏感性是强的，反映出我们采编人员的大局意识和宏观把握能力。这也增强了我们的信心，进一步提示我们，践行习近平经济思想深度调研这条路子是走对了，效果正在日益显现，必须毫不放松，要一步一个脚印，扎扎实实干下去！

昨晚夜班发挥了很好作用，不仅调度乔金亮同志赶写短评《阿佤新歌更嘹亮》，还把此前的报道版样在头条集纳刊出。新媒体和中经网也动了些脑筋，下了不少功夫。最终，这个报道在报网端微各平台都得到较好呈现，效果相当不错，体现出同志们的集体荣誉感和强烈事业心。给同志们点赞！

只要有内容，“长篇大论”也受欢迎

2021年8月22日 · 星期日

今天头条有机会，把张曙红同志带队的绵阳调研稿抢发了。《潮涌涪江格局新》虽不属习近平经济思想调研系列，但围绕绵阳创新引领高质量发展这个主题，深挖细研，条分缕析，有材料有思考，将科技先行示范区写透了，对其他地区是很有借鉴意义的。原是照 3 篇写的，读完觉得不够精炼，又做了三合一浓缩、改写，稿件更充实，质量还是杠杠的。建议同志们调研时学习参考。

对这类长篇报道，一度心存疑虑，担心可读性差，宣传效果不佳。但从实际来看，这是多虑了，关键还在于是否有内容。人们不爱看长文，主要还是因为没价值，花长时间读完却没有什么收获。习近平经济思想调研系列都是上万字的大家伙，但多的有两三千万阅读量，点赞数大几十万，少的阅读量也有二三百万和十多万点赞量。

大家都会认为，理论文章尤其是长篇大论没什么人爱看，属于阳春白雪少人问津。事实并非完全如此。推广办周报显示，前几天理论版编发的《推动我国经济社会全面发展的科学指引》一文，仅“学习强国”阅读量就达1540万，点赞超44.1万；另一篇《深入理解“四个伟大成就”的内在逻辑》，阅读量是1608万，点赞量多达48万！

这些数字也许不能全面反映问题，但至少可以说明，质量好、有内容的报道读者是有需求的，也是有人看的，哪怕是上万字稿件。反之，缺乏内容的稿件，再短也是吸引不了读者的。因此，我们要不惜时间和人力，精心策划，用心采访，倾心打磨，力求体现高质量、高水准，推出一个个精彩的调研报道，展现一件件优秀的新闻作品，让职业更出彩、稿件更出色、报纸更受读者和受众的欢迎。

坚持不一定成功，但不坚持一定不会成功。

“共同富裕”系列文章彰显水平

2021年8月23日 · 星期一

习近平经济思想研究征文今天选登第二篇，是叶小文同志撰写的《在社会主义市场经济发展中把党建设得更有力更坚强》。作者是位专家型的领导，当过中央统战部副部长和中央社会主义学院党组书记，写过不少有分量、有影响的理论文章。我们编发他的来稿，还是很契合这次征文的高定位、高规格、高档次的，可以实现双赢，效果是好的。

连续3天，我们推出了“论在高质量发展中促进共同富裕”的系列金观平文章，分别是牛瑾同志起草的《全面准确理解共同富裕的深刻内涵》、栾笑语同志起草的《共建共享才能走向共富》和赵登华同志起草的《牢牢把握为人民谋幸福的着力点》。这3篇“经济论坛”专栏文章，全面、准确地阐述了社会主义共同富裕的核心要义和深刻内涵，系统回答了人们的疑虑和担忧，提纲挈领地厘清了社会上存在的一些迷思和争论，是本报对共同富裕这个重大理论问题的集中分析和正面解读，文章有站位、有深度，针对性、贴近性强。评论理论部能写出这样高难度的文章，充分说明他们善于学习、主动研究，是有长期积累的。

记者部近期加大了对承担版面的策划，推出了多个主题的集纳式报道，质量比较好，很受大家的欢迎。但同时，也要注意处理好驻地机构的日常来稿，多编发一些记者站的稿件，有意识地加强稿件的整合和提升，缓解驻地记者一定程度上存在的发稿难问题，也可以拓展我们的报道视野和报道领域。请记者部的同志们妥善把握，把工作做得更好。

国际角度全球视野愈加凸显

2021年8月24日 · 星期二

人在家中坐，评点天下事。连俊同志今天这篇《美联储年内缩减购债变数不小》，有很强的敏锐性和观察力，说的问题、讲的道理、分析的现象，看完都让人心头一紧，尤其是文章最后的观察，可谓一语惊醒梦中人。

作为去年以来最早写个人专栏者之一，连俊同志推出“国际经济观察”马上就要满一年。撰写专栏稿近50篇，除“两会”等特殊时期，做到了每周一文。应该说，这个专栏一直保持较高水准，丰富了报道领域和版面内容，使我们的报道特别是国际报道多了一个维度，更加多元多彩。

一年时光不寻常。其中的酸甜苦辣、焦虑期盼，恐怕只有本人知道。有哪些可圈可点、特色亮点、得意之处，也不妨与大家聊聊。下周评论委员会将召开专题业务研讨会，我们一起听听连俊同志的所思所想，分享他的得与失，感受一位资深记者驰而不息的奋斗岁月。

国际角度和全球视野，正在我们的报道中体现。今天1版刊发的《全球小麦供需形势趋紧》就是如此。刘慧同志是专门研究国内粮食问题的，开有“粮食大事”个人专栏。此稿对国际小麦生产现状、面临问题和价格走势做了深入描画和剖析，专业化凸显，财经味更浓。夜班编辑处理得当，进一步强化了报道效果。

事实上，很多采编人员都越来越注重国际视野，善于从全球角度看待国内经济现象、经济问题，体现了高度和站位。这一点是难能可贵的。对此，我们要不断强化，有力倡导，更充分支持，从而向着真正的经济大报迈进。

规范化运作增强工作计划性

2021年8月25日 · 星期三

由于新华社头条稿发得晚，加上采编系统昨日交割，所以报纸出得比较晚，网上阅报也随之延后了两小时。

为解决不兼容、不匹配、不实用问题，技术部广泛调研，征求意见，提出新上一个采编系统。本报技术力量是短腿，软件开发等多为购买服务。为确保交割顺利，技术部的同志们下了大功夫，做了许多工作，总体上达到了预期目的。希望大家尽快磨合，顺利完成更新，确保采编技术安全、报纸出版安全、工作生产安全。

今天，一些报道很有财经特点，《资本市场释放更多创新活力》《国际股市或延续分化走势》《精准打击财务造假》《鸡蛋供给有望平稳增加》等，有分析有观点，时效性可读性强。评论言论保持较高水准。黄晓芳同志这篇金观平文章《稳地价为什么这么难》，用短篇幅把这个社会热点问题、也是老大难问题说透了。夜班在报眼突出编发，应该会有好的传播效果。亢舒同志《房地产中介会退出市场吗》，也是市场普遍关心的话题，说理性强，点评到位，读来是有启发的。佘颖同志《就让14亿监督1.4亿吧》、杨开新同志《全面辩证认识“亩均论英雄”》、曾金华同志《看好“看门人”》等也比较亮眼。刘亮同志从境外发回的《发展成香港各界最大共识》、李万祥同志《严管食品安全不手软》、郭言文章《美国抗疫重资本轻人命》等体现了对重大问题的敏感性，让人从中都能有所收获。

昨天，报社深度调研报道委员会召开第二次例会，郑波同志小结前一段进展，并布置了近期工作，很有必要。我们就是要通过规范化运作，章法打法做法都考虑好，切实增强工作的计划性。脚踩西瓜皮，滑到哪算哪，是万万不行的。

无必要不破栏

2021年8月26日 · 星期四

今天，给同志们荐读了6篇稿件，3篇是有全球视野的，包括《大宗商品市场将趋分化震荡》《天然气价格波动影响有多大》以及专栏稿《培育具有国际定价权的大粮商》。这些报道分量重、成色足、关注度高，让版面和报纸变得沉甸甸的。这进一步说明，增加全球视野，注重国际视角，已成为我们报道工作的重要着力点，采编人员这方面的意识是越来越强了。

同时推荐的还有2篇外稿，“理论”版《平台经济发展如何严监管补短板》和“时评”版《经济运行仍在合理区间》。这类社会来稿、专家之言，有效弥补了我们的不足，充分体现出开门办报、借力办报的理念，使报道角度多样，内容也更为厚重。

“产经”版今天辟了个专栏，叫“大宗商品铜铝锌国储投放怎么看”，稿件都是业内人士所写，很有专业性。“经世言”专栏《歪曲污蔑抹杀不了中国抗疫成绩》也是编辑组来的，并进行了加工，效果也很好。

事实上，如果没有外力，如果不善于借助外力，要持续提升报道质量、保持较高的版面水准，还是很有难度的。所以说，开门办报既是党报的政治要求和重要属性，也是我们的内在需要，是办好报纸十分有效的方法和手段。

希望各部门加强专家队伍建设工作，吸引更多的供稿者团结在我们周围，为把报纸办好而共同努力。

再说个小问题。近期版面越来越有时代感时尚感，展现出大家的创新创造。不过，也有个别版面忽视对栏的重要性，显得有些凌乱没章法。我们不强调篇篇对栏，但要尽量做到无必要不破栏，这样视觉上会更好，版面也会更加漂亮。

个人专栏影响越来越大

2021年8月27日·星期五

作为最早一批作者，顾阳、杨忠阳同志开专栏快一周年，专栏安排同一天出也有一段时间了。“每周经济观察”着眼宏观经济，立足经济大势，从国家层面、政策层面观察经济问题、分析经济现象，宏观、全面是其特点。“忠阳车评”聚焦汽车产业，探讨行业问题，研究车市变化，专业、深入是其个性。虽然写作难度都不小，但他们把握得是好的，影响正越来越大。

今天的《能耗“双控”须臾不可放松》《动态看待电池扩产热潮》很有水准。虽特点不同，但共同之处在于站位都比较高，观察细致、思考透彻、内容扎实，这是我们开办专栏的重要标准和明确要求，也是做精做细做好稿件和版面的重要经验。同时，这也进一步说明，采编人员蕴含着的巨大创造性和发展潜力。

陈学慧同志说，到昨天，系列述评“国际经济形势面面观”出完了，跟“国内经济形势面面观”一样，都是12篇，同期还制作了动画。除股市篇外，均由驻外记者完成，质量较高，版面靓丽，又有动画，加上报社推广，整体效果很不错，作者们也颇有成就感。实践证明，驻外记者这支队伍素质过硬，对驻在国有研究，作风雷厉风行，可谓国际报道主力军。

昨天，苏民同志来商量开记者会的事，汇报说，今年来，驻地发稿数量和质量与去年下半年比，有大幅增长，尤其好稿量明显提升。驻地记者尤其是老同志，不待扬鞭自奋蹄，和年轻人包括从总部派去的小伙子一起抖擞精神，回归采编，起到了很好作用，令人敬佩。

随着事业发展和业务开拓，人手日显紧张，优化资源结构和人员配置，成了当务之急。近期，我们还会根据需要作点调整，使人岗更相适，目标任务更协调，工作和业绩更匹配。在工作顺利推进的同时，也使每位同志发挥更大潜能，获得成就感荣誉感，体会劳动和成功的快乐。

向着目标踏实前进

2021年8月28日 · 星期六

今天“时评”版头条《重新上市制度非儿戏》是报纸亮点，相当不错。李华林同志撰写的这篇言论稿，针对的是近期有退市企业将重新上市一事，退市企业和投资者均十分关注。文章从政策设计到具体案例，提纲挈领，分析有据，阐明重新上市这种制度性安排，是有严格程序规定的，有利于构建良性市场生态。稿件不长，但讲得专业，凸显权威，还是很有舆论引导力的。

财金部近期工作抓得紧，大家都比较努力，推出了不少有深度有锐度、有思想有观点、有新闻性有针对性的报道，大有追赶超越产经部之势。尤其是一批年轻人进步快，积极性创造性得到充分激发和调动，成长成才动力十足。这种局面令人鼓舞，深为可喜。

这一阵子，海外账号团队也是如此。工作取得良好进展，接二连三推出多个10万+作品，默默无闻少人知的付出，开始逐渐看到明显成效。负责人廉丹同志告诉我，习近平总书记关于加强国际传播能力建设、做好外宣工作的5・31重要讲话之后，各地各部门都强化外宣，本报工作团队也在积极探索试验，如何让外宣作品从形式、内容上都能出彩、出圈！禹洋同志则表示，要珍惜发展好时机，知重负重敢担当，不怕困难多奉献，为报社事业贡献自己的微薄之力！

天再高又怎样，踮起脚尖就能更接近阳光。赴扶贫县河北赤城，接任申沟村第一书记的文改办李骁同志昨天报告，他已完成入驻交接，正在整理文件熟悉业务，着手开展与村里的各项工作对接。他信心满满地说：“一定踏踏实实认真工作，让当地老百姓满意，让报社领导放心！”

是的，朝着目标每走一步，就能更进一步地拥抱它。

不能墨守成规 务须与时俱进

2021年8月29日 · 星期日

中央民族会议在京隆重召开，要配发言论，综合采访部康琼艳同志执笔的这篇评论员文章《坚定不移走中国特色解决民族问题的正确道路》，说不上精彩出色，但字正腔圆，有模有样。这也充分说明年轻同志可塑性强，发展潜力大，是堪当重任的。

周末报纸休闲味浓。“消费”“文旅”“生态”“视觉”和“国际副刊”等都在可读性上下了功夫，主题多为吃喝玩乐，比如《男性消费强势崛起》《“后浪”为何爱上迷你电动车》《品味南宁夜》《内河游轮驶向远方》《“雪城”河湖连通记》《面包里的传统文化》等，可谓活色生香。版式上也很用心，创新设计，构图大胆，色彩亮丽，称得上内容与形式相统一，有些惊艳唯美的意思了。

青岛站刘成同志这篇企业稿写得好，《把一根绳子做到“上天入海”》，题目就抓人，报道角度独特，写作比较讲究。稿件没有平铺直叙，而是聚焦企业最重要的产品、最能反映企业特点的特种缆绳，写出了企业的亮点。篇幅虽不长，但很传神，给人印象深。这样的企业报道有质量，值得大家学习，是多多益善的。

最近，新闻发展中心按照要求，专题研究广告版面的设计问题，提出了五条改进措施，包括由单人创作转为团队创作、被动创作转为主动创作，还开展跨部门业务交流，请总编室、中经网美编设计团队介绍经验。今天见报的“广告”版改进明显，有了现代感，增添了创意，体现了特色，与整体报纸风格还是比较匹配的。

墨守成规不行，务须与时俱进。只要调整状态，迎难而上，就会有进步、有变化、有成效。驽马十驾，功在不舍；锲而舍之，朽木不折。望继续努力，浅尝辄止是要不得的。

《南阳重耕》站位高思考深采访实

2021年8月30日·星期一

践行习近平经济思想调研再推新作。

经过两个多月的采访、起草、打磨，重磅报道《南阳重耕》今天粉墨登场。这是继《吉林问粮》后，关于粮食和“三农”问题的又一万字雄文，体现出经济日报对“国之大者”的关注，也反映出我们采编人员对这个重大问题的钻研。《吉林问粮》是从粮食大省的角度谈粮食问题的，《南阳重耕》讲的则是农业大市在粮食问题上的耕耘，特点是突出的。

首先，站位高。紧紧围绕习近平总书记对粮食问题、特别是对河南粮食问题的重要指示，深刻把握扛稳粮食安全这个重任的时代特点和重大意义，既有政治上的站位，也有全局上的考量，聚焦“国之大者”。

第二，思考深。文章从四个方面进行分析研究，包括从“一粒好种”到科技特派员，解码“藏粮于技”；从“田长制”到高标准农田，坚守“藏粮于地”；从“现代麦客”到龙头企业，发力“怎样种地”；从“股田制”到“新农人”，描画“谁来种地”，这都是十分重要的环节，直指粮食生产核心，梳理透，思路清。

第三，采访实。读罢全文，可以感知调研组深入田间地头蹲点调研，走村串户接触了大量“三农”人，从地方领导到技术员，再到农民、农户、科技工作者，从不同视角展示南阳重视粮食之难之好，现场感强，一手资料多。同时也显示出记者善于调研、深入基层的扎实基本功，是不愧“调研”二字的。

《南阳重耕》是继《吉林问粮》后，第二套由部主任领衔的深度调研报道，称得上是“姊妹篇”，折射出同志们对新闻工作和报社事业的主人翁责任感、主动性创造性。可想到两位带队人徐涵和瞿长福同志，还是觉得叫“兄妹篇”似乎更合适些。

企业报道要加快推进

2021年8月31日 · 星期二

《南阳重耕》深度调研报道今天如期推出第二套。市委书记致函本报编辑部《让农民真正挑上“金扁担”》和评论员文章《“重耕稳粮”要深扎每一寸耕地》，夜班对两稿的组合处理也比较妥当精细。按计划，明天将见报河南省领导的专访，为这套报道干脆利索地收尾。

经过大半年的探索与实践，我们的习近平经济思想深度调研报道越来越得心应手，效果也越来越好。根据深度调研报道工作委员会的安排，9月份将刊发的两套习近平经济思想调研行，前期采访工作全部完成，正在修改打磨稿件，将陆续推出。10月份的调研报道也已有具体安排，下了夜班的徐立京同志将带队负责对厦门的调研。

今天的企业版不错，3篇稿件比较有特点，包括杨忠阳同志《东风公司改出向上新动能》、薛志伟同志《宁德时代加速扩产满足市场需求》和梁睿同志《三只松鼠为何跑不动了》。特别是这个短言论很好，观察细、分析准，写作比较用心，对上市公司的研究可谓头头是道，还是有专业味道的。

最近，编辑部对企业报道作了些谋划，应当尽快安排推进，尤其要加大对重点企业、特色企业、头部企业的采访报道。这方面，可借鉴习近平经济思想调研行的做法，搞蹲点采访，改变企业报道挖掘不够、点到为止、千企一面、缺乏特色的现状，力求推出一些让读者印象深、企业反响好、能代表经济日报企业报道水准的作品。这一点有待于我们精准实施，争取早见成效。

SEPTEMBER 2021 / 9

2021 年 9 月

总编辑评报

跳出自我方能创新局

2021年9月1日·星期三

今天给大家推荐“世经述评”《鲍威尔言辞闪烁为哪般》，是本报驻外记者蒋华栋同志撰写的。说的是美联储主席鲍威尔在一个论坛上讲话，一面告诉市场宏观数据已可支持美联储降低刺激力度，另一面告诉市场宏观数据还不支持紧缩进入倒计时。作者分析认为，表态的背后，有平衡市场预期之意，亦是多重因素下的无奈。判断和结论虽属一家之言，也是言之有据的。

对西方重要人物的言论，进行剖析和推论，在我们的报道中并不多见。此前，我们的思想和观念中有一些误区乃至禁区，似乎这些事关外交、涉及全局，认为不宜做文章，免得带来麻烦。现在看来，这种担心大可不必，从实践来看，效果也是好的。

事实上，我们的报道就是在不断拓宽视野、打破禁区的过程中，一步步向好发展的。像佘颖同志“市场监管”专栏推出的充满辣味的报道，包括今天这篇《莫让超前点播滑向“朝钱”点播》，在以前相当长时间里，也是比较难做到的。如果墨守成规，画地为牢，我们不可能推出那么多个人署名专栏，也同样不可能推出“经济论坛”“经世言”这样观点鲜明的专栏。

今天的金观平文章《设置好市场公平竞争“红绿灯”》，保持开栏以来的思想性和新鲜度，拓宽了报道空间和新闻维度，体现出我们与时俱进的姿态。实践证明，最难的在于挑战自我。也只有跳出自我，不自我设限，才可能创造新局面，做出新业绩。

评完报了，接到徐涵同志微信发来的红头文件：吉林省农业农村厅“关于印发《经济日报〈吉林问粮〉报道学习讨论方案》的通知”，要求全省全系统组织开展学习讨论活动。附件是那套系列深度调研稿。她说，“这是对经济日报报道专业性的认可，也充分说明咱的影响力扎扎实实在提升。”

这话虽有徐婆卖瓜之嫌，但还算是实事求是的。

坚持不懈 拒绝躺平

2021年9月2日 · 星期四

昨天，习近平总书记出席中央党校中青班开班式并发表重要讲话，殷殷嘱托年轻干部努力成为可堪大用、能担重任的栋梁之才，可谓语重心长，力拔千钧。

值白班的张曙红同志当即安排撰写评论，评论理论部栾笑语同志闻令而动，倚马可待。这篇评论员文章《不负重托建功业》，在应景的同时，也进一步阐释了年轻干部成长成才的规律特点、要求原则，对总书记重要讲话的解读是准确深入的。对比其他中央党报，我们出这篇评论还是难能可贵的。

一年来，评论工作成效明显。昨天，评论委员会召开第11次会议，小结近期工作。作为个人署名专栏的先行者，连俊同志专门介绍了写“国际经济观察”专栏的体会，汇报了办专栏一年间的酸甜苦辣，讲了收获与付出。技术部门还用大数据梳理出这个专栏的特点等情况。听后还是很受启发、很有感触，深深地为同志们在评论方面迈出的步伐、取得的成效而高兴。接下来，我们还要保持清醒头脑，努力夯实评论基础，鼓励动员更多的采编人员加入写评论、写高质量评论的行列，从根本上提高办报质量，增强报纸的公信力影响力。

这段时间，“智库”版面貌大为改观，每期都有组织和策划，内容有特点有分量，专题和圆桌的形式也是好的，与“理论”版相互补充，相得益彰。这两期关于促进文旅产业深度融合的专题质量比较高，很有智库味道，反映出大家在采编业务上的精益求精、创新创造。这也提醒我们，只要坚定信念，用心用力，有困难可以克服，有矛盾可以化解，没有条件可以创造条件。坚持不懈，拒绝躺平，就一定能取得令人刮目相看的成绩。

加强对外合作 坚持借力发展

2021年9月3日 · 星期五

上周，徐立京同志带队去今日头条调研，有个具体合作项目叫“头条热评”。就是头条根据大数据理出热点，请经济日报两三小时内提供三五百字评论，由对方标注“经济日报原创”后播发。

这两天，张曙红和王智等同志即行尝试。围绕对方提供的话题，产经部黄鑫同志撰写《小米造车绝非易事》和《网上售烟要严打》，经头条播发，阅读量迅速达百万。综采部魏永刚同志接着写《文艺工作者立德不能靠“表演”》，也是上百万阅读量。昨晚，李华林同志的《股民数量达1.89亿，传递四个重要信号》，发出不到一小时，阅读量超200万。几篇稿加一起不足2000字，但阅读量近千万，实在匪夷所思，不能不承认强大平台所具备的强大推广力，也说明我们采编人员中蕴藏着的巨大生产力。

不仅如此，这些短评经编辑，又及时在“时评”版刊发。这使得融合报道不经意间就进入了一个新阶段，具有探路的性质和意义。

昨天，编委会又专门听取调研学习强国的情况汇报。调研组提出，建议与强国在共同采写、加大推广、合作办活动等方面深度合作。现在看是切实可行的，对于拓展新闻报道业务，进一步提高影响力，都将起到重要的促进作用。

加强对外合作，坚持借力发展，是我们做好当前工作的重要立足点。新媒体方面的一些尝试，时间不长，但效果明显。最为突出的，就是出现了众多爆款作品，每个月甚至每周都出现多篇作品在网上刷屏，上百万、上千万甚至数千万阅读量的产品不断涌现，微信10万+、视频和微博百万+、各平台千万+的作品成为一种常态，标志着我们在融合发展方面迈出了新步伐。实践证明，这方面大有可为。希望各部门各单位打开思路，不懈探索，努力走出适合我们自己的融合发展之路。

整合集团资源 形成报道合力

2021年9月4日 · 星期六

进入9月，中央时政活动不断，要闻接二连三。习近平总书记宣布成立北交所，可谓重大经济事件，成为重磅新闻，为海内外广泛关注。

刚才，8点整，财金部祝惠春同志发来微信，先是道声“周末愉快”，接着说“跟您道喜”。喜从何来呢？说证监会有关负责同志跟她表示要求转达：“经济日报今天头版有两篇关于北交所的重头报道，感谢经济日报的鼎力支持！”

看来，这位负责同志还是有些官僚主义，证监会还应该感谢我们的新媒体，感谢我们的直属单位。昨天，《证券日报》社副总编辑董少鹏同志采写刊发的《北京证券交易所将带来什么？》一稿相当不错，不仅时效性强，早于包括本报在内的中央媒体作出了深度解读，而且分析精细，针对性强，凸显了专业水准。此稿经经济日报社新媒体和中国经济网集中推播后，产生了很好的宣传效果，最终和本报评论员文章《赋能中小企业创新发展的重大改革》、解读文章《打造服务创新型中小企业主阵地——详解北京证券交易所》等一起，形成了我们对北交所的深度报道集群。总体来说，我们对北交所的报道，在业内也算得上是比较有特色的。

这也再一次提醒我们，整合集团资源，优化资源配置，形成报道合力，是有多重要、多必要的一项工作。事实上，目前我们的直属单位整体上还处于小、散、弱的状态，经济日报自身也远不够强大，单枪匹马做事成效有限，空间不大，折腾不出多大动静，也很难达到预期效果。相反，联合起来做事，抱成团去攻关，形成局部优势参与竞争，就很可能产生“1+1>2”的功效，收获意想不到的成果。过去一年来，我们在这方面迈出了实质性步伐，尝到了不少甜头，接下来有必要持续推进。

原则上记者不与通讯员共同署名

2021年9月5日 · 星期日

昨晚夜班1版做得好。王伟等同志的头条《海南自贸港奋楫逐浪》与冯其予同志的“经济论坛”《增强政策透明度和可预期性》，都讲的对外开放主题，同时也与三版的服贸会专题相得益彰，从不同角度展示中国对外开放形象，揭示出高质量发展迫切需要高质量对外开放这一核心问题。包括服贸会的几篇稿件都写得不错，编得精心，版面、标题处理也比较大方得体吸引人，还是下了功夫的。

1版“经济聚焦”专栏，还突出编发了产经部刘瑾同志采写的《机床行业步入上升周期》。这类行业稿件应该成为本报重点内容、常规报道，要分门别类地反映出重要领域、重点行业的发展与变化、现状与前景、难题与亮点，全方位、多层次、广视角地展示中国经济的丰富多彩和多元多样。采编人员要加强对分工跑口行业的研究与积累，力争推出的报道有深度思考、有独家观点，不人云亦云。

今天多块版色、香、味、形兼具，质量是持续稳定提高的。“关注”的几篇稿件报道的是社会热点，可读性强，佘惠敏同志“科创之声”专栏《德国制造怕中国制造了吗》观察理性，分析独到，反映的问题发人深省。王琳同志《国产运动品牌何以“破圈”》、杨学聪同志《给实体书店添点“蘸料”》、陈发明同志《企业凭啥吸引“他她它”》等观点新颖，言之有物，读完颇有启发。

“消费”版有两稿是记者与通讯员共同署名的。具体而言，无非两种情况，一种是记者所写，给对采写有帮助的人加通讯员之名，进而加强联系合作；再一种就是通讯员所写，记者加工编辑而成，这一类恐占多数。后者我们是不赞成的，即便是前者亦不提倡。今后，除特殊原因、个别要求外，原则上版面不应再出现与通讯员合作署名。请同志们妥善把握之。

做名副其实的记者

2021年9月6日 · 星期一

今天，习近平经济思想研究征文选登第三篇，《科学把握共同富裕与高质量发展的关系》。作者逄锦聚是位老先生，系南开大学政治经济学研究中心、中国特色社会主义经济建设协同创新中心的讲席教授，算得上是顶级专家、权威人士。

逄先生的这篇文章，从学理角度分析了共同富裕与高质量发展的关系，探讨了该怎样处理好二者关系。这都是十分重要的理论和实践问题，解读有高度、有站位，有理论阐述、有实践印证，是近期一篇高质量、高水准的重磅文章。建议同志们一读。

还想给大家推荐《董明珠的“零碳”梦想》及感言《企业家不能只考虑赚钱》，这是广东站张建军同志的新作，是我们近年来难得的人物报道。写企业家，特别是写董明珠这样的知名企业家，已经太多了，像从前那样见个面，聊几句，然后编编凑凑，很容易就完成一稿，报纸发出来也挺像那么回事儿，但细琢磨，独家内容不多，有特点的挖掘欠缺，就是个二手货。而这篇稿件，写出了真实的董明珠，写出了董明珠的个性，写出了格力的特点，是下了真功夫的。

这一年，建军同志把精力大多用在采写上，稿件都比较有水准，体现出对主责主业的追求。当虚名褪尽、主业回归，致力于写稿、写好稿，做名副其实的记者，就成了驻站同志的明智选择。这方面，建军同志做得好，值得学习。

今天上午总编辑办公会上，苏民同志将介绍记者部工作。在我看来，记者部需要强化的也是要把力量投入采编业务，带领驻地同志们推出更多、更精彩的报道。如果70名驻地记者都能像建军同志这样，对新闻事业如此用心、如此投入，那地方报道一定会上新台阶，经济日报的质量也一定能够上新台阶。

小文章也可发挥大作用

2021年9月7日 · 星期二

今天1版的金观平文章是十天前布置的，由于版面原因延宕至今，现在看，郭静原同志写的这篇《规范发展是为了健康发展》仍有可读性。针对监管部门多领域重拳出击、市场对监管风向趋紧产生担忧情绪，发出重要信息：保持经济平稳健康发展主基调不会改变，对市场过度焦虑和恐慌没有必要。这样的观点，这样的呼吁，体现了经济日报的责任担当。

这么重大的主题和观点，只有700多字，讲得头头是道。可见，小文章、短篇幅也可发挥大作用。像李丹同志《转型有路，“跑路”无门》、顾阳同志《合力做好粤澳合作大文章》、孙昌岳同志《智慧医疗时代加速到来》、彭江同志《财务造假的“毒酒”喝不得》、姜天骄同志《期待音乐市场活起来》、连俊同志《万亿美元“扶”不起美就业数据》、乔金亮同志《有了“杜长大”莫弃成华猪》、拓兆兵同志《找准定位才能走对路子》、周琳同志《对“业绩变脸”不能高举轻放》，等等，长则七八百字，短则四五百字，都有四两拨千斤之效，关键在于言之有物，读完有收获。我们一直强调，该长则长，宜短则短。长的有习近平经济思想调研记，都是万字雄文。如此，则长短搭配，特色鲜亮。

对稿件供给量大、夜班不能当日编发的情况，昨天总编辑办公会提出，要建立沟通协调机制，增强时效性。这样的调度是必要的。就是要根据需要，及时改进，不断提高新闻生产力和工作效率，达到产供销一体、采编发协调，形成支持配合的良好局面和工作合力，从而收到更好成效。

昨天评报，推荐了张建军同志的报道。建军同志发来微信，看后还是很欣慰的，摘录如下，与大家分享——

刚才恰好看到了新东方俞敏洪的60生日感言，“六十岁出发，归来还是少年”。我也算是奔六的老同志，遇到现在报社做新闻的好时代，也想学一把老骥伏枥，烈士暮年。我当继续努力！

临空经济深度报道的特殊意义

2021年9月8日 · 星期三

今天，我们隆重而特别地推出临空经济助力京津冀协同发展深度报道，是徐文营、苏民同志和北京站集体完成的。

说隆重在于，除头条编发长篇通讯《龙凤呈祥》，还配发评论员文章《在新格局中谋划临空经济区建设》及专家署名文章《临空经济区成区域高质量发展新动力源》，组合式报道同时推出，不可谓不隆重。

说特殊在于，临空经济区这个概念是与经济日报密不可分的。十几年前，文营同志任北京站站长时，在各方支持下，与顺义地方政府联合召开临空经济研讨会，并做了一系列深度报道。临空经济一时成为新概念，引发经济界热议，专家学者开始发力研究，逐步在国内外产生较大反响。随着大兴机场建成运营，北京临空经济发展呈现南北辉映、龙凤呈祥格局。在这样的背景下，进一步研究首都临空经济，有着不同寻常的意义。

这套报道站位高，分量重，内容扎实，反映出本报对经济热点和趋势性问题的关注。我们如此突出报道，一方面是跟踪经济走势，探寻发展特点；另一方面，也是鼓励大家更多介入经济生活，用自己的思考和努力，为时代发展和经济繁荣发挥特殊作用。

今天的两篇个人专栏稿，也值得一说。一篇是佘颖同志《抓住撒谎的加拿大鹅》，一篇是亢舒同志《房企进入深度调整期》。前者义正词严，延续了一贯的泼辣与犀利，很有战斗性；后者分析透彻，论据翔实，没有故弄玄虚，体现出专业与理性。二者亦庄亦谐，风格迥异，展示出明显的进步与成熟。只要坚持不懈，久久为功，一定还会有更大发展。姑娘们，加油！

年轻一代成事业中坚

2021年9月9日 · 星期四

今天1版“三件套”做得好，尤其“经济论坛”有分量，对国务院常务会作出的重要部署进行解读，针对性强，信息量不小，话题重大。千字文写出了中小企业遇到的困难和窘境，写出了政府支小助小的决心和行动，写出了纾困帮扶存在的压力和希望，是反映真实情况、体现热点难点问题的好文章。

“经济论坛”专栏开办快一年了，编发的稿件也近百篇，影响力是在不断增强的。常有读者问，你们金观平金老师是哪个部门的，发稿量怎么会那么多，而且什么内容的稿子都能写？起初作者主要是评论理论部的几位，到现在，供稿者队伍已近20人，难能可贵的在于，大多都是分工跑口的年轻人。像今天这篇，就是财金部刚评上主任记者职称的姚进同志所写。也许稿件还不够老辣，行文还略显稚嫩，但充满活力，有多年跑口的专业积累和用心用情的投入，保证了这些稿件具有一定的水准。

这批三四十岁的骨干记者风华正茂，正在挑大梁，成为我们事业的中坚，敢想敢干、创新创造是这个群体的共同特点和显著标志。昨天见报的《抓住撒谎的加拿大鹅》，文风犀利，行笔泼辣，观点鲜明，尤其是标题有冲击力，微信播发后，短时间内就冲上10万+。这样的一篇短文，能产生如此大的影响，充分反映年轻一代业务上的开拓与进取，昭示着经济日报的明天与未来，给人信心，令人振奋。

昨天，我们用近10个小时，对应届毕业生入社进行面试。看着一个个充满憧憬的面孔，看着一双双无限期待的眼睛，听着他们洋溢自信的谈吐，为这批即将成为身边同事的新生力量而感动，也为又有新鲜血液加入我们这个集体而鼓舞。

秋收在望，硕果枝头，不到40岁的经济日报正青春！

个人专栏要成为“金字招牌”

2021年9月10日 · 星期五

为确保重要时政报道妥善安排，昨晚夜班拼了7块要闻和文件，冲了几块版。尽管如此，仍有报道值得说说。

首先是顾阳和杨忠阳同志的个人专栏。率先开栏的《每周经济观察》，至今已逾一年，发稿约50篇，在报社内外都广受好评。虽不能说篇篇精彩，字字珠玑，但因其关注的话题重要，信源可靠，分析权威，且文风朴实厚重，每每给人留下比较深刻印象，对于人们了解中国经济尤其是宏观大局还是有指导性的。它与连俊同志的《国际经济观察》，互为补充，聚焦发力，共同指点国内外经济风云变幻，是能体现经济大报特色的。

如果说，顾阳同志的专栏相对“高大上”的话，《忠阳车评》的特点则在于“专精深”，是比较小众的，说的就是车的概念和范畴，怎么样讲得让爱车的人想看，懂车的人信服，专家们还认可。这看起来容易，实际上是高难度的，逼着记者向专业化使劲，否则不可能办得下去，只会草草收场。一年来的实践证明，忠阳同志还是过得硬的，称得上是专家型记者，是给报社增光添彩的一块“金字招牌”。

今天这两篇专栏文章《靠什么吸引外资持续流入》和《广汽埃安混改能否“破圈”》，很能代表作者及这个专栏的水准。近期，我们还要按计划分别举办业务研讨会，给他俩鼓劲加油。

其次，就是“数据”版。这期《老师的购物箱里都有啥》，教师节见报很是时候，也有可读性，一些数据颇耐人寻味，《教师自我教育市场待开掘》小文章也是言之有物。现在看，这个版进步快，效果好。从高标准要求，也还有进一步改进的空间，尤其是如何增加信息量，使版面和内容更匹配、更协调。请相关同志研究，努力把它办成本报的特色版、吸睛版。

解放思想 勇于突破 开创新局

2021年9月11日 · 星期六

金秋九月，丹桂飘香，也是对外交往好时节。这几天，关于总书记的重要报道接二连三。昨天，《习近平同美国总统拜登通电话》算得上重磅新闻。值白班的曙红同志提出：是否可以准备一篇评论？“当然可以！”我回答说：关键是要把握好，拿捏好。

说是这么说了，对于能否写好、能否推出，并无胜算。毕竟这种稿子以前没出过，同志们也没写过，缺少这方面的历练，属于第一次吃螃蟹。晚上，看到由国际部起草、精编后的文章《展现大格局 坚持向前看》，一块石头落了地：“挺好的，发吧！”

今天3版“经世言”专栏刊出的这篇文章，也许并不那么起眼，其实分量不轻。对这样的热点能够及时发声，且讲得字正腔圆，得体妥当，是带有开创性意义的。尤其对于经济日报来说，是迈出了至为重要的一步。虽是报道领域开拓创新的一小步，实属大胆突破、勇于担当的一大步！

曾几何时，像这类报道我们是自我设限的，以为这也不行、那也不行，这方面不允许、那方面有限制。事实上，并无这样的规定，也无特别的要求，可谓故步自封、作茧自缚。在我看来，除了有特殊规定和明确指令，大可不必自废武功，关键还是要有质量水平，有把握能力。俗话说，没有金刚钻，就干不了瓷器活。

解放思想，方能登高望远；勇于突破，才能开创新局。如果亦步亦趋，哪有10个个人专栏的多姿多彩；如果不走新路，不可能推出一系列深度调研报道；如果畏首畏尾，也不可能举办“习近平经济思想研究征文”……这一年来，我们就是在守正创新中走过来的。如果说工作有进展、报道有特色、局面有变化，也是编委会和全体职工解放思想、敢想敢干的结果与回报。

一切，才刚刚开始。

《西安聚变》气势磅礴、势大力沉

2021年9月12日·星期日

经过一个多月的采访调研、稿件撰写和反复修改，《西安聚变》今天闪亮登场，为我们“践行习近平经济思想调研记”增添了最新篇章。

这个调研围绕国家中心城市建设过程中发生的变化，通过对聚势、聚力、聚能、聚心的梳理概括，精彩呈现了古都西安的高质量发展，尤其是通过历史与现实、过去与现在的强烈对比，凸显出西安干部群众牢记总书记嘱托，干在实处、走在前列的奋进姿态和精神状态。稿件有深度思考，有细节描摹，详略得当，文字精练，张毅同志认为“气势磅礴，势大力沉”，质量相当不错。调研组的同志们付出的努力是有回报的，尤其是记者站的最早设想还是得到很好兑现的，也算是我们对即将开幕的全运会等重要活动作了暖场和铺垫。不知张毅同志当初对这种调研报道的顾虑是不是一扫而光了？

即使是周末，评论立报的理念亦未有所淡忘，编发言论稿仍是各版的基本追求。从专栏“经济论坛”“金视角”“经世言”到“科创之声”，从版面“数据”“消费”到“文旅”“生态”“企业”，每个专栏、每块版都有楷体字压阵，不仅丰富了版面，重要的在于质量较高，大大增加了可读性，多了亮点和厚度。像《适度超前推进基础设施建设》《美国“人权至上”不攻自破》《“元宇宙”究竟是不是新科技》《与历史共情》《大自然因多样而多彩》《火锅企业仅靠“铺天盖地”走不远》等，都是观点鲜明、言之有物的，就连“数据”版上的“说数”小稿《月饼创新莫“变味”》，也有针对性，颇有看头。

今天的“国际副刊”继续保持自己的风格，内容耐读，版面也有特点，设计感强。只是色调偏暗，与其他版面不够协调，有必要兼顾左右，做到瞻前顾后。

做新闻，搞业务，我们是认真的！

2021年9月13日·星期一

关于西安调研行，今天如期编发评论员文章《在新发展格局中建设国家中心城市》，以及西安市委市政府的来函《奋力谱写追赶超越新篇章》。西安人情商挺高，不仅表示要感谢经济日报的大力宣传推介，还说“向经济日报广大读者发出盛情邀约，相约十四运，西安欢迎您！”

通过参与、组织这套报道，张毅同志感受多多。他在微信中谈道：“深度调研是一项系统工程，是编委会推进高质量发展的重大实践载体，也是体现报社统筹多方资源推进治理能力上水平的练兵场，更是一份对驻地一线具有挑战性的能力试卷。”这样的体会和认识是准确的，也是透彻的，反映出高站位，体现了强烈的责任感。

孙世芳同志说，看了“学习强国”，看到“践行习近平经济思想调研行”专栏里已收录15篇，这是编委会领导下报社高质量发展的具体体现。他还感叹道：“眼看着阅读量在不断增加，调研组背后还有一个强大的管理团队、编辑团队和推广团队，深深感到深度调研确实体现了高效协同的团队精神。”

这几天闭门学习、研讨、交流，见到多位地方宣传部部长，聊天时总能提到我们这个“调研行”报道，其中有两点认为是了不起的。一是调研时间长，不是蜻蜓点水，深入；二是稿件有质量，不是资料堆砌，耐看。有的主动提出，也给他们来一套。一位转任部长的新闻界同行是这样说的：“你们还真是在做新闻、搞业务！”

行家就是行家，看得实在到位。

做新闻，搞业务，我们是认真的！

报道应理性准确全面客观

2021年9月14日 · 星期二

今天，我们以对陕西省委书记刘国中的专访《聚焦高质量发展 奋力追赶超越》，以及社会各界的反响《全力建好国家中心城市》，为西安深度调研报道圆满收官。

昨天下午，陕西记者站微信报告说："截至今天下午4点，仅学习强国一个平台阅读量已近500万，13万点赞；中国经济网、客户端、微博收获两个10万+；另外，西安主要媒体和网端全文转载、全平台推送。"

这条微信是散会后7时许取回手机才看到的。就在张毅同志发微信时，中宣部宣传舆情研究中心主要负责人，正向中央领导同志汇报"学习强国"的有关情况，在谈到如何加强对习近平总书记的思想和形象推广宣传时专门说："'践行习近平经济思想调研记'大型系列调研报道，是由《经济日报》社提供的，单篇最高阅读量达到1179万人次……"现场听到别的单位肯定我们的报道，心中还是美滋滋的。

好报道、好版面是越来越多了，每天评报只能挂一漏万。今天"调查"版编发的《人心好，鸟知道》，是辽宁站孙潜彤同志的又一力作，体现着一贯的高水准，反映出记者业务上的不凑合，工作上的不对付，为人为文上的不马虎。这篇调查稿写出了辽宁盘锦保护湿地之不易，写出了10年间的变化与成效，同时也写出了对人与自然的深入思考和浓浓情怀，文字饱含着对动物、自然和人类的悲悯，很受看，很耐读，实在难能可贵。

昨天上午的总编辑办公会指出，做好经济数据发布与解读的报道，要做到客观理性，避免在新媒体转化过程中过度追求吸引眼球。这个提示和要求很好，不仅对经济数据的发布与解读时要注意，对其他报道以及所有报道也很有必要，都应理性、准确、全面、客观，不能唯点击量，更不能为吸睛以偏概全，乃至故弄玄虚。对此，不仅报纸要落实到位，中国经济网和新媒体也要严格执行，妥善把握。

专栏要有专业性

2021年9月15日 · 星期三

今天“房地产周评”专栏稿《建立人房地钱联动长效机制》，说的是房地产市场的关键问题和核心内容，也是我们观察房地产市场风云变幻的一个重要标志。把这个事弄明白说清楚，还是很有必要的。此文的特点在于比较专业，意味着亢舒同志在专栏撰写中逐步走上专业化之路。

专栏如果没有专业性，作者不能专业化，是很难持续做下去的。作者们都有一个共同感受：稿子越来越难写，有种坚持不下去的焦虑。然而，唯有不易，方有成就。想轻轻松松做出与众不同的业绩，除非你是天才，否则只能艰苦付出。在我看来，克服焦虑的最好办法是学习，思考，迎难而上，所谓坚持就是胜利。当手脚并用攀上高峰回望来路时，就会发现你已到达又一高度，就会发现完全不一样的自己。

见报的几篇小文也不错。“金视角”专栏《合法合规中提高企业竞争力》、“经世言”专栏《人民幸福生活是最大人权》等，短小精悍、内容扎实。张苇杭同志的《“炒鞋风”为何刹不住》，分析得深入浅出、头头是道，观察是细致的，写作也比较精当，充满一股子朝气和活力。

有的稿件标题还可精细一些。“世界经济”版《中国与欧洲并不遥远》，原题是“中欧并不遥远”，容易有歧义：中欧并不遥远，东欧、西欧、南欧、北欧就遥远吗?“关注”版头条原题是“中秋旅游温而不火”，中秋还没到，怎么敢肯定“温而不火”？还是加上肩题“业内人士预测”比较妥当。10版“理论”已有“发挥京津冀协同发展关键作用”的题了，11版头条又出现“发挥劳动密集型制造业稳就业的重要作用”的题，恐怕换一换还是必要的。

我们期待这样的报道

2021年9月16日 · 星期四

昨晚，“关注”版一篇稿件引起我的关注，就是广东站庞彩霞同志采写的《广东何以成“小巨人”成长沃土》。这篇不足2000字的报道，看起来平常，但值得多说几句。

一是，地方报道，全国意义。报道说的是广东作为制造业第一大省，诸多领域形成优势产业集群，成为“小巨人”的摇篮。重要的在于，它写出了地方经济发展的全国意义，指出营商环境持续提升，有利于“小巨人”成长和发展，其他省份可从中借鉴。这正是我们应该报道的重点。

二是，内容扎实，短小精悍。这个题目写整版也可以，但记者惜墨如金，以一当十，表达和铺陈简洁明快，点到为止，有四两拨千斤之效，足见采写功力之深。

这样的报道是我们期待的，也是版面需要的。如果今天1版有地方，甚至头条，都是可以安排的。比较而言，我们有的稿件写地方工作是充分的，但缺乏服务全国读者的意识。这一点希望同志们加以注意。

产经部熊丽同志“金视角”专栏稿《理性看待部分指标增速放缓》，建议读一读。这篇稿子也是因1版没地方，否则效果会更佳。给大家推荐，不仅是因为稿件写得好，也是由于内容值得看，能让我们对全局有进一步了解，对把握经济走势还是很有帮助的。

四川泸县发生6级地震，已有人员伤亡。钟华林同志报告说：他和刘畅同志马上赶过去，路程3个多小时……

此时，他们正在向灾区挺进中。

“快”“新”特点进一步凸显

2021年9月17日 · 星期五

今天的金观平文章《聚力促消费 强基稳增长》，反应迅速效果好。

熊丽同志写的这篇“经济论坛”是白班调度的。8月份消费数据，比上月回落2.1个百分点，幅度较大，各方关注。作出回应十分必要，也十分及时，反映出我们的报道特别是评论“快”的特点。

报道的快，莫过于钟华林、刘畅同志从抗震救灾一线发回的《救援紧锣密鼓 生活秩序井然》。《猪肉价格为何跌跌不休》《刷掌支付：噱头还是风口》，调查《中秋将至，月饼备好了吗》等，都是时效性强的。评论的快，除了“经济论坛”，《“南向通”上线意味着什么》《煤价“高烧”当休矣》《马自达自救还有戏吗》等，紧扣行业难点、经济热点、社会焦点，解读都是比较专业的。

在周三评论委员会例会上，我说近期报道的特点是快，还讲了一个特点，那就是“新”，有新意有创新。“头条热评”发了十几篇，反响不小，一个话题动辄上千万阅读量。国际部“外企微观察”，经过一段时间摸索也渐成气象，丰富了报道形式和路径。

新还体现在对报道领域的拓展。像今天的“香江观察”专栏，此前会觉得很难做到。如今，经过努力，这样的稿件不仅经常见，且质量较好；不仅单篇出，且多次推系列。针对香港选举委员会选举，这次要连发四篇，水准是比较高的。

快也好，新也罢，目标都是要提高新闻能力、办报水平和工作质量。我对顾阳同志说，个人专栏开了一周年，很好！再干两年怎么样？他肯定是有压力的，大家也都是有压力的。我们要把压力化为动力，在压力中奋进。应当说，这是职责所在，也是我们这拨人的宿命。

稿件统筹和版面安排尚需改进

2021年9月18日 · 星期六

这一段时间，财金部同志们状态不错，不仅版质量比较高，记者们产量也大，还出了不少好稿。迈向高水平金融开放系列报道已发了4篇，策划周密，采写扎实，内容丰富，信息量大，对金融业对外开放和改革发展进行了深度梳理，还是很有分量的。

陈果静、祝惠春同志这两篇时评也有看点。《流动性充裕助小微企业纾困》再谈三千亿，站位和角度又有拓展深化。《掘金北交所切忌盲目任性》强调要增强风险意识，投资不能盲目乐观，必须有清醒认识，体现了我们的理性和专业。

今天，11版、12版编发了刘亮同志的两篇言论，分别是《坚决贯彻“爱国者治港”原则》和《粤港澳合办全运会意蕴深远》，反映出作者对香港问题研究越来越深入，写作也越来越自如。只是不该一天出两个“香江观察”专栏。一个是白天所拼，一个是夜班所拼，反映出稿件统筹和版面安排上还有需要改进的地方。

神舟十二号返回舱昨天成功着陆，3名宇航员在完成90天太空任务后顺利归来。我们用整版来记录这个重要时刻，姜天骄同志特写报道《“回来的感觉非常好!”》生动再现了这一激动人心的新闻事件。短评《勇赴星辰大海》感情充沛，鼓舞人心：人类对宇宙空间的探索和认知尽管还只是沧海一粟，但我们已经在不断超越自我，勇敢奔赴星辰大海。

宇宙浩瀚无比，探索永无止境。外交部昨天的新闻发布会上，发言人赵立坚念了几句诗词很提气，录下来与大家共享——

神舟上九天揽月，蛟龙下五洋捉鳖。人道中秋明月好，欲邀同赏意如何?

驻地记者作用亟待有效发掘

2021年9月19日 · 星期日

一年前，习近平总书记来到湖南省郴州市汝城县文明瑶族乡沙洲瑶族村看望老区群众，参观“半条被子的温暖”专题陈列馆。当晚，从新媒体获悉这个消息后，即致电湖南站刘麟同志：你应该去沙洲村，你要去村里写报道，现在！

作为老站长，作为老新闻工作者，刘麟同志闻令而动，马上奔赴沙洲村投入采写，第二天晚上成稿。经精心处理，《“半条被子的故事”有新篇》在头条刊出，新媒体也做了创新性编发，在社会上产生了很好的宣传效果，领先新华社通稿整整一天！中国新闻奖评委郑波同志说，此稿以高票当选，正在公示之中。

作为“半条被子”故事最早发掘者、报道者，本报关注、重视沙洲村是十分自然的，也是必须的。从中尝到甜头的刘麟同志也一定是记得这事的。一周年后，他再赴沙洲村，写出了今天1版见报的《在这个特别的日子里》，报道了一年来发生的变化，读来还是很亲切、很生动的。

沙洲村已成为本报调研点。一周后，一批新入社的党员同志将在机关党委组织下，到沙洲村调研学习、践行“四力”。参与会务的刘麟同志报告：“一切准备就绪，请编委会放心！”

驻地记者的作用，特别是报道方面的作用是巨大的，还有待充分发挥，潜力也需有效挖掘。我总说，70名驻地记者是我们的生力军、主力军，一定要尊重之、善待之，并下大力气培养后备力量。这是当务之急，亦是着眼长远的战略上的考量。对此，我们应该有共识、有行动。

中秋报道色香味浓

2021年9月20日 · 星期一

秋来好景怡心醉，共品人生酒一杯。

欢度中秋，吃喝为先。今天报纸即以酒启头，《努力打造世界一流红酒产区》，报道宁夏抢抓机遇、挖掘优势，建设贺兰山东麓葡萄酒产区，为即将开幕的首届国际葡萄酒文化旅游博览会烘托气氛。吃的就多了，“视觉”“数据”整版都是讲的中秋和月饼，还依托大数据专门图解《什么样的月饼更受欢迎》，色香味儿都是浓浓的。

“文旅”版上这篇小文《月饼：从“出圈”到归真》有看头，刘畅同志对月饼的与时俱进和文化传承描画是到位的，点面结合，裁剪得当，读完还是有所收获的。不知这个刘畅是国际部的，还是四川记者站的，同名同姓。

香港选举委员会界别分组一般选举昨日顺利举行，意味着新选举制度成功落地。“香江观察”专栏连续推出一组4篇言论，包括今天这篇《凝聚共识破解民生经济难题》，对香港新一届选委会选举作出分析透视，在涉港舆论斗争中发挥了本报应有作用。

牵头带队在深圳工作的孟宪江同志刚才发来报告：上级领导表扬了前方的同志们，说“工作很圆满，打了大胜仗！向通宵达旦敬业工作的全体同志表示感谢和致敬!”

天上月满，人间团圆。按照编委会的要求，人事部节前已分别致电援疆、援藏、扶贫、挂职、帮助工作的干部职工，转达报社的问候，捎上一份挂念和温情，感谢他们为报社作出的奉献与付出!

此时此刻，有必要向那些因为工作不能与家人团聚的同事表达我们的敬意，道一声辛苦了!

下大功夫细功夫苦功夫笨功夫

2021年9月21日 · 星期二

秋色正浓佳节到，先给大伙儿道个好，祝各位中秋快乐，阖家安康！

对天津站武自然同志来说，这个中秋多了个小惊喜。心心念念的《团泊洼的今天》一稿终于粉墨登场，头条处理得浓眉大眼。一大早他就发来短信叫醒我："精心修改、精心安排、中秋佳节、神情愉快！"相信自然同志肯定是神情愉快的。

这篇通讯花了不少力气。看到报社接二连三推出调研稿，编委会大力提倡深度调研，自然同志不待扬鞭自奋蹄，独自到静海蹲点采访，闷着头发来了万字长文，希望照着"习近平经济思想调研记"刊发。不过，稿件不怎么像调研。作为诗人之作，长稿写得更像万字散文。

怎么办？改吧。自然同志改了一遍、两遍、三遍，总编室王智同志编了一遍、两遍、三遍。3个多月过去了，最终有了这篇见报稿，还是比较有质量的，配得上"团泊洼的秋天"这个由头和卖点。自然同志现在一定体会到：写长通讯和写诗还真是不一样呢！

不一样的是体裁要求不同，一样的是要写好都不容易。这两天翻看郑波同志带队调研赣州的报道，深感采访深入、写作精心、反复打磨之重要。对于万字长文，不下大功夫、细功夫、苦功夫、笨功夫，是很难如愿以偿的，指望东抄抄、西摘摘，见到啥写啥、碰见谁写谁，或者一气呵成、写成啥样发啥样，已无可能，只会凸显业务上的稀松。因此，希望同志们回归新闻、业务精进，就成为必然的要求。事实上，这也是我们强调"减量化改革、高质量发展"的意义所在。

过节了，还是少说几句。愿大家事事如月圆满！

新闻生产力显著增强

2021年9月22日 · 星期三

因为等时政稿，报纸及其版样晚了一个小时。

今天这篇金观平文章有质量。评论部牛瑾同志撰写的《正确理解共同富裕的基础性制度安排》，针对三次分配上存在的错误认识进行剖析，说服力强，有正本清源、引导舆论之效，做到了敢发声、善发声。

几篇专栏稿也有看点。佘颖同志《叫停槟榔广告很有必要》，节前就已写成，对槟榔广告的否定早于广电总局决定，反映出记者的敏锐。亢舒同志《房企行至十字路口》，如果没有积累，是得不出这样的结论的，也无法做出这样的判断。李华林同志《“牛散”再牛也要讲规矩》、彭江同志《证券市场“最重量刑”的警示意义》等，有思想有观点，针对性也比较强。《中国制造业何以稳居世界第一》《跨境电商发展步入快车道》《独立董事如何“既独又懂”》《生态保护补偿迈出重要一步》等，都是内容扎实、信息量大的好报道。可以说，报纸的可读性在明显提升，新闻生产力得到显著增强。

今年报纸改版后，变化是看得见的。版式和版面更为突出，视觉规范和版式风格渐趋形成，在新颖别致、大气美观方面是有较大进步的。其中，美编团队居功至伟，是付出艰苦努力、作出特别贡献的。今天，我们请高妍同志介绍这个团队的劳作与体会，分享艰辛与快乐。我们应该向他们致敬，给他们点赞！经济日报的事业离不开每位同志的参与，经济日报的发展有赖于更多同志的投入与奉献。

中秋小假结束，国庆长假在即。请总编室、策划部等部门对近期采编工作，提前做好安排。

更多同志聚焦主责主业令人欣慰

2021年9月23日 · 星期四

昨天，时政稿量依然很大，一些重点报道未能如期安排。尽管如此，仍有不少稿件有亮点、有质量，像连俊同志《美国解决债务上限悬念不大》、刘慧同志《全球粮食体系转型在合作中破题》和《产后节粮减损大有可为》等，都保持较高水准，成为版面压舱石。

可喜的是，一批更为年轻的采编人员在业务上正大踏步前进。“时评”版上两篇稿件不错，一是产经部刘瑾同志《缺芯犹可恕 炒芯不能忍》，另一是评论理论部原洋同志《产业链协同化解汽车缺芯难题》。两文从监管总局处罚3家汽车芯片企业倾销一事入手，条分缕析，丝丝入扣，把缺芯炒芯讲得明明白白。财金部李华林同志《退市常态化 慎炒ST股》、协调部刘蓉同志《今天，你在哪里健身》等，观察细致，眼光独到，新闻敏感性强，稿件让人眼前一亮。越来越多的采编人员，把精力集中到采编业务上，在自身不断进步的同时，也有力推进了采编工作。

今天出了两个整版加一个通栏的广告，已经多时不见了，说明新闻发展中心的同志们在用心做事，迎难而上。这个现象让人欣慰。只有都动起来、干起来、忙起来，我们才有可能取得好成绩，实现预期目标。

这一个多月以来，为扩大报道影响力，同志们积极参与稿件转发，每天不厌其烦地在朋友圈推介，效果是明显的，弥补了自身平台的不足。我昨天在总编辑办公会上提出，从实际情况来看，这类推广可少而精，上午和晚上各不超过5篇（不含报纸版面和财经早餐），且不应重复。推广转发的内容，首先是独家的，以自创为主；其次，是经济领域的，体现本报特色；第三，是便于传播，适合新媒体推广的。请推广办在操作时把握。

报道的问题导向越来越鲜明

2021年9月24日 · 星期五

今天，我们按计划推出又一套习近平经济思想调研记——《赣州示范》，报道江西赣州牢记总书记嘱托，在加快革命老区高质量发展方面做示范。这也是郑波同志今年第四次带队蹲点调研，体现出编委会的示范作用，值得我们学习。

这次调研，调研组是充满创新意识的，除做好报纸稿外，新媒体方面也动了不少脑筋，从调研采访开始，就陆续发了一些有创意的融媒体产品。这几天还将播发《赣州颜色》等系列短片，制作水平比较高，让人耳目一新。这说明我们在融合报道方面可以有所作为，深度调研报道拓宽了新路子。

"习近平经济思想研究"征文今天刊发《科学理解习近平经济思想的理论逻辑》，思想性、理论性、逻辑性都比较强，从一个侧面反映了当前习近平经济思想研究的深度、层面和范围，对于我们全面把握习近平经济思想很有指导性。为让专家的文章更适应报纸传播，评论理论部的同志是下了大功夫的，甚至有些段落都是重新改写的，工作量是大大增加的。

报道的问题导向，现在是越来越鲜明了。产经部熊丽同志撰写的金观平文章《着力管控输入性通胀风险》，精辟分析价格上涨对经济带来的压力和人们对输入性通胀的担忧，讲得是到位的，说理也是有力的。车评《法拉第未来还有未来吗》，同样坚持问题导向，延续杨忠阳同志深度思考的特点，没有情绪化，用翔实资料和过硬论据，评说法拉第未来需要跨越的路障实在太多，体现出专业眼光，反映出对汽车领域的理解与把握上了一个新的层面。可以说，这也是作者孜孜以求、不断积累的回报与成效。

世界经济报道明显增多

2021年9月25日 · 星期六

今天，我们和其他媒体一起转发《美国干预香港事务、支持反中乱港势力事实清单》，揭露两年多来美国干预香港事务、干涉中国内政的种种言行，可谓铁证如山，罪行昭昭。正如刘亮同志“香江观察”专栏稿《藏不住的黑手 漂不白的用心》指出的，这个清单让我们看清了这些年干预香港事务的“黑手”有多黑。清单比较长，建议大家一阅，对了解香港问题特别是抓住舆论斗争的实质和要害，还是很有帮助的。

昨天上午，中央领导同志专程看望慰问了参与有关工作的同志们，对大家做出的努力给予充分肯定。同时，希望大家保持忧患意识，不断创新，润物无声，有针对性地做好下一阶段的舆论引导。牵头带队的孟宪江同志说，大家都深受鼓舞，倍感振奋，一定会按照要求和部署，更加扎实地开展工作。

对于国际问题，特别是国际重大经济问题、经济现象、经济事件的报道，正在明显增加。今天的“世界经济”版专题报道了“北溪2号”。作为连接俄罗斯与欧洲大陆的重要输气工程，这个项目开工5年多来,牵动多方利益，长期遭到美国制裁，近期全面完工，但受项目认证、美方阻挠、德国大选等因素影响，能否年底前投运仍有不确定性。几篇稿件，对此进行了归纳梳理和深入分析，把各方的利益博弈写得清清楚楚。这组报道分量很重，体现出驻外记者对重大经济问题的跟踪与研究，做到了能发声、善发声、发好声。

针对文化产业博览会，深圳站杨阳腾同志和综采部魏永刚、姜天骄等同志合作采写，有关编辑认真打磨，今天用3个整版进行集中专题报道，内容扎实，版面漂亮，可以说是丰富多彩的。不足之处是晚了一两天才出。看来，在类似的专题报道中，还是要进一步增强新闻性和时效性，以达到更好的效果。

着力改进新闻报道时效性

2021年9月26日 · 星期日

晚舟已过万重山。

昨天，一个重大新闻是，中国公民孟晚舟经过上千天的磨难和煎熬，终于返回祖国，引发国内外舆论的广泛关注。我们严格按照有关要求，积极做好网上网下舆论引导工作，其中包括转发好人民日报评论《没有任何力量能够阻挡中国前进的步伐》。这篇文章写得很精彩，说得很透彻，分量也很重，值得我们学习借鉴。

践行习近平经济思想调研行之赣州报道，今天见报对江西省委书记、省人大常委会主任刘奇的专访《奋力推动革命老区高质量跨越式发展》，为《赣州示范》深度调研圆满收尾。用赖永峰同志的话说："这套调研威武雄壮、大气磅礴、呈现精彩，苏区振兴饱含了领袖的深情大爱，调研报道凝结了经济日报的真情厚爱。"统计数字显示，到今天早晨，《赣州示范》在"学习强国"阅读量达932万，点赞量26万。如果包括地方和其他各类平台，传播量远超千万，影响力、传播力和到达率都是相当可以的。新媒体传播也有比较好的效果，与报纸形成有力补充，可谓相得益彰。永峰同志感慨道："超乎想象，甚感惊奇，倍感兴奋，感谢报社各部门团结协作!"

今天10版刊发的《我国首船全周期碳中和石油获认证》，是挺有分量的经济新闻，上海站李治国同志不仅写了报道，还配发点评《绿色交通新探索》。在"双碳"目标新要求和能源转型大趋势下，对油气行业发展方向和趋势作出分析与判断，还是很有启发的。只是我们见报晚了几天，效果打了折扣。这也再次提醒，有必要提高新闻报道时效性，我们应该在这方面花点力气加以改进。

经济日报有了更大声量与担当

2021年9月27日 · 星期一

作为记者，作为新闻人，写的报道能有反响并发挥作用，无疑是件开心事。

9月25日“时评”版刊发了《国潮别做歪生意》，是佘颖同志撰写的，不仅指出江南布衣在国风劲吹下、偏偏走暗黑的歪路，更重要的是提出，如果该企业涉嫌违法，监管部门应督促其下架相关广告和商品，强调这不是企业自律问题，而是法律红线。

这篇文章被澎湃、环球时报等媒体和消保委的平台广泛转发。昨天，江南布衣真的被约谈了。参与采写编发的“小朋友们心潮澎湃，觉得自己在替天行道”。佘颖同志也是喜不自禁，认为这是最希望看到的结果，感谢报社为记者提供了显身手的舞台和能发声的渠道，也让经济日报有了更大的声量与担当。

20天前，佘颖同志采写的《抓住撒谎的加拿大鹅》，也在读者中产生很大反响。外交部门约谈了加拿大有关企业，引用的依据和材料之一就是我们的报道。早些时候，关于海南椰树集团的评论也在市场上引发关注，监管部门予以充分肯定，见报第二天椰树集团即被约谈。接二连三的报道产生反响，十分令人欣慰。一方面说明记者们正在迅速成长，发挥出了生力军作用，另一方面，也说明传统媒体在舆论监督方面仍可以大有作为。那种认为传统媒体大势已去的说法，可能并非完全客观。其中关键就在于，要体现问题意识，反映公正立场，亮出独家观点。

“产经”版上有篇小文，题为《“13香”到底香不香》，是评论理论部年轻人银晟同志写的。虽然文字还可更娴熟，但蕴含的锐度给人印象深刻。探讨问题、分析问题这个路子是对的，坚持下去定有成效。“地方”版刊发内蒙古站陈力同志《区域合作不能“纸上谈兵”》，同样体现了问题意识，文笔冷峻老辣，点石成金，很有味道。期待老少齐发力，有更多精彩文章出现在我们的版面上、报道中。

人才是事业发展可靠保障

2021年9月28日 · 星期二

说我们的专栏作者及其文章是版面的压舱石，是恰如其分的。

顾阳同志根据最新精神和当前形势撰写的《“拉闸限电”凸显结构转型紧迫性》，针对热点经济话题，进行有针对性的分析，站位高，回应准，舆论引导力强。连俊同志《多国“带病”解封犹如赌博》、乔金亮同志《稳妥应对猪周期下半场》、郭言文章《“中国输出通胀论”纯属无稽之谈》等有深度、有思考，可读性和思想性兼具，读完让人有启发、有收获，有力提升了版面的分量和厚度。

今天“调查”版有质量，很给力。《“走走停停”的旅游业还撑得住吗》，是综采部张雪和康琼艳同志的调研稿，抓住疫情下中国经济的重要领域，采访深入，调查全面，梳理清晰，既有点上的案例，也有宏观的概述和思考，还是相当不错的，称得上行业调研的优秀之作。大家不妨抽时间看一看。

产经部黄鑫同志两稿都让人眼前一亮，一篇是产业聚焦《手机厂商为什么跨界做电脑》，另一篇是人物报道《潮人徐雷》。前者采访扎实，材料翔实，体现出对产业的积累与深耕；后者对京东总裁的刻画有个性，对人物特点的把握是准的，看得出，写作上也是下了功夫的。

有了压舱石，版面就稳住了；有了特色鲜明的企业、行业、人物报道，报纸就生动了；有了深入浅出的重磅调研和理论阐释，报社也就立起来了。更为重要的是，有了一支不甘躺平、不愿内卷的人才队伍，我们的事业就有了坚实可靠的保障。

融合发展正在扎实推进

2021年9月29日 · 星期三

国务院新闻办昨天发表《中国的全面小康》白皮书，我们用3个整版全文刊登，并配发评论员文章《历史性的抵达 开创性的进发》进行评价和阐释，以展现我们的站位和立场。

与此同时，新媒体部精心制作的“党史中的经济档案”《全面实现小康社会》昨天及时推出，作了很好呼应，效果不错。四五分钟的片子，脉络清晰，裁剪得当，可视性强，反映出我们在制作短视频方面又迈出可喜一步。

不仅如此，新媒体部昨天还通过抖音、快手账号，对国新办介绍白皮书有关情况的新闻发布会直播，持续1小时36分钟，高峰期有1.2万人在线观看。陈发宝同志表示，新媒体部将继续探索直播业务方式方法，集中精力在音视频领域积累经验，争取做成长线业务，不辜负编委会的期望！

我们的融合发展是在扎实推进的。昨天下午，报社召开视觉传播专题研讨会，以“春节七天乐”全国新闻摄影大赛、“记录小康生活 见证时代变迁”微视频征集活动为案例开展研讨交流。中国摄影家协会主席李舸、全国新闻摄影协会会长徐祖根等专家，对本报今年来的图片和视频业务予以高度肯定，还提议合作举办相关活动，共同提高视觉工作水平，提升融合发展内容形式。听了很受启发，很有收获。会上，我们还给优胜者发奖，向首批特约新媒体创作者颁了聘书。会议开得务实高效，也算是为这两场开门活动画上了圆满句号。

一年来，经过同志们的不懈努力和顽强奋斗，报纸质量在逐步提高，新媒体业务在稳健拓展。这是一个良好开局，十分令人欣慰。

多角度回应“限电”担忧

2021年9月30日 · 星期四

连日来，“限电”成热点话题，东北地区还出现居民用电被“拉闸”现象，引起各界担忧与不安。此前，我们已发多篇报道，今天进一步予以回应。顾阳同志撰写的金观平文章《千方百计做好迎峰度冬电气保供》，有针对性地回答了人们的忧虑，揭示了出现限电行为的原因，还从生产端和资源配置等方面做了分析，强调要精打细算确保温暖过冬。

与此同时，我们还刊发国家发改委对能源保供的表态《有能力保障群众温暖过冬》，给人们吃定心丸。不仅如此，“时评”版也围绕这一问题进行深入剖析。“洞见”专栏稿《完善安全存煤制度很有必要》，以专家视角阐述煤炭供给出现缺口的必然性，把限电问题说得更透彻更清楚；河北站陈发明同志采写的《能耗双控不宜一刀切》，则通过对各地落实能耗双控的情况分析指出，完善能耗双控制度必须做到有增有减、有高有细，需要统筹全局、精准施策。这样的思考和观察，是有一定高度和深度的，驻地记者能有如此站位难能可贵。

山东站王金虎同志这篇“视点”稿也显示出比较深刻的洞察力，《招商高科技须防烂尾》用大量事实和案例强调，投资巨大、科技成果转化周期长的高科技项目往往伴随着高风险，体现出记者的新闻敏感性，也显现出我们记者正在回归新闻，致力于发挥舆论引导和监督的应有作用。这种变化是十分可喜的，也说明驻地记者中蕴涵的新闻生产力，有待于我们进一步重视和挖掘。

今天的“理论”版有小变化，做了点美容，和其他版面渐趋协调。还可以继续尝试，努力让版式版面整体风格更为和谐。

OCTOBER
2021 / 10

2021年10月

总编辑评报

开启新的征程 接续奋力前行

2021年10月1日 · 星期五

长假至，先祝大家节日好！

为庆祝国庆72周年，评论理论部牛瑾同志起草的社论《沿着不可逆转的伟大复兴之路奋力前进》，写出了历史背景，写出了时代主题，写出了爱国之情，也表达了经济报人对党对国家对人民的祝福。这种年年写的常规稿件，能有如此水准，还是要点灯熬油、花费不少心思的。

昨天，离开报社时，遇到评论理论部两位同志：为啥大晚上又回报社？回答是手头事情多、回来加个班。听后既高兴又不落忍，高兴的是同志们为了工作自觉奉献，有力促进了报社事业发展，不落忍的是大过节的牺牲了与家人的团聚时间。真是令人心生敬意，给人满满正能量。

昨天，在深圳前方工作的小团队，圆满完成各项任务，返回北京。虽然吃住无忧，但一个月的全封闭、高强度、大压力工作，仍让大家颇为疲惫。带队的孟宪江同志微信报告说："大家朝夕相处，团结友爱，勤奋工作，建立了深厚的同志情和战友情。分别时，有同志情不自禁掉眼泪了。"

昨天，报社机关党的"八大"完成各项议程，胜利闭幕，98名党代表庄重投票，选出新一届机关党委机关纪委，标志着报社机关党建站在一个新起点，期待着基层党支部和每一位共产党员充分发挥战斗堡垒和先锋模范作用，为即将迎来40周年社庆做出自己的不懈努力。

昨天，见到夜班的同志们正坚守在岗位上。带夜班的郑波同志虽然连日忙碌，眼睛熬得红红的，但精神状态甚好，为大家伙儿树立了标杆。能全票当选新一届机关党委书记，还是很有说服力的……

凡是过往，皆为序章。长假后，又是新的征程！

“评论立报”硕果累累

2021年10月2日 · 星期六

今天见报两篇评论员文章,《为新时代铸造人才资源竞争优势》《以创新发展回应时代呼唤》分别由评论理论部和国际部供稿，前者阐述总书记人才工作会重要讲话，后者配合习主席迪拜世博会中国馆致辞，写作得心应手，显示出本报评论工作水准在不断提高。

“香江观察”稿也不错,《营商环境报告上了生动一课》层次清楚，观点鲜明，针对“乱”是香港之福吗、谁是真正关心香港的人、香港最大的优势是什么作出精当剖析，文字简洁有力道。看来，给综采部刘亮同志开这个专栏是做对了。

人事部的报告显示，8月份，报纸共发表评论言论306篇，比上月增加近80篇（其中记者站增加14篇），言论与版面的数量比为0.85：1（306：360），除“智库”“理论”“视觉”和少量“要闻”外，基本上做到版版有言论。此外，新媒体端也推出了一定数量的评论言论稿件。统计还显示，8月份有超过100篇评论言论获得日评好稿，占全月评论言论总数的三分之一以上。

这些数字是实打实的，说明“评论立报”理念得到贯彻，白夜班调度更加有力，采编人员积极性和新闻生产力明显提高。同时，也说明季正聚同志领衔的评论委员会工作卓有成效，正发挥越来越重要的作用。

不仅如此，这些稿件因有思想、有质量、有新闻性和针对性，借助日益增强的推广，得到了很好传播，抵达率和影响力与以前已不可同日而语。负责推广工作的徐立京同志刚才报告说，“本报头条号上的阅读量提升明显。”顾阳同志的言论《“拉闸限电”凸显中国结构转型紧迫性》，仅在经济日报头条号阅读量就有357.1万，而累计展现量达到12357.2万！

秋意浓浓，硕果累累。耕耘有了好收成，农民的内心一定是喜悦而充实的。

深度融合报道的代表作

2021年10月3日 · 星期日

节日期间，多名同志在岗值班，或在家工作，其中包括推广办的同志。正在推介的徐立京同志报告："党史中的经济档案"每集传播都不错，昨天这篇《我国新时期对外开放的第一步》微信阅读量达10万+！

"党史中的经济档案"是由文字稿"经济战线风云录"脱胎而来。去年底策划迎接百年华诞报道时，就提出要做这套特色稿，在向领导汇报工作时得到首肯。分管编委季正聚同志和评论理论部周密布置，吕立勤等同志披沙拣金、反复核校，如期推出"经济战线风云录"系列，成为我们建党百年宣传的一大特色。

从见报之日起，新媒体部就按要求开始创作。陈发宝同志带人从写本子、找合作对象到技术攻关，下了不少功夫，一遍遍改、一稿稿磨、一帧帧画面推敲，在七一前陆续推出首批短视频，对建党百年宣传形成高潮起到了应有作用。此后，他们又制作第二批共8集短视频，按计划在国庆期间推送，以弥补纸媒宣传和假日报道的不足。

可以说，"经济战线风云录"和"党史中的经济档案"是本报迎接建党百年宣传报道的特色产品，也是今年以来深度融合报道的代表作品。明年评选中国新闻奖，这套报道参选我看是合适的。

经过大家共同努力，融合发展步伐明显加快。客户端编发数增长快，8月份各频道发稿总量3645条，比上月增加651条，日均编发118条，有望在元旦后增至150篇以上。同时，推出短视频194条，比7月份增加110条，增幅超130%。人事部分析指出，从文字到图像，好的内容和好的形式相得益彰，实现版面的"动"态表达，为增强平台传播效果奠定了基础。这样的评价还是切合实际的。

济济多士 乃成大业

2021年10月4日 · 星期一

一周前，中央召开人才工作会议，习近平总书记发表了重要讲话。以中央名义召开人才工作会议，是不多见的，凸显会议的不同寻常。张曙红同志调度安排的评论，至今天刊发完毕。总起来看，评论理论部撰写的这4篇评论员文章，提纲挈领，重点突出，阐释准确，论述到位，分量都比较重，对于人们学习和理解会议精神还是很有帮助的。

今天头条刊发的是山东站来稿，千字通讯《开启智慧新模式》，既有新闻性，也有典型意义。此稿安排头条，是合适的，同时也有另外一层考虑。王金虎同志前几天申请头条时恳切表示："准备向新任书记报告一下，争取批示，以方便工作的开展。"

事实上，今明两年，也就是党的二十大前，省市县乡各级党委政府都将完成换届调整，从省委书记到县委宣传部部长，人事更替会很频繁。显然这对驻地机构工作是有影响的，所谓熟人好办事。现在大家都得重新经营，工作难度无疑是明显加大了，但也不必惶恐不安。只要我们踏实做事，努力工作，一定可以打开新局面，恢复甚至超过以前的状态。对此，我们要坚定信心。

节假日，有空静下来，认真读了今天的"国际副刊"。《留学的"味道"》一文看完，深为作者的才情吸引。吉亚矫同志写的这篇散文情真意切，观察敏锐，感受细腻，文笔洗练，细品很有味道。看来，报社的人才挺多，同事中高手不少，有待于我们创造更好的平台，提供更多展现的机会，让他们大显身手，建功立业。

济济多士，乃成大业。此言是不虚的。

外部环境在变 职业追求不变

2021年10月5日 · 星期二

节假日，时政报道少，接连在1版出地方新闻。虽宣传效果不如平时，但能突出处理尤其是头条，仍是不易的。从一年来版面情况看，领导要闻、时政报道、重要文件愈来愈多，自稿头条总量区区百篇，除编辑部重点报道外，记者站平均难超两个。对此，同志们应当有所认识，并转变一下思路，一年出三五个、六七个头条的日子恐怕很难再有了。

宣传环境、新闻格局和人文条件都在发生剧烈变化，但不能变的是新闻工作者的认真负责和忠于职守。连日来，多位同志“坚守在节日岗位”，采写来自基层的鲜活报道。湖北站董庆森、柳洁同志今天见报的《民生工程一天也耽搁不得》，有现场有人物，点面结合，活泼生动，文字也比较干净。黑龙江站马维维同志这几天采写的《筑牢平安防线》《奋战在疫情防控一线》等展示出不畏艰险、迎难而上的精神状态，是为报社争了光的。此外，不少驻站记者也牺牲休息时间采访写稿，保证了版面和专栏的如期编发。

推广办的同志也是假日无休，每天都在加工推介。9月中旬，我们派出两名编辑到“学习强国”共建，时间不长，已初见成效。参与共建的杜秀萍同志报告：本报在“学习强国”平台，日常稿件发得多、重磅稿件发得好、热点稿件发得快，推广节奏更加流畅高效。仅《赣州示范》在学习强国上阅读量就达1190万、点赞超过30万，这就很有说服力。

有个问题还没有解决。“今日头条”推荐首页本报稿明显增多，但仍有被光明日报及光明网、中青报及中青网、环球时报及环球网等抓取显示，只在文尾注明“来源：经济日报”。这总有给别人家养儿子的感觉，请推广办重视，尽快解决之。

采编人员要努力做到随手拍

2021年10月6日·星期三

节日这几天，连续出了3期“视觉”版，都是编辑当天从大量来稿中选编而成的，大多为摄影爱好者自发来稿，其中不乏“回头客”。这些多姿多彩的图片丰富了稿源，扮靓了版面，有效增强了报纸的黏性，是我们“开门办报”理念最直接的体现。

突出图片运用，重视新闻摄影，是办好报纸的重要抓手，也是经济日报的优良传统。今年改版以来，报纸加大了对图片编发力度，从上半年的每周一块、两块版，逐步增加至七一后每周3块版。挟“春节七天乐”全国新闻摄影大赛之雄威，图片和版面呈现效果始终是好的，刊发的数量和水准在综合性党报中称得上是名列前茅，甚至首屈一指，受到业内外的好评。兄弟党报一把手有一次专门对我说：“你们的摄影版办得不错，很有特点。”还提出要安排人到报社来学习，取取经。

对此，一直在报社干摄影记者，到统筹负责编辑“视觉”版，直至荣任全国新闻摄影学会副会长，李景录同志的感受一定是很深的：这么多年什么时候见报过这么多的图片？搞摄影的能遇上这么个大好机遇实在幸运。人手紧、事情多、版次频，从春节到国庆，视觉工作室的几位同志总是不得闲。过节这些日子，他们还在起草，抓紧拟定经济新闻摄影全国大赛方案。虽然辛苦忙碌，但正如景录同志说的：“视觉团队是累并快乐着！”

说到这里，也提醒采编人员多在摄影上用点心，努力做到随手拍。现在用手机拍摄的图片，已可满足正常版面需求。对编辑而言，来自现场的新闻图片真的是多多益善、求之若渴。不仅报纸版面期待，新媒体端也是同样需要的。

让严细深实成为习惯

2021年10月7日 · 星期四

向大家推荐这篇《"动车大夫"出诊记》，是辽宁站孙潜彤同志采写的，刊发在2版"祖国颂·坚守在节日岗位"专栏。

此稿开头好，结尾干脆，中间主体部分层次清晰，活灵活现，有现场见闻描写，有故事转折起伏，语言表达张弛有度、收放自如，把一个动车机械师的付出与奉献充分展现在人们面前。虽是指定稿，但记者不辞辛劳，不仅身临其境，而且用心感受，看得出写作上也是费了一番功夫的，表现出记者的功底，更体现出新闻人的不苟且、不马虎、不应付。

还有安徽站梁睿同志这篇小通讯，也建议大家一阅。

《小田变大田，增收又增效——小岗村里话丰年》是"看秋粮话丰收"专栏稿，寥寥数百字，写得也是很精心，不靠材料靠采写，鲜活、生动、清新，读来似乎都能闻得到刚割下来的水稻香。这同样说明了记者的敬业态度和专业精神。

让严细深实成为习惯，不把差错留给下一环节。这两句话曾是张贴在夜班墙壁上的工作要求和准则，说了很多年了，总体上贯彻的是好的，但一度也有所放松。看来还是有必要加以强调，使之成为同志们的自觉行动，体现在日常的工作之中。

报社大门口，有汽车通行起落栏杆，横杆稍长，日久便随重心下垂，多少有碍观瞻。社办公室刘明军同志多方做工作，找厂家想办法，专门加了一对架子，最终彻底解决了这个问题。事情虽不大，但他们对工作精益求精的状态，不达目的不轻易放弃的劲头，值得我们尊敬和褒扬。

哪有多少惊天动地的伟业让我们去做。我想，持之以恒干手头事、做日常活，问心无愧尽一份心、出应尽力，就是有意义的工作，就是有价值的人生！

聚焦主责主业 切实提高影响力

2021年10月8日 · 星期五

长假结束，四季度工作开启，报纸也恢复常态。

实现共同富裕是经济问题，也是关系党的执政基础的重大政治问题，政策性强，复杂敏感，中外关注，如何正确理解和认识至关重要。评论理论部深入学习研究，先后编发多篇理论和评论文章引导舆论。今天再推系列评论，刊发第一篇《事关党的执政基础的重大政治问题》。希望同志们一读，对提高认识、加深理解还是很有帮助的。

浙江省委常委、宣传部部长和我约定：你们开展理论研究和探讨，我们进行实践与探索，双方努力，争取在共同富裕示范区出台一周年之际召开高层研讨，把共同富裕这篇大文章做好。这是件有意义的事情，属于我们的主责主业，要下功夫去做。

今天“专论”刊发的《为实现人民对美好生活向往不懈奋斗》，与金观平文章主题呼应，作者是贵州省委原书记、现全国人大财经委副主任委员孙志刚。此文是几经辗转，希望报社刊发的。我们突出处理，一是内容好，切合宣传重点；二是作者分量够，符合专栏定位。希望有更多这样的独家重磅文章，出现在版面上。

昨天头条《科技创新成全面振兴最大增量》，是辽宁省委十分重视、高度关注的，期待经济日报给予舆论支持。我们抢出这个头条，不仅记者站满意，省委领导还专门表达谢意。这样的宣传效果是我们乐观其成的，应当着力去做、认真经营。这不仅可增强经济日报在地方的存在感，同时，也将从根本上提高我们的影响力。

立足经济做好文体报道

2021年10月9日 · 星期六

对电影及电影市场，综采部的姜天骄同志是有积累、有研究的。今天见报的《主旋律靠什么扛起票房大旗》写得好，揭示了《长津湖》等主旋律电影越来越被观众接受、得到市场认可的内在规律，反映出主旋律影片强大的市场号召力，红色经典传达的精神内核任何时候都不会过时。这样的挖掘和评价还是很有深度的。

经济日报对文化、体育领域的报道很有必要，落脚点应该是文体中的经济视角和经济现象，包括各种赛事、演出、文化活动等，要观察和透视蕴含其中的经济问题。多年来，本报发了不少这方面的重点报道。我想，是不是可以开个专栏，就叫“文体市场透析”，每周出这么一篇。不知行不行？请综采部考虑。

昨天和产经部探讨煤炭问题，提出能否做个深度调查。进一步又提出了可围绕煤、电、气、油，辟个能源领域的专栏，这一块内容越来越重要，应该成为我们报道的重点。多年前，谢然浩同志就做得不错，在业界颇有发言权。我们应该继续做下去，做出权威性。也请产经部就此研提方案。

昨天的总编辑办公会业务研讨会上，国际部工作团队汇报了海外账号的情况，给大家留下深刻印象。本报海外账号从2020年1月1日启动，实现了从无到有，今年以来发展进入快车道，做到在脸书等3个主平台全覆盖，粉丝量达120万。4名年轻的女同志有情怀有担当有韧性，从零起步、迎难而上，做出的业绩了不起。我们要为她们鼓掌，加油，喝彩！

时刻牢记“经济”二字

2021年10月10日 · 星期日

纪念辛亥革命110周年大会昨天上午在大会堂隆重举行，习近平总书记发表重要讲话，郑重宣示坚决遏制“台独”分裂活动、捍卫国家主权和领土完整的坚强决心与坚定意志。铿锵有力的话语，力重千钧，不怒自威，万人礼堂内不时发出雷鸣般的掌声。现场聆听倍受鼓舞，倍感振奋。今天配发的评论员文章《携手奋进，迈向中华民族伟大复兴》抒发了我们的情感，表达了我们的立场，展现了我们的政治站位。

佘惠敏同志《以平常心看待诺贝尔科学奖》，很有针对性，理性分析了正在颁授的诺贝尔科学奖的特点和局限性，指出对于这个奖，既不能不屑一顾、狂妄自大，也不应膜拜迷信、无限拔高，还是有独到眼光和辩证思维的，说服力引导力都比较强。要肯定的是，夜班处理得好，把原来广义上的“诺贝尔奖”，修改为聚焦“诺贝尔科学奖”，避免了对诸如“诺贝尔和平奖”评价的节外生枝，主题更为集中，也更契合“科创之声”这个专栏的定位。

“国际副刊”版可读性进一步增强，每期3篇文章看完都有不少收获，今天这篇《惊涛骇浪华尔街》尤其符合副刊的定位要求。在我看来，不管写什么主题，反映什么内容，揭示什么道理，抒发什么感受，贯穿其中的一定是离不开“经济”二字的。这一点作者应该清楚，编辑更要明白。否则，就体现不出本报国际副刊的特点，也就说不上形成经济日报国际副刊的鲜明特色了。请同志们注意把握。

要调整对头条稿的理解与认识

2021年10月11日 · 星期一

今天，重点推出四川职务科技成果权属改革调查稿《科技领域的一项重大机制创新》，是钟华林同志用一个多月时间精心采写的。报道围绕激发创新主体活力动力，总结了5年来的探索与实践，为促进科技体制机制改革创新提供了一个鲜活案例。稿件分量是重的，原计划头条加调查整版，因有中共中央国务院文件，只能改在1版下刊发，多少有点遗憾。

一大早，钟华林同志就发微信表示："现在头条很少，这样安排也很好。"这样的认识还是有站位的。现在头条稿刊出，不确定因素大大增加，确有必要调整对头条稿的理解与认识。事实上，不仅本报如此，其他几家党报也面临同样的问题。希望同志们能形成共识，对编辑部特别是夜班多一些理解和支持。

今天"理论"版质量高，3篇文章都很有水准。《在高质量发展中促进共同富裕》《结合经济社会发展规律理解"先富共富论"》，分别是蔡昉和贾康同志的大作，文字精炼，逻辑性强。《新的赶考之路的时代意蕴》也保持高质量，读来还是有启发的。有大家坐镇，有名家捧场，我们的理论宣传就能达到新高度，就能逐步成为理论宣传高地。希望评论理论部在这方面作出不懈努力，争取更好效果，实现预期目标。

现在版面越来越好看，稿件越来越耐读，标题越来越精致。我们就是要精益求精，好上加好。比如，有些稿件还可以做一些肩题或副题，不仅版面效果好，信息量大，同时也更便于阅读。否则，都是一句话标题，就有点像简报了。请大家继续改进提升。

增强报纸可读性要做到三点

2021年10月12日 · 星期二

习近平经济思想研究征文今天再选登一篇。《新时代宏观经济治理的发展脉络和鲜明特点》是人大校长刘伟等同志撰写的，理论性、学理性都比较强，从一个侧面反映出学界研究习近平经济思想的高度和深度，也增加了征文的分量。

征文至今，日程已过大半，评论理论部在组织、编辑、刊发方面做了大量艰苦细致的工作。离截止还有20天，望继续努力，善始善终，把征文活动搞好，力争达到预期效果，为下一步的宣传推介活动打下扎实基础。

今天的言论专栏保持较高水准。连俊同志《疫情后遗症在美国浮出水面》、乔金亮同志《以农商互联助解“卖难买贵”》、1版评论《携手共建地球生命共同体》、王轶辰同志《标本兼治保障网络安全》、“经世言”专栏《美利坚何以成“制裁合众国”》和江帆同志《“惠民保”还能红下去吗》等都有可读性和参考价值。同时，各版主稿质量也比较好。吉蕾蕾同志《快递进出村如何更畅快》、钱箐旎同志《消费金融助力假日经济》、张建军同志《构筑起湾区制造业新高地》等，都是有内容有看点的好报道。有人说报纸可读性明显增强，我看主要就是三点：一、言论精彩，二、主稿出色，三、版面漂亮。这三个方面应该成为采编工作的重要着力点。

有必要提醒一点，在采写长稿时，一定要丰富信源，多些采访对象。像“关注”版这篇《老字号能否讲出新故事》，全文两三千字，但文内出现的被采访对象只有两人，显得有点单薄，功夫下得还不够。希望在采访方面再多花点精力，这样才能有更好效果。

给年轻同志开专栏相互成就

2021年10月13日 · 星期三

相对于其他几位专栏作者，佘颖同志有自己不同的风格特点。从行文到选题，从写作到拟题，她的文章总是有那么一股灵气、灵性、灵动，总是那么显得不拘一格、随心所欲，总是让人觉得新意不断、惊喜不断。

今天这篇“市场监管”专栏稿《方便之门绝不是偷窥之门》，就很显个性，充满辣味、川味和斗争味，在众多比较稳重的稿件中，一下就跳了出来，让人眼前一亮，甚至有惊鸿一瞥之感，体现出作者语不惊人誓不休的钻劲韧性，体现出活跃跃创新创造的内生动力，也反映出一批年轻同志正在大踏步成长，逐渐进入新闻报道的最佳状态和“自由王国”。

可喜的是，开专栏最晚的亢舒同志，在经营“房地产周评”中也体现出这种特点。《这个“金九银十”有点冷》同样生动活泼，吸引眼球，对房地产业走势和最新格局做出有价值的判断。文章观点鲜明，论据充分，逻辑性强。尤其是标题直截了当，耐人寻味，让整个版面有活力、有张力，更有吸引力。

有编委说，特别羡慕现在的年轻同志，能开个人专栏，有一个十分难得的平台和机遇。在我看来，给年轻同志开专栏，既是提高报纸质量的重要方式和有力举措，也是培养优秀干部队伍的重要方法和有效途径。报社成就着记者，记者们也在成就着报社，二者是共生共荣、共同成长的命运共同体。一年来的实践证明，这样做是切合实际的，虽然成效还只是初步的，但方向正确，要坚定不移做下去。

今天“财经早餐”卷首语选用得好：“大鹏之动，非一羽之轻也；骐骥之速，非一足之力也。”提高报纸质量，提升报道水平，有赖于每一位同志的不懈努力和共同奋斗。

报道质量、平台推广两手都要抓

2021年10月14日 · 星期四

今天1版“专论”《用主流价值导向驾驭算法》，针对性是比较强的。算法是基于数据用系统方法描述、解决问题的策略机制，在多领域广泛应用的同时，如何用得好、管得住，成为当务之急。一年来对平台的管制和治理，是国内外关注的热点问题。此文提出要从四个方面实施算法综合整治，对于加深平台治理的理解，强化用主流价值导向驾驭算法的认识，还是很有启发的。

平台的威力确实不小，在推广方面作用越来越大。这两个月，推广办付出了艰苦努力，收到的效果是显而易见的。在昨天第十三次评论委员会例会上，有关部门用大数据告诉我们，如果以转载量400次、阅读量500万为爆款产品标准的话，那么我们目前几乎每天都有。就在昨天，本报一篇关于电网价格的短视频播放量达1245万，登上快手热榜。前天的习近平经济思想研究征文《新时代宏观经济治理的发展脉络和鲜明特点》，长达7000字的理论文章，仅强国平台阅读量就近300万，点赞量居然达8.3万。这一方面说明质量较高，读者欢迎；另一方面，也是推广见到了扎实成效。这充分说明，提升报道质量，加大平台推广，两手都要抓、都要硬。

今天11版是广告，内容是“柔软的碳丝撑起强力产业”，一篇2000多字的文字稿，是正常的形象广告。让人感到不正常的是，记者站同时发来几乎一样内容的报道，且提出申请在1版刊发。我们不清楚，这广告和报道之间是否有什么联系，但肯定是不合适的。经营部门和采编人员务必重视这一问题，严守纪律和规矩，坚决执行“两分开”，确保红线不越、底线不破、高压线不碰。这不仅是对报社负责，也是对每一位同志负责。

专栏作者都是好样的

2021年10月15日 · 星期五

《特斯拉进军车险意味着什么》，是“忠阳车评”专栏最新一篇，写得比较精致，文字也比较讲究，更洗练干净。看来大家的建议，已经体现在报道上了。

两天前，评论委员会专门给杨忠阳同志开了业务研讨会，技术部对一年来专栏的传播和影响力进行了归纳分析，主任和主编作了点评，年轻同志还开展对话交流。这是继连俊、顾阳同志之后，举办的第三场个人专栏业务研讨活动，达到了预期目的，产生了良好反响。

回头来看，10位同志在长则一年、短则几个月的专栏经营过程中，始终处于勤奋耕耘的状态，每一篇稿件都凝聚着心血，贯穿其中的是对事业的追求和坚守。有的同志跟我说，太难了，快坚持不下去了。实践证明，大家都是好样的，不仅持之以恒，而且展示出较高水准，实在是令人敬佩。

今天9版是深圳站杨阳腾同志对前海现代服务业合作区的调查，《“试验田”如何变为“丰产田”》。在出台新一轮改革举措一周年之际，这样的报道很有可读性。今年以来，“调查”版刊发杨阳腾同志的报道，可能是驻地记者包括编辑部记者中最多的。每一篇重点报道、深度调查，无不是其通宵达旦、笔耕不止的成果与结晶。在20年交往中，杨阳腾同志的勤奋刻苦给我留下深刻印象，体现出强烈的事业心和奉献意识，真的是难能可贵。

这一段时间，总有记者跟我交流，说以前半天就能写出一个整版，现在则需要几天甚至更长时间弄一篇稿子。这话是对的。我们正在回归主业、回归本分，做名副其实的新闻工作者，努力成为合格的、称职的乃至优秀的新闻人。

“香江观察”渐入佳境

2021年10月16日 · 星期六

今天1版这篇“经济论坛”稿很好。

产经部黄晓芳同志撰写的金观平文章《绿色转型不能“急转弯”》，针对社会各界普遍关注的能源短缺、供需严重失衡的现状，提出了经济发展、减少碳排放和能源成本要实现均衡的问题，强调绿色转型是个系统而全面的工程，绝非一日之功，必须重视并处理好发展与减排、当前和长远的关系，眼下特别要防止本位主义，不能把问题简单化。此文观点鲜明，针对性强，行文干脆利索，起到了应有的舆论引导作用，体现出经济日报的站位和视野，也反映出记者的理性与眼光。

综采部刘亮同志的“香江观察”稿也相当不错。

《喜见香港“朝北看”》，说的是香港将发展新界北成为北部都会区，打造未来20年300 平方公里的发展活跃区域。这对香港是大手笔，对大湾区也是大动作，尤其在香港大局由乱及治背景下，这种举措反映出香港发展理念在更新，融入国家发展大局的治理方针在落地，香港正走在由治及兴的大路上。文章分析透彻，论述周密，资料翔实，有说服力和可信度，题目也言简意赅。看来，这个专栏及其作者正在渐入佳境呢。

“数据”版至今已办大半年了，形式比较独特，内容有参考价值和服务性，总体而言是好的。不过，依然有改进空间，特别是绘图需要研究，定位还应更加清晰。像今天《网红经济搅热零食市场》，主题和言论都挺好，但插图风格是儿童画。刚才有同事发微信提出：“我们真的要这么卡通吗？虽是读图时代，大量数据堆砌同样会造成阅读障碍。还是喜欢那种稳重大气功能性强的版式。”这个意见有道理。请相关编辑重视并加以改进，在“稳重大气”上下功夫，这样与其他版面能够更协调、更匹配，效果也会更好。

新闻专栏的首要条件和关键要素

2021年10月17日 · 星期日

昨天一个振奋人心的大新闻是，神舟十三号发射成功，载人飞船与空间站实现自主快速交会对接，航天员由返回舱进入轨道舱。今天1版这张3位航天员挥手致意的图片，给人印象深刻，尤其是立起来的马尾辫很有趣。

这次航天员要在太空待6个月，是中国首批“太空常住人口”。佘惠敏同志贴合热点发出《中国人为啥争当“太空常住人口”》一文，对为什么要花巨资遂行空间驻留任务作出回应。稿件不长，但信息量足，知识点多，读完有收获、长见识，是篇相当不错的专栏文章。

专栏稿要有内容、有观点、有深度，这是文章有质量的重要条件，但如果缺乏新闻性、关注度，与现实距离较远，就是缺少了必要条件。作为新闻专栏，新闻性是首要条件和关键要素。不论你选什么主题、谈什么内容，做什么文章，一定得有新闻由头，或者新闻关联度。做不到，就是先天不足；做到了，则可以锦上添花。这篇专栏稿就很能说明这一点。

今天版面体现了周末特点。稿件比较软，强的是可读性，“文旅”“消费”“生态”和“国际副刊”都贴近生活、贴近大众，有度假休闲的味道。像《神奇九寨 盛装归来》《减污腾地护巢湖》《净零碳“F1”的风向标》以及老字号、步行街的报道都不错，版面处理得也比较认真细致，持续保持着稳定的质量。

今天见报了两篇综述稿，一是关于联合国全球可持续交通大会的，另一个是关于乡村振兴高层论坛的，副题都用了“综述”这个词。在我看来，这个词是新闻单位内部用语，表明稿件体裁，对读者来说没有多大意义。今后版面上可不必再出现，换种说法可能更合适些。

调研报道可读性还需加强

2021年10月18日 · 星期一

今天1版刊登重要的经济新闻《第三代杂交水稻高产攻关目标实现》，袁隆平团队研发的双季稻产量突破1600公斤，创了历史纪录。我们当天即采编发报道，还是很及时的。湖南站可继续跟进，就这一“天花板技术”被突破的重要意义、技术要点和对粮食供销的影响进行调研，争取早日见报。

说到调研，9版刊发了大连湾海底隧道工程建设情况调查稿《“蛟龙”潜底架通途》。苏大鹏同志对这个投资规模大、跨越地域广、动迁难度大、技术难度高的重大项目进行全面报道，展示了我国在跨海沉管隧道领域的突飞猛进。采访深入，文风扎实，读来是有收获的。

今年以来，调研报道取得明显成效，“调查”版水准较高，提升了报纸的总体质量。但有一点感受是，可读性还不理想，大几千字的长文阅读体验欠佳，做不到让人有兴趣看完。总体上稿件比较硬，故事性不足，比较干巴沉闷，读来枯燥费劲。一方面，是因为内容并非众人关注的热点，贴近性不够；另一方面，还是采访不够深入，写作不够到位，习惯于多年形成的工作通讯的写法。为什么中青报的“冰点”文章能够吸引读者？一条重要原因是有人物、有情节，甚至有冲突，写作比较讲究。现在看来，我们很有必要在这方面作出一些新的努力。

昨天夜里，吉林站站长发来长微信，对碳纤维的广告和报道一事作出说明，并深刻检讨：“如果发出去，不仅影响报社大局，个人一定受打击，在职业晚年沾上污点，职业悲剧，晚节不保。”提醒大家引以为戒，防止类似事情再次发生。

变化是多数人都改变一点点

2021年10月19日·星期二

国家统计局昨天发布前三季度成绩单，中国经济长期向好的基本面持续显现。熊丽同志采写的《国民经济总体保持恢复态势》和金观平文章《以更大努力夯实“稳”的基础》，报道和分析是恰如其分的，也是有一定思考的。同时，我们按惯例出了两个版专题，10位统计局有关部门负责人从不同领域，对三季度数据做出专业解读，显示出经济日报在这方面是有独家优势的。

现在看来，无论从内容到形式，从数量到质量，报道都是够的，关键在于怎样提高到达率，扩大影响力，发挥应有效能和作用。这就迫切需要我们改进创新，多用善用新媒体，尤其是加大新媒体产品推广，从而使特色更鲜明、优势更突出。请总编室、产经部等有关部门对此做些研讨和安排。

近段时期，财金报道特别是资本市场的报道是有明显进步的。几位年轻同志注重学习积累，在提高报道质量上用心用力。祝惠春同志采写的这篇有关盐湖股份完成司法重整的报道《“亏损之王”浴火重生》不错，抓住一家公司的沉浮变化，揭示出防范化解重大风险的重要意义，具有典型意义和借鉴作用。稿件改变了那种概念性、一般化的报道模式，把资本市场个体展现在人们面前，更生动，更接地气。希望同志们继续努力，不断改进工作。

昨天，总编室数据版团队针对风格定位、构图插画、图片运用等提出改进意见，表示将力求稳重大气、协调和谐。这个改进方案操作性强，体现出对工作的精益求精。相信经过大家不断探索，一定能提高报道质量和版面水平。

所谓变化，并不是少数人改变了很多，而是多数人都改变了一点点。

“经世言”文章一篇比一篇好

2021年10月20日 · 星期三

今天刊发国家发改委研究依法实施干预措施《引导煤炭价格回归合理水平》，稿子短不甚起眼，但信息量大，是重要的经济新闻，也是当前经济工作中的一个重大问题，受到国内外关注。而怎样依法、如何干预、效果如何，同样会引发社会舆情。请产经部和有关记者密切跟进，盯住不放，结合正在开展的煤炭等调研，推出有深度的独家报道，发挥经济日报的应有作用。

“经世言”专栏渐入佳境，文章一篇比一篇好，今天见报的《“唱衰”论调干扰不了中国经济稳健发展》尤其不错，围绕西方媒体对前三季度经济增速“搅浑水”，有理有节地作出深刻批驳，针对性、说服力都比较强。文章观点鲜明、论据充分，写作轻松自如，文风泼辣潇洒。可以说，通过近期对美西方舆论斗争的锻炼和熏陶，以及评论言论工作的全力全员参与，我们在撰写这方面稿件时越来越得心应手，经验也越来越丰富，同志们的状态也越来越好。发出来的几十篇署名“郭言”的评论言论稿，收到了对美西方舆论斗争的很好效果，国际部是付出辛劳的。这里，要道一声：“郭老师”辛苦了！

这段时间，总编室和人事部组织了多次业务研讨，针对采编业务进行交流、学习，效果是好的，受到了编辑们的欢迎，版面有明显改进。要继续做下去，特别是有的年轻编辑对字体字号、图片图表和线条等的运用，还需要反复指导和训练，才能熟练掌握，做到如臂使指，也才能保持比较稳定的水准和状态。

《威武祁连》两个突出特点值得借鉴

2021年10月21日 · 星期四

又一万字雄文出炉。

季正聚同志牵头的践行习近平经济思想调研行《威武祁连》经过精心打磨，今天隆重登场，把深度调研工作进一步推向深入，是我们大抓调研报道的最新成果。此文建议大家认真读一读，特别是参加过和准备参加调研报道的同志，不妨花点时间琢磨琢磨，对做好下一步工作是会有所帮助的。

在我看来，这个报道除了具有与其他调研稿共同之处外，有两个突出特点值得借鉴。其一，主题集中鲜明，挖掘比较深刻。始终紧抓习近平经济思想特别是生态文明思想在当地的贯彻落实，这一点很重要。有的稿件在这方面把握得不够紧，主题扣得不到位；其二，逻辑严谨周密，有内在张力和思辨性，显示出记者的理论功底和研究本领。说到底，这最终考验着调研者的能力和素质，也是深度调研工作的难度所在、挑战所在、魅力所在。

刚才，宁夏站许凌同志微信报告："光明日报跟经济日报学，在头版头条也搞万字深度调研报道。"她还一同发来了报样。其实，学不学的不必太在意，本来就是要互帮互学互鉴。倒是徐立京同志讲得好：这将"促进我们下苦功夫持续提高报道质量"！

近期由于疫情加重，深度调研工作还是受到一定影响的，但路子已经蹚出来了，要坚定不移，迎难而上，与时俱进。前段时间，我们对企业调研工作也已启动，近日将陆续精彩亮相，也是重磅报道，也是万字雄文。希望采编人员，包括驻地机构和下属单位的同志们一起努力，在深度调研方面做出新的成绩。

编读互动让报道更接地气

2021年10月22日 · 星期五

践行习近平经济思想调研行《威武祁连》，今天按计划刊发第二套。评论《新发展理念长久涵养壮美山川》和八步沙林场职工给编辑部的来信，在深化主题的同时，拓展了报道领域，体现了理论与实践的结合，宏观与微观的统一。特别是八步沙林场三代职工的这封来函，篇幅很短，但情真意切，富有感染力和贴近性，有力强化了报道的亲和力。这种互动的效果使报道更接地气，与半年前《阿佤新歌》调研报道中，几位佤族老人致函编辑部的那个来信有异曲同工之妙，反映出我们的报道沉下去、活起来、有效互动的初衷和目的。这一点，应该成为深度调研报道的有效做法和成功经验，建议同志们研学之。

财金部姚进同志采写的《人民币资产为什么这么“香”》让人眼前一亮，新闻性、针对性和宏观把握都比较好，体现出经济报道的特色，是近期头条稿中比较出彩的。可以说，这样的内容、这样的主题、这样的写作，都是头版头条稿所必须的，也是“经济聚焦”专栏稿应该具备的。如此文题俱佳的报道，我们版面迫切需要，可谓多多益善。

这一段时间，按照要求，每天要出两个特别报道版，分别是“时代答卷”和“中国共产党人的精神谱系”，无疑会对版面产生一定影响。请总编室统筹谋划，周密安排，保证特色版面和专栏如期刊发，努力保持报道的连续性。

“数据”版要把握好两个重点

2021年10月23日 · 星期六

霜降时节，缩手缩脚。今天《冷天气带旺“暖市场”》“数据”版很应景，孟飞同志的“说数”《更好满足保暖需求》说得也到位，版面编得比较精致，虽说离“庄重大气”还有一定距离，但质量还是明显进步的。

在我看来，“数据”版有两个重点要把握住：一个是数据解读。就是现在这个“说数”专栏，不能写成数据说明，或者背景介绍，要力求从数据中分析出趋势，概括出特点，揭示出规律。总之，是要说出一些“道道”来，文字未必长，但有内容，能起画龙点睛之效；另一个是版面呈现。就是要用丰富多样的手段、吸引读者的方式表现这些数据，展示出这些枯燥数字的内涵与意义，未必非得大图大表，也无须精灵搞怪，重在得体、大气，有中央大报的格调与品位。

与“数据”版同样难办的是“智库”。经过半年多的努力，新的“智库”版从零起步，也已渐入佳境，硬是蹚出了一条新路。“圆桌”已刊出了34期，每期围绕重大经济话题、经济现象和经济热点，约请各界专家学者和有关人士鞭辟入里，深入浅出，经反复修改编辑见报，有思想、有深度、有资政作用、有参考价值，不仅在本报独树一帜，在中央几家报纸中也是有独自特色的，“智库”的功能是充分发挥出来了。希望同志们百尺竿头更进一步，把“智库”办得更好。

看到《威武祁连》的海报，注有“扫码看报道”二维码，打开后就是这次调研行的稿件集纳，除了文字稿，还有不少短视频。一个个看下来，真心被吸引，居然都是大片。季正聚同志昨天给我介绍说：“这都是入社不久的刘辛未做的！”

现在的年轻人，我们得刮目相看，我们正无限期待。

采编“动车组”运行状态良好

2021年10月24日 · 星期日

今天刊发对甘肃省委书记尹弘的专访《坚决担好生态文明建设政治责任》，从主政者的角度介绍当地践行习近平经济思想的实践与思考，使得调研报道更为全面立体厚重了。

深度调研影响不断扩大，效果也越来越好，特别是随着推广有力有效，抵达率和覆盖率是不可同日而语了。年初，阅读量每套大多几百万，到年中超过千万，紧接着达到几千万。昨夜，报给我的数字显示：#千疮百孔的祁连山如今怎样了#冲上热搜第一；《威武祁连》全套报道各平台阅读总量逼近2个亿。这是创了历史纪录的，是地地道道的爆款！

甘肃站李琛奇同志听力不济，打电话大概是觉得不太方便，但好在有微信，接二连三传来一些好评和转发情况，精神状态应该是十分兴奋的，希望能有利于他的听觉早日恢复。

得知本报每天能推出15至20篇原创评论，多家平台都认为是相当宝贵的产品和稀缺资源，是传播的优质内容。深度调研产量毕竟是有限的，一年也就20套左右，而评论言论生产空间和发展潜力不小，最多一天发了20篇，且保持稳定的质量。今天3版“文体市场面面观”就是新辟的专栏，综采部姜天骄同志采写的这篇言论《欢乐谷们该向环球影城学什么》就挺不错，头开得还是好的。产经部王轶辰同志见报的《提升能源效率刻不容缓》也有一定水准。这一阵，他正在摩拳擦掌忙着开“能源广角”专栏呢。

现在，策、采、编、发、推、馈采编全流程，已逐步打通，并进入良好运行状态。有同志说，开始有“动车组”的样子了，工作是全链条给力，每个部位、每个环节、每个人都在发挥应有作用。这是我们努力争取、竭力追求的，也是大家不懈付出共同实现的，务必珍惜之，维护之，发展光大之。

优化整合集团资源的一项重要内容

2021年10月25日 · 星期一

50年前，联合国大会决定恢复中华人民共和国在联合国的合法席位，对这一具有里程碑意义的事件，我们今天无论如何都是要写下一笔的。国际部提前谋划，如期推出《与世界上一切进步力量携手前进》。人民日报用的是国纪平文章，光明日报用的是新华社稿，相较而言，本报的这篇郭言文章还是有水准、有分量的。可贵的在于，通过持续不断的磨练，国际部在写这种重磅文章时，已经应付裕如了。而一年前，恐怕还是会心有余而力不足的。

昨晚，新华社播发长篇述评《十问中国经济》，围绕前三季度经济数据回应社会关切。要求是需转发的，考虑到内容我们都已充分报道，没必要重复。经济日报如果刊发《十问中国经济》这样的稿件，总让人觉得有些怪怪的。因为我们天天都在做这样的文章、发这样的报道，说的何止是十问？所以，夜班对此稿进行改写摘发，不仅完成了任务，还做出了新闻题《中国经济虽面临不少挑战但机遇更大》，是用了心的，应予肯定。

今天“时评”版上有篇蔡昉同志的文章，是《中国经济评论》杂志社供稿的，《实现共同富裕的三个路径》，内容很好。现在看，放的位置有点低了，还可以突出处理。需要明确的是，不管什么途径、什么方式、什么人供稿，只要有内容、分量足、不侵权，都要妥善处理。尤其直属单位供稿，更是我们所欢迎的，这是一贯要求，也是我们优化整合集团资源的一项重要内容。

既要专业化 也要接地气

2021年10月26日 · 星期二

近一个时期，多地菜比肉贵，引起百姓议论和不安。为什么会出现这个现象呢？我们刊发乔金亮同志的《“菜比肉贵”到底是为什么》，对此予以回应。文章认为，重要原因是，生猪价格周期性下跌和蔬菜供应短暂性不畅碰头了，导致蔬菜供不应求、流通不畅、价格高企。稿件不长，但分析准确，针对性强，说的合理，看得明白。作为专栏文章，专业性还是过硬的，显示出专栏作者的高人一筹。

专业性也体现在我们很多记者身上。黄晓芳同志《天然气何时才能不短缺》、吉蕾蕾同志《生猪供应相对过剩仍将持续》、王轶辰同志《风电产业能否扛起“双碳”大旗》、于泳同志《保险业须加快开拓创新》等，都是在采访中积累、专业上追求、写作比较用心的好报道，也是辛勤付出的回报，与那种靠拼凑资料、耍小聪明抖机灵编出来的稿件，是有天壤之别的。

一方面要专业化起来，一方面要深入基层接地气。像杨学聪同志《金街多了烟火气》、梁睿同志《传统农业怎样告别“靠天吃饭”》、杨开新同志《照金精神穿越时空焕发无穷力量》等，都是记者一线调研采访推出的，有生活、有感受，称得上鲜活生动、活色生香，是有一定质量的。

到昨天，“融合推广简报”已总计编发100期，记载着同志们在优质产品的社会推介和平台推广方面作出的艰苦努力。效果大伙是感觉得到的，对提高经济日报品牌影响力和美誉度，发挥了日益重要的作用。向同志们表示感谢，也期待大家总结经验，持续发力，作出新的贡献。

舆论引导作用进一步发挥

2021年10月27日 · 星期三

今年以来，全国电力、煤炭消费增长快，电力供需偏紧，多地有拉闸现象，引起国内外舆论广泛关注。今天“关注”版策划得好，这组《多地“拉闸限电”情况缓解》很有说服力，发挥了舆论引导的应有作用。

我们多名驻地记者对煤炭企业、发电企业和地方用电情况进行深入采访、现场调研，加上顾阳同志言论《确保人民群众温暖过冬》，从不同角度、不同方面报道了经过煤炭调运、电价市场化改革、能耗双控等政策举措不断加力，尽管供需缺口仍然存在，但用电用能紧张状况确实发生了有效缓解。可以说，舆论引导力是强的，宣传效果也是好的，大大缓解了社会各界的焦虑和压力。这样的策划很到位、很有力度。

今天的几个署名专栏，在引导舆论方面也是发挥应有作用的。连俊同志《疫情再度反弹给欧洲出难题》、亢舒同志《共同富裕需要房地产市场稳健发展》，都从大处着眼，从小处入手，引导读者深刻认识疫情对欧洲经济的影响，引导读者正确理解房地产市场稳健发展对共同富裕的重要意义。佘颖同志《毛肚缩的水去哪儿了》，针对个别企业管理不善、短斤缺两等行为进行精准打击，正确引导舆论，是难能可贵的。

这段时间，标题用“为何”“缘何”“何以”的句式和“发展”“高质量发展”等词组比较集中，夜班大多进行妥当处理，调整很有必要。这里也提醒大家更加精心拟标题，夜班也要继续加强对所有版面尤其是标题的统筹，避免出现用词用语、句式表述比较接近、相似乃至“撞车”的现象。

有了可读性 才有影响力

2021年10月28日 · 星期四

今天1版的“三件套”值得一读。

头条《三十省份经济“三季报”显示——质量在提升 结构更优化》，梳理概括经济发展特点，与前几天国家统计局公布的全国数据形成互补，结论也更有说服力，便于受众对经济现状和走势有比较全面客观的认识。《秋粮增 饭碗稳》通过对秋粮增产成定局这一新闻的评析，引导人们思考怎样确保粮食持续稳产、还有哪些问题需要解决?“经济论坛”专栏《多措并举持续推动消费回升》同样是围绕三季度数据，分析我国消费市场韧性，用数据佐证消费回升总势头没有改变，也表明挖掘消费潜力仍有较大空间。冯其予同志撰写的这篇金观平文章，有观点有思想，读来有启发有收获。

多年前看过一个材料，说一位知名记者给人民日报领导建议，如果每天能有一篇稿件值得读的话，就说明报纸办得还是可以的。这个标准看起来比较低，实际上要想做到也非易事。现在看来，经过同志们努力，我们每天还是有不止一篇稿件可看可读的。这也说明我们狠抓报道质量、提高采写能力和办报水平，还是见了一定效果的。像今天刘慧同志《干燥储存关乎粮食安全》、王轶辰同志《确保能源安全关键在保供》、周琳同志《引导资本愿意来留得住》等专栏文章，都有一定的可读性。

有了可读性，才有影响力，也才谈得上引导力。我们在采编业务上下大功夫，最终目标、最高目标其实都落脚到报纸可看、稿件耐读、新媒体有看头。为此，还需要我们付出更多努力，花更大力气，驰而不息，久久为功。

抓住小切口 做出大文章

2021年10月29日 · 星期五

离“双11”还有20多天，天猫、京东即启预售，拉开电商节序幕。吉蕾蕾、冯其予同志的《快递物流备战消费旺季大考》，围绕“双11”这一经济亮点进行深入分析，挖掘快递业对宏观经济的推动，以及对畅通双循环发展体系、服务构建新发展格局的积极意义。报道有深度，有分量，在头条安排是得其所哉、恰如其分的。

抓住小切口，做出大文章，是记者的基本功。曾金华同志撰写的金观平文章《“税收缓缴”彰显政策温度》，就体现了以小见大。短文围绕对制造业中小微企业实行阶段性税收缓缴，揭示出国家助力中小微企业渡过难关、恢复生气的深层次含意。缓缴政策就是要让企业缓口气，在严峻市场中减负前行，可谓雪中送炭。

郭子源同志《房地产信贷“平稳有序”不会改变》报道的是热点问题，针对有关放松调控的猜测及时作出回应，解读准确，分析到位。前天见报的亢舒同志《共同富裕需要房地产市场稳健发展》一文产生较大反响，成为解读房地产市场的一个重要视角。相信这篇报道应能进一步引发市场关注。

《威武祁连》报道已告一段落，统计显示，全部阅读量超3亿，创深度调研报道最高纪录。昨天，记者站报告说，甘肃省委书记尹弘作出批示。现摘录于此，供大家分享——

感谢《经济日报》社对甘肃祁连山治理的系列深度采访与报道。向采编人员致意。这是反映近年来甘肃按照习近平总书记生态文明思想要求努力实践的大文章，对于展现甘肃干部群众在祖国西部筑牢生态安全屏障的精神风貌和工作成就有着强烈的积极作用。

记者责任大 笔下重如山

2021年10月30日 · 星期六

记者责任大，笔下重如山。

上周一，“财金”版刊发报道《银行开户变难为哪般》，是郭子源、陈果静同志采写的，反映的是银行为防风险开户趋难的问题，多少带有舆论监督的味道。此稿引起国务院领导关注，做了大段批示，派央行官员来报社听取意见，研讨解决之道。

今年以来，我们的不少报道受到中央关注、社会热议，尤其个人专栏稿在业内外广受好评。比如，“忠阳车评”接二连三在业界掀起波澜，甚或让有的车企“紧张”；比如，佘颖同志“市场监管”，从海南椰汁到加拿大鹅再到无良服装，市场关注度是相当高的；还比如说，“陶然笔记”和“令狐猫”公众号，多次受到外媒的引用和点评；就连刚开栏几个月的“房地产周评”也小有名气，前几天发的《共同富裕需要房地产市场稳健发展》，在市场上的影响就挺大。

专栏作者们越来越感到，自己不是一个人在战斗，身后站着经济日报，代表的是央媒党媒，那种“打工者”“个体户”心态是绝对不可以有的。亢舒同志说得好：“看到这些解读咱们的，就觉得经济日报这个平台太重要了。同样的内容发在自媒体上，根本没人看。”她的体会是：“所以才会写稿如履薄冰，一旦解读得不对，责任就太大了。所以要不断努力学习，深入研究，确保准确。”

评论理论部齐东向同志分析说，现在本报评论传播力影响力大幅提升，经常被各方面解读出“深意存焉”。她认为：“这一方面体现社会对本报高度的认可、评价和期许，另一方面也需要我们战战兢兢、如履薄冰，在事关稳定的领域发声时，既要专业性，更要讲政治。”

——这番话讲的有水准，不愧是首席评论员。对此，我是举双手赞同的！

多点恒心定力 绝不浅尝辄止

2021年10月31日·星期日

半年多来，承担评论委员会办公室职能的评论理论部，负责统计通报当日发稿情况。每天六时刚过，银晟同志就会将稿件落实、待落实清单发在群里。清单中还有计划内与计划外之分，让人一目了然。这份材料成为早起翻阅的必读件，对评论工作也多了一个参考。难得的是，能坚持不懈，一天未落，反映出这个年轻人的恒心与定力。

恒心与定力，对做好这一年来工作的重要性是不言而喻的。

我们抓评论言论不懈怠，没有慢待每一篇稿件，也没有轻忽每一位愿意为此投入的同事；

我们抓深度调研不停歇，编委们和部主任带领编辑记者克服各种困难，做出一套又一套精彩的调研报道；

我们抓稿件和版面质量不松劲，以报社大局为重，以整体利益为要，舍弃一时一地得失，稳步提升整体报道水准；

我们抓深度融合不止步，机构人员作出必要调整，频道制改革探索新路，摄影大赛、视频征集活动成功举办，内容推广卓有成效；

我们抓理论宣传不含糊，1版辟“专论”“学思践悟”专栏，推编辑部重磅文章，主办习近平经济思想研究征文，在业界搅起一池春水；

我们抓直属单位资源整合不急躁，第一拨、第二拨、第三拨结构优化工作渐次展开、稳妥推进……

回头看，这些事没有哪一件是轻轻松松就办成的，有困难、有矛盾、有阻力，也包括少数同志曾经的不理解不配合。但编委会思路清晰、措施得力、将士用命，基本上都达到了预期效果，这其中，恒心与定力最为关键。否则，遇困难就退缩，见矛盾就回避，碰到阻力就偃旗息鼓，断无今天这样的局面，也绝不会取得这样的成效。

因此，在仍处于滚石上坡阶段的当下，有必要提醒一句：多一点恒心定力，绝不能浅尝辄止！

NOVEMBER
2021 / 11

2021年11月

总编辑评报

报纸首先是新闻纸

2021年11月1日 · 星期一

今天“关注”版编发四川站刘畅同志采写的《这几百万人从何处来》，报道的是继北京、上海、重庆后，成都成为我国第四个常住人口超2000万的城市。稿件针对十年新增600万人口，揭示出由于城市发展，人口数量与结构发生变化，相当于再造了个新成都，说明成都对人才有着强大的吸引力。

这篇报道是有新闻眼光的。较长一段时期，我们对新闻的重视程度是下降的，久而久之，忽视了新闻的特点和个性，抓新闻、挖新闻、写新闻的概念渐渐淡漠，更多从工作角度、宣传角度做报道，内容、形式、写作、标题等离新闻越来越远。殊不知，即使要做好形象宣传、推广工作成绩，也需要新闻的眼光、新闻的敏锐和新闻的视角，才能取得更好传播效果。正是从这个角度看，成都的这篇稿件更有价值和意义，值得我们学习，尤其是对驻站记者来讲，这一点更是难能可贵。

“产经”版《今冬煤炭运输有保障吗》，也是产经部齐慧同志从新闻角度报道经济工作的好稿件。报道紧扣近期煤炭价格上涨给冬季能源保障带来的压力，指出进一步挖掘增量控价的同时，须将煤炭按时足量运送到电厂。这是当前热点问题，也是各方广泛议论的焦点难点。

比较而言，在评论言论写作中，大家已能自觉从新闻入手评点解析。像今天周琳同志《北交所开市与其他板块不冲突》、顾阳同志《对网红营销要多一点理性》、彭江同志《严打违法操纵证券行为》等，都是抓住社会热点，由点到面，由浅入深，作出分析和判断，提出思想和观点，可读性和贴近性都是强的，宣传效果也都不错。

报纸首先是新闻纸。我们抢不到第一落点，但可以在第二落点上做文章，否则就会成为短板和弱项，就会制约传播力和影响力。这一点希望引起足够重视，并有效改进。

用心用力推出精彩企业报道

2021年11月2日 · 星期二

今天起，推一个新专栏“牢记总书记的嘱托 · 企业调研记”。顾名思义，就是报道企业，重点报道企业，突出报道企业。率先刊发的《臻至破危》，说的是浙江宁波臻至机械模具有限公司迎难而上、自强不息的发展情况。

这个专栏的主题就是企业怎样贯彻落实习近平总书记重要指示，如何牢记总书记嘱托要求，坚韧不拔拼搏奋进的。徐立京同志带队采写的这套报道有高度、有气势、有站位，把一个中小微企业破危之路，生动、全面、多彩地展现给读者，从一个侧面反映出中国企业在困难面前不低头、中国经济在危机面前走新路的励志实践和骄人业绩。采访组深入企业员工，扎实调研采访，写出来的报道见人见事见细节，用宁波站郁进东同志的话说“分量重力度大主题深”，是个不错的企业报道，也给这个专栏打了个样子，立起了标杆。

我多次说过，对于经济日报来讲，企业报道应该做到长流水不断线。作为经济领域、经济生活中最为活跃的一个方面，企业报道不能不成为我们的重点报道内容和关注追踪对象，否则，就是不作为不担当，就是一种失职和缺位。我们要通过各种方法、各种手段、各种形式，挖掘和展示各类有代表性企业的创业创新，多角度、多侧面、多方位讲述企业的发展故事。

要让我们的报道，成为人们观察中国经济、研究中国发展的一个重要窗口和典型案例。希望同志们在这方面用心用力，推出更多精彩的企业报道。

一场漂亮的舆论引导战

2021年11月3日 · 星期三

这一仗打得漂亮！

昨天上班后，各大媒体、网络平台和账号都在密集推送“商务部鼓励家庭储存一定数量生活必需品”，引发网友关于“是不是要打台湾”的各种猜测和严重舆情。中午12时许，本报在各新媒体平台推出快评《不要过度解读甚至误读储存一定生活必需品》。400字短文，在经济日报微信阅读量50万+，在抖音快手账号播放量逾3200万；经各媒体和网络平台转推，相关话题迅速登上头条热榜第一名，近2000万网友热议；新浪微博弹窗向用户推送，冲上微博热搜第一名，阅读量超2.4亿人次；180多家媒体参与话题转发讨论，冲上抖音快手热点榜第一名，同时在看人数超1亿。到昨夜，总阅读量近3亿人次。至此，一次舆情事件基本得到平息，本报这场短平快的舆论引导战大获全胜。

复盘这一战，有3个关键要素。首先是新闻敏感。产经部徐涵同志和跑口记者冯其予同志追新闻的意识强，不是来稿即发，有闻必报，在其他媒体错误解读时没有跟风炒作；其次是专业判断。由于对行业有了解和积累，对新闻有准确研判，征求商务部得不到权威回应时，仍能做出正确判断，在职能部门还处于不知如何应对情况下，我们即作出了强有力的舆论引导；第三是操作精准。从写稿到编辑到审发，再到各平台及时转化推送，都是在极短时间内完成的。

最为关键的是，我们的编辑记者正处于一个良好的、积极的工作状态。这说明我们回归新闻、回归主业的工作思路得到了很好贯彻和体现，也进一步说明，经过一年多共同努力，有利于干事创业的氛围逐渐浓厚，建功立业的平台已经搭好，改革发展的内外部环境正在加速形成。

时与势在我们一边。我们理应抓住时机，趁势而上，做更多事情，打更多胜仗！

金观平文章的重要标杆

2021年11月4日·星期四

国家科技奖励大会从年初推迟到年底，但会议规格未变，我们一如既往地高度重视。产经部佘惠敏、姜天骄等同志和编辑们精心准备、通力合作，浓墨重彩地报道了为国为民做出巨大贡献的科技工作者的风采，表达了我们对这些最值得也最应该追的巨星们的钦敬。

国际部翁东辉同志今天的“世经述评”有分量，《“石油危机”会重演吗》用史料和事实，梳理了能源危机的来龙去脉。这种有宏观站位、国际视野的稿件，读来还是有启发、开眼界的。

从小处着眼反映大主题的稿件也很有可读性。像刘慧同志《增产莫忘节粮减损》、王轶辰同志《“双11”别拿低碳当噱头》，都有这个共性，小问题揭示大主题，小切口做出大文章，体现出专栏文章的鲜明特点。《李子柒起诉“李子柒”的启示》，郭存举同志这篇文章分析深刻，认识到位，有思想有观点，反映出年轻同志的思考深度和报道维度，是令人可喜的。

昨天有篇文章要大力推荐，就是黄晓芳同志撰写的《中国不可能重新大上煤电》，体现出作者一贯的大视野、深观察、精写作的风格，这也应该是金观平文章的重要标杆。晚上，推广办统计结果让我吃惊，此稿全网阅读量高达3.06亿，创本报单篇稿件最高纪录。同样让人吃惊的是，“牢记总书记的嘱托·企业调研记”《臻至破危》，一个小企业的近万字报道，阅读量居然接近1个亿！

这就叫影响力，这就叫传播力。有同志说：“曾经别人家口中的‘亿’、曾经千年等一回的‘亿’，如今密集出现。”这是下功夫的成效，也是进一步做好工作的基石。加油吧，同志们！

再接再厉 乘势而上

2021年11月5日 · 星期五

第四届进博会如期开幕。总书记发表视频主旨演讲《让开放的春风温暖世界》，给寒意阵阵的世界送来了温暖春风。系列评论员文章首篇《“三个不会变”彰显扩大开放坚定决心》，阐释总书记讲话精神，节奏快，质量好，还是很给力的。

这几天，季正聚同志带领十几名采编人员，正在上海忙着，用文字、图片、金句、海报、视频、特刊等多种手段和方式报道进博会。郭子源同志出镜的视频像模像样，颇有全媒记者的样子，内容、形式和宣传效果是好的。

契合进博会主题，对外开放的报道今天有多篇呈现，比如顾阳同志《利用外资并未遭遇天花板》、杨忠阳同志《沃尔沃在“老家”上市能否书写新故事》。陈果静同志《外资配置人民币债券成为长期趋势》、关晋勇同志《美联储淡化加息前景事出有因》等，也都把着眼点放在对外开放和国际经济走向上，反映出我们应有的政治站位和新闻敏感，以及对国内外经济大势比较准确的把握。

“金视角”专栏，今天刊发刘慧同志的《“米袋子”供应完全有保障》，对目前是否需要囤粮话题作了正面回应，也是对日前关于误读商务部通知的进一步纠偏。

昨天上午，中央党史学习教育第十四指导组来报社检查指导工作，一下车，首先聊起商务部的通知和本报快评《不要过度解读甚至误读储存一定生活必需品》。王伟光组长指出：“经济日报社在有效应对‘储存生活必需品’的舆论引导中，打了一场大胜仗、漂亮仗，发挥出中央党报舆论引导的突出作用。”他强调说，“这是学习党史、激发干部职工斗争精神的具体成果”。

中央指导组领导站得高，看得更透彻。我们要把肯定和鼓励化作压力和动力，再接再厉，乘势而上。

年轻人成为报社“突击队”

2021年11月6日 · 星期六

20年前，中国加入世贸，对中国和世界都是件很大的事。我们利用这难得的20年，快速富强起来。中国发展的20年，对世界的意义也不同凡响。

国际部提前策划撰写的《激活世界经济一池春水》今天推出。虽然版面不理想，但掩盖不了稿件的高质量。这篇报道首先是大气磅礴，站在全球高度，回溯过去20年中国经济对世界产生的重大影响，高屋建瓴，气势夺人。其次是文笔洗练，感染力强。报道纵横捭阖，文字精当，有以一当十之效。特别是主题挖掘和提炼到位，准确深刻，有冲击力，称得上是一篇重磅特稿。

我们为国际部取得的进步而高兴。我说过，近一年间，这个年轻团队通过集中性训练、高强度实战、高标准要求，实现了业务上的跨越和能力上的蜕变，取得的成绩和效果令人刮目相看。

昨天，报社召开新任职干部集体谈话会，半年前晋级的同志也一起座谈。几位负责同志的谆谆教诲和殷殷嘱托情感真挚，年轻干部们充满锐气的精神状态给人留下难忘印象，真切感受到报社发展的强大内生动力。这些不畏艰难、勇往直前的年轻人，就像报社的“突击队”，正在勇于担当，奋力前行。这样的局面，这样的场景，触动人心，催人奋进。

刚结束中央党校学习的赵子忠同志报告：“我已圆满毕业，今天晚上即刻值夜班。”还补充道：“学习是为了更好工作！”

今天上午，要去参加庆祝新华社建社90周年大会。一年后，就将召开经济日报创刊40周年纪念会。届时，我们以什么样的面目大庆呢？这个问题有待每一位经济报人作答。

复盘舆论引导战

2021年11月7日 · 星期日

融合推广周报出了10多期，每期看完都有收获。最新的第13期同样有参考价值，其中专门提到爆款作品——评囤积生活必需品的案例，还详细列出了11月2日这篇报道的时间轴：

9:30头条热评组策划选题；

10:10总编室值班主任审定选题策划提交值班编委，晨会部署；

10:37值班主任与产经部对接；

11:17稿件提交值班主任；

11:18值班主任一审后提交至值班编委；

11:28值班编委审改通过，并报社长兼总编辑；

11:33社长兼总编辑终审指示“可发”，值班编委布置稿件发布；

11:48经济日报头条号《经济日报：不要过度解读甚至误读储存一定生活必需品》经编辑、排版、配图和校对后发出，成为全网首家发声的央媒；

11:52编辑监测评论导向无异常后汇报至值班主任，值班主任统筹新媒体各端口刊发；

12:01经济日报客户端发布；

12:05经济日报新浪微博官方账号发布；

12:24经济日报微信公众号官方账号发布；

13:25登上今日头条热榜，网友积极参与热议；

13:45新浪微博全网弹窗推送，火速登上新浪热搜；

14:27登上今日头条热榜第一并持续以爆点话题展示，同时话题登上抖音热榜……

由于篇幅所限，不再多说了，这里只补充一点：当晚，领导机关来电话说，经济日报在这场舆论引导战中打了一场漂亮仗！

高水准稿件迎盛会

2021年11月8日 · 星期一

六中全会今天隆重开幕。会议将对我们党100年来走过的道路、获得的成就、取得的经验进行科学总结，就此作出第3个历史决议，对于统一全党全国人民思想认识，同心同德为实现新时代的伟大使命而奋斗，必将产生深远影响。

为迎接盛会，评论理论部齐东向等同志早做准备，提前下手，经季正聚同志反复打磨，今天如期推出编辑部文章《探索中国道路的百年史诗》，作为我们向全会的献礼！文章站位高、分量重，构思用心，写作用功，编改用情，还是代表了本报编辑部的高水准的。

连日来，进博会报道紧锣密鼓，一批年轻同事克服困难，采编制作播发了大量有特色的鲜活报道，“特别报道”版保持较高水准，系列评论员文章也很有分量，加上中国入世20年的郭言文章，形成了以改革开放为主题的一个宣传高潮。一边在外参加培训，一边组织报道的陈学慧同志说的是对的：“做好进博会报道及中国开放的报道，也是对全会的预热。”

为迎接盛会，新媒体部也是提前策划、提前安排，制作了3期短视频，分别是《他们有一个共同的名字》《他们心中装着共同的人》《他们带领我们实现共同梦想》，每集3分钟左右，是从此前举办的短视频征集活动来稿素材中选编剪辑而成。周末翻看，居然眼眶潮湿，没想到陈发宝同志他们下功夫做成的这组节目，竟会有如此强的感染力。按计划今天起将连播3天，请推广办积极推送，力争收到好的传播效果。

今天是我们共同的节日，祝大家记者节快乐！

“头条热评”须把握好三点

2021年11月9日 · 星期二

今天几篇观点性文章还是不错的。曾金华同志《建好“里子”，才有“面子”》说的是老话题，但又有现实针对性，强调把财政资金用在支持市场主体和保障基本民生上。曹红艳同志的金观平文章《污染防治攻坚战走向深入意义重大》也是老话题，但同样说出了新意，把“十三五”坚决打好污染防治攻坚战演进为“十四五”深入打好污染防治攻坚战这个变化讲清楚、弄明白了。

有两篇外稿也比较有质量。一是“时评”版《不宜过度追求奶业高端化》，在各行各业强调高质量发展的大气候下，提出这个观点是不同寻常的，显示出专家的理智和清醒。二是“关注”版《无须过度担忧部分消费品涨价》，在涨声一片的氛围里提醒人们理性应对，警惕通胀传导是需要的，但也不必过于担忧。这也提示我们在采编工作中，不妨多些逆向思维，独立思考，未必总是人云亦云。

近一段时间推广工作是成效显著的，“头条热评”抓得也比较好，很受采编人员欢迎，大家评得也比较“热”，这是一个可喜的现象。不过从实际效果来看，还是应体现“少而精”，不求数量求质量，要突出特点。

首先，必须是原创的，是我们自己的作品、产品；第二，是经济领域的内容，体现的是经济特色；第三，是有分量的，且便于传播推广的。

这3条此前说过，这里再说一遍，供同志们参考，在工作中注意把握。

内容是媒体融合的生命线

2021年11月10日 · 星期三

昨天的融合推广简报说,《探索中国道路的百年史诗——写在党的十九届六中全会召开之际》仅学习强国阅读量1006万，点赞量34.3万。大几千字的编辑部文章居然有这种宣传效果，是出人意料的。以为统计有误，打开学习强国查看，还真是逾千万了。

网上传播力和抵达率不断刷新纪录，改变着我们这些传统媒体的办报人。牢记总书记的嘱托 · 企业调研记——《臻至破危》，写的是100多人的小企业，近万字调研稿，累计传播量竟然超过1.6亿，据此改写的《死磕最后“这1分”》微信居然都是10万+!

报纸100万份发行量，与网络传播相比，已不可同日而语，不在一个量级。这也说明读报纸的人确实在减少，而通过移动端看报纸内容的人却在大幅度增加。看来，人们强调“移动优先”是有扎实依据的，并非妄言虚言。

事实上，能在互联网上广受欢迎，进而成为爆款产品，也不是容易的事情，采写编发推等各环节都得给力才有可能。这里就引发出另一个概念，叫“内容为王”。第13期推广周报分析认为，主流媒体在推进媒体融合的进程中，要紧紧把握“内容为王”这一生命线，将关注民生热点、聚焦重大主题策划，作为生命线上多维度的“输血库”，提升主流媒体在网络空间话语权。简报进一步指出，“新闻眼光”“新闻嗅觉”不仅决定报道高度，也直接影响播发效果和社会影响力。采编人员不仅要有较深的理论功底，有发现、研究、解决问题的洞察、分析、判断能力，还要对难点、热点问题承担起社会责任。

这样的认识、分析是有专业眼光的，抓住了问题的本质，值得我们认真研究，在报道工作中有所参考、有所借鉴，力争推出更多内容上乘、影响广泛的好报道。

报道整体水平稳步提高

2021年11月11日 · 星期四

今天报纸质量比较高，不仅多篇报道、言论和署名文章都有一定水准，各个版面处理也到位得体。这进一步说明我们报道的整体水平是在稳步提高的。

为期一周的进博会昨日落幕。在新冠肺炎疫情持续反复、世界经济复苏脆弱的背景下，这场东方之约再次温暖世界，也取得了丰硕成果。孙昌岳同志起草的金观平文章《进博会成为通向中国市场的金色大门》，用哈萨克斯坦总统托卡耶夫的话来比喻这个盛会，回顾小结进博会之于中国和世界的价值和意义，题文俱佳，也成为我们这次报道战役的收官之作。

截至11月10日，报网端微累计发布稿件和产品超500件，总阅读量近5亿，远超以往几届。这个统计数字一方面彰显了我们报道的传播力，另一方面也反映出包括记者与编辑、报纸与新媒体、总部与驻地机构在内团队的密切协作与倾情付出。上海站李治国同志发来微信表示：将再接再厉，学习采访团队务实求新的精神，不断用优秀报道提升本报在上海的影响力，让我们的声音越传越广。

季正聚同志理论素质好，研究能力强，出了多个大部头专著。今天“习近平经济思想研究”征文选登刊发的就是他的最新研究成果——《新时代党领导经济工作的若干重要经验》，还是很给经济日报长脸的，建议同志们抽空读一读。

昨天下午，见到也在六中全会上的国家发改委副主任、统计局局长宁吉喆同志，一见面就说，你们办的那个征文不错，有影响，我们都比较关注。目前像这样大规模、集中性、高层次的征文还没有呢。我们双方就加强合作、深化习近平经济思想研究宣传进行了沟通交流。在我看来，能与其负责的首家“习近平经济思想研究中心”一起做工作，还是可以优势互补、相互成就的。

宁主任说：“我们安排人具体对接吧！”

我回应道：“好，全会结束就抓落实。”

系列评论开了个好头

2021年11月12日 · 星期五

为期4天的六中全会昨天下午胜利闭幕。会议的主题是全面总结党团结带领人民100年来取得的伟大成就，深刻揭示中国共产党赢得历史选择的成功之道，最重要的成果就是审议通过《中共中央关于党的百年奋斗重大成就和历史经验的决议》。这对于全党统一思想、意志、行动，具有重大而深远的影响，必将推动我们党从胜利走向新的胜利，从成功走向更大成功。

夜班很好处理了有关全会的稿件和版面，长达8000字的全会公报、决议和社论等图文安排是妥当的。评论理论部赶写的评论员文章《赢得历史选择的中国共产党必定继续成功》，分析解读提纲挈领，提炼梳理脉络清晰，作为六中全会系列评论第一篇，头开得还是好的。建议同志们抽点时间，把会议有关报道包括这篇评论学一学、看一看，加深对六中全会精神的理解。

昨晚8点，中宣部召开电视电话会议，中央领导同志就做好全会精神学习宣传贯彻落实工作进行部署。可以说，这是当前及今后一个时期重大政治任务。一方面，作为央媒，我们要按照统一部署，加大对全会的宣传报道，深刻阐释《决议》的重大意义和历史地位；另一方面，也要在报社迅速兴起学习全会精神热潮，与正在开展的党史学习教育紧密结合。由于全会文件下周才会陆续公布，所以，各级党组织目前的学习就以上述几个材料为主。请机关党委即行作出相关安排。

遵照中宣部指示，六中全会的宣传将与年终、春节、两会直至党的二十大报道有机衔接。我们要认真执行，也请协调部等拟定具体方案，切实加以落实。

版面稳重大气可读性强

2021年11月13日 · 星期六

昨天夜班辛苦。新华社凌晨三四点还在播发时政要闻，干完活都得过5点了。

按照六中全会的宣传要求，评论理论部围绕历史决议概括出的十条经验，逐条加以论述。今天刊发的是这个系列评论员文章第一篇《党和国家事业不断发展的“定海神针”》，关于坚持中国共产党的领导。篇幅不长，但力重千钧，评点准确到位，还是有质量有分量的。

“时评”版一直保持较高水准。将版面和编辑业务整建制从总编室划归评论理论部，是符合资源优化整合原则的。从这几个月的情况来看，效果也是好的，稿件、版面以及编辑质量都比较稳定。今天这个版可读性强，热点跟得紧，李华林同志《基金发行为什么会遇冷》、佘颖同志《新东方不应照搬李佳琦》、佘惠敏同志《尚无终结新冠疫情“特效药”》以及外稿《客观看待上市银行业绩大增》等有看点、吸引人。版面也稳重大气，反映出团队良好的工作状态和精神状态。

广东站郑杨同志这篇人物稿不错。《科创界“扫地僧”李泽湘》不抄资料材料，不做官样文章，有情节、有细节、有故事，写作上充满活力和张力。一个“疯狂”的人在寻找、陪伴“疯狂的人”，读来栩栩如生、个性鲜明。这与两个月前张建军同志采写的那篇格力董小姐一稿有一拼。这也进一步说明，驻地记者中高手不少，潜力不小，是完全可以实现“减量化改革、高质量发展”的。

金观平再出好文章

2021年11月14日 · 星期日

再次向大家推荐黄晓芳同志的金观平文章。

今天这篇《高耗能企业电价该涨》，是晓芳同志刊发在“经济论坛”专栏的又一高质量时评，体现了记者的站位与理性，展示出作为这个专栏稿应具有的特点与要求，也充分说明观点立报、言论立报的重要性和必要性。

首先，此文针对性时效性强，是业内外普遍关注的经济热点，经济日报理当有所回应；其次，有思想有观点，明确提出高耗能企业交易电价确实该涨，态度鲜明，立场坚定，不骑墙不打折不含糊；第三，分析透彻，论据有力，说理性强。写作也是干脆利索，文字绝无拖泥带水，显出记者一贯洗练的文风。

每期的融合推广周报都值得研究，整理分析比较深入。最新出的第14期周报，也很有参考价值。据今日头条反馈，经济日报目前是头条热评发文量及题词上榜量最多的媒体，占中央媒体发文总量的65%。周报分析认为，热点评论对头条号的运营有极大帮助。数据显示，本周头条号粉丝突破300万，累计阅读量超20亿。从后台数据观测，主动@经济日报的网友多了，体现出公信力在大众层面的加强。

为更好促进报道工作，看来有必要做一次研讨，对3个多月来的融合推广进行小结回顾，使其发挥更明显的作用和更大的效能。请徐立京同志考虑，近期抓好落实。

周末的报纸是有可读性的。“消费”“文旅”“生态”“视觉”“国际副刊”等版面内容都比较鲜活，接地气，休闲味浓，明年起可考虑集中在一两个单元。也请总编室就此作出具体安排。

一次舆情带来的警示

2021年11月15日 · 星期一

前天发的评论《新东方不应照搬李佳琦》，引发各方关注与热议。文章指出，客观条件决定了农货直播从市场到监管挑战极大，新东方要从校外培训跨界到直播电商并不轻松。作为带有教育基因的企业，新东方也许可以成为职业新农人的摇篮，建议关注学生急需的周末研学市场。

昨晚，俞敏洪在抖音直播间回应，称注意到该文章和网友评论。他表示，如果直播带货，会向李佳琦或者薇娅取经。对于新东方跨界到原本并不熟悉的农货直播领域，感谢记者给了一个非常善意的提示。还表示将不负期望，努力前行。

评论稿见报后，在社会上产生不小反响。加上自媒体断章取义走偏引导，还是在网上产生了一定舆情。有网民对“双减”政策误解和不满，迁怒于经济日报和记者，颇有山雨欲来风满楼之势。

我们反复推敲稿件，觉得除表达不够厚重外，内容和观点没什么问题，就像俞敏洪回应时所说，体现了对新东方的善意，不存在恶意炒作。

针对舆情，相关同志按要求应对，特别是俞敏洪播发视频、表达对经济日报和记者的理解与感谢后，徐立京同志及时安排转发，在各平台大力推送，有力引导舆论，放大正面效应，使一度甚嚣尘上的舆情得到平息，扭转了不利局面，“坏事转化成好事”。

舆情应对是成功的，也暴露出工作中的不足。第一，舆情搜集、报告机制尚未建立，反映出我们在面对复杂舆论生态方面还缺乏经验；第二，舆情形成后，是否需要回应，如何回应，怎样与读者互动，还缺少预案，存在随意性。

针对不足和短板，总编室已提出措施，相信对于我们处理好类似舆情会有帮助。对记者来说，要知重负重，在经济日报影响力逐步加大的情况下，需要更加严谨地工作，更快地成熟起来，牢记笔下有毁誉忠奸，笔下有人命关天。

北交所开市报道充分有力

2021年11月16日 · 星期二

昨天，北京证交所正式开市，81只股票合计成交近百亿元，新股市值平均上涨约200%，可谓开门红。

对我国资本市场改革这个标志性事件，本报报道是充分的，也是有力度的。这几天，我们连续发了多篇通讯、综述、侧记和评论，对北交所创办的重要性和深层次意义做了比较全面深入的报道。财金部是下了功夫的，祝惠春等几名同志也是用了心的。杨国民同志说，证监会对我们的报道多次予以肯定，还给吃了点偏饭，开了些小灶，记者工作起来也多了不少方便。

近期证券业，还有一件事是引起市场关注的，就是康美药业特别代表人诉讼案一审判决。此案揭示出财务造假这个资本市场的“毒瘤”，严重损害了投资者的合法权益。祝惠春同志的《康美药业案发出鲜明信号》一稿还是有独到观察的，从四个方面剖析此案引领资本市场、重塑市场生态的重要意义和标本价值，说得是到位的，也体现出一定的专业性。

2022年度报纸发行工作已全面展开，驻地机构正全力以赴，迎难而上。两个月前，在中宣部创新研讨班上，河北省委常委、宣传部部长张政同志对我说：“河北的发行，你放心！”昨晚，河北站陈发明同志报告：“张政部长在刚印发的省委发行文件中，将咱们的分解任务数从4.82万增加到5.2万，实现了重要突破。目前离实订数仅2000多份差距，我们一定做好工作啃下这块差额。”

像这样重信践诺的领导，我们是一定要点赞的！

六中全会文件值得深读细研

2021年11月17日 · 星期三

六中全会的两份重要文件今天见报了。一是党的第三个历史决议，一是习近平总书记在六中全会上关于这个决议的说明。这也是六中全会的主要文件，分量之重，影响之大，都是很不寻常的。每一位领导干部和全体党员都要安排时间认真研读，不断加深对六中全会精神的学习和领会，不断加深对我们党的历史的认识和理解。

从作为文字工作者的角度来说，这个历史决议稿也十分值得研究参考，从中感受写作和文字之妙。无论是构思、结构、层次，还是起承转合以及文字表述，都非常值得学习、琢磨，确实是全党智慧的结晶，也是写作高手们智慧的结晶。

也是由于要安排好这4万多字的文件，安排好总书记与拜登总统视频会晤的报道稿件，夜班工作量加大，最后还调了一次版，所以比平时出报晚了两个小时。夜班的同志们忙了一个通宵，离开报社时天已大亮了。

新冠肺炎疫情形势依然严峻复杂，外出采访、调研和对外合作都受到影响。这也是没有办法，大家只能适应这种状况，采取措施尽量减小影响。对个人而言，利用这个时间段，加强学习、积累和研究，丰富知识、素质和能力，可能是比较明智的选择。

人事部今天下午安排业务培训，邀请新华社著名记者张严平同志授课。严平同志写过大量优秀报道，获得过很多荣誉，这次新华社成立90周年总共表彰了6名“卓越贡献者”（包括瞿秋白之女瞿独伊、烈士邵云环），她是其中之一，可见其业绩和成就。尤其她在人物采写上，颇有独到之处。希望同志们听一听，相信都会有收获有帮助。

要先学一步学深一步

2021年11月18日 · 星期四

今天头条编发新华社稿关于党的百年奋斗重大成就和历史经验的决议诞生记，这篇题为《牢记初心使命的政治宣言》的万字长文，记载了习近平总书记领导《决议》起草全过程。

稿件大气磅礴，信息量大，极具参考价值，对于我们深入学习六中全会精神，特别是深入理解《决议》十分有帮助，请大家花时间学习。

学习宣传贯彻落实六中全会精神，是当前和今后一个时期的重要政治任务，对新闻单位而言更是如此，应当先学一步，学深一步。今天，我们在4版推出新专栏“学习宣传六中全会精神·专论”，首先刊发《新民主主义革命伟大胜利为实现中华民族伟大复兴创造了根本社会条件》一文，还将陆续刊发由专家学者撰写的重点辅导文章，为读者提供更多有价值、有分量的参考读物。

进入四季度后，经济压力比较大，不少人对经济增速有所放缓心存忧虑。坚定信心，鼓足干劲的任务就很迫切了。今天我们刊发熊丽同志撰写的金观平文章《夯实“稳”的基础 积蓄“进”的力量》，就是要向社会传递中国经济在多重冲击下，表现出的总量大、增速稳、后劲足的强大韧性。分析还是给力的，是可以起到增强信心作用的。

这段时间，广告刊发量在增加。发展中心动了不少脑筋，花了不少力气，下了不少功夫，在大环境不乐观的情况下，还能有所斩获，殊为不易。看来，经过努力，完成全年经营目标任务还是有基础的。

有力有效做好发行工作

2021年11月19日 · 星期五

2022年度党报党刊发行工作视频会昨天下午在中宣部召开。今年的这个会比往年晚一些，但内容和要求是一样的。对各地区各部门来讲，是要强化组织领导和统筹协调，做好订阅工作；对党报党刊而言，就是要不断提高办报办刊质量，进一步在记录时代、服务大局中发挥中流砥柱作用。

这次会议后，各地都将陆续开发行会，也意味着报纸发行正式进入“战时状态”。报社记者部、新闻发展中心等部门和各驻地机构要集中精力，迎难而上，有力有效地做好发行工作，努力实现既定的目标。

昨天，看到海南站王伟同志的报告，发来常务副省长和常委宣传部部长等地方领导对驻地工作的批示，有肯定，有鼓励，也表示要支持记者站工作。不少记者站都有这样的工作方法，就是将一段时间的工作，包括采写的报道、刊发的情况、产生的反响和记者站重点工作，形成文字材料，报给地方宣传部门或党委政府。一方面，让地方领导更多了解记者站的情况，另一方面，也能引起重视，做出指示批示，进一步为驻地机构创造有利条件，从而形成良性循环，得到更多的支持和帮助。这个做法比较好，其他同志不妨学习借鉴。

中宣部领导在昨天的发行会上提出，要保持明年党报党刊发行稳定增长。这也是我们的目标。一是稳定，就是要确保明年全年发行数稳定，一份也不能少；二是增长，就是要在稳定前提下有所增长，至于增多少，没有具体要求。兹事重大，不仅影响钱袋子，也涉及影响力，绝不能掉以轻心。

“外企微观察”专栏立住了

2021年11月20日 · 星期六

国际部禹洋同志写的《石油巨头“去油”不易》，有内容有信息，也有分析，与其前一段时间“外企微观察”专栏稿相比，是有明显进步的，不仅观察的特点体现了出来，写作上也放松自然了不少。扫了二维码，看到主播得也日渐老练了。

经过持续不断的摸索，国际部“外企微观察”专栏是立住了，长大了，由当初版面的配角，逐渐成为主角。它与连俊同志“国际经济观察”以及“世经述评”等形成互补，多了一个评点的视角，丰富了报道领域，拓展了部门和记者的业务范围，也增加了版面的分量，起到了一举多得的作用。这也反映出国际部的同志们勇于创新、努力开拓的精神状态，是难能可贵的。

现在看，这个版未必叫“世界经济”，报眉改为“国际”是不是也可以？

今天的“消费”版不错。协调部刘蓉同志采写的《走出家门 拥抱自然》，关注户外运动，报道这个消费群体和行业发展现状，指出了不足，提出了问题，有观察有思考。常理同志短评《户外运动莫忘安全》配得好，有警示作用。当然，如果能采访到这方面的专家，增加一些海外的有关情况，可能会更有看头。

昨天，中国经济导报和中国改革报资源整合，成立中国发展改革报社，引起新闻界的广泛关注。我关注的重点在于，新成立的这家报社一项重要职能是，要深入阐释习近平经济思想。我们在宣传习近平经济思想方面又多了一支可以加强合作的力量，可以做一些双赢的事情。我进而想，通过一段时间的努力，在经济日报社成立习近平经济思想研究中心，那一定是很有意义的。

命题作文也可写得活泼好读

2021年11月21日 · 星期日

六中全会审议通过的历史决议，总结了百年来的十条宝贵经验。我们围绕学习贯彻六中全会精神，逐条进行了论述，10篇评论员文章连同会后第一篇总论，到明天将全部见报。

这组评论每篇1500字左右，拢在一起就是一篇纵论党的历史经验的万字雄文，体现出我们对决议的理解和认识水平，反映着本报理论评论的层次和格局。文章的一个突出特点是，把命题作文写得比较活泼、比较好读，不是冷冰冰、硬邦邦、干巴巴，表述、比喻、俗语都很妥帖，可谓纵横捭阖不逾矩，生动鲜活不越线。评论理论部同志们是下了功夫的，季正聚同志和白夜班编委都是花了力气的。建议机关党委编印成册，报社人手一本，既学内容，也可学习写作。

从今天起，综采部姜天骄同志的个人署名专栏“文体市场面面观”正式推出，首篇《十万块大银幕如何产出大效益》不错，观察比较敏锐，分析比较到位。产经部王轶辰同志的“能源广角”专栏近日也将首秀。立志欲坚不欲锐，成功在久不在速。期待着这批年轻同志知重负重，在实践中成长成熟，在业务磨砺中挑起大梁。

近年来，采编部门积极为发行做贡献。祝惠春同志去年达1000份，陈学慧、佘颖、郭子源等同志超过500份，陈果静、周雷、吉蕾蕾、李万祥、姚进、冯其予、熊丽、常理、温济聪等同志也都做了不少工作。新闻发展中心表示，有多名同志做的工作无法详细统计，比如刘慧、顾阳等同志在跑口时都有效促进了发行。编委会号召，各采编部门加大力度，一方面联系跑口部委增加订数；另一方面，拓展重点央企、金融企业等，争取集订资金支持。希望大家一起努力，共同为报社添块砖加片瓦。

企业报道要做出特色做出水平做出品牌

2021年11月22日 · 星期一

“牢记总书记的嘱托·企业调研记”第二篇《追光者》，经过深入采访、反复修改、精心打磨，今天隆重推出。

上个月，齐平同志带着几个年轻人，在高德红外企业蹲了好几天，沉下心调研、静下气采访、集中精力思考。在此基础上拿出来的稿件有深度、有高度，对企业在科技自立自强上做出的探索进行了生动准确的描画，向我们展示了一个自强不息、自主创新企业的精彩案例，做到了见人见事见精神。写作上精益求精，多次推倒重来。称得上是一篇高质量的企业调研报道，也为这个专栏打了个样子。建议同志们读一读，学一学，把企业报道做出特色、做出水平、做出品牌。

蹲下去，就会有不一样的视角；深下去，就会有不一样的收获。宁夏站拓兆兵同志采写的调查《这个村子为啥能留住年轻人》，同样是深入基层、践行“四力”的好报道。一个4000多人的小村庄，由于牛产业发展得好，吸引了年轻人回乡创业，很有故事性，也很有典型性。此稿现场气氛浓，写作上活灵活现。言论《留人要有新理念》提纲挈领，深化了调研主题，提升了报道的借鉴意义。

元宇宙的概念最近火起来了，我们记者缺乏相关研究，那就请懂行的人来吧。今天“关注”版刊发的专家文章《元宇宙离我们有多远》，就弥补了我们专业上的不足，对元宇宙做了精当介绍，对这个市场进行分析，并从产业角度提出建议和思考，还是有可读性的。

将问题意识贯穿稿件写作始终

2021年11月23日 · 星期二

乔金亮同志的专栏稿写得越来越老到了。

这篇《乡村建设要把好事办好》告诫道，不能把大量精力财力放在刷外墙这类事情上，而是要把重点放在改善村庄整体环境上，把功夫下在提升基础设施和公共服务上，解决“有新房没新村，有新村没新貌”问题。这样的提示，是很有针对性的，强化了问题导向，体现出为民情怀。

“三农瞭望”专栏，始终处于慢火炖、持续熬、厚积薄发状态，通过近一年经营，这个专栏确实瞭望了“三农”的方方面面，对农业、农村、农民问题做了悉心梳理、深入探究和深刻总结。总体上看，不疾不徐，不温不火，但有观点有内容有价值，读完让人有收获有启发。这是与作者多年积累分不开的，反映出强烈的问题意识。

财金部王宝会同志的《上市公司跨界发展胜算几何》也体现了问题导向，围绕上市公司跨界发展，提醒人们避免“忽悠式”“跟风式”跨界重组，是有新闻敏感的。借专家之口分析指出，能够成功跨界经营的企业少之又少，投资者对跨界经营的企业千万不要盲目追捧。这样的观点能够体现经济日报特色，是会受到读者欢迎的。

郭子源同志《银行减费让利为何打折扣》，同样体现了这种问题意识。指出银行公开承诺减费让利，却在执行过程中打折扣，根源在于个别银行受经营业绩驱动，依然将逐利视作第一目标，把减费让利视为“面子工程”。这样的批评，这样的态度，都是难能可贵的。

紧扣经济热点 体现专业价值

2021年11月24日 · 星期三

受错综复杂形势影响，中小企业面临诸多难题，近期主要经营指标增速缓，下行压力大。国家连续出台文件，加大纾困力度，力图减轻中小企业负担。对此，我们今天刊发两篇评论进行分析和解读。

一篇是产经部祝君壁同志撰写的金观平文章《为中小企业多办实事》，指出提升中小企业竞争力是构建新发展格局、推动高质量发展的重要基础，提高其应对困难挑战的能力，对于保持经济平稳健康发展和就业稳定意义重大，必须让扶持政策落实到位。另一篇是财金部曾金华同志的《企业痛点就是政策重点》，认为以市场主体痛点作为宏观政策重点，精准有效扶助企业纾困解难，是促进经济持续健康发展的关键。当前尤其要防止抵消政策红利的各种行为，切实提高市场主体获得感。这样的分析是有价值的，也是有指导性的，体现出作者对经济形势的冷静观察，也反映出我们对经济热点的关注。

今天几篇财金报道也是紧扣热点。财金部陈果静同志《科学看待超储率下降》强调，超储率下降不能简单和流动性松紧直接画等号，也不宜将其作为判断降准的依据。专家来稿《人民币为何能走出独立行情》围绕美元指数不跌反涨、人民币汇率不弱反强，揭示出汇率走势主要是由外汇市场供求关系主导的。这些相对专业的报道，还是能体现经济大报应有水准的。

调查《先把数字人民币用起来》，对海南三亚试点数字人民币一年来的情况进行回顾，也指出试点推广不可能一蹴而就，既不要抢跑，也不应慢慢吞吞。这些都是切合实际的提醒和建议，有一定的参考价值。

质量稳定的评论言论增加报纸分量

2021年11月25日 · 星期四

有着稳定质量的评论言论，继续发挥稳定报纸质量的作用，从整体上加重了报纸的分量。

今天每个版上的言论稿，都体现出这一点。从1版的金观平文章《绿色低碳应成金融业重要发力点》，到3版“金视角”《文化产业繁荣离不开产权保护》，从4版的连俊同志《疫情面前难有第三条路》，到5版刘慧同志《粮价稳有助物价稳》，从头版到12版，一篇篇有较高质量的稿件，丰富夯实了版面，增加了报道的厚度。产经部王轶辰同志的署名专栏“能源广角”今天正式亮相，《核能供暖小试“牛刀”》一文选题好，很合时令。讲的是如何保证核能供暖安全的问题，知识性、专业性比较强，读完有收获，有启发，应该能够引起大家关注。像彭江同志《独董当既“独”又“懂”》、郭存举同志《老国货要“求新”》等言论，针对热点经济话题作出及时回应，谈得比较到位，写作上也越来越有质量了。

今天1版财金部郭子源同志采写的《如何看待制造业贷款高速增长》，是一篇很好的新闻分析。抓住经济热点问题，写得更全面的可以叫“经济聚焦”，像这样分析扼要、点到为止的就是“新闻分析”。但不管是“经济聚焦”还是“新闻分析”，不管是长稿子还是短稿子，有扎实内容、读完有收获，应该是个共同的要求和标准。

评论言论成阅读量提升主要推手

2021年11月26日 · 星期五

今天有两篇驻站记者的稿件值得一说。

一篇是驻美记者关晋勇同志的《通胀压力下美联储不换帅》。讲的是拜登团队经过数月讨论后，仍提名鲍威尔连任美联储主席，并对“狐狸型人格”的鲍威尔第二任期核心任务做了预判，是一篇很好的国际经济新闻分析。另一篇是河北记者站陈发明同志的《莫把补助资金当“唐僧肉”》，针对网上谣传的扶贫补贴信息进行正面回应，强调乡村振兴的巨大资金投入，谁都不可以从中分一杯羹，针对性很强。我们的驻地记者能写出这样的报道，充分体现了站位和责任感，反映出对业务的追求，是值得肯定的。

今天的个人署名专栏继续保持稳定质量。顾阳同志《为生态保护修复开正门扎篱笆》、杨忠阳同志《东风起亚能否“一别两宽”》都是用心之作。金观平文章《牢牢把住粮食安全主动权》、郭言文章《荒谬言论抹杀不了中国抗疫成就》，以及禹洋同志《视频会议“疫情红利”能撑多久》、曾金华同志《用好“趴窝”的财政资金》、刘畅同志《便利“升”起来 不满“降”下去》等稿件都比较有水准，使版面的分量大为增加，可读性也明显增强。

技术部最新统计表明，质量好的稿件阅读量高、传播力强，其中评论、言论类稿件独占鳌头，是阅读量大幅提升的主要推手。比如11月8日刊发的《探索中国道路的百年史诗》，仅学习强国阅读量就达1123万，点赞量37万。为迎接六中全会推出的这篇编辑部文章，居然成为爆款作品，进一步说明了提高稿件质量的重要性、必要性。

引导社会舆论 体现应有价值

2021年11月27日 · 星期六

昨天，“支付宝、微信支付收款码将于明年3月1日起被禁止商用”的消息受到社会关注。针对这一新闻热点，本报迅速发声，推出新媒体报道指出：“据经济日报记者了解，该消息不实。”这篇《辟谣！支付宝、微信支付收款码禁止商用系误传》在网上广为传播，起到了有力有效的舆论引导作用。

在日前举办的中国网络媒体论坛上，钟南山院士在演讲中专门提到“商务部关于储存一定生活必需品”的舆论引导问题，盛赞有关部门和媒体快捷播发消息，正确解读以正视听，辟谣止谣效果显著，体现了正能量澎湃大流量的特殊重要性。他还期待有关方面在正确舆论导向上做出更多努力。

钟院士并不记得是经济日报率先作出这个报道的，但他对问题的认识和思考是深刻的。在互联网生态深刻变化、社会舆论众声喧哗的当下，向广大受众提供正确的信息、准确的信息、正能量的信息，是我们媒体义不容辞的责任，也是重要的政治任务。现在看来，我们在这方面做了一些工作，也尝到了甜头，但远远不够，还需要付出更大力气，发出更多好声音，提供更大正能量，并通过大流量报道，引导好社会舆论，体现出经济日报的应有价值。

今天的头版头条是发行稿，《营商环境好 企业活力足》有新闻有内容，写作也是不错的。江西省委常委、宣传部部长梁桂同志批示道：“我们一定努力工作，确保明年经济日报订阅份数稳中有升。”

专栏稿要有针对性

2021年11月28日 · 星期日

今天“经济论坛”专栏稿很有针对性。袁勇同志撰写的金观平文章《外企在华发展机遇只多不少》，针对中国欧盟商会一份调查、反映有外企担心在中国发展受到限制的误读误判，指出外企有更多发展机遇，关键是要加深对中国经济变化趋势和特征的理解与把握。在百年未有之大变局和百年一遇之大疫情相互交织、世界经济走势不甚明朗、美西方逆全球化盛行的大背景下，强调吸引利用外资、高水平对外开放，这样的报道显得至关重要，也十分必要。

佘惠敏同志《“元宇宙”越热越需要冷静》针对性也比较强，不仅概括出“万物皆可元宇宙”之热之乱，还多角度作出分析，提醒人们跟风投资，犹如刀口添血，风险大、获利难，务必保持清醒头脑。这样的观点理性、客观，有说服力，是本报又一篇对盲目追捧元宇宙现象的警示之作。

此外，李万祥同志《兑现减税降费不能“打折”》、姜天骄同志《要“长坡厚雪”更要别样风光》、李华林同志《涨价恐难解业绩之困》等，都是围绕人们关心的话题或经济现象，进行有针对性的回应，作出比较深入的思考，提出有引导性的观点，读完是有所启发、有所收获的。

据最新一期推广周报统计，《追光者——牢记总书记的嘱托 · 企业调研记》累计传播量3966.7万。该企业带有军工性质，技术比较敏感，我们并没有放开推广，却也有如此传播效果，令人欣慰。上周视频也出了个爆款，《你见过给小鸡打疫苗吗?》在抖音快手平台累计播放量2831.4万。陈发宝同志报告说：“这是产经部刘瑾、新媒体部江蓝在福建采访时制作的，是近期记者原创短视频中表现最好的。”

我们不唯点击量，但报道受到更多人关注，仍是我们必须要关注的。

千难万难 做就不难

2021年11月29日 · 星期一

经过两个多月的策划、起草、审改，今天我们如期推出《习近平经济思想研究评述》。

为贯彻中央领导关于加大习近平经济思想学理化研究的指示，从3月份起，我们多次研究推进路径，拟定重点目标，多方面采取措施，其中包括举办习近平经济思想研究征文。至目前，已选编刊发30多篇来稿。从研究的角度出发，我们认为应当梳理习近平经济思想研究的总体概况。说干就干，刚调入报社的徐向梅同志即投入撰写，两个月里披沙拣金，对大量文章和资料总结提炼，经季正聚等同志审改润色，最终形成这篇12000字的重磅文章，从十个方面展示了理论界、学术界对习近平经济思想的研究进展和特点，为这次征文活动画上圆满句号。

作为中央党报、经济大报，聚焦习近平经济思想是主责主业，编委会提出要努力打造习近平经济思想宣传高地，必须有扎实举措。要发挥组织者和平台作用，在理论界和学术界形成虹吸效应，引导更多研究人员和成果向我们聚集。这既可以弥补不足和短板，更重要的在于，能在短时间内形成绝对优势。

半年多来的实践充分印证了这一点。季正聚同志牵头负责的作品汇编工作已近尾声，一套两册的“学思践悟习近平经济思想”丛书，履行手续后将由经济日报出版社出版发行。《践行习近平经济思想调研文集》和《习近平经济思想研究文选》将成为一年来这项工作的具体成果，也是我们落实中央指示的成果体现。

年初研究这项工作时，有同志存在畏难情绪，对能否干成没有信心。经过大家努力，我们按计划完成这项工作，再次证明了我们这支队伍是特别能战斗的，也进一步说明：千难万难，做了就不难！

汹汹疫情下的思考与担当

2021年11月30日 · 星期二

新冠肺炎变异毒株“奥密克戎”一经报告，便引起全球关注，国际市场出现强烈震荡。它对人们的生产生活包括对经济复苏，可能都将带来严重影响。

连俊同志的个人专栏稿《新型变异毒株戳中欧美市场》，对此及时作出回应，分析比较透彻。文章深刻指出，如果有关国家能够亡羊补牢，真正汲取他国抗疫的成功经验，同时积极参与推动全球抗疫合作，那么，“奥密克戎”毒株疫情有可能转化为扭转全球抗疫局面的一次契机。这样的观察是有独到眼光的，也是清醒理智的。

汹汹疫情之下，再看佘惠敏同志采写的《鼓励更多老年人接种疫苗》，更觉有紧迫性和针对性。该文对为何要鼓励老年人接种疫苗做了三方面剖析，提醒人们，外防输入、内防扩散的压力很大，为了老年人自身的健康，为了中国疫情防线的巩固，迫切需要补齐老年人群接种率低的短板。这样的警示很重要，也很有温度。

今天，“地方”版接着编发“地方观察”专栏稿，是河北站陈发明同志撰写的《“小富即安”心态要不得》，稿件不长，但内容不错，观点鲜明，带有一定的普遍性，写作上也比较讲究，反映出作者勤思考、爱琢磨的特点。现在看，加了一个副题“河北县域特色产业发展系列谈”，反而显得小气了，颇有些蛇足。

DECEMBER
2021 / 12

2021 年 12 月

总编辑评报

经济报道要有针对性和专业性

2021年12月1日 · 星期三

新华社重要时政新闻，直到凌晨四五点才播发。11月的最后一天夜班，是个不眠之夜。

今天刊发的金观平文章有分量，黄晓芳同志撰写的《从战略上确保能源矿产安全》，围绕矿产安全上升到国家战略，从国际国内市场需求和变化切入，深刻分析全球范围向清洁能源转型引发的战略性矿产需求，强调应加强调查、勘查和开发利用统一规划，建立安全可靠的能源矿产储备、供给和保障体系。文章信息量大，说服力强，体现出报道具有的针对性和专业性。

亢舒同志“房地产周评”专栏稿也不错。《房地产市场健康发展态势不会改变》说的是老话题，但在当前房地产市场寒意阵阵的背景下，强调这个观点还是很有意义的。该文指出，尽管市场遇冷，但房地产市场风险总体可控，整体态势不会改变。这样的观点冷静、客观、理性，对市场来讲还是有较强引导力的。

互联网在给我们带来诸多便利、促进经济繁荣发展的同时，也出现了一些乱象。今天的“市场监管”专栏《互联网广告别做“强扭的瓜”》、“关注”版《互联网医疗将告别野蛮生长》以及《小心网络赌博陷阱》等，都是围绕网络存在的问题进行深度聚焦，有警示作用，有利于人们更好地扬长避短、趋利避害。这些报道体现出采编人员的新闻敏感和反应能力，也充分反映了大家积极的工作状态。望同志们继续保持。

发力新媒体 效果超预期

2021年12月2日 · 星期四

今年上半年，经济日报社新媒体粉丝总量为1.4亿。昨天召开的新媒体账号管理与审读工作会上，王智同志通报说，总粉丝量已达到1.53亿。这个增长速度是可观的，从一个侧面反映出，我们在融合发展方面迈出了新步伐，在新媒体推广运用上有重大进展。这也是出现众多爆款作品、动辄几千万几个亿传播量的一个重要原因。

半年多来，我们发力新媒体，加大频道发稿量，管控各平台内容质量，特别是推广下了大功夫。徐立京同志和虚拟成立的推广办公室的同志们创新性思维、开拓性探索、创造性工作，效果超出预期，是令人满意的。

前天晚上八点，我们在抖音平台举办了一次活动，叫“同学请接招”，直播党的知识问答，产生很好的流量带动。统计表明：直播时长55分钟，参与58万人次，最大观看人数37万，评论数22万，带动新增粉丝数43730人！陈发宝同志报告说，新媒体部正按照编委会关于多做些直播的要求，进行一些有益的尝试。现在看来，步子迈得是积极稳妥的，各方面反应也是不错的。

从去年底我们首创新媒体审读，至今已满一年。这一年来，我们统一思想，明确方向，坚定“用好管好新媒体”的工作思路，做到了扬长避短、趋利避害，确保深度融合发展始终走在健康、稳定、可控轨道上，从整体上提升了报道的影响力、吸引力、引导力和公信力。百尺竿头，“刚”进一步。在这方面，还需要各部门各单位各位同志勠力同心，共同努力，争取达到更好效果。

经济味道浓 版面呈现好

2021年12月3日 · 星期五

今天报纸的经济味儿是浓的。

首先，专栏文章质量比较好，从熊丽同志撰写的金观平文章《巩固私营企业利润增长好势头》到顾阳同志《稳住工业回升向好态势》，从吉蕾蕾同志《种业翻身仗 企业很关键》到杨忠阳同志《造车新势力月销逾万预示着什么》，围绕经济热点，做出独家分析。郭言文章《印媒滥制假新闻成国际社会笑柄》《东三省消费机会在哪》等也有新意，值得一读。

其次，重点报道分量比较重。刘慧同志的《谨防国际粮价上涨输入性风险》、冯其予同志的《确保外贸运行在合理区间》，报道有高度，有深度，也有专业判断。像黄俊毅同志的《今冬菜价将回归合理区间》、姚进同志的《个人跨境理财更便利了》等稿件新闻性强，关注度高，读来也是很有收获。

第三，调研稿件特色比较鲜明。今天9版《中老铁路，就是不一般》，说的是中老铁路今天正式开通，告诉人们这条铁路是如何建成的、有何不同之处、将怎样造福两国人民和经济发展，采访扎实，写作用心，点评到位。在通车当天发出这样的深度报道，说明记者和编辑是提前做了功课、花了大力气的。

重要的还在于，不仅内容好，版面呈现也越来越稳定，渐趋精致精当，可谓图文并茂。这说明，经过一年多的努力，我们提高报道质量、提升办报水平是见到明显效果的，这也为我们明年的工作打下了坚实而有利的基础。

“智库”版办得越来越有感觉

2021年12月4日 · 星期六

今天“智库”版有点意思，建议大家抽空看看。

这期“智库圆桌”的主题是《人机物三元融合 万物智能互联》，围绕物联网和人工智能等高新技术的发展和应用，探讨行业产业的变化趋势，预判对人们生产生活带来的影响。细细看了一遍，觉得知识性、科技性和趣味性兼具，长了见识，收获不小。特别是中科院院士邬江兴的《跨越“广义功能安全”壁垒》一文，提出了“广义功能安全”的问题，深入浅出地介绍了这个问题的含义，指出数字时代必须要迈过这道坎、可能将如何破解。一边读，一边有新科技、新技术扑面而来的强烈感受。看来，我们都有必要对这个人机物三元融合时代有新的认识了。

“智库”版办的是越来越有感觉、越来越在状态了。这样的报道，这样的内容，有意义、有价值，也反映出经济研究部的同志们在选题策划和组稿方面有新进步、新提高、新成效。这，正是我们所期待的。

昨晚，恒大问题“变现”。广东省政府向恒大派出工作组，意味着沸沸扬扬有段时间的恒大地产问题终于公开化了。早在一年前，我们的有关报道就对此提出过警示，体现出经济日报应有的新闻敏感和问题导向。请有关采编部门关注，在条件允许的情况下及时做好跟进报道。

优质原创内容是永远的刚需

2021年12月5日 · 星期日

今天的“经济论坛”稿要提出表扬。

金观平文章《恒大个案不影响房地产市场正常融资》，是财金部郭子源同志撰写的。该文紧扣热点，分析透彻，说服力强，有理有据回应社会关切，有力有度引导社会舆论，是一篇站位高、质量好、分量重的经济时评。

恒大事件不断发酵，引发国内外高度关注。财金部主动作为，深入研判，稿件经徐立京和杨国民等同志精心修改打磨，昨晚10时许即编发客户端，率先在新媒体传播，今天又在1版安排推出，宣传效果是相当不错的。

对恒大，一年前我们的报道即已有所警醒。去年底，“忠阳车评”个人专栏刊发《恒大“盖楼式”造车靠谱吗》，对恒大造车发出严重疑问，受到业界热评。当时，恒大一位副总裁紧急飞来北京，到报社反复跟我解释：他们造车是“认真的”，并一遍遍表示2021年年中即可量产上市。结果呢？上周五深夜，恒大汽车突发公告，发行9亿股份，每股3港元套现27亿港元，导致恒大汽车股价暴跌……

这篇专栏稿，荣获2020年度中国新闻奖评论类三等奖。作为编辑的徐涵同志微信说：“杨忠阳一年前的这篇报道该得一等奖！”在我看来，即使不得这个奖，我们报道的价值也已经得到了充分体现，称得上“铁肩担道义，辣手著文章”！

问渠哪得清如许，为有源头活水来。早起看了融合推广第17期周报，其中的分析很是到位：优质原创内容是永远的刚需。生产优质内容并广泛传播，是媒体人的初心，也是媒体人的核心竞争力。持之以恒，久久为功，经济日报的传播力引导力影响力公信力必定会大大增强。

郭言文章已小有影响

2021年12月6日 · 星期一

中央经济工作会议召开在即。为预热这个会，我们今天起推出“2021 · 中国经济印象”系列述评，系统梳理一年来相关领域的改革进程，展现经济发展的亮点成效。陈果静、曾金华同志采写的《准，科学精准实施宏观调控》，内容比较扎实，分量是够的。希望这套报道后面的几篇继续保持高水准。

国务院新闻办近日发表了《中国的民主》白皮书。按照要求，国际部积极组织撰写郭言文章，今天刊出《民主之光照耀中华大地》。作为对美西方舆论斗争的一个方面军，我们发挥了中央党报的应有作用。从年初到现在，郭言文章发了几十篇，可以说已小有影响，不仅在国内得到好评，在海外媒体上也时有转发。这两天，陈学慧同志报告：“郭言”出口了！说是一篇郭言文章，居然成为南非民主独立党主席安瓦尔 · 亚当斯署名文章的主要内容，被大段大段地引用和改写。这种现象说明，我们的报道关注的人多了，受到读者重视了，也证明了我们报道具有的价值和影响力。

郭言文章的作者主要由两部分组成，一部分是国际部采编人员，另一部分是驻外记者。据介绍，驻外人员写评论积极性挺高，尤其是看到报道经大力推广、产生很好传播效果后，大家对新闻业务的追求更为强烈。虽然人不多，尤其是因为外交缘故，美国和日本已无本报驻站记者，但我们的国际报道特别是国际时评，还是保证了一定的数量，质量也比较好。这进一步说明，充分发挥好这支队伍的特殊作用，不仅十分重要，也十分必要。请国际部继续做好这项工作。

各版言论评论精彩纷呈

2021年12月7日 · 星期二

前几天，李克强总理在视频会见国际货币基金组织总裁时表示，将适时降准。这引起人们对“适时”的猜测。

央行昨天决定，自12月15日起下调金融机构存款准备金率0.5个百分点，将释放长期资金约1.2万亿元。对此，财金部陈果静同志当即出了微博热评，并撰写金观平文章《降准有力支持实体经济》。此文分析精准，内容扎实，引导力强，体现了对重大经济问题、经济热点的理解和观察。

连俊同志的“国际经济观察”稿《美联储表态对市场影响不大》，与这篇金观平文章有相互映衬之效。针对美联储主席鲍威尔称考虑提前结束购债计划，认为虽让市场感到意外，但实质性影响不大。这对于我们了解当前美国乃至国际经济走势还是有帮助、有启发的。

今天，乔金亮同志《本轮猪周期拐点尚未到来》、佘颖同志《是“入乡随俗”还是“双标”》、于泳同志《外资险企频频落子看中啥》、余健同志《谨防歪心思扰乱营商环境》等言论评论各有特色，观点新颖，态度鲜明，有冲击力和吸引力，让报道和版面都多了活力，增了分量，添了色彩。

深圳站杨阳腾同志又出长篇调查《架起工业互联网这座桥》。今年以来，这样的深度调研已有多篇，虽然采写辛苦、投入很大，但他乐此不疲，乐在其中。真是个优秀的驻站记者，称职的新闻人，合格的站长！

"数据"版如期完成百期目标

2021年12月8日·星期三

今天的金观平文章《资本市场双向开放不会改变》写得好，保持了"经济论坛"专栏稿的高水准。

由李华林同志撰写的这篇时评围绕美国证监会公布《外国公司问责法》实施细则，滴滴等个别企业宣布启动自美退市工作，指出我国资本市场坚持改革开放合作的原则从未改变，强调中美两国应互相尊重、务实互信、加强对话，为促进全球金融市场稳定发展作出贡献和表率。文章层次清楚，论述精当，把握准确，刊发的时机也好，还是很带劲、很给力的。

生态版刊发《当污水处理厂喝上"啤酒"》一稿文题都不错。报道的事不大，但写作讲究，以小博大，很是用心。一贯讲究稿件质量的刘成同志昨天报告说，两周前《瓷兴：小颗粒里有大洞天》"企业"版见报后，给这家企业带去不少客户，不少人去参观学习，招聘技术人才也更好招了，还有的地方政府专程跑去招商。刘成同志感慨道："这说明咱们经济日报的报道越来越有影响力了，也说明用心写出好稿子，确实能带来较好的社会和经济效益。我们对写好稿子更有干劲了。"

昨天，王智同志跟我说，总编室"数据"版至今已办100期了，打算开个专题研讨会，小结成绩，查找不足，改进创新。我看很有必要。年初提出与京东合作推出"数据"版，并提出争取年内出100块版的目标，心里并没有十足把握。大家也是将信将疑，没啥信心。没想到，经过同志们的不懈努力，数据团队艰辛探索，砥砺前行，创新实践，如期完成了这一看似不可能完成的任务。真是要给同志们点赞！

牵头负责这项工作的胡文鹏同志说得好："从0到100，从遥不可及到目标已达，再次让我们明白了一个道理：路再远，行则将至；事再难，做则必成！"

为报社事业尽心竭力成共同追求

2021年12月9日 · 星期四

看到同志们的刻苦与进步是十分欣慰的。昨天金观平文章《资本市场双向开放不会改变》，是财金部李华林同志撰写的，今天的金观平文章《指数调整折射中国经济之变》也是她操刀的。

对年轻记者来说，能写出一篇接一篇的“经济论坛”稿，且表现出较高水准，是一件不那么容易的事，不仅要有积淀，更重要的是不懈的付出，持之以恒的学习和对新闻业务的坚守。一年多来，越来越多的同志在高标准、严要求、大强度的锻炼中迅速成长成才，挑起了采编工作大梁，既成就了报社，也成就着自己。这种良性循环局面是我们打心眼里乐于见到的。

为报社事业尽心竭力，正成为经济报人的共同价值追求。“粮食大事”专栏作者，产经部刘慧同志稿件写得得心应手，在粮食领域影响力日甚。这篇《粮食“十八连丰”仍有潜力可挖》观点鲜明，内容扎实，体现出对粮食问题的深层次思考。

难能可贵的在于，刘慧同志利用多年采访积累的资源，积极推介报纸促发行。昨天，她报告说，经过努力，中储粮集团公司决定明年订购1000份报纸，国家粮食局机关也定了50多份。她还为没能拿到更多发行数感到有点不甘呢！

有了微信，大大方便了沟通与交流，经常可以读到同事们发来的意见建议和收获体会。国际部禹洋同志近日跟调研组赴内蒙古鄂尔多斯调研，感触很深：“此次调研下矿井、穿沙海，在采访的同时兼顾视频的策划、拍摄和剪辑，从一开始的略显生涩到后来创意‘火花乱冒’，深刻体会到深度调研采访对记者的锻炼和重要性，真切感受到调研对个人能力的提升，也更加体会到做一个优秀的融媒体记者，不容易。”

采编部门同样需要提升“两性”“两力”

2021年12月10日 · 星期五

今天隆重推出编辑部文章《坚定不移以新发展理念引领新征程》，对一年来的经济工作进行梳理和总结。

此文是为中央经济工作会议做铺垫的。早在十多天前，徐立京同志和协调部就已作出精心安排，计划了3套稿件，一是编辑部文章，二是一套系列述评，三是一篇深度报道。至今天，除一篇反映市场主体繁荣发展的通讯外，编辑部文章和一组5篇“2021，中国经济印象”系列述评均已按计划见报。这些稿件虽远称不上尽善尽美，但特色鲜明，内容、分量和水准都是可以的，达到了预期的效果。

也是在十多天前，国际部就针对中国入世20周年提出报道计划，定于今天刊发一篇重头报道。现在，袁勇同志采写的《入世二十年：中国与世界共赢》如期见报，对国内外普遍关注的三个问题“入世给中国带来什么、中国入世给世界带来什么、中国履行入世承诺了吗”进行了正面回应，用无可辩驳的事实告诉人们，中国入世推动中国与世界实现了共赢。

增强主动性、计划性，提高执行力、学习力，是我们一年来的工作要求，也是想通过开展“质量提升年”活动达到的具体目标。此前更多是针对行政后勤部门而言的，事实上，对各采编部门，对驻地机构，对各项工作、各项任务来说，同样适用。从实际情况看，做到了“两性”“两力”，工作就能够突出重点、有序推进，就能够稳扎稳打、有力有效，就能够日清日新、月清月高。反之，则会手忙脚乱，缺少章法，那真叫脚踩西瓜皮，滑到哪里算哪里，工作不可能取得理想成效，也是跟不上报社发展步伐的。

理论宣传要做出水平、特色、影响力

2021年12月11日 · 星期六

昨天结束的中央经济工作会议，对明年经济工作定了调。特别是习近平总书记发表重要讲话，聚焦进入新发展阶段后出现的重大理论和实践问题，就实现共同富裕的战略目标和实践途径、资本的特性和行为规律、初级产品供给保障、防范化解重大风险、碳达峰碳中和等作了深刻阐述。现场聆听，有如醍醐灌顶、茅塞顿开，深切体会到总书记为我们厘清了思路、指明了方向，可谓精准导航。

今天见报的《努力实现质的稳步提升、量的合理增长》从总体上对会议内容进行评点，突出强调明年经济工作要稳字当头、稳中求进，与会议消息稿配发，起到了较好的解读作用，履行了经济日报应尽的职责。

季正聚、齐东向同志已作出安排，针对习近平总书记深刻阐述的问题逐一撰写系列评论，从明天起陆续刊发。昨晚，徐立京同志也拟定了一组6篇金观平文章，并安排采编人员抓紧撰写。目的就是要帮助人们更好地学习贯彻习近平总书记的重要讲话，更好地理解和把握中央经济工作会议精神。

评论理论部牛瑾同志起草的编辑部文章《坚定不移以新发展理念引领新征程》昨天刊发后，产生了不错的宣传效果，尤其是经过推广办同志们的大力推介，传播力大增。“学习强国”阅读量达233万。据王智同志通报，微博阅读过亿。让人没想到的是，这样篇幅、这种内容的文章居然还被“微博热搜”榜置顶了！

看来，加大理论宣传，强化评论立报，不仅十分必要，也有客观需求。关键还在于我们能不能做出水平，做出特色，做出影响力。

我们的“无价之宝”与“力量之源”

2021年12月12日 · 星期日

今天这篇金观平文章是不错的。《物价不具备大幅上涨基础》围绕11月份CPI涨幅较大、社会关注度高的经济热点，作出有说服力的判断，在全球高通胀大背景下，凸显我国经济的平稳健康发展、物价总体可控，有针对性地引导了舆论，字正腔圆地唱响了中国经济光明论。

不仅如此，从选题、内容、表达、文字以及标题来看，此文也适合在“经济论坛”专栏刊发。由于是代表本报发声的，因此，应当具有较高的水准和质量。金观平文章至今已发大约上百篇了，不知有没有哪位愿意做一次统计、分析和研究，也许可以为我们提供一些共性的启示，说不定，还能做出篇有意义、有分量、有参考价值的新闻论文呢。

这一段时期，驻地记者发稿量明显加大，在提高报纸质量，增加报道深度、广度和靓度方面作用日益突出。今天的“关注”版组稿《退捕渔民端起新饭碗》和“消费”“生态”“文旅”以及“国际副刊”都是国内外驻站记者的主打稿件，可谓琳琅满目。新闻版也在尽最大努力编发地方稿件，尽可能为冲刺中的发行工作助把力。

昨晚，夜已深，北风呼啸。深圳站杨阳腾同志微信报告：“截至9日，深圳已超额完成市委下达发行数，达到报社目标进度89.8%，争取第一个完成发行任务，正在落实驻地工作会议精神、为报社多做贡献的路上努力奔跑！”闻之，天寒心暖，倦意全消。

事实上，这个第一已被宁波站郁进东同志抢了先。在我看来，能不能得第一不那么重要，重要的是同志们表现出来的那种为报社尽心竭力、乐于为集体倾情奉献的责任心与荣誉感，远比发行数更为珍贵，也更值得敬佩。这是我们攻坚克难的无价之宝，更是我们迎难而上的力量之源！

下大力气做好经济领域专业性报道

2021年12月13日 · 星期一

今天，我们加“编者按”隆重推出《煤炭问题调查》。

煤炭问题是个老话题，这些年被称为夕阳产业，渐渐消失在人们视野中。让人意想不到的是，2021年这场能源供需博弈，让煤炭做了主角，重新成为舆论焦点。

两个多月前，在广东调研时，东莞市委书记就向我反映，拉闸限电问题日益加重，当地很多企业停产半停产，对经济影响不小。回京后，看了一些材料，觉得问题不可忽视。贵州等记者站专门提出建议，对煤电问题进行调研。随后，即布置徐涵同志和产经部着手开展工作。

经过近两个月的调研采访，反复打磨，在头版头条位置突出刊发。这个报道，虽没能在问题最热时推出，但仍有其价值和意义。特别是对煤炭产业进行了深入思考，从国家安全和经济发展大局出发，剖析和探讨了“双碳”战略下煤炭业的出路，把这个特殊的产业弄透彻、说清楚、讲明白了，对于人们认识和理解能源安全问题是很有帮助的。

这个报道是我们行业产业调研报道的开启之作、探索之作，拓展了调研报道的领域。一年来，我们以地方为对象，有了“习近平经济思想调研记”；以企业为对象，有了“牢记总书记的嘱托 · 企业调研记”；现在，我们增加产业行业深度调研，从而形成深度调研报道矩阵，不仅丰富了报道，也使报道的张力得到大大增强。在我看来，经济日报就应该下大力气在企业、行业等经济领域开展深入调查，做专业性报道。这是我们的职责，也是出路所在。

我问，接下来是不是可以做个“耕地问题调查”？徐涵同志回答道：今天就讨论调研方案。

这样的执行力，没的说！

牢牢把握好“稳中求进”总基调

2021年12月14日 · 星期二

用核能取暖行不行，好不好，安全不安全？11月9日，山东率先实行核能供暖，引起社会关注。今天，“调查”版刊发山东站王金虎同志的《“零碳”供暖咋实现》，对这些问题作出了回答。记者围绕海阳率先实现核能供暖全城覆盖，走进居民家中亲身体验，带来第一手见闻。此稿新闻性、可读性强，比一般的工作调查好很多，是质量较高的调研报道，反映出记者深入了下去，是接了地气、体现“四力”的。

连俊同志的《通胀问题让美国头疼》、乔金亮同志的《入世20年农业经验值得总结》两篇个人专栏文章，视野开阔，观察细致，思考有深度，读完有启发，对于我们认识美国经济、了解中国农业都起到很好的参考作用。这样的专栏文章是过硬的，体现了专栏作者的稳健、扎实、可持续，显示出稳中求进的特点。

说到稳中求进,这次中央经济工作会议专门把稳中求进总结为党和国家工作的一条重要经验，并确定为明年经济工作的总基调。在我看来，这对我们做好各项工作都是有十分重要的指导意义的。事实上，这一年多来，我们也是始终坚持了稳中求进的原则的，从中也尝到了甜头，得到了实惠，见到了成效。

昨天，徐立京同志提出，新媒体内容推广也要稳扎稳打、稳中求进。这样的认识是对的。新媒体是双刃剑，具有很强的放大效应，运用得好，可以迅速提高影响力；反之，也会带来巨大的负面效应。因此，扬长避短、趋利避害就成为我们工作的一个重要考量。而稳中求进也应该成为我们明年工作的重要准则，需要我们一如既往地认真遵循、牢牢把握。

同志们的敬业奉献精神令人感佩

2021年12月15日·星期三

“理论”版今天刊发了中国社科院副院长高培勇同志的文章《市场主体：一个被全新定义的超高频词汇》，文风活泼，举重若轻，把本属枯燥、难读的理论问题讲得轻松、耐读，值得学习借鉴。

今天的两个专栏也不错。佘颖同志《如何避免下一杯过期咖啡》、亢舒同志《促进房地产业良性循环健康发展》，分别围绕市场热点和产业焦点深入剖析，前者泼辣洒脱，后者敦厚稳重，都有较高水准。令人欣慰的是，佘颖同志依然保持自身特点，而文字更加严谨周密，真的是在风雨里成长、磨砺中进步了。

这一段时间，临近年底事情多，大伙儿都挺忙。正值白班的季正聚同志，少有九点前离开报社的。值夜班的徐立京同志，每天下午就早早来报社开会、办公。评论理论部齐东向同志为办好习近平经济思想研究征文活动，亦是多次加班到后半夜。不少部门负责人也是经常九十点钟才离开报社。同志们那种愿为报社发展添砖加瓦的敬业奉献精神，令人感佩，催人奋进。

昨天，陈学慧同志报告，华能集团明年继续订阅经济日报500份，协议已办好了。财金部郭子源同志发来微信，说这一阵做了些工作，增订本报1107份，感到很是自豪。她还说，今年这项工作做得有点晚了，明年早动手，还应该有更好的成绩！

有这样的同志，有这样的状态，有这样的氛围，报社焉能不好？工作怎能不取得进展和成效？和这样的同事共事，幸莫大焉；与这些人同行，怎可懈怠？

报社好，大家才更好！

2021年12月16日·星期四

今天“能源广角”推出《莫让新基建变成“吃电”大户》，是新开个人专栏的王轶辰同志撰写的。文章告诉人们，随着数字经济快速发展，数字基础设施日益成为“吃电”大户。新基建如果迈不过“能耗”这道坎，既不利于“双碳”目标如期达成，也会使综合效益大打折扣。在全社会大力推进数字经济大背景下，发出这样的警示，其作用是不言自明的，反映了记者的眼光和思考，显示出年轻人的锐气和朝气。

刘慧同志“粮食大事”专栏《保障粮食安全不能只盯着主产区》，突出强调保障粮食安全，既要算经济账，更要算政治账，各地务必要稳字当头、稳中求进，共同担负起保障粮食安全的重任。文章分量足，针对性是强的，提醒很必要。电梯里见到刘慧同志，又给她布置了个题目：粮食的进出口问题。希望能早日见到这个报道。

昨天下午，中国记协换届大会开幕，习近平总书记亲切会见与会代表并合影留念。作为理事候选人的总编室胡文鹏同志感触良多：感谢编委会提供了经世面、长见识、增本领的机会，真切感受到“平台好，大家才好，报社好，大家才更好！”合影时站在总书记总理身后的朱磊同志事后讲，很遗憾没能跟总书记说上话，介绍几句报社情况。

徐立京同志昨天报告，《煤炭问题调查》一稿经推广，总阅读量1.25亿，登上头条热榜第一位，在榜时间持续12小时。这进一步说明，优质内容+有效推广，能取得很好的到达率和影响力。这也再次说明，坚持内容为王，提高报道质量，是必须咬定不放的事情。对此，我们丝毫不可动摇。

全员行动 抓实发行

2021年12月17日 · 星期五

昨晚，签发了给天津站的贺信，祝贺他们2022年度发行数实现22956份，完成今年1月份发行进度的106%，也感谢武自然同志和记者站同志们的艰苦付出。

转过年一开春，自然同志就要荣休了，他跟我说过，要站好最后一班岗。他用行动履行了诺言，令人尊敬。将与自然同志同时退休的安徽记者站白海星同志也表示，坚决站好最后一班岗，做好最后一次发行工作，请编委会放心！

近期，各站都在全员行动，抓实发行。苏大鹏同志刚才报告说，黑龙江省佳木斯市委宣传部长说，在完成省委订阅任务基础上，加订500份。这位部长还一再讲："经济日报好看，思想性强，特别是调研文章。"

前两天，"消费"版刊发《浪漫之城闻"潮"味》，大连市委高度重视，要求全市各主要媒体、各区市县等各级单位融媒体矩阵转发。大鹏同志说，多位市领导表示："经济日报今年来推出贯彻落实习总书记经济思想的调研报道、理论文章水平高，内容非常深刻，值得收集学习。能在经济日报刊发大连的大篇幅报道深感荣幸，将不折不扣完成经济日报总社制订的发行任务。"

记者部徐晓燕同志一上班就微信说："近20天来，联系了银行系统、政府部门、军工及互联网企业，推荐咱们报纸，截至昨天收订400份，已发来订单的超350份。"她说，这是她第一次参与发行，碰到困难不少，但也收获不小！

细心的徐晓燕同志还总结出了"三多"："现在基层愿意订党报的人很多、愿意通过党报平台发声的人很多，实体机构以及新业态企业可开拓的也很多。"她说，以后要继续努力，为报社做贡献！

什么叫举报抓发行？什么叫全员抓发行？我看这就是。

“两手抓”有成效有影响

2021年12月18日 · 星期六

经过这一年的努力，习近平经济思想的学习宣传和研究工作逐步收到成效，为期半年的征文活动告一段落，与地方联合举办研讨活动也渐次展开。虽然国内疫情仍比较严重，但我们还是带着多位领导和专家赶赴济南，与山东省委宣传部、山东省习近平新时代中国特色社会主义思想研究中心联合举办学习贯彻习近平经济思想研讨会。

我们与山东合办这个活动规格高，省委书记李干杰将出席并发表长篇致辞，十多位部级领导参加会议。会议的水准高，与会研讨的专家都是国内马克思主义政治经济学的顶尖学者、业内大咖。大家相见时都说今天的这个会议分量重、层次高，有点出人意料。

事非经过不知难。这一年来，我们采取有力措施，同志们艰辛付出，下大力气加强习近平经济思想的学理化研究和实践成就宣传，花大功夫打造习近平经济思想宣传高地。现在看来，效果不错，是超出预期的。

一方面，我们立足“学”与“思”，开设专栏约请有关领导和知名专家撰文，启动征文活动，来稿多达数百上千篇；另一方面，我们立足“践”与“悟”，开展调研行，各位编委和部主任带领业务骨干在全国范围进行深度调研，推出了近二十套重磅调研报道，引发社会广泛关注。

在我看来，我们这“两手抓”，之所以有成效、有影响，关键在于开门办报、借力用力，发挥了组织者和平台的作用。事实上，我们也唯有敞开胸怀，组织、吸引、调动各方面的优势为我所用，才能达到预期目标。这一点，应该成为我们工作的一个重要遵循。

忙碌而充实的一天

2021年12月19日·星期日

中央经济工作会议后，我们推出多套报道，多种方式解读，帮助人们加深理解和认识。特别是评论理论部的一套评论，对五个理论与实践问题，逐一进行阐释，产生了很好的宣传效果。

今天这篇金观平文章《防范化解重大风险要"精准拆弹"》，进一步细化视角深挖一层。作者祝惠春同志围绕经济热点难点问题的论述是精当的，分析也比较到位，反映出对会议精神的准确把握。看来，"经济论坛"专栏还可多组织几篇文章，继续对一系列重点问题作出回应。

黄鑫同志采写的林毅夫先生专访也不错。内容大家关心，对数字经济的发展现状和趋势进行探讨，给人以启发。这样高层次的专访，对我们来讲是很有必要的。经济热点+知名人士+深入访谈，报道自然有价值、有分量，是应该下功夫经营的。

学习贯彻习近平经济思想研讨会昨天顺利举办，征文评选结果也正式揭晓，获奖者名单受到高度关注，体现出高站位、高水准，效果超出预期。为报道好会议，季正聚同志带着多名同志编辑审阅稿件至深夜，徐立京同志领着夜班又是一番忙碌，直到凌晨五点，四个"特别报道"版称得上是浓墨重彩。

忙碌的一天，也是充实的一天。前后方的同志们（包括多名记者站站长）不惧疲劳，迎难而上，展示出经济日报应有的水平和作风，为我们2021年的这个重要活动画上了圆满句号。谨向同志们表示敬意和感谢！

今年深调活动画上圆满句号

2021年12月20日 · 星期一

今天1版的“三件套”分量是重的，夜班安排得也比较用心，在没有重要时政新闻和规定性报道的情况下，体现出本报1版的风格特点。全版共5篇稿件，既有重要的经济新闻和来自地方的报道，也有“经济论坛”重点评论《加强监管防止资本野蛮生长》和重点评述《对外开放激活服务贸易新动能》，特别是有“践行习近平经济思想调研行”这样的重磅调研报道。1版可谓内外兼修、图文并茂、丰富多彩，有关编辑特别是总编室的同志们，不妨好好琢磨体会。

张曙红同志领衔的调研报道《宜昌蝶变》，经过一个多月反复修改，今天闪亮登场。这篇重磅稿件，紧紧围绕习近平经济思想，采访扎实深入，点面结合，对地方经济的梳理和勾画是准确的，写出了宜昌的困惑和抉择、突围和出路，加上写作精心，可谓高质量、高水准，为我们2021年习近平经济思想深度调研活动画上了圆满句号。

这一年来，我们刊发深度调研报道近20套，实现了年初目标，达到了超预期效果，有力提升了报道的质量和报纸的水准，一定程度上起到了让同仁刮目相看、读者感到惊奇的作用，也坚定了大家业务精进的信心。这其中，凝聚着各位编委和部门负责同志的心血，凝聚着总部和驻地记者的智慧，也凝聚着编辑们的耕耘与付出。

已到年底，关于河北和内蒙古的调研报道，看来只能下个月推出了。希望调研组的同志们精益求精，争取更好呈现，力争为明年的调研报道开个好头。

1版见报普通群众来信

2021年12月21日 · 星期二

今天，按计划刊发宜昌调研第二套——评论《走好生态优先绿色发展新路子》，“三峡蚁工”致函编辑部《大家都来为长江大保护出力》。在1版见报普通群众来信，体现的是我们以人民为中心的情怀与办报立场。从临沧调研《阿佤新歌》几位佤族老人的来信，到《威武祁连》八步沙林场治沙职工的来信，再到今天这个普通志愿者的来信，展现出我们的视角和重心，让报道更接地气，更有生活气息，也更加生动鲜活起来。

昨晚，推广办的统计数字显示，《宜昌蝶变》万字雄文当天传播不错，主持的微博话题阅读量达2158万，微信阅读量也是10万+。董庆森同志多次发微信，说省委领导点赞报道，地方各媒体广为转发，产生的效果、形成的影响令人振奋，也有力促进湖北站工作，表示一定早日完成发行任务。

今天“经世言”专栏刊发《非洲不是临期疫苗“处理站”》，有说服力，也有战斗性。国际部报告，自这个专栏今年开办以来，已刊发言论132篇。有人问，这样的文章外国人看不见，能达到预期效果吗？陈学慧同志的回答是：一方面可影响国际舆论，有多篇报道被境外媒体转发转载；更重要的方面还在于为统一国内民众思想，发挥主流舆论应有作用，履行中央党报应尽之责，让人们更全面、更深入地了解美西方的倒行逆施。我看这个回答是在理的，也是符合实际的。

乔金亮同志“三农瞭望”专栏开办已满一年，这篇《赋予农民更多财产权利》也有水准。评论委员会明天要给他办业务研讨，我想到会说几句，期待我们的12个个人专栏越来越有特色，越来越有影响，越来越体现高质量。

重点调研报道阅读量1亿起步

2021年12月22日 · 星期三

今天，出湖北省委书记专访《加快建成中部地区崛起重要战略支点》，为宜昌调研收官。《宜昌蝶变》稿见报一天半，全网累计阅读量达到1.39亿。这与年初几百万的阅读量、影响力，真的不可同日而语。

现在看，我们的重点调研报道阅读量已是1亿起步，像《威武祁连》那样的超3亿也是可以努力争取的。

佘颖同志《“童话大王”能否被找回》、亢舒同志《长租房市场将迎快速发展期》内容扎实，质量稳定，成为版面上的硬通货。昨晚看到总编室报来专栏作者们的新版头，不知是不是美了颜，摄影师拍出来的这拨人，显得很年轻，很帅气，称得上是俊男靓女。元旦起，在客户端和报纸版面上呈现，应该是能让人耳目一新的。期待这支12人的突击队，明年能取得更大成绩。

评论立报不仅体现在专栏上，各部门也都做出了贡献。昨天，国际部对今年来发的评论做了统计，结果令人惊讶。截至12月20日，国际部（含驻外记者）总计原创见报评论达379篇，包括“国际经济观察”44篇、“外企微观察”31篇、“经世言”132篇、“丝路新语”8篇、“世经述评”88篇、“经济论坛”3篇、评论员文章28篇、“郭言”特稿45篇。一年前，大伙相信国际部能出这么多的评论言论吗？

今天3版的评论《莫理几个“苍蝇”嗡嗡叫》，时效性针对性强，还是不错的，但标题中的“几个苍蝇”，改成“几只苍蝇”似更规范。

确保安全顺利完成全年任务

2021年12月23日 · 星期四

今天头条《一点五亿市场主体的分量》有分量。

此稿是中央经济工作会议前布置的，一直没机会出。产经部顾阳和综采部佘颖同志合作采写的这篇报道，抓住重大经济新闻进行聚焦，指出市场主体发展快不仅为7亿多人就业提供了最直接、最有力支撑，也是我们稳住经济基本盘的底气和韧性所在，用事实反映出中国经济稳中向好、稳中有进的态势，给人们以信心，满满的正能量。

刘慧同志《农机购置补贴不是"唐僧肉"》和王轶辰同志《别让屋顶光伏"馅饼"变"陷阱"》两篇专栏稿不错，说的都是领域内的热点问题和难点问题，社会关注度高。稿件以问题为导向，对存在问题正面回应，发声及时，引导舆论力度是够的。这样的选题思路，也是专栏写作中比较切合实际和需要的。

昨天下午，第十八次评论委员会给"三农瞭望"个人专栏开业务研讨会。乔金亮同志的一番话给人留下深刻印象。他说，始终相信专栏的经营是个长跑，考验的是耐力和坚持，需要的是专业和厚度，自然也相信长跑所要经历的舒适区、焦灼区、咬牙区也适用于主持专栏。他还说，专栏倒逼我们形成一种思考的习惯，会让职业生涯长久受益。现在让我的专栏停笔止步，不甘也不愿。编委会把宝贵的版面交给我，自当全力经营好，不负报社的信任和重托！这些话语很朴素，是真诚真心的流露，折射出我们的同志对党的忠诚，对报社的感恩，对事业的追求。

年底了，工作量大增，既是出成果的时候，也是容易出问题的时候。所以，有必要提醒大家，严肃管理、严格要求、严防差错，确保安全顺利完成全年任务，迎接2022年的到来。

报道丰富多彩 可读性明显增强

2021年12月24日 · 星期五

顾阳同志专栏稿《准确把握基建投资适度超前》写得好。

作为去年最早开专栏的顾阳同志，稿件写得越来越老练。经过一年多的高压和磨练，“每周经济观察”专栏日益显出实力，不仅选题有前瞻性，文字也更加凝练，是比一年前有明显进步的。今天的这篇讲的问题十分重要，强调要避免以“适度超前”的名义一哄而上，提醒各地基建投资要坚持量力而行、尽力而为。这样的提示很及时、警醒很必要，选题和立意都是值得其他专栏学习借鉴的。

佘惠敏同志撰写的金观平文章《科技伦理治理让创新更有温度》，说的也是个重大问题，明确提出，科技向善可以让科技创新更有温度和力度，让生活变得更美好。这种视角，把住了科技发展脉络，体现了中央对科技伦理治理问题的政策要求，也体现出作者对重大问题的稳妥把握，其站位和高度是与“经济论坛”这个专栏相匹配的。

此外，今天的《逐步构建生育友好型社会》《处置福岛核污染水不是日本私事》《“掘金”中国市场须加强本土化》《新茶饮竞争蔓延至元宇宙》《立法会首挂国徽强化国民意识》等稿件，视野开阔，观察细致，分析深入，都是热点时评，使报道丰富多彩，可读性得到明显增强。

昨晚，夜班集中对版面标题的字体和字号做了规整，以解决时大时小、时轻时重、不够协调的问题。请各部门、各版面的编辑们参照执行，注意统筹把握。

财经领域和资本市场报道大为改观

2021年12月25日 · 星期六

今天的金观平文章《支持企业依法依规境外上市》要多说几句。

证监会昨天公布两个有关文件的征求意见稿，旨在完善企业境外上市监管制度。市场广泛关注，尤其是在近期中概股股价大跌、各方担忧加剧背景下出台新规，境内外莫不屏息观察。对热点舆情引导，原安排是，由另一家大报当天出一篇引导文章全媒体转发，经济日报今天出自稿。照此要求，财金部即行撰稿，并完成送审待发。

晚9点半，总编室报告，接电话通知：请将你社审定稿即发新媒体。这与原计划不符，王智同志又专门请示确认，回复是兄弟媒体的那篇文章不理想，证监会对本报这篇更为满意。于是，祝惠春同志起草的这篇评论迅即全媒体播发，被广泛转发传播，起到了有力引导舆论的作用。

今年以来，财金部紧抓新闻热点、及时作出回应，出了多篇有质量、有影响的报道，受到各方的好评。这说明杨国民同志及其团队工作是投入的，是下了大功夫的，业务能力和工作成效有明显提高。特别是精神状态日好，进取意识渐强，一批年轻同志在快速成长，逐渐挑起大梁，使得财经领域和资本市场的报道面貌有了大的改观。

面对取得的可喜进步，我们要保持清醒头脑，努力做到万无一失，防止一失万无。对于上级领导机关指示和要求，必须坚决遵守，不折不扣执行。同时，要严格请示报告制度，严守各项纪律规矩。对此，不仅财金部要做到，其他各部门、各单位、各驻地机构的全体同志都应时刻牢记在心，党员干部更应身先士卒做表率，把意识形态工作责任制落地落实。

感谢老领导鼎力相助

2021年12月26日 · 星期日

大家一定注意到了，今天断版刊发的“习近平经济思想研究”征文，是傅华同志的大作。

作为老领导，傅总对经济日报的支持与帮助是全方位的，对报社和同志们也十分关心关照。得知我们举办这个征文，他表示积极支持，并用实际行动站台赋能，百忙中笔耕不辍，实在让人敬重。《认识理解习近平经济思想的五大鲜明特征——论“美、实、效、协、共”》煌煌五六千言，一以贯之地体现其深厚的理论功底和丰富学养，读来不仅收获大，而且很亲切。真心感谢老领导的鼎力相助。

对中央经济工作会议精神的宣传阐述，正在不断深化。白班调度安排，这几天的金观平文章力度未减，分量仍重。熊丽同志撰写的《把牢稳中求进总基调》，经季正聚同志修改后，更显准确，对稳与进的关系论述也更为全面。文尾引用两句话很是贴题，也很提气：“纷繁世事多元应，击鼓催征稳驭舟。”

徐立京同志报告说，昨天见报的金观平文章《支持企业依法依规境外上市》全网传播量超1.3亿，收到很好的宣传效果。千字文如此，万字雄文也表现出色。《宜昌蝶变》全网传播超1.4亿，仅学习强国平台就收获1433万阅读量和35.7万点赞量。这进一步说明，长短并不起决定作用，关键还是要有高质量！

前几天，我们在知乎开设“2021年度十大经济热词”专题，上线浏览量已近3000万人次。在年轻用户较多的这个平台开设年终盘点专题，传达的是一种更有温度的互动态度，让经济议题更易理解和被记忆。我看，这种尝试是有意义的，应予肯定，要不断积累经验，实现稳中求进。

“减量化改革、高质量发展”得到很好贯彻

2021年12月27日 · 星期一

翻开报纸，看到报道分量重了。尤其是产业、行业报道，明显有了厚度和深度。像1版《5G成经济增长新引擎》、2版《资本市场厚植创新创业沃土》、6版《中国汽车走出漂亮上升线》、7版《全面注册制改革稳步推进》、8版《手机银行迎来新一轮升级》《“姜你军”风光不再，姜农影响几何》等，可读性是比较强的。一度出现的那种可发可不发、轻飘飘空洞洞的稿件，现在很难在版面上见到。这说明，“减量化改革、高质量发展”理念得到了很好贯彻和充分体现。

事实上，这种变化也与采编机制调整密切相关，特别是我们在一定范围推行采编一体，由采访部门负责部分版面。如此，为提升版面水准用心的人多了，由原来的一个部门使劲，变为多部门使劲，不仅工作效率得到提高，采编效果也是越来越明显的。

年底了，各部门各块版都在自行策划年终报道。像国际部“2021·疫情中的世界经济”系列述评就很有看点，比一年前的年终报道是有可喜进步的，稿件质量提高是显而易见的。现在看，采编理念上的改变和机制上的调整，是切合报社实际的，可以调动积极性、挖掘生产力，也是受到大家欢迎的。明年，我们要进一步完善有关政策措施，继续坚持做下去。

发行已进入冲刺阶段，到了最关键时刻，每天都与多位站长沟通情况。新闻发展中心的统计数字显示，征订总体进度比去年快，虽然困难不少，进展还是顺利的。希望同志们利用最后这几天，咬牙再多做些工作，一定能实现预期目标，为明年报社的发展奠定坚实基础和有利条件。

“三驾马车”拉动，在新闻竞争中打天下

2021年12月28日 · 星期二

“牢记总书记的嘱托 · 企业调研记”今天再推万字雄文《正泰正青春》。

徐立京同志带队的这个调研，采访了一周，此后经一个多月写、改、编、审，闪亮登场。企业选得好，主题挖掘深，调研扎实，写作精心，是一篇质量好、水准高的企业稿，给我们2021年的企业调研报道画上了圆满句号。

我和编委们交流时提出，这样的企业调研报道，力争每月出一两个，全年20个，影响就会产生，效果也将逐渐显现。它与地方深度调研相互映衬，加上刚刚开启的产业行业深度调研，形成“三驾马车”，拉动经济日报深度调研报道这辆战车，在新闻竞争中打天下，相信是可以带来冲击和变化的。

乔金亮同志撰写的金观平文章《守住不发生规模性返贫底线》分量很足，是在参加中央农村工作会议的张曙红同志指导下完成的。文章围绕总书记念兹在兹的重大问题，对“国之大者”进行阐述分析，站位是够的。

今天报纸看点多。连俊同志《世界经济“痛”中前行》、乔金亮同志《守好“菜篮子”要有“金扁担”》、黄鑫同志《折叠屏手机为啥火了》、温济聪同志《企业重组不仅“在一起”更应“成一家”》以及外稿《推进屋顶光伏开发切忌大呼隆》等，视野独特，观点鲜明，显示出采编各环节一心一意提高报道质量的可喜状态。

三版新开专栏“民生谈”，首发总编室郭存举同志《小区物业费为何难收》，谈的是个说大不大、说小不小的老话题，也是经济日报应该关注的，写得不错。这个专栏，要与“经世言”互补，旨在让“综合”版有亮点、有看头，而不能完全成了规定动作的集散地。

事业蒸蒸日上，经济报人显担当

2021年12月29日 · 星期三

年底了，各部门都在回顾总结，各版面也忙着做盘点报道。今天“消费”版头条《国内消费市场向阳而生》不错，标题很提气、很带劲，说明采编人员是用了心的。“关注”和“产经”“财金”等版，均有亮眼表现。搞了多年的十大国际经济新闻评选，国际部将很快发布结果，算是为全年报道收官。

昨天，新闻发展中心对工作进行小结，并在行政办公会点评会上做了汇报。听了有两个没想到：（一）截至12月28日，本报2022年发行征订数已超100万份，同志们正在利用最后3天，向新的目标奋力迈进；（二）全年广告实收增长率20%以上，实现逆势翻盘。这两个想不到，从不同侧面反映出工作取得的突出成效和重大进展，反映出同志们付出的艰苦努力。正如驻社纪检监察组所指出的：“经济日报社事业发展呈现出蒸蒸日上的态势”。靠的就是各级领导和社会各界的大力支持，靠的就是每一位经济报人的奉献与担当。

国际部禹洋同志也发来小结说：2021年，只有三四个人经营的海外账号，活跃度和内容覆盖量有明显提升，共推出10万+作品近40条。展望2022，如果能稳字当头、稳中求进，相信定会更上层楼！

一年前，当我们研究拟订发行、经营和报道（包括海外账号）工作目标时，相信不少人还是将信将疑的：这能做到吗？时间给出了答案，数字能说明一切。

刚刚收到李琛奇同志的微信，说甘肃省实订数已超今年1月发行数。他接着说：“最后几天，我会一份一份盯，争取颗粒全部归仓！”

什么叫大局为重，以社为家？什么叫工作第一，事业为上？向琛奇同志和大伙儿致敬！

想+干=成功

2021年12月30日 · 星期四

今天的金观平文章《耕地问题要算明白账》，继续保持“经济论坛”的高站位和高水准。

乔金亮同志撰写的这篇重磅短文，关注的是涉及国家粮食安全的耕地，是经济建设中一个重大问题。习近平总书记近期在六中全会、中央经济工作会上反复强调，全党要时刻把18亿亩耕地红线守住守好，凸显问题的严重性紧迫性。此前，我交代产经部做调研，把这个问题弄明白、研究透、说清楚。这应该是经济日报长期关注、紧盯不放的报道重点。

这几天，郑波同志带着深度调研委员会的同志们在商量，对明年深度调研作出安排。疫情仍在，但调研需有力推进。

对一年来的深调工作，记者部王晋同志有个很好的解读。在她看来，深度调研作用是多方面的：添底气——职责使命的需要：从“践悟”层面打造习近平经济思想宣传高地；接地气——践行“四力”的需要：锤炼采编队伍作风，践行“四力”要求的重要抓手；有神气——提高报道质量的需要：精研稿件、提升报纸质量的手段，改善新闻生产力布局；聚人气——增强报社影响力的需要：擦亮经济日报品牌，扩大影响力的利器；长志气——培养采编队伍的需要：提升采编人员能力水平，“传帮带”的练兵场……

到昨晚，徐立京同志牵头的企业调研记《正泰正青春》，全网阅读量已破1.1亿，再次印证调研报道完全可以1亿起步，其作用和效果正像王晋同志所概括的是“一石多鸟”。期待新的一年，地方、企业、产业行业的深度调研报道组成的“三驾马车”，能跑得越来越快、越来越稳、越来越好。

想+干=成功，等+看=落空。这个等式还是有一定道理的。

难忘的2021，就此别过

2021年12月31日 · 星期五

今天凌晨读到的第一条微信，是上海站李治国同志发来的——

虽然已是深夜，但还是忍不住想汇报一下工作。邮局发来数据，达到32549，超过任务数。

上海市委书记李强下午召集央媒负责人座谈，对我们记者站报道工作非常肯定，感谢推出了一批有思想、有温度、有品质的好作品，并让我转达对报社的感谢……

2021年即将远去，最后的日子还给了我们惊喜。几天前，编委会还期待发行数能历史性地达到107万。想不到，现在已完成110万，为全年工作画上一个大大的惊叹号！

昨天，接二连三收到驻地机构的报告、微信、短信。同志们用行动展示出责任感和战斗力，尤其是站长们高度的主动和自觉，充分反映了经济报人不畏艰难、甘于奉献的精神状态。

湖南站刘麟同志：截至昨日，湖南发行31368份，比省里下达计划超出10368份，全是自然增长数，没动用一分钱集订分送款。这是今年以来办报质量骤升、影响力全面增强在湖南的具体表现。

四川站钟华林同志：四川已超建议数和1月1日发行数，驻地工作会提出“绵阳要增加500份”的要求也已落实，实际增长650份。

江苏站薛海燕同志：我们已完成任务，一切ok。

海南站王伟同志：发行收官，邮局数据11705份，已超额完成去年数，明天还会有增加。

青海站马玉宏同志：发行突破12000份，比1月1日净增1413份。

山西站李红光同志：发行已超1月数和报社建议数。第一年到记者站工作，是不断在困难中解决困难，所有的经历都成为前进的动力。

陕西站张毅同志：发行遭遇突发疫情，多年来第一次心里没数。多亏各级党委宣传部敦厚耐劳，鼎力相助，加之记者站应急储备，可以略超1月1日数。

……

星光不负赶路人，江河眷顾奋楫者。新媒体部刚才播发一个视频短片，回顾一年来经济社会发展取得的成绩，题目叫《2021，这些数字值得我们自豪》。我看，这同样应得上同志们的出色表现。

最后，再引用李治国同志超长微信中的两段结尾——

年终岁末，回望一年来的工作特别感慨。有拼搏、有坚持、有思考，特别开心的是，在报社指导下，坚持做深度调研，坚持做评论报道，得到了越来越多的正面反馈，得到了越来越多的认可和肯定，报纸的美誉度和影响力也在同步提升，让我们感受到了报社焕发出来的澎湃活力。

展望2022年，既备感振奋，也感到压力山大。面对上海这一新闻富矿，面对同行间的竞争，我和李景同志一定踏踏实实，以日拱一卒的努力，不断拿出出彩出色的报道，为报社的发展增光添彩！

令人难忘的2021，就此别过。

附录

风向标、指挥棒、警戒线

李菊英

从2021年元旦起，社长兼总编辑郑庆东同志开始每天撰写评报意见，并发布在相关工作群里。用庆东同志自己的话来说，每天评报主要有三点考虑。一是给大家做个表率，自己作为社长兼总编辑，对采编工作是十分重视十分用心的。二是通过评报，将自己关于办报的一些想法跟大家做个交流。三是根据工作实际，及时进行调整和完善，促进采编工作顺利开展。

评报是经济报人的优良传统。历任社长、总编辑都非常重视评报的办报风向标、指挥棒和警戒线作用。

我们从庆东同志的评报中看到，对于优秀作品和为报道工作作出突出贡献的编辑记者和采编部门，他经常点赞，为他们加油鼓劲，推动形成“什么是好作品”的广泛共识，以此引导大家朝着共同的方向努力；对于采编工作中的一些具体问题，则作出明确要求和具体指导，无论是稿件安排、版面调整，或是图片运用等，短短几百字，问题导向、立行立改，起到顺畅采编运行的作用；对于采编工作中的一些不良作风、不当行为和差错疏漏，则直言不讳、直击要害，为采编人员划出行为边界。特别是对于一些陈旧的工作思路和呆板的文风，庆东同志更是多次提醒要强化创新意识，不可故步自封，推动采编人员主动对标，形成自我检视、积极改进的良好氛围。

《总编辑评报》在报社职工中产生积极反响，不少采编人员都养成了每天第一时间阅读并用以指导日常工作的习惯。以此为契机，大家业务研讨、学习交流，共同推动报社宣传报道工作高质量发展。

读报纸看评报，品出新味道

魏永刚

评报在报社是一个传统项目，对于改进工作、提高质量发挥着重要作用。这些年，我们在评报上的努力从未停步，除了晨会上各部门的评析，几乎每天都能看到“读者评报”。今年以来，大家又多了一个品读每天报纸的途径——看“总编辑评报”。

品味“总编辑评报”，不由得会联想到看戏。如果把每天的报纸比作一台戏，那么，读者评报是站在台下看的，就像观众看戏，固然能看出台上的破绽，甚至按照自己的理解提出一些意见和建议，但毕竟是门外看花、台下看戏。“总编辑评报”则是另一个境界，是“行内人说行当事”。就像编导看戏，他既了解舞台后面的凌乱，也懂得化妆的艰辛，更知道锣鼓的节奏；他知道每一句台词为什么那么写，也清楚场次安排和角色选择；他既能看到剧本的局限，也能找到切实的修改办法。所以，“总编辑评报”常常看到要害处，也总能点拨到关键。

这两个月来，庆东同志的“总编辑评报”每日不断。其中有对某篇稿件、某个栏目、某个版面的具体指点，也会介绍题目背景，分析采写部署安排，更有对媒体融合的设想，对报社发展的思索。可以说，总编辑每天谈的是“评报”，更是“办报”。这简简单单、清清爽爽的一页纸，体现出了总编辑的思考和思路。

“总编辑评报”不同于会场上的正襟危坐，也不是讲台上的字正腔圆，这是一种轻松随意的“聊几句”。这种“聊”，营造出轻松的氛围，体现出平等的交流，也“聊”出了思路，“聊”出了深意，更碰撞出新的办报火花。我们从“总编辑评报”中看到了新的思考，找到了新的灵感，也就更清晰了努力的方向。

所以，每天读报之后，我们都盼望着看“总编辑评报”。读报纸，看评报，工作更有味道！

我们都在大路上

刘亮

评者，言之平也。平其不平，以归于平；正其不正，以归于正。评报之效，可谓大焉。2021年元月起，“总编辑评报”每日一评，每月一辑。学习“总编辑评报”感慨良多，受益匪浅，其中3点最为深刻。

一，评报里有新闻观。“总编辑评报”体现着总编辑的办报思路，体现着“政治家办报”的原则，体现着马克思主义新闻观。“经济稿也要突出讲政治”“践行四力就出好新闻”，启发着我们提高站位、加强学习。“发行稿也可以很精彩”“千字文也可以有分量”，一个个辩证式论断冲刷着我们的惯性思维，促使我们自我突破、勇于创新。大家担当作为的积极性、尝试欲陡然上升，就为“减量化改革、高质量发展”奠定了坚实的情绪基本盘、态度基本盘。

二，评报里有方法论。“没有言论版面无魂，报纸无神”“不是所有稿都挂栏头”“没有细节、故事、分析的稿子难以卒读”“一图抵千言”“无须言必称希腊”“积累能出专业性”……集腋成裘，聚沙成塔，一系列点评连成了写稿编版的正面清单、负面清单。负面清单不碰，坚守就有了底线；正面清单常新，提升就有了标杆。大道至简，当我们达到日用而不觉的程度，达到运用之妙存乎一心的程度，业务水平就在潜移默化中上了台阶。

三，评报里有劝学心。“听了喜不自禁，真心为我们的年轻同行点赞！”“通过这样难得的锻炼、培训和实战，小伙伴们一定能早日挑起大梁。”“勤奋努力，不怕吃苦，这样的年轻人怎能不进步？”字里行间，是对年轻人的点赞、劝学、指导、期许。大家开始行动起来，写报道做版面精益求精，参加学习培训积极主动，挂职锻炼奋勇争先，蓬勃向上的创新生态逐步形成。

庖丁解牛，处处都是空间；韩信点兵，入眼皆是英雄。经济日报正在新一届编委会的带领下，向着一份与中国经济地位相匹配的经济大报的目标前进，这是每一名经济报人的壮观背景。这里没有局外人，我们都在大路上！

四月芳菲正当时

王智

每个工作日的上午，总编室都要在第一时间，把“总编辑评报”打印出来，在调度会上传达学习。不仅如此，总编室综合室的焦繁和曹琨还做了一件很有意义的事：通过大数据对“总编辑评报”的关键词进行梳理。4月份出现频率最高的十大关键词为：同志、经济、调研、专栏、驻地、稿件、质量、版面、深度、刊发。透过这些关键词，我们可以进一步领会庆东同志的办报思路，把编委会的要求落实到位。

比如调研。新一届编委会大兴调研之风，编委会领导带头深入基层蹲点采访，推出了一系列重磅报道，4月份更是以《柳州惊奇》掀起了一波小高潮。“做好调研报道，是我们采编业务的工作重点，也是落实‘质量提升年’的重要抓手。”“几个月来的实践证明，这条路走得是对的，集中力量、重点突破的打法，也是切合实际的，产生了超预期的效果。”庆东同志的这些判断，使我们对落实“减量化改革、高质量发展”总体方针有了更为明确的努力方向。总编室负责编辑的“调查”版，就是做好调研报道的重要阵地。庆东同志对“调查”版每篇稿件都认真审阅，并对如何办好“调查”版多次给予具体指示。编辑团队定期总结落实情况，版面质量不断提升。我们要在已有成效基础上，专心经营、用心策划、精心编辑，继续保持这个版的较高水准。

再比如版面。报纸改版4个月来，总编室的同志切身感受到庆东同志每天对版面的精雕细刻，细致到一个标点、一条栏线、一种字号的修改完善。“对报道对稿件对版面精益求精，应该成为我们的业务追求。”“我们的版面和报道、专栏和专题、工作上的改进和调整，有赖于持之以恒，否则必然前功尽弃。”为落实庆东同志要求，不断细化和完善版面，总编室定期召开业务研讨会，系统梳理这些修改意见，并整理成册供报社采编人员学习借鉴。相信通过这样的持续努力，版面编辑都会以严谨、精准、专注的工匠精神对待每一块版，取得更好效果。

莫言芳菲尽，绽放正当时。品味4月份“总编辑评报”的这些关键词，我们哪有丝毫懈怠的理由呢？

做好“难而正确的事”

齐东向

经济日报评论委员会机制从4月7日起正式运转。两个月、4次全体会议、132个选题计划、截至5月28日报网刊发310篇，受到“总编辑评报”表扬鼓励的就有40多篇。数量突飞猛进、质量稳步提升、专栏你追我赶、专业深度加强，再加上新媒体创新同步推送，局面喜人。

做好评论工作，无疑是正确的事，但无疑也是很难的事，需要补机制、夯基础、建队伍、跨平台，需要立至坚之心、用至诚之力、下至拙之功。正如庆东同志在评论委员会第一次会议上所言，“贵在坚持、贵在落实到位，有效、有力、有序地推动下去，做好、做成、做出实效”。

其一，立至坚之心。评论，一直被视为报纸的旗帜、灵魂。媒体融合时代、新闻越来越难实现“独家”的前提下，立论更是立报之本，是经济日报以“专业化、权威性、公信力”打造核心竞争力的基石。庆东同志一再强调，“编委会下定决心、下大力气推行评论委员会机制，就是要形成重视评论的导向，就是要营造写评论、写好评论、写高质量评论的工作氛围，督促、引导我们的采编力量向评论阵地集聚。”立下至坚之心，把更多时间精力放在评论上，符合新闻传播规律和行业发展规律，也符合经济日报工作重点和特点。

其二，用至诚之力。在经济日报历史上，评论委员会并非第一次推出。此次，从编委会到各采编部门，再到版面编辑、专栏作者，都付出了很大的心血和精力。尤其是个人署名专栏，从一两个发展到现在的9个，还有不少年轻人跃跃欲试。这个激励机制就是联产承包责任制的原理，尊重才华、尊重个性、集体奋斗，机制一变天地宽。

其三，下至拙之功。写好评论不易。现在不少年轻人羡慕专栏作者可以“一夜成名”，其实那是他们试了无数次后的一次成功。没有日积月累的经验和思考，即使机会捧到面前也接不住。练功没有捷径，不再寻找捷径，也就走上了最快的路。

道无近功，恒则成。下一步，我们还要继续努力，集思广益，全力以赴做好那些“难而正确的事”，使本报评论工作不断迈上新台阶。

用心做成事

陈发宝

100天、7000件作品、8亿播放量……这些数字，是我们在组织“记录小康生活 见证时代变迁”微视频征集活动之初没有想到的，让我们更深刻认识到：用心，终能做成事。

这次活动是编委会亲自策划部署的报社建党百年宣传重点项目。活动启动后，庆东同志多次在“总编辑评报”中为我们加油鼓劲，给予指导指引。其中，庆东同志多次讲到的三句话令我体会很深，与大家分享。

做了才有机会。审议活动方案时，庆东同志讲过一段话：我们现在确实基础薄弱、短板很多、许多条件不成熟，但这也不做那也不做，就什么也做不成！新媒体传播部职能调整后该开展什么工作、如何开展工作，一开始我们也很茫然。编委会给我们“找了点事做”，实际上是给了一个方向、一个抓手。三个多月时间，我们与中经网通力合作，最终活动取得了远超预期的效果。更重要的是，在这一过程中，部门同志进一步加深了对“减量化改革、高质量发展”和媒体深度融合的理解，部门工作的重点和思路更加明晰，大家干事的“心气儿”高涨。这是我们最大的收获。

做就要做好。组织微视频征集，我们和中经网都是头一回。没有经验，就学习借鉴；没有资源，就一家一家去。谈很多事情，只要努力去做，就没有看起来那么难了。正如庆东同志所说，既然要做就要做好，全力以赴才可无悔。

做完要总结。征集活动专题研讨会原是“计划外”工作，庆东同志在总编辑办公会上提出开个研讨会，好好总结一下。研讨会推动我们更加系统、深刻地梳理所做的工作，从更大的大局、更高的层面审视一次具体的活动；会上的交流研讨给我们提供了一个更加客观、理性的视角。正是多种形式的梳理总结，让我们从这次活动中收获了更多。

日日行，不怕千万里；常常做，不怕千万事。当前报社干事创业舞台广阔、氛围浓郁，用心做事，终有成就。

画好媒体价值的“微笑曲线”

齐平

如果时间也有重量，2021年7月，因它所承载的记忆，一定是沉甸甸的。“迎着朝阳，让我们共同道一声：生日快乐，我的党！”百年盛典的情景还历历在目，“总编辑评报”又记录下这些难忘时刻：

——中国军团奥运摘金、河南暴雨突如其来、资本市场震荡波动、疫情防控出现反复……招之即来、来之能战、战之能胜，有力有效的指挥调度机制在突发报道中发挥强大作用。

——《中关村新传》《吉林问粮》重磅推出；“习近平经济思想征文启事”引发关注；中柬经贸合作论坛成功举办……守正创新、融合发展、开门办报，结出一个又一个硕果。

“总编辑评报”着墨最多的，仍是写稿、编版、做标题的“编辑部日常”。新闻协调部刘蕾同志做了认真统计：这个月“总编辑评报”中，共点评版面31 次、点评稿件131 篇。

月初，我们认真学习习近平总书记“七一”重要讲话精神，浓墨重彩；月末，我们贯彻落实中共中央政治局会议精神，紧锣密鼓。两项工作恰好代表了我们两个方面的努力：一边是中央党报的政治站位。有声有色的建党百年宣传“充分说明我们这支队伍是有战斗力的”“可以做更多的工作，啃更硬的骨头，干更大的事情”；一边是经济大报的专业担当。“做经济报道、做高质量的经济报道、做有影响力的经济报道，已日益成为我们广大采编人员的共识和行动。”

借用企业经营的概念打个比方，这是最能体现媒体价值的“微笑曲线”两端。在“我是谁、从哪儿来、到哪儿去”的定位求索中，在“减量化改革、高质量发展”的创新实践中，我们越来越接近这个愿景。“当每一位采编人员，都在为如何写好稿、如何出精品而不懈努力的时候，离办一张高水准报纸的目标也就不远了。”

两个百年奋斗目标交汇，时间刚刚开始。我们还将迎来经济日报创刊40周年。作为经济报人，我们应该以何种方式记录历史、书写历史，创造属于自己的历史？从“总编辑评报”里或许可以找到一些答案。

没有后顾之忧的坚持

陈学慧

“坚持不一定成功，但不坚持一定不会成功。”这是庆东同志8月22日“总编辑评报”结束语，深刻而透彻。联系到国际评论工作，感触良多。

经过国际部同志们共同努力，加上驻外记者积极参与，8月份国际部见报评论数量创下新纪录，总共见报52篇。其中，“经世言”25篇、连俊个人专栏“国际经济观察”5篇、“外企微观察”7篇、驻外记者撰写的“世经述评”15篇。

取得这样的成果，主要是编委会政治站位高，从大势出发，给了国际评论以坚定支持。庆东同志4月28日的评报，讲的就是国际评论。不仅提供“土壤”，从播种到收获，每一篇“经世言”作品都有同志及白夜班编委、分管编委，以及总编室夜班编辑、检校的把关。作品见报后，还有一个推广团队，让作品载着“经济日报”的光环拥有更多读者。

这样一个“五星级”的系统保障，让评论的起草者心无旁骛，更有信心，更加愿意写稿，愿意一遍遍打磨修改，也更加有了坚持下去的动力。

庆东同志和编委会，以及全报社对评论工作的重视，大家看在眼里，记在心上。想写、能写、会写的风气渐盛。目前国际部参与评论写作的采编人员有10人，占部门人数的50%以上，形成了一支骨干与新手相结合的国际评论员基本队伍。撰写的国际评论已形成一个矩阵：既有舆论斗争，也有经济热点；既有宏大主题，也有小切口；既有千字文，也有短评。可以及时围绕国际时政、经济、社会等热点话题发声亮剑。这种局面十分可喜，也是来之不易的。关键在于“坚持”二字！

坚持，是名词、形容词，更是动词！庆东同志这么忙，高水平的评报都能一天不落地坚持下来，我们还有什么理由不坚持呢？！

最后，摘录一段庆东同志的评报与大家共勉：“不管做什么，都不要急于回报。因为播种和收获不在同一个季节，中间隔着的一段时间，我们叫它坚持。”

不负韶华

徐涵

9月是收获的季节，中国农民丰收节就在9月23日秋分那日。9月是变幻的季节，任你“乱穿衣”，多尝试。9月是风物流转的季节，“未觉池塘春草梦，阶前梧叶已秋声”。9个月，我们收获了什么？

评论委员会召开了12次会议，现在日均刊发达14篇，而在第一次会议召开之前，日均刊发仅4篇；刊登“践行习近平经济思想调研记”近20篇；“经济聚焦”“金观平”“郭言”等对国内国际经济热点及时、持续发声，采编密切配合，大大提升本报在经济领域的影响力。

记者个人专栏中率先开栏的“每周经济观察”，发稿约50篇，它与同期开栏的“国际经济观察”互为补充，评点国内外经济风云变幻，体现经济大报特色。

媒体融合全方位发力、多样化探索，融合产品流量在各大平台大幅攀升，许多产品点击过千万，话题阅读量达数亿。

还有许许多多的变化。引领这些变化的是编委会的各项决策，而把编委会意图及时传递给采编人员的一个重要路径就是“总编辑评报”。

总编辑评报是业务导向。在导向引领下，全体采编人员形成了“减量化改革、高质量发展”共识，聚焦主责主业，凝心聚力提升经济日报的影响力和传播力。

总编辑评报是工作统领。在报社，业务管理是组织提升的最佳路径。通过评报，报社业务氛围渐浓，评报成为建设学习型组织的有效方式。通过学习讨论评报内容，大家明确了方向，清晰了认知。

总编辑评报是进军号角，让我们在新媒体时代不断探索前行，在“人人都有麦克风”的喧嚣中，成为舆论场的压舱石。

有人说，报纸是一种精致阅读体验，守住这份精致，才能在新媒体时代岿然屹立，这需要一批人怀抱理想坚持不懈，守正创新。那么，我们注定要为这一份坚守而努力。

经济日报即将迎来四十年庆典，对于一个报社来说，四十年正是韶华灿灿，青春的经济日报，年轻的经济报人，当不负韶华。

积小胜为大胜

杨国民

“天再高又怎样，踮起脚尖就能更接近阳光。”“朝着目标每走一步，就能更进一步地拥抱它。”这是庆东同志评报中的两句话。

回顾近一年多来的采编工作，我们一步一个脚印，报纸面貌发生了可喜变化：重磅调研报道成为报纸响亮品牌，评论言论从量到质今非昔比，版面视觉效果大大改观，新媒体传播突飞猛进。我们正在“好上加好”的道路上精进不休，加速拥抱“高质量发展”的目标。

积小胜为大胜。做任何事不怕慢，就怕站。只要我们笃定目标，脚踏实地，步步为营，就一定能达到既定目的。

积小胜为大胜，贵在坚持。“坚持不一定成功，但不坚持一定不会成功”，这是庆东同志多次强调的。因为坚持，本报重磅调研报道接续推出，影响力越来越大；因为坚持，报纸个人专栏从最初的两个扩大到10个，名声越来越响；也正因为坚持，报纸评论言论从原来每周不超过10篇，到现在每天稳定在10篇左右，“言论立报”正在成为现实。

积小胜为大胜，重在积累。积水成渊，积流成海。我们的每一点进步，每一点成绩都应成为继续前进的基础和动力。另一方面，积累需要持续的学习和专心的投入。一分耕耘，一分收获，功到自然成。

积小胜为大胜，成在精细。从细节入手，从点滴发力，一个一个问题去解决，一件一件事情去落实，再难的事也变得容易，再大的事也能做成。每次看到总编室印发的“庆东同志对白班版面修改意见总结”都深有感触，庆东同志对标题制作精益求精，对版面字体、字号、字距、用线、分栏、图表、栏花位置、署名格式等要求明确具体。以两篇财金稿件的标题修改为例，原标题“稳住通胀关键是管住货币”，庆东同志改为“稳通胀关键是管住货币”；“社融规模下滑不必担忧”，改为“社融规模下滑不必过于担忧”。庆东同志对稿件和版面要求之严格、之精准、之细致，既是鞭策，又是动力，长此坚持，报纸质量焉有不提升之理。

积小胜为大胜，积跬步以至千里。日拱一卒，循序渐进，坚持不懈，我们必将加快抵达理想的彼岸。

砥砺谋变 如你所愿

瞿长福

“时间真快”，当我们这样感慨的时候，通常是站在某一个时间节点往回看。其实，时间都是一月一月、一天一天、一小时一小时那样过去的，对绝大多数人来说，仿佛不知不觉，却在转眼之间。

有一种变化，也像时间那样，当你身处其中时，很难一下子看到或者感受到，但当到了某一个时间点，蓦然回首，才发现已然今非昔比。

这种变化，现在正发生在经济日报身上，在我们身边，在我们手上。

也许我们很难拿着今天的报纸简单地与昨天的进行比较。但是，当一个月过去了，一年过去了，我们再来比较，会发现，真的已经发生了变化。这种变化，就是日常所说的：好看了、有货了、耐读了。

比如，报社提出的“评论立报”“深度立报”主张，逐渐在实践中得到体现，得到深化。随便翻开一页，言论已成为不可或缺的版面之“眼”。这些言论的关注领域、议事特点、行文风格已初具特色，从不同方面体现了经济日报对传播力、影响力、引导力、公信力的追求与努力。这种追求与努力，既以不同传播形式表现出来，更以一种共同信念、共同理念、共同意念推动着全体经济报人在编委会“减量化改革、高质量发展”要求下，躬耕笃行，积小胜为大胜。

这就是内力。变化的背后，是经济报人齐心协力、众志成城，是庆东社长和编委会深谋远虑、尽责担当。以每天的“总编辑评报”为例，从报社发展的思考、如何办报的主张，到对某一篇文章的点评、某一位记者的鼓励，都像一把把小号角在给大家鼓劲，像一根根小鞭子在鞭策着大家。看看经济日报言论吧，迄今开设署名专栏不过一年多，评论委员会正式运转也才半年多，但它所焕发出的盎然生机，令人倍感振奋。

当然，这种变化，绝非一日之功。但只要找准了方向，上下同心，假以时日，经济日报一定能向新时代交出满意答卷。正如11月6日“总编辑评报”中发出的提问：一年后，就将召开经济日报创刊40周年纪念会。届时，我们以什么样的面目大庆呢？

其实，答案，就在经济日报每天的变化中。这变化，正如你所愿！

始于梦想 成于坚毅

黄芳芳

“春有百花秋有月，夏有凉风冬有雪。”一年的光阴，能为我们留下什么印记？本书辑录了郑庆东同志2021年整年的评报。365天的评报犹如时光的切片，凝结了经济报人坚定高质量发展的信念、追求精品意识的目标，以及只争朝夕的办报激情。

这些笔记体的精彩小品文，每一篇虽只有六七百字，但涉及的范围广泛，内容也相当精彩。从宏观上看，书中提出了关于新闻宣传工作大局、舆论导向、组织策划重点宣传报道的构想，同时还汇聚、凝练构建经济日报社共有的价值观和共同的行为准则；从中观上看，有对经济日报栏目规划的深思熟虑和前瞻部署，以及对采编人员的悉心指导和提升报道质量的要求；从微观上看，社长对稿件的安排、版面调整或是图片的运用都做出明确要求和具体指导，也对优秀作品和为报道工作做出贡献的编辑记者和采编部门点赞，为大家加油鼓劲。

此外，社长对采编工作中的一些不良作风、不当行为和差错疏漏，则直言不讳、直指要害，为采编人员划出行为边界。而且多次提醒采编人员要强化创新意识，不能故步自封，要自我检视、积极改进，主动对标，最终实现报道质量水平整体提升的目标。

这一篇篇文章按照时间先后顺序排列，语言简洁干练、轻松风趣，鼓舞人心的金句频出，诸如：“言论是报纸之魂”“占得先机很重要”“反复打磨出精品”“只要相信就能看见”“该伸伸懒腰出发了”“与其坐而论道 怎如奋而行之”云云。

我国近代杰出的新闻记者、出版家邹韬奋曾说：“一个人做事，在动手之前，当然要详慎考虑；但是计划或方针已定之后，就要认定目标前进，不可再有迟疑不决的态度，这就是坚毅的态度。”

这本书是一年来的评报实践，每一天都不曾缺席，社长这种坚毅的精神和追求目标奋力前进的执着，值得每一位经济报人学习。相信这本书的出版将会持续引领新闻采编人员共同为事业发展而不懈努力。

2021，每一天都值得铭记

胡达闻

还记得第一次接过社长的评报手稿时，我没有想到每天五六百字竟有如此大的能量。得益于“总编辑评报”，评论立报深入人心，写出好评论成为报社上下共同追求；得益于“总编辑评报”，我们看到地方、企业、产业行业深度调研的“三驾马车”逐步齐头并进，报社影响力美誉度明显提升；得益于“总编辑评报”，社长的办报理念和指示精神及时传达，采编人员齐心协力，开创出蒸蒸日上的良好局面。

协助社长编发“总编辑评报”一年来，有三点启示。

启示一，持之以恒，方得始终。好文章妙笔生花，如果做不到久久为功、篇篇珠玉，不过是昙花一现。一年来，经济日报坚持稳定推出高质量评论，坚持下大力气深耕调研报道，坚持在理论宣传上持续发力……收获与播种不在一个季节，社长用坚持写评报的方式，在报社点燃了“坚持”的火把，点亮了干部职工“坚持”的热情。

启示二，上下同心，凝聚合力。“总编辑评报”是指挥棒，更是发令枪。依托这个平台，每一位采编人员都能及时接收报社新近动态，分享经验，形成共识。不仅可以读到社长的思考，还能看到同事们的精彩汇报和精炼总结，看到大家都在为报社事业发展想办法、出点子。借助“总编辑评报”，采编人员的执行力更强了，业务流程更加顺畅了，经济日报这台新闻机器高效运转的轰鸣声更加悦耳了。

启示三，严细深实，精益求精。很多人都对“总编辑评报”的创作过程感兴趣，在了解后都表示“没想到”：没想到365天，晨钟暮鼓，不舍昼夜；没想到区区数百言，三上三下，细改精编。社长用这种以身作则的方式，把严细深实的作风和精益求精的态度注入办报理念，以实际行动感召更多的同志认真对待手中的工作，不负肩上的使命。

365期评报，煌煌22万余字，1000多张手稿，记录了庆东同志从未间断的思考和对报社事业发展倾注的心血。作为全程见证和参与者，我一定会铭记这段属于经济日报人激情燃烧的奋斗时光。

后记

Editor-in-Chief's comments on Economic Daily

一个篱笆三个桩。每一件工作，每一点进步，每一项成绩，无不凝聚着同事们的心血。就连这册小书，也是共同努力的结果。评报这一年多来，得到大家的热情支持和大力帮助。同志们分担了很多工作和任务，使我能有时间坚持做这件事情。

借本书出版之机，我要向为《总编辑评报》付出劳动的同事们表示衷心感谢！

首先要感谢武力、李菊英同志，为评报的编辑、作题、整理、传播做出周密安排，使其发挥了应有作用。其次要感谢李菊英、魏永刚、刘亮、王智、齐东向、陈发宝、齐平、陈学慧、徐涵、杨国民、瞿长福、黄芳芳、胡达闻等撰写阅评的同事们，围绕评报的分析解读，对于领会和把握采编业务，是很好的促进。还要感谢韩文高、张兴军、肖小琴、黄芳芳、张琦等经济日报出版社的编辑们，为审读、出版此书付出的艰辛。特别要感谢胡达闻同志提供的全方位保障，从文字录入到事实核对，从资料整理到汇编发送，默默投入了大量精力。

正是有了同志们的鼎力相助，这本《总编辑评报》才得以顺利付梓。这里，我要对他们真诚地道一声：辛苦了！

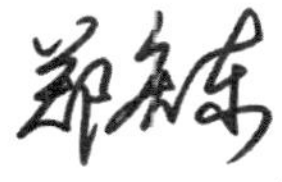

2022年3月